Das BMW Group Stammwerk München

BMW GROUP

Das BMW Group Stammwerk München

Caroline Schulenburg
Andreas Hemmerle
Susanne Tsitsinias

HIRMER

Inhalt

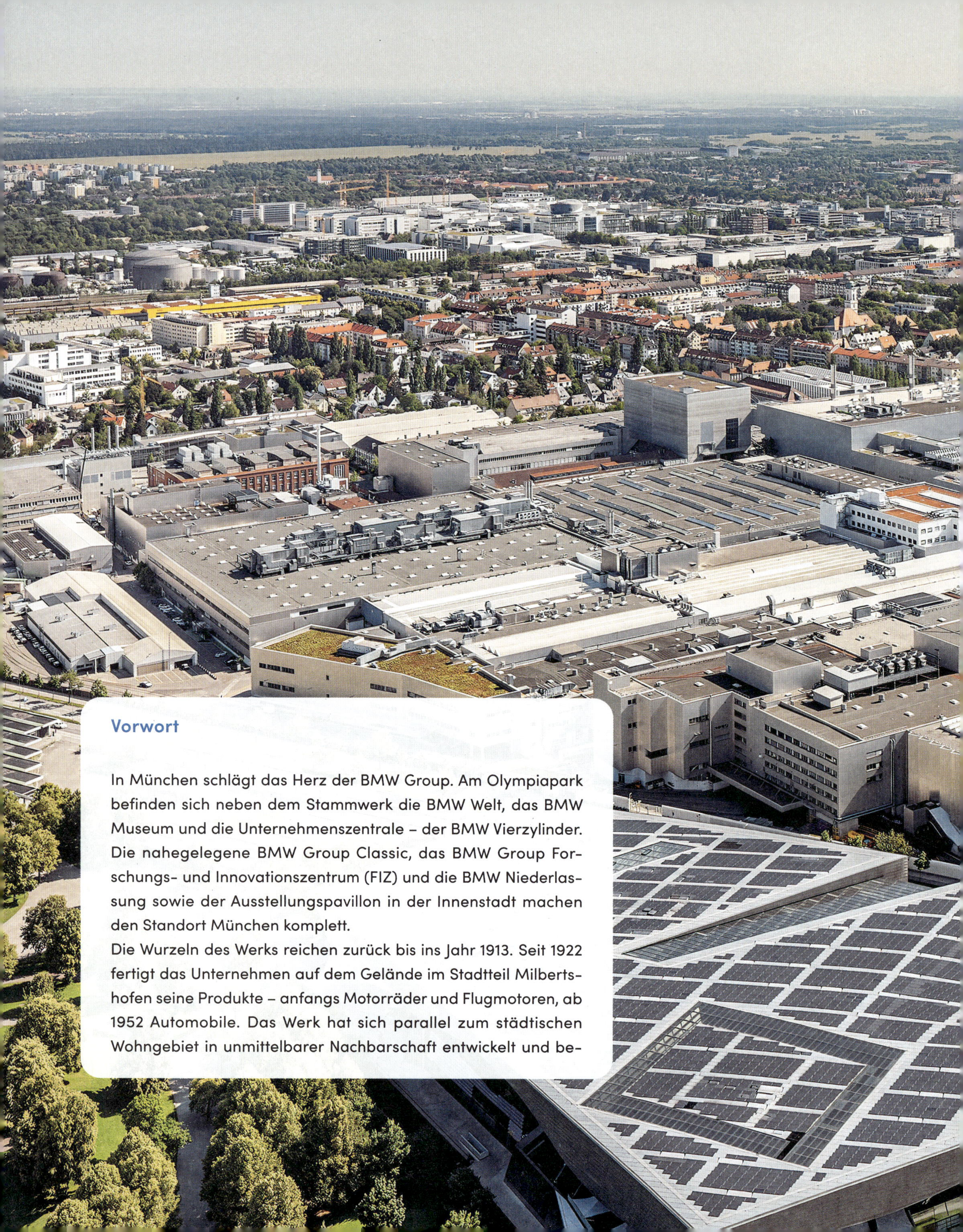

Vorwort

In München schlägt das Herz der BMW Group. Am Olympiapark befinden sich neben dem Stammwerk die BMW Welt, das BMW Museum und die Unternehmenszentrale – der BMW Vierzylinder. Die nahegelegene BMW Group Classic, das BMW Group Forschungs- und Innovationszentrum (FIZ) und die BMW Niederlassung sowie der Ausstellungspavillon in der Innenstadt machen den Standort München komplett.

Die Wurzeln des Werks reichen zurück bis ins Jahr 1913. Seit 1922 fertigt das Unternehmen auf dem Gelände im Stadtteil Milbertshofen seine Produkte – anfangs Motorräder und Flugmotoren, ab 1952 Automobile. Das Werk hat sich parallel zum städtischen Wohngebiet in unmittelbarer Nachbarschaft entwickelt und be-

findet sich heute im Herzen der Stadt. Das reibungslose Zusammenspiel aller Produktionstechnologien und unterstützenden Bereiche auf engstem Raum gehört weltweit zu den Meisterleistungen im Automobilbau. Seit jeher steht das Werk – gerade wegen seiner innerstädtischen Lage – für eine besonders umweltfreundliche und nachhaltige Produktion.

In Verbindung mit dem FIZ dient das BMW Group Werk München auch als internes Kompetenzzentrum: Von hier aus gelangen das Wissen über Prozesse und Technologien und die Erfahrung aus 100 Jahren Fahrzeugbau auch an andere Produktionsstandorte weltweit.

Die hier vorliegende dritte Auflage des Buches erscheint im Jubiläumsjahr des Werks München. Sie blickt zurück auf die bewegte 100-jährige Geschichte und beschreibt die ereignisreiche Gegenwart. „Gebaut, um das Morgen zu gestalten" lautet das Motto für das Jubiläum. Es unterstreicht die Wandlungsfähigkeit des Werks und seiner Belegschaft, ihre beständige Innovationskraft und Kreativität. So hat das Unternehmen sein Stammwerk mit der Erweiterung des Karosseriebaus und der Montage sowie dem Bau einer ressourcenschonenden Lackiererei in den vergangenen Jahren optimal auf den Wandel in der Automobilindustrie vorbereitet. Die Kombination aus innovativen und nachhaltigen Produktionsstrukturen und dem Einstieg in die Elektromobilität mit dem BMW i4 hat die Zukunftsfähigkeit des Stammwerks erheblich gestärkt.

In München liegen die Wurzeln der BMW Group. Hier wurde und wird Geschichte geschrieben. Die Historie lebt in den Gebäuden, Produktionsanlagen und in den gut 7.000 Mitarbeitenden aus über 50 Nationen. Dank ihrer Arbeit, ihrem Engagement und ihrem Anspruch auf Perfektion sind BMW Produkte weltweit etwas Besonderes. Für das BMW Group Stammwerk gilt: In München daheim, in der Welt zu Hause. Mit seiner einzigartigen Architektur, seiner Geschichte und der außergewöhnlichen Lage ist und bleibt es Münchner Wahrzeichen, Zukunftsforum und Touristenattraktion gleichermaßen.

Schlosserei.
1

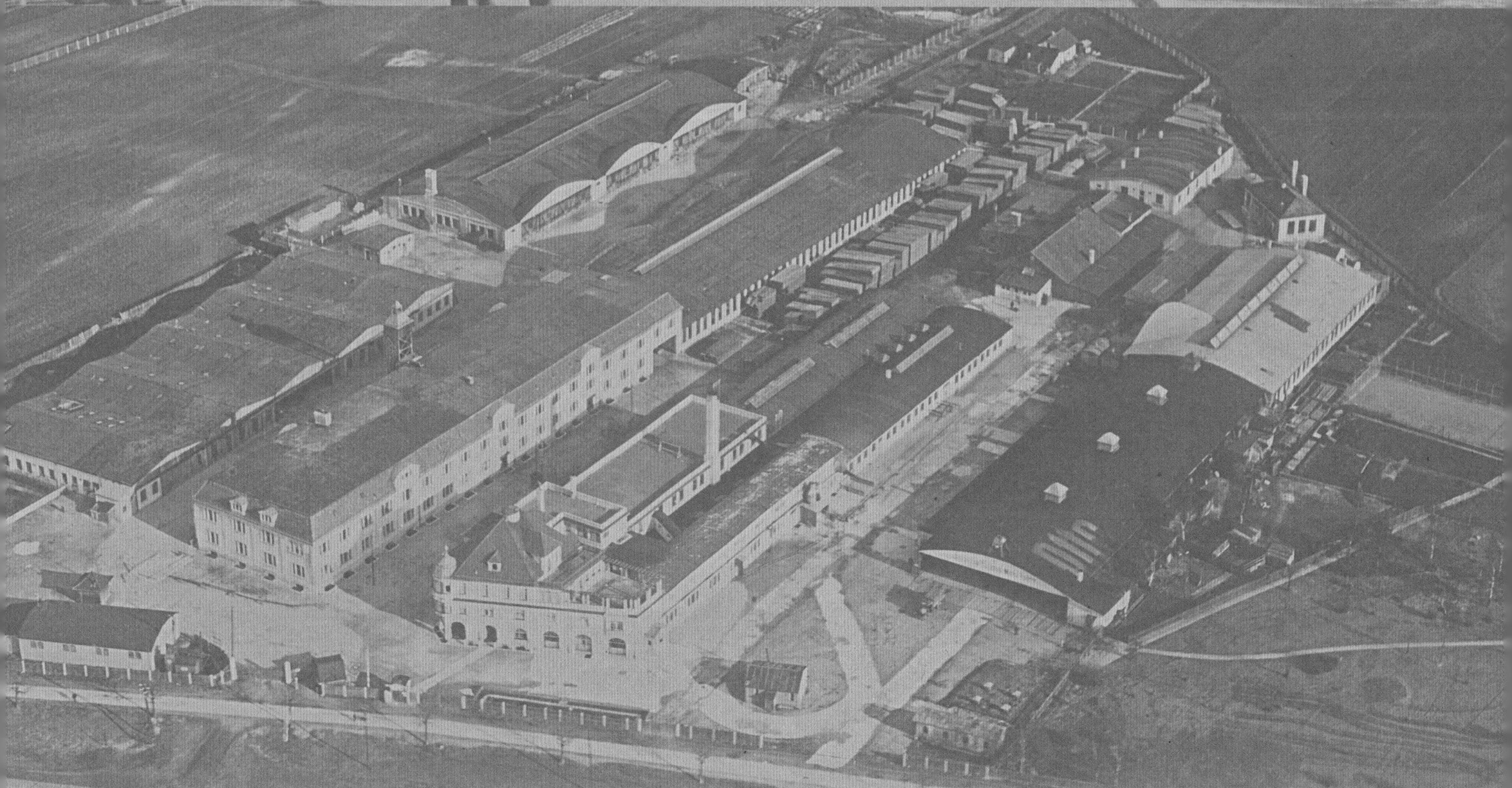

Der Ursprung des BMW Stammwerks

1913 begannen die Flugmaschinenwerke Gustav Otto am Münchner Oberwiesenfeld, einem militärischen Exerzierfeld, mit der Errichtung eines neuen Werks. 1916 übernahmen die Bayerischen Flugzeugwerke (BFW) die Aktiva der Firma und somit auch das Werk. Kriegsbedingt errichtete man die Hallen in Leichtbauweise, was aber nur als Zwischenlösung angesehen wurde.

1913 – 1920

Otto-Werke und Bayerische Flugzeugwerke (BFW)

Die Anfänge des BMW Stammwerks in München liegen zeitlich vor denen des Unternehmens BMW. Ursprünglich erworben und erschlossen wurde das Gelände von den „Flugmaschinenwerken Gustav Otto". Namensgeber und Gründer war Gustav Otto, der Sohn des Erfinders des Viertaktverbrennungsmotors, Nikolaus Otto. Nachdem Gustav Otto seine Werksanlagen zunächst in Puchheim im Westen von München angesiedelt hatte, verlegte er die Fertigung 1911 in die Schleißheimer Straße 135 und damit in unmittelbare Nähe des Münchner Oberwiesenfeldes. Zu diesem Zeitpunkt hatte die schrittweise Umwidmung des militärischen Exerzierfeldes hin zu einem Flugplatz bereits begonnen. Wollte man mit dem Militär Geschäfte treiben, musste man vor Ort präsent sein. Neben den Anlagen in der Schleißheimer Straße und seinen bisherigen Werkshallen in Puchheim, die weiter verwendet wurden, unterhielt Otto auch zwei Schuppen in der

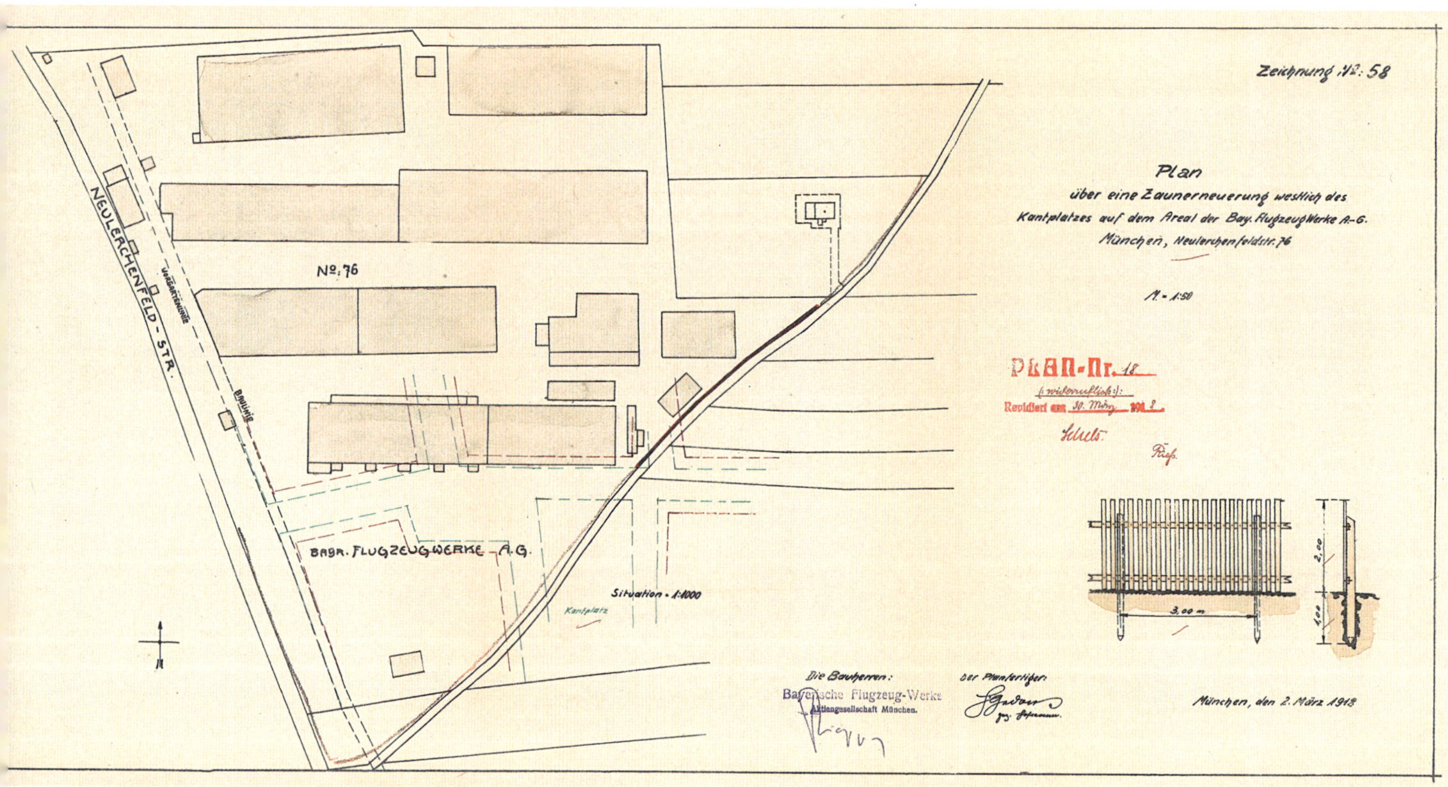

Plan der Bayerischen Flugzeugwerke AG, 1918.

Haupttor der Otto-Werke an der Neulerchenfeldstraße, 1915.

Neulerchenfeldstraße (später Neulerchenauer Straße) direkt am Oberwiesenfeld.
Zu Jahresbeginn 1913 erhielten die Otto-Werke eine Order über 40 Militär-Doppeldecker, was den Neubau eines Werkes erforderte. Als Standort wählte Otto die Neulerchenfeldstraße. Im folgenden Jahr begann man mit der Errichtung des Werks. Die Bauleitung lag bei der Münchner Baufirma Ackermann & Cie. Im Juni 1917 waren fünf große Hallen fertiggestellt, die von Westen nach Osten ausgerichtet waren und parallel zueinander standen. Durch diese Bauweise konnten die Flugzeuge direkt und ohne aufwendige Wendemanöver auf das westlich gelegene Flugfeld gerollt werden. Zur Neulerchenfeldstraße hin entstanden von Süden nach Norden verlaufend: die Starthalle, die Schreinerei, das Magazin und die Montagehalle. Östlich des Magazins wurde eine neue Flugzeughalle gebaut.

Die Gebäude wurden in der im Krieg typischen Bauweise für die Flugzeugindustrie errichtet. Es handelte sich um eingeschossige Hallen in Leichtbauweise, die zum großen Teil aus Holz angefertigt wurden, da dies eine wesentlich kürzere Bauzeit ermöglichte als bei der Verwendung von Ziegeln und Stahl. Da der Neubau des Werks während des Ersten Weltkriegs stattfand, mussten die Hallen möglichst schnell errichtet werden, um die Aufträge des Militärs zeitgerecht erfüllen zu können. Hinzu kam, dass die Versorgung mit Baustoffen nicht gesichert war und man auch deshalb auf Holz zurückgreifen musste. Die Planung sah aber von Anfang an vor, dass diese Gebäude nur vorläufig genutzt und nach dem Krieg durch solidere Gebäude ersetzt werden sollten.

Gustav Otto selbst begann zwar den Neubau des Werks, konnte die neuen Räumlichkeiten aber kaum mehr nutzen. Die wirtschaftliche Lage des Unternehmens verschlechterte sich während der ersten zwei Kriegsjahre stetig. Dies lag zum einen daran, dass die Flugapparate der Otto-Werke nicht mehr konkurrenzfähig waren. Zum anderen war Gustav Otto zwar ein technisch begabter Pionier des bayerischen Flugwesens, verstand aber nur wenig von der betriebswirtschaftlichen Führung einer Fabrik. Ende 1915 waren die Otto-Werke zahlungsunfähig, ein Fortbestand des Unternehmens war ungewiss. Da das Flugwesen während des Krieges aber enorme militärische Bedeutung gewonnen hatte, lag es im Interesse des Staates, über möglichst viele Anbieter von Flugzeugen verfügen zu können. Daher wurden die Aktiva des Unternehmens auf staatliche Initiative hin in eine neue Firma, die Bayerische Flugzeugwerke AG (BFW), eingebracht.

Die BFW und damit auch das Werk an der Neulerchenfeldstraße expandierten, 1917 waren bereits 2.400 Mitarbeiter beschäftigt, die bis zu 200 Flugzeuge im Monat fertigten. Aber das Ende des Ersten Weltkriegs und die Auflagen des Versailler Vertrags brachten auch bei den BFW die Flugzeugproduktion zum Erliegen.

1913 Baubeginn des Werks

1916 Die Bayerischen Flugzeugwerke übernehmen die Flugmaschinenwerke Gustav Otto

1917 Alle Werkshallen sind fertiggestellt

Luftbild der Otto-Werke, 1915.

300

Von der BFW zur BMW AG: Das Werk in den 20er Jahren

1922 siedelte die BMW AG in das Werk in der Neulerchenfeldstraße über. Im darauf folgenden Jahr begann das Unternehmen mit der Herstellung eines neuen Produkts: dem Motorrad. Die steigende Nachfrage nach Flugmotoren und Motorrädern bedingte seit der Mitte der 20er Jahre einen Ausbau der Werksanlagen.

1920 – 1930

Zustand 1922 bei der „Übergabe an BMW“

Die Gründungsgeschichte der BMW AG verlief in mehreren Etappen. 1917 ging die BMW GmbH aus den Rapp Motorenwerken hervor. Diese waren 1913 von Karl Rapp gegründet worden. Um die Kapitalbasis des Unternehmens zu verbreitern, erfolgte im darauffolgenden Jahr die Umwandlung in eine Aktiengesellschaft. Nach Ende des Ersten Weltkriegs sah sich BMW mit der Situation konfrontiert, dass das einzige Produkt des Unternehmens, der Flugmotor BMW IIIa, durch die Stornierung der staatlichen Aufträge keine Abnehmer mehr hatte. Zudem war die Produktion von Flugmotoren durch die Bestimmungen des Versailler Friedensvertrags von 1919/20 verboten worden. Zur Beschäftigung der Mitarbeiter und Auslastung der Maschinen schloss das Unternehmen im Juni 1919 einen Lizenzvertrag mit der Knorr-Bremse AG über die Herstellung von Eisenbahnbremsen. 1920 verkaufte der alleinige Eigner der BMW AG, Camillio Castiglioni, seine Aktien an die Knorr-Bremse AG. Aber schon zwei Jahre später trat er erneut an die Knorr-Bremse heran und bot dieser an, den Motorenbau mit allen

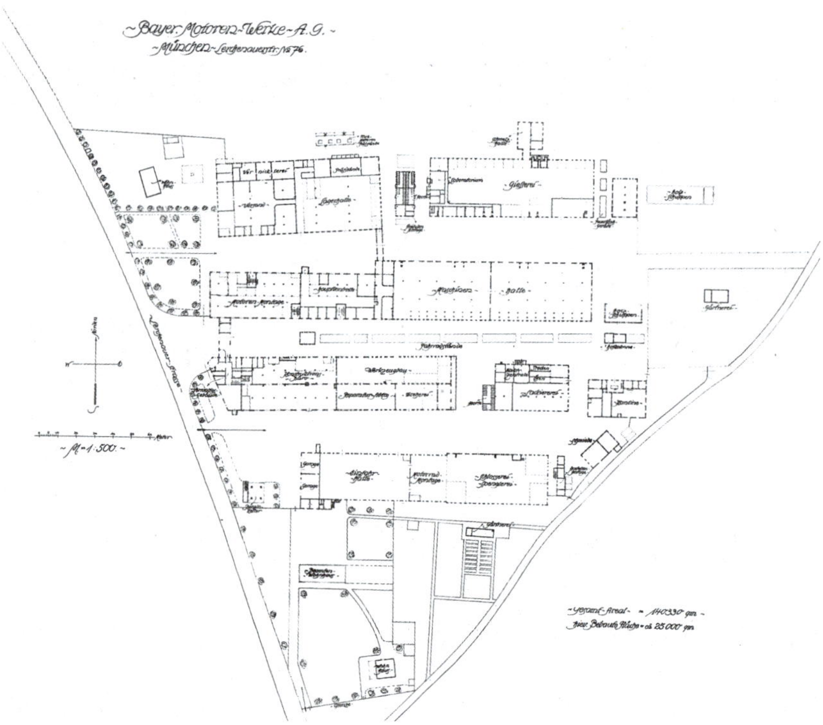

Plan der Bayerischen Flugzeugwerke AG, 1918.

Haupttor der Otto-Werke an der Neulerchenfeldstraße, 1915.

technischen Zeichnungen, den Maschinenpark sowie den Mitarbeiterstamm und den Firmennamen BMW zu übernehmen. Castiglioni verhandelte zu diesem Zeitpunkt mit dem tschechischen Verteidigungsministerium über einen möglichen Lizenzbau der Flugmotoren BMW IIIa und BMW IV. Eine solche Lizenzproduktion barg Gewinnmöglichkeiten für den Eigentümer von BMW, was sein neu erwachtes Interesse erklärte. Seit 1921 besaß Castiglioni die Bayerischen Flugzeugwerke AG (BFW) mit dem Werk an der Lerchenauer Straße, auf die er sein zurückgewonnenes Eigentum übertrug. Die BFW fertigte in der unmittelbaren Nachkriegszeit Motorräder und Holzmöbel, wobei ein Großteil der vorhandenen Produktionshallen jedoch leer blieb, in die der BMW Motorenbau einziehen konnte.
Bebaut war 1922 eine nach Süden hin zulaufende dreieckige Fläche, die auf der westlichen Seite durch die Lerchenauer Straße und auf der östlichen durch einen Fuß-Gemeindeweg begrenzt wurde. Vorhanden waren sechs große Werkshallen. In der südlichsten Halle waren die Schlosserei und die Einfahrhalle/Garage untergebracht. Nördlich davon lag die Halle für Montage und Kontrolle sowie ein Lagergebäude, an das sich im Osten unmittelbar die Mechanische Werkstatt anschloss. Am nördlichen Ende

lagen auf der westlichen Seite das Lager und der Versand und auf der östlichen Seite die Gießerei.
Das Jahr 1923 brachte gleich zwei Veränderungen für die BMW AG: Zum einen erlaubten die Alliierten die eingeschränkte Wiederaufnahme der Flugmotorenproduktion. Aus der Fertigung von Stationär- und Einbauaggregaten für unterschiedliche stationäre und mobile Verwendungszwecke entwickelte sich ein zweites Standbein des jungen Unternehmens: Die Ingenieure der BMW AG konstruierten um den „Bayern-Kleinmotor" herum ein eigenes Motorrad – die R 32. Mit der R 32 fuhr erstmals ein Fahrzeug mit dem weiß-blauen BMW Markenzeichen auf der Straße.

1917 Die Rapp Motorenwerke werden zur BMW GmbH
1920 BMW verliert die Selbstständigkeit
1922 Die BMW AG wird auf die BFW übertragen
1923 Beginn der Motorradproduktion

Der Neubau von Halle 17

Die Aufnahme eines neuen Produkts, des Motorrads, bzw. die Rückkehr zur Herstellung von Flugmotoren bedingte seit 1923 einige Veränderungen auf dem Fabrikgelände. Die Zunahme der Aufträge machte zudem mehrere Erhöhungen des Eigenkapitals der BMW AG nötig. Ein Teil dieser Geldmittel wurde genutzt, um das Werk ab Mitte der 20er Jahre zu erweitern und vor allem zu modernisieren.
1924 entschied die Unternehmensleitung, die Halle 17, in der bisher die Einzelteilfertigung untergebracht war, durch ein Gebäude in Backsteinbauweise zu ersetzen. Um den laufenden Betrieb nicht zu stören, wurde die Konstruktion aus Stahl und Ziegeln um die bestehenden Holzhallen herum errichtet. Die neue Halle 17 war als ein einziger übersichtlicher Raum gebaut, an deren Rand eine Galerie verlief. Wegen der alten Holzbauten im Inneren konnte diese Galerie nicht auf Säulen gestützt werden, sondern wurde an den Dachstuhl gehängt. Erst nachdem die neue Halle komplett fertig war, riss man die alten Holzbauten ab. Die Maschinen stellte man dem Produktionsablauf folgend neu auf. Die große Maschinenhalle 17 war in der zweiten Hälfte der 20er Jahre eindeutig ein Kernpunkt des BMW

Überbauung der Halle 17, 1924/25.

Das Herz des Werks in den 20er Jahren: die Halle 17, 1926.

Werks. Hier befanden sich: die gesamte Einzelteilfertigung des Flugmotorenbaus und ein Teil der Einzelfertigung des Motorradbaus.
Schon 1928 wurde an das östliche Ende der Halle 17 ein Kopfbau in Eisenfachwerkbau angesetzt. In dessen Erdgeschoss waren die Härterei und im ersten Stock Betriebsbüros untergebracht. Die Härterei nahm einen zentralen Platz in der Flugmotorenfertigung ein. Um den hohen Belastungen beim Einsatz in Flugzeugen standhalten zu können, war es notwendig, dass einzelne Bauteile und Materialien speziell behandelt wurden. Die Härterei war nicht nur mit Öl-, Gas und Elektroöfen unterschiedlicher Größe für die gängige Wärmebehandlung eingerichtet, sondern auch für die Karbonisier- und Nitrierhärtung. Die Neuerrichtung des Gebäudes ermöglichte sowohl die Anwendung modernster Technik als auch optimale Arbeitsbedingungen. Durch eine Raumhöhe von 6,5 Metern und eine leistungsstarke Belüftungsanlage sollten Hitze und gesundheitsschädliche Gase möglichst schnell aus dem Gebäude abziehen.

1924 Beginn des Werksausbaus
1924 Überbauung der Halle 17
1928 Bau einer neuen Härterei

Die Gießerei

Die steigende Produktion vor allem im Motorradbereich bedingte einige Veränderungen und eine Vergrößerung des Werksgeländes. So wurde 1928 eine neue Gießerei gebaut. Schon seit 1918 stand die BMW-Gießerei für qualitativ hochwertige Erzeugnisse, weshalb auch andere Unternehmen Gussteile von BMW bezogen. Beim Bau des neuen Gebäudes wurden alle damals gültigen Arbeitsschutzanforderungen berücksichtigt. So wurde die Elektrongießerei räumlich von den anderen Abteilungen getrennt, um die Arbeiter vor den auftretenden Schwefeldioxydgasen zu schützen.

Die neue Gießerei erhielt eine Ausstattung mit den seinerzeit modernsten Fertigungstechniken. Sie umfasste Abteilungen für Aluminium-, Elektron-, Eisen- und Bronzeguss mit zugehörigen Schmelzräumen sowie eine gemeinsame Gussputzerei. Auf einer Galerie in der Halle befanden sich eine Modelltischlerei, Büros und Sozialräume. Am West- und Ostende der Gießerei waren Sandaufbereitungsmaschinen untergebracht, die über zwei Bandförderanlagen die über die gesamte Länge der Halle verteilten Sandbunker belieferten. Aus den Sandbunkern wiederum wurde der Sand unmittelbar den Formmaschinen zugeführt. An den westlichen Sandaufbereitungsraum war nach Osten hin die Schmelzhalle für Grauguss angeschlossen. Daneben lag das Gebäude, in dem die Gussputzerei untergebracht war. Ebenfalls Richtung Osten folgte die Aluminium-Schmelzhalle. Über den Sandaufbereitungsraum für die Aluminiumgießerei gelangte man aus der Aluminium-Schmelzhalle in die Elektrongießerei. Diese umfasste die gesamte Höhe des Gebäudes und war von den übrigen Räumen der Gießerei vollkommen abgetrennt. Die auf der Nordseite der Halle gelegene Kernmacherei wurde ähnlich wie die Formmaschine durch Bandförderer mit Sand versorgt.

Die neue Gießerei, 1929/30.

Die Sandbunker in der Gießerei, ca. 1930.

Innenansicht der neuen Gießerei, 1930.

Die Einfahrbahn

1927 wurde am nördlichen Rand des Geländes, an der damaligen Keferloher Straße, eine neue Einfahrbahn für Motorräder errichtet. Bis zu diesem Zeitpunkt musste man die Motorräder in einer Halle einfahren, um die Qualität der Maschinen testen zu können. Jetzt entstand ein markantes Oval mit einer Länge von insgesamt 750 Metern, auf dem die Einfahrer eine maximale Geschwindigkeit von 140 km/h erreichen konnten. Im Innenraum der Einfahrbahn befanden sich zudem neue Flugmotorenprüfstände, die rund vier Meter in den Boden reichten. Unter der Einfahrbahn lief ein Tunnel hindurch, der die Prüfstände mit einem ebenfalls neu errichteten zweigeschossigen Gebäude verband, in dessen Erdgeschoss die Flugmotoren-Rückmontage untergebracht war. Somit hatte man kurze Wege geschaffen, um die fertig geprüften Motoren schnellstmöglich in der Rückmontage auf ihre Qualität hin prüfen zu können. Im ersten Stock des Gebäudes befand sich zunächst die Lehrlingswerkstatt. Nach dem gleichen Prinzip der Untertunnelung war ein westlich der Rückmontage gele-

Einfahren der BMW Motorräder, 1929.

Luftbildaufnahme des BMW Werks München mit der Einfahrbahn im Hintergrund, 1928.

1927 Bau einer neuen Einfahrbahn

genes Gebäude von der Einfahrbahn aus erreichbar, in dem die Einfahrabteilung untergebracht war. Auch hier gewann man durch die neue Logistik Zeit, indem die Motorräder sofort nach dem Einfahren gewaschen, geprüft und versandbereit gemacht werden konnten. Auch die Versandabteilung befand sich in diesem Gebäude. Gleichzeitig mit der Einfahrbahn war ein Gleisanschluss an den Komplex angebaut worden, sodass die geprüften und verpackten Motoren und Motorräder direkt von der Vertriebsabteilung verschickt werden konnten.

Flugmotorenproduktion

Da nach dem Ende des Ersten Weltkriegs der Flugmotorenbau zunächst hatte eingestellt werden müssen, gingen die BMW Ingenieure daran, aus den vorhandenen Flugmotoren-Baumustern Aggregate für andere Einsatzzwecke abzuleiten. Man hoffte, dass der gute Ruf des ersten BMW Motors, des BMW IIIa, dafür sorgen würde, dass die neu entwickelten Boots-, LKW-, Automobil- und Motorradmotoren sich gut verkaufen würden. Diese Erwartungen erfüllten sich aber nicht. Die Motoren brachten dem Unternehmen kaum Gewinne ein. Nach der teilweisen Revision des Versailler Vertrags 1922 öffnete sich erneut die Tür für die Flugmotorenproduktion. Hauptabnehmer für die BMW Motoren war aber nicht der deutsche Markt. Große Aufträge kamen vor allem aus der Sowjetunion, der Tschechoslowakei und Japan. Die Luftfahrt der Zwischenkriegszeit war durch eine kontinuierliche Weiterentwicklung der Flugzeuge gekennzeichnet, die nach Antrieben mit großer Leistung und dauerhafter Betriebssicherheit verlangten. Statt kostenintensive Neuentwicklungen zu verfolgen, bemühten sich die Ingenieure von BMW, die bereits bewährten Baumuster weiterzuentwickeln. 1928 erwarb BMW zudem von dem amerikanischen Flugmotorenhersteller Pratt & Whitney die Lizenz für einen luftgekühlten Sternmotor.
Die BMW Flugmotoren zeichneten sich von Anfang an durch ihre hohe Qualität aus. Um diese zu gewährleisten, achtete BMW sehr auf die Qualifizierung der Facharbeiter. Gleichzeitig unterlagen aber auch die Flugaggregate

Konstrukteure am Zeichenbrett, 1925.
Links: Flugmotoren vom Typ BMW VI in der Abteilung Rückmontage, 1926.

ständigen Qualitätskontrollen. Schon während des Fertigungsprozesses wurde ein Großteil der verwendeten Materialien einer sehr genauen Überprüfung unterzogen. Die wichtige Rolle, die Qualität im Fertigungsprozess spielte, zeigt sich am Beispiel der Wareneingangskontrolle, die die eingehenden Rohstoffe und Zulieferteile überprüfte. Die Kontrolle betraf aber nicht nur die Produktionsvorbereitung, sondern auch den eigentlichen Fertigungsablauf. Wenn ein Arbeiter in einen neuen Tätigungsbereich eingeführt wurde, unterzog man seine ersten Erzeugnisse in der sogenannten „Erststückskontrolle" einer eingehenden Prüfung, was die Arbeiterschaft oftmals als unnötige Gängelei empfand. Die Kontrolle stellte aber sicher, dass alle Anweisungen des Meisters verstanden und optimal umgesetzt wurden. Dadurch konnte die Ausschussquote verringert und die Qualität der Motoren gewährleistet werden. Nachdem die Qualität der Einzelteile garantiert war, wurde auch in der Montage größter Wert darauf gelegt, dass die Motoren den hohen Ansprüchen gerecht wurden. Aus diesem Grund wurden beim Zusammenbau der Motoren in der Regel nur Facharbeiter eingesetzt. Da die monatlichen Produktionszahlen in den 20er Jahren nie höher lagen als etwa 50 Einheiten, war eine Serienfertigung nicht notwendig. Die Aggregate wurden daher in Einzel- oder Gruppenfertigung aufgebaut. Waren die Flugmotoren fertig montiert, kam als letzter Schritt die Endkontrolle. Zunächst lief jeder Motor mehrere Stunden auf einem Prüfstand. Danach wurde er in der Rückmontage völlig zerlegt. Nach einem Reinigungsbad der Bauteile in Benzin wurden diese auf Materialfehler oder Beschädigungen wie beispielsweise Risse hin untersucht. Nachdem sichergestellt war, dass alle Bauteile sich in einem einwandfreien Zustand befanden, wurde der Motor wieder zusammengesetzt. Dann lief er erneut zwei Stunden auf dem Prüfstand bei Höchstleistung. Erst wenn nach einer erneuten Demontage bewiesen war, dass der Flugmotor absolut fehlerfrei war, wurde er wieder zusammengebaut und für den Versand verpackt. Solche hohen Qualitätsanforderungen waren in der Luftfahrtindustrie üblich und auch notwendig, da Motordefekte im Betrieb unabsehbare Folgen haben konnten.

1920 Verbot der Flugmotorenproduktion durch den Versailler Vertrag

1922 Teilweise Revision des Versailler Vertrags

1928 Lizenzerwerb für einen luftgekühlten Sternmotor bei Pratt & Whitney

Werbung für die diversen Einsatzzwecke der BMW Motoren, 1920.

Der Dornier Wal Wolfgang von Gronaus nach der Landung in New York, 1930.

Der Flugmotor BMW VI

Nachdem BMW mit den Aggregaten BMW IIIa und BMW IV in der ersten Hälfte der 20er Jahre Sechszylindermotoren produzierte, bot das Münchner Unternehmen mit dem BMW VI nun auch einen Zwölfzylindermotor an. Damit folgte BMW den Forderungen des Marktes, der nach leistungsstärkeren Motoren verlangte. Der BMW VI war eine abgeleitete Konstruktion des BMW IV. Das Prinzip der Weiterentwicklung war damals typisch für BMW, und bei den beiden Motoren wurden viele Gleichteile verwendet. Im Sommer 1924 konnten erste Prüfstandsläufe mit dem BMW VI durchgeführt werden. Zwei Jahre später bestand das Aggregat seine Musterprüfung bei der Deutschen Versuchsanstalt.

Bis zur Einstellung der Produktion 1937 produzierte BMW rund 6.000 Einheiten des Motors. Mit dem BMW VI wurden zahlreiche Rekord- und Fernflüge absolviert, unter anderem 1930 die erste Atlantiküberquerung in einem Flugboot von Ost nach West durch Wolfgang von Gronau in einem mit zwei BMW VI motorisierten Dornier Wal. Der BMW VI Motor, von dem es zahlreiche Ausführungsvarianten gab, wurde auch in Japan und in der Sowjetunion in Lizenz gefertigt.

1924 fand die Produktion der R 32 noch ohne eine Fließmontage statt.

Motorradproduktion

Nachdem die einzelnen Komponenten für die Motorräder hergestellt worden waren, kamen sie nach einer ersten Kontrolle in ein Teilelager und von dort aus in die Zusammenbau-Abteilungen. An den Montagestraßen wurden Getriebe, Vorderradgabeln sowie Hinterachsantriebe aus den einzelnen Bauteilen zu einbaufertigen Gruppen zusammengesetzt und geprüft. Jede Zusammenbaustraße endete genau an der Stelle der Montagebahn, an der die ankommende Gruppe in den – auf den Montagewagen aufgebauten – Rahmen eingesetzt werden musste. Die Motoren wiederum wurden auf einer Montagebahn zusammengebaut, auf der die Motoren auf kleinen Wägelchen saßen und von Arbeiter zu Arbeiter weitergereicht und schließlich im Motorprüfraum abgenommen wurden. Zuletzt musste jedes Aggregat einen Probelauf auf dem Prüfstand erfolgreich absolvieren. Schließlich wurden die fertigen Motorräder zur Einfahr-Abteilung transportiert. Hier wurden die Motorräder eingefahren und auf ihre Funktionsfähigkeit hin geprüft. Oftmals waren es passionierte und erfahrene Motorradfahrer, die diese Aufgabe übernahmen und bereits kleinste Mängel „erfühlen" konnten. Mit dem Bau der Einfahrbahn gegen Ende der 20er Jahre konnten die Motorräder nun auf einer längeren Strecke mit größerer Geschwindigkeit eingefahren werden.
Die BMW R 32 stand am Anfang einer langen Reihe von qualitativ hochwertigen BMW Motorrädern. Bis zu Beginn der 30er Jahre bildeten Motor-

rad und Flugmotoren bei BMW produktionstechnisch eine Einheit. Das lag an dem sehr unbeständigen Auftragseingang für Flugmotoren. Um die hoch qualifizierten Facharbeiter, die für den Flugmotorenbau notwendig waren, kontinuierlich beschäftigen zu können, wurden sie in Phasen geringerer Auslastung im Flugmotorenbereich in der Produktion von Motorrädern eingesetzt. Diese Fertigungsorganisation führte dazu, dass die Produktionskosten der BMW Motorräder so hoch waren, dass diese zu den weltweit teuersten Maschinen zählten. Gleichzeitig lag aber hierdurch ihre Qualität weit über dem Durchschnitt, sodass die Motorradsparte dem Unternehmen dennoch finanzielle Gewinne brachte.
Das Motorradangebot der BMW AG wurde in den 20er Jahren kontinuierlich erweitert. Schon 1924 wurde mit der R 37 ein aus der R 32 entwickeltes Sportmodell in die Produktion genommen. Im Jahr darauf folgte mit einem Einzylindermotorrad, der BMW R 39, eine Abrundung des Produktionsprogramms nach unten. Dieses Modell erwies sich jedoch aufgrund des für dieses Marktsegment zu hohen Preises als nicht konkurrenzfähig und wurde bereits 1926 wieder eingestellt. Die Boxermodelle erfreuten sich hingegen einer sehr guten Nachfrage. Dies ermunterte BMW dazu, die Produktpalette in den 20er Jahren beständig zu erweitern.

Kampagne für die Qualität und Zuverlässigkeit der BMW Motorräder, 1929.

Solomaschinen und Motorradgespanne vom Typ BMW R 52 in Reichswehrausführung, fertig zur Auslieferung, 1928/29.

Oben: Anfang des Montagebandes, auf dem Rahmen und Schutzbleche für die Typen BMW R 52 und BMW R 62 zusammengebaut werden. Rechts vom Band liegen die fertigen Motoren, 1928.
Unten: BMW R 32 in der Auslieferungshalle, 1924.

Das Produktportfolio beinhaltete stets sowohl Touren- als auch Sportmaschinen und beruhte bei dieser Differenzierung immer auf dem Prinzip „gleicher Rahmen – modifizierte Motorisierung“.
Ebenso wie die BMW Flugmotoren standen auch die Motorräder des Münchner Unternehmens für hohe Qualität, technischen Fortschritt, Zuverlässigkeit und Sportlichkeit. Da es BMW zudem gelang, die Verkaufspreise durch die Rationalisierung der Fertigung zu senken, stieg die Nachfrage nach BMW Motorrädern im In- und Ausland während der 20er Jahre beständig an. In den ersten fünf Jahren, von 1923 bis 1927, erhöhte sich die Produktion von 1.500 auf rund 5.000 Einheiten.
Die wachsende Nachfrage nach Motorrädern bedingte eine Erweiterung der für dieses Produkt zur Verfügung stehenden Fertigungsstätten im Werk. Im Zuge der großen Werkserweiterung Ende der 20er Jahre entstand südlich der Gießerei ein Neubau für die Motorradproduktion. Wenn man die Halle von der Westseite her betrat, gelangte man zunächst in die Abteilung für den Rahmenbau. Die Rahmenteile für die neuen Modelle aus gepresstem Stahlblech wurden im 1928 gekauften Automobil-Werk Eisenach gefertigt und in München nur noch miteinander vernietet, in abgetrennten Räumen sandgestrahlt und lackiert und schließlich zum Montageband geführt. Der größte Teil der Halle wurde von dem Bereich der Einzelteilfertigung eingenommen. Dort waren alle Sonderwerkzeugmaschinen für den Motorradbau aufgestellt.

1923 Vorstellung der BMW R 32

1924 Vorstellung der BMW R 37

1927 Jährlich werden 5.000 Motorräder hergestellt

Die BMW R 32

1923 stellte BMW mit der R 32 ein neues Produkt vor. Bereits das erste BMW Motorrad besaß einen quer zur Fahrtrichtung eingebauten Boxermotor sowie eine Kardanwelle, mit der die Kraft zum Hinterrad übertragen wurde; zwei Merkmale, die noch heute BMW Motorräder charakterisieren. Die R 32 überzeugte vor allem durch ihre Qualität: Alle reparaturanfälligen Teile waren gekapselt, der Kardanantrieb war wartungsfreundlicher als die sonst üblichen Ketten oder Riemen, und der mit nur 8,5 PS sehr niedrig ausgelegte Motor versprach jene Zuverlässigkeit, für die der Name BMW bürgte. Das Fahrwerk mit dem Doppelrohrrahmen und der vorderen Kurzschwinge war der theoretischen Höchstgeschwindigkeit von 95 km/h besser gewachsen als die Straßen jener Zeit. Mit der formschönen und gebrauchstüchtigen R 32 hatte BMW den Grundstein für eine erfolgreiche Motorradgeschichte gelegt.

Gruppenbild mit BMW M 2 B 33, 1925.

Die BMW Mitarbeiter

Die hohe Qualifikation der BMW Arbeiter führte von Anfang an dazu, dass die Arbeiterschaft als wichtiger Bestandteil der Firma bewertet wurde. Die Bedeutung der Facharbeiter zeigt auch die Tatsache, dass Camillio Castiglioni 1922 von der Knorr-Bremse nicht nur den Firmennamen, das Markenzeichen, Patente und Konstruktionszeichnungen kaufte, sondern vor allem auch den Facharbeiterstamm mitnahm. Die hohen Ansprüche, die der Flugmotorenbau mit sich brachte, erforderten einen großen Anteil an Fachkräften unter der Belegschaft, wie Ingenieure, Meister, Einrichter und Facharbeiter.
Trotz des doppelten Einsatzfeldes sowohl in der Motorrad- als auch in der Flugmotorenproduktion konnte das Unternehmen nicht immer die gesamte Belegschaft über das ganze Jahr beschäftigen. Im Motorradbau kam es vor allem in den Wintermonaten zu saisonal bedingten Entlassungen. In der Flugmotorenproduktion war die Beschäftigung sehr stark von Großaufträgen abhängig. Der Kündigungsschutz für Arbeiter betrug damals etwa vier Wochen, sodass bei Ausstellungen wegen geringer Auftragslage keine arbeitsrechtlichen Probleme auftraten. Da die Flugmotorenmechaniker allgemein als „Könige unter den Mechanikern" galten, bemühte sich BMW aber auch bei schwacher Auftragslage, möglichst viele der hoch qualifizierten Facharbeiter zu behalten. Während der Weltwirtschaftskrise sank jedoch die Nachfrage nach Motorrädern und Flugmotoren, was sich auch auf die Belegschaft auswirkte. So kam es 1931 beispielsweise zu einer Reduzierung der Regelarbeitszeit um ein Sechstel von 48 auf 40 Stunden. Als sich die wirtschaftliche Situation in Deutschland weiter verschlechterte, erließ die Regierung im Oktober 1932 eine Notverordnung, die eine Kürzung der Löhne um bis zu ein Fünftel vorsah. Daraufhin trat die Belegschaft des Werks München in den Streik. Die Unternehmensleitung reagierte mit einer Entlassung aller Streikenden, aber schon nach wenigen Tagen konnte der Streik durch einen Kompromiss beendet werden.

BMW Belegschaftsangehörige auf einem Benzintank, 1927.

557

Anpassung des Werks an die verstärkte Nachfrage nach Flugmotoren in den 30er Jahren

In den 30er Jahren erfuhr das BMW Werk weitere Vergrößerungen. Aufgrund der wachsenden Nachfrage nach Flugmotoren seit 1933 vergrößerte BMW seine Produktionskapazitäten in diesem Bereich. 1934 wurde die gesamte Flugmotorenproduktion in die BMW Flugmotoren GmbH ausgelagert. Die Belegschaft stieg zwischen 1931 und 1939 in starkem Maße an. Um in den Zeiten der Vollbeschäftigung Arbeiter anzuwerben, vergrößerte die BMW AG ihr Angebot an sozialen Einrichtungen.

1930 – 1940

Die räumliche Erweiterung des Werks

Schon zu Beginn der 30er Jahre erfuhr das Werk eine enorme Vergrößerung. Die Planungen hierzu reichten bis ins Jahr 1926 zurück, wie Eingabepläne aus diesem Jahr zeigen.

Durch Zukauf von Grundstücken im Südosten des Werksgeländes war es möglich, dort einen großen, U-förmigen Gebäudekomplex zu errichten. Er bestand aus einer Maschinenhalle und einer Montagehalle für den Flugmotorenbau sowie einem Lagergebäude. Das Werk musste für die Erfüllung von Großaufträgen für Flugmotoren erweitert werden, die für den Aufbau einer deutschen Luftwaffe erteilt wurden. Mitte der 30er Jahre war der Raum zwischen der Keferloher Straße im Norden, der Riesenfeldstraße im Osten, der Neuen Straße (später Dostlerstraße) und der Lerchenauer Straße im Westen vollständig bebaut. Durch diese Werkserweiterung änderte sich auch die Achse des Werks. Verlief diese bisher von Westen nach Osten, wurde der neue Haupteingang durch den Bau eines neuen Verwaltungsgebäudes an das Süd-Ende gelegt, wodurch sich die Ausrichtung des Werks in Nord-Süd-Richtung verschob.

Da das Werk in den vergangenen Jahren vor allem nach Osten hin erweitert wurde, verlief die neue Nord-Süd-Achse mitten durch das Werk. Der Bau eines neuen Haupteingangs war notwendig geworden, da die Lerchenauer

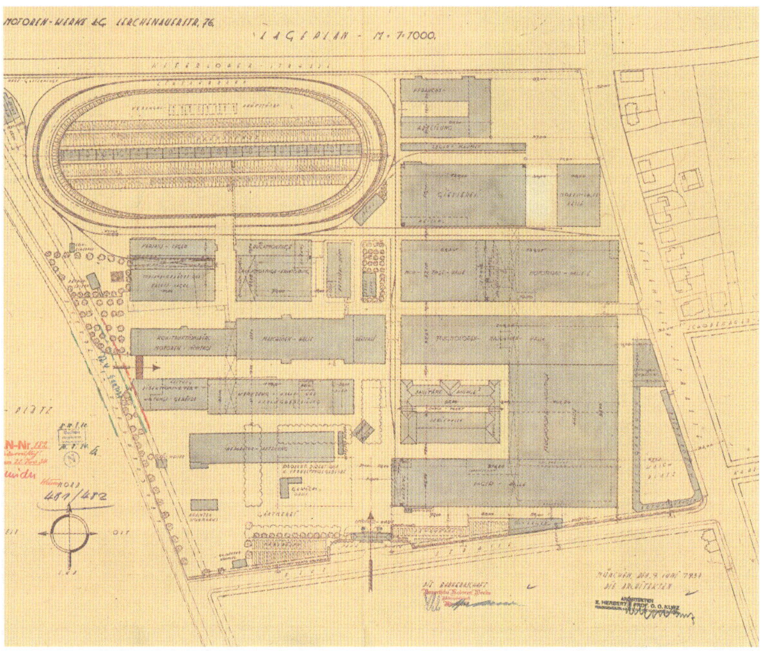

Lageplan des Werks mit dem alten und dem neuen Werkseingang, 1934.

Straße zu schmal für den Anlieferungsverkehr geworden war und auch der bisherige Ein- bzw. Ausgang den Erfordernissen nicht mehr entsprach.
Die wachsende Auftragslage in der Flugmotorenproduktion verlangte nach einer Vergrößerung der Kapazitäten. Aus diesem Grund gründete die BMW AG 1934 die BMW Flugmotoren GmbH. Sie umfasste alle Aktivitäten von BMW im Bereich der Flugmotorenproduktion. Ein solches Vorgehen war von Seiten der Reichsregierung gewünscht worden. Da GmbHs einer wesentlich geringeren Publikationspflicht unterlagen als Aktiengesellschaften, sollte durch diese Maßnahme die (zunächst) verdeckte Aufrüstung Deutschlands verschleiert werden. Zur Erweiterung der Produktionsflächen erwarb BMW nördlich der Keferloher Straße Mitte der 30er Jahre ein weiteres Gelände und überließ es der BMW Flugmotoren GmbH in Form eines Erbbaurechts. 1947 ging es an die BMW AG zurück. In der zweiten Hälfte der 30er Jahre wurden mehrere neue Gebäude auf dem Nord-Gelände errichtet. Mit den Zukäufen und Erweiterungen des Werks in den 20er und 30er Jahren hatte das BMW Stammwerk in etwa die räumliche Ausdehnung erreicht, die es auch heute noch besitzt.

1934 Gründung der BMW Flugmotoren GmbH

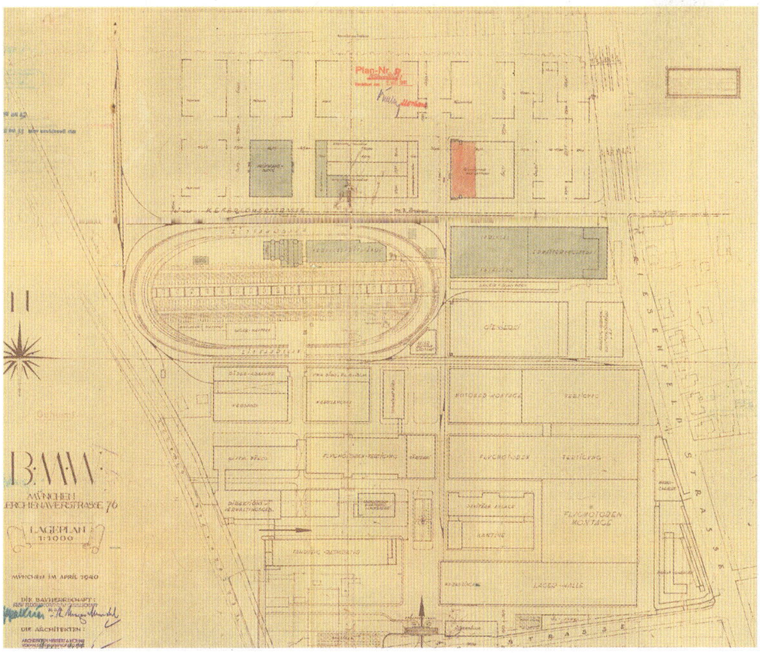

Lageplan des Werks mit dem zugekauften Gelände im Norden, 1940.

Serienendmontage des Flugmotors BMW 132, ca. 1940.

Die Flugmotorenproduktion

Die Aufrüstungspolitik des nationalsozialistischen Regimes forderte ab 1933 stetig mehr Flugmotoren. Hierfür produzierte das Werk München während der 30er Jahre zwei unterschiedliche Typen von Flugmotoren. Es lief weiterhin der bewährte wassergekühlte BMW VI in der Fertigung, ergänzt ab 1934 durch den luftgekühlten Sternmotor BMW 132. Neben dem Aufbau neuer Werksstandorte passte das Unternehmen auch den Produktionsablauf in den Werken der veränderten Nachfrage an. Statt der noch in den 20er Jahren üblichen Einzel- bzw. Gruppenfertigung ging BMW im Flugmotorenbau zur Serienproduktion über. Dabei war es notwendig, die immer komplexer werdende Flugmotorentechnologie in einfache einzelne Produktionsschritte zu zerlegen und gleichzeitig hohe Qualitätsstandards einzuhalten. Doch musste das Unternehmen ab Mitte der 30er Jahre zunehmend auch ungelernte Arbeiter anwerben. Um dennoch zu gewährleisten, dass die komplizierten Arbeitsschritte fehlerlos ausgeführt werden konnten, gab es schon sehr früh bei BMW eine umfassende Aus- und Weiterbildung. Die neuen Arbeiter mussten eine zwölfwöchige Ausbildung erfolgreich absolvieren, bevor sie in der Produktion eingesetzt wurden.

1934 Start der Serienfertigung des BMW 132

Produktion des luftgekühlten Sternmotors BMW 132, ca. 1934–1937.

Ein BMW 132 auf dem Prüfstand, 1932.

Der Flugmotor BMW 132

Nachdem BMW am 03.01.1928 vom amerikanischen Flugmotorenhersteller Pratt & Whitney Aircraft Company die Lizenz zur Fertigung von luftgekühlten Sternmotoren übernommen hatte, produzierte man zunächst das Neunzylindermodell Pratt & Whitney Hornet als „BMW Hornet". In Deutschland bevorzugten die zuständigen Stellen aber wassergekühlte Motoren, sodass BMW nur wenige der BMW Hornet Motoren absetzen konnte und der Lizenzvertrag 1931 im gegenseitigen Einverständnis gelöst wurde. Erst durch die Forderung der Behörden, dass in das Junkers-Flugzeug JU 52 ausschließlich BMW Sternmotoren eingebaut werden sollten, entstand eine größere Nachfrage. BMW schloss erneut einen Lizenzvertrag mit Pratt & Whitney. 1933 bekam das Unternehmen die Konstruktionspläne für das Modell Hornet S4D2 und vertrieb dieses Baumuster unter der Bezeichnung BMW 132. Dieser Motor wurde in verschiedenen Varianten gebaut, deren jeweilige Modellbezeichnung durch nachgestellte Buchstaben gekennzeichnet wurde. Neben den Vergaserausführungen 132 A, D, E, H und L wurden auch bereits Versionen mit Direkteinspritzung mit den Bezeichnungen 132 F, J, K, M und N gefertigt. Je nach Ausführung erreichten die Motoren bis zu 1.000 PS. Der Einsatz des BMW 132 in der heute noch populären Junkers JU 52 verhalf ihm während der 30er Jahre zu hohen Fertigungszahlen.

Die Motorradproduktion

Durch den Kauf der Fahrzeugfabrik Eisenach kam BMW 1928 zur Fließfertigung. Bisher war diese „amerikanische" Form der Produktion aufgrund der geringen Stückzahlen im Flugmotoren- und Motorradbau nicht notwendig gewesen. In den 20er Jahren lag die maximale jährliche Produktion von Motorrädern bei rund 5.600 Einheiten. Mit dem Ende der Weltwirtschaftskrise ab Mitte des Jahres 1932 stieg die Nachfrage nach Motorrädern an. Rationellere Fertigungsmethoden erhöhten die Produktivität erheblich. 1935 wurde mit etwa 10.000 Einheiten zum ersten Mal eine fünfstellige Produktionsziffer erreicht. Im letzten Vorkriegsjahr lag die jährliche Produktion bei 17.017 Motorrädern. Um die Gewinnmarge der Motorradsparte zu erhöhen, war Ende der 20er Jahre beschlossen worden, eine neue Modellpolitik zu verfolgen. Bisher hatte BMW nahezu jährlich ein neues Modellprogramm vorgestellt. Für die 30er Jahre wurde geplant, die Motorräder zwar regelmäßig zu überarbeiten, die Typenbezeichnung aber über einen längeren Zeitraum zu nutzen. Die neuen Modelle wurden aus Pressstahl gefertigt, was nicht nur zu einer besseren Haltbarkeit der Rahmen führte, sondern zugleich auch die Herstellungskosten spürbar senkte. Die Kombination von Pressstahlrahmen mit Boxermotoren übernahmen auch andere deutsche Motorradhersteller, weshalb die Zeitgenossen bald von einer „deutschen Schule" in der Motorradkonstruktion sprachen.

1935 Die jährliche Motorradproduktion liegt bei 10.000 Einheiten

BMW R 12 Motorräder, für den Export nach China bestimmt, in der Auslieferungshalle, 1937.

Die BMW R 5

Im Frühjahr 1936 präsentierte BMW auf der Automobil- und Motorradausstellung in Berlin mit der R 5 ein völlig neu entwickeltes Motorrad. Die Rahmenkonstruktion bestand aus elektrisch verschweißten Ovalrohren. Dieser leichte Rahmen in Verbindung mit der revolutionären Telegabel versprach hervorragende Fahreigenschaften, selbst wenn das Hinterrad noch immer ungefedert war. Auch beim Motor handelte es sich um eine Neukonstruktion. Den Ventiltrieb übernahmen zwei Nockenwellen, die über eine Steuerkette angetrieben wurden. Der Kraftstoff wurde von zwei Vergasern aufbereitet, von denen jeder einen kleinen Luftfilter besaß. Diese „Ohrenfilter" waren jedoch sehr schmutzanfällig, weshalb sie 1937 durch einen zentralen Luftfilter auf dem Getriebegehäuse ersetzt wurden. Das Vierganggetriebe war nun mit dem linken Fuß zu schalten, am rechten Getriebeblock fand sich jedoch noch ein Hilfshandschalthebel, der ungeübten Fahrern ein leichteres Finden der Gänge ermöglichen sollte. Eine weitere Neuerung war die Fußbremse, die nicht mehr mit dem Absatz, sondern – wie heute üblich – mit der Fußspitze zu betätigen war.

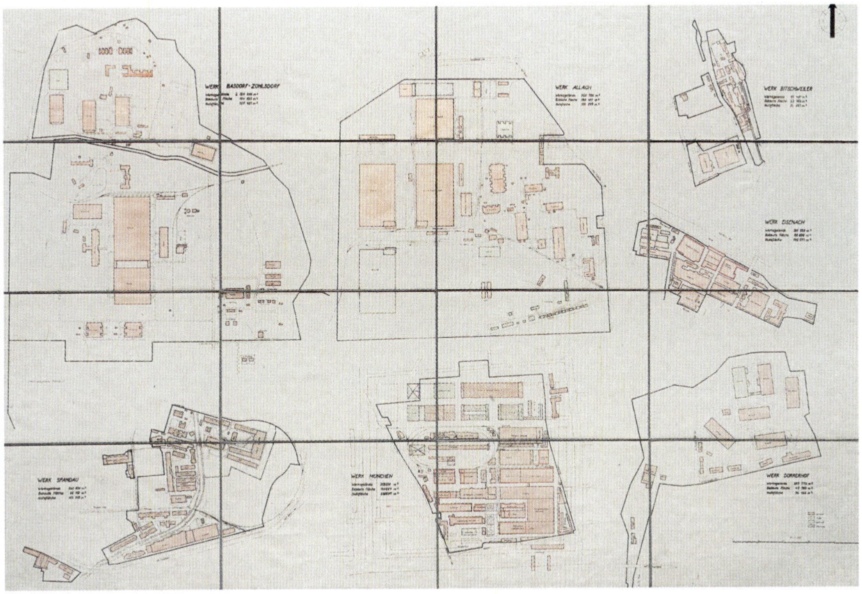

Der BMW Werksverbund, 1942.

Weitere BMW Werke

Neben dem Stammwerk in München-Milbertshofen kamen in den 20er und 30er Jahren weitere Produktionsstätten hinzu. 1928 erwarb BMW die Fahrzeugfabrik Eisenach und stieg damit in die Herstellung von Automobilen ein. Zunächst fertigte dieses Werk wie vor der Übernahme durch BMW Automobile nach Lizenz des Austin Seven. 1932 konnte das Unternehmen mit dem BMW 3/20 PS die erste eigene Automobil-Entwicklung vorstellen. In den 30er Jahren kamen im Rahmen der allgemeinen Aufrüstungspolitik weitere Werke hinzu, die der Fertigung von Flugmotoren dienten. 1936 errichtete BMW ein Werk in Allach im Münchner Norden und ein weiteres in Dürrerhof bei Eisenach. Beide Werke waren sogenannte Wald- oder Schattenwerke. Auf Anweisung der Reichsregierung errichtete sie das Unternehmen aus Gründen der Tarnung außerhalb der Städte. 1939 erwarb BMW von Siemens-Halske die Brandenburgischen Motorenwerke (Bramo) in Berlin-Spandau. Als Zuliefererwerke für Spandau wurden Werke in Basdorf und Zühlsdorf gebaut.

1928 Erwerb der Fahrzeugfabrik Eisenach

1936 Neubau der Werke Allach und Dürrerhof

1939 Kauf der Brandenburgischen Motorenwerke (Bramo)

Sozialeinrichtungen

BMW zeichnete sich schon sehr früh durch seine Sozialeinrichtungen für die Mitarbeiter aus. Das Werksgelände besaß von Anfang an eine Kantine, die zu Beginn der 30er Jahre großflächig erweitert wurde. Ebenso wurden auch die Sanitäranlagen wie z. B. die Waschräume erneuert. Zusätzlich errichtete BMW auf dem Gelände Beamtenwohnhäuser für die Angestellten und in unmittelbarer Nähe des Werks Wohnungen für Arbeiter.
Zu Beginn des Zweiten Weltkriegs richtete BMW, wohl als eines der ersten deutschen Unternehmen, in München ein eigenes Gesundheitswesen ein. Ein eigener Werksarzt wurde engagiert, der die Gesundheit der Mitarbeiter, beispielsweise durch Vorsorgeuntersuchungen, erhalten und Arbeitsunfälle sofort vor Ort behandeln sollte. Die sozialen Einrichtungen nutzte BMW ab Mitte der 30er Jahre als Anreiz für die Anwerbung neuer Mitarbeiter, die wegen des zunehmenden Arbeitskräftemangels nur schwer zu bekommen waren. Da der Staat gleichzeitig die Lohnpolitik reglementierte, konnte BMW auch nicht mit höheren Löhnen werben.
Als eine der letzten Sozialeinrichtungen wurde 1940 im BMW Werk eine Kinderkrippe eingerichtet. Dieser Schritt hatte vor allem arbeitspolitische Gründe. Mit Beginn des Zweiten Weltkriegs nahm der Mangel an Arbeitskräften sprunghaft zu, da ein Großteil der männlichen Arbeiter für den Militärdienst eingezogen wurde. In dieser Situation war es notwendig, auf Frauen als Arbeitskräfte zurückzugreifen, wobei diese natürlich nicht die gleiche fachliche Qualifikation wie die ausgebildeten Facharbeiter besaßen. Da die nationalsozialistische Ideologie der Frau aber vor allem die Rolle der Ehefrau und Mutter zudachte, musste man eine Vereinbarkeit mit den realen Bedürfnissen finden. Mit der Bereitstellung von Betreuungseinrichtungen für Säuglinge und Kleinkinder konnten auch junge Mütter problemlos in der Produktion tätig sein. Berücksichtigung fand auch die damalige medizinische Erkenntnis, dass die Sterblichkeitsziffer bei Säuglingen, die nur kurz gestillt wurden, erheblich höher war als bei Kindern, die über einen längeren Zeitraum mit Muttermilch ernährt wurden. Daher sollte den Müttern die Möglichkeit gegeben werden, die Kinder während der Arbeitszeit zu stillen.

1939 Einrichtung eines betriebseigenen Gesundheitswesens

1940 Eröffnung der BMW Kinderkrippe

O: Labor im Gesundheitshaus, 1941.
M: Die Diätküche in der neuen Kantine, ca. 1935.
U: Der Garten der Kinderkrippe, 1942.

Die Kinderkrippe wurde als eigenständiges Haus mit Garten in unmittelbarer Nähe zum Werk errichtet. Die Krippe nahm Kinder im Alter vom Säugling bis zum dritten Lebensjahr auf. Die Beschreibungen der Zeit lassen mit Ausdrücken wie „lichtdurchflutetes Haus", „freundliche Schlafräume" oder „behagliches Stillzimmer" eine gewisse Idylle vermuten. Nur der Hinweis, dass ein Luftschutzraum als Selbstverständlichkeit angesehen wird, verweist auf den Kontext des Krieges.

Waschraum der Kinderkrippe, 1942.

Arbeitspause im Freien, 30er Jahre.

Die BMW Mitarbeiter

Die von den Nationalsozialisten verfolgte Aufrüstungspolitik bedingte eine stetig ansteigende Produktion von Flugmotoren. Diese Entwicklung hatte auch Auswirkungen auf die BMW AG bzw. das Werk in Milbertshofen. Neben dem Zuwachs an Gelände durch die bereits aufgeführten Zukäufe im Norden für die Flugmotoren GmbH stieg auch die Zahl der Mitarbeiter in den 30er Jahren deutlich an. Die Belegschaft wuchs von rund 1.300 im Jahr 1931 auf 9.745 Mitarbeiter im Jahr 1939. Von den 5.884 Arbeitern und Angestellten im Jahr 1935 beschäftigte die Sparte Flugmotoren 4.416 Mitarbeiter. 1.468 Beschäftigte waren im Motorradbau bzw. in der Verwaltung tätig. Die Produktion von Flugmotoren stieg dementsprechend von 257 Aggregaten im Jahr 1931 auf 1.986 Motoren 1939 an.

Nach der nationalsozialistischen „Machtergreifung" wurden auch die Mitarbeitervertretungen der BMW AG gleichgeschaltet. So mussten zum Beispiel teilweise erfahrene Betriebsräte, die dieses Amt über mehrere Jahre hinweg innegehabt hatten, zugunsten von NSDAP-Mitgliedern abtreten, die nach den neuen geltenden Sozialgesetzen zu Betriebsobleuten ernannt wurden. Die Rolle der Gewerkschaften wurde von „Gliederungen" der NSDAP übernommen. 1934 wollte die Deutsche Arbeitsfront das Erfassen der Arbeitszeiten durch die Stempeluhren abschaffen und stattdessen Betriebsappelle zu Schichtbeginn und -ende abhalten. Hier wehrte sich BMW mit dem Hinweis, dass dadurch kostbare Arbeitszeit verloren ginge, was letztendlich zu Lasten der Motorenproduktion gehen würde. Betriebsappelle wurden aus diesem Grund wohl nur zu besonderen Anlässen durchgeführt.

Betriebsappell im Werk München anlässlich der Eröffnung des Winterhilfswerks, 1936.

300

Das Werk im Zweiten Weltkrieg

Im Laufe des Krieges entwickelte sich BMW zu einem reinen Rüstungsunternehmen. Mit der Verlagerung der Motorradproduktion nach Eisenach wurde das Münchner Stammwerk völlig in den Dienst der Flugmotorenherstellung gestellt. Seit 1940 setzte BMW auch Zwangsarbeiter in der Produktion ein. Ab 1943 wurde die Produktion wegen der Auswirkungen der alliierten Bombardierungen verlagert.

1939 – 1945

Kriegsbedingte Veränderungen

Mit dem Beginn des Zweiten Weltkriegs wurde die Produktion von Fahrzeugen für den zivilen Gebrauch stark reduziert. Somit entwickelte sich BMW zu einem reinen Rüstungsunternehmen. Das Werk Milbertshofen arbeitete zunehmend für die Zwecke des Militärs. Im BMW Werksverbund hatte das Münchner Werk die Aufgabe, den Flugmotor BMW 801 mit seinen zahlreichen Varianten zu entwickeln und zu produzieren. Außerdem waren die Projekte des BMW 802 und BMW 804 in Milbertshofen angesiedelt. Hinter diesen Bezeichnungen verbargen sich 14- bzw. 18-Zylinder-Flugmotoren für Kampf- und Jagdflugzeuge. Die nahezu vollständige Konzentration auf den Flugmotorenbau und die immer größeren Aufträge des Reichsluftfahrtministeriums (RLM) führten seit 1940 zu einer Neuordnung der Aufgaben für alle Werke innerhalb des BMW Konzerns. Im Rahmen dieser Umstrukturierung wurde das Münchner Werk zum „Nullserienwerk" bestimmt. Die Idee des Nullserienwerks bestand darin, hier einen Probeanlauf der Produktion durchzuführen und zu testen, ob sich die Entwürfe der Entwicklung in der Fertigung ohne Schwierigkeiten umsetzen ließen. Der zunehmende Mangel an ausgebildeten Facharbeitern bedingte möglichst kleine und einfache Arbeitsabläufe und -schritte, die im Nullserienwerk geprobt wurden. Im Nordteil des Münchner Werks,

Der Doppelsternmotor BMW 801 C in einer Ansicht von vorn, ca. 1942.

auf dem Gelände der Flugmotoren GmbH, siedelten sich die Entwicklungsabteilungen der BMW Flugmotorenbau GmbH München und der BMW Flugmotorenwerke Brandenburg GmbH an, die 1942 auf Veranlassung des RLM zusammengefasst worden waren. Nur die Entwicklungsgruppe für Strahltriebwerke und Raketenantriebe blieb in Spandau bzw. in dem nordöstlich von Berlin liegenden Zühlsdorf. Der räumlichen folgte die inhaltliche Konzentration: Alle Entwicklungsarbeiten im Münchner Werk konzentrierten sich auf die Weiterentwicklung des BMW 801.
Der Ausbau des Nullserienwerks wurde während des Krieges aufgrund der limitierten Baukapazitäten aber immer wieder ausgesetzt und kam daher praktisch nie zur Ausführung. Außerdem mussten die Nullserienaufträge bis 1943 zurückgestellt werden, da sich der Ausbau des Großserienwerks Allach verzögerte und die Münchner Werksanlagen zum großen Teil mit der serienmäßigen Fertigung belegt waren. Hinzu kam, dass der örtliche Generalbaurat verlangte, dass sich der Ausbau des Werks in den Gesamtrahmen der Stadt München als „Hauptstadt der Bewegung" einfüge. Um weitere Produktionskapazitäten für die Herstellung von Flugmotoren zu erhalten, verlagerte BMW 1942 auf Anweisung des RLM die Motorradfertigung von München nach Eisenach. Dadurch gewann das Unternehmen rund 20.000 qm, die für den Bau von Flugaggregaten genutzt werden konnten, ohne weitere Baumaßnahmen einleiten zu müssen. Gleichzeitig bedeutete die Verlagerung der Motorradproduktion aber auch, dass der Standort München völlig auf die Flugmotorenproduktion konzentriert wurde, was innerhalb des Unternehmens durchaus kritisch bewertet wurde. Durch den Umzug waren am Standort München keine Fertigungsanlagen mehr für eine Zivilproduktion vorhanden.

Der Flugmotor BMW 801

Der BMW 801 war der einzige deutsche Doppelsternmotor, der im Zweiten Weltkrieg produziert wurde. Er war der erste von BMW komplett in Eigenregie entwickelte luftgekühlte Flugmotor und verfügte über 14 Zylinder und eine Leistung von bis zu 2.000 PS. Nach den ersten Prüfstandsläufen 1939 hätten noch ausführliche Testreihen folgen sollen. Nachdem das NS-Regime mit dem Überfall auf Polen jedoch den Zweiten Weltkrieg entfesselt hatte, forderte das Reichsluftfahrtministerium die rasche Lieferung von BMW 801 Motoren. Die daraufhin überstürzt begonnene Serienproduktion führte zu diversen technischen Problemen, die letztendlich erst 1942 gelöst werden konnten. Bis Kriegsende zählte der BMW 801 zu den meistgebauten deutschen Flugmotoren und wurde in unzähligen Varianten in zahlreiche deutsche Flugzeuge eingebaut. Besondere Aufmerksamkeit erregte der BMW 801 durch die Tatsache, dass er der erste Flugmotor war, bei dem die Abgasturboaufladung Serienreife erlangte. Eine weitere Besonderheit des Motors war ein mechanisches Kommandogerät, das dem Piloten erlaubte, alle Motoreinstellungen des Flugzeugs mit nur einem Hebel zu steuern.

Verlagerung der Produktion

Ab März 1943 kam es verstärkt zu Bombardierungen der Werksanlagen in München. Die Unternehmensleitung hatte seit Längerem geplant, bombensichere Bunkeranlagen zu errichten; diese Planungen wurden jedoch nicht realisiert. Seit Ende 1943 war es daher notwendig, die Produktion zu verlagern, um deren Fortbestehen gewährleisten zu können. Die Initiative zu den Verlagerungen ging dabei in erster Linie vom Reichsluftfahrtministerium aus. Nach mehreren Besichtigungen möglicher Verlagerungsbetriebe mit Vertretern des RLM zeigte sich, dass Spinnerei- und Webereibetriebe die besten technischen Voraussetzungen lieferten. Alle Auslagerungsbetriebe und -orte wurden mit Decknamen versehen. Da die Produktionsmaschinen jedoch in LKWs transportiert wurden, die mit der Aufschrift „BMW München" versehen waren, ist es fraglich, wie geheim die Vorgänge tatsächlich blieben.
Die Verlagerungen liefen in drei Phasen ab, die sich teilweise überschnitten. Die Planungen waren Ende 1943 abgeschlossen. Die Zwischenverlagerungsaktionen führte BMW im Frühjahr/Sommer 1944 durch. Seit Herbst 1944 erfolgte schließlich die Rückverlagerung nach München, an die sich fast sofort eine erneute, sehr chaotisch verlaufene Auslagerung anschloss. Die Produktionsverlagerungen waren mit einem hohen Aufwand an Zeit und Kosten verbunden. Da nicht nur die Maschinen, sondern auch die Be-

Der Umzug von Maschinen ließ sich kaum unbemerkt durchführen, 1944.

legschaft ausgelagert wurde, mussten Unterkünfte für die Arbeiter organisiert werden. Die ausgelagerte Produktion wurde zentral organisiert und gesteuert. Ein Großteil der kaufmännischen Angestellten beschäftigte sich ausschließlich mit den administrativen Aspekten der Verlagerungen, die wochenlange Produktionsunterbrechungen bedeuteten. Der Maschinenpark des Werks Milbertshofen wurde in eineinhalb Jahren komplett umgestellt. Gerade gegen Ende des Krieges traten verstärkt Kommunikationsschwierigkeiten zwischen den einzelnen Verlagerungsorten und der Zentrale auf.

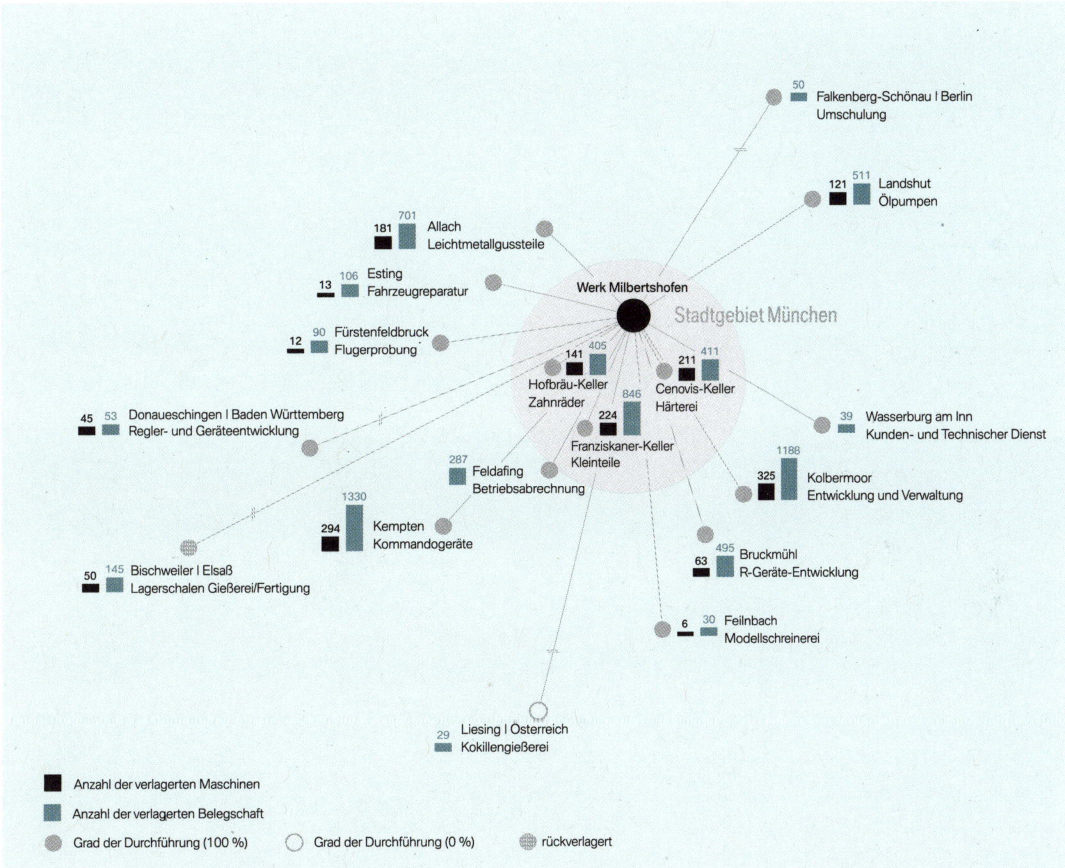

1940 Neuordnung der Werksanlagen des BMW Konzerns

1942 Verlagerung der Motorradproduktion nach Eisenach

1942 Zusammenfassung der Entwicklungsabteilungen in Milbertshofen

Zum Teil wurden die Verlagerungen innerhalb Münchens durchgeführt. So nahm BMW beispielsweise Räumlichkeiten im Hofbräu-Keller bzw. im Franziskaner-Keller in Anspruch. BMW bemühte sich, einen Großteil der Materialverlagerung in der näheren Umgebung in einem Umkreis von etwa 70 km um München durchzuführen. Die Entwicklungsabteilung wurde auf drei Orte verteilt. Zwei Standorte lagen in der Nähe von Rosenheim im Süden Münchens, bei Kolbermoor sowie Bruckmühl, der dritte bei Donaueschingen, das rund 250 km von München entfernt liegt. Auch die Verwaltung wurde in Kolbermoor angesiedelt. Der Flugbetrieb ging nach Fürstenfeldbruck. Wie die Entwicklung wurde auch die Serien- und Nullserienfertigung in mehrere unterschiedliche Orte verlagert: Feilnbach, Landshut, Kempten sowie Bischweiler im Elsaß.

1943 Beginn der Planungen für die Verlagerung

1944 Verlagerung der Produktion

Dokumentation der Bombenschäden 1943.

Schreibbüro im Münchner BMW Werk, ca. 1942.

Die Belegschaft

Der Beginn des Zweiten Weltkriegs brachte zahlreiche Veränderungen für die Belegschaft des Münchner Werks. 1939 hatte sich der Arbeitskräftemangel in München und der näheren Umgebung dramatisch verschärft. Es fehlten nicht nur ausgebildete Fachkräfte, sondern ebenfalls Hilfs- und Anlernkräfte. Auch während des Krieges führte BMW die Berufsausbildung fort. Man baute eine berufliche Weiterbildung auf, um qualifizierte Facharbeiter auszubilden. In der BMW eigenen Werksschule lernten die Auszubildenden das nötige theoretische Wissen.
BMW hatte schon Mitte der 30er Jahre die reguläre 40-Stunden-Woche zu einem Drei-Schicht-Betrieb umgestaltet. Innerhalb dieses Modells war eine 65-Stunden-Woche für die BMW Mitarbeiter nicht ungewöhnlich. Durch die Einberufungen der wehrpflichtigen Männer bei Kriegsanfang verschärfte sich die Lage auf dem Arbeitsmarkt zusätzlich. Da BMW jedoch ein wichtiger Rüstungsproduzent für die deutsche Luftwaffe war, konnte das Unternehmen zunächst noch von seiner privilegierten Stellung profitieren: Rüstungsunternehmen bekamen für die dienstverpflichteten Männer Ersatzpersonal gestellt. BMW hatte zudem die Möglichkeit, mittels Unabkömmlichkeitsbescheinigungen zu belegen, dass auf die betreffenden Arbeiter nicht verzichtet werden konnte. Um den Arbeitskräftemangel teilweise ausgleichen zu können, bemühte sich BMW zunächst bei den Münchner Arbeitsämtern darum, weibliche Arbeitskräfte zugewiesen zu bekommen. Auch diese konnten den Bedarf an Arbeitskräften nicht decken. Seit 1940 arbeiteten auch Zwangsarbeiter im Werk Milbertshofen.

Die Herbitus-Anlage im geschlossenen Zustand, 1943.

Während der Bombardierungen der Werksanlagen waren die Mitarbeiter dafür verantwortlich, die von ihnen benutzten Arbeitsmittel zu sichern. So mussten beispielsweise die Sekretärinnen ihre Schreibmaschinen mit in die Luftschutzbunker nehmen. Im Bereich der Produktion oblag es den italienischen Zwangsarbeitern, die Maschinen in Sicherheit zu bringen, was sie oftmals mit ihrem Leben bezahlen mussten. Die zunehmenden Bombardierungen der Münchner Gegend führten dazu, dass die Infrastruktur zusammenbrach und ein Großteil der Belegschaft den Weg zur Arbeit zu Fuß zurücklegen musste. Im Verlauf des Krieges verschlechterten sich die Arbeitsbedingungen zunehmend. So mussten die Arbeiter, die für die Herbitus-Höhenanlage zuständig waren, vorwiegend nachts arbeiten. Mittels dieses technisch innovativen Höhenprüfstandes war es möglich, die Temperaturen und Luftdichte in unterschiedlichen Höhen zu simulieren und die Motoren in Realzuständen zu testen. Der Stromverbrauch der Anlage war allerdings sehr hoch und hätte untertags die Energieversorgung des gesamten Münchner Nordens empfindlich gestört.

Plakat: „Ist dann der Alarm vorbei. An die Arbeit 1-2-3!", 1943.

Luftschutzbunkereingang im Werk München-Milbertshofen, 1943.

Mit zahlreichen Aktionen zur Unfallverhütung und zu Sparmaßnahmen bemühte sich die Werkleitung, Ausfälle zu vermeiden und die geforderten Produktionszahlen erbringen zu können. Im Rahmen der immer knapper werdenden Rohstoffe und Betriebsmittel konnten die Mitarbeiter für ihre „Sparvorschläge" Prämien erhalten. Veranstaltungen wie beispielsweise die Weihnachtsfeier, bei der die Kinder der Mitarbeiter beschenkt wurden, sollten eine enge Bindung zwischen dem Werk als Arbeitsplatz und der Belegschaft schaffen.

Während des Krieges erhöhten die staatlichen Stellen ständig die Aufträge für Flugmotoren. Der geforderte Anstieg der BMW Flugmotorenproduktion konnte während des Krieges nur mittels des Einsatzes von Fremd- und Zwangsarbeitern sowie KZ-Häftlingen realisiert werden. Ende 1940 kam es zu einem ersten Einsatz von Zwangsarbeitern in den beiden Münchner Werken Milbertshofen und Allach. Waren es hier zunächst nur rund 500 Arbeiter, so schnellte diese Zahl bereits 1941 auf etwa 1.960 Zwangsarbeiter hoch. Der Anteil von Zwangsarbeitern an der Gesamtbelegschaft stieg stetig an. Ende 1941 waren in den Münchner Werken rund 4.300 ausländische Arbeiter beschäftigt, bei gleichzeitig 4.900 deutschen Arbeitern. Das BMW Management war dabei stets bemüht, vor allem westeuropäische Facharbeiter zugeteilt zu bekommen, um durch deren technische Vorbildung die Qualität der Produktion zumindest teilweise aufrechterhalten zu können.

Ende 1943 kam noch einmal ein neuer Schub von Zwangsarbeitern zu BMW. Inzwischen hatte sich die Lage verändert. Italienische Arbeiter galten nach der Kapitulation ihres Heimatlandes als „Kriegsgegner", was zu einer enormen Verschlechterung ihrer Behandlung führte. Außerdem vertraute BMW nun nicht mehr passiv auf eine Zuteilung von Arbeitskräften, sondern schickte Firmenvertreter in die Ukraine, die dort direkt mit der Arbeitsverwaltung verhandelten, um Arbeiter für BMW „zugeteilt zu bekommen". Der Anteil an ausländischen Arbeitskräften stieg während des Krieges stetig an. 1942 wurde die 30-Prozent-Marge knapp überschritten.

Die bei BMW beschäftigten Zwangsarbeiter setzten sich aus mehreren Gruppen zusammen. Ein Großteil der in München eingesetzten Zwangsarbeiter stammte aus Westeuropa. Im Frühjahr 1943 verteilten sie sich auf folgende Nationen: 38,7 % Franzosen (einschließlich Kriegsgefangener, sonst 29,7 %), Holländer, Italiener, Belgier und Luxemburger. Polen, Russen und Ukrainer machten rund 20 % der Zwangsarbeiter aus. Zu Beginn ihres Einsatzes war die Führung von BMW wohl um eine Integration der Zwangsarbeiter in die Belegschaft bemüht. Dafür sprechen Maßnahmen wie die Einsetzung von Dolmetschern, Lagersprechern und Ausländerstellen für

Propagandaaktion am Südtor des BMW Werks Milbertshofen, 1942.

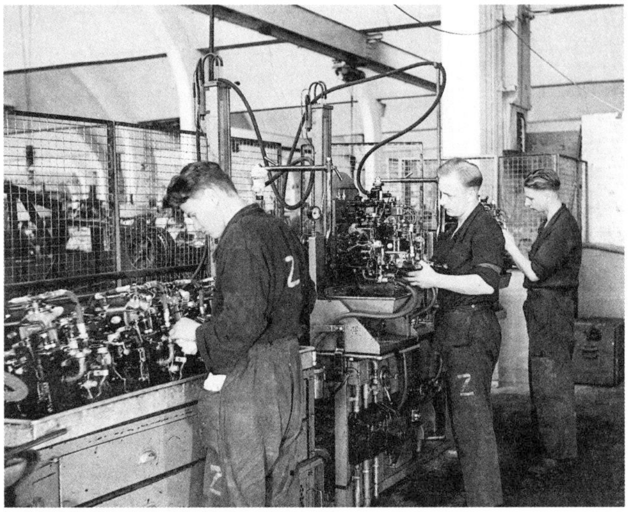

Zivilarbeiter bei der Fertigung von BMW 801 Kommandogeräten, 1943.

deren allgemeine Fragen und Probleme im Arbeitsalltag. Laut dem Sozialen Leistungsbericht von 1943 wurden die Maßnahmen zur Integration mit großem Aufwand durchgeführt, da es sich jedoch um einen offiziellen Bericht handelt, sollten diese Aussagen mit Vorsicht bewertet werden.
Mit der sich verschärfenden Situation ab 1942 wurden auch die Arbeits- und Lebensbedingungen für die Zwangsarbeiter zunehmend schlechter. Abgesehen davon galten die zumindest auf dem Papier zugesicherten Rechte nur für Westarbeiter, nicht aber für Polen und „Ostarbeiter". Aufgrund niedrigerer Löhne und zusätzlicher Abgaben erhielten Polen, Ukrainer und Russen de facto kein Gehalt. In Bezug auf Bestrafungsaktionen für Sabotageversuche, Fernbleiben ohne Entschuldigung etc. unterlagen die Zwangsarbeiter prinzipiell dem gleichen Sanktionssystem wie deutsche Belegschaftsmitglieder. Es scheint, dass sich in den zunehmend chaotischen Zuständen seit dem Jahresende 1944 die herausgebildeten Hierarchien teilweise auflösten. So fielen z. B. seit Herbst 1944 die zu tragenden „Zugehörigkeits-Bezeichnungen" wie die Kennzeichnung der Nationalität weg.
1941 gab es eine erste Initiative seitens des BMW Vorstandes, in der Fertigung KZ-Häftlinge aus Dachau einzusetzen. Zunächst wurde eine Zuweisung aber gestoppt, da der Bedarf anderweitig gedeckt werden konnte. Der Einsatz von KZ-Häftlingen wurde zunächst wegen ihrer Gegnerschaft zum Regime als gefährlich bewertet. Der Gedanke wurde jedoch schon 1942 wieder aufgegriffen, als die Beschaffung von Arbeitskräften immer schwieriger wurde. BMW und das Reichsluftfahrtministerium verfolgten in dieser Frage die gleichen Ziele. 1942 hatte Staatssekretär Milch vom RLM

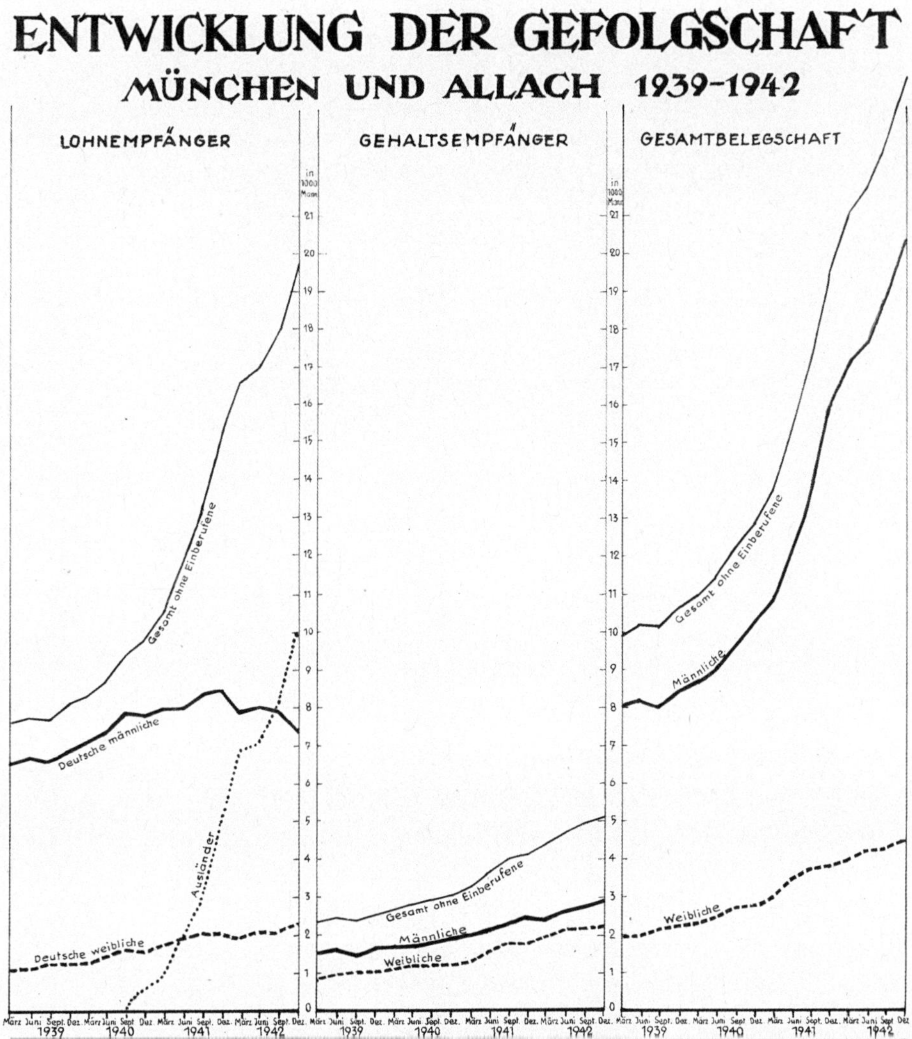

Gliederung		Lohnempfänger: Deutsche Männlich	Lohnempfänger: Deutsche Weiblich	Lohnempfänger: Ausländer		Lohnempfänger: Gesamt	Gehaltsempfänger: Deutsche Männlich	Gehaltsempfänger: Deutsche Weiblich	Gehaltsempfänger: Gesamt	Gesamt vorhandene Belegschaft: Deutsche u. Ausländer Männlich	Gesamt vorhandene Belegschaft: Deutsche u. Ausländer Weiblich	Gesamt vorhandene Belegschaft: Gesamt	Einberufene: Lohnempfänger		Einberufene: Gehaltsempfänger		Einberufene: Gesamt		Belegschaft mit Einberufenen
		1	2	3	%v.1	4	5	6	7	8	9	10	11	%v.1	12	%v.5	13	%v.1+5	14
1939	März	6486	1051			7537	1504	838	2342	7990	1889	9879							9879
	Juni	6624	1056			7680	1567	916	2483	8191	1972	10163							10163
	Sept.	6510	1152			7662	1497	957	2454	8007	2109	10116	534	8,2	133	8.9	667	8,3	10783
	Dez.	6817	1211			8028	1601	975	2576	8418	2186	10604	367	5,4	106	6.6	473	5,6	11077
1940	März	7011	1217			8228	1658	1039	2697	8669	2256	10925	260	3.7	99	6.0	359	4.1	11284
	Juni	7296	1350			8646	1698	1113	2811	8994	2463	11457	282	3.9	124	7.3	406	4.5	11863
	Sept.	7769	1549			9318	1799	1150	2949	9568	2699	12267	250	3.2	122	6.8	372	3.9	12639
	Dez.	7747	1529	506	6,5	9782	1898	1187	3085	10151	2716	12867	254	3.3	131	6.9	385	4.0	13252
1941	März	7868	1688	879	11,2	10435	2014	1275	3289	10761	2963	13724	287	3.6	134	6.7	421	4,3	14145
	Juni	7980	1898	1958	23.8	11836	2143	1533	3676	12081	3431	15512	312	3.9	147	6.9	459	4.5	15971
	Sept.	8334	1971	2875	34,5	13180	2304	1705	4009	13513	3676	17189	374	4.5	151	6.6	525	4.9	17714
	Dez.	8419	1998	4873	58,0	15290	2464	1723	4187	15756	3721	19477	382	4.5	152	6.2	534	4.9	20011
1942	März	7867	1967	6780	86,2	16614	2459	1965	4424	17106	3932	21038	1236	15.7	328	13.3	1564	15.1	22602
	Juni	7936	2031	7061	89,0	17028	2613	2111	4724	17610	4142	21752	1514	19.1	361	13.8	1875	17.8	23627
	Sept.	7845	2060	8047	103,0	17952	2785	2164	4949	18677	4224	22901	1527	19.5	375	13.5	1902	17.9	24803
	Dez.	7345	2175	9925	135.0	19445	2897	2195	5092	20167	4370	24537	1665	22.7	408	14.1	2073	20.2	26610

Grafik: „Entwicklung der Gefolgschaft München und Allach 1939–1942“ aus dem Kriegsleistungsbericht, 1943.

Wohnbaracke der SS-Strafgefangenen, 1942.

bei der SS den Einsatz von KZ-Häftlingen in der Flugzeug- und Motorenproduktion eruiert. KZ-Häftlinge arbeiteten seit 1943 auch in der Endmontage, allerdings stets in geschlossenen Kolonnen. Sie standen unter permanenter Bewachung der SS und mussten in abgetrennten Werkshallen arbeiten. Körperliche Übergriffe auf KZ-Häftlinge waren wesentlich häufiger als auf nichtinternierte Zwangsarbeiter, wobei sich die Übergriffe jedoch wohl eher außerhalb der Werksanlagen in den der SS unterstehenden Häftlingslagern ereigneten. Entscheidend für die Behandlung waren oftmals der Charakter und die Menschlichkeit des jeweiligen Meisters. Die Lebensbedingungen im KZ-Außenlager Allach waren sowohl in Bezug auf die Hygiene, die Ernährung sowie die allgemeine Behandlung alles andere als menschenwürdig. Ob es zu Einmischungen seitens BMW kam, ist nicht belegt. Nur in Bezug auf die Ernährung kam es in München zu Interventionen, wobei jedoch wohl vor allem der Gedanke, dass die Arbeitskraft der KZ-Häftlinge erhalten bleiben müsse, im Vordergrund stand.
Vor allem während der Verlagerungsaktionen ab Mitte 1944, die darauf abzielten, die Produktion unter Tage anzusiedeln, verschlimmerte sich die Lage der KZ-Häftlinge wie auch die der übrigen Zwangsarbeiter noch einmal, und die ohnehin schlechten Arbeits- und Lebensbedingungen wurden geradezu unmenschlich.

1940 Einsatz von Zwangsarbeitern in der Produktion

1942 Einsatz von KZ-Häftlingen in der Produktion

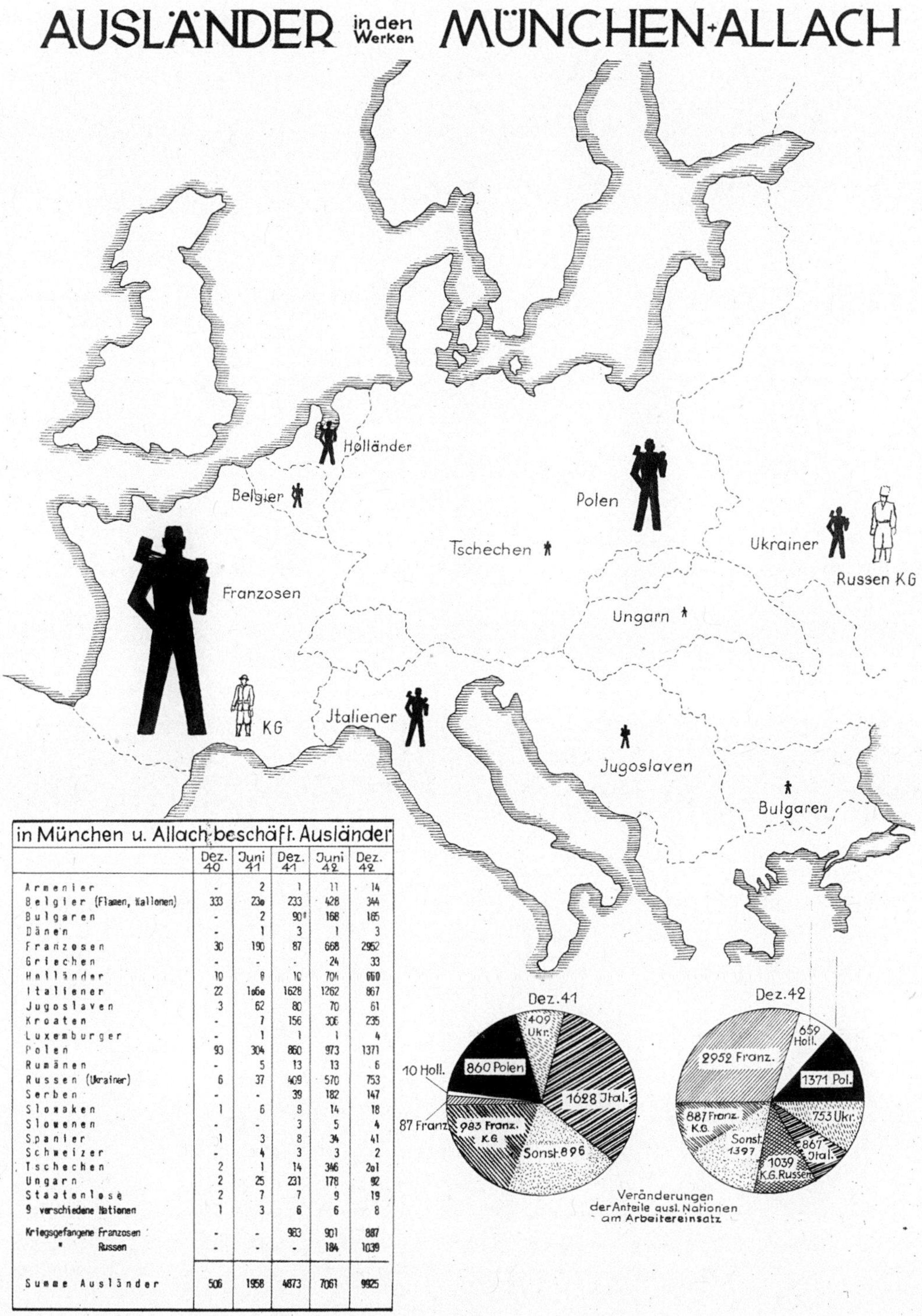

in München u. Allach beschäft. Ausländer

	Dez. 40	Juni 41	Dez. 41	Juni 42	Dez. 42
Armenier	-	2	1	11	14
Belgier (Flamen, Wallonen)	333	230	233	428	344
Bulgaren	-	2	90	168	165
Dänen	-	1	3	1	3
Franzosen	30	190	87	668	2952
Griechen	-	-	-	24	33
Holländer	10	8	10	704	660
Italiener	22	1060	1628	1262	867
Jugoslaven	3	62	80	70	61
Kroaten	-	7	156	306	235
Luxemburger	-	1	1	1	4
Polen	93	304	860	973	1371
Rumänen	-	5	13	13	6
Russen (Ukrainer)	6	37	409	570	753
Serben	-	-	39	182	147
Slowaken	1	6	8	14	18
Slowenen	-	-	3	5	4
Spanier	1	3	8	34	41
Schweizer	-	4	3	3	2
Tschechen	2	1	14	346	201
Ungarn	2	25	231	178	92
Staatenlose	2	7	7	9	19
9 verschiedene Nationen	1	3	6	6	8
Kriegsgefangene Franzosen	-	-	983	901	887
" Russen	-	-	-	184	1039
Summe Ausländer	506	1958	4873	7061	9925

Grafik: „Ausländer in den Werken München und Allach" aus dem Kriegsleistungsbericht, 1943.

TOP
163/1/1
GREEK WAR MINISTRY
PIRAEUS
(GREECE)
VIA-BREMEN

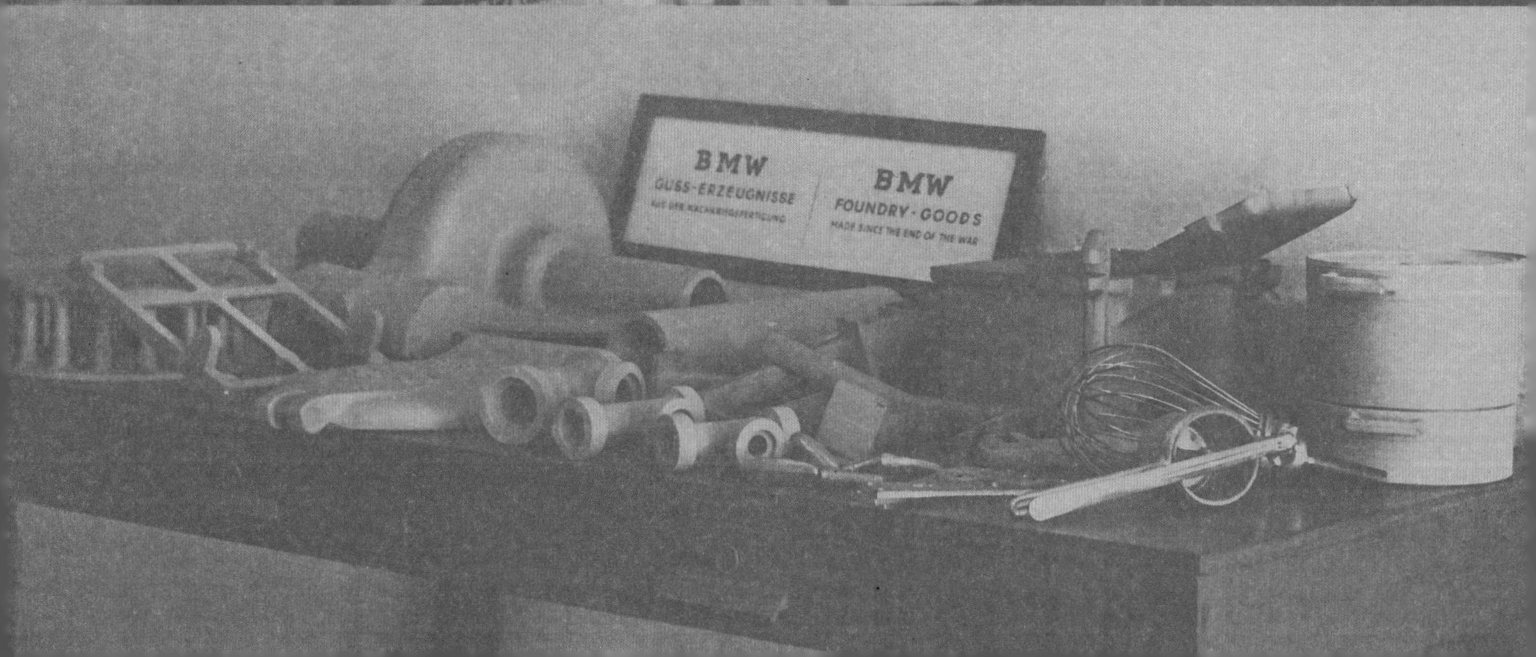
BMW
GUSS-ERZEUGNISSE
BMW
FOUNDRY-GOODS
MADE SINCE THE END OF THE WAR

Das Werk nach dem Ende des Zweiten Weltkriegs

Noch vor der Unterzeichnung der Kapitulation Deutschlands besetzten amerikanische Truppen die Münchner BMW Werke. Durch die Folgen des Krieges war ein Großteil der Hallen und Maschinen zerstört. Im Oktober 1945 beschlagnahmte die amerikanische Militärregierung das Werk und gab die Anlagen zur Demontage frei. Im folgenden Jahr begann BMW mit einer Notproduktion, die sich vor allem aus Haushaltsgeräten zusammensetzte.

1945 – 1952

Die Besetzung des Werks Milbertshofen

Am Ende des Zweiten Weltkriegs waren viele Gebäude und Produktionseinrichtungen des BMW Stammwerks entweder völlig zerstört oder so stark beschädigt, dass sie nicht mehr genutzt werden konnten. Nachdem die Motorradproduktion 1942 nach Eisenach ausgelagert worden war, hatte in München nur noch die Produktion von Flugmotoren stattgefunden. Nun, nach Ende des Krieges, stand BMW nach etwas mehr als 30 Jahren erneut vor dem Problem, nur über ein Produkt zu verfügen, dessen Nachfrage komplett weggebrochen war. Zudem war anzunehmen, dass die Herstellung von Rüstungsgütern durch die Alliierten verboten bleiben würde.
Zunächst einmal stellte sich für BMW aber gar nicht so sehr die Frage, wie eine erneute Zivilfertigung aufgenommen werden könnte, sondern vielmehr, ob BMW überhaupt weiter bestehen würde. Amerikanische Truppen hatten am 30. April 1945 das BMW Werk Milbertshofen und damit die Verwaltung der BMW AG besetzt. Die Werkleitung durfte in den folgenden vier Wochen das Werksgelände nicht verlassen. Dies machte eine Kommunikation mit dem Werk in Allach, der anderen Werksanlage von BMW in der amerikanischen Besatzungszone, unmöglich. Nachdem das Milbertshofener Werk von den Amerikanern zunächst wieder freigegeben worden war, stellte die BMW Führung einen Antrag, die Produktion in einem beschränkten Maße wieder aufnehmen zu dürfen. Am 28. Juli 1945 erhielt BMW eine beschränkte Fertigungsgenehmigung für die Reparatur von Maschinen sowie US-Armee-Fahrzeugen, die eine Herstellungserlaubnis für Ersatzteile beinhaltete. Am 29. August 1945 erweiterte die amerikanische Militärregierung die Produktionsgenehmigung für Krafträder, landwirtschaftliche Artikel und Haushaltsartikel.
Zunächst wurde eine Abteilung für „Fahrzeuginstandsetzung und Werkfahrdienst" eingerichtet, und im Juli 1945 waren hier bereits 88 Personen beschäftigt, die hauptsächlich Fahrzeuge der US-Truppen reparierten. Andere defekte Fahrzeuge, wie beispielsweise Traktoren und Lastwagen, konnten auf Grund von mangelnden räumlichen und personellen Kapazitäten nicht angenommen werden. Schwierigkeiten traten vor allem bei der Beschaffung von Ersatzteilen auf, zumal es sich oftmals um Fremdfabrikate handelte. Um diese Fahrzeuge reparieren und warten zu können, mussten die BMW Mitarbeiter oft erst entsprechende Spezialwerkzeuge anfertigen. Trotz dieser Schwierigkeiten sollte die Fahrzeuginstandsetzung aber beibehalten und wenn möglich ausgebaut werden.
Zu weiteren Aktivitäten kam es jedoch zunächst nicht, da am 1. Oktober 1945 das gesamte Vermögen des Unternehmens durch den Interalliierten Kont-

Durch Luftangriffe zerstörte Halle im BMW Werk Milbertshofen, 1945.

Das BMW Werk Milbertshofen am Kriegsende, 1945.

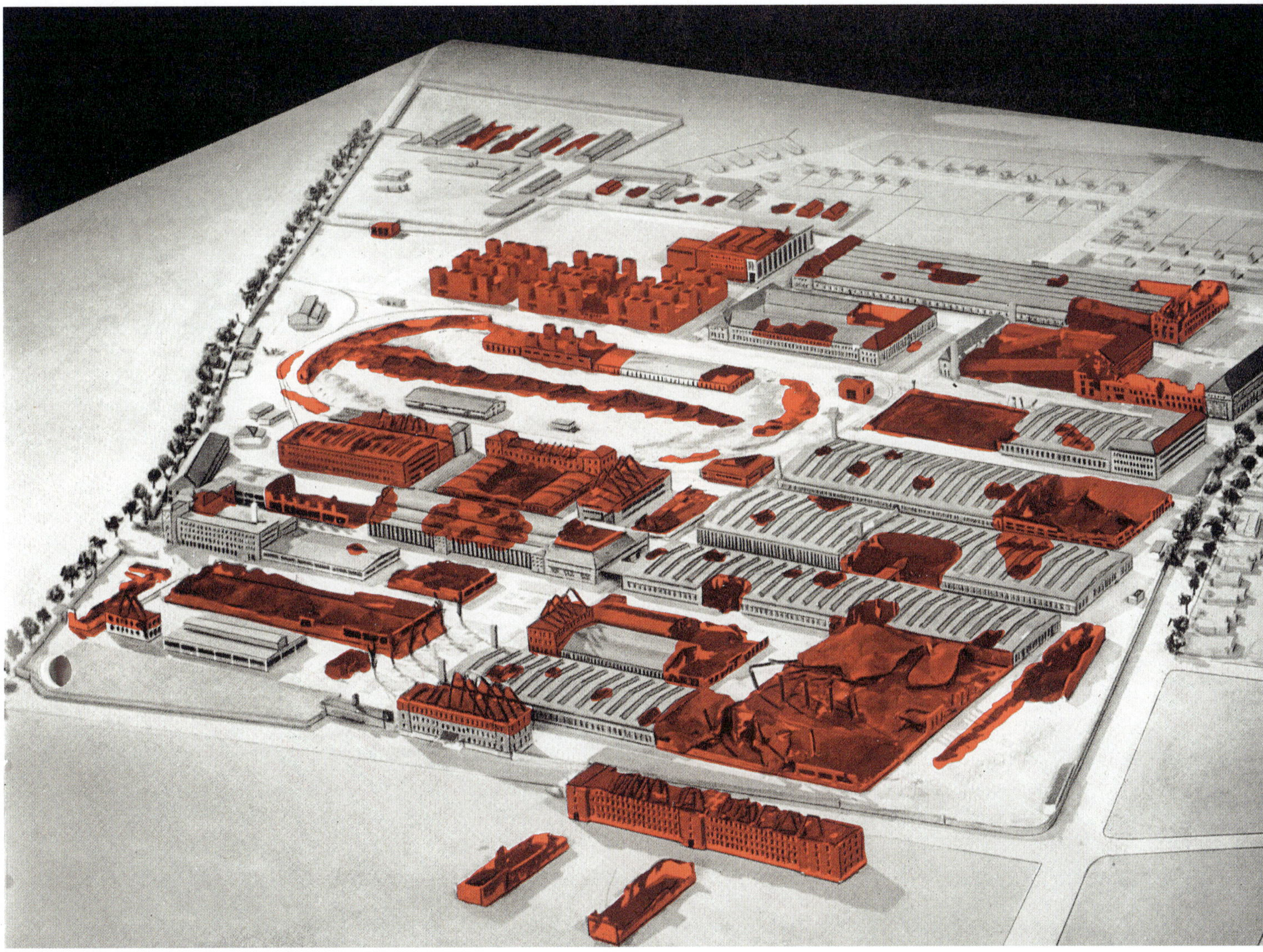

Modellzeichnung des BMW Werks München-Milbertshofen, Zustand im Jahr 1945.

rollrat beschlagnahmt wurde. BMW wurde unter Treuhänderschaft gestellt. Als ehemaliges Rüstungsunternehmen waren die Anlagen zur Demontage freigegeben worden. Schon Ende September war über Rundfunk die Beschlagnahmung einzelner Unternehmen bekannt gegeben worden. Für BMW wurde zunächst aber nur das Werk in Allach genannt. Dennoch fand die Werkleitung in Milbertshofen am 2. Oktober eine Beschlagnahmeverfügung für das Stammwerk vor.
Als Treuhänder für die BMW AG wurde Professor Karl Hencky – städtischer Baudirektor Münchens – eingesetzt. Er war für alle weiteren Vorkehrungen,

Vertreter der Siegermächte im Werk Milbertshofen, 1945.

die zum Abbau des Werks getroffen werden mussten, zuständig. Hencky verkündete, dass sämtliche Arbeitsverträge beendet und die Arbeiten im Werk einzustellen seien. Seiner Auffassung nach waren alle bisherigen Rechte des Aufsichtsrats, des Vorstands und der Werkleitung damit hinfällig geworden. Um die Demontage geordnet durchführen zu können, setzte er Kurt Donath (technischer Bereich), Heinrich Krafft von Dellmensingen (betriebswirtschaftlicher Bereich) und Otto Lampertsdorfer (Personalabteilung) zur Unterstützung ein. Diese Leitung des Werks München wurde gleichzeitig zur Konzernleitung bestimmt. Das oberste Ziel der Werkleitung war es, den Erhalt des Werks zu sichern, weshalb man auch bereits bei der Stadt München vorgesprochen hatte. Da der Werkleitung deutlich bewusst war, dass auch Hencky nur Anweisungen ausführte, erklärte sie sich bereit, mit dem Treuhänder zusammenzuarbeiten und diesen zu unterstützen. So wurde sie direkt über alle Maßnahmen informiert und hatte die Möglichkeit, diese mitzubestimmen. Die Werkleitung war bemüht, den Maschinenbestand so weit wie möglich zu sichern, half jedoch auch bei der Organisation der Abbaumaßnahmen. Um ihre Position gegenüber den anderen BMW Werken und Verlagerungsbetrieben zu stärken, wurde sie offiziell als Werkleitung bestätigt, unterstand aber weiterhin dem Treuhänder. Zu diesem Zeitpunkt war nicht nur der Fortbestand des Werks, sondern derjenige der gesamten BMW AG ungewiss. So gab es keine klaren Vorstellungen, wie die noch bestehenden Verpflichtungen der Kriegsjahre oder die Lohnzahlungen geregelt werden sollten. Erst im Frühjahr 1946 entschied man, ausstehende Löhne und Lieferantenschulden aus der Besatzungszeit zu begleichen, sofern diese nicht die sowjetische Besatzungszone betrafen.

Die Funktion des Treuhänders beschränkte sich rein auf die Vermögensverwaltung des Unternehmens. Über eine mögliche Wiederaufnahme einer Friedensproduktion wurde nicht nachgedacht. Im November 1945 wurde die Möglichkeit diskutiert, das Werk an die Vereinigten Bayerischen Genossenschaften zu übergeben, um so seinen Fortbestand zu sichern.

30.04.1945 Amerikanische Truppen besetzen das Werk Milbertshofen

28.07.1945 Eine Produktionsgenehmigung wird gewährt

01.10.1945 Beschlagnahmung des Werks durch die amerikanische Militärverwaltung

Firmenbezeichnung der „Awtowelo" über dem Eingang des BMW Werks in Eisenach mit dem BMW Markenzeichen, 1949.

Der Verbleib der übrigen BMW Werke

Im Krieg umfasste der BMW Konzern sechs deutsche Werke. Die in der sowjetischen Besatzungszone liegenden Standorte Eisenach, Dürrerhof, Basdorf und Zühlsdorf wurden von der Roten Armee besetzt und entschädigungslos enteignet. Das Werk in Berlin-Spandau fiel in die britische Besatzungszone. Eine Kommunikation zwischen der Zentrale in München und Berlin war zunächst nicht möglich. Auf Initiative der vom Spandauer Magistrat eingesetzten kommissarischen Werkleitung kam es dort auch zur Aufnahme einer Notproduktion. 1948 wurde in Berlin die BMW Maschinenfabrik Spandau GmbH gegründet. Das Allacher Werk wurde wie das Stammwerk von amerikanischen Truppen besetzt. Die Amerikaner richteten hier das Karlsfeld Ordnance Depot ein, das sich zur größten Instandhaltungsstätte für amerikanische Armee-Fahrzeuge auf dem europäischen Kontinent entwickelte.

Abtransport einer demontierten Werkzeugmaschine, 1947.

30.04.1945 Demontagebefehl für das Werk München

1947 Rund 50 % der Maschinen sind demontiert

Die Demontage im BMW Stammwerk

Der Abtransport einer Prüfstandanlage wird vorbereitet, 1947.

Das in Lattenverschläge verpackte Demontagegut wird abtransportiert, 1947.

Der Demontagebefehl der Militärregierung München besagte, dass mit Wirkung zum 1. Oktober 1945 sofort mit der Demontage und Schleifung der Münchner BMW Werke begonnen und die Werksanlagen in Lattenverschlägen zur Verschiffung verpackt werden sollten. Mit den Abbauarbeiten durften nur ehemalige BMW Mitarbeiter betraut werden, die nicht Mitglied der NSDAP gewesen und bereits von der Militärregierung überprüft worden waren. Sie erhielten den gleichen Lohn, den sie vorher für ihre reguläre Arbeit bezogen hatten.

Sämtliche Arbeiten im Werk Milbertshofen wurden mit dem Befehl zur Demontage der Anlagen eingestellt. Daher endeten auch die Reparaturarbeiten an Fahrzeugen der amerikanischen Armee, was allerdings zu Beschwerden seitens der Amerikaner führte. Aus diesem Grund konnte trotz des Demontagebeschlusses durch Fürsprache der Transportabteilung die Arbeit an den amerikanischen Fahrzeugen sowie die Herstellung von Ersatzteilen wieder aufgenommen werden.

Während der Festlegung der zu demontierenden Anlagen zeigte sich der Treuhänder äußerst loyal gegenüber BMW. Er bemühte sich, sofern dies mit seinem Auftrag vereinbar war, Betriebsteile für BMW zu retten. Um die Demontage so gering wie möglich zu halten, wurden von BMW rund 70 % des Maschinenparks als für eine Friedensproduktion nutzbar deklariert. Bevor mit dem eigentlichen Abbau der Maschinen begonnen werden konnte, musste zunächst eine Inventur durchgeführt werden, die durch mehrere Faktoren erschwert wurde. Nicht alle Hallen waren für BMW Angehörige zugänglich, und zudem wurden einige Hallen von der US-Army genutzt. Schließlich mangelte es auch an ausreichend qualifiziertem Personal. Daher wurden die laufenden Abbauarbeiten zunächst eingestellt, um die Arbeitskräfte bei der Inventur einzusetzen. Ende 1945 waren rund 600 Belegschaftsangehörige für Inventur- und Abbauarbeiten eingesetzt. Zum Jahresende 1945 war die Inventur in beiden Münchner Werken und den diversen Verlagerungsbetrieben abgeschlossen. Im Ergebnis hatte BMW 9.500 Positionen mit 13.379 Tonnen, davon 4.200 Werkzeugmaschinen, abzuliefern.

Nach Ende der Inventur wurde die Demontage wieder vollständig aufgenommen; bereits Anfang 1947 waren rund 50 % der Werkzeugmaschinen abgebaut. Diese sollten, in Holzkisten verpackt, in 16 Länder verschickt werden. In den meisten Fällen wurden die Maschinen jedoch nie in Betrieb genommen. Erst im Juli 1949 beendeten die Alliierten die Demontage deutscher Betriebe. Insgesamt waren im Werk Milbertshofen 2.598 Maschinen mit einem Zeitwert von 9.245.302 RM abgebaut worden. Die Löhne für die Demontage zahlte nicht BMW, sondern die Zentralverwaltung für die Reparationsämter. Neben dem materiellen Schaden war vor allem der Verlust geistigen Eigentums in Form von Baumustern und Konstruktionsplänen zu beklagen. Vertreter aller Siegermächte besuchten das BMW Stammwerk, um technische Errungenschaften und Entwicklungen des Unternehmens für die jeweiligen Nationen „einzusammeln". So kam bereits am 17. Oktober 1945 eine britische Kommission in das Werk, um die Entwicklungsunterlagen einzusehen. Die unangemeldet erschienene Gruppe verlangte alle Unterlagen der BMW Motorräder R 75 und R 31 zu sehen. Als es zunächst hieß, dass die Papiere aufgrund der Produktionsverlagerung in Eisenach wären, bewerteten die Briten dies als mutwillige Zurückhaltung und drohten mit Strafe. Schließlich beschlagnahmte die Kommission einen Satz Konstruktionspläne aller BMW Baumuster. Darunter waren auch Originalzeichnungen der Rennmaschine BMW R 255/256. Da die Briten eine Kopieanfertigung verboten, gingen BMW die Informationen vollständig verloren. Besonders hart traf das Werk der Verlust der Herbitus-Höhenprüfanlage, bei der es sich um ein Unikat handelte.

Mit demontierten Maschinen beladene Güterwagen im Werk Milbertshofen, 1947.

Die Notproduktion

Nachdem Hans Karl von Mangoldt-Reibold im März 1946 als neuer Treuhänder eingesetzt worden war, intensivierten sich die Bemühungen, im Werk Milbertshofen wieder eine zivile Produktion aufzunehmen. Ziel war es, den Wiederaufbau des Werks parallel zu den Demontagearbeiten laufen zu lassen. Am 25. März 1946 erteilte die Militärregierung für Bayern dem Unternehmen eine neue Arbeitserlaubnis. Im Gegensatz zur ersten Erlaubnis von 1945 umfasste sie jedoch nur die Herstellung von Haushaltsgeräten und Ersatzteilen. Fahr- und Motorräder durften nicht produziert werden. Da die als Reparationsgüter deklarierten demontierten Maschinen erst ab Anfang 1947 für die Verschickung vorgesehen waren, erhielt die Werkleitung die Genehmigung, diese – wenn nötig – für

Gestapelte BMW Kochtöpfe in einer Werkshalle, 1946.

Produkte	Stückzahl/ Menge	Umsatz in RM
Maschinen- und Aggregatreparaturen	200	200.000
Kochtöpfe	34.000	401.650
Kartoffelpressen	350	1.750
Schlagbesen	5.100	20.500
Baubeschläge	160.000	72.150
Kompressoren für Südbremse	225	21.400
Ersatzteile für Kompressoren	7.000	8.000
Teigteilmaschinen	25	15.000
Vielfachgeräte	10	2.500
Ersatzteile für landwirtschaftliche Maschinen	2.000 kg	2.000
Anfertigung verschiedener Einzelteile	ohne Angaben	125.000
Leichtmetallguss	175.000 kg	577.000
Grauguss	7.000 kg	6.300
Lagerschalenausguss	3.600 kg	55.400
Ersatzteilfertigung für BMW Wagen	19.000 kg	190.000
Gesamt		**1.699.150**

Produzierte Güter im BMW Werk Milbertshofen von Juni 1945 bis Mai 1947.

den Anlauf der Friedensproduktion zu benutzen. Neben der Produktion von Haushaltsgeräten, darunter etwa 34.000 Kochtöpfe, wurden die Lizenzfertigung und der Vertrieb des in der Landwirtschaft eingesetzten Raussendorf-Vielfachgeräts aufgenommen. Die Notproduktion fand im Ostteil des Werksgeländes statt, da der Rest des Werks weiterhin von amerikanischen Truppen genutzt wurde. Die Notproduktion lief bis zum Abzug der Amerikaner 1952.

1946 Produktionserlaubnis für Haushaltsgeräte und Ersatzteile

1952 Ende der Notproduktion und Abzug der Amerikaner

25000

Wieder Fahrzeuge aus München

In den ersten Jahren nach dem Ende des Krieges beschäftigte eine Notproduktion die Mitarbeiter des BMW Werks München. 1948 begann die Produktion von Motorrädern. 1952 lief in Milbertshofen das erste BMW Automobil nach dem Zweiten Weltkrieg vom Band. Die ersten BMW Nachkriegswagen entsprachen jedoch nicht den Erwartungen der Kunden und verkauften sich nur schleppend. Daher startete BMW 1955 die Lizenzproduktion des Motocoupés Isetta. Dennoch schlitterte das Unternehmen Ende der 50er Jahre in eine Krise und sollte 1959 sogar an Daimler-Benz verkauft werden.

1950 – 1960

Wiederaufbau des Werks

Im Herbst 1947 erhielt BMW von der amerikanischen Militärregierung die Erlaubnis zur Produktionsplanung von Motorrädern bis 250 ccm Hubraum. Die Vorbereitung einer Automobilproduktion wurde zunächst noch nicht gestattet, aber bereits in Aussicht gestellt. Die Unternehmensleitung hatte ihrerseits schon 1946 beschlossen, in München wieder die Produktion von Motorrädern aufzunehmen. Ein Großteil der früheren Daten und Unterlagen für die Motorradentwicklung und -produktion war durch den Krieg verloren gegangen. Entweder befanden sie sich unerreichbar in Eisenach oder waren nach dem Krieg von den Alliierten beschlagnahmt worden. Auch die Anlagen für die Produktion von Motorrädern waren ab 1942 nach Eisenach verlagert worden.
Schwierig gestaltete sich auch die Frage, an welcher Stelle des Werks die Produktion aufgenommen werden sollte. Die noch stehenden Hallen erwiesen sich als zu klein. Bevor man die Produktion beginnen konnte, mussten daher die im Krieg beschädigten Hallen wieder aufgebaut und eine enorme Masse an Schutt beseitigt werden. Erst 1947 liefen die Räumungen von Schutt langsam aus. Bis 1949 investierte BMW rund sechs Millionen DM, um neue Produktionskapazitäten aufzubauen. Die notwendigen Einrichtungen für den Anlauf der Serienproduktion der Motorräder kosteten weitere 1,5 Millionen DM. Bis 1950 betrugen die Investitionen für den Wiederaufbau rund 18 Millionen DM. Da BMW auf die im Krieg erwirtschafteten Gewinne zurückgreifen konnte, war das Unternehmen in der Lage, zwei Drittel der Investitionen aus eigenen Mitteln zu finanzieren.
Problematisch blieb aber weiterhin der Mangel an Produktionsmitteln. Dieser verstärkte sich noch, als ab 1947 die Demontage der Maschinen einsetzte. Um die davon betroffenen Firmen zu unterstützen, wurde 1949 von der Bundesregierung das Demontage-Ausgleichsgesetz erlassen. Dieses legte die Maschinenzuteilung an die demontierten Unternehmen durch die Maschinenausgleichstelle des bayerischen Wirtschaftsministeriums fest. Allerdings folgten nicht alle Firmen der Auflage, ihre Maschinen abzuliefern. Obwohl BMW aus dem Ausgleich Maschinen erhielt, sah sich das Unternehmen mit daraus folgenden Schwierigkeiten konfrontiert: Viele der zugeteilten Maschinen waren in einem schlechten Zustand oder aber für den Einsatz in der Motorradproduktion ungeeignet. Nach der Währungsreform im Juni 1948 hatte BMW die Möglichkeit, die bisher leihweise überlassenen Maschinen zu erwerben. Bisher hatten sich die Besitzer oft geweigert, die Anlagen gegen die „alte Währung" Reichsmark (RM) zu veräußern.

Kiosk mit Einstelltafel und BMW Aushängen in München, 1948.

Baukosten für das Werk Milbertshofen	
1946	0,637 Mio. Reichsma
1947	1,848 Mio. Reichsmar
01.01.1948–20.06.1948	1,10 Mio. Reichsmark
21.06.1948–31.01.1949	2,0 Mio. D-Mark

Meistens trat die BMW Leitung aber von der Kaufabsicht zurück, da die Verkaufspreise unverhältnismäßig hoch waren. BMW bemühte sich daher verstärkt, neue Maschinen in den USA zu kaufen. Im Frühjahr 1949 umfasste der Maschinenbestand im Werk Milbertshofen wieder 619 Einheiten. Ein Viertel davon war entweder geliehen oder stammte aus dem Maschinenausgleich.

Die Produkte der Notproduktion und das erste Nachkriegsfahrzeug, 1948.

Wieder Motorräder aus München

Schon vor der von den Amerikanern erlassenen Produktionserlaubnis begann BMW mit der Entwicklung eines neuen Motorrads. Das Konstruktionsbüro entwickelte mit der R 10 zunächst eine 120-ccm-Maschine, von der aber nur ein Prototyp gefertigt wurde. Die technische Leitung des Werks verfolgte dagegen die Strategie, an die Modellpalette der Vorkriegszeit anzuknüpfen, d. h. hubraumstärkere Maschinen anzubieten. Die Konstruktion wurde durch das Fehlen fast aller Entwicklungs- und Produktionsunterlagen erschwert. Daher wurde eine R 23, eine 250-ccm-Einzylindermaschine, in ihre Einzelteile zerlegt und bis zur kleinsten Schraube vermessen, wodurch neue Konstruktionszeichnungen erstellt werden konnten. Daraus konnte die Konstruktionsabteilung neue Entwicklungs- und Produktionsunterlagen anfertigen. Schon 1946 erhobene Verkaufsermittlungen hatten ergeben, dass die deutschen Behörden einen starken Bedarf an 250-ccm-Motorrädern bekundeten. Da bis zur Währungsreform die Nachfrage von privater Seite eher ungewiss war, forcierte BMW zunächst den Absatz an öffentliche Stellen. Mit der Währungsreform existierte in West-Deutschland wieder ein stabiles Währungssystem, und das Verhältnis von Angebot und Kaufkraft normalisierte sich. So konnte BMW anfangen, nach einem echten Bedarf zu produzieren. Die aus der BMW R 23 entwickelte R 24 schien hierfür das ideale Modell zu sein.

Der Gewinner des ersten BMW Motorrads der Nachkriegsfertigung, einer R 24, 1948.

Die Produktionsanlagen in der Motorradproduktion waren vollständig ausgelastet, 1951.

Auch nach dem Krieg wurden die Motorräder auf der Einfahrbahn getestet, 1953.

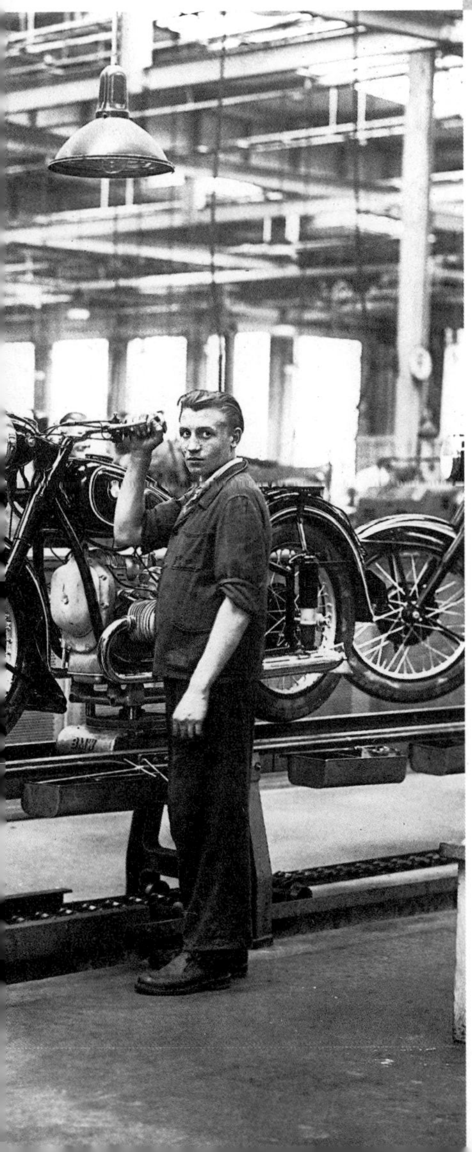

Trotz der genannten Schwierigkeiten stellte BMW auf dem Genfer Autosalon im Frühjahr 1948 mit der R 24 das erste Nachkriegsfahrzeug vor. Wegen Material- und Maschinenengpässen konnte die Serienproduktion aber erst im Dezember 1948 anlaufen. Am 17. Dezember 1948 rollte in München die erste R 24 vom Band. Diese Maschine wurde unter den damals 1.227 Mitarbeitern verlost. Das Modell erfüllte alle Hoffnungen: Bereits im ersten vollen Jahr der Fertigung, 1949, produzierte BMW 9.144 Einheiten.
Noch bevor die Alliierten die Beschränkungen für den zivilen Kraftfahrzeugbereich am 13. April 1949 aufhoben, hatten sich die Ingenieure bei BMW mit der Entwicklung eines Motorrads mit 500 ccm Hubraum beschäftigt, und noch im Herbst des gleichen Jahres konnte die BMW R 51/2 der Presse präsentiert werden. Wie schon die R 24 basierte auch die R 51/2 auf einem Vorkriegsmodell. In der nur einjährigen Produktionszeit wurden 5.000 Exemplare gefertigt. Auch hier gelang auf Anhieb ein großer Erfolg: BMW nahm bei den deutschen Motorrädern über 350 ccm mit 90 % Marktanteil den ersten Platz ein. Auch die Polizei entschied sich wieder für die schweren BMW Maschinen; so erhielt die Eskorte von Bundespräsident Heuss sechs der ersten Exemplare der neu angelaufenen Fertigung.

Die BMW R 25/3

Mit der Vorstellung der R 25 im Mai 1950 hatte BMW erstmals ein Einzylindermodell mit Hinterradfederung im Programm. War die R 25/2 von 1953 lediglich optisch verändert worden, so wurde die von 1953 bis 1956 hergestellte BMW R 25/3 einer gründlichen Überarbeitung unterzogen. Die auffälligsten Neuerungen waren der geänderte Tank, Vollnabenbremsen sowie Leichtmetallfelgen. Auch der Motor wurde einer Verbesserung unterzogen. Damit leistete die R 25/3 laut Werksangabe 13 PS, ein Wert, den viele für untertrieben hielten, da sie eine Höchstgeschwindigkeit von 120 km/h erreichte. Der verschweißte Rohrrahmen mit der bewährten Hinterrad-Geradwegfederung sowie das Viergang-Getriebe wurden beibehalten. Mit 47.700 produzierten Exemplaren war die R 25/3 bis in die 90er Jahre hinein das erfolgreichste Motorradmodell der BMW Geschichte.

Obwohl die ersten BMW Nachkriegsmotorräder keine entscheidenden technischen Neuerungen brachten, gelang es den „neuen" Modellen dennoch, den Markt für das Unternehmen BMW zurückzugewinnen. Wenn die Preise für die BMW Maschinen auch, genau wie vor dem Krieg, eher im höheren Segment angesiedelt waren, erfreuten diese sich dennoch einer regen Nachfrage. Damit waren die neu eingerichteten Fertigungsanlagen für die Motorradproduktion im Werk München voll ausgelastet. BMW profitierte mit dem ersten Modellangebot von dem Motorradboom in Deutschland während der ersten Nachkriegsjahre. Für viele Deutsche war ein Auto finanziell noch nicht erschwinglich, und so wurde das Motorrad zum bevorzugten Fortbewegungsmittel. Zu Beginn der 50er Jahre erweiterte das Unternehmen die Produktpalette nach oben und bot neben preiswerteren „Einsteigermodellen" mit Einzylindermotoren, Sport- und Tourenmaschinen auch prestigeträchtige Spitzenmodelle der sportlichen Oberklasse an. Doch Mitte der 50er Jahre endete die bis dahin stets steigende Tendenz. 1954 war mit knapp 30.000 produzierten Einheiten der Höhepunkt erreicht und überschritten. Auch bei BMW machte sich der Rückgang in der Motorrad-Nachfrage bemerkbar. Im Rahmen des deutschen „Wirtschaftswunders" wandten sich immer mehr Kunden dem Luxus eines Automobils zu.

Aufnahme der Automobilproduktion

Schon bald nach Kriegsende plante die Unternehmensleitung in München die Wiederaufnahme einer Automobilproduktion. Abgesehen von der noch fehlenden Genehmigung durch die amerikanische Militärregierung gestaltete sich die Aufnahme der Automobilfertigung aber auch aus anderen

Schon im Krieg wurden Modelle für die Nachkriegszeit entwickelt, 1940.

Gründen schwierig: Da die Automobilproduktion bisher ausschließlich in Eisenach angesiedelt gewesen war, lagen in München keine Konstruktionszeichnungen und -pläne vor. Neben den Produktionsanlagen mangelte es auch an einer qualifizierten Facharbeiterschaft, denn in und um München hatte es bisher keine Automobilfertigung gegeben. Einige der vormals in Eisenach beschäftigten Belegschaftsangehörigen hatten jedoch die sowjetische Besatzungszone verlassen und arbeiteten nun im BMW Werk München. Bei Räumungsarbeiten auf dem Münchner Werksgelände fanden Arbeiter den Prototypen eines BMW 332. Er war schwer beschädigt und sein Innenleben fehlte, aber dennoch baute man das Fahrzeug wieder auf. Aufgrund der fehlenden Produktionsgenehmigung und des Mangels an Maschinen war an die Aufnahme einer Serienproduktion dieses Typs aber nicht zu denken.
Trotz des alliierten Produktionsverbots begannen in München erste Arbeiten zur Entwicklung eines neuen BMW Automobils. Die Konstruktionsabteilung favorisierte einen sportlichen Mittelklassewagen, der dem

Entwürfe für die ersten Nachkriegsautomobile in der Abteilung Karosserieentwicklung, 1950.

1952 Beginn der Serienproduktion des BMW 501

1955 Präsentation des BMW 507 auf der IAA

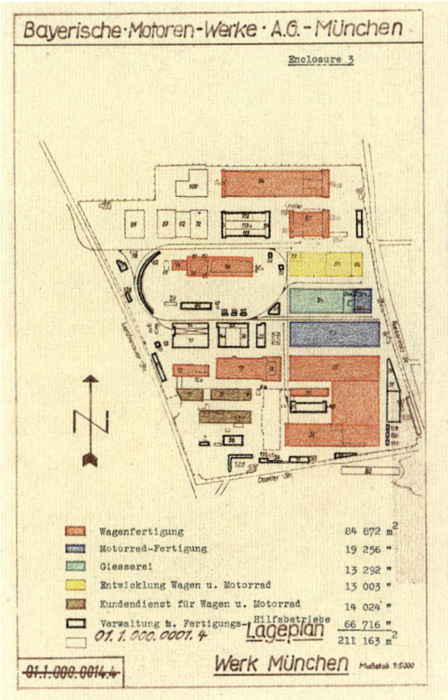

Lageplan BMW Werk München-Milbertshofen, 1950.

typischen BMW Image entsprochen hätte. Außerdem entwickelte der spätere Leiter der gesamten Kfz-Entwicklung Fritz Fiedler mit dem BMW 531 einen kleinen Zweisitzer. Der Vorstand entschied jedoch, dass ein Kleinwagen dem Bild von BMW nicht entspräche. Auch von der Produktionsseite her hätte sich die Aufnahme der Serienproduktion eines solchen Kleinwagens als schwierig erwiesen. BMW verfügte damals nicht über die notwendigen finanziellen Mittel, um eine Großserienproduktion aufzubauen. Daher entschied der Vorstand, dass die Produktlinie an dem Punkt weitermachen sollte, an dem BMW 1939 die Automobilproduktion eingestellt hatte: im Großwagensegment.

Bei der Entwicklung des neuen Fahrzeugs, des späteren BMW 501, wurde auf Bewährtes zurückgegriffen: Alle Entwürfe orientierten sich am BMW 326, den BMW von 1936 bis 1941 gebaut hatte. Als Motor wurde ein Sechszylinder-Aggregat vorgesehen, wie es der BMW Tradition seit den frühen 30er Jahren entsprach. Fahrwerk und Lenkradschaltung entliehen sich die Konstrukteure von dem wieder aufgebauten BMW 332. Die Prototypen des BMW 501 konnten wegen Personal- und Werkzeugmangels nicht im Münchner Werk hergestellt werden. Stattdessen erhielt die Karosseriebaufirma Reuter in Stuttgart den Auftrag, die Wagen bis zur IAA in Frankfurt im April 1951 fertigzustellen. Die Zeit war knapp bemessen, aber BMW stand unter hohem Druck: Das Unternehmen hatte hohe Kredite aufgenommen, um die Produktionsanlagen zu finanzieren, die nun genutzt werden mussten.

Für die Automobilfertigung waren wesentlich größere Kapazitäten als für die Motorradproduktion notwendig. 1950 war eine Fläche von rund 85.000 qm dafür vorgesehen. Zum einen wurden die u-förmig angeordneten Hallen im südöstlichen Teil für die Automobilproduktion eingeplant (Kleinteile- und Großteilepresserei, Geb. 33, Vormontage und Karosserie-Rohbau, Geb. 32, sowie Lackiererei und Polsterei, Geb. 20). Anstelle der Sanitäranlagen (Waschräume) gegenüber der Kantine wurden im Gebäude 31 die galvanischen Anlagen sowie die Felgen- und Reifenmontage angesiedelt. In Gebäude 17 wurde die Endmontage eingerichtet. Auch die westlich davon gelegene Halle 12 war dem Automobilbau zugeordnet. Im Inneren der Einfahrbahn wurden anstelle der Motorenprüfstände die Einfahrabteilung sowie die Nachbereitung für den Neuwagenversand untergebracht. Auch zwei Hallen im nördlichen Teil des Geländes, das vormals der Flugmotorenbau GmbH gehört hatte, dienten der Automobilproduktion. In den Gebäuden 95 und 84 lagerten die Roh- bzw. Fertigteile.

1952 startete die Serienproduktion des BMW 501. Die Hoffnungen, die BMW in dieses erste Nachkriegsautomobil setzte, waren groß. Die Vorplanungen rechneten mit jährlich rund 20.000 Einheiten. Für solche Stückzahlen waren

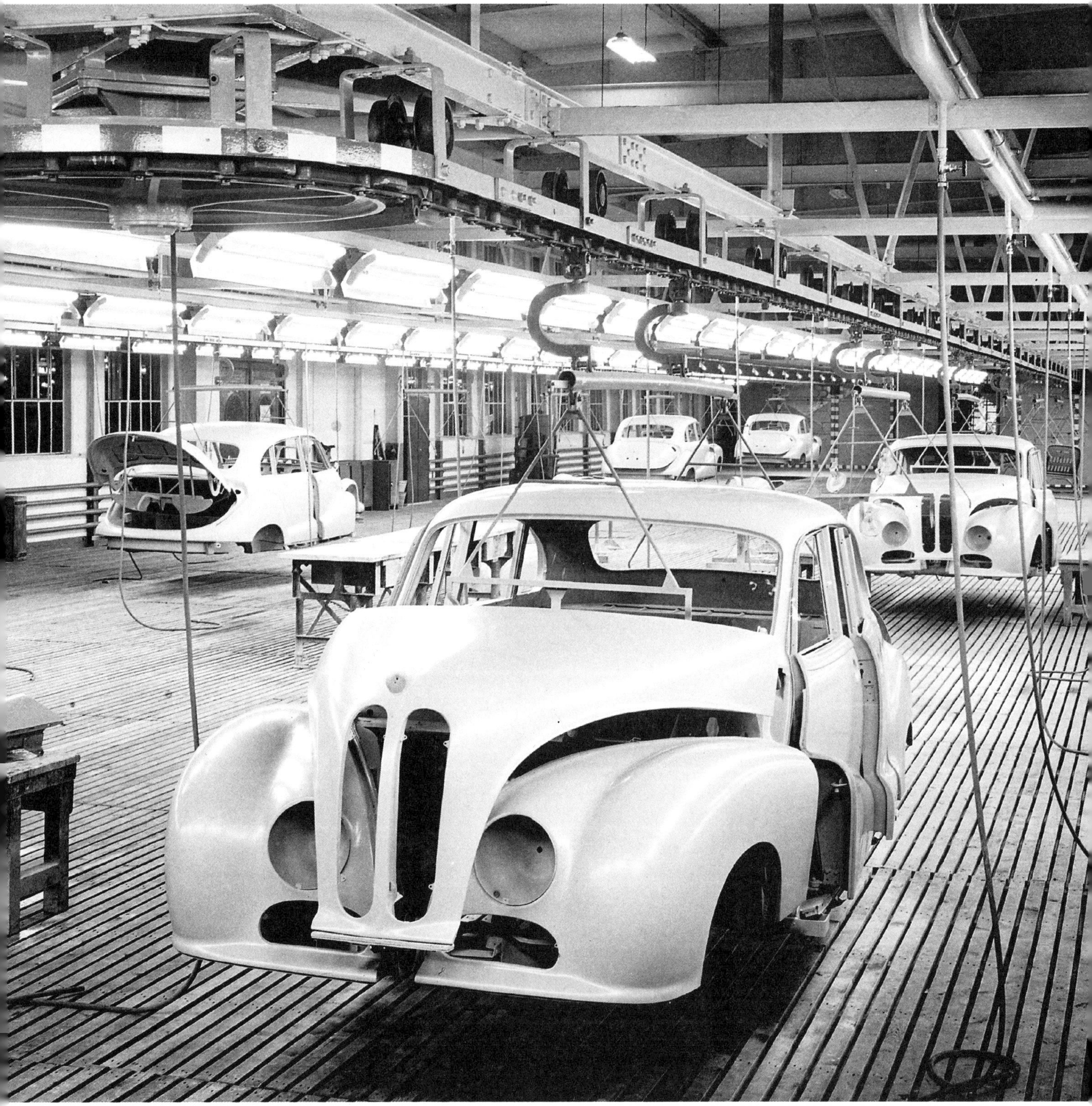

Durch die geringe Nachfrage waren die Produktionskapazitäten für den BMW 501 nur teilweise ausgelastet, 1952.

Die Großwagen der Produktpalette 1956: BMW 507, BMW 503 und BMW 502 (rechts im Bild).

auch die Produktionsanlagen ausgelegt worden. Der Absatz des BMW 501 sowie des seit 1954 gefertigten BMW 502 entsprach jedoch in keiner Weise den Erwartungen. Aufgrund der niedrigen Absatzzahlen waren die Fertigungsanlagen nur zu einem geringen Teil ausgelastet. Die durch den Verkauf erwirtschafteten Summen reichten kaum aus, die Entwicklungskosten zu tragen. Dennoch erweiterte BMW die Produktpalette um weitere sehr exklusive Modelle. Neben den Limousinen sollte auch ein sportliches Modell angeboten werden. Erste diesbezügliche Überlegungen sind für Anfang 1953 überliefert, und schon 1954 drehte ein Prototyp erste Testrunden auf dem Nürburgring. Aus Amerika, dem wichtigsten Exportmarkt, erreichte das Unternehmen jedoch die Nachricht, dass sich das Fahrzeug in dieser Form in den USA nur schwer verkaufen lassen würde. Der amerikanische Importeur schlug vor, den jungen Designer Albrecht Graf von Goertz aufzufordern, einen Alternativentwurf vorzulegen. Nach Goertz´ Vorschlägen wurden sowohl der Roadster BMW 507 als auch das Coupé BMW 503 entwickelt und auf der IAA 1955 vorgestellt. Der BMW 507 ging als „Traum von der Isar" in die Automobilgeschichte ein. Beide Fahrzeuge führten aber nicht zu einer Verbesserung der Auftrags- und Produktionslage. Die Anlagen in München waren weiterhin nicht ausgelastet. Es zeigte sich, dass der Aufbau völlig neuer Werksanlagen in München und der gleichzeitige Mangel an Personal in der Entwicklung und der Produktion keine Zeit gelassen hatten, ein marken- und marktorientiertes Modellprogramm aufzustellen.

Die Produktion der Isetta führte zu einer Vollauslastung der Kapazitäten, 1956.

Die BMW Isetta

Statt des Zweitaktmotors der Iso Isetta baute BMW den Einzylinder-Viertaktmotor aus dem Motorrad R 25 in die Isetta ein und startete ab Frühjahr 1955 die Produktion mit einer Leistung von 250 ccm und 12 PS. Ende des Jahres kam die etwas leistungsstärkere Isetta 300 dazu. Diese erste Version der BMW Isetta 250 und 300 entsprach äußerlich noch weitgehend dem italienischen Urmodell. BMW bot allerdings einen anderen Motordeckel und, nach einer ersten Serie mit langen Scheinwerfergehäusen, ein überarbeitetes Modell mit kleineren Gehäusen an. Es gab außerdem Exportvarianten mit großen Stoßfängern und Scheinwerfern für die USA und Sonderversionen wie die „Tropen-Isetta". Ende 1956 erschien eine überarbeitete Isetta mit modernisierter Karosserie. Sie trug die Bezeichnung BMW Isetta Export. Das bisherige Modell taufte man BMW Isetta Standard und bot es noch einige Monate zu einem günstigeren Preis zusätzlich an. Die ab November 1956 produzierte Export Isetta 250 oder 300 unterschied sich deutlich von der bislang gebauten Variante.

Isetten auf dem BMW Parkplatz vor dem Werk, 1957.

Während die deutsche Wirtschaft das „Wirtschaftswunder" erlebte und qualifizierte Arbeitskräfte knapp wurden, lagen in Milbertshofen die Kapazitäten teilweise brach, und die Belegschaftszahlen sanken seit 1954. Es zeigte sich, dass BMW ein gut verkäufliches und in der Herstellung preiswertes Automobil benötigte. Die komplette Neuentwicklung eines Wagens war für das Unternehmen nicht mehr finanzierbar und hätte zu viel Zeit beansprucht. 1954 wurde daher ein Vertrag mit der italienischen Firma Iso über den Lizenzbau des Kleinstwagens Isetta abgeschlossen. Nach einigen Veränderungen der Konstruktion startete 1955 die Produktion des sogenannten Motocoupés. Auch wenn die Isetta die angespannte finanzielle Lage der BMW AG kaum verbessern konnte, so führte die Aufnahme ihrer Produktion doch dazu, dass die Produktionsanlagen ausgelastet und die Arbeiter weiterbeschäftigt werden konnten. In den Jahren 1957 und 1958 stieg die Zahl der Belegschaftsangehörigen wieder leicht an. Zwischen 1955 und 1962 produzierte BMW 161.728 Isetten.

Oben: Karikatur aus der Zeit zum Sanierungsvorschlag für BMW durch Daimler-Benz und die Deutsche Bank, 1959.

Links: Erich Nold bei einem Vortrag bei der Hauptversammlung, 1959.

Rechts: Eine Lieferung BMW 600 für das Bundesfinanzministerium, Abt. Zoll, verlässt das Werk München-Milbertshofen, 1958.

Mercedes-Automobile aus Milbertshofen?

Die Aufnahme der Isetta in das Produktionsprogramm konnte die finanziellen Schwierigkeiten der BMW AG nicht beheben. Seit 1955 schrieb das Unternehmen rote Zahlen. Zunächst wurden jährlich Teile der Rücklagen aufgelöst, um die operativen Verluste auszugleichen. Dies konnte auf Dauer aber keine Lösung sein. Der 1957 neu bestellte Vorstandsvorsitzende Dr. Heinrich Richter-Brohm entwickelte ein „Zukunftsprogramm" für BMW, mit dem die Krise überwunden werden sollte. Statt der „Großwagen" sollte in Milbertshofen ein „Mittelwagen" gebaut werden, der wieder die klassischen Markenwerte Sportlichkeit und Zuverlässigkeit verkörperte. Als Übergangslösungen sah der BMW Vorstand zwei Automobile vor, die zur Auslastung der Kapazitäten dienen sollten: den BMW 600, eine Art „große Isetta", und den BMW 700. Im Gegensatz zur Isetta bzw. zum BMW 600 war der BMW 700 wieder ein „richtiges Automobil".

Bei der Finanzierung des neuen Programms traten jedoch Probleme auf, sodass zunächst nur der BMW 700, nicht aber der geplante „Mittelwagen" in Produktion ging. Im Herbst 1959 war die Finanzlage der BMW AG derart desolat, dass nur ein Zusammengehen mit einem finanzkräftigen Partner als Lösung erschien. Alles lief auf einen Verkauf an die Daimler-Benz AG hinaus. Das Stuttgarter Unternehmen stellte einen sofortigen großen Fertigungsauftrag für das Münchner Werk in Aussicht. Die angestrebte Lösung hätte zwar

BMW gerettet, aber das Unternehmen und damit das Werk Milbertshofen zu einem reinen Zuliefererwerk von Daimler-Benz degradiert. Auf der Hauptversammlung am 9. Dezember 1959 sollte der Verkauf beschlossen werden. Auf Initiative der Kleinaktionäre und der Händler wurde die Versammlung nach neunstündiger Diskussion vertagt, und das Übernahmeangebot der Daimler-Benz AG lief aus. Auch wenn der Verkauf nach Stuttgart nun nicht mehr zur Diskussion stand, waren die Probleme von BMW keineswegs gelöst.

Die BMW Mitarbeiter

Eines der Probleme, mit denen sich die Werkleitung in Milbertshofen bei der Wiederaufnahme einer Fahrzeugproduktion auseinandersetzen musste, war der Mangel an Facharbeitern. Bei der Wiederaufnahme der Motorradproduktion 1948 wurde die Belegschaft, die bisher in der Notproduktion gearbeitet hatte, umgeschult, um die Fertigung der Motoren und Komponenten sowie die Montage der Motorräder durchführen zu können. Zunächst konnte auf eine Reihe von Facharbeitern und Ingenieuren, die bereits in der 30er Jahren in der Motorradproduktion tätig gewesen waren, zurückgegriffen werden. Ihre Erfahrung, aber auch ihr Engagement führte dazu, dass im Werk München die Motorradproduktion großteils problemlos wieder aufgebaut werden konnte.

Als wesentlich problematischer erwies sich jedoch die Aufnahme der Automobilherstellung. Während der Mangel an Konstruktionsunterlagen im Motorradbau teilweise durch das Wissen und die Erfahrung der Belegschaft ausgeglichen werden konnte, bot sich diese Möglichkeit in der Automobilherstellung nicht. Da es bisher im Großraum München keinerlei Automobilproduktion gegeben hatte, konnte die Werkleitung kaum auf qualifizierte Arbeiter zurückgreifen. Dennoch stieg die Mitarbeiterzahl im Werk München seit der Wiederaufnahme der Fahrzeugproduktion stetig an. Nachdem die Amerikaner 1955 das Karlsfeld Ordnance Depot in Allach geschlossen hatten, übernahm das Werk Milbertshofen einen Teil der dortigen Belegschaft. Die neuen Kollegen wurden größtenteils in der Produktion der Isetta eingesetzt. Durch die Aufnahme der Herstellung des Motocoupés konnten so nicht nur die Produktionskapazitäten ausgelastet und zum ersten Mal eine Großserienfertigung von Automobilen im Werk Milbertshofen getestet werden. Die Werkleitung konnte außerdem sowohl die aus Allach übernommenen Belegschaftsangehörigen als auch Arbeiter aus der Motorradproduktion in den Anforderungen der Automobilproduktion anlernen. Wie wichtig gut ausgebildete Arbeiter waren, zeigt folgende Aussage des Direktors der Technischen Verkaufsplanung, Helmut Bönsch, gegenüber Journalisten: „Der Wert eines Wagens (...) wird aber nicht durch die in ihm verkörperten konstruktiven Ideen geprägt, sondern in entscheidendem Maße von dem Qualitätsbewusstsein derjenigen Männer, die ihn entwickeln und bauen. Wir sind bei BMW in der glücklichen Lage, dieses Qualitätsbewusstsein über viele Jahre in einem Stamm hervorragender Ingenieure, Meister und Facharbeiter kultiviert zu haben." Die Bedeutung des BMW Facharbeiterstamms kam auch während der Hauptversammlung

BMW suchte über zahlreiche Werbeaktionen Facharbeiter, 1956.

Durch die Aufnahme der Isetta-Produktion konnte ein Teil der Facharbeiter aus Allach weiterbeschäftigt werden, 1956.

zum Gespräch. Die Gegner des Verkaufs führten an, dass der „Wert" der Arbeiter nicht berücksichtigt worden sei und diese somit an Daimler-Benz „verschenkt" würden.

Auch wenn die Ungewissheit der Situation in der zweiten Jahreshälfte 1959 der Belegschaft bekannt war, so ging das Leben im Werk dennoch seinen gewohnten Gang. So arbeitete die Entwicklungsabteilung weiterhin an ihren laufenden Projekten, ohne sich davon stören zu lassen, dass diese vielleicht niemals realisiert würden. Gleichzeitig forderte der Betriebsrat aber auch, dass die Belegschaft, die die Krise doch deutlich verspürt hatte und teilweise ihre Folgen tragen musste, für ihre Verdienste und auch die Treue gegenüber dem Unternehmen „entlohnt" werde.

250 000

Aufschwung mit der „Neuen Klasse“: Das Werk in den 60er Jahren

Nachdem die Krise der 50er Jahre überwunden war, erlebte BMW mit den Modellen der sogenannten „Neuen Klasse“ einen unerwarteten und bis dahin bei BMW unbekannten Aufschwung. Seit Mitte der 60er Jahre stieß man im Werk München zunehmend an die Grenzen der Produktionskapazitäten. Eine Erweiterung der Fläche war nicht möglich, da das Werk an drei Seiten von Wohnflächen umgeben war und das im Westen angrenzende noch freie Gelände für die Olympischen Spiele 1972 verplant war. Die Verlagerung der Motorradproduktion nach Berlin und der Kauf der Hans Glas GmbH in Dingolfing ermöglichten es dem Unternehmen, das Werk Milbertshofen Ende der 60er Jahre neu zu strukturieren.

1960 – 1970

Der umschwärmte BMW 1500 auf der IAA 1961.

Ein neuer Anfang

Nachdem der Verkauf an die Daimler-Benz AG auf der Hauptversammlung im Dezember 1959 verhindert worden war, arbeitete die Entwicklungsabteilung im Werk München mit Hochdruck an den Entwürfen eines Mittelklassewagens. Auch wenn die Produktion der Isetta und der „Großwagen" noch bis 1962 bzw. 1965 lief, so war es vor allem der Kleinwagen BMW 700, der zu Beginn der 60er Jahre in München hergestellt wurde. Endlich hatte BMW wieder ein Automobil im Angebot, das an den sportlichen Ruf der Vorkriegsmodelle anknüpfen konnte.

Auf der IAA 1961 in Frankfurt konnte mit dem Prototypen des BMW 1500 das Ergebnis der Entwicklungsarbeiten zum „Mittelwagen" vorgestellt werden. Mit diesem ersten Modell der „Neuen Klasse" kehrte BMW endgültig zum Prinzip „Freude am Fahren" zurück, das seither auch in der Markenwerbung benutzt wird. Die folgenden Modelle erfuhren zahlreiche Verbesserungen und Neuerungen und bescherten BMW einen unerwarteten Erfolg. Bevor jedoch mit der Serienproduktion des BMW 1500 begonnen werden konnte, musste das Werk an die neuen Bedürfnisse angepasst werden. Zunächst bestellte der Vorstand zum 1.1.1963 mit Paul Volk einen neuen Werkleiter, der vorher als Fertigungsleiter bei der Auto-Union in Ingolstadt tätig gewesen war. Volk hatte bereits Erfahrungen in der Großserienproduktion gesammelt, die er beim Anlauf der „Neuen Klasse" im Werk Milbertshofen einbringen sollte.

Das Rückgrat der Produktion Anfang der 60er Jahre: der BMW 700 in der Endmontage, 1960.

Die Gießerei nach der Modernisierung, 1968.

Die Modernisierung des Werks

Auch wenn alle Kriegsschäden zu Beginn der 60er Jahre behoben waren, so war doch ein Großteil der Werksanlagen veraltet. In der Mitte des Werksgeländes standen zudem noch Reste der Einfahrbahn, und überall im Werk fanden sich etliche niedrige Schuppen, die keinen Zweck mehr erfüllten. Der Maschinenpark entsprach kaum noch den Anforderungen der Zeit. So standen im Presswerk immer noch alte, unmittelbar nach der Währungsreform in den USA gekaufte „Clearing-Pressen“ mit manueller Beschickung. Es gab keinerlei Messtechnik, und im Rohbau setzten die Arbeiter die Schweißpunkte mit unhandlichen Zangen. Die Lackiererei, einst der Stolz des Werks München, verfügte nur über einfachste Einrichtungen, und der Lack wurde manuell aufgetragen. Auch die Montagebänder entsprachen in keiner Weise den Standards. Viele der Arbeitsplätze waren nicht nach ergonomischen Gesichtspunkten eingerichtet, und immer noch dominierte Handarbeit die Arbeitsabläufe. Nur in der Motormontage gab es Vorläufer der späteren Transferstraßen. Auch über die „Folgen“ der Produktion hatte man sich bisher kaum Gedanken gemacht: Die Abwasserreinigung war mangelhaft und der Emissionsausstoß hoch. Die Modernisierungsmaßnahmen kosteten Zeit und Geld: Für die Modernisierung der Anlagen investierte BMW zwischen 1962 und 1971 insgesamt rund 1,1 Milliarden DM.

Die Gießerei vor der Modernisierung, Anfang der 60er Jahre.

Innovative Großbauprojekte

Ein Teil der Investitionen floss in mehrere bautechnische Großprojekte auf dem Münchner Werksgelände. Schon 1961 begannen die Bauarbeiten an Gebäude 140, in dem die mechanische Fertigung und die Motorenmontage untergebracht waren. Vier Jahre später wurde das Gebäude um die Halle 140.1 erweitert. Beide Hallen errichtete die Werkleitung auf dem bisher ungenutzten Gelände der ehemaligen Einfahrbahn bzw. der Flugmotoren-Prüfstände. Planung und Ausführung folgten einem innovativen Konzept: Im Untergeschoss waren die Sozialräume, im Erdgeschoss fanden sich das Materiallager, die Vormontage, Hilfsbetriebe sowie allgemeine technische Einrichtungen. Im Obergeschoss waren die Montageflächen, die mittels Deckendurchbrüchen mit der Materialversorgung im Erdgeschoss verbunden waren. Das Gebäude 140 galt damals mit seiner Raumaufteilung und Nutzung als völlig neue Interpretation eines fertigungsorientierten Fabrikgebäudes und entwickelte sich zum Anziehungspunkt für Fachplaner der deutschen Automobilindustrie. Das neuartige Materialfluss-Prinzip des Gebäudes 140 war ein Begriff in der gesamten Branche. Auch das 1968 errichtete Großpresswerk in Gebäude 154 wurde nach diesem Vorbild erstellt.

Beim Bau des neuen Presswerks wurde ein ausrangierter Panzer an den Deckenstreben befestigt, um deren Stabilität zu testen, 1968.

Gebäude 140 hatte lange Zeit Vorbildcharakter für Industriebauten in der Automobilindustrie, 1967.

Das Kesselhaus für das Werk München: Gebäude 100, ca. 1960.

Wärme fürs Werk

Bis Mitte der 50er Jahre kam die Heizwärme für das Werk München aus diversen dezentralen Kesselhäusern. In jedem der Häuser gab es einen mehr oder minder großen „Kohlenkeller“. Dann jedoch beschloss die Werkleitung, ein zentrales Kesselhaus zu errichten. Als Standort wurde das Gebäude 100 gewählt; die Freifläche der dort ursprünglich untergebrachten und nach 1945 demontierten Herbitus-Anlage bot genügend Platz für ein solches Vorhaben. Zunächst lief die Wärmeversorgung nun mit Heizöl. Doch begann Mitte der 60er Jahre die Suche nach einem neuen Energieträger. Mehrere Faktoren bewogen die Werkleitung zu diesem Schritt: Die Stadt München forderte, eine bereits länger bestehende Auflage umzusetzen, wonach für Kesselabgase Kamine mit einer Höhe von 60 m über dem 20 m hohen Kesselhaus bestehen mussten. Gleichzeitig machte sich ein Anstieg der Ölpreise bemerkbar, während aber in Oberbayern an mehreren Stellen Erdgas gefunden und gefördert wurde. Daraufhin schloss das BMW Werk den ersten Großkunden-Liefervertrag für Erdgas mit der Stadt München und gab damit einen Anstoß für weitere Großverbraucher.

Nach dem „Training“ im Werk stellte Alexander von Falkenhausen im Brabham BT 7 1966 einen Weltrekord auf.

Die Neue Klasse

Bevor der BMW 1500 auf den Markt gebracht wurde, stellte man in München 35 Nullserien-Autos her und testete diese intensiv. Am 25. August 1962 lief der erste zur Ausfertigung bestimmte BMW 1500 vom Band. Dieses neue BMW Modell entsprach endlich wieder den Vorstellungen von einem BMW: sportlich, leistungsstark, kompakt, formschön und exklusiv. Mit der Neuen Klasse fand BMW seine „Nische“ auf dem deutschen Markt in der Mittelklasse. Zum Jahresbeginn 1963 wurden täglich 50 Einheiten des BMW 1500 gebaut. Der Anlauf des 1500 gestaltete sich jedoch schwierig. Auch wies das Fahrzeug einige technische Mängel auf. Daher wurde es schon 1964 durch den Nachfolger BMW 1600 ersetzt. Bis 1972 folgten weitere Modelle der Neuen Klasse mit unterschiedlichen Motorenspezifikationen. Insgesamt wurden 339.814 Fahrzeuge dieser Modellreihe produziert. Im März 1964 ließ BMW endgültig die Produktion der großen Limousinen auslaufen, um weitere Produktionskapazitäten für die Neue Klasse zu bekommen. Nur die Produktion des Bertone Coupés 3200 CS lief noch ein Jahr weiter.

Mit der Neuen Klasse kehrte BMW auch endgültig in den Motorsport zurück. Schon mit dem BMW 700 konnten erste Sporterfolge verzeichnet werden. So wurde der BMW 700 RS speziell für den Einsatz bei Bergrennen entwickelt. Sehr erfolgreich im Motorsport war der BMW 1800 TI, der 1964 zahlreiche Rennen der Tourenwagenmeisterschaft für BMW entscheiden konnte. Dieser Erfolg führte zu dem Entschluss, in den Formel-II-Sport einzusteigen. Der Leiter der Entwicklungsabteilung, Alexander von Falkenhausen, erreichte am 22. September 1966 auf dem Hockenheimring mit dem BMW F1 2000, einem Braham BT 7 mit BMW Motor, schon nach wenigen Sekunden eine Geschwindigkeit von 220 km/h und stellte damit den absoluten

Nachbearbeitung eines BMW 1500 am Tauchbad, ca. 1963.

Der BMW 1500

Der Beginn der Serienproduktion des BMW 1500 leitete 1962 eine neue Ära für BMW ein. Die Automobil-Presse sprach davon, dass nun „endlich wieder ein echter BMW“ angeboten wurde. Er hatte eine ebenso schlichte wie elegante Karosserie ohne ausgeprägte modische Details und wirkte sportlich elegant, wie man es von den BMW Modellen der Vorkriegszeit gewöhnt war. Alexander von Falkenhausen, Rennfahrer und Motorenkonstrukteur, entwickelte den Vierzylinder-Reihenmotor mit oben liegender Nockenwelle. Der BMW 1500 verfügte über einen 1,5-Liter-Motor und 80 PS. Trotz seiner eher sportlichen Ausrichtung kam dank der McPherson-Federbeine vorne und einer Schräglenker-Hinterachse auch der Fahrkomfort nicht zu kurz. Der BMW 1500 wurde von 1962 bis 1964 in 23.807 Einheiten produziert und dann durch den BMW 1600 abgelöst.

1962 Der erste BMW 1500 läuft vom Band

1964 Einführung des BMW 1600

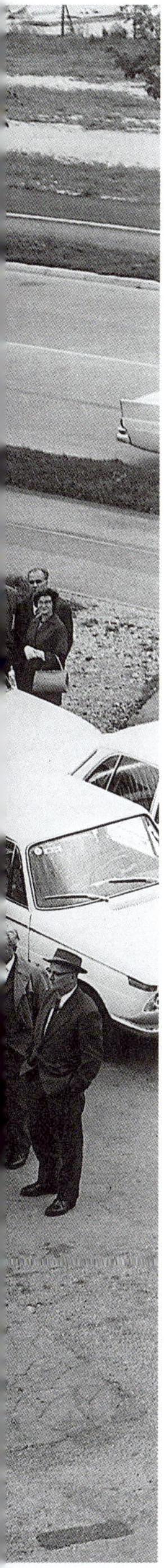

Kurzstrecken-Weltrekord in der Klasse E (bis 2 Liter) über die Viertelmeile und 500 m mit stehendem Start in dieser Disziplin auf. Die Rückkehr zum sportlichen Wettbewerb sorgte auch für das Amüsement der Belegschaft des Münchner Werks. Da BMW zu diesem Zeitpunkt noch nicht über eine private Teststrecke verfügte, fanden die Testfahrten, sehr zur Begeisterung der Mitarbeiter, auf den Straßen im Werksgelände statt. Schließlich wurde dieses Vorgehen aber vom Betriebsrat und dem Vorstand untersagt.

Die 02er Reihe

Anlässlich der Feierlichkeiten des 50-jährigen Jubiläums der BMW AG in der Münchner Staatsoper wurde am 7. März 1966 der neue zweitürige BMW 1600 vorgestellt. Um das Modell von dem hubraumgleichen Viertürer abzugrenzen, lief das Fahrzeug unter der Verkaufsbezeichnung BMW 1600-2 und ab 1971 als BMW 1602. Mit dieser neuen Kompaktklasse erweiterte BMW seine Modellpalette mit einem Angebot unterhalb der Neuen Klasse. Die Verwandtschaft der beiden Modellreihen war unübersehbar: Das Fahrwerk und der Motor waren weitgehend vom BMW 1600 übernommen worden, die Karosserie hatten die BMW Designer, trotz deutlicher Anleihen bei der Neuen Klasse, den Anforderungen eines zweitürigen Fahrzeugs entsprechend neu gezeichnet. Genau wie bei der Schwesterreihe gab es auch in der 02er Reihe verschiedene Modelle mit unterschiedlicher Motorisierung. Zwischen 1966 und 1977 wurden 861.940 Automobile der 02er Reihe in München produziert.

Abholung der ersten BMW 1500 Vorführwagen durch die Händler, 1962. (links)

BMW 02er Karosserien in der Lackiererei, ca. 1968. (rechts)

Engpässe

Die unerwartet hohe Nachfrage nach Fahrzeugen der Neuen Klasse und der 02er Reihe führte schon bald zu ersten Engpässen in der Produktion. Eine Erweiterung des Werksgeländes war nicht möglich. Von drei Seiten war es inzwischen von Wohngebieten umgeben. Einzig im Westen lag noch das freie Gelände des ehemaligen Oberwiesenfelds. Dafür gab es inzwischen aber schon eine andere Verwendung: Der Stadt München war es gelungen, den Zuschlag für die Olympischen Sommerspiele 1972 zu erhalten. Die Stadt errichtete die Sportanlagen und das Stadion auf dem freien Gelände des Oberwiesenfelds, das in „Olympiapark" umbenannt wurde. Das Olympische Dorf, die Wohnstätte der Sportler, hingegen entstand mit nur rund 50 Meter Abstand vom Werksgelände, jenseits der Lerchenauer Straße. Während der Spiele gab es mit dieser räumlichen Nähe keine Schwierigkeiten, da das Werk gleichzeitig im Betriebsurlaub „schlummerte". Doch das Olympische Dorf war auch als ganz reguläres Wohngebiet ausgewiesen. Das wiederum verstieß gegen die Abstandsverordnung, nach der zwischen einem Industriegebiet und einem Wohngebiet mindestens ein Abstand von 400 Metern liegen musste. Die Werkleitung befürchtete, dass aufgrund der bei der Produktion unvermeidbaren Emissionen Klagen gegen das Werk erhoben würden. Bei solchen Klagen hätte bei der Rechtsfindung einzig der Tatbestand der Verschmutzung bzw. Belästigung eine Rolle gespielt, nicht aber die Frage, wer sich zuerst im Problembereich niedergelassen hatte. Das Werk Milbertshofen musste in der Folgezeit sehr hohe Investitionen für Umweltschutzmaßnahmen tätigen, um mögliche Klagen von vornherein gegenstandslos zu machen. Gleichzeitig erzielte das Werk Milbertshofen durch diese in Deutschland früh eingeführten Maßnahmen mittelfristig aber auch einen Wettbewerbsvorteil. Die BMW AG konnte zudem die Erfahrungen später in den übrigen Werken ein- und umsetzen.

Ein neuer Standort

Da das Werk Milbertshofen nicht ausgebaut werden konnte, musste eine andere Lösung für eine Erweiterung der Produktionskapazitäten gefunden werden. 1966 bot sich der BMW AG die Möglichkeit, den niederbayerischen Fahrzeughersteller Glas zu erwerben und so die Produktionskapazitäten relativ schnell zu vergrößern. Als Vermittler bei den Verhandlungen trat Georg „Schorsch" Meier auf, der nach seiner Karriere als BMW Rennfahrer nun als Händler von BMW und Glas-Fahrzeugen tätig war. Innerhalb der

Luftbildaufnahme BMW Werk Milbertshofen, das an drei Seiten von Wohngebieten begrenzt wird, 1966.

Verwaltungsgebäude der damaligen Glas-Werke in Dingolfing, 1960. / Verwaltungsgebäude der ehemaligen Glas-Werke in Dingolfing mit BMW Zeichen, ca. 1968.

Führungsgremien von BMW war man unterschiedlicher Meinung, ob der Kauf getätigt werden sollte. Der Aufsichtsrat befürchtete, dass – nur knapp sechs Jahre nach der Sanierung von BMW – die finanzielle Belastung für das Unternehmen zu hoch sei. Der Vorstand hingegen sah vor allem die Möglichkeit, die BMW Belegschaft um rund 4.000 zusätzliche qualifizierte Arbeitskräfte zu erweitern und gleichzeitig das Marktsegment der kleinen Mittelklassewagen erschließen zu können.

Die Argumente wurden sorgfältig gegeneinander abgewogen; schließlich entschieden sich Aufsichtsrat und Vorstand für einen Kauf der Hans Glas GmbH. Ein solcher Schritt bedeutete aber neben den eigentlichen Kaufkosten weitere Investitionen, um die Dingolfinger Werksanlagen den Bedürfnissen der BMW AG anpassen zu können. Diese finanziellen Mittel konnte das Unternehmen jedoch nicht aus eigener Kraft aufbringen, da es durch die Investitionsanstrengungen für das Werk München bereits stark beansprucht war. Eine Kapitalbeschaffung durch die Erhöhung des Aktienkapitals lehnten die Mehrheitseigner ab. Daher musste der Kauf mit Fremdmitteln durchgeführt werden. Dank der Bedeutung der Glas GmbH für den niederbayerischen Wirtschaftsraum erhielt BMW eine Kreditzusage von staatlichen bayerischen Stellen über 50 Millionen DM. Am 25. November 1966, rund fünf Monate nach Beginn der Verhandlungen, wurde der Vertrag über die Abtretung der Geschäftsanteile beurkundet. Der Verkaufspreis betrug 10 Millionen DM. BMW führte zunächst die Fertigung

Endmontage des in Dingolfing hergestellten Glas Isar T 700, 1959.

der Glas-Fahrzeuge fort. Wegen Schwierigkeiten bei der Behebung von Qualitätsproblemen und dem einbrechenden Absatz während der ersten Nachkriegsrezession stellte das Unternehmen die Produktion der Glas-Produkte aber schließlich 1969 ein.

Schon wenige Jahre nach der Übernahme der Hans Glas GmbH wurde deutlich, dass die im ehemaligen Glas-Werk in Dingolfing vorhandenen Kapazitäten für die geplante Ausweitung der Automobilproduktion nicht ausreichen würden. Bereits im September 1966 hatte die monatliche Produktion des Werks Milbertshofen die Grenze von 8.000 Einheiten erreicht. Zwei Jahre darauf wurden täglich 500 Wagen in München gebaut. Die Kapazitäten in Milbertshofen waren vollständig ausgelastet, und die Lieferfrist für einen BMW betrug rund acht Monate. Die Konzernführung entschied, in Dingolfing ein neues Fahrzeugwerk auf der grünen Wiese zu errichten. Am 22. November 1973 wurde das neue Werk in Dingolfing offiziell eröffnet.

Die Hans Glas GmbH

Die Landmaschinenfabrik Glas war 1883 in Pilsting bei Dingolfing gegründet worden. Die Reparatur und schließlich auch die Entwicklung und Fertigung von Agrarmaschinen bildeten lange Zeit den Schwerpunkt der Aktivitäten des Familienunternehmens. Die Vergrößerung des Produktspektrums bedingte um 1907 die Verlegung des Betriebs nach Dingolfing. Erst unter der Leitung von Hans Glas ging die Firma in den 50er Jahren auch zur Herstellung von Motorrollern und Automobilen über. Gleichzeitig wurde aber auch die Produktion von Landmaschinen weiter verfolgt. Im Mai 1951 wurde in Dingolfing der erste „Goggo"-Roller vorgestellt, Mitte der 50er Jahre folgte das Kleinauto „Goggomobil". Im Rahmen des deutschen „Wirtschaftswunders" seit Mitte der 50er Jahre stiegen die Absatzmöglichkeiten für größere Automobile. Daher stieg auch Glas in die Produktion solcher Fahrzeuge ein. Diese Modelle konnten sich jedoch nicht am Markt etablieren. In der zweiten Hälfte der 60er Jahre verschlechterte sich die wirtschaftliche Situation der Hans Glas GmbH zunehmend. 1966 wurden Verhandlungen mit BMW über einen möglichen Verkauf der Anlagen begonnen.

Die Glas Goggomobil Limousine, ca. 1960.

Vertriebsjubiläum: Das zehntausendste Motorrad für die Schweiz, 1953.

Die Motorradproduktion

Der seit Mitte der 50er Jahre einsetzende Abwärtstrend in der Motorradindustrie hielt auch im folgenden Jahrzehnt an. Die Krise traf auch BMW; die Unternehmensführung beschloss jedoch, die Zweiradfertigung zwar zu drosseln, aber auf jeden Fall weiterzuführen. Vor allem das Behördengeschäft sorgte für eine gewisse Planungssicherheit. Auch wenn es nicht zu

Übergabe von 250 BMW R 27 an die Bereitschaftspolizei, 1964.

einer Erholung auf dem Motorradmarkt kam, konnte BMW doch einen weiteren Absatzrückgang verhindern. Neben den Behördengeschäften lag dies vor allem auch am Export der BMW Maschinen. Zwischen 1957 und 1969 pendelten sich die jährlichen Produktionszahlen zwischen 5.000 und 10.000 Exemplaren ein. Dies war vor allem der Ausfuhr nach Frankreich, in die Schweiz und in immer stärkerem Maße in die USA zu verdanken. Mit dem Erfolg der Neuen Klasse entwickelte sich der Motorradbereich zunehmend zu einem „Stiefkind" und verlor immer mehr an Bedeutung im Gesamtunternehmen. Technische und finanzielle Ressourcen und vor allem auch qualifizierte Arbeitskräfte konnten im Automobilbau wesentlich profitabler eingesetzt werden. Aber die Bedeutung der Motorradsparte für das Unternehmen wurde nicht vergessen. 1948 war die Marke BMW durch Motorräder wiedererweckt und so der Fortbestand des Unternehmens gesichert worden. Ganz zu schweigen vom Image der Sportlichkeit, das man vor allem auch den Zweirädern verdankte. So führte BMW die Motorradherstellung zwar fort, das Unternehmen investierte jedoch nur wenig in die Überarbeitung der bestehenden Zweiradpalette und in neue Modelle, geschweige denn in neue Produktionsanlagen. Gleichzeitig wurde auch der Platzmangel im Werk Milbertshofen immer gravierender. Daher überlegte die Unternehmensführung, die Motorradproduktion, die seit 1923 im BMW

Stammwerk angesiedelt war, zu verlagern. Der Vorstand schwankte zwischen dem neu erworbenen Werk in Dingolfing und dem Standort Berlin, wo BMW ein zum Großteil brachliegendes Werk in Spandau besaß. Die Entscheidung fiel letztendlich zu Gunsten von Spandau: Seit 1967 wird dort der Großteil der BMW Motorräder gefertigt.

Plakat der BMW R 69 S, 1964.

Die BMW R 69 S

Trotz der seit 1955 andauernden Krise auf dem Motorradmarkt stellte BMW 1960 wenn auch keine neue, dann aber doch eine überarbeitete Modellpalette vor. Highlight war die R 69 S, mit einer Höchstgeschwindigkeit von 175 km/h das bisher schnellste deutsche Serienmotorrad. Wie schon in der Bezeichnung ersichtlich, handelte es sich um eine Weiterentwicklung des bisherigen Spitzenmodells R 69, dessen Leistung von 35 auf 42 PS angehoben wurde. Eine Neuerung war der hydraulisch gedämpfte, abschaltbare Lenkungsdämpfer, der auch bei hohen Geschwindigkeiten im Zusammenspiel mit dem bewährten Vollschwingenfahrwerk für eine hohe Spurstabilität sorgte. Ansonsten waren es vor allem technische Verbesserungen in Details, in denen das Streben der BMW Ingenieure nach Perfektion ihren Ausdruck fand. Mit der R 69 S platzierte sich BMW wieder an der Spitze des europäischen Motorradbaus und zielte mit diesem Modell vor allem auf den Exportmarkt.

Die Mitarbeiter

Die bisherige Entwicklung des Unternehmens und des Werks hatte bis dato nur eine recht grobe Organisationsstruktur der Belegschaft notwendig gemacht. Ein Personalwesen im heutigen Sinne gab es noch nicht. Die Belegschaftszahlen waren überschaubar und jeder kannte jeden, die Kommunikationswege waren kurz. Die Motivation unter den Mitarbeitern war sehr hoch. Gemeinsam hatte man die Jahre der Krise durchlebt und diese letztendlich gemeistert. Diese besondere Erfahrung, die bis Ende der 60er Jahre im Werk noch zu spüren war, wirkte sich auch auf Mitarbeiter aus, die erst nach der großen Krise, der Hauptversammlung 1959, zu BMW gekommen waren. Die Neue Klasse brachte aber nicht nur den Aufschwung, sondern auch Veränderungen für die Belegschaft. Vor allem seit 1965 änderte sich die Art der Arbeit am Band erheblich. Mit der Produktionsaufnahme der 02er Reihe wurde die Arbeit rationalisiert und in kleine, einfache Handgriffe aufgeteilt. Damit entsprach die Fertigung im Werk München durchaus der üblichen Vorgehensweise. Man folgte aber nicht nur dem Trend, sondern passte sich auch der neuen Notwendigkeit des Einsatzes von angelernten Kräften und somit betriebswirtschaftlichen Anforderungen an. Während ein Großteil der deutschen Industrie sich bereits seit 1955 mit einem gravierenden Mangel an Arbeitskräften konfrontiert sah und zunehmend Gastarbeiter aus europäischen Nachbarstaaten einstellte, setzte diese Entwicklung bei BMW erst mit dem wirtschaftlichen Aufschwung seit Anfang der 60er Jahre ein. Zunächst bemühte sich BMW, Wochenendpendler aus dem weiteren Münchner Umland anzuwerben. Die Mitglieder der Personalabteilung verbrachten, nach neuen Mitarbeitern suchend, zahllose Wochenenden in diversen Dorfgaststätten auf „Anwerbe-Veranstaltungen". Aber schon bald wurde deutlich, dass das Münchner Umland den Bedarf an neuen Mitarbeitern keineswegs decken konnte. BMW beschloss ebenfalls, Gastarbeiter anzuwerben. Die Suche nach geeigneten ausländischen Mitarbeitern fand oftmals direkt vor Ort statt, und die Vertreter der Personalabteilung machten sich auf teilweise sehr abenteuerliche Reisen, hauptsächlich in die Türkei, nach Griechenland und nach Jugoslawien. Mit zwei Werkzeugkoffern ausgestattet, fanden so unter der südlichen Sonne die „Vorstellungsgespräche" statt. Die Angeworbenen reisten mit dem Zug nach München und wurden am Hauptbahnhof empfangen. Als bayerische Begrüßung gab es ein deftiges Frühstück mit Hendl und Bier. Untergebracht wurden die neuen Mitarbeiter in den Wohnheimen, die zunächst für die Wochenendpendler errichtet worden waren. Zunächst arbeiteten die neuen

Datenerfassung von PKW-Aufträgen während der laufenden Produktion des BMW 700, 1961.

Die erfassten Aufträge werden an der Karosserie befestigt, 1961.

Kollegen an Arbeitsplätzen, wo sie schnell angelernt werden konnten. BMW stellte von Anfang an Verträge aus, die über ein Jahr liefen, was in der Branche durchaus nicht üblich war. Außerdem bemühte das Unternehmen sich, engagierte Gastarbeiter an das Unternehmen zu binden, sodass viele von ihnen auch nach dem Anwerbestopp 1973 bei BMW blieben. Um die Sprachschwierigkeiten zu überwinden, wurde die sogenannte BMW Lernstatt eingerichtet. Sie vermittelte auf einfache und anschauliche Weise Grundbegriffe für das unmittelbare Arbeitsumfeld und die benötigten Arbeitstechniken.
Bereits in den 70er Jahren entstanden im Werk Gebetsräume für Muslime, die die größte „zugewanderte" Religionsgemeinschaft bildeten. Inzwischen waren Mitarbeiter aus über 50 Nationen im Werk beschäftigt. Zur schnellen Integration trug sicher auch bei, dass frühzeitig Betriebsräte mit türkischen, griechischen und jugoslawischen Wurzeln gewählt wurden, die sich insbesondere um die Belange ihrer jeweiligen Landsleute kümmerten. Der Stolz, für BMW und im Stammwerk des Unternehmens zu arbeiten, übertrug sich schnell auf die neuen Kollegen. Auf viele von ihnen trifft der Begriff des „Gastarbeiters" kaum zu, tauchen sie doch heute nicht selten bei den Würdigungen zu 25- und 40-jährigen Werksjubiläen auf. Zunächst wurden Rundschreiben und Informationen noch in mehreren Sprachen verfasst, selbst die Werkszeitung war anfangs mehrsprachig. Die Integration im Mikrokosmos des BMW Werks funktioniert auch deswegen so gut, weil sie auf gegenseiti-

Noch heute unterhält BMW für seine Mitarbeiter Appartementhäuser, wie hier an der Hanauer Straße.

ger Wertschätzung und Akzeptanz, auch und gerade der ausländischen Kollegen untereinander, fußt. In mehr als vier Jahrzehnten wurden die diversen Auseinandersetzungen zwischen Völkern und Volksgruppen, wie zum Beispiel der Krieg im ehemaligen Jugoslawien, nie ins Werk getragen.

Wohnheime und Appartementhäuser

BMW Wohnheime entstanden ab den 60er Jahren, damit Mitarbeiter aus den weiteren Einzugsgebieten zumindest während der Woche ein Dach über dem Kopf hatten. Wohnraum ist in München schon seit Längerem ein knappes Gut. Die inzwischen zu Appartementhäusern umgebauten Heime boten auch vielen ausländischen Mitarbeitern eine erste Unterkunft. Heute sind sie überwiegend mit Praktikanten belegt oder dienen nach München gewechselten Mitarbeitern als Wohnmöglichkeit. Es gibt auch Gästehäuser für Mitarbeiter anderer Standorte, die in München zeitlich befristete Projektarbeit leisten; sie stehen auch nach München versetzten Mitarbeitern ausländischer Standorte zur Verfügung.

BMW

Von den 70er Jahren zu den 80er Jahren

Das Werk München hat in seiner langen Geschichte einige Umbrüche erlebt – viele bis heute gültige Weichenstellungen wurden in dem Jahrzehnt von der Mitte der 70er Jahre bis 1986/87 vorgenommen. Dringend benötigter Platz entstand durch den Bau einer neuen Unternehmenszentrale außerhalb des Werksgeländes. Die bis heute erfolgreichste Modellreihe des Unternehmens, der BMW 3er, hatte seine Geburtsstunde in München. Ein neues Werk in Dingolfing entstand, um die stetig steigende Nachfrage nach BMW Automobilen bewältigen zu können. Größere Fahrzeuge wurden nun im niederbayerischen Werk gebaut. Ein beispielloser Modernisierungsschub revolutionierte die Fertigung, beginnend mit dem Karosseriebau.

1970 – 1980

Eine neue Unternehmenszentrale in München, ein neues Werk in Dingolfing

1972, pünktlich zu den Olympischen Sommerspielen in München, wurde in unmittelbarer Nachbarschaft zu den Aufsehen erregenden Sportstätten des Olympiageländes ein spektakuläres Gebäude fertiggestellt: das neue Verwaltungshochhaus der BMW AG am Petuelring. Gebaut für ca. 2.000 Mitarbeiter, schuf der Vierzylinder Raum für die Zentralfunktionen. Das Werk München drohte zuvor aus allen Nähten zu platzen: Es war mit einer Jahresproduktion von über 180.000 Fahrzeugen und ebenso vielen

Seit Mitte der 70er Jahre sind sämtliche Baulücken rings um das Werk geschlossen.

Motoren der wichtigste Fertigungsstandort für Automobile und der einzige Standort für die Motorenproduktion. Es beherbergte auch fast alle zentralen Unternehmensfunktionen wie Entwicklung, Vertrieb und Personalwesen. Lediglich im benachbarten Gebäude 80 südlich der Dostlerstraße gab es Anfang der 70er Jahre Büroraum außerhalb des eigentlichen Werksgeländes. Dessen Eingrenzung war nun mit dem letzten Lückenschluss in der umgebenden Bebauung durch das Olympische Dorf, das

Das Werk München 1967, mit Blickrichtung Norden. Innerhalb weniger Jahre entstanden im Westen ein neues Parkhaus, das Olympiadorf, die U-Bahn-Station Olympiazentrum. Im Süden gab es noch viel Parkfläche.

Das BMW Group Werk Dingolfing in einer Luftaufnahme (2016).

Parkhaus West und die neue Unternehmenszentrale mit Flachbau und Museum festgelegt: im Süden durch die Dostlerstraße, im Westen durch die Lerchenauer Straße, im Norden durch Preußen-, Pommern- und Lüneburger Straße; im Osten durch die Riesenfeldstraße. Im Bereich der Lüneburger Straße reichte die Wohnbebauung bis fast an die Werksgrenze. Spätestens jetzt war das Werk München keine Fabrik auf der grünen Wiese mehr.

Neben einer spürbaren Entspannung der räumlichen Situation durch den Hochhausbau brachte das Jahr 1972 eine weitere einschneidende Veränderung für das Werk in Milbertshofen. Mit dem neuen Werk 2.4 in Dingolfing nahm ein zusätzliches Automobilwerk die Produktion auf; es übernahm die Fertigung der kurz zuvor in München angelaufenen neuen 5er Baureihe.

Die zusätzliche Entlastung des Stammwerks durch Dingolfing schien dringend geboten. In der boomenden Autokonjunktur des Jahres 1973 stieg die Fahrzeugproduktion im Münchner Werk auf über 193.000 Einheiten – mehr als das Dreieinhalbfache des Jahres 1962, des ersten vollen Produktionsjahrs der Neuen Klasse, mit der BMW die Wende im Automobilgeschäft gelungen war. Für die Münchner Belegschaft bestand kein Grund zur Angst vor einem Bedeutungsverlust. Die Zeichen standen weiterhin auf Wachstum.

1972 Das neue Werk Dingolfing übernimmt die Produktion der neuen 5er Baureihe

1973 Die Fahrzeugproduktion im Münchner Werk steigt auf 193.000 Einheiten

BMW trotzt der Krise: Die Geburtsstunde eines Superstars

Das Wachstum schien 1974 vorerst beendet. Am 17. Oktober 1973 stieg der Ölpreis von rund drei Dollar pro Barrel (159 Liter) auf über fünf Dollar, im Verlauf des nächsten Jahres sogar auf über zwölf Dollar. Dieser allgemein als „Ölkrise" oder „Ölschock" bezeichneten Entwicklung versuchte die deutsche Bundesregierung mit eher symbolischen Maßnahmen wie vier Sonntagsfahrverboten im November und Dezember 1973 zu begegnen; besonders die Automobilindustrie bekam die Folgen deutlich gestiegener Kraftstoffpreise schnell zu spüren. Die *Süddeutsche Zeitung* schrieb am 23. April 1974: „Die deutschen Autoproduzenten haben im April zu den bisher gravierendsten Produktionseinschränkungen schreiten müssen. Nach der vorläufigen Übersicht der dpa müssen in diesem Monat mindestens 116.500 Beschäftigte in der Autobranche (einschließlich der belgischen Produktionsstätten) kurzarbeiten." Von dieser Entwicklung schien BMW zunächst ausgenommen. War doch der Fahrzeugabsatz nur

Mitarbeiter des Werkschutzes kontrollieren die BMW Mitarbeiter.

Schaltzentrale im Werk München, Gebäude 18. Ein Mitarbeiter hatte auf der halbrunden, 19 m langen Kontrollwand Überblick über die Funktion aller Förderanlagen der wichtigsten Produktionsbereiche im Werk.

um 7 % rückläufig, wobei der Export sogar teilweise über Vorjahresniveau lag. Bis in den Herbst hinein waren keine Produktionseinschränkungen erforderlich. Erst für die Monate November 1974 bis Januar 1975 kündigte das Unternehmen in der Werkszeitung *bayernmotor* insgesamt drei Wochen Kurzarbeit im Werk München an.

Rudolf Moser
(Werkschutz)

1986 habe ich bei der BMW AG in München als Werkschützer angefangen. Es dauerte eine kleine Weile, bis ich mich von einem Kleinbetrieb mit 14 Personen an einen Großbetrieb umgewöhnt hatte.
Die neuen Aufgaben waren vielseitig und umfangreich. Wir hatten anfangs graue Dienstkleidung mit Schirmmütze. Es gab noch wenig Technik an den Toren und Zutritten zu den Gebäuden.
Die Besucherausweise wurden mit der Hand geschrieben. Vieles gab es nur in Papierform. Heute werden wir von der Technik unterstützt. Drehsperren, Kameras und Zutrittssysteme erleichtern die Arbeit. Auch unsere Dienstkleidung ist viel freundlicher geworden und trägt zu einem positiven Auftritt bei.
Die Aufgaben des Werkschutzes sind teilweise neu gestaltet worden. Für mich ist es daher immer wieder eine Herausforderung, mich zu verändern und immer wieder neue Aufgaben wahrzunehmen. Mitzuerleben, wie das Werk und das Hochhaus im neuen Glanz erstrahlt sind.
BMW gab mir vor vielen Jahren einen sicheren Arbeitsplatz, und ich musste mir in den Jahren nie Sorgen um diesen Arbeitsplatz machen.

Einbringen der Hohlraumversiegelung.

1975 Beginn der Serienfertigung der BMW 3er Reihe

Trocknen des Decklacks.

Bestand also auch bei BMW Grund zur Sorge? Zeichnete sich eine Entwicklung ähnlich der Krise Ende der 50er Jahre ab, als das Unternehmen mit einer veralteten Modellpalette in Schieflage geraten war? Immerhin sank der Absatz der Modellreihe 2500 – 3.3 Li auf weniger als die Hälfte des Vorjahresniveaus, und der vielversprechende neue 5er sollte schrittweise in das neue Werk Dingolfing verlagert werden. Und doch musste die Belegschaft in München bereits 1975 wieder Sonderschichten fahren, um 6.000 Fahrzeuge mehr als ursprünglich geplant fertigen zu können. Die Modelle der Serie 1502 bis 2002 Turbo erfreuten sich 1974 sogar noch größerer Beliebtheit als im Vorjahr, aber das allein erklärt den Aufschwung nicht: Am 1. Juni 1975 startete die Serienfertigung einer von Grund auf neuen, für Werk und Unternehmen wegweisenden Modellreihe. Der BMW 3er, die bis heute erfolgreichste Baureihe im Unternehmen, war geboren.

Endmontagearbeiten im Motorraum.

Der Bedeutung dieser neuen Generation sportlicher, kompakter Limousinen war man sich im Hause wohl bewusst. Die weitere Entwicklung sollte dem Kommentator des *bayernmotor* Recht geben: „Mit dem Startschuss für die 3er Reihe hat BMW [...] auf Jahre hinaus den wichtigsten Schritt getan. Wie das Unternehmen in der zweiten Hälfte der 70er Jahre dasteht, wird allein nicht die 5er Reihe aus Dingolfing entscheiden. Die Basis des Geschäfts muss die neue 3er Reihe aus Milbertshofen bringen."
Bis Jahresende verließen über 43.000 3er der ersten Generation E21 das Werk in Milbertshofen. Eine Leistung, die allen viel abverlangte: „Die Münchner BMW Mannschaft hat harte Monate hinter sich und noch schwierige zu schaffen. Denn BMWs sind gefragt wie nie zuvor. Die Werke München und Dingolfing bauen zusammen 1.080 Autos jeden Tag. ... Trotz des Winters vor der Tür gibt es Lieferzeiten. ... Am 1. Juni liefen die ersten Serien-Modelle der 3er Reihe vom Milbertshofener Band. Ende Oktober lieferte das Werk jeden Tag 500 der neuen Typen aus. Wenn man den Betriebsurlaub abzieht, heißt das: Diese Stückzahl-Steigerung wurde innerhalb von vier Monaten geschafft. Tausende von Werkern ha-

Bandende in Halle 17.

ben sich auf das neue Modell umgestellt. Rund 1.500 Arbeiter musste die Stamm-Mannschaft von Grund auf neu anlernen: Sie stießen neu zur Firma. ‚Besonders erfreulich', nannte es deshalb Werkleiter Paul Volk, ‚dass trotz dieser Steigerung durch äußersten Einsatz der Betriebsleiter, Meister und Werker bereits ein guter Qualitätsstand erreicht ist.' ... Seine besondere Anerkennung sprach Volk vor allem den Mitarbeitern aus, ‚die in kritischen Anlaufsituationen bereit waren, im Interesse der Sache persönliche Opfer zu bringen.' Die Planung der 3er Reihe fiel in die Ölkrise, also in die kritischste Zeit für die Autoindustrie. ... Das Geschäft läuft wieder, die Stückzahlen sind wieder hochgefahren." (*bayernmotor*, Ausgabe Nov./Dez. 1975)

Die Wende in einer für BMW sehr glimpflich verlaufenen Krise war also geschafft. Und da bereits in den 70er Jahren galt, dass sich Leistung und Erfolg für die Mitarbeiter auszahlen müssen, durfte sich jeder BMW Mitarbeiter über eine Erfolgsbeteiligung von 3 % des Bruttoeinkommens freuen, als Bonus für das Jahr 1975.

Eine der Werkslokomotiven, Aufnahme aus dem Jahr 2003.

Werk und Nachbarn: Man hatte es nicht immer leicht miteinander

Innerhalb einer halben Generation hatte sich das Umfeld des Werks grundlegend verändert – von einer Fabrik am Rande der Stadt wie noch zu Beginn der 60er Jahre konnte nun nicht mehr die Rede sein. Das Werk war zur Fabrik mitten in der Stadt geworden und grenzte an eine im Nor-

den und Osten des Werkes sehr dichte Wohnbebauung. Der Begriff „Nachbarschaft" war dort von nun an durchaus wörtlich zu nehmen.
Für das Werk galt es also, in verstärktem Maße auf die berechtigten Anliegen der Nachbarn Rücksicht zu nehmen. Schnell setzte sich bei Unternehmen und Werkleitung die Einsicht durch, dass die – objektiv falsche – Einstellung „wir waren schließlich zuerst da" nicht durchzuhalten gewesen wäre. Fertigung und Logistik (Warenverkehr), aber auch das Verhalten der Mitarbeiter mussten sich anpassen. Aus heutiger Sicht liest sich anekdotisch, was der *bayernmotor* seinerzeit mit durchaus ernstem Hintergrund über den Schienenverkehr zwischen dem Werk und seinem damaligen Außenlager berichtete: „Mehr als hundert Bahnwaggons holt und bringt die BMW Werkslok jeden Tag vom Milbertshofener Bahnhof ins Werk und zurück. ‚Lehrbuben machen sich einen Spaß daraus', sagt Otto Weber, der sich um den Werksverkehr kümmert, ‚genau auf den Schienen zu laufen'. Die Werkslok gibt deshalb Signal. Und das hörte man – kilometerweit. Seit Oktober hat BMW eine neue Lok. Die alte mit dem lautstarken Typhon fährt jetzt in Dingolfing über die grüne Wiese. Die Münchner Lok muss immer noch gelegentlich ihr Signal betätigen (aber das geht jetzt leiser). Im Übrigen verständigen sich Lokführer und Rangierer per Funk."
Besonders der innerhalb wie außerhalb des Werksgeländes noch weitgehend ungeregelte Lieferverkehr machte den Anwohnern zu schaffen. So konnte es passieren, dass sich Montag morgens die Lastzüge durch einen Rückstau an einer Abladestelle im Werk bis nach draußen stauten. Eine deutliche Linderung brachte das neue Werkstor in der gut ausgebauten Lerchenauer Straße – das für die Sommerspiele 1972 errichtete Olympiadorf wurde mit deutlichem Abstand zur Durchgangsstraße (Lerchenauer Straße) und dem angrenzenden Werksgelände gebaut. Mit Inbetriebnahme des Tores galt eine Einbahnstraßenregelung: Einfahrt der Anliefer-LKW ins Werk über das Nordosttor Riesenfeldstraße, abladen, Ausfahrt über das neue Tor in der Lerchenauer Straße. Um den Verkehrslärm nachts zu senken, war das Tor Riesenfeldstraße ab 20.00 Uhr geschlossen. Die Zahl der LKW-Fahrten ins Werk zur Hauptverkehrszeit konnte durch eine neue Lagerhalle neben dem Bahnhof Milbertshofen gesenkt werden. Sie diente als Zwischenlager, damit der Lieferverkehr zunehmend in die verkehrsschwachen Zeiten verlagert werden konnte. Ein Parkverbot für LKW in der Riesenfeldstraße hatte sich indes als wenig sinnvoll erwiesen. Es hatte dafür gesorgt, dass viele Anlieferfahrzeuge bei Rückstau in den umliegenden Wohnstraßen parken mussten.
Ab 1981 schließlich durften keine LKW mehr über die Riesenfeldstraße (Tor 5) ausfahren, den Fahrzeugen zum Abtransport der Neufahrzeuge wurde zusätzlich die Einfahrt durch Tor 5 untersagt. Ab 17.00 Uhr war nun sogar

Blick aus dem Werk in die Lüneburger Straße (2006).

PKW und kleinen Lieferwagen die Ausfahrt verboten. 200 LKW-Fahrten täglich entfielen dadurch in der besonders belasteten Riesenfeldstraße.
Mitte der 70er Jahre richtete das Unternehmen als weltweit erster Automobilhersteller die Stelle eines Umweltbeauftragten ein. Für die Nachbarn des Werks hatte BMW nun ein Gesicht. Manfred Heller zog selbst in die Nachbarschaft des Werks, um aus eigenem Erleben die Auswirkungen von Produktion und Logistik auf die umliegende Wohnbevölkerung beurteilen zu können. Ihm konnte die Anwohnerschaft ihre Anliegen direkt vortragen.
Gleichzeitig gelang es damit, bei den Anwohnern mehr Verständnis für die Belange des Werks zu schaffen: Ein ständiger Dialog zwischen beiden Seiten kam in Gang.
Und doch waren dem guten Willen des Werks (noch) Grenzen gesetzt – durch den Stand der Technik in Lackiererei und Gießerei. Hier galt es, mit schrittweisen Verbesserungen beim Schadstoffausstoß zumindest immer

auf dem Stand des Machbaren zu bleiben. Dazu ein Beispiel aus dem Jahr 1982 zum Abschluss einer umfangreichen Modernisierung der Lackiererei (*bayernmotor* 4/1982): „‚Wir sind eindeutig auf dem modernsten Stand der Technik.' Herbert Felix muss es wissen: Er ist als Leiter der Münchner Einrichtungstechnik mitverantwortlich für die gesamte Anlagentechnik und gleichzeitig Werksbeauftragter für Immissionsschutz [sic]. 1967 wurden noch 220.000 Kubikmeter Trocknerabluft pro Stunde ‚produziert'. In mehreren Schritten wurde diese Menge trotz erheblich erweiterter Kapazitäten auf 55.000 Kubikmeter reduziert, die ausnahmslos nachverbrannt werden. Noch beeindruckender: Die Reduzierung der Emissionen, bezogen auf den Gesamt-Kohlenstoff, [die] heute weniger als 50 Milligramm pro Kubikmeter [betragen]; das entspricht einer Reduzierung seit 1968 auf ein Prozent des Anfangswerts. ‚Leider nicht in demselben Maß', so Felix, konnte die subjektive Empfindung des Geruchs reduziert werden. Grund: Geruchsstoffe machen sich auch in außerordentlich geringer Konzentration bemerkbar. [...] Aus diesem Grund hält Felix die Lösung, die Abluft über hohe Kamine abzugeben, für mehr oder weniger sinnlos. [...] Mehr Erfolg verspricht er sich von der Entwicklung neuer Lackierverfahren, die eine weitere wesentliche Verringerung der Abluftmengen möglich machen."

Die (Loch-)Karten werden neu gemischt

Der Erfolg gab den Planern recht: Die umfangreichen Investitionen insbesondere in den Karosseriebau – damals noch Rohbau genannt – ermöglichten erst die neue Fertigungsstrategie. Weltweit erstmals kam im Karosseriebau die SIMATIC-S30-Steuerung der Firma Siemens zum Einsatz, die erste speicherprogrammierbare Steuerung, die die Logik der Verdrahtung durch Programmierung mit Boole'scher Arithmetik, also mittels Und/Oder-Verknüpfung, ablöste. Die Programmierung geschah entweder direkt vor Ort mit Einzelbefehlen oder über Lochkarten. Die Weiterverarbeitung der Daten erfolgte im Rechenzentrum mit Dokumentation und Erstellung eines Lochstreifens, der dann eingelesen wurde. Mit der S30 konnten zwei weitgehend automatisierte Schweißstraßen für die Bodengruppenfertigung und den weiteren Aufbau der Karosserie betrieben werden.
Über die damit verbundenen weitreichenden Neuerungen berichtete der *bayernmotor* voller Stolz: „Jeder zweite BMW, der dieser Tage bestellt wird, ist ein Modell aus der 3er Reihe. Die neue Serie läuft. Im Rohbau für die 3er Reihe ist jetzt der überwiegende Teil der Arbeit Sache von Automaten. Wo bisher zehn oder fünfzehn Leute gebraucht wurden, überwacht heute ein

Mann die Maschinen. Die kilometerlangen Hängebahnen, die Laufkatzen und Weichen haben ihren besonderen Sinn. Denn bisher – beim Bau der BMW 1502 bis 2002 – waren fast alle Rohbaufahrzeuge noch anonym. Erst in der Lackiererei begann das Eigenleben der zukünftigen BMWs. Heute schlägt die Geburtsstunde des individuellen Wagens schon früher. Bereits im Fahrzeugrohbau hat er seine Laufkarte. Erfüllt wurde ein langer Wunsch der Leute im Rohbau: Auf einem Plattenband fahren die Werker jetzt mit. Sie müssen nicht mehr nebenher gehen. Oben wird sortiert, oben gibt es auch einen Materialpuffer bei Störungen. In der richtigen Reihenfolge sind dann die Teile für den Rohbau abrufbar. Ein Prozessrechner steuert das

SIMATIC-S30-Steuerung mit Programmiergerät und Lochstreifeneingabegerät.

ganze System. Er sucht die richtigen Teile. ... BMW lebt davon, dass jeder, der einen Wagen aus München haben will, individuell bedient wird. Je früher das Zusammensetzspiel zur Erfüllung der Kundenwünsche beginnt, desto besser kann man steuern. Mit dem Start der 3er Reihe hat BMW einen großen Schritt vorwärts in diese Richtung getan."

Josef Fusseder
(2006, damals: Karosseriebau)

Für mich ist BMW eine ganz persönliche Erfolgsstory. Als ich vor fast vierzig Jahren als Elektriker anfing, gab es noch ganz wenig technische Ausrüstung. Hauptsächlich Mechanik und kaum Elektrik, könnte man sagen. Inzwischen gibt es hauptsächlich Elektronik. Bei meiner Einstellung dachte ich: Hier werd' ich nicht alt. Aber wenn man will, dann schafft man das. Irgendwann war ich Meister und später dann Gruppenleiter. Besonders freut mich, dass ich bei der Einstellung vieler junger Leute mitwirken konnte. Es ist schön, wenn man sieht, was aus ihnen geworden ist.
Als Meister braucht man ein Gespür für die Menschen. Viele haben auch noch ganz andere Talente, als man zunächst glaubt. Und so muss man die Leute dann einsetzen.
Wenn ich zurückblicke, habe ich oft vor Augen: Wo kommen wir eigentlich her? Ich kann mich gut an die Zeit erinnern, als wir ein kleiner Nischenhersteller waren. Damals gab es noch Lohnerhöhungen im Pfennig-Bereich. 1971 konnte ich mir meinen ersten BMW leisten, die Rechnung habe ich heute noch. Viele von uns haben nach jedem Anlauf gedacht: Das ist jetzt der letzte Typ, unser Werk läuft aus. Das ist heute kein Thema mehr. Der Imagegewinn von BMW in all den Jahren ist enorm. Wenn man gefragt wird: „Wo arbeitest du?" und man kann sagen: „Bei BMW", dann sagt jeder: „Klasse!"

Quo vadis, Werk München – ein Wechselbad der Gefühle

Es ging weiter aufwärts mit BMW – schon bald drohte das Werk wieder aus allen Nähten zu platzen.
Einerseits wurde es mit den fehlenden Erweiterungsmöglichkeiten in der Fläche immer schwieriger, einer stetig anziehenden Nachfrage gerecht zu werden; neben zahllosen Zusatzschichten in der Fertigung bedeutete dies insbesondere für die Mannschaft der Werkserhaltung, im Sommerbetriebsurlaub das eigentlich Unmögliche zu leisten und zusätzliche Produktionskapazitäten zu erschließen. Die Fertigungskapazität zu erhöhen war das Hauptziel der meist vierwöchigen Produktionspausen; immer wichtiger wurden die Umrüstmaßnahmen für einen besseren Umweltschutz und die Humanisierung der Arbeitsplätze, zwei erwünschte Effekte der verstärkten Automatisierung. Gerade im Karosseriebau wuchsen die zentralen Gebäude 32 und 33 nun in die Höhe, um Platz für Karossenspeicher zu schaffen und eine zweite Fertigungsebene einzuziehen. Für den Zeitraum Ende der 70er Jahre bis Mitte der 80er Jahre plante das Unternehmen, mehr als eine Milliarde DM ins Stammwerk zu investieren.
Andererseits war absehbar, dass bei realistischer, will heißen: angemessen optimistischer Einschätzung der mittel- und langfristigen Auftragslage die Fertigungskapazitäten in München bald an kaum überwindbare Grenzen stoßen mussten. Mit der Eröffnung des Werkes Dingolfing war ein erster Schritt getan, um bei der Produktion von Fahrzeugen die angespannte Situation zu entschärfen. Bei den Motoren war München jedoch weiterhin einziger Fertigungsstandort im Unternehmen, bis 1982 das neue Motorenwerk im österreichischen Steyr in Betrieb genommen werden konnte. Beide neuen Standorte boten die Möglichkeit, sie bei Bedarf beinahe beliebig zu erweitern. In München fragte sich die Belegschaft deshalb, welche Zukunft ihrem Standort beschieden sei. So erklärt sich der scheinbare Widerspruch verschiedener Meldungen im *bayernmotor* aus dem Jahr 1977.

1972 Neubau der Unternehmenszentrale, das neue Werk Dingolfing läuft an

1976 Anlauf der ersten Generation BMW 3er

… und wenige Wochen später musste die Produktion wieder anlaufen können …

Die erste Meldung ist mit der Schlagzeile überschrieben: „München ist und bleibt das Hauptwerk von BMW".
„Eberhard v. Kuenheim, Vorstandsvorsitzender der BMW AG, bekräftigte auf der Münchner Betriebsversammlung am 21. April ausdrücklich, dass BMW München das Zentrum und das Hauptwerk von BMW bleiben wird. ‚Alle Gerüchte', stellte der Vorstandsvorsitzende fest, ‚dass die Zahl der Arbeitsplätze in München reduziert wird, entbehren jeder Grundlage.'" Auch der Betriebsratsvorsitzende Kurt Golda trat den Gerüchten einer Produktionsverlagerung der 3er Reihe nach Dingolfing entschieden entgegen. Im Februar waren die großen Modelle BMW 2500 bis 3.3 Li ausgelaufen, wodurch dringend benötigte Kapazität in Halle 16 für die Ausweitung der 3er Fertigung frei wurde. Ein Vierteljahrhundert nach Beginn der Automobilproduktion in München verließ das letzte große Fahrzeug das Stammwerk.
Kurz darauf startete im Werk Dingolfing die Fertigung der neuen 7er Reihe. Hatte die Münchner Mannschaft für die Übergabe der 5er Reihe ins niederbayerische Werk noch tatkräftige Unterstützung geleistet, war der 7er der erste von der Dingolfinger Mannschaft eigenständig verantwortete Anlauf. Golda: „Eine Langfristplanung, sei es bis 1982 oder 1985, bringt verständlicherweise verschiedene Überlegungen zur Diskussion, die auch geprüft werden. ... Entscheidungen werden frühestens 1979 getroffen. Diese werden sicherlich so aussehen, dass die Arbeitsplätze der jetzigen Gesamtbelegschaft nicht gefährdet sind."

Die Montage der großen Modelle mit Sechszylindermotor (E3) in Halle 16. Ihre Modellbezeichnung richtete sich ausschließlich nach der Hubraumgröße des Motors (zum Beispiel BMW 3.3 L).

Der letzte E3 im Karosseriebau, Februar 1977. Etwas mehr als 200.000 Exemplare fertigte das Werk München in knapp zehn Jahren Bauzeit.

Niederdruckgusstechnik in der Gießerei: Das flüssige Metall wurde von unten in die Form eingegossen. Niederdruckgusstechnik kam vorwiegend bei größeren oder schwereren Teilen, wie beispielsweise Zylinderköpfen, zum Einsatz.

Kontrolle des Kurbelgehäuses eines Reihensechszylinders in der zweiten Hälfte der 70er Jahre.

Demgegenüber standen die Kapazitätsprobleme (Zitat *bayernmotor*): „Gießerei und mechanische Fertigung [im Motorenbau] haben derzeit die Grenze ihrer Auslastung erreicht. Bis zu 20 Stunden jeden Tag, teilweise in einer dritten Schicht, muss in weiten Bereichen produziert werden ... Bis zum Betriebsurlaub [...] wird die Ausnahmesituation vorbei sein. Dann gibt es – mit Abschluss der Kapazitätserweiterungen – die notwendige Entspannung. ... Die Vorbereitungen laufen schon seit dem letzten Betriebsurlaub. Während die Milbertshofener Mannschaft im Betriebsurlaub war, wurde die Fertigung umgestellt. [...] Insgesamt investiert BMW weit über

100 Millionen Mark für den Ausbau der Motoren- und Teilefertigung."Im Motorenbau fertigte man Mitte der 70er Jahre etwa dreimal so viele Aggregate wie in den vorsichtigen Planungen des vorangegangenen Jahrzehnts angenommen. Arbeitstäglich verließen rund 1.200 Vier- und Sechszylindermotoren in insgesamt fast 200 verschiedenen Modellen und Varianten das Werk. Die Anspannung war so groß, dass beispielsweise im Motorenbau keine Möglichkeit blieb, die Mitarbeiter vor ihrem Urlaub mit den neuen Anlagen und Fertigungslayouts vertraut zu machen. Der dortige Fertigungsleiter versprach seinen Mitarbeitern, beim nächsten Mal müsse niemand befürchten, am ersten Arbeitstag nach dem Urlaub seine Maschine nicht mehr zu finden ... 1976 gab es während eines dreiwöchigen Betriebsurlaubs nicht weniger als 240 Baustellen an Gebäuden, Versorgungsanlagen und Einrichtungen.

Montageband mit Vierzylindermotoren der Reihe M10.

Der neue Look – mehr als neue Fassaden

1968/69 wurde das neue Großpresswerk mit der Gebäudenummer 154 fertig. Es wurde zur Kapazitätserweiterung dringend benötigt – allein zwischen 1967 und 1970 verdoppelte sich die Fahrzeugproduktion in München auf über 160.000 Einheiten. Das Presswerk prägt bis heute die Südwest-Ansicht des Werkes. Bereits 1982 begann dort die Umstellung auf vollautomatischen Betrieb; bis 1986 wurden die teilautomatischen „eisernen Hände" zur Weitergabe der umzuformenden Werkstücke von einer Presse zur nächsten durch vollautomatische Greifer abgelöst („Feeder-Mechanisierung").

Das neue Großpresswerk an der Ecke Dostlerstraße/Lerchenauer Straße (1969).

Ein „Feeder-Arm“ im Presswerk, Große Pressenstraße 102-3. Diese war bis 2011 in Betrieb. Aufnahme aus dem Jahr 1996.

1969 entstand auch das Gebäude 158/159 im nordwestlichen Bereich des Werksgeländes. Seine heutige Ansicht dominieren die 1984 errichteten Feuerwehrgaragen. Ab 1980 diente der nördliche Teil als Pilotwerk zur Vorbereitung von Fahrzeugneuanläufen in München und Dingolfing. Das Pilotwerk löste die Pilotmontage im Gebäude 95 ab. Dort hatten seit 1970 zehn Mitarbeiter Pilotfahrzeuge montiert. Die anfangs rund 120 Mitarbeiter

Der Gebäudekomplex 158/159 im Jahr 2006.

im Pilotwerk hatten die Aufgabe, bereits zwei Jahre vor Produktionsstart eines neuen Modells Fertigungsabläufe zu proben, wie sie für die spätere Serienproduktion geplant waren. Vor allem ein Problem sollte das Pilotwerk lösen helfen: Durch die bisher relativ späte aktive Beteiligung der Fertigungs- und Verfahrenstechnik bei der Entwicklung neuer Modelle konnten manche notwendigen Änderungen an Fertigungstechnik oder Produkt zum Teil erst in der Vorserie erkannt werden. Und das kostete viel Geld und Zeit. Die Aufgaben des Pilotwerks waren wie folgt definiert: frühzeitiger Informationsaustausch zwischen den Spezialisten der Entwicklungsbereiche und der Fertigungsplanung, der Bau von Arbeitsvorbereitungswagen zur Erkennung fertigungstechnischer Probleme, das Training von Mitarbeitern aus den Werken, in denen das neue Modell später einmal vom Serienband laufen sollte. Drei Etagen mit je 2.000 Quadratmetern Nutzfläche für die Bereiche Pilotfahrzeug-Karosseriebau, Pilotfahrzeug-Montage und Methodenwerkstätte standen dafür im Gebäude 159 zur Verfügung.
Für die künftige Struktur des ab 1986 bezogenen Forschungs- und Innovationszentrums in der Knorrstraße konnten im Pilotwerk wertvolle Erfahrungen gewonnen werden.
Die Tore im Werk erhielten ab Ende der 70er Jahre ein einheitlicheres Erscheinungsbild entsprechend den neuen Unternehmensrichtlinien der Corporate Identity, um den Wiedererkennungswert auch in den Gebäuden des Unternehmens zu verbessern. Die inzwischen nummerierten

Das alte Haupttor aus den 30er Jahren. Die Aufnahme entstand zum Schichtwechsel, ca. 1980. 1984 wurde das Torgebäude abgerissen.

Das neue Torgebäude 34, Tor 1 in der Dostlerstraße.

Tore 3 (Lerchenauer Straße) und 5 (Riesenfeldstraße) machten den Anfang; als letztes war Tor 1 in der Dostlerstraße an der Reihe. Für den Neubau des Torgebäudes 34 musste das alte Werkstor aus den 30er Jahren weichen.

Gebäude 11 um das Jahr 1963. Die Hausanschrift der BMW AG bezog sich seinerzeit auf dieses Gebäude (Lerchenauer Straße 76).

1981 wurde ein Gebäude abgerissen, das das Bild des Werkes in der Lerchenauer Straße entscheidend mitgeprägt hatte: das traditionsreiche Gebäude 11. Das frühere Vorstandsgebäude beherbergte bis 1973 im Erdgeschoss ein kleines Museum. In den 70er Jahren hatte es wechselnde Mieter, zuletzt Mitarbeiter des Karosseriebaus, der dringend zusätzliche Bürofläche benötigte. Der Abriss war notwendig geworden, um im Zuge einer Restrukturierung der Montage Platz für ein zusätzliches Fertigungsgebäude zu schaffen.

Die zahlreichen Baumaßnahmen an Gebäuden und Anlagen während der Betriebsurlaube boten Stoff für viele Anekdoten. 1978 etwa sorgte ein Kurzschluss für einen vorzeitigen Wiederanlauf im Karosseriebau: „Nicht alle Bänder standen still während des Betriebsurlaubs – zumindest nicht im Gebäude 32 in Milbertshofen. Dort liefen in der Nacht zum 18. August 13 (!) lackierfertige Rohkarosserien vom Finish-Band – allerdings mit erheblichem Crash. Das ‚Geisterband' war irgendwann zwischen 20 Uhr abends und 6 Uhr früh auf Touren gekommen, weil eine Ratte, die wohl Appetit auf Steuerungskabel verspürte, einen Kurzschluss ausgelöst hatte. ... Die Karosserien, die zwecks ‚Systembefüllung' für den Produktionsstart nach dem Betriebsurlaub schon aufs Band gestellt worden waren, wurden arg verdellt." (*bayernmotor*, September 1978)

1968 Bau des Großpresswerks Gebäude 154

1969 Bau der Gebäude 158 und 159

1981 Abriss von Gebäude 11

Herbert Felix
(2006, langjähriger Leiter der Werktechnik.)

Was mich an „unserem" Werk und seinen Produkten fasziniert hat?

Am Beginn meiner Vorliebe zur Marke BMW stand mein erstes eigenes Automobil, ein BMW 700 Sport-Coupé, mit dem ich in motorsportlich ambitionierter Weise die „Freude am Fahren" so intensiv erlebt habe, dass ich noch heute davon schwärmen und mich daran erbauen kann.

Erst danach – vom BMW Fahrer im Jahr 1967 zum BMW Mitarbeiter avanciert – habe ich das Werk als die Produktionsstätte solch begehrenswerter Fahrzeuge kennengelernt und wurde erneut von einem BMW Bazillus infiziert.

Zunächst als „Ingenieur für Betriebstechnik" im Bereich „Werktechnik" für den Aufbau und die technische Funktion der Betriebseinrichtungen in Lackiererei und Montage zuständig, konnte ich in den 70er Jahren eine beispiellose Phase des Aufstiegs im Unternehmen miterleben und sogar gestalten. Wir konnten damals noch in einer weitgehend selbstständigen, eigenverantwortlichen, dennoch teamorientierten Arbeitsweise unsere Vorstellungen verwirklichen und unseren damals noch höchst notwendigen Improvisationskünsten freien Lauf lassen. Der Markterfolg der mit „unseren" Anlagen produzierten Autos hat auch uns als die eigentlich „Unproduktiven" derart beflügelt, dass wir oft auch nachts, an Wochenenden und natürlich im Betriebsurlaub im Werk mit einer außerordentlichen Begeisterung „zuhause" waren.

Die Aufbruchsstimmung in jenen Jahren, der spürbar lohnende Einsatz und das nachweisbar positive Ergebnis hat bei mir und vielen meiner Kollegen eine fast innige und nachhaltige Verbundenheit mit „unserem Werk" bewirkt bis hinein in den Ruhestand. Ganz besonders freut mich, dass aus den zeitweisen strategischen Überlegungen, das Werk zu schließen, nichts geworden ist.

Fertigungssteuerung SIMATIC S5 für die Bodengruppenfertigung.

Hightech auf Kosten von Jobs?

Im Jahr 1981 wurde südlich des früheren Gebäudes 11 ein äußerlich recht unspektakulärer Neubau fertiggestellt, in dem die neue, erheblich weiterentwickelte Anlagensteuerung SIMATIC S5 zusammen mit der ersten vollautomatischen Schweißstraße Weltpremiere feierte. Zum ersten Mal kamen Mikroprozessoren in der Anlagensteuerung zum Einsatz. Die nun deutlich kleineren Steuerungen stießen beim Speicherplatz bereits in den Megabyte-Bereich vor. In Halle 55 war es nun erstmals möglich, Bodengruppen mehrerer Karosserievarianten eines Modells einschließlich Untervarianten wie z. B. Linkslenker und Rechtslenker auf einer gemeinsamen Produktionsstraße in beliebiger Reihenfolge zu fertigen. Möglich machte dies auch ein ca. 12 x 5 cm großes, orangefarbenes Kästchen, genannt Premid (Programmable Remote Identification). In diesem sogenannten Premid war jede Bodengruppe mit einer Nummer und allen Daten, die für den Karosseriebau wichtig sind, gespeichert. Lief eine Bodengruppe über das Förderband, kommunizierte das Premid-System in Form von Mikrowellen mit einem sogenannten Kommunikator. Von diesem Kasten kam dann der Befehl für den nächsten Arbeitsgang; im Premid war beispielsweise gespeichert, ob ein amerikanisches Modell mit spezieller Stoßstangenaufnahme oder eine Karosserie mit Dachausschnitt für ein Schiebedach gefertigt werden sollte.

Die Bodengruppenfertigung in Halle 55. Diese Fertigungsstraße war bis 2004 in Betrieb – sie hielt drei Modellgenerationen. Ihre Roboter setzten 2.430 Millionen Schweißpunkte und fügten insgesamt 1.032.240 Tonnen Stahl.

Insgesamt weit über 200 Roboter in der Bodengruppenfertigung bedeuteten einen neuen Automatisierungsschub. Eine Entwicklung, die angesichts der weiteren steigenden Nachfrage nach BMW Automobilen nicht mit Arbeitsplatzverlusten verbunden sein würde, wie Betriebsratsvorsitzender Kurt Golda auf einer Betriebsversammlung im Mai 1981 betonte: „Wir sagen Ja zum Einsatz von Robotern dort, wo es um Arbeitsplätze geht, die auf Dauer für den Einzelnen Gefahren für seine Gesundheit beinhalten. ... Wegen der Automation hat noch keiner seinen Arbeitsplatz bei BMW verloren. Im Gegenteil, es werden […] Einstellungen vorgenommen. ... Ein Nein zur modernen Technologie […] bedeutet, nicht nur die Konkurrenzfähigkeit, sondern das ganze Unternehmen, damit auch die

Im Bild sind rechts das Presswerk, Gebäude 154 (mit Logo), mittig Gebäude 55 mit den zahlreichen Bürofenstern und links der Gebäudekomplex 10 zu erkennen.

Arbeitsplätze der Belegschaft, in Frage zu stellen. So eine Politik kann doch niemand allen Ernstes von einem Betriebsrat erwarten."

Ähnlich der Tenor des Vorstandsvorsitzenden Eberhard v. Kuenheim in der gleichen Veranstaltung: „Um seinen Arbeitsplatz bei BMW aber braucht wegen der Einführung von neuen Robotern niemand besorgt zu sein. Solange wir uns – wie bisher – erfolgreich auf dem Weltmarkt behaupten, wird für jeden mehr als genug Arbeit da sein. ... Die Zeiten, die wir vor uns haben, werden härter sein, als wir das in den letzten Jahren gewohnt waren. Aber wenn wir alle auf unserem Platz wissen, was zu tun ist, und danach handeln, werden es keine wirklich harten Zeiten werden."

Allerdings stellte die elektronische Revolution „gestandene" Elektriker und Instandhalter vor enorme Herausforderungen. Die neuen Technologien und Abläufe bedurften einer längeren Einübungsphase, bis die Mannschaft sie fehlerfrei beherrschte – schließlich gab es kein Vorbild, keine Erfahrungen, von denen man hätte lernen können. Nun kam es darauf an, gleichzeitig Elektrik, Mechanik und Elektronik zu beherrschen – eine Anforderung, die noch keine Entsprechung in den damaligen Berufsbildern hatte. Die Karosseriebau-Mannschaft musste eine Herausforderung bewältigen, die durch den zeitgleichen Anlauf der zweiten Generation der 3er Reihe gewiss nicht einfacher wurde. Anfangs war neben der normalen Fertigung im Zweischichtbetrieb eine dritte Schicht

Das Werk Rosslyn, ca. 2005. Im Februar 2015 lief der 1-millionste BMW 3er von den Montagebändern.

nachts erforderlich, um Ausfälle auffangen zu können. Doch die Mühe der Produktionsmitarbeiter und Instandhalter war nicht umsonst: Die anfänglichen Probleme waren schon bald überwunden, und das Fertigungskonzept des Münchner Karosseriebaus trat seinen Siegeszug an. Vergleichbare Steuerungstechnik kam rasch in den anderen Fertigungsbereichen und auch im Werk Dingolfing zum Einsatz.

In dem fünfstöckigen Gebäude 55 – auch das eine Premiere – wurden drei Produktionsebenen und zwei Speicherebenen eingerichtet. Die Förderbrücke (Gebäude 40) zu den Gebäuden 32 und 33 bot Platz für 200 Bodengruppen bzw. 60 Karosserien. Vorbeugende Instandhaltung in den produktionsfreien Stunden wurde von nun an systematisch betrieben, um eine optimale Verfügbarkeit der Anlagen sicherzustellen und ungeplante Stillstände zu vermeiden.

Weitere Töchter

Kaum installiert, war die erweiterte Kapazität schon wieder zu knapp. So konnte man in der März-Ausgabe des Jahres 1983 im *bayernmotor* lesen: „Eine Zusatzschicht, die zwischen 23 Uhr abends und 6 Uhr morgens ge-

fahren wird, steigert sofort die tägliche Stückzahl. Zusätzlich unterstützen seit Mitte Januar etwa 70 Dingolfinger Kollegen die Münchner Werker im Rohbau. Ihr Einsatz ist bis Ende April geplant und gleichzeitig als Lernzeit gedacht. Denn voraussichtlich werden sie alle im neuen Rohbau im Werk 2.4 mit vergleichbarer Technik arbeiten wie hier in Halle 55."
Den Dingolfinger Mitarbeitern scheint der Einsatz in München überwiegend gefallen zu haben. Auf die Frage, wie sie zurechtkämen, antwortete ein Kollege: „München ist für mich eine schöne Abwechslung. Disco, Kino, Schwabing – muss ich noch mehr sagen?" Ein anderer freute sich über das Arbeitsklima, das trotz der Anspannung keineswegs litt: „Hier in Halle 55 geht's lustig zu. Ich arbeite mit vielen Gastarbeitern, und die sind riesig nett."
Einsätze wie dieser sind im heutigen Produktionsnetzwerk der BMW Group zur Routine geworden. Sie haben sich nicht nur beim Aufbau neuer Standorte bestens bewährt, sie garantieren auch einen schnellen Wissenstransfer im partnerschaftlichen Geist. Insbesondere beim Aufbau der Werke Dingolfing (Produktionsbeginn 1972), Rosslyn/Südafrika (1972) sowie des Motorenwerkes Steyr in Oberösterreich (ab 1982) waren viele Münchner oft über einen längeren Zeitraum vor Ort.

Steuermann über zwei Jahrzehnte

Fast 20 Jahre, von 1963 bis Ende 1982, war Paul Volk Werkleiter in München. In seine Zeit fiel der Wandel des Stammwerkes vom Werkstattbetrieb zur professionellen, durchorganisierten Automobilfabrik.
Die Zeit der „genialen Improvisation" (Eberhard v. Kuenheim), in der Volk 1963 von der Auto-Union zur BMW AG kam, ging mit dem enormen Wachstum des Unternehmens ab den frühen 60er Jahren zu Ende. Sie mündete – vielleicht mit einem zu deutlichen Ausschlag des Pendels in die Gegenrichtung, wie spätere Korrekturen zeigten – in eine Phase der klaren organisatorischen Abgrenzung und hoch spezialisierten Arbeitsteilung. Allerdings wäre ohne eine stärkere Strukturierung der Abläufe und Zuständigkeiten die Vergrößerung der Werksmannschaft um den Faktor vier in den zwei Jahrzehnten unter Volks Leitung kaum zu bewältigen gewesen. Diese Strukturierung betraf sowohl die Zusammenarbeit der Werksbereiche untereinander als auch die Zusammenarbeit mit den überwiegend noch auf dem Werksgelände angesiedelten Entwicklungsbereichen. Sie

Paul Volk

war eine notwendige Begleiterscheinung für den Aufstieg der kleinen Autoschmiede BMW zum Weltkonzern.

Der *bayernmotor* hob zum Abschied von Paul Volk dessen persönliche Leistung und die schwierigen Bedingungen der Anfangsjahre hervor: „Seine erste Herausforderung war, die Fertigungsanlagen zu modernisieren. Als er kam, hatte das Werk rund 5.000 Mitarbeiter, die Arbeitsplätze waren unmodern, unrationell, für heutige Verhältnisse hart und inhuman. ... Paul Volk führte gegen erhebliche Widerstände das damals am Anfang der Entwicklung stehende Elektrophorese-Verfahren als erste PKW-Fabrik in Deutschland ein. Er leistete dem neuen Werk 2.4 in Dingolfing mit Begeisterung und viel Improvisationsvermögen nützliche Starthilfe – sei es bei der Planung oder bei der kompletten Verlagerung der 5er Produktion von München ins neue Werk."

Die Elektrophorese ist ein Lackierverfahren, das im Prinzip stark der galvanischen Veredelung ähnelt. Im Werk München wurde es ab 1966 zur Grundierung eingesetzt.

Im wässrigen Lackbad wird die Karosse an Gleichstrom angeschlossen. Der Gegenpol lädt die in Elektrolyten (Wasser) schwebenden Lackteilchen auf, die dann vom entgegengesetzten Pol (Karosserie) angezogen werden. Dort schlagen sie sich wasserunlöslich und sehr gleichmäßig nieder. Lose anhaftende, überschüssige Lackteilchen werden danach mit entsalztem Wasser abgespült, und nur die elektrophoretisch applizierte Beschichtung wird anschließend im Durchlauf-Lacktrockner eingebrannt. So werden alle

Flächen, auch Hohlräume, gleichmäßig beschichtet, als Voraussetzung für wirksamen Korrosionsschutz und sparsamen Lackverbrauch.
Befragt nach den Arbeitsbedingungen des Werkes in den frühen 60er Jahren stellte Volk klar: „Hier in München bestand der Vorteil darin, dass über altem Hallenbestand gebaut wurde, während darunter weitergearbeitet werden konnte. So wurde rechtzeitig der Rohbau vergrößert, die Voraussetzung dafür, vom [kleinen BMW] 700 auf größere Reihen umzusteigen. ... Was die Investmittel angeht, ging es damals schmal zu. ... Wir haben gefragt: Was ist das Wichtigste, was muss man haben? Wichtig war uns immer, schneller zu sein als andere."
Paul Volk begründete 1963 die Tradition der Meistertreffen, eine einzigartige Mischung aus Arbeitstreffen und gemeinsamer Freizeitgestaltung. Diese Tradition besteht bis heute (Führungskräftetage). An einem Samstag im Herbst sagt die Werkleitung „Danke" für die Arbeit eines Jahres und gibt einen Ausblick auf kommende Herausforderungen. Die Meister, im Verständnis des Werkes München Führungskräfte, sind noch heute mit großer Begeisterung dabei.

Modelle und Produkte: Zwei Generationen der BMW 3er Reihe, zwei neue Sechszylinder

Die erste, 1975 gestartete Generation des 3er (E21) war vom Start weg ein Erfolg. Bereits im November 1978 lief der 500.000ste 3er vom Band.
Eberhard von Kuenheim, Vorstandsvorsitzender der BMW AG, äußerte sich 1976 in einer doppelseitigen Anzeige mit dem Titel „BMW verlässt die Nische" über den neuen 3er: „Diese Modellreihe hat uns einen weit über unsere Erwartungen reichenden Erfolg gebracht. Dabei genügen die neuen Fahrzeuge nicht mehr nur den sportlichen Vorstellungen eines relativ kleinen Kreises hervorragender Autofahrer. Sie zielen auf eine größere Gruppe erfahrener Automobilisten, denen es in erhöhtem Maße um Qualität und Sicherheit geht. Wir sprechen damit folglich einen sehr viel größeren Interessentenkreis an."
BMW wählte die richtige Sprache: Schon ein Jahr nach seinem Debüt wurde der BMW 320 von den Lesern des größten europäischen Fachmagazins für Automobile zur besten Limousine der Welt in der Klasse bis zwei Liter Hubraum gewählt. Damit nicht genug:

Die erste Generation des BMW 3er.

Die neue Baureihe erhielt als erstes Fahrzeug seiner Klasse einen Sechszylindermotor. Als die beiden neuen Modelle 320/6 und 323i auf der IAA 1977 debütierten, standen sie im Mittelpunkt der BMW Enthusiasten. Die Kombination aus der handlichen, sportlichen Limousine und den seidenweich laufenden, ebenso komfortablen wie kraftvollen Sechszylindern war einzigartig im Wettbewerb. Für adäquate Verzögerung sorgten Scheibenbremsen rundum. Damit war er nicht nur schneller als zahlreiche klassenhöhere Autos, sondern auch technisch höherwertig ausgerüstet.
Der Erfolg des 3er generierte ungezählte Mutmaßungen und Untersuchungen über Auto und Fahrer. In einer dieser Untersuchungen aus dem Jahr 1980 nannten 77 % der Befragten als wichtigste Kaufgründe die Fahrleistung, 65 % die Handlichkeit und 64 % das Aussehen der sportlichen Limousine. Fast zwei Drittel wollten als nächsten Wagen auf jeden Fall wieder einen BMW. Und sie waren zu 80 % der Meinung, dass am 3er nichts

Der BMW 320i der zweiten Generation, in der der Viertürer 1983 Premiere feierte.

verbesserungsbedürftig sei. 1981 ließ sich diese Zufriedenheit der Käufer mit einer eindeutigen Zahl belegen: Ziemlich genau sechs Jahre nach Produktionsbeginn, im Mai jenes Jahres, lief der 1-millionste 3er vom Band. Das machte ihn zum erfolgreichsten BMW aller Zeiten.
1982 stellte BMW den gründlich überarbeiteten 3er der zweiten Generation vor (E30). Die Ingenieure hatten viel Feinarbeit an dem Bestseller geleistet und eine Glanzleistung vollbracht: Obwohl der Neue innen vier Zentimeter

1975 Produktionsstart der ersten BMW 3er Generation (E21)
1978 Der 500.000 3er läuft vom Band
1981 Der 1-millionste 3er verlässt das Werk München
1982 Produktionsstart des neuen 3er (E30)
1983 Den 3er gibt es ab jetzt auch als Viertürer

mehr Platz bot, war die Karosserie sogar um drei Zentimeter kürzer geworden. Die vorderen Blinker waren von der Kotflügelspitze in die Stoßfänger gerückt, und in der Mitte stand eine breitere, stabiler wirkende und mattschwarz lackierte B-Säule. Die Keilform mit dem hohen Heckabschluss war längst akzeptiert, niemand störte sich mehr an den großflächigen Rücklichtern. Ganz im Gegenteil: Mit seiner 35 Millimeter breiteren Spur sorgte der neue 3er für ein deutlich kraftvolleres Auftreten. Ein Eindruck, der sich beim Fahren bestätigte: Erstens hatten die BMW Entwickler dem 3er eine strenge Diät verordnet und rund 30 Kilo Gewicht eingespart – trotz erweiterter Ausstattung. Zweitens arbeiteten unter den breiten Hauben jetzt teils noch potentere Triebwerke, vor allem aber rannten die neuen Zweitürer – auch dank deutlich verbesserter Aerodynamik – schneller. Schon am Ende des ersten Produktionsjahres zählte BMW 233.781 neue 3er. Eine solche Resonanz hatte niemand erwartet. Wesentlich früher als geplant musste deshalb das Werk Dingolfing ebenfalls mit der Fertigung des 3er beginnen – bereits im Anlaufjahr 1982. Und das, obwohl die Überraschung erst im Herbst 1983 kam: der 3er mit vier Türen. Damit entsprach BMW den immer häufiger geäußerten Wünschen potenzieller Kunden, die für einen komfortableren Zugang zum Fond plädierten. Familie und Kinder waren jetzt kein Hinderungsgrund mehr, sich einen 3er zu gönnen.

Mit dem Zusatz „Evolution" legte BMW eine kleine Sonderserie noch leistungsstärkerer M3 auf. Erkennbar an noch opulenterem Spoilerwerk, wurde der Spezial M3 von einer 220-PS-Maschine befeuert. Selbstverständlich gab es ab Ende 1989 auch eine Kat-Version, die es auf 215 PS brachte.
Die erste Generation des M3 kam ab 1986 aus München. Im Gegensatz zu anderen Hochleistungsfahrzeugen wurde der sportliche 3er nicht in kleiner Stückzahl von Hand, sondern als Großserienfahrzeug auf dem Band gefertigt. Denn der M3, von dem eine Startauflage von immerhin 5.000 Exemplaren geplant war, musste ein alltagstaugliches Straßenauto sein. Der M3 bewies, dass die neu eingeführte Katalysator-Technik nicht auf Kosten der Power gehen musste. Mit Abgasfilter leistete der sportlichste 3er immer noch konkurrenzlose 143 kW oder 195 PS (Vierzylinder S14; 2,3 l Hubraum, Vierventiler). Bis Ende 1991 verließen 17.970 M3 das Werk München.

F

Neue Strukturen und erste Schritte zum „neuen" Werk München

Der Auszug der verbliebenen Entwicklungsbereiche bot die Chance für eine Neuordnung der Werksstrukturen. Doch wohin sollte die Reise gehen? War ein Automobilwerk mitten in der Stadt noch zeitgemäß? Zwei neue Werke (Regensburg und Spartanburg/South Carolina) entstanden, um größere Stückzahlen, zusätzliche Modelle und Karosserievarianten herstellen zu können. Das Werk München konzentrierte sich noch stärker auf seine Kernaufgaben Fahrzeugbau und Motorenfertigung. Mit dem BMW Z1 knüpfte es an die Kleinserienfertigung der 50er Jahre an und wagte neue Arbeitsstrukturen.

1985 – 1995

Das Forschungs- und Innovationszentrum ca. 2005, aus der Perspektive des BMW Hochhauses. Im Vordergrund sind die Dächer der Lackiererei im Werk München zu erkennen.

Entwicklungsfunktionen ade

Selbst wenn eine größere physische Ausdehnung des Werks München eine realistische Option gewesen wäre – der Ausbau der 3er Reihe mit zusätzlichen Karosserievarianten, die Produktion der dafür erforderlichen Motoren und der Motoren für die ebenfalls sehr stark nachgefragten 5er und 7er aus Dingolfing hätten unmöglich allein in München bewerkstelligt werden können. Angesichts der überwältigenden Absatzzahlen reichten selbst für die Produktion der 3er Limousine (bis zum Modellwechsel 1990 wurde neben dem Viertürer auch der Zweitürer als Limousine gebaut) die Kapazitäten in München nicht aus. Die zusätzliche Kleinserienfertigung von M3 und Z1 bedeutete eine weitere Herausforderung für das Werk. Zur Entlastung der Motorenfertigung hatte BMW in Steyr bereits einen neuen, zusätzlichen Standort aufgebaut. Die konsequente Entscheidung des Unternehmens lautete nun, zusätzlich zum Werk Dingolfing ein weiteres Fahrzeugwerk zu errichten. Die Standortwahl fiel auf Regensburg.
Doch nicht nur die Fertigungskapazitäten mussten mit dem Fahrzeugabsatz Schritt halten können. Für die immer anspruchsvollere Fahrzeugtechnik war auch ein entsprechender Forschungs- und Entwicklungsaufwand erforderlich. Ein Aufwand, der bereits in den frühen 80er Jahren nicht mehr allein auf dem Gelände des Werkes München betrieben werden konnte, das seinerseits mehr Fläche für die Fahrzeug- und Motorenfertigung benötigte. Dem Anspruch einer immer engeren, vernetzten Zusammenarbeit der Entwicklungsbereiche konnte mit einer Aufteilung der Abteilungen auf mehrere Gebäude innerhalb wie außerhalb des Werkes ebenfalls nicht Rechnung getragen werden. Die Zeit war also reif für eine neue, konsequente Entscheidung im Unternehmen: den Bau eines Forschungs- und Ingenieurszentrums in der Knorrstraße (heute: Forschungs- und Innovationszentrum).

Platz da!

Für das Werk München eröffneten sich nun zusätzliche Möglichkeiten, die Struktur des Werks zu optimieren. Wohin die Reise gehen sollte, skizzierte der neue Werkleiter Jakob Gilliam bereits 1983:
„Wir müssen versuchen, unsere Arbeitsplätze den Erfordernissen der nächsten Jahre anzupassen. Zum Beispiel gibt es Denkmodelle für: Entspannung im Motorenbau Halle 140 unter Nutzung des Werkes Steyr und Installation

Montagestruktur im Werk München vor und nach der Umstrukturierung im Jahr 1984

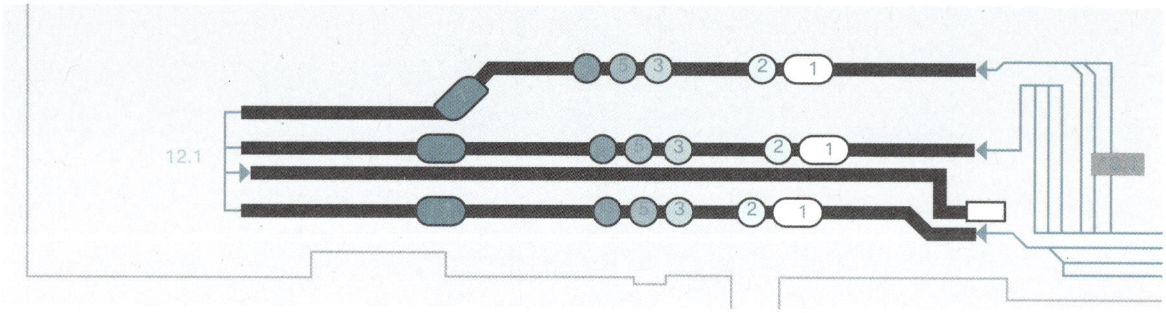

1 Himmelbespannung
2 Bodenverkleidung
3 Instrumententafel
4 Schiebedach
5 Scheinwerfer
6 Lenksäule
7 Verglasung
8 Logistik (EG), Karosseriemontage (1. OG), Karosserieausstattung (2. OG), Separate Türmontage (3. OG)
10.4 Brücke
10.6 Brücke Karosseriemontage

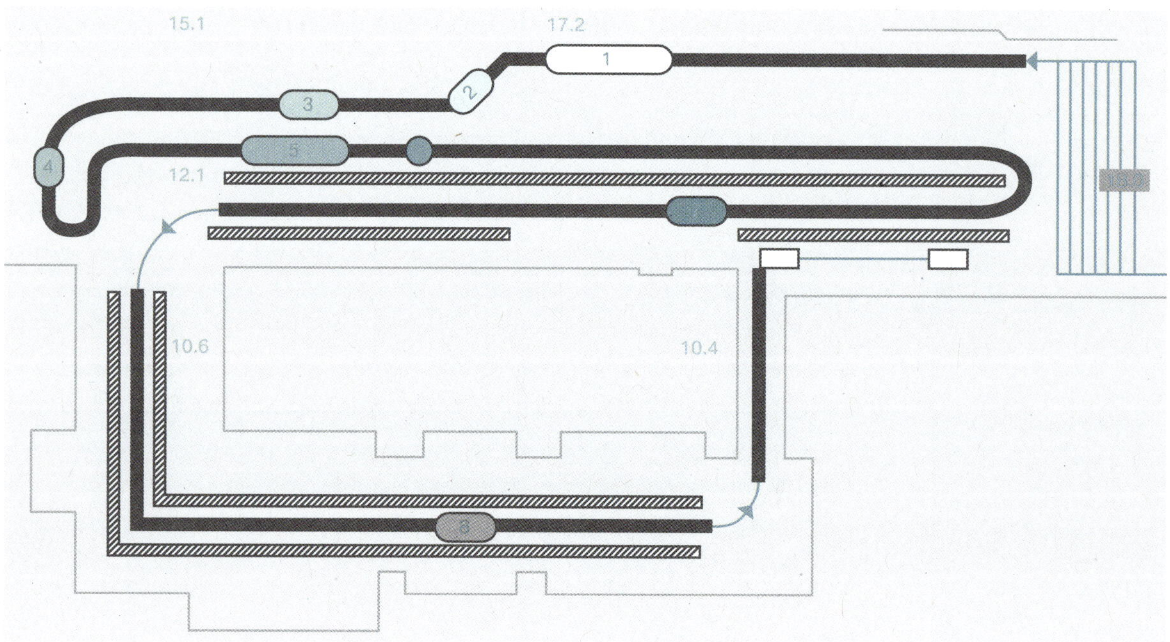

neuer Motorenprüfstände. Verlagerung des Großwerkzeugbaues in die Bundesbahnhalle und damit verbesserte Arbeitsplatzgestaltung in Presswerk und Werkzeugbau. Entspannung in der Fahrzeugmontage durch Anbindung an den Gebäudekomplex 10 und damit mögliche Modernisierung des Montageprozesses. Schaffung eines zentralen Außenlagers für Kaufteile. Wir müssen außerdem unattraktive Arbeitsplätze durch Automatisie-

Luftaufnahme des BMW Werks Regensburg, 2002.

rung beseitigen. Die heutige Arbeitsteilung muss wieder reduziert werden, das heißt, die Arbeitsinhalte sind gezielt anzureichern." (*bayernmotor* 1/83)
Vor allem die Strukturen in der Fahrzeugmontage bedurften dringend einer Modernisierung. Nachdem das Gebäude 11 abgetragen war, konnte mit dem neuen Gebäude 10.5 ein wichtiger Schritt in Richtung Erweiterung getan werden. Bislang wurden die kleineren Serien in Halle 16 montiert. Kleinere Serien konnten ganze Baureihen mit kleinen Stückzahlen wie die „großen" Modelle mit dem Entwicklungscode E3 sein (z. B. BMW 2500), Karosserievarianten mit kleineren Stückzahlen wie der Zweitürer der zweiten 3er Generation (E30/2) oder die Rechtslenker-Modelle einer Baureihe. Modellreihen bzw. deren Varianten in größeren Stückzahlen wie die 02er Serie oder die Viertürer der 3er Reihe erhielten in Halle 17 Innenausstattung und Antriebsstrang. Es blieb auch nach der Umstrukturierung des Jahres 1984 bei dieser Aufteilung. Jedoch konnte mit der Anbindung der Halle 17 an den Gebäudekomplex 10 via der Gebäudebrücken 10.4 und 10.6 die Gesamtfläche für die Montage von Volumenmodellen deutlich erweitert werden. Diese Erweiterung diente nicht primär dem Zweck, mehr Fahrzeuge montieren zu können, denn bereits Mitte der 70er Jahre fertigte das Werk München bis zu knapp 200.000 Fahrzeuge pro Jahr. Vielmehr bekamen die Fahrzeuge immer mehr Inhalte in Form erweiterter Serienausstattungen sowie zusätzlicher Sonderausstattungen und Funktionen, für die Platz geschaffen werden musste.
Durch die Verbindung der Bänder miteinander (Verschleifung) ergaben sich weitere erhebliche Vorteile. In der alten Struktur behinderten ungünstige

Zufahrten und schmale Wege die Versorgung mit Teilen. Etwa die Hälfte der Teile musste platzraubend in mehrfacher Ausfertigung am Band gelagert werden, weil in der stark segmentierten Montage viele Arbeitsinhalte nicht sinnvoll zusammengefasst waren. Fehler, selbst wenn sie frühzeitig erkannt wurden, konnten erst nach der Endmontage behoben werden – dabei konnte es durchaus vorkommen, dass fertige Fahrzeuge wieder demontiert werden mussten. Fahrzeuge mit der Sonderausstattung Schiebedach mussten aus dem Band geschoben, komplettiert und schließlich wieder von Hand ins Band eingeschleust werden. Die Hauptvorteile der Bandverschleifung lagen darin, dass viel Platz gewonnen wurde, das Material nun nur noch an einen Montageplatz gebracht werden musste und rund die Hälfte der Teile in Kleinbehältern und Durchlaufregalen magaziniert werden konnte. Handlingsgeräte etwa zum Einbau der Batterie erleichterten den Bandmitarbeitern die Arbeit, indem sie schwere Hebe- und Tragetätigkeiten ersetzten. Höhenverstellbare Montagewagen bedeuteten ebenfalls einen ergonomischen Fortschritt, die Arbeitshöhe einer Station konnte nun besser auf die Bedürfnisse der Mitarbeiter angepasst werden. Das Umsetzen der Karosserien auf den nächsten Bandabschnitt wurde automatisiert. Abschnittsweise Qualitätskontrollen am Band reduzierten die Nacharbeit im Werksfinish; Nacharbeit war nun auch am Band möglich. Die Schiebedach-Schleife an der Westseite von Gebäude 12 wurde ins Band integriert.

1985 startete die neue separate Türenmontage mit zahlreichen ergonomischen Verbesserungen. In einem der ersten Arbeitsschritte in der Fahrzeugmontage werden seither die Türen demontiert und nach dem Prinzip der Perlenkette auf einem separaten Band vormontiert. Im Bereich der Endmontage kommen sie zu ihrem Fahrzeug zurück. Dieses Vorgehen erlaubt, den Bauraum für die Mitarbeiter am Band offener zu gestalten, und

Die separate Türmontage, ca. 2005. Ergonomische Arbeitshöhen erleichtern die Montageaufgaben.

Verkehr

Viele Mitarbeiter nutzen das Angebot, entspannt und sicher mit dem Bus zur Arbeit zu kommen und wieder nach Hause zu fahren. Die tägliche Fahrt zur Arbeit ist damit auch für Mitarbeiter aus dem weiteren Umland Münchens nicht mit größeren Strapazen verbunden. Das Unternehmen bezuschusst den Bustransfer und macht es für die Mitarbeiter noch attraktiver, ihr Fahrzeug zu Hause stehen zu lassen. Mit dem Jobticket für die öffentlichen Verkehrsmittel der Stadt München leistet das Unternehmen einen weiteren Beitrag zur Reduzierung des Verkehrsaufkommens im Münchner Norden.

schützt die Türen vor Kratzern, die während der Arbeiten am Fahrzeug entstehen könnten.

Mehr Fluss

Eine ganz erhebliche Verbesserung der Materialwirtschaft im Werk wurde erst durch die Neustrukturierung der Materialversorgung möglich. Seit 1985 dient das Versorgungszentrum Eching dem Werk München als Außenlager. Warenströme laufen seither, einem Spinnennetz gleich, in Eching zusammen. Eingehende Waren können zwischengelagert und so in LKW-Ladungen zusammengestellt werden, dass die Belieferung deutlich wirtschaftlicher wird – bei erheblich reduzierten Verkehrsströmen. Die Fahrtrouten der LKWs wurden verbindlich festgelegt, nicht zuletzt um zu vermeiden, dass diese bei Verkehrsbehinderungen auf enge Straßen in Wohngebieten ausweichen.

Motoren der Extraklasse

Für den Motorenbau nahm das Unternehmen klare Weichenstellungen vor. Die Fertigungskapazität in Steyr wurde rasch ausgebaut, dort sollten künftig Dieselmotoren gebaut werden. Ottomotoren mit sechs Zylindern sollten sowohl in München als auch in Steyr vom Band laufen. Die Vierzylinder-Fertigung wurde nach Auslauf der Motorengeneration M10 komplett nach Steyr verlagert. München blieben die sogenannten Sondermotoren vorbehalten – High-Performance-Motoren für die M Modelle. In den 80er Jahren waren dies Vier- bzw. Sechszylindermotoren für M3, M5 und M635 CSi. Dafür und für die Fertigung des ersten deutschen Zwölfzylindermotors der Nachkriegsgeschichte entstand die hochmoderne Sondermotorenfertigung in Halle 140.

Die Belieferung der Fertigungsbereiche mit Teilen erzeugt nur so viele Verkehrsbewegungen wie unbedingt erforderlich.

Die fahrerlosen Transportsysteme in der Sondermotorenmontage Mitte der 80er Jahre.

„Abseits von Bändern, auf denen unter hohen Anforderungen [...] die ‚normalen' Serienmotoren gebaut werden, entstehen in den Hallen 84 und 140 gewissermaßen ‚handverlesene' Triebwerke – derzeit 90 pro Tag, davon zwei Drittel Zwölfzylinder. Das Geheimnis des Sondermotorenbaus [...] besteht in einem wesentlich höheren Prüfaufwand. [Etwa 150 Mitarbeiter] fertigen die Zwölfzylinder, alle Vierventiler für die Fahrzeuge M3, M5 und M6 in ‚bunter Reihe'. Der Sondermotorenbau in München arbeitet mit den allermodernsten Fertigungs- und Montageeinrichtungen. FTS, fahrerlose Transportsysteme, heißt eines der Zauberworte. Über Induktionsschleifen geführte flexible Montageböcke [...] fahren in der Montagehalle von Station zu Station und ermöglichen es den Spezialisten, das bereitgestellte Material mit teuren Spezialwerkzeugen zu verarbeiten. Das Besondere an dieser zur Realität gewordenen ‚Fabrik der Zukunft' ist, dass alle rechnergesteuerten Funktionen und Abläufe jederzeit geändert werden können. Das heißt, dass BMW mit denselben Maschinen morgen völlig andere Motoren herstellen könnte. Geändert werden müsste nur das Rechnerprogramm." (*bayernmotor* 11/1987) Damit konnte sich München einige Schmankerl im Motorenprogramm sichern. Belegschaft und Betriebsrat allerdings stellten sich die Frage: Reicht dies, um die Beschäftigung auf aktuellem Niveau in München zu sichern? „Der Motorenbau ist das Herzstück des Werkes, und dies muss

Montagearbeiten am Zylinderkopf des Zwölfzylinders M70.

auch in Zukunft so bleiben", unterstrich der neue Betriebsratsvorsitzende Manfred Schoch auf einer Betriebsversammlung im November 1987.

Ein weiterer Meilenstein im Münchner Motorenbau – und eine erste Antwort auf diese Frage – war dann im März 1992 der Serienanlauf des ersten Achtzylindermotors seit vierzig Jahren (M60). Mit ihm waren neue Fertigungsstrukturen – wie die Zusammenführung von Zylinderkopf- und Motormontage – und einige Innovationen verbunden. Zum Beispiel gecrackte Pleuel: Dabei werden bereits beim Pressvorgang für den Rohling Sollbruchstellen vorgesehen; der Pleuel wird dann hydraulisch auseinandergebrochen. Diese beiden rauen Bruchflächen werden bei der Montage wieder passgenau miteinander verschraubt.

Anfang der 90er Jahre bestand das Fertigungsprogramm des Motorenbaus aus dem oft als kleiner Sechszylinder bezeichneten M20 mit 2 bzw. 2,5 l Hubraum, dem großen Sechszylinder M30 (bis 1994), dem Sechszylinder S38 für den BMW M5 sowie dem Zwölfzylinder M70. Vom M30 entstanden in München in einem Vierteljahrhundert Bauzeit rund 1,5 Millionen Einheiten.

1992 Der Serienanlauf des M60 im März des Jahres war der erste eines Achtzylindermotors seit vierzig Jahren

Die Gießerei aus südwestlicher Perspektive, ca. 1990.

Gießerei ade

Die Gießerei fertigte in den 70er Jahren Teile für Automobile, Motorräder und den Rennsport. Auch Leichtmetallräder kamen aus der Münchner Gießerei. Mit rund 800 Mitarbeitern lag die Jahresproduktion bei etwa 5.200 Tonnen Guss. In den 80er Jahren entstanden in München die ersten Leichtmetall-Zylinderköpfe für Sechszylinder-Dieselmotoren in einem neuen Niederdruckgussverfahren. „Alt" war die Gießerei im Bezug auf ihre Gebäudesubstanz, keineswegs aber im Hinblick auf ihre Leistungsfähigkeit. Sie hielt zahlreiche Patente und entwickelte bis in die zweite Hälfte der 80er Jahre hinein wegweisende Verfahren. Zuletzt 1978 um eine neue Halle auf insgesamt 30.000 qm Fertigungsfläche erweitert, lag ihre Jahreskapazität bei zehn Millionen Gussteilen: dennoch zu wenig, um dem steigenden Bedarf gerecht zu werden.
Aus der Umweltperspektive hieß die Alternative Abriss oder Neubau; mit Nachrüstungen wäre auch bei hohem Aufwand kein befriedigendes Emissionsniveau erzielbar gewesen. Ein Neubau auf der bestehenden Fläche – selbst wenn der Produktionsausfall hätte aufgefangen werden können – wäre angesichts des steigenden Flächenbedarfs der anderen Fertigungsbereiche wenig sinnvoll gewesen. So fiel die Entscheidung für

eine schrittweise Verlagerung der Gießerei über mehrere Jahre nach Landshut. In der Pilotgießerei Lohhof wurde deutlich, dass die Arbeitsbedingungen in einer neuen Gießerei erheblich humaner gestaltet werden können. Für die vom Umzug betroffenen rund 800 Mitarbeiter wurde in Abstimmung mit dem Betriebsrat ein Maßnahmenpaket geschnürt, das den Wechsel erleichtern sollte; letztlich galt aber der Grundsatz der Freiwilligkeit.
Am 26. Juli 1991 schließlich war die Münchner Gießerei nach dem letzten Guss Geschichte.

Helmut Ingrisch (2006, Werkleiter 1990 – 1996)

Mir fallen fünf Punkte ein, die das Werk München im Besonderen ausmachen. Erstens die relative Enge innerhalb und außerhalb des Werkes. Bei den Planungen hat sie immer eine Rolle gespielt. Effizienz musste durch Technik und Innovationen umgesetzt werden, wir konnten sie nie durch eine Ausdehnung in der Fläche erreichen. Uns blieb gar nichts anderes übrig, als das Denken ‚mehr Stückzahl heißt mehr Fläche' zu durchbrechen, wir mussten intelligenter planen. Zweitens die Internationalität. Für die Führungskräfte gerade in den bandnahen Bereichen stellt sie eine besondere Herausforderung dar. Der tägliche Umgang mit den verschiedenen Kulturen ist viel anspruchsvoller als das, was man landläufig unter Integration versteht. Punkt 3: Die Nähe des Werkes zur Entwicklung. Als die Abgrenzung zwischen Entwicklung und Produktion durchlässiger wurde, konnte sich wieder eine Zusammenarbeit wie zu den Zeiten entwickeln, als der Entwickler einfach persönlich am Band vorbeischaute und mit dem Produktionsmann sprach. Die Herstellbarkeit eines Autos in die Entwicklung zu tragen, das ist die besondere Rolle Münchens. Viertens: Das Werk München lebt im Schatten des Hochhauses. Es liegt wie auf dem Präsentierteller, muss immer herzeigbar sein. Hierher kommen besonders viele prominente Besucher, Gäste des Vorstands. Zu guter Letzt gibt es hier eine starke Bindung zur eigenen Geschichte. Hier weiß man, wo wir herkommen, wo die Wurzeln von BMW liegen.

Werkzeugbau ade, wir räumen auf

Auch der Werkzeugbau fand in den 80er Jahren eine neue Heimat. Er musste allerdings nur wenige Hundert Meter weiterziehen, auf das Gelände der früheren Bundesbahnhalle nördlich der Moosacher Straße. Der frühere Umschlagplatz für Bleche und Halbzeuge wurde zum Werk 1.3 ausgebaut und ab 1983 bezogen. Im Sommer 1990 kam der Umzug zum Abschluss.
In den 50er Jahren nahm der Werkzeugbau Reparaturaufgaben für Presswerk und Karosseriebau wahr. Ab den 70er Jahren erweiterte sich das Spektrum auf die Fertigung von Presswerkzeugen bzw. -vorrichtungen und Schweißanlagen. Heute ist der Werkzeugbau des Werks München ein Hightech-Betrieb mit mehreren Hundert hochqualifizierten Mitarbeitern.
Neu geordnet und ansprechender gestaltet wurde in der Mitte der 80er Jahre insbesondere der Norden des Werksgeländes. Die frühere „Schmuddelecke" des Werks – vielfach als ungeordneter Abstellplatz von allerlei Materialien genutzt – erhielt Grünflächen. 1984/85 ging eine neue Sortier- und Recyclinganlage in Gebäude 47 in Betrieb, sie war für den gesamten BMW Standort München eingerichtet. Nördlich von Gebäude 100 entstand dringend benötigte Parkfläche, zur Lärmreduzierung wurde der Stapler-

Feinarbeiten an einem Modell zur Herstellung des Presswerkzeugs für die Frontklappe eines 3er BMW (E 21), ca. 1977.

Gebäude 113, Südansicht. Werkstrainingszentrum, Betriebsrestaurant Nord und Teile des Motorenbaus sind heute hier untergebracht.

betrieb nördlich Gebäude 84 untersagt. Insbesondere bei der Neuordnung des Nordens wurden die Anwohner des Werks in die Planungen einbezogen. Aus der früheren „Lernstatt“ entwickelte sich ein neues Konzept für Aus- und Weiterbildungsräumlichkeiten, das Werkstrainingszentrum in Gebäude 113. Einen weiteren Beitrag zur Lärmreduzierung leistete das LKW-Tor 6 in der Dostlerstraße. LKW-Verkehr konnte so zusätzlich in einen Bereich verlagert werden, der an keine Wohnbebauung grenzt.

Produkte

Die zweite Generation des 3er war in Sachen Design noch eine eher behutsame Weiterentwicklung der ersten Auflage. Bei der dritten Generation (E36) war es Zeit für etwas wirklich Neues: Eine lang gestreckte Karosserie mit eleganter Linienführung stand Ende Oktober 1990 vor den Journalisten im südfranzösischen BMW Testgelände Miramas. Neben der ganz anderen Silhouette fiel sofort die glatte Front des Neuen auf: Die Doppelscheinwerfer saßen hinter einem gemeinsamen Deckglas. Im Gegensatz zu bisher debütierte die neue Limousine als Viertürer, die den Insassen bei geringfügig größeren Außenmaßen mehr Platz und Komfort bot. So durften sich allein die Fondpassagiere über 30 Millimeter mehr Knieraum freuen. Dennoch war die Grundform eindeutig sportlich: Der lange Radstand von 2.700 Mil-

BMW 3er Compact (E36/5) im Finish-Bereich. Größte Sorgfalt bei der Endkontrolle, damit jedes Fahrzeug in perfektem Zustand beim Kunden ankommen kann.

limetern, kurze Überhänge, 1.418 Millimeter Spurweite vorn und 1.431 Millimeter hinten ließen die hervorragenden Fahreigenschaften schon erahnen. Das Chassis hielt, was der Auftritt versprach: Vorn lief der neue 3er auf einer Federbeinachse, hinten sorgte die Zentrallenkerachse für noch mehr Fahrsicherheit bei gleichzeitig gestiegenem Fahrkomfort. Auch in die passive Sicherheit investierten die BMW Ingenieure viel. So kam der 3er als erstes deutsches Auto mit integrierten Türverstärkungen auf den heimischen Markt. Die Fahrgastzelle des 3er war nach modernsten Gesichtspunkten konstruiert, zu denen unter anderem auch dieser spezielle Seitenaufprallschutz gehörte. Die Karosserie erfüllte alle weltweit geltenden Crash-Normen; Frontcrashs bis zu 15 km/h führten durch ein reversibles Stoßfängersystem nur zu minimalen Beschädigungen.
1994 folgte der 3er Compact: 4,21 m kurz, Platz für vier bis fünf Personen und/oder einiges Gepäck, zwei Türen plus große Heckklappe zum attraktiven Preis. Drei Jahre später stellte BMW mit dem neuen 323ti ein Modell an die Spitze der Compact-Baureihe, das es bisher in dieser Klasse nicht

BMW 328i, 1996. Die dritte Generation des BMW 3er blieb bis zu ihrer Ablösung 1998 höchst begehrt. Bis heute ist der E36 im Straßenbild präsent.

gab. Der Sechszylindermotor in Kombination mit dem fahrdynamisch optimalen Hinterradantrieb machte den betont sportlichen 323ti zu einer neuen Größe in diesem Marktsegment. Der 323ti unterschied sich äußerlich von den anderen Compact-Modellen im Wesentlichen durch das um 15 Millimeter tiefere Sportfahrwerk sowie das doppelte Auspuffrohr. Er spurtete in 7,8 Sekunden auf Tempo 100 und rannte 230 km/h schnell.
Ab 1995 bot BMW grundlegend überarbeitete Sechszylindermotoren an. Die zwei bedeutendsten Änderungen waren einmal die Hubraumerhöhung des Topmotors von 2,5 auf 2,8 Liter und zum zweiten die Umstellung von Grauguss- auf Aluminiumkurbelgehäuse. Insbesondere das neue Topmodell der 3er Reihe konnte in seinem Umfeld mit eindrucksvollen Spitzenwerten aufwarten: Mit dem Verbrauch von 8,5 Liter Superbenzin im Drittelmix lag der 328i mehr als einen Liter unter dem Durchschnitt in der Leistungsklasse bis 142 kW (193 PS). Gleichzeitig hob er das Drehmoment-Niveau mit 280 Nm auf einen neuen Spitzenwert für Saugmotoren.

Montage des BMW Z1 in Halle 159.

Kleinserienkompetenz und neue Arbeitsstrukturen: Der BMW Z1

Mit dem BMW Z1 bewies die Mannschaft der BMW Technik GmbH, dass auch ein kleines Entwicklungsteam innovative, serienfähige Fahrzeuge entwickeln kann.

Für die Montage des Z1 wurde das ehemalige Pilotwerk in Gebäude 159 gewählt, in dem bis zum Bezug des Forschungs- und Ingenieurszentrums 1986 alle BMW Automobile zur Serienreife gebracht worden waren. Die Fertigung fand auf drei Ebenen und knapp 2.800 Quadratmetern Platz.

Fünf Traumroadster in Halle 159. Nicht nur das Fahrzeugkonzept, sondern auch Fertigungsabläufe und Arbeitsorganisation setzten neue Maßstäbe.

Die einzigartige Konstruktion des Z1 – mit seiner Kunststoffaußenhaut, geschraubten Außenteilen und versenkbaren Türen – ging vielfach an die Grenzen des technisch Machbaren und erforderte in der Fertigung neue Wege mit zahlreichen neuen Lösungen in vielen Details. Zum Beispiel erwies sich die Lackierung der Kunststoffaußenhaut als echte Herausforderung. Sie musste mit Stickstoff gekühlt werden, um Verfärbungen nach dem Lackauftrag zu verhindern. Um eine statische Aufladung zu vermeiden, musste der Decklack mit ionisierter Luft aufgesprüht werden. Angesichts des Aufwands war der Verkaufspreis von anfangs 83.000 DM (in Deutschland) keineswegs unangemessen.

Die Serienfertigung des ersten BMW Roadsters nach dem legendären 507 begann im Herbst 1988. Bis zu 130 sorgfältig ausgewählte Mitarbeiter fertigten exakt 8.000 Exemplare weitestgehend in Handarbeit. Mit dem Z1 gelang erstmals eine „echte“ Projektintegration einschließlich des Forschungs- und Ingenieurszentrums. Der späteren Projektorganisation war sie im Kern bereits sehr ähnlich. Auch innerhalb des Produktionsteams erreichte die Zusammenarbeit nicht zuletzt dank der neu eingeführten Gruppenarbeit und Selbstprüfung eine neue Qualität. Mit Seminaren und in zahlreichen Einzelgesprächen wurden die Mitarbeiter auf die neue Fertigungsphilosophie vorbereitet: Qualität kommt nicht durch Kontrolleure ins Produkt, sie kann nicht „hineingeprüft" werden. Der Mitarbeiter ist für die Qualität seiner Arbeit selbst verantwortlich – im Sinne der eigenständigen Prüfung und Dokumentation der geleisteten Arbeit. Jeder Mitarbeiter kontrolliert an Ort und Stelle die Arbeit des Vorgängers und seine eigene – anstatt die Verantwortung an eine vermeintlich alles umfassende Endkontrolle abzugeben. Diese Vorgehensweise schlug sich deutlich in der Fahrzeugqualität nieder. Qualitative Effekte waren auch durch die Gruppenarbeit spürbar. Innerhalb eines Fertigungsteams war die Zuteilung der Aufgaben nun weitgehend Sache der Mitarbeiter. Abwechslung war gewünscht und wurde aktiv gefördert. Mit dem Ergebnis weiterer Effizienzgewinne: Die Fertigungszeit sank von geplanten 5.000 Minuten pro Fahrzeug auf rund 3.000 Minuten. Bei rund 36 Minuten Taktzeit musste der Mitarbeiter sehr umfangreiche Arbeitsinhalte verteilt auf viele Einzelschritte beherrschen. Dies war für viele Produktionsmitarbeiter Neuland – und sorgte zunächst für eine höhere Fluktuation als in anderen Fertigungsbereichen üblich. Es dauerte, bis die Mitarbeiter die neu gewonnenen Spielräume schätzen lernten. Der später auf alle Unternehmensbereiche ausgedehnte Zielvereinbarungsprozess kam in München bei der Z1 Fertigung erstmals zur Anwendung. Statt Ziele vorzugeben, vereinbarte der Vorgesetzte nun die gemeinsam zu erreichenden Ziele mit seinen Mitarbeitern. Ziele gewannen dadurch an Akzeptanz und Verbindlichkeit.

Der BMW Z1 Roadster. Der erste Vertreter der Z Familie besaß wie der BMW 507 und alle späteren Z Modelle die BMW typischen Roadster-Zutaten: lange Motorhaube, kurze Überhänge, knackiges Fahrwerk, kraftvoller und souveräner Antrieb.

MITeinander

Das 1988 ins Leben gerufene Motivations- und Informationsteam (MIT) bestand aus Vertretern sämtlicher Bereiche; Ziel des MIT war, die Kommunikation der Bereiche untereinander zu stärken, ein Wir-Gefühl zu fördern, Gesamtzusammenhänge verständlich zu machen. Für Ausstellungen zu verschiedenen Themen entstand 1990 ein Pavillon, in dem heute ein Mitarbeitershop untergebracht ist. Später durfte das MIT-Team neu anlaufende Modelle den Mitarbeitern des gesamten Werkes lange vor der offiziellen Präsentation in der Öffentlichkeit zeigen und erklären.

Sonderfahrzeuge, Sonderaufwand?

Nach dem Ende der Z1 Fertigung gab es eine neue Verwendung für Halle 159. Sie wurde nun für Fertigungsumfänge von sogenannten Sonderfahrzeugen genutzt. Zu den Sonderfahrzeugen zählen insbesondere Behördenfahrzeuge (mit Schwerpunkt Polizei) und Fahrzeuge mit Ausstattungsumfängen von BMW Individual.

Der im Werk München entwickelte und später auch an den anderen Standorten eingeführte Sonderfahrzeugbau leistet das scheinbar Unvereinbare: die Effizienz der Großserienproduktion mit höchstmöglicher Individualisierung in Einklang zu bringen. Die Fahrzeuge werden dabei vollständig in die Serienfertigung integriert (einschließlich Lackierung mit Sonderfarben); nur einige wenige Montageumfänge, die nicht innerhalb der Taktzeiten am

Elektrisch aufgeladen: Seit Juli 2020 wird der BMW 3er Touring als sogenannter Mild-Hybrid mit einem besonders leistungsstarken Startergenerator und einer zusätzlichen Batterie produziert. Unter den ersten Kunden ist die Bayerische Polizei.

Bayerns Innenminister Joachim Herrmann nimmt im September 2020 zwölf neue Einsatzfahrzeuge für die Bayerische Polizei von Produktionsvorstand Milan Nedeljković in Empfang.

Hauptband erledigt werden können, erfolgen auf einer separaten Fläche. Dazu gehört zum Beispiel die Signaleinheit auf dem Dach bei Polizeifahrzeugen. Damit dieser Ansatz funktioniert, müssen bereits in der Entwicklung eines neuen Fahrzeugs die Anforderungen berücksichtigt werden, die später für die verschiedenen Sonderfahrzeuge gelten. Diese Integration begann mit dem 3er der Generation E36 (ab 1990). Mit dem Größenzuwachs gegenüber dem Vorgänger war der „kleine" BMW nun auch für Behörden attraktiver – und konnte erstmals ab Werk mit den gewünschten Ausstattungen geliefert werden. Im ersten vollen Lieferjahr (1992) sollten rund 700 Behördenfahrzeuge das Werk verlassen.

Seit der 2005 gestarteten fünften Generation (E90/E91) ist die Integration der Sonderfahrzeuge in die Serienfertigung so weit perfektioniert, dass das Werk auch größere Auftragskontingente mit kurzen Lieferfristen bedienen kann.

Kapitäne

Jakob Gilliam (Werkleiter 1983–1987) verdankt das Werk eine deutliche optische Aufwertung des nördlichen Werksgeländes, die erste Neuordnung der Fahrzeugmontage und erste wichtige Schritte im Umweltschutz. Hans Glas, der spätere Werkleiter in Dingolfing, leitetwe das Münchner Werk von 1987 bis 1990. Neben Gilliam hat im hier betrachteten Jahrzehnt besonders Helmut Ingrisch (Werkleiter 1990–1996) bleibende Spuren im Stammwerk hinterlassen.
Helmut Ingrisch arbeitete seit 1961 im Werk München. Als langjähriger Leiter der Werktechnik kannte er das Werk bestens und wusste, wo Handlungsbedarf bestand. Auf dem Meistertreffen des Jahres 1991 hatte er auf die selbst gestellte Frage, warum nun alles auf einmal „durchgezogen" werden müsse, die passende Antwort parat: „Weil wir keine Zeit haben." In der Tat mutete Ingrisch der Mannschaft parallel zu einem Fahrzeuganlauf (3er E36, 1990) einiges zu: neue Arbeitsstrukturen; die Einführung der Selbstprüfung nach erfolgreicher Erprobung in der Z1 Fertigung; eine Umorganisation der Bereiche einschließlich einer deutlichen Verflachung der

Helmut Ingrisch (zw. v. l.) bei der Stabübergabe an seinen Nachfolger Joachim Schulze, 1996. Links im Bild der damalige Produktionsvorstand, Prof. Dr. Joachim Milberg.

sfeststimmung im Werk München beim Sommer-
1988.

Hierarchien; das neue Arbeitszeitmodell (Einführung der Vier-Tage-Woche, weiterhin wöchentlicher Wechsel Frühschicht – Spätschicht; der arbeitsfreie Tag rückt von Woche zu Woche einen Tag weiter). „Ein bisschen sparen", so Ingrisch, reiche nicht aus; die Produktion müsse sich grundsätzlich ändern. Es gelte, das Werk München im Werkeverbund konkurrenzfähig zu halten. Zu den von ihm propagierten neuen Arbeitsstrukturen gehörte in erster Linie ein neues Führungsverständnis: „Wir dürfen den Mitarbeitern nichts aufdrücken. Wir müssen gemeinsam mit ihnen die Voraussetzungen und Freiräume für die höheren Anforderungen schaffen – z. B. durch Erweiterung der Kompetenzen oder die Entlastung von Verwaltungstätigkeiten. Die Zeit ist reif für eine neue Denkweise." (*bayernmotor* 5/1991)
Messkriterium für die Führungskräfte sei eine hohe persönliche Kompetenz in der Führung der Mitarbeiter. „Sie als Mitarbeiter wissen, wie es geht, nicht wir", bekamen viele Mitarbeiter in den Gruppengesprächen zu hören, wenn es um Fachfragen ging. Die Einführung der Gruppenarbeit in der Großserie im Zusammenhang mit dem von ihm vorangetriebenen Projekt der Neuen Montagestrukturen geht ebenfalls auf Ingrisch zurück.
Umweltschutz und Nachbarschaft lagen ihm besonders am Herzen. In Ingrischs Zeit fällt die Eröffnung eines Nachbarschaftsforums und der Bau neuer Decklackstraßen. Der Anschluss des Werks ans Fernwärmenetz der Stadt München Ende 1993, von Ingrisch aktiv betrieben, leistete einen substanziellen Beitrag zur Verbesserung der Luftqualität im Münchner Norden.

Nachbarn und Umweltschutz

Mitte der 80er Jahre setzte sich die Erkenntnis durch, dass mit Maßnahmen zum Umweltschutz auch handfeste wirtschaftliche Vorteile verbunden sind. Insbesondere das Argument der Einsparungen durch Recycling zog bei den Werkleitern. 1988 stand ein neues, umfassendes Konzept für die Entsorgungslogistik; 1990 wurde die Funktion des Umweltschutzbeauftragten aus der Einrichtungstechnik herausgelöst und zur eigenständigen Abteilung mit Zuständigkeit für den gesamten Standort München ausgebaut (Abfälle, Emissionen, Wasserrecht). Im Umgang mit Verpackungsmaterialien und Reststoffen galt nun die Reihenfolge vermeiden – recyceln – beseitigen.
Besonders gefordert war die Umweltmannschaft beim Abbruch der Gießerei. Die alte Galvanik war für eine Belastung des Untergrundes mit Schwermetallen verantwortlich. Ein umfangreiches Maßnahmenpaket zum Schutz von Anwohnern und Demontagepersonal war erforderlich, bis zuletzt der „gewaschene" Boden entsorgt werden konnte.

Die Nutzung der Schiene für den Abtransport der Neufahrzeuge versprach zusätzliche Entlastung beim LKW-Verkehr. 1993 verließen die ersten Fahrzeuge mit Bestimmung USA, Kanada und Japan das Werk per Bahn. Der Vorteil des direkten Abtransports per Bahn besteht auch darin, dass ohne weitere Zwischenverladung der jeweilige Seeverladehafen (heute: Zeebrugge und Bremerhaven) angesteuert werden kann. Für Autotransporte per LKW kamen ab 1984 bewusst übermotorisierte Fahrzeuge zum Einsatz, die mit niedrigerer Motordrehzahl und damit deutlich leiser unterwegs waren.

Allmählich kam ein Dialog zwischen Werk und Nachbarschaft in Gang – auch außerhalb von Bürgerversammlungen und Einzelgesprächen zur Verbesserung von Problemsituationen. Zum „Fest der Nationen" am 18. Juni 1983, einem Sommerfest für Mitarbeiter und ihre Angehörige, waren nun auch die Anwohner des Werks geladen.

Beschwerden von Nachbarn wurden nun sehr ernst genommen. Man begann, den Ursachen gemeinsam auf den Grund zu gehen. Sofern das Werk als Ursache für die Beeinträchtigung ausgemacht werden konnte, kam es den Anliegern so weit wie möglich entgegen. Ein Beispiel: Mitte der 80er Jahre wunderten sich Anwohner in der Lüneburger Straße über vibrierende Fensterscheiben und Gläser, ein Phänomen, das üblicherweise bei kleineren Erdbeben zu beobachten ist. Über die Ursache konnten Anwohner und Werk zunächst nur spekulieren – bis ein Geologe verständigt wurde. Die seismischen Messungen ergaben, dass die Grundwasserströme in diesem Bereich verstärkt worden waren – durch eine Hohnmaschine in Halle 84, wie sich schließlich herausstellte. Das Werk nahm dies zum Anlass, die Fertigung umzuplanen und die Maschine an ihren ursprünglichen Standort zurückzubringen. Ein solcher Vorfall wäre heute eher unwahrscheinlich: In den Jahren 1993/94 ließ das Werk umfangreiche geologische und hydrologische Untersuchungen auf dem Werksgelände durchführen und die Daten in einem digitalen Modell verdichten. Ein Strömungsmodell entstand, mit dem die Grundwasserverhältnisse wesentlich besser vorhersagbar wurden. Mit diesen Daten konnte in der Folgezeit errechnet werden, inwieweit beispielsweise bei Tiefbaumaßnahmen der Grundwasserhaushalt betroffen wäre und ob Grundwasserabsenkungen erforderlich würden.

Die Abteilung für Umweltschutz, Arbeitssicherheit und Ergonomie legt seit Mitte der 90er Jahre regelmäßig einen Umweltbericht zu allen ökologisch relevanten Aktivitäten des Werkes vor; ab Mitte der 90er Jahre wurden die Umweltauswirkungen der Produktionsprozesse systematisch erfasst und kontinuierlich verbessert. Dazu wurde ein Umweltmanagementsystem aufgebaut und eingeführt, das von Anfang an in das bereits vorhandene Qua-

Abgasserienüberwachung. Der zentrale Emissionstest im Werk München als Center of Competence im Bereich Abgas und Verbrauch der europäischen BMW Werke.

Das Nachbarschaftsforum in der Riesenfeldstraße.

litätsmanagementsystem integriert wurde. 1997 wurde das neu geschaffene Umweltmanagementsystem nach den strengen Auflagen der europäischen Ökoauditverordnung validiert und wenig später nach der internationalen Norm ISO 14001 zertifiziert.

In der Lackiererei wurde weiterhin großer Aufwand betrieben, um deren Emissionsverhalten kontinuierlich zu verbessern. Mit einer neuen Aufbereitungsanlage war es ab 1987 möglich, Schleif- und Spülwässer nun wiederzuverwenden. 1989 ging eine Pilotanlage zur Reinigung der Abluft im Füllerlack in Betrieb. Ein richtiger „Befreiungsschlag“ war mit der konventionellen Lösungsmitteltechnik allerdings nicht möglich.

Ab Frühjahr 1994 stand in der Pommernstraße ein neu eröffnetes Nachbarschaftsforum zur Verfügung, bestehend aus einem größeren Vortragssaal und zwei Seminarräumen:

„Für viele Menschen in Milbertshofen ist BMW eine ‚Black Box‘. Dieses zu ändern durch Informationsveranstaltungen, Vorträge oder Podiumsdiskussionen ist ein wesentliches Anliegen des Nachbarschaftsforums. ... Nicht zuletzt wird mit dem neuen Forum auch ein Raumangebot an die vielen

Gruppen und Initiativen im Münchner Norden zur externen Nutzung gemacht. Die bereits große Zahl von Anfragen zeigt, dass hier die Not besonders groß ist." (*bayernmotor* 4/1994)
Im November 1997 zog das Nachbarschaftsforum in die Riesenfeldstraße; ein Blick in den Belegungskalender des Forums zeigt, dass die Anwohner des Werkes von diesem Angebot bis heute sehr gern Gebrauch machen. Zum guten Ton gehört seit vielen Jahren, dass das Werk im Vorfeld größerer Baumaßnahmen oder anderer Beeinträchtigungen die Anwohnerschaft ausführlich informiert.

Nochmals: Quo vadis, Werk München?

Ein Befreiungsschlag war erforderlich, um die Akzeptanz eines Industriebetriebs dieser Größenordnung mitten in der Stadt zu sichern. Neben der Umweltproblematik war ein weiterer Nachteil der Lackiererei ihre Kapazitätsauslegung. Sie war der Flaschenhals im Werk: Nur durch eine dritte Schicht konnte sie die erforderlichen Stückzahlen leisten. Über kurz oder lang führte also an einer grundlegenden, weit über die bisherigen Maßnahmen hinausgehenden Modernisierung kein Weg vorbei, sollte der Produktionsstandort München nicht ins Hintertreffen geraten.
Allein: War dies sinnvoll? Hatte man im Unternehmen nicht gerade viel in neue Fertigungsstandorte investiert, die man problemlos weiter ausbauen konnte? Brauchte ein Unternehmen, das ab 1992– inmitten einer eher schwierigen Automobilkonjunktur – in den USA ein neues Werk aufbaute, noch sein Stammwerk in München? Lief ein sehr vorsichtig planendes Unternehmen, zu dessen prägenden Erfahrungen die Beinahe-Übernahme im Jahr 1959 durch die Daimler-Benz AG gehörte, gar Gefahr, Überkapazitäten aufzubauen?
Für das Werk München sprachen in dieser Phase mehrere schlagkräftige Argumente. Zunächst einmal seine Kosteneffizienz, die nicht allein auf der Tatsache beruhte, dass man hier vielfach mit abgeschriebenen Gebäuden und Anlagen arbeiten konnte. Einen ganz wesentlichen Anteil an seiner Wirtschaftlichkeit hatte die Mannschaft selbst. Umsichtige Planung, insbesondere bei der Personalpolitik, ließ keine Überhänge entstehen, die sich sonst nach Modernisierungsschüben gebildet hätten. Auch in der Phase, in der der Werkeverbund erweitert wurde, flossen Investitionen ins Werk – in erster Linie mit dem Ziel, es noch effizienter zu machen und die laufenden Kosten zu senken. Die Mannschaft selbst zeigte, dass ständiger

BMW Werk Spartanburg, South Carolina. Seit September 1994 haben mehr als fünf Millionen Fahrzeuge das US-Werk verlassen.

Wandel die größte Konstante war: nicht nur bei der Bereitschaft, den erheblichen Strukturwandel der 80er Jahre mitzutragen oder sich an neue Technologien zu gewöhnen – sie bewährte sich im ganz alltäglichen Verhalten, in der Bereitschaft umzudenken, sich auf neue Arbeitsweisen einzulassen, strukturelle Veränderungen lieber rechtzeitig selbst zu gestalten, als sie passiv hinzunehmen. Dazu kam ein Betriebsrat, der die notwendigen Anpassungen der 80er Jahre kritisch, aber stets konstruktiv begleitete. Nicht zuletzt machte die unverändert stark steigende Nachfrage nach BMW Automobilen die Produktionskapazität in München unentbehrlich.

Zwei Ausrufezeichen: Neue Montagestrukturen und neue Decklackstraßen

Mit dem Teilabriss der ehemaligen Gießerei im Jahr 1993 – die zweite Etappe folgte 1999 – entstand Platz für zwei neue Decklackstraßen. In den

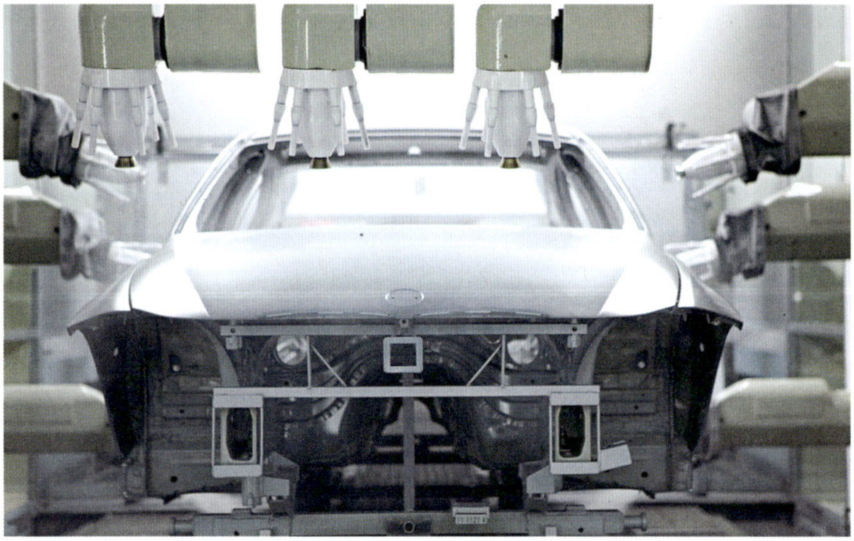

Elektrostatisches Lackieren (mit elektrisch geladenem Lack und geerdeter Karosserie) / Fertig lackierte Karosserien nach Durchlauf der Endkontrolle in der Lackiererei.

Decklackstraßen erhält die Karosserie die vom Kunden gewünschte Farbe und den schützenden Klarlack. Baubeginn war im April 1994, bereits im Januar 1996 konnten sie in Betrieb genommen werden. In München begann damit das Zeitalter der Wasserbasislacke. Ein wichtiger Schritt auf der Umweltseite war getan.

Mitte der 90er Jahre stand in der Fahrzeugmontage ein noch umfassenderer Eingriff an als zehn Jahre zuvor: das Projekt Neue Montagestrukturen. Mit dieser Neuordnung wurde eine Philosophie eingeführt, die bis heute für BMW prägend ist – das Einlinienprinzip mit einem Hauptband für sämtliche Modelle und Varianten, die es zu montieren gilt. Von der Farbe abgesehen, entsteht der individuelle Charakter eines Fahrzeugs in der Montage – also gilt es, dort eine möglichst große Vielfalt an Ausstattungsmöglichkeiten sicherzustellen. Auswahl und Kombinationsmöglichkeiten von Sonderausstattungen und Motorisierungen sowie unterschiedliche gesetzliche Bestimmungen der Märkte finden zwangsläufig in einer hohen Teilevielfalt ihren Niederschlag. Das Einlinienprinzip ist dabei Garant für effiziente Logistik und Montageprozesse.

Die Grenzen der alten Strukturen waren insbesondere bei der ab 1990 gefertigten 3er Reihe E36 deutlich geworden. Beim Nachfolger (3er Generation E46, ab 1998) sollten diese Probleme vermieden werden. Doch nicht nur das: Künftig sollte bewusst auf die Möglichkeit verzichtet werden, Fahrzeuge im Lauf der Fahrzeugmontage ausschleusen zu können. Die Bandsegmente sollten zu einem zusammenhängenden Hauptband verbunden werden (Bandverschleifung). Inline, am Hauptband, konnten damit nur noch kleinere Nacharbeitsumfänge erledigt werden. Der – überaus heilsame – Zwang, es beim ersten Mal richtig zu machen, war damit geboren. Für Neuanläufe stellt dies hohe Anforderungen an die Produktreife des Fahrzeugs. Wenn auf dem gleichen Band das noch aktuelle Modell gefertigt wird, kommt automatisch die gesamte Fertigung zum Erliegen, sollte der „Neue“ größere Schwierigkeiten bereiten. Später wurde doch noch eine Ausschleusstelle eingebaut, ohne aber den Anspruch des Systems in Frage zu stellen, dass auf keinen Fall Serienfahrzeuge ausgeschleust werden. Für den Aufbau der neuen Strukturen standen nur sechs Wochen zur Verfügung.

Robert Hohmann (Montage)

Ich habe im September 1976 meine Ausbildung zum Maschinenschlosser begonnen. 1979 war ich dann schon im Motorenbau als Instandhalter. Das war eine sehr schöne Zeit, der Umgang mit Hydraulik, Pneumatik und den Transferstraßen hat mir richtig Spaß gemacht. Das hat mich geprägt, ich habe seit damals immer Spaß bei der Arbeit gehabt. 1986 bis 1989 habe ich mich zum Industriemeister weitergebildet – und auch gleich eine Meisterstelle bekommen. Das war in der Kabelsatzfertigung. Wir haben damals auch Kabelsätze für das Werk Dingolfing gemacht. Für mich als ‚kleinen‘ Meister war es ein tolles Projekt, später die Verlagerung ins Gebäude 46 zu planen. Heute beziehen wir die Kabelbäume von extern.

Beim Z8 war ich verantwortlich für den Anlieferbereich und den kompletten ersten Stock, vom Tankeinfüllstutzen bis zur Scheibenmontage. Das war schon einmalig: Die lackierte Rohkarosse wird abgeladen, und am nächsten Tag ist das Auto fertig. Ein Gebäude, drei Stockwerke, und das Auto wird jeweils von Hand zur nächsten Station geschoben. Wir hatten eine super Mannschaft und waren alle begeistert von diesem Auto.

Als mein 25-jähriges Jubiläum bei BMW und im Werk München immer näher rückte, dachte ich mir, ich will auch noch was anderes machen. Für das Projekt Rolls Royce in Goodwood wurden Logistiker gesucht, da habe ich mich sofort beworben. Im April 2002 ging's los. Das erste Jahr war sehr hart, alles musste neu aufgebaut werden. Im zweiten Jahr ging's schon viel besser. Insgesamt war das eine tolle Erfahrung, auch wenn ich mich mit der Sprache anfangs schwer tat. Am 1. Januar 2003 um Mitternacht war die Schlüsselübergabe fürs erste Fahrzeug, wir haben an Silvester bis in den Abend hinein an dem Auto gearbeitet. Vor zehn Jahren kam ich zurück und hätte auch in die Zentrale gehen können. Aber ich wollte zum Produkt, wieder Meister sein.

BMW ist ein einzigartiges Unternehmen. In den fast vierzig Jahren gab es kein Erlebnis, wo ich gesagt hätte: ‚Das passt nicht, das ist nicht BMW.‘ Ich bin praktisch bei BMW aufgewachsen, mein Vater war vierzig Jahre dabei, und bei meiner Tochter sind es auch schon über zehn Jahre.

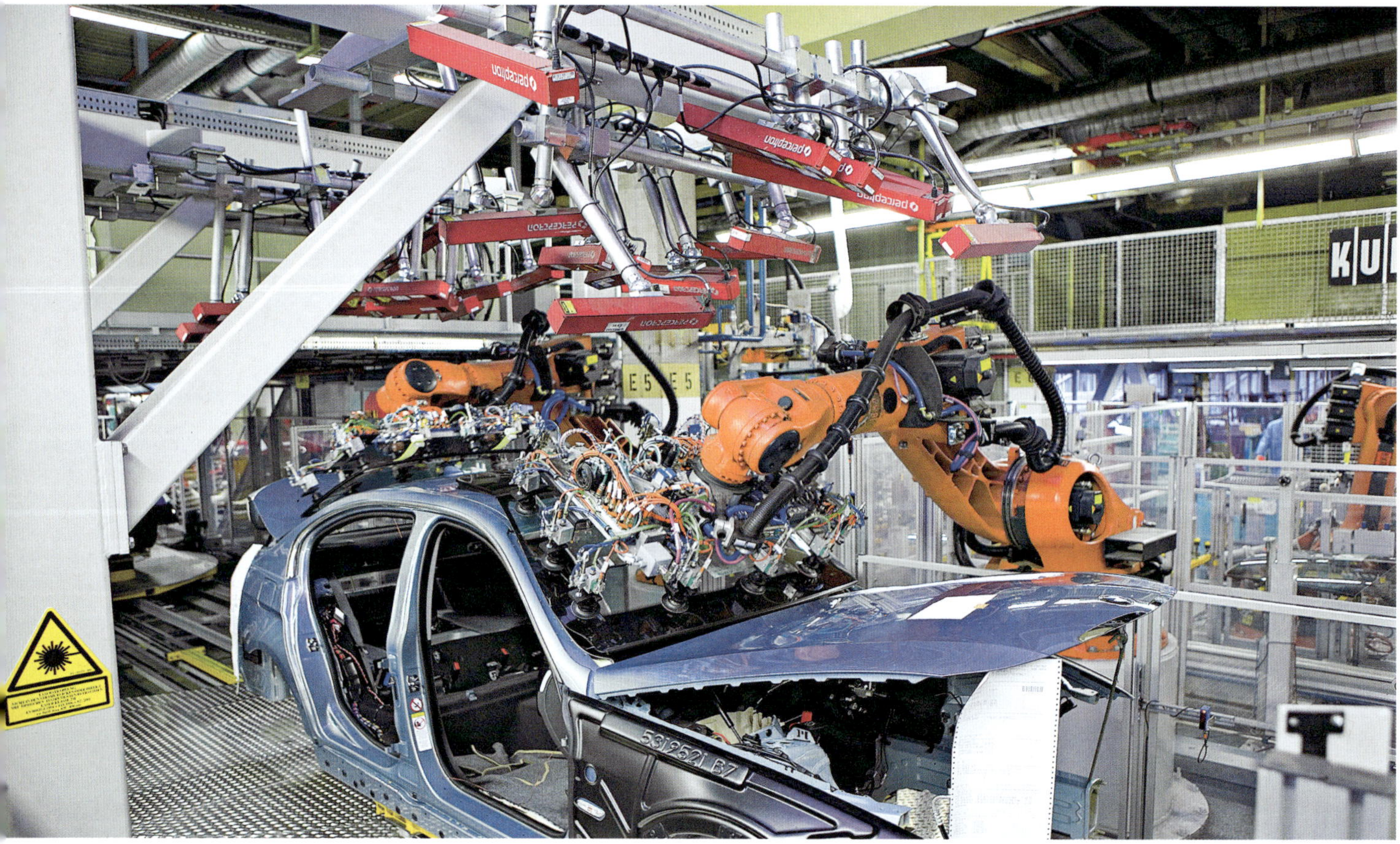

Der Scheibeneinbau bei einer BMW 3er Limousine, 2007. Zwei Roboter bauen bei der Limousine parallel Frontscheibe und Heckscheibe ein. (links oben)

Die Schwenkmontage in ihrer seit 1996 bestehenden Struktur. (links unten)

Bandschleife in der Karosseriemontage (1984). (rechts unten)

Die neuen Strukturen brachten für die Produktionsmitarbeiter zahlreiche ergonomische Verbesserungen. Vom Beginn der Montage bis zu deren Ende im Finish-Bereich können die Mitarbeiter seither mit den Fahrzeugen mitfahren. Vorher mussten sie teilweise auf starrem Boden neben den Fahrzeugen hergehen und dabei ihre Arbeiten verrichten.
Um nach erfolgreicher Einführung im Werk Regensburg auch in München eine Schwenkmontage aufbauen zu können, wurde in Halle 16 eine zusätzliche Ebene eingezogen. Die Schwenkmontage erlaubt es, für Unterflurarbeiten vor dem Aggregateeinbau die Karosserien im Gehänge so zu schwenken, dass Überkopfarbeit vermieden wird. Die bei der Z1 Fertigung erfolgreich erprobte Gruppenarbeit wurde nun auch auf die Großserie übertragen. Alle Montagewagen wurden für die Höhenverstellung vorbereitet. Angehängte Platten ermöglichen es dem Mitarbeiter, ohne Stufen um das Fahrzeug herumzugehen. Ermutigt durch den Erfolg in München wurde das Einliniensystem der Neuen Montagestrukturen später zum BMW Referenzsystem für die Fahrzeugmontage erklärt und hat so die Konzeption der neueren Fahrzeugwerke beeinflusst.

Ab hier
Arbeitsbereich

Von wegen alt: Das neue Werk München entsteht

Mit einem beispiellosen Investitionsprogramm errichtete BMW ab Mitte der 90er Jahre ein praktisch neues Werk an traditionsreicher Stätte. Zwei Fahrzeuganläufe in herausragender Qualität waren der Lohn vieler Anstrengungen. Neue Anlagen und Prozesse, zahlreiche Innovationen in der Fertigung und eine hoch motivierte Mannschaft brachten die Wende. Ein spektakuläres Comeback.

1995 – 2005

Der Anlauf der vierten Generation des BMW 3er – eine Bewährungsprobe

Die Gruppenarbeit begann rasch zu greifen, wie eine junge Kollegin in ihrem Einsatz als „Partnerin am Band" feststellen konnte. Partner am Band sind Mitarbeiter in Angestelltentätigkeiten, die bis zu einer Woche lang in der Fertigung mitarbeiten können – eine Erfahrung, die prägt.

„Nach und nach lernte ich jeden in der Gruppe kennen. Ich spürte, sie arbeiten gut zusammen. Vor zwölf Monaten, so erzählen mir die Kollegen von TM-42 in der Frühstückspause, herrschte hier eine andere Stimmung. Aber nach der Einführung der Gruppenarbeit haben sich die Arbeitsstrukturen und die Atmosphäre in der Gruppe wesentlich verbessert. ‚Wir sprechen über die Produktion der letzten Tage, Auditergebnisse, Arbeitsabläufe, Probleme bei der Schichtübergabe und alles, was uns beschäftigt', erklären mir meine Kollegen für einen Tag. Stellt sich bei den Gruppengesprächen heraus, dass immer wieder an einem bestimmten Punkt des Bandes Fehler gemacht werden, wird untersucht, woher diese rühren. Sofort werden dann Maßnahmen eingeleitet, um Abhilfe zu schaffen. Früher hat es oft länger gedauert, um Fehlern auf die Spur zu kommen', ergänzt Gerhard Hoidn, Meister bei TM-42. Jeder Einzelne in der Gruppe, mit dem nun seit einem Jahr auch die Zielvorgaben be- und angesprochen werden, ist sehr daran interessiert, dass die Qualitätszahlen stimmen. Sie wissen: Nur in der Gruppe kann ein optimales Ergebnis erzielt werden. Und auch ich erfahre es – hier wird nach dem Motto ‚nur gemeinsam sind wir stark' wirklich gelebt: Komme ich einmal nicht nach, ist zum Beispiel die Tür schneller da als erwartet, ist sofort eine helfende Hand an meiner Seite. Hoidn sagt, dass neben dem Verantwortungsgefühl auch das ‚Wir-Gefühl' stark gewachsen ist. So bestimmen die Kollegen die Einteilung am Band mit." (Erfahrungsbericht Sybille-Beate Waegner, BMW Zeitung 12/1997)

Gruppenarbeit bei der Montage des 2005 eingeführten BMW 3er E90.

TalentFactory – Start up Feeling in der Ausbildung

Durch ihr umfassendes Ausbildungsangebot schafft die BMW Group für junge Menschen vielfältige und attraktive Beschäftigungsperspektiven. Mit ihrer weltweiten Berufsausbildung sichert die BMW Group den steten Bedarf an Nachwuchskräften und fördert den Kompetenzaufbau innerhalb des Unternehmens. An 19 Standorten im Produktionsnetzwerk und in der Zentrale bereiten sich junge Menschen in 30 Ausbildungsberufen und 18 dualen Studiengängen auf ihre zukünftigen Tätigkeitsfelder vor.

Innovative Ideen

Um praxisnahes, eigenverantwortliches Lernen und persönliches Wachstum wie auch Kollaboration und Kreativität in der Lösungsfindung noch stärker zu fördern, hat die Berufsausbildung im BMW Group Werk München die „TalentFactory" als Lernkonzept für Auszubildende entwickelt und aufgebaut.
Auszubildende und dual Studierende im ersten Ausbildungsjahr agieren hier wie in einem Start-up und entwickeln Produkte und Dienstleistungen für interne Fachabteilungen und externe Kunden. Die Auszubildenden arbeiten in der TalentFactory in interdisziplinären Teams zusammen, erlernen agile Arbeitsmethoden und übernehmen frühzeitig Verantwortung für ein Gesamtprojekt.

Mit Leidenschaft lernen

Lernen findet dadurch prozessübergreifend und kontinuierlich „on the Job" statt. Die Nachwuchskräfte stellen projektbezogen ein passendes Team zusammen und binden auch Auszubildende anderer Berufsgruppen in den Prozess der Ideenentwicklung und -umsetzung mit ein. Die Ausbilderin beziehungsweise der Ausbilder fungiert dabei als Coach, eine Mitarbeiterin oder ein Mitarbeiter aus einer Fachabteilung begleitet den Prozess als Mentor. Ihr theoretisches Rüstzeug erhalten die Auszubildenden weiterhin in der Berufsschule und in internen Kursen.

Bereits im Herbst 1997 konnte die Berufsausbildung im Werk München vermelden, dass Gruppen- und Teamarbeit Ausbildungsinhalte waren. Einige Berufsbilder wurden bewusst entrümpelt, um die persönlichen und fachlichen Anforderungen aus den neuen Arbeitsstrukturen zu üben. Der neue Werkleiter Joachim Schulze führte den Zielvereinbarungsprozess flächendeckend ein – verbindliche Ziele, die jeder Vorgesetzte mit seinen Mitarbeitern vereinbart, statt sie, wie bislang, eher anzuordnen. Das erforderte neues Denken: „Einen solchen Prozess kann man eben nicht anordnen, dies gilt ja auch bei der Gruppenarbeit, sondern der muss gelebt werden. Sonst haben wir nur ein neues Etikett auf alten Verhaltensweisen." Besonders wichtig sei, dass man im Werkeverbund nicht gegeneinander, sondern miteinander arbeite. Erfahrungen und Erkenntnisse müssten untereinander ausgetauscht werden. Qualität, Liefertreue und Effizienz müssten zu Markenzeichen des Werks München werden.
Dass nur eine konstruktive Zusammenarbeit mit den Partnern in der Entwicklung und den anderen Werken zum Erfolg führen konnte, zeigte sich

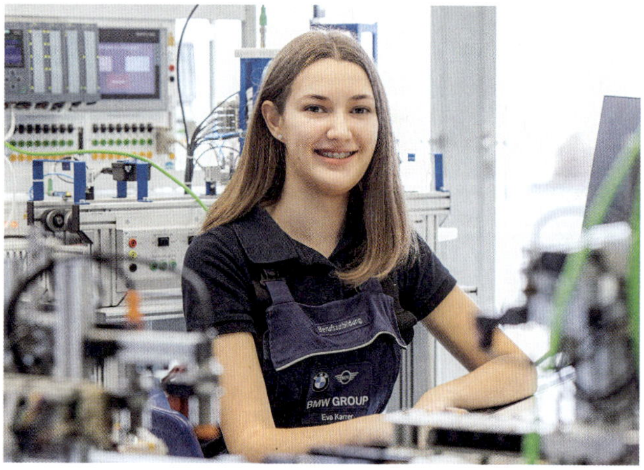

Eva Karrer
(Auszubildende zur Elektronikerin für Automatisierungstechnik)

Ich habe die BMW Group bereits durch ein Schülerpraktikum näher kennengelernt, weshalb ich mich nach der Schulzeit für die Ausbildung zur Elektronikerin für Automatisierungstechnik entschieden habe. Mir gefallen besonders die abwechslungsreichen Einsätze in den verschiedenen Fachbereichen der Produktion, bei denen ich immer wieder neue Eindrücke und neues Wissen in einem freundlichen und kollegialen Umfeld vermittelt bekomme. Dabei bieten sich immer Chancen, Eigeninitiative, Engagement und Gelerntes einzubringen. Beispielsweise konnte ich schon bei Interviews, verschiedenen Veranstaltungen und der Praktikantenbetreuung aktiv mitwirken. Auch den respektvollen und kollegialen Umgang zwischen den Ausbildern und den Auszubildenden schätze ich sehr. Die Möglichkeiten nach der Ausbildung bei der BMW Group Karriere zu machen sind vielfältig. So möchte ich nach meiner Ausbildung gerne im Bereich der Industrie 4.0 tätig werden, da dieses Arbeitsspektrum sehr breit gefächert, abwechslungsreich und fordernd ist.

Mitarbeiter im Werksfinish, 2006.

bei der nächsten großen Herausforderung, der sich das Werk zu stellen hatte: dem Anlauf der BMW 3er Limousine E46/4 ab 1997, die erstmals parallel in zwei Werken, München und Regensburg, startete. Ein Anlauf in zwei Werken erfordert präzise Koordination und minutiöse Planung, dies war allen Beteiligten in Entwicklung und Produktion klar. Enge Zusammenarbeit und partnerschaftliches Denken sowie eine frühe Einbindung aller Beteiligten in Entwicklung und Produktion trugen schnell Früchte. Die Werke bekamen Gelegenheit, den Führungskräften der Entwicklungsbereiche rechtzeitig aufzuzeigen, wo der Schuh noch drückte – mit dem Ergebnis, dass die Produktreife des Fahrzeugs bereits zum Serienstart ein bisher nicht für möglich gehaltenes Niveau erreichte. Die ersten Vorserienfahrzeuge waren bereits im Juni 1997 im normalen Serienablauf gefertigt worden. Im Dezember 1997 lief die Serienfertigung in Lackiererei und Montage an, die Rohkarosserien kamen zunächst aus dem Werk Regensburg.
Eine grundsätzlich geänderte Strategie im Vorserienbau und in der Versorgungslogistik half, die hohen Anforderungen an den Serienstart zu bewältigen. Die Vorserien wurden in Pulks aufgeteilt, dazu erfolgte die Bereitstellung der Teile fast ausschließlich über Seriensysteme. Es wurde sehr genau darauf geachtet, dass die gesamte Prozesskette vom Lieferanten bis zum Einbauort an der Serienlinie berücksichtigt wurde. Die Produkt- und Prozessqualifizierung erfolgte mit circa 600 Funktionsbau- und Vorserienfahrzeugen. Natürlich durfte die laufende Serienproduktion dabei nicht gestört werden. Die Mitarbeiter durchliefen intensive Schulungen

in eigens eingerichteten Trainingsinseln im Anlaufzentrum in Gebäude 159 (der Sonderfahrzeugbau war zwischenzeitlich in Halle 113 umgezogen).
Auch die eigenen Hausaufgaben hatte das Werk München gemacht. Vor allem die Zusammenarbeit der einzelnen Fertigungsbereiche – genannt Technologien – wurde auf Arbeitsebene deutlich gestärkt: „Die Teams im Werksfinish setzen sich zusammen aus 150 Mitarbeitern aus Qualitätsmanagement, Rohbau, Lack und Montage. In einer gemeinsamen Endabnahme geben sie die Fahrzeuge als ‚kundenfertig' frei. Damit beurteilen sie die Fahrzeuge aus Kundensicht und bestätigen die vereinbarte Auslieferqualität" (BMW Zeitung 12/1997). Somit waren nun alle Technologien durchgängig für die Qualität in der Herstellung und in der Nacharbeit verantwortlich, das heißt: Nacharbeiten führten die jeweiligen Technologien jetzt selbst durch. Auch hier ließen die Ergebnisse nicht lange auf sich warten. Ausliefe-

Im Münchner Karosseriebau kamen erstmals in der Automobilindustrie Elektrohängebahnen zum Einsatz (lange vor Produktionsbeginn des hier abgebildeten BMW 3er der Generation E46).

rungsqualität und Termintreue – gemeint ist der dem Kunden zugesagte Auslieferertermin – stiegen, die Nacharbeitskosten sanken deutlich.
Der Anlauf der 3er Limousine E46/4 ging als einer der besten Anläufe in die Unternehmensgeschichte ein. Noch einmal besser startete der 3er Compact (E46/5) im Frühjahr 2001. Die aus beiden Anläufen gewonnenen Erfahrungen mündeten bei der Modellüberarbeitung der Limousine im Herbst 2001 in den ersten digitalen Anlauf: eine übergangslose Umstellung auf das überarbeitete Modell zum Schichtbeginn. Auch für das Münchner Partnerwerk in Rosslyn/Südafrika war der 3er der vierten Generation ein Meilenstein: Nach intensiver Vorbereitung des Anlaufs am Kap gemeinsam mit Mitarbeitern aus München und Regensburg wurde das Werk Rosslyn als Vollwerk in den Werkeverbund integriert.
Wieder übertraf die Nachfrage nach dem neuen Auto, genauer gesagt, bereits das Interesse der Kunden im Vorfeld der Markteinführung, sämtliche Erwartungen. 1997 und 1998 gab es in München keine Produktionsunterbrechungen im Sommer. Selbst während der Mittagspause lief die Produktion weiter, zusätzlich waren Samstagssonderschichten erforderlich.

1997 Anlauf der Produktion der BMW 3er Limousine E46/4 in den Werken München und Regensburg

Der BMW 3er Compact (E46/5) im Karosseriefinish.

1,2 Milliarden Euro für ein „neues“ Werk

Mit dem Anlauf des neuen 3er gewann das Stammwerk erheblich an Prestige. Die Mittel für Aufbau und kontinuierliche Pflege der neueren Produktionsstandorte waren oft mit der Begründung freigegeben worden, sie dienten dem Ersatz des Stammwerks, das langfristig nicht mehr gebraucht werde. Mit der gleichen Begründung flossen die Mittel in München bis in die zweite Hälfte der 90er Jahre hinein eher spärlich – sie waren für den Erhalt der Substanz bestimmt, damit gewissermaßen auf Sicht in der geforderten Qualität weiterproduziert werden konnte.
Doch mit dem Erfolg des E46 Anlaufs im Rücken konnte die Münchner Mannschaft ihre Existenzberechtigung nachdrücklich unterstreichen. So war es nur konsequent, dass das Unternehmen die Auslaufoption des Werkes in den Jahren 1999/2000 revidierte und damit das Werk München wieder Gelegen-

Kolbeneinbau am Achtzylinder N62, 2003.

heit erhielt, sich eine langfristige Perspektive zu erarbeiten. Die große Leistung der Münchner in den Jahren davor war, sich trotz einer Unsicherheit über die eigene Zukunft nicht entmutigen zu lassen und – Stichwort Neue Montagestrukturen – hier und da der Zeit sogar ein wenig voraus zu sein.
Und doch war der Nachholbedarf groß. De facto hatte in den zurückliegenden Jahren ein Investitionsstopp gegolten, der in vielen Bereichen nicht nur im äußeren Erscheinungsbild des Werkes sichtbar war. Er bedrohte die Substanz der Fabrik. Einige Jahre konnte dies gut gehen, man konnte sogar die besondere Wirtschaftlichkeit des Werkes in harten Zahlen belegen. Doch irgendwann schnappt die Falle zu: Wer wenig investiert, schneidet sich von künftigen Einsparpotenzialen ab – weil Anlagen, Technologien und Prozesse dafür fehlen.
Um sich nach dem Ende der Auslaufoption eine langfristige Perspektive zu erarbeiten, musste das Stammwerk im Unternehmen für erhebliche Investitionen werben. Den Anfang machte der Motorenbau.
Bereits seit vielen Jahren hatte sich der Betriebsrat engagiert für den langfristigen Erhalt des Münchner Motorenbaus eingesetzt. Ab Anfang der 90er Jahre ergänzte ein neuer Achtzylinder-Benziner das Fertigungsprogramm. Ein Vorstandsbeschluss des Jahres 1998 brachte Gewissheit: Fortan sollten alle V-Motoren des Konzerns in München gebaut werden. Die Sondermotorenfertigung blieb in München, der Sechszylinder-Benziner – nach Auslauf des „großen" Sechszylinders nun aus einer Baureihe bestehend – sollte als Volumenmotor weiterhin in München und Steyr gebaut werden.
Für die Umsetzung dieser Entscheidung waren erhebliche Anpassungen in der Gebäudestruktur erforderlich. Die Kurbelwellenfertigung und weitere Umfänge in der mechanischen Fertigung der neuen Achtzylinder (Benziner: New Generation V8, N62) wurden im neuen Gebäude 144 untergebracht, das mit einer Versorgungsbrücke an Halle 140 angebunden wurde. Dort wurden ebenfalls moderne Bearbeitungszentren für die mechanische Fertigung installiert. Damit im ersten Stock auch die Motorenmontage der Serienmotoren untergebracht werden konnte, wurde die Sondermotorenmontage ins Erdgeschoss verlegt. Dies war eine enorme logistische Herausforderung, denn aus Kapazitätsgründen kam eine Produktionsunterbrechung nicht in Frage. Der Umzug musste weitgehend an den Wochenenden erfolgen. Um in Gebäude 140 zusätzlich Platz zu schaffen, wurden Prototypenbau und Pilotmontage ins Gebäude 100 verlagert.
Ein Kernelement der neuen Struktur war das Integrierte Motorenlager (neues Gebäude 85). Im Integrierten Motorenlager warten auch die Aggregate aus Steyr (Vier- und Sechszylinder Diesel, Sechszylinder M-Motor) auf ihren Abruf, die das Fahrzeugwerk München benötigt.

Mit der Umgestaltung hielten moderne, freundlich gestaltete Arbeitsplätze Einzug in Halle 140. Im Bild die v-förmig gespiegelte Komplettmotormontage (Aufnahme ca. 2003).

In Gebäude 100, der heutigen Energiezentrale, war für einige Jahre auch die Pilotmontage des Motorenbaus untergebracht.

Die neuen Decklackstraßen hatten 1996 in Sachen Umweltschutz und Kapazität dem Werk bereits einige Entlastung gebracht. Doch war dieser Bereich nur ein Baustein, die eigentliche Umstrukturierung stand noch bevor. Substanzielle Verbesserungen in der Qualität, ein Durchbruch in der Umweltbilanz und nennenswerte Effizienzgewinne waren nur mit einer neuen Vorbehandlung zu erzielen. Mit dem Abriss der noch verbliebenen Teile der ehemaligen Gießerei (1999) entstand weitere Fläche für die benötigten Neubauten. So konnte bis 2003 eine von Grund auf neue Lackiererei entstehen. Für diese Arbeiten standen nun ebenfalls keine längeren Produktionsunterbrechungen mehr zur Verfügung.
Absolute Weltpremiere im neuen Gebäude 19.5 feierte das Rotationstauchverfahren, das nun erstmals durchgehend von den abschließenden Reinigungsschritten an der Karosserie bis zur Kathodischen Tauchlackierung eingesetzt werden konnte (Fertigstellung 2001). Bei der Kathodischen Tauchlackierung (KTL) werden komplette Rohkarosserien nach einer gründlichen Vorreinigung und Phosphatierung vollständig eingetaucht. Da die Rohkarosserie aus unterschiedlichen Blechoberflächen besteht, sorgt die Phosphatschicht für eine einheitliche Oberfläche. Diese wiederum dient als Grundlage für eine gleichmäßige KTL-Beschichtung der Außenhaut und aller Hohlräume. Die KTL-Schicht bildet die Basis für alle weiteren Lackierschritte. Gleichzeitig bietet sie aufgrund ihrer chemischen Zusam-

Gebäude 19.5 (Kathodische Tauchlackierung) und 19.6 (Unterbodenschutz, Abdichtung).

mensetzung den entscheidenden Korrosionsschutz. Das KTL-Verfahren als solches war nicht neu, es wurde bei BMW schon seit vielen Jahren angewandt. Herausragend bei der neuen Anlage war das neu entwickelte Fördersystem mit dem sogenannten RoDip3-Eintauchverfahren. Im Gegensatz zu bisherigen Anlagen wird die Karosserie hier nicht nur eingetaucht, sondern dreht sich innerhalb der insgesamt elf Tauchbecken (Vorbehandlung und KTL) mehrfach um die eigene Achse. Dabei befindet sich das Fördersystem nicht mehr oberhalb der Becken, sondern seitlich außerhalb des Beschichtungsbereiches. Diese Fördertechnik verhindert, dass Abrieb von der Förderanlage in die Becken gelangt.
Im Rahmen einer weiteren Baustufe entstanden eine neue Unterbodenschutz-Anlage und zwei vollautomatische Füller-Linien. Der Füller stellt im Lackaufbau die Schicht zwischen der KTL-Grundierung und dem Decklack dar. Neben zusätzlichem Korrosions- und Steinschlagschutz unterstützt der jeweilige Füllerton die spätere Farbwirkung des Decklackes. Da die Fahrzeuge komplett mit Robotern lackiert werden, können alle Teile der Karosserie noch besser erreicht werden. Zuerst werden die Fahrzeuge im Einlauf der Anlagen vollautomatisch mit sogenannten Blowern gereinigt. Damit werden auch kleinste Staubpartikel mit Hilfe eines Luftstroms von der Karosserie gelöst und sofort abgesaugt. Sechs Roboter je Füllerlinie lackieren

Tauchlackierung.

Vollautomatischer Auftrag des Unterbodenschutzes.

die Karosserie außen. Mit Hochzerstäubungsrotationstechnologie (der Lack wird mit ca. 45.000 Umdrehungen pro Minute zerstäubt) und mittels elektrostatischer Lackaufladung (ca. 80.000 Volt) wird ein gleichmäßiger Lackauftrag an der geerdeten Karosserie erreicht. Sechs weitere Roboter öffnen selbstständig Türen und Klappen der Karosserie und lackieren die Innenbereiche. Mit den neuen Fülleranlagen kam die Umstellung auf umweltfreundliche Wasserbasislacke in München zum Abschluss.
Zum Umweltstandard der neuen Lackiererei gehören auch eine regenerative Nachverbrennung der Abgase einschließlich Wärmerückgewinnung für den Lacktrockner, ein fast geschlossener Wasserkreislauf in den Lackierstraßen und eine aufwendige Abwasseraufbereitung.
Die lange ersehnte Entlastung auf der Umweltseite war nun endlich gegeben. Die Nachbarn können seither aufatmen – und die Stadt München verlieh dem Werk 2003 ihren Umweltpreis für „beispielgebende Umweltleistungen und vorbildliche Nachbarschaftsarbeit". Mit der Verpflichtung zur freiwilligen qualifizierten Verbesserung der Umweltleistung wurde das BMW Werk München vor einigen Jahren auch als Mitglied in den Umweltpakt Bayern – umweltverträgliches Wirtschaftswachstum aufgenommen. Vom bisherigen Gebäudebestand blieben nach Abschluss der Arbeiten lediglich die Gebäude 19.0 und 20.1 erhalten, in denen das Decklack-Finish untergebracht ist.

Füllerlackierung beim BMW 3er E91, 2006.

2003 Verleihung des Umweltpreises der Stadt München an das BMW Werk München

Alles anders: KOVP

Ziel des KOVP (Kundenorientierter Vertriebs- und Produktionsprozess) ist es, Lieferzeiten zu verkürzen, dem Kunden die Möglichkeit möglichst lange offen zu halten, Änderungen an seiner Bestellung vorzunehmen (bis wenige Tage vor Beginn der auftragsbezogenen Fertigung in der Montage) und gleichzeitig die Abläufe im gesamten Fertigungsprozess zu optimieren. Die Kundenzuordnung in der Produktion erfolgt nicht mehr wie früher schon im Karosseriebau, sondern erst in der Montage.

Die Fahrzeugbestellung des Kunden wird online in das Produktionsnetzwerk eingesteuert und einem bestimmten Fahrzeugwerk zugeordnet. Genauer gesagt, erhält die Fahrzeugmontage im Werk die Bestellung, da sie den logistischen Kern der Automobilfertigung darstellt. Die Montage ruft aus dem zentralen Zwischenspeicher eine Karosserievariante in der gewünschten Außenfarbe ab und prägt die Fahrgestellnummer. Erst damit ist die Zuordnung Order – Karosserie endgültig festgelegt. Es folgen nun alle weiteren Montageschritte einschließlich Aggregateeinbau (auch Hochzeit genannt), bis das Fahrzeug auf eigener Achse und aus eigener Kraft vom Band fährt und abschließend auf Herz und Nieren geprüft wird.

KOVP stellt also die in Kapitel 8 beschriebene frühe Kundenzuordnung der 70er Jahre auf den Kopf – nur so (und dank Zentralspeicher mit Einheitskarosserien) ist gewährleistet, dass der Kunde sich zum Beispiel eine Woche vor Montagestart noch für eine andere Wagenfarbe entscheiden kann. Wenige Tage vor Montagestart wird die Order eingefroren, die Lieferanten (einschließlich Motorenbau) erhalten die Information, welche Teile in welcher Reihenfolge zu welchem Zeitpunkt am Montageband benötigt werden. Die Fertigung selbst profitiert von einer deutlich strafferen Logistik, der Möglichkeit, Karosserien in Pulks zu lackieren (bis zu 20 nacheinander in gleicher Farbe), und einer erheblich verbesserten Speicherlogistik zwischen Lackiererei und Montage. Auf Erfahrungswerten basierend wird bis einschließlich Lackiererei „vorproduziert“; die Montage setzt dann den Anspruch einer ausschließlich auftragsbezogenen Fertigung um.

Die Neuen Montagestrukturen und das Motorenlager IMOLA waren bereits auf das schrittweise im Unternehmen eingeführte KOVP-Modell vorbereitet; nun galt es, die Montage vollständig dafür fit zu machen. Dazu ist ein zentraler Zwischenspeicher erforderlich, befüllt mit Karosserien, die (abgesehen von der Außenfarbe) möglichst identisch sind. Um die erforderliche Kapazität zu erreichen, wurde 2001 ein zweiter Speicher zwischen Lackiererei und Montage errichtet.

Die Karosserien-Sortieranlage im Gebäude 19.4. Hier warten fertig lackierte Karosserien auf ihren Abruf durch den Fertigungsbereich Montage.

Trotz umfangreicher Abbrucharbeiten – das frühere Gebäude 23.0 musste weichen – durfte von der Baustelle für das neue Gebäude 16.1 keine Staubentwicklung ausgehen. Dazu wurde die Baustelle regelrecht abgeschirmt. Zum benachbarten Gebäude 16.0 etwa wurde eigens eine Trennmauer hochgezogen. Damit eine bestehende, weiterhin genutzte Förderbrücke mit einer neuen Brücke umbaut werden konnte, durfte der Baubetrieb auch an den Wochenenden nicht ruhen – in diesem Bereich war ein Umbau bei laufender Produktion nicht möglich. Aus Rücksicht auf angrenzende Produktionsbereiche und Anwohner kam im Tiefbau ein besonders schonendes Verfahren zum Einsatz, das Vibrationen weitgehend vermeidet: der sogenannte Berliner Verbau. Nicht zuletzt wegen dieser Rücksichtnahme gab es in der gesamten Bauzeit keine Beschwerden der Nachbarschaft wegen Lärm- oder Staubbelastungen. Rücksicht genommen wurde auch auf die Umwelt: Nicht mehr verwertbares Material des früheren Gebäudes wurde analysiert, nach Schadstoffklassen qualifiziert und auf kurzen Transportwegen entsorgt. Betonreste des Gebäudes waren noch im Straßenbau verwendbar, demontierte Stahlträger konnten recycelt werden.

Das vermeintliche Paradoxon einer effizienten Fertigung trotz der Möglichkeit für den Kunden, sein Fahrzeug nahezu unbegrenzt zu individualisieren, wird also dank KOVP weitgehend aufgelöst. Damit dies nicht nur effizient, sondern auch möglichst fehlerfrei gelingt, werden komplexere Module außerhalb des Hauptmontagebandes vormontiert. Dadurch werden Fehlermöglichkeiten am Hauptband weiter reduziert. Dieser Einsicht folgend, entstanden im Werk München nun zahlreiche Vormontagebereiche, die zwei weitere Vorteile bieten: Sie erlauben ein besseres Platzmanagement, gerade im Werk München kein geringes Argument. Außerdem muss die am Hauptband geltende Taktzeit nicht zwingend auch in den Vormontagen gelten. Im Herbst 2004, kurz vor dem Serienstart des aktuellen 3er, konnten, auch dank des varianten-neutralen Hauptbandes, vier Modelle aus zwei Generationen zeitgleich montiert werden (3er Limousinen E46 und E90, 3er

Compact E46/5, 3er Touring E91). Für KOVP waren im Karosseriebau ebenfalls kleinere Anpassungen erforderlich, die Hauptforderung „Einheitskarosserie" war mit der vierten 3er Generation jedoch bereits weitgehend erfüllt – für die Limousine beispielsweise gab es nur noch acht Varianten gegenüber mehr als hundert beim Vorgänger. Ein in weiten Bereichen neuer Karosseriebau entstand ab 2003 in erster Linie für das Nachfolgermodell.

Trocknerauslauf in der Lackiererei (oben) und lackierte Karosserien, bereit für eine abschließende Prüfung der Oberflächenqualität (unten)

Seitenrahmenfertigung und Speicherebene im Karosseriebau, 2006.

Ein neues Roboter-Ballett ...

Die fünfte Generation des 3er wurde nach dem Konzept weitgehend identischer Anlagen ab Ende 2004 in den 3er Werken München, Regensburg, Leipzig und Rosslyn gefertigt. Dazu waren in den Werken weitgehende Harmonisierungsschritte insbesondere in den Bereichen Bodengruppenfertigung und Karosseriegerippe erforderlich. Der Münchner Karosseriebau errichtete hierfür ein neues Gebäude (Nr. 36) mit Anbindung an die schon bisher für den Karosseriebau genutzten Gebäude 32 und 33. Dort entstanden zusätzlich eine neue Seitenrahmenfertigung und Anlagen für die Produktion von Komponenten für die Montagewerke. Mit der Neustrukturierung konnte der Karosseriebau nach einem knappen Vierteljahrhundert wieder in einem durchgehenden Gebäudekomplex zusammengefasst werden. Ein besonderer technischer Leckerbissen war die Karosseriegerippeanlage, die mit ihrer Komplexität auf engstem Raum eine echte Weltneuheit darstellte. Zwölf Roboter, exakt aufeinander abgestimmt, arbeiteten parallel auf nur 820 qm Fläche im 56-Sekunden-Takt. In der Geometriezelle wurden die Karosseriegerippe von zwei Fahrzeugtypen mit jeweils acht Varianten durch etwa 90 Schweißpunkte gefügt. Mit dieser Anlage konnten zwei Modelle produziert werden, ohne dass durch den Werk-

Die Karosseriegerippeanlage, 2006. Der Automat links setzte den äußeren Teil des linken Seitenrahmens an, der Automat rechts im Bildvordergrund bereitete das Dach für die Montage an der folgenden Karosserie vor. Die Karosserie im Bildhintergrund ist auf dem Weg in die Geozelle.

Werkzeuge (Stempel und Matrizen) zur Umformung von Karosserieteilen, 2005.

Der Beginn der Automobilproduktion: Stahlrollen, die in einem ersten Schritt abgerollt und in flache Bleche (Platinen) geschnitten werden. Aus den Platinen entstehen durch Umformung Karosserieteile.

zeugwechsel Taktzeitverluste entstanden. Um sicherzustellen, dass die Anlage auch im Serienbetrieb funktionierte, arbeiteten im Forschungs- und Innovationszentrum in München erstmals in einem 3-D-Simulationsprogramm die zwölf Roboter der Geometriezelle virtuell zusammen. Der Aufbau der Anlage entsprach dem vergleichbarer Einheiten in anderen BMW Group Werken, wobei die Münchner Anlage die leistungsfähigste war.

... das auch versorgt sein will

Im Presswerk standen weitere Produktivitätssteigerungen auf der Tagesordnung. Zwischen 1998 und 2007 verdoppelte sich die Stückzahl der umgeformten Teile nahezu. Zur Reduzierung der Erschütterungen ergriff das Presswerk mehrere Maßnahmen, zum Beispiel die Nachrüstung einiger Pressen mit Stahlfeder-Dämpfer-Lagerungen.
Eingebunden ins BMW Produktionsnetzwerk Karosserieteile fertigte München damals auch Teile für die Fahrzeugwerke Dingolfing, Regensburg und Leipzig. Das Münchner Fahrzeugwerk wurde im Gegenzug auch mit Karosserieteilen aus Regensburg und Dingolfing beliefert.

Zwei der Großen Pressenstraßen, Gebäude 154.

Qualität ist, was andere für gut befinden

Die beachtlichen Anstrengungen der Mannschaft und das gewaltige Investitionsprogramm waren nicht umsonst: Was die internen Qualitätszahlen längst belegten, fand nun auch in der Fachwelt Beachtung. Zwischen 1998 und 2005 kam das Werk München bei der Initial Quality Study des renommierten US-Instituts J. D. Power & Associates fünfmal unter die ersten drei Plätze der europäischen Automobilwerke, 2001 und 2003 hieß es: „Bestes Werk in Europa". In seiner jährlichen Beurteilung der Qualität von Automobilwerken untersucht J. D. Power die Anzahl von Problemen, die Besitzer in den ersten drei Monaten nach Kauf ihres neuen Fahrzeuges haben. Die Studie ist ein wichtiger Gradmesser für Qualität in der Automobilindustrie, wobei basierend auf hundert Fahrzeugen des aktuellen Modelljahres über hundert mögliche Problemzonen in neun verschiedenen Fahrzeugbereichen untersucht werden.
Neue Arbeitsweisen wie die Gruppenarbeit und unzählige die Qualität verbessernde Maßnahmen zahlten sich nun aus. Und es ging weiter mit den Innovationen. Beispiel Fahrwerk: Mit der Referenz-Achsgeometrie-Messanlage (RAMA) war es ab 2004 möglich, wesentliche Fahrwerkseinstellungen, die Auswirkungen insbesondere auf Geradeauslauf, Lenkgenauigkeit und Fahrstabilität haben, mit einer Genauigkeit von bis zu 1/100 mm zu messen. Konnte früher nur am stehenden Fahrzeug punktuell gemessen werden, war nun eine kontinuierliche Messung möglich. Das Fahrverhalten konnte in allen Einfederungszuständen auf dem Prüfstand ermittelt werden, wodurch noch aussagefähigere Daten gewonnen werden. Die Anlage entstand in einem gemeinsamen Projekt mit dem Entwicklungsressort. Sie kam auch im Forschungs- und Innovationszentrum zum Einsatz, insbesondere mit dem Fokus, in Entwicklung und Anlaufphase dank höherer Messpräzision frühzeitig eventuellen Verbesserungsbedarf zu erkennen. Im Werk München diente die Anlage der Absicherung der Serienqualität bei stichprobenartigen Fahrzeugaudits. In der Prüfzone der Montage, die alle Fahrzeuge durchlaufen, arbeiteten die Achsmessstände mit gleicher Technik.

RAMA in Betrieb. Seit 1981 werden im Gebäude 16 zur statistischen Absicherung der Fertigungsqualität Fahrzeuge eingehend untersucht. Bereits die ersten Checklisten umfassten rund 900 Positionen.

Aber sicher

Neben vielen weiteren Zertifizierungen ist das Werk seit 2004 für die Anwendung eines Managementsystems für Arbeitsschutz und Anlagensicher-

Prüfstände zur Einstellung von Spur und Sturz der Vorderachse sowie der Scheinwerfer (2006).

Frauensache

2002 fand der erste Girls' Day im Werk München statt. Seither können jedes Jahr Schülerinnen einen Tag lang Praxisluft in technischen Berufen schnuppern. Der Frauenanteil bei den Azubis in den technisch-gewerblichen Berufen steigt seit Jahren kontinuierlich. Mit vielen weiteren Aktionen gelingt es immer besser, Schülerinnen verschiedener Partnerschulen der Berufsausbildung für technische Berufe zu begeistern.

Mehmet Özsoy (2006, damals: Karosseriebau)

Ich bin seit 5. November 1979 bei BMW, im Karosseriebau. Meine Kollegen haben mich sofort akzeptiert. Als ich hier anfing, habe ich am Tag acht Stunden gearbeitet. Ich bin dabei acht Kilometer am Band gelaufen und habe vier Tonnen gehoben. Da gab es keine Roboter. Jede Tür beim 3er Cabrio musste ich zwei- bis dreimal heben. Die war 18 Kilo schwer. Es hat sich viel getan. Heute muss der Kollege, der jetzt meine Arbeit macht, nicht mehr schwer heben.
Später habe ich als Qualitätsspezialist gearbeitet. Als es mal mit einer Tür Probleme gab, bin ich öfter auch nach der Arbeit wieder reingefahren. Dann wurde ich Vorarbeiter. Jetzt bin ich Methoden-Fachmann. Ich bin sehr stolz, bei BMW zu arbeiten.

heit nach dem Leitfaden OHRIS (Occupational Health and Risk Management System) der Bayerischen Staatsregierung zertifiziert.
Mit einer nahezu permanenten Baustellensituation gerade im Betrachtungszeitraum dieses Kapitels und den räumlichen Gegebenheiten hatte das Thema Arbeitssicherheit im Stammwerk immer besonderes Gewicht. Heute nimmt die Abteilung Arbeitssicherheit, Ergonomie und Umweltschutz sehr früh im Planungsstadium Einfluss auf die Gestaltung der Arbeitsplätze. Gefahrenschwerpunkte im Werk konnte die Arbeitssicherheit partnerschaftlich mit den Fachbereichen in beharrlicher Arbeit abbauen. Die Unfallstatistiken weisen seit vielen Jahren stark sinkende Unfallzahlen aus, das Prinzip „Arbeitssicherheit ist Führungsaufgabe" hat sich sehr gut bewährt. Seit 1988 entbrennt im Werk alljährlich ein sportlicher Wettbewerb um den Arbeitssicherheitspokal als Auszeichnung für die sichersten Bereiche, vor einigen Jahren kam der Kontinuitätspokal als Anerkennung für mehrjährige (weitgehende) Unfallfreiheit dazu.
Ausreden zählen nicht – auch in einem Werk mit teilweise älterer Bausubstanz haben die Mitarbeiter Anspruch auf ergonomisch gestaltete Arbeitsplätze. Jüngstes Beispiel ist der Einsatz höhenverstellbarer Montagewagen in der Kabelbaummontage trotz der in diesem Bereich sehr niedrigen Geschosshöhe. An sechs Arbeitstakten, an denen die Kabelbäume eingelegt und verlegt werden, Steuergeräte zu verschrauben und Steckverbindun-

gen herzustellen sind, brauchen die Mitarbeiter nicht mehr ins Fahrzeug zu steigen. Sie können nun, dank Höhenverstellung, einen Großteil der Arbeitsumfänge stehend in ergonomisch günstiger Körperhaltung verrichten. In unmittelbarer Nähe zum Arbeitsplatz wurden zusätzlich Sprossenwände für Entlastungsübungen der Wirbelsäule installiert.

2004 Am 7. Mai lief Fahrzeug Nr. 7.000.000 vom Band

Ausgezeichnete Arbeitssicherheit: der Gewinner des Arbeitssicherheitspokals 2019, Klaus Murr, mit Werkleiter Robert Engelhorn. (oben)
Ergonomischer Arbeitsplatz: Mitarbeiter beim Einbau des Tanks am 3er Plug-in-Hybrid (2018). (unten)

Fraukje März (Leiterin Qualitätsmanagement)

Das spannende an der Produktion ist, wenn Neuanläufe anstehen und diese Fahrzeuge sich nach und nach in das bestehende Produktionssystem integrieren. Die vielen Zahnräder greifen immer mehr ineinander, bis zur Perfektion. Wenn dann die ersten Autos nach Aufhebung der Geheimhaltung ungetarnt aus dem Werk fahren, ist das ein tolles Gefühl. Ich weiß: ich bin ein Teil davon! So legen wir einen geräuschlosen Anlauf nach dem anderen hin und haben uns mittlerweile einen sehr guten Ruf im Produktionsnetzwerk aufgebaut. Wir nehmen unsere Rolle in diesem Netzwerk sehr ernst und unterstützen unsere Partnerwerke in Mexiko und China.
Unsere Mannschaft weiß, was es heißt, mitten in der Stadt zu produzieren, Rücksicht auf die Nachbarn zu nehmen. Wir wissen auch, dass wir effizient sein müssen, um wettbewerbsfähig zu bleiben. Es ist gut, dass wir die Finanzen eher knapp planen. Das fördert die Kreativität. So war das bei Projekten in der Vergangenheit, und so ist das auch jetzt, wenn wir neue Strukturen für den Karosseriebau und die Montage planen. Ich bin davon überzeugt, auch das werden wir wieder gut hinbekommen.
Bevor ich meine Stelle als erste Meisterin in der Karosserie-Montage antrat, dachte ich, BMW ist wie ein großer Zug, bei dem der Einzelne kaum Einfluss darauf hat, wohin die Reise geht. Pustekuchen! Man kann richtig was bewegen. Meisterin zu sein, war eine ganz besondere Erfahrung. Ich habe sehr viel gelernt über das Funktionieren eines Produktionssystem und blicke extrem positiv auf diese Zeit zurück. Inzwischen leite ich das Qualitätsmanagement im Werk. Mir fällt auf, dass sich bei uns Mitarbeiter und Führungskräfte mit dem weiß-blauen Propeller identifizieren. Die unglaubliche Loyalität unter den BMWlern ist gerade in einem so großen Unternehmen ein wertvoller Schatz.

Wo gibt's denn so was – ein nahezu paralleler Anlauf in vier Werken

Im Anlauf der fünften Generation des 3er bewährte sich die Arbeitszeitflexibilität des Werkes ganz besonders. Viele Umstellungen in der Fertigung konnte die Mannschaft trotz laufender Produktion vornehmen. Die Umrüstungen in der Montage – sie betrafen neben den beschriebenen Bereichen nahezu jeden weiteren Arbeitstakt – und im Karosseriebau erforderten jedoch insgesamt acht Wochen Produktionsunterbrechung innerhalb eines Zeitraums von etwas mehr als einem Jahr. Nicht zuletzt dank der flexiblen

Arbeitszeitkonten waren weder Freistellungen erforderlich, noch entstanden dem Werk zusätzliche Arbeitskosten für Überstunden. Die Mitarbeiter konnten 2004 und 2005 wie gewohnt auch mehrere Wochen Sommerurlaub nehmen, was gerade die Kollegen mit Wurzeln in der Türkei, Griechenland oder dem früheren Jugoslawien zu schätzen wussten.

Am 1. Dezember 2004 war es so weit: Die neue BMW 3er Limousine, der E90, ging im BMW Werk München in Serie. Das Werk München war Erstanlaufwerk für den neuen BMW 3er und damit Wegbereiter für die Anläufe in den weiteren drei E90 Werken Regensburg, Leipzig und Rosslyn/Südafrika, die bereits im Februar und März 2005 die Produktion des neuen Modells aufnahmen. Mitarbeiter des Werkes München waren im Pilotwerk im FIZ bereits mehr als ein Jahr vor Serienstart am Bau der allerersten Prototypen beteiligt. Erfahrungen aus Anläufen in anderen Werken, insbesondere vom sehr guten Anlauf des 1er in Regensburg, wurden im Stammwerk konsequent

Decklack-Finishing.

Montage; Anbau des Frontends.

analysiert. Hier hatte die Regensburger Mannschaft im Produktionsnetzwerk wertvolle Vorarbeit geleistet. Die Montage als größter Fertigungsbereich musste die umfangreichsten Schulungsmaßnahmen durchführen: So wurden alle Mitarbeiter – je nach Arbeitsinhalten – für ein bis drei Tage in speziell aufgebauten Schulungsstationen auf ihre zukünftigen Arbeiten vorbereitet. Im Sinne der Führungsrolle verantwortete das Montageteam München neben der Prozessentwicklung und -gestaltung für das Werk vor allem die Produktbefähigung und die technische Montierbarkeit des neuen 3er – und dies unter den unterschiedlichen strukturellen Rahmenbedingungen der vier Standorte.
Nie zuvor gelang es, beim Neuanlauf eines Fahrzeugs in so kurzer Zeit so viele Fahrzeuge in vergleichbarer Qualität zu bauen. Der Bedarf war gleich zu Beginn enorm: Über 13.000 Ausstellungsfahrzeuge produzierte das Werk München für die Handelsorganisation (Händlererstausstattung). Ein wesentlicher Grund für den deutlichen Volumenzuwachs gegenüber dem Vorgänger war die weltweite Markteinführung des neuen 3er innerhalb von nur zwei Monaten. Rechtslenkermodelle, die noch beim Vorgänger rund sechs Monate nach den Linkslenkern starteten, waren beim E90 schon zum Start verfügbar.
Steile Anlaufkurven wie beim E90 haben einen hohen Reifegrad des Produkts lange vor Serienstart zur Voraussetzung. Wesentliche Grundlage dafür ist eine rechtzeitige Einbindung aller Prozesspartner in Entwicklung und Produktion, aber auch der Lieferanten zu einem möglichst frühen Zeitpunkt im Produktentstehungsprozess. Sehr zugute kam dem Anlauf nicht zuletzt, dass zur Fehlervermeidung in den Bereichen Elektrik und Elektronik die Absicherungsplanung und umsichtige Prüfstrategien im Werk frühzeitig einsetzten. Zusätzliche Fahrzeugintensivtests halfen, bereits in der Vorserienphase das Zusammenspiel komplexer elektronischer Komponenten eingehend zu prüfen. Als besonders effizient erwies sich das Vorgehen,

Karosseriebau; Bandbereich im Anschluss an die Montage von Front- und Heckklappen.

Montage des Frontends.

2004 Produktionsstart der BMW 3er Limousine, E90, im Dezember

zunächst kleinere Einheiten zu prüfen und erst dann größere Zusammenbauten. Damit lässt sich exakt nachvollziehen, wo genau im Zusammenspiel Fehler auftreten. Ein wertvoller Zeitgewinn, um rechtzeitig Änderungsbedarf erkennen zu können.
Der Leitwerkgedanke – ein Werk stellt die Baureife des Produktes sicher, bevor es auch in den anderen Werken anläuft – garantiert, dass die erforderlichen Abstimmungen zwischen Werken und Entwicklungsbereichen nur einmal erfolgen müssen. Die anderen Werke können ihre Ressourcen dann besser darauf konzentrieren, die Modellvarianten, die nur sie fertigen, zur Serienreife zu bringen (zum Beispiel 3er Coupé und 3er Cabrio in Regensburg). Bereits ein halbes Jahr nach Serienstart der neuen Limousine lief in München der neue 3er Touring an – eine Premiere nicht nur im Zeitablauf; erst die 2003/04 geschaffenen baulichen und technischen Voraussetzungen machten eine Fertigung dieses Modells und der Allradvarianten in München möglich.

Michael Eichinger (Werksfinish)

BMW ist ein toller Arbeitgeber, hier zu arbeiten macht Spaß. Ich erlebe bei meinen Mitarbeitern, dass sie gern zur Arbeit kommen. Viele nehmen weite Anfahrtswege in Kauf und sind zum Teil bis zu eineinhalb Stunden unterwegs. Ich habe über zweihundert Mitarbeiter aus mehreren Nationen. Das sind viele unterschiedliche Persönlichkeiten. Wir haben hier sehr gute Leute, die auch immer die Chance zur Weiterbildung bekommen und nutzen. Stillstand wäre auch nicht gut. Wichtig ist, dass man Veränderungen mit den Menschen gemeinsam erarbeitet. Dann sind sie nicht nur richtig im Boot, sondern können auch ihr Know-how einfließen lassen. Das hilft oft, Fehler von vorneherein zu vermeiden. Ein ehrlicher, fairer Umgang miteinander ist das A und O. Ich habe bei BMW die Erfahrung gemacht: Jeder wird nach seinen persönlichen Stärken eingesetzt. Das Engagement, die Lust, etwas voranzutreiben, wird erkannt und anerkannt. Das spielt eine große Rolle bei unserem Erfolg. Als vor ein paar Jahren der Austausch von Mitarbeitern an den Standorten zunahm, war nicht jeder gleich begeistert. Jedoch haben wir auch in München davon profitiert. Jeder bringt neue Kompetenzen mit, wir lernen ständig dazu. Das ist eindeutig eine Bereicherung. Auch wer von einem ausländischen Standort zu uns zurückkommt, fasst schnell wieder Fuß. Das Besondere am Standort München ist die Nähe zum FIZ. Ich empfinde es als einen großen Vorteil, innerhalb kurzer Zeit mit den Kollegen aus der Entwicklung persönlich Kontakt aufnehmen zu können. So können wir gemeinsam vieles bewegen.

Die vierte Generation der BMW 3er Limousine (Foto: Modelljahr 2002).

Freude am Fahren aus München: Automobile

Im Mai 1998 ging die vierte Generation BMW 3er (E46), zunächst als viertürige Limousine, an den Start. In seiner Dimension war sich der 3er treu geblieben: Der Neue wuchs in Länge und Breite um rund vier Zentimeter gegenüber dem Vorgänger, im Vergleich mit dem ersten 3er von 1975 hatte er nur um zwölf Zentimeter zugelegt. Die Doppel-Niere war jetzt in die Motorhaube integriert und machte gemeinsam mit den Doppelrundscheinwerfern hinter klaren Abdeckscheiben den ausdrucksstarken Charakter des neuen 3er Gesichts aus. Das Fahrwerk war neu entwickelt; einige Achsbauteile bestanden aus Aluminium, andere, wie etwa die Vorder- und Hinterachsträger, aus hochfestem Stahl und waren deshalb leichter als beim

Die zweite Generation des BMW 3er Compact erschien im Frühjahr 2001. Abgebildet ist die Version nach der Modellüberarbeitung von März 2003.

Vorgängermodell. Ein Highlight der Sicherheitsausstattung war der IST-Kopfairbag, eine schlauchförmige Struktur, die im Türrahmen neben Fahrer und Beifahrer verborgen war und im Notfall für einen deutlich besseren Kopfschutz als bisherige Systeme sorgte.

2001 folgte die Neuauflage des 3er Compact. Die neue Interpretation der charakteristischen BMW Doppelscheinwerfer verlieh ihm ein unverwechselbares Gesicht. Als weltweit erstes Serienauto verfügte der 316ti über einen Motor mit Valvetronic. Diese von BMW entwickelte Technik ermöglichte erstmals den variablen Hub der Einlassventile. Bei Motoren mit Valvetronic wird für die Laststeuerung keine Drosselklappe mehr benötigt, was sich im Teillastbereich, also bei unteren und mittleren Drehzahlen, durch spürbar geringeren Kraftstoffverbrauch bemerkbar macht.

1999 stellte BMW auf der Internationalen Automobilausstellung in Frankfurt einen spektakulären Roadster vor. Auf den ersten Blick als Zitat des legen-

Cockpit des BMW Z8.

dären BMW 507 zu erkennen, verkörpert der BMW Z8 in seiner kompromisslosen Formgebung den puren klassischen Roadster: Atemberaubend schön und klassisch in den Proportionen, präsentierte er mit innovativen Technologien wie etwa der Aluminium-Spaceframe-Karosserie die Wiederbelebung eines Mythos.

Die Montage des Z8 erfolgte ab Januar 2000 nicht ohne Grund im Werk München. Über zehn Jahre zuvor hatte man hier mit der Fertigung des inzwischen zum Klassiker gewordenen Z1 Kompetenz auf dem Gebiet der Kleinserienfertigung bewiesen. Für den Z8 wurde ein separater Bereich im früheren Pilotwerk Gebäude 159 geschaffen, getrennt von der Serienproduktion der 3er Reihe. In insgesamt 31 Takten entstand aus der bereits lackierten Rohkarosserie (angeliefert aus dem Werk Dingolfing) ein fertiges Fahrzeug.

Bereits in der Anlagenplanung wurde die Ergonomie der einzelnen Arbeitsplätze mitberücksichtigt: Durch variable Schwenkvorrichtungen und höhenverstellbare Transportanlagen konnten anstrengende Überkopfarbeiten vermieden werden. In der Z8 Montage waren etwa 100 Fertigungsmitarbeiter beschäftigt. Bei der Auswahl spielten neben der Qualifikation auch Erfahrung und Teamfähigkeit eine entscheidende Rolle. Die Vorbereitung

BMW Z8, 5-Liter-V8, 400 PS (294 KW), 0–100 in 4,7 Sekunden.

Der BMW Z8 vor der Rädermontage.

und das Training dieser Mitarbeiter erfolgten in einem mehrwöchigen Ausbildungsprogramm, das eigens für die Z8 Montage konzipiert wurde. Jeder Takt bedeutete für die Mitarbeiter, die Arbeitsabläufe von ca. 50 Minuten beherrschen zu müssen. Bereits zum Serienstart bewährte sich das flexible Personal- und Fertigungskonzept: Die Nachfrage überstieg anfangs die geplanten Kapazitäten um das Doppelte. Dennoch musste niemand ungebührlich lange auf „seinen" Z8 warten. Bis Mitte 2003 entstanden 5.700 Traumroadster (einschließlich Alpina Roadster V8).
Kann man den Inbegriff einer Sportlimousine, den 3er der Generation E46, überhaupt noch verbessern? Man kann – indem man als Nachfolger das World Car of the Year 2006 präsentiert. Ab März 2005 schrieb der E90 die Erfolgsgeschichte des 3er in der fünften Generation fort.
Zahlreiche Technik-Highlights wie die Aktivlenkung oder die Active Cruise Control (ACC) hielten beim E90 Einzug in die 3er Reihe. ACC war weit mehr

Der BMW 3er E90, World Car of the Year 2006.

Im Werk München wurde der BMW 320si gebaut, die Straßenversion des BMW 320si WTCC. Mit dieser Rennversion gewann Andy Priaulx 2006 die Tourenwagen-Weltmeisterschaft (FIA WTCC).

BMW 3er Touring E91.

als ein Tempomat, das System erkannte über einen Radarabstandssensor den Abstand zum Vordermann und passte Geschwindigkeit und Abstand entsprechend an. Die ACC-Funktion war für den gleichmäßig fließenden Verkehr und eine nur mäßige Verkehrsdichte besonders gut geeignet.

Im September 2005 debütierte der BMW 3er Touring E91, der erste Lifestyle-Kombi aus dem Werk München. Erstmals wurde ein BMW 3er Touring gänzlich parallel zur Limousine entwickelt. Von vorn bis zur A-Säule im Wesentlichen identisch mit der Limousine, fügte sich der Touring im Fondsitz- sowie im Gepäckraumbereich organisch in das Gesamtbild einer sportiven und fast coupéhaften Silhouette. Hier spielten die seitlichen Fensterflächen die entscheidende ästhetische Rolle: Da die Dachlinie weich zum Schrägheck hin abfiel, wirkten die Scheibenflächen coupéhaft klein. Die breite C-Säule führte den Blick auf die Hinterachse und visualisierte damit den Hinterradantrieb.

Der S62 kam im BMW Z8 und im BMW M5 (E39) zum Einsatz.

Freude am Fahren aus München: Motoren

Das Produktfeuerwerk, das die Münchner Motorenschmiede ab Ende der 90er Jahre zündete, ist beispiellos. Den Anfang machte 1999 der damals größte deutsche Achtzylinder-Diesel mit Common-Rail-Direkteinspritzung (M67); es war gleichzeitig der erste Dieselmotor aus München. Er sorgte in der 7er Reihe als erster Diesel-V8 in der Luxusklasse mit 175KW/238 PS und einem maximalen Drehmoment von 560 Nm für Furore. Eine Innovation, über die zunächst nur der 740d verfügte, war die elektrische Verstellung der Turbolader.
Vor der Präsentation des M3 Coupés auf dem Genfer Automobilsalon im Frühjahr 2000 war die spannende Frage, ob der 3,2 Liter große Sechszylin-

S54 Reihensechszylinder.

der des Vorgängers mit 236 KW/312 PS bei 7.400 Touren „ausgereizt" war. Er war es nicht: Dank konsequenter Weiterentwicklung des Hochdrehzahlkonzepts und zahlreicher Innovationen im Zylinderkopf leistete der S54 nun 252 KW/343 PS bei einer Drehzahl von 7.900/min, das maximale Drehmoment erreichte 365 Nm bei 4.900/min. Aus dem Stand auf Tempo 100 km/h beschleunigte das M3 Coupé in damals beeindruckenden 5,2 Sekunden.
Der 1996 angelaufene Achtzylinder-Benziner M62 (3,5 bis 4,4 Liter) wurde 2001 grundlegend überarbeitet und erhielt ebenfalls die innovative Valvetronic-Ventilsteuerung (N62). Der im M5 (E39) und im Z8 eingesetzte 5-Liter-Achtzylinder (S62; ab 1998) wurde 2004 abgelöst durch einen Zehnzylinder (S85). Was bislang dem Rennsport oder exotischen Einzelstücken vorbehalten war, hielt nun als Hochdrehzahl-Triebwerk für den M5 bei BMW Einzug in eine Serienlimousine: zehn Zylinder, fünf Liter Hubraum,

Motormechaniker bei der Nockenwellen-Einstellung (S85).

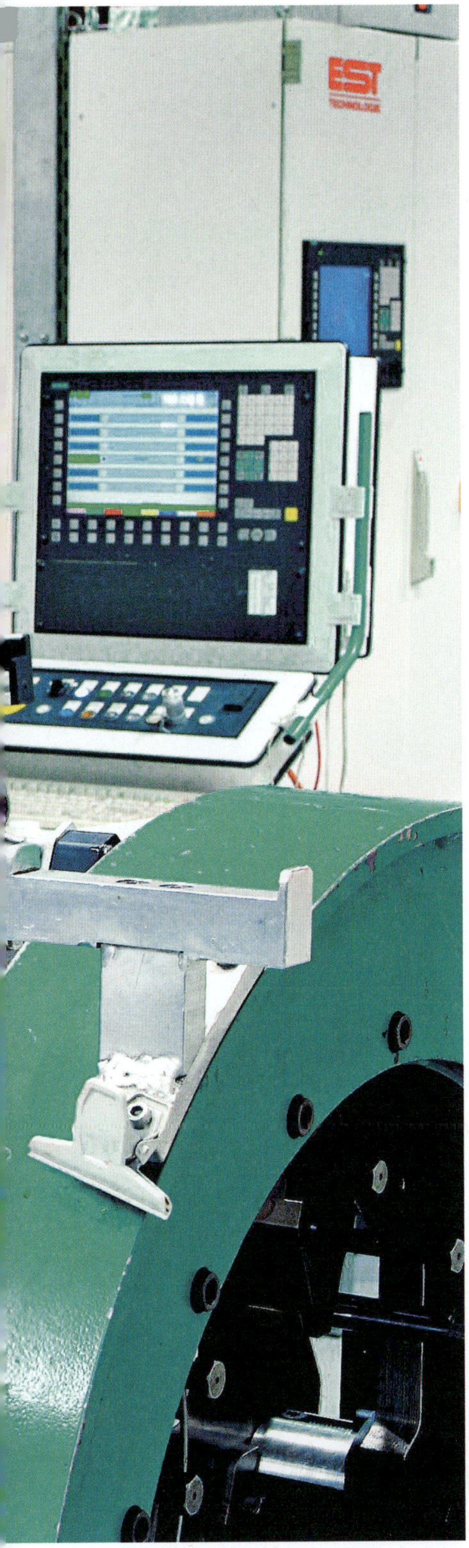

M73 Zwölfzylinder im BMW 760i, 2001.

373 KW / 507 PS Leistung, 520 Nm Drehmoment, maximale Drehzahl 8.250/ min – ein Kraftpaket par excellence.

Im Januar 2003 begann die Serienproduktion des Zwölfzylinders (N73), der im bis 2008 gefertigten BMW 7er E65 aus 5.972 cm^3 Hubraum 600 NM Drehmoment und eine Leistung von 327 KW/445 PS entwickelte.

Von Juli 2005 bis September 2009 fertigte das Werk München auf einer komplett neuen Montagelinie eine neue Generation von Sechszylinder-Ottomotoren (N52). Zur Gewichtsreduktion setzte BMW erstmals in der Großserie das gegenüber Aluminium um 30 Prozent leichtere Magnesium ein. Es wurde für das Kurbelgehäuse und für die Kurbelwellenlagerung sowie für die Zylinderkopfhaube verwendet. Neu im Sechszylinder war außerdem die Valvetronic. Beim jährlichen Engine of the Year Award, dem weltweit bedeutendsten Motorenwettbewerb („Motoren-Oskar"), siegte 2005 der 3,2-Liter-Motor des M3 in der Klasse 3,0 bis 4,0 Liter bereits zum fünften Mal in Serie; das in den M5 und M6 Modellen eingesetzte V10-5,0-Liter-Triebwerk gewann den Hauptpreis „Engine of the Year".

BMW GROUP
Werk 1.1 Tor 1

DRIVING LUXURY.

Legenden bauen in Serie, modernisieren im laufenden Betrieb

Leitwerk für die BMW 3er Reihe und Leuchtturm für die Produktion elektrifizierter Fahrzeuge. Das Werk München baut sein Portfolio aus und seine Produktionsstrukturen um. Eine neue hochmodernde Lackiererei entsteht und die Montage erlebt den größten Umbau ihrer Geschichte. Doch das Gesicht des Stammwerks bleibt unverwechselbar.

2010 – 2020

Die Montagestruktur VFlex, 2006. In „Einkaufswagen“, auch „Engine-sets“ genannt, werden komplexe Teile vorkommissioniert, ans Hauptmontageband transportiert und mit dem Werkstückträger gekoppelt. Hochqualifizierte Mitarbeiter montieren die Motoren. Ziel des Linienkonzepts mit standardisierten Robotermontagezellen ist ein Höchstmaß an Flexibilität, um möglichst viele Motorenfamilien einschließlich Varianten auf einer Linie montieren zu können.

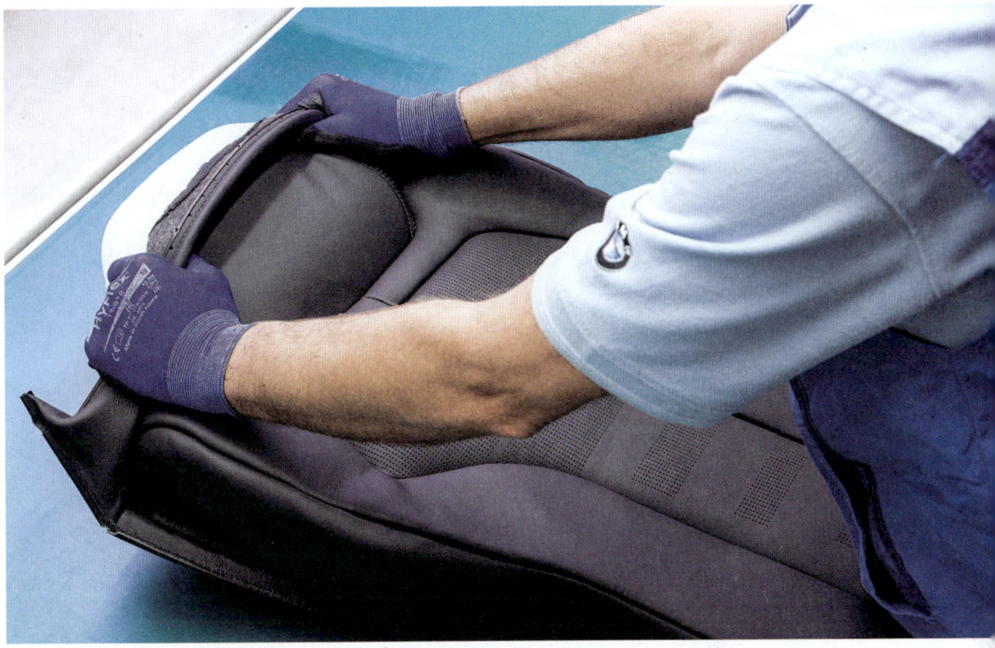

Die BMW Sitzefertigung in München folgt konsequent dem Gedanken schlanker Fertigungs- und Logistikprozesse. Die Unternehmensberatung Agamus Consult würdigte dies 2015 mit dem Lean Award.

Ein komplettes Werk

Auch nach dem Strukturwandel der letzten Jahrzehnte bleibt das Werk München, das heute rund 7.700 Mitarbeiter zählt, eine Automobilfabrik mit einer einzigartigen Bündelung von Produktionskompetenzen. Die gesamte Prozesskette im Fahrzeugbau ist hier versammelt: Presswerk, Karosseriebau, Lackiererei, Fahrzeugmontage. Dazu ein Motorenwerk, eine Sitzefertigung und ein Labor. Das Labor ist Teil der Qualitätssicherung bei Fahrzeuganläufen und dem Monitoring der Serienqualität. Ganz besonders gefragt ist es bei der Analyse der Speicherzellen für die Hochvoltspeicher von elektrischen Antrieben.

Natürlich macht das Werk München nicht alles selbst: Es ist eingebunden in ein weltweites Entwicklungs- und Produktionsnetzwerk, zu dem auch die Lieferanten zählen. Zu ihnen bestehen vielfach schon langjährige Beziehungen. Ein besonders wichtiger Partner ist das BMW Werk Regensburg, aus dem München zum Beispiel sämtliche Türen und Klappen für die Rohkarosserie erhält.

Mehr als „Wasser marsch"!

In mancher Hinsicht ist ein Automobilwerk mit einer Stadt vergleichbar. (Betriebs-)Restaurants und Shops gehören dazu, auch eine Feuerwehr. Die Werkfeuerwehr hat die Aufgabenschwerpunkte vorbeugender und abwehrender Brandschutz einschließlich technischer Hilfeleistungen. Für den Einsatzdienst stehen moderne Fahrzeuge und entsprechendes Equipment zur Verfügung. Vorbeugender Brandschutz bedeutet insbesondere, Genehmigungsverfahren für feuergefährliche Arbeiten zu betreuen, Funktionskontrollen an Lösch- und Brandmeldeanlagen vorzunehmen und Beratungsleistungen bei Neubauten, Umbaumaßnahmen oder Nutzungsänderungen zu erbringen. Bei Bedarf unterstützt die Werkfeuerwehr im Zuge gutnachbarschaftlicher Beziehungen auch die örtlichen Feuerwehren mit entsprechendem Spezialgerät oder -fahrzeugen.

Das Fahrzeugwerk München ist das Leitwerk der BMW 3er Reihe; es hat nach dem sehr erfolgreichen Start der sechsten Generation (F30) in vier Werken ab 2011 weiterhin die Koordinierungsfunktion für die Sicherstellung der Fertigungsqualität. Zur Leitwerksfunktion zählt auch die Integration von Modelljahresmaßnahmen, wie z. B. neue Ausstattungsmerkmale, im engen Schulterschluss mit den weiteren BMW 3er Werken Regensburg, Rosslyn/Südafrika und Tiexi/China. Der F30 ist der letzte 3er für die Werke Regensburg und Rosslyn. Dafür erscheint ein neuer Standort auf der Weltkarte des Produktionsnetzwerks der BMW Group.
Damit kommt dem Werk München und seiner Mannschaft bei den Vorbereitungen zur siebten Generation des BMW 3er eine neue, verantwortungsvolle Aufgabe zu: Sie sind als Leitwerk mitverantwortlich für den Aufbau des neuen Produktionsstandorts im mexikanischen San Luis Potosi. Bis zur

Gesundheitsmanagement

Mit der Initiative Gesundheit gestaltet die BMW Group ein vielfältiges Angebot, damit die Mitarbeiter für ihre Gesundheit und Leistungsfähigkeit aktiv bleiben. Mitmach-Aktionen und -Kampagnen ermuntern Mitarbeiter in allen Bereichen, sich zu beteiligen und zu engagieren.
Das Angebot reicht von der klassischen Prävention wie Gesundheitsuntersuchungen und dem eigenen werksnahen Fitnessstudio, über temporäre Aktionen wie „Fit im Schichtbus" bis hin zu Fahrrädern für dienstliche Wege am Standort München.

Produktion des ersten BMW 3er aus Mexiko und zur feierlichen Eröffnung des Werks im Juni 2019 kommen hunderte neue Kolleginnen und Kollegen aus dem mittelamerikanischen Land für Schulungen und Montagetrainings nach München. Fast genauso viele Fachleute aus allen Disziplinen der Zentrale und aus anderen Werken gestalten den Aufbau vor Ort in Mexiko.

Alle Fahrzeug-, Motoren-, Komponenten- und Montagewerke zusammengerechnet, umfasst das Produktionsnetzwerk der BMW Group im Jahr 2021 31 Standorte in 15 Ländern. Das globale Vertriebsnetzwerk des Unternehmens besteht aus Vertretungen in über 140 Ländern.

Erfolg im Abonnement: die BMW 3er Familie aus dem Werk München

Geradezu euphorisch begrüßte die *auto motor und sport* im Februar 2012 die neue BMW 3er Limousine (F30) – sie „zirkelt sich [...] mit Dynamik und Agilität beschwingt ins Sportfahrerherz. Wer so was entwickelt, muss Freude am Fahren wirklich noch wertschätzen." In sechster Generation unterstreicht das meistverkaufte Premium-Fahrzeug der Welt mit seinen dynamischen Linien und seinem athletischen Gesamteindruck mehr denn je den sportlichen Charakter der Marke. Die vor allem in Europa fast ebenso geliebte Touring-Variante erscheint im Sommer desselben Jahres.
Im November 2015 ist in München Produktionsstart für die erste BMW 3er Limousine als Plug-in-Hybrid. Im rein elektrischen Betrieb ermöglicht der BMW 330e lokal emissionsfrei eine Reichweite von bis zu 40 Kilometern. Auch diese neue Modellvariante wird zum Erfolg: schon bald nach der Markteinführung ist jedes sechste Fahrzeug aus dem Werk München ein elektrifizierter 3er BMW.

Das Original seit 40 Jahren

Mit insgesamt über 14 Millionen ausgelieferten Exemplaren seit seiner Markteinführung ist der BMW 3er auch 2015, in seinem 40. Jubiläumsjahr, der meistverkaufte BMW. Mit etwa 25 Prozent des Gesamtfahrzeugabsatzes bilden BMW 3er Limousine und Touring zusammen die erfolgreichste Modellreihe der Marke BMW. Ein weiteres Jubiläum: Im September 2015 rollte die 10-millionste BMW 3er Limousine vom Münchner Montageband, die Produktion aller sechs Generationen an allen BMW Standorten eingerechnet.

40 Jahre BMW 3er, Mai 2015, BMW Museum: für viele Mitarbeiter auch ein ganz persönliches Jubiläum.

Der BMW 320d EfficientDynamics Edition Touring nach der Modellüberarbeitung im Juli 2015. Der sparsamste aller Tourings verbraucht im EU-Zyklus in Serienbereifung und mit 8-Gang-Automatik-Getriebe nur 4,0 Liter je 100 Kilometer.

Und es geht weiter für die 3er Fans: im Oktober 2018 wird im Rahmen des Pariser Autosalons die siebte Generation der 3er Limousine vorgestellt. Die Mitarbeiter des Werks München können der Fahrzeugpräsentation auf der Messe bei einer Live-Übertragung in eine große Halle am nördlichen Rand des Werks beiwohnen. Hier führt BR-Sportmoderator Markus Othmer gut gelaunt durch die Weltpremiere, motiviert zu Laola-Wellen und bittet den damaligen Produktionsvorstand Oliver Zipse und Werkleiter Robert Engelhorn zur Fahrzeugenthüllung. Anschließend ist die Bühne frei für Selfies und Teamfotos mit dem neuen Star aus dem Stammwerk.
Natürlich erfahren auch der 3er Touring und der 3er als Plug-in-Hybrid eine Neuauflage – beide im Sommer 2019. Zeitgleich wird erstmals auch eine Plug-in-Hybrid Variante für den 3er Touring angekündigt. Sie kommt im Sommer des Folgejahres auf den Markt.
Komplettiert wird die BMW 3er Familie im Werk München seit Herbst 2020 mit dem BMW M3. 35 Jahre nach dem Debüt des ersten M3 freut sich die Werksmannschaft sehr über den Zuschlag für die Produktion der jüngsten Generation des High-Performance-Automobils der BMW M GmbH. Zum

Eine Ikone mit vielen Fans im Werk: der BMW M3 (2020). (oben)

Seit November 2015 wird die BMW 3er Limousine auch als Plug-in-Hybrid angeboten. (unten)

Start of Production sagt Werkleiter Robert Engelhorn: „Das Auto ist eine absolute Ikone und hat sehr viele Fans im Werk – mich eingeschlossen".

Bei der Integration des neuen M3 in die Produktionsabläufe des Stammwerks profitierte das Team von seinem großen Erfahrungsschatz vorangegangener Generationen von BMW M Fahrzeugen. So konnte zum Beispiel der eigenständige Montageprozess für das CFK-Dach vom M4 Coupé, das nun statt in München im Werk Dingolfing produziert wird, auch für den neuen M3 übernommen werden. Komplett neue Handgriffe waren dagegen in der Sitzefertigung für die Herstellung der neu entwickelten M Carbon Schalensitze gefragt. Handarbeit erfahren beim M3 auch die Frontklappe sowie die Seitenwände – sie werden manuell aufgebaut.

Eine weitere 3er Variante – das Coupé – wird ebenfalls im Werk München produziert. Zum Start der vierten Generation erfolgte die Umfirmierung in die neu gegründete 4er Reihe. Mit der Neuauflage des sportlichen Zweitürers in 2020 wird die Produktion des 4er Coupé in die guten Hände der Kollegen des Werks Dingolfing übergeben, wo bereits das 4er Gran Coupé vom Band läuft.

BMW M4 Coupé. Seit vier Modellgenerationen vereinen die M Modelle auf Basis der Premium-Mittelklasse Motorsportgene und uneingeschränkte Alltagstauglichkeit in einem hochemotionalen Gesamtkonzept.

Die Klebeanlage in der Lackiererei für das CFK-Dach des M4. Das Leichtbaukonzept mit Aluminiumfrontklappe und -seitenwand, CFK-Dach sowie Leichtbauheckklappe wird in dieser Kombination erstmalig im Werk München umgesetzt.

Immer eine gute Adresse für den stärksten Buchstaben der Welt …

… Gemeint ist natürlich das M der BMW Motorsport GmbH, die ihre emotionalen Performance-Automobile in der 50jährigen Geschichte der Tochtergesellschaft immer wieder im Stammwerk produzieren lassen.

Die langjährige Produktion des BMW 4er Coupé bot eine hervorragende Grundlage, auch den Chefdynamiker im Segment zu fertigen: das BMW M4 Coupé. Nachdem der Vorgänger, das BMW M3 Coupé der vierten Generation, in mehr als 40.000 Exemplaren produziert wurde, führte ab 2014 das BMW M4 Coupé die Erfolgsgeschichte fort – und stellt mit der Typenbezeichnung „M4“ den Bezug zu der Baureihe her, die als Ausgangspunkt für das neue M Modell diente.

Im August 2015, ein Jahr nach der Markteinführung des BMW M4 Coupé, präsentierte die BMW M GmbH in Monterey einen ersten Ausblick auf ein High-Performance-Modell für den Einsatz im Straßenverkehr und vor allem auf der Rennstrecke: das BMW Concept M4 GTS. Während das BMW

M4 Coupé für die perfekte Verbindung von Motorsportgenen und uneingeschränkter Alltagstauglichkeit steht, gab das BMW Concept M4 GTS einen Ausblick auf ein hochemotionales und exklusives Sondermodell, das technologisch wegweisend und konsequent für den Einsatz auf der Rennstrecke konzipiert wurde.
Der BMW M4 GTS erschien ein knappes Jahr später in einer Auflage von nur 700 Stück, die ebenfalls mit großer Leidenschaft im Werk München produziert wurden.

DTM-Event im Werk München mit dem DTM M4 der Saison 2014: „Burnout" auf der Hauptachse des Werks. Die Saison endete für BMW mit dem Gewinn der Marken- und Teamwertung; BMW Fahrer Marco Wittmann holte den Fahrertitel.

DTM-Pilot Martin Tomczyk (im Bild mit Werkleiter Hermann Bohrer) fuhr am 27.2.2014 den ersten BMW M4 vom Band. Die Entscheidung, den M 4 in München zu bauen, erklärt sich auch durch die Synergien, die sich aus seiner Einbindung in die Produktionsprozesse des Basismodells ergeben.

Treffen der Legenden

BMW M4 Coupé und BMW M3 Sport Evolution der Generation E30. Nach 23 Jahren Unterbrechung, seit Februar 2014, fertigt das Stammwerk wieder ein Fahrzeug der BMW M GmbH. Der Mythos BMW M ist traditionell eng mit dem Standort München verbunden. Zwischen 1986 und 1991 wurden 17.970 BMW M3 der ersten Generation im BMW Werk München gebaut, darunter 786 Cabriolets. Es gibt noch heute viele Mitarbeiter im Werk, die bereits bei der Produktion des BMW M3 E30 beteiligt waren.

Neue Investitionen für das Leitwerk des BMW 3er ...

Für neue Fahrzeuggenerationen gilt es im Werk immer wieder die passenden Voraussetzungen zu schaffen. Vor dem Anlauf der sechsten Generation der BMW 3er Limousine im Oktober 2011 bis Mitte 2017 investierte die BMW Group 500 Millionen Euro in ihr Stammwerk – erneut ein klares, langfristiges Bekenntnis zum Standort.

Um ein Höchstmaß an Präzision und Effizienz sicherzustellen, wurden in sämtlichen Produktionsbereichen neue Fertigungsstrukturen geschaffen. So kommt beispielsweise eine neue Großpresse zum Einsatz. Mit 17 Hüben pro Minute gehört die Anlage zu den modernsten der Welt. Sie leistet einen Durchsatz von 600 Tonnen Stahl pro Tag, die Presskraft beträgt 650 bis 2.500 Tonnen. Ihr Layout beansprucht nur wenig Platz und gewährleistet optimale Materialströme.

Für die Produktion der neuen Modellgeneration wurde eine zusätzliche Fertigungshalle für den Karosseriebau errichtet. Dort kommen hochmo-

Blick ins Presswerk, in dem täglich mehr als 32.000 Karosserieteile produziert werden.

Präzise Roboter, erfahrene Hände und Augen: Im Karosseriebau stellen sie gemeinsam Premiumqualität sicher.

derne Roboter zum Einsatz. Darunter sind auch Anlagen, die zuvor im Werk Leipzig im Einsatz waren. Auch diese Synergie trägt spürbar zur Kostensenkung und zu einem nachhaltigen Materialeinsatz bei. Des Weiteren werden Laserroboter sowie Kleberoboter eingesetzt. Das moderne, wärmearme Fügeverfahren kommt etwa doppelt so oft zum Einsatz wie bei der Vorgängergeneration und ersetzt zum Teil das herkömmliche Punktschweißen. Durch das innovative Verfahren werden Dichtheit und Korrosionsschutz der Verbindung erheblich verbessert. Die Kunden profitieren bei den deutlich steifer gewordenen Karosserien durch ein deutliches Plus an Fahrdynamik, Fahrkomfort und Sicherheit.

Auch für die Nachbarschaft des Werks brachte die Umstellung auf die neue Modellgeneration Vorteile. Produktionsbedingte Geräuschemissionen werden durch den Einsatz innovativer Schalldämpfer, Ventilatoren

und schalldämmender Verkleidungen weiter reduziert. Modernste Filteranlagen und die regenerative Nachverbrennung der Abluft sorgen für eine höhere Luftqualität.
Darüber hinaus unterliegen sämtliche Produktionsprozesse auch hinsichtlich der Nachbarschaftsverträglichkeit einer kontinuierlichen Überprüfung. Für die Teileversorgung des Werkes ist seit Juli 2015 auch ein zu 100 Prozent elektrisch betriebener LKW im Einsatz, ein 40-Tonner des niederländischen Herstellers Terberg. Das Fahrzeug pendelt in der City-Logistik zunächst acht Mal täglich zwischen dem SCHERM Gruppe Logistikzentrum und dem BMW Group Werk München.

Werkleiter Hermann Bohrer, Bayerns Wirtschaftsministerin Ilse Aigner und Vertreter der Logistikpartner nehmen im Juli 2015 den ersten Elektro-Lkw für Materialtransporte im öffentlichen Straßenverkehr in Betrieb. (oben)

Das begrünte Dach des neuen Karosseriebaus wirkt nicht nur schalldämmend, auch rund 160.000 Bienen haben hier ihr Zuhause. (unten)

Montagearbeiten am Baukastenmotor, 2014.

… und das Leitwerk für Ottomotoren

Gegen Ende des ersten Jahrzehnts im neuen Jahrhundert stand der Münchner Motorenbau vor einem neuerlichen Umbruch. Noch zu Beginn der „Nullerjahre" hatte der Bedarf an Sechszylinder-Benzinmotoren zwei Produktionsstandorte (das österreichische Steyr und München) sinnvoll erscheinen lassen – immerhin fand sich dieses Aggregat in allen Baureihen der Marke BMW und machte mehr als die Hälfte der Motorisierungen der Marke aus. Doch der Trend zu kleineren Hubräumen und geringerer Zylinderzahl bei gleichbleibender oder gar steigender Leistung (und gleichzeitig geringerem Kraftstoffverbrauch) blieb nicht nur auf Dieselmotoren beschränkt. Motorleistungen, die Ottomotoren ohne Aufladung bislang nur mit sechs Zylindern erreicht hatten, waren nun mit Vierzylindern dank Turboaufladung problemlos möglich. Gleichzeitig zeichnete sich ab, dass auch die Leistung mancher freisaugender Vierzylinder bald mit aufgelade-

Dreieinhalb Jahre nach Produktionsstart: der millionste Vierzylinder TwinPower Turbo Benzinmotor. Zeitweise fand er in neun verschiedenen BMW Modellreihen seinen Einsatz, in fünf verschiedenen Leistungsstufen bis 180 KW/245 PS.

nen Dreizylindern realisierbar sein würde. BMW hatte mit seiner Efficient-Dynamics-Strategie diesen Trend maßgeblich mitgeprägt, immer anspruchsvollere Verbrauchs- beziehungsweise CO2-Vorgaben zahlreicher internationaler Regulierungsbehörden machten ihn unumkehrbar.
Vor diesem Hintergrund entschied sich die BMW Group, künftig nur noch am Standort Steyr Sechszylinder-Ottomotoren zu fertigen. Der Münchner Motorenbau sollte allerdings durch den Entfall dieser Motorenfamilie nicht verkleinert werden, ganz im Gegenteil: Der langjährige Richtwert einer Jahresproduktion von rund 300.000 Einheiten sollte langfristig mehr als verdoppelt werden, dank der neuen Drei- und Vierzylinder-Benziner, deren Serienfertigung in zwei Stufen ab 2011 (Vierzylinder N20, N26) und 2013 („Baukastenmotoren" Dreizylinder B38, Vierzylinder B48) starteten.
Wie in der Fahrzeugfertigung ist auch im Münchner Motorenbau Fläche ein knappes Gut. Die Fertigung der neuen Motoren sollte zum großen Teil auf der Fläche der bisherigen Sechszylinder erfolgen. So war klar, dass die Produktion der Drei- und Vierzylinder erst nach dem Rückbau der Sechszylinderfertigung starten konnte. Der Leitung des Motorenbaus, dem Personalwesen und dem Betriebsrat gelang es in einem Kraftakt, den betroffenen Mitarbeiterinnen und Mitarbeitern in der Umstellphase eine Weiterbeschäftigung zu ermöglichen – obwohl zwischenzeitlich die Produktionszahlen auf nur noch gut 70.000 Motoren pro Jahr gefallen waren.
Lohn der Anstrengung: München wurde zum Leitwerk für die Fertigung von Ottomotoren im internationalen Motorenwerkeverbund der BMW Group ausgebaut. Hierfür investierte das Unternehmen allein 2013 rund 50 Millionen Euro in die Münchner Motorenproduktion, davon wiederum rund zwei Drittel in die neue Fertigungsstraße für Baukastenmotoren.
Mit dem standardisierten Motorenbaukasten könnte die BMW Group Drei-, Vier- und Sechszylinder-Otto- und Dieselaggregate in unterschiedlichen Leistungsstufen auf einem Montageband herstellen. Grundlage der neuen Motorenfamilie ist dabei ein einheitliches Konstruktionsprinzip mit Reihenanordnung. Durch den hohen Anteil an Gleichteilen konnten in der Entwicklung und in der Produktion wesentliche Einsparungen erzielt werden. In die neue Produktion für Baukastenmotoren floss standortübergreifendes Motoren-Know-how: Sowohl der Aufbau als auch der Anlauf der Fertigungslinien fanden von Herbst 2012 bis Jahresende 2013 gleichzeitig in München, Hams Hall und Steyr statt. Die drei Motorenwerke optimierten gemeinsam ihre Anläufe, koordinierten Best-Practice-Lösungen im gesamten Netzwerk und installierten – trotz Unterschiedlichkeiten in der Verbrennungstechnologie – an allen Motormontagestandorten weitgehend identische Fertigungsanlagen.

Dichtheitstest im Münchner Motorenbau (Juni 2014).

Ein weiteres einheitliches Konstruktionsprinzip der Baukastenmotoren sind die Einzelhubräume von 500 cm^3 je Zylinder. Der besonders reibungsarm ausgelegte Grundmotor in Vollaluminium-Bauweise zeigt sich thermodynamisch optimiert, ist sehr leicht und laufruhig. Eine (Dreizylinder) beziehungsweise zwei (Vierzylinder) gegenläufig rotierende Ausgleichswellen sorgen für kultivierte Laufruhe über das gesamte Drehzahlspektrum. Zu den weiteren Gemeinsamkeiten zählen standardisierte Schnittstellen wie die identische Motorlagerung oder die Ankopplung an den Kühlkreislauf, den Ansaug- und Abgastrakt sowie die Heiz- und Klimaanlage.
Ein identisches Merkmal der Ottomotoren ist der in den Abgaskrümmer integrierte Turbolader, wobei nicht nur der Krümmer, sondern auch das aus Aluminium gefertigte Turbinengehäuse flüssigkeitsgekühlt ist. Die kurzen Wege des Abgasstroms zum Ladesystem bewirken ein agiles Ansprechverhalten, während die sehr kurze Aufheizphase die innere Reibung des Systems und damit den Kraftstoffverbrauch reduziert. Die motornahe Platzierung des Katalysators und das elektrisch gesteuerte Ladedruck-Regelventil (Wastegate) begünstigen zudem das Emissionsverhalten der Benziner.
Weiterhin entstehen exklusiv im Münchner Motorenbau alle V-Motoren der BMW Group – Münchner Motoren treiben Fahrzeuge der Marken BMW, MINI und Rolls-Royce an.

In München wird neben N20, Baukastenmotoren sowie weiterhin den V8- und V12-Ottomotoren ein Dieselaggregat gebaut – und was für eines: seit März 2012 der Topdiesel 50d wie hier abgebildet in einem BMW M550d xDrive. Dank drei Turboladern, Stufenaufladung und variabler Turbinengeometrie schöpft der Reihensechszylinder aus 2993 cm³ Hubraum 280 KW/381 PS.

Keimzelle der Elektromobilität

Längst ist auch im Werk München das Zeitalter der Elektromobilität angebrochen. Im ehemaligen Pilotwerk Halle 159, in der schon die Roadster BMW Z1 und BMW Z8 in Manufaktur entstanden, startete zu Beginn dieses Jahrzehnts die Pilotmontage des BMW i3 und des BMW i8. Die Serienfertigungsprozesse wurden hier für das BMW Group Werk Leipzig erprobt (dort startete die i3 Serienfertigung 2013, im Jahr darauf die i8 Serienproduktion). Auch der MINI E, das erste rein elektrisch betriebene, in Kleinserie gefertigte Automobil der BMW Group, erhielt in Gebäude 159 seinen Antriebsstrang und den Hochvolt-Speicher.

Ressourcenschonend und innovativ: die neue Lackiererei im Werk München.

Die Zukunft des Lackierens

Die größte Einzelmaßnahme im Modernisierungsprogramm, mit einem Volumen von über 200 Millionen Euro, ist der komplette Neubau der Lackiererei. Auf einer Fläche von rund 13.500 Quadratmetern ist seit Mitte 2017 eine der innovativsten Lackierstraßen der Automobilbranche in Betrieb, die höchste Ansprüche sowohl hinsichtlich Wirtschaftlichkeit als auch effizienter Ressourcennutzung erfüllt.
Innovative, sechsachsige Roboter erlauben deutlich mehr Freiheitsgrade in der Lackiertechnik und somit flexibles Reagieren auf Sonderwünsche der Kunden wie Individualfarben und Mattlacke.
Zum Einsatz kommt die innovative, hocheffiziente IPP-Technologie (Integrated Paint Process). Beim integrierten Lackierungsprozess entfällt im Vergleich zum bisherigen Verfahren der Prozessschritt des Auftragens und Einbrennens der Füllerschicht komplett, die Füllerfunktion wird in eine der zwei Basislackschichten verlagert. Bei der Nass-in-Nass-Applikation der beiden Schichten übernimmt die erste sämtliche Funktionen und Eigenschaften der Füllergrundierung, während die zweite Basislackschicht die optischen Eigenschaften wie Farbe, Effekt und Tiefenwirkung sicherstellt.

Die Basislackierung wird, wie bisher auch, mit Klarlack überzogen. Damit erfüllt die IPP-Technologie bezüglich Optik und funktionaler Schutzwirkung des Lackes die gleichen hohen Anforderungen wie konventionelle Lackierverfahren.

Mit diesem integrierten Lackieren vollzieht das Werk im Herzen der Stadt München einen weiteren Schritt in Richtung nachhaltiger Produktion: So sinken im Vergleich zur alten Lackiererei der Erdgasverbrauch sowie die Abgasemissionen um nahezu die Hälfte (jeweils 48 Prozent). Der Stromverbrauch reduziert sich um gut ein Viertel (27 Prozent). Die so erzielte Stromeinsparung entspricht pro Jahr dem durchschnittlichen Stromverbrauch von 4.000 Zwei-Personenhaushalten. Die Emissionen der flüchtigen organischen Verbindungen (VOC) sinken um gut ein Drittel (35 Prozent).

Eröffneten im Mai 2015 gemeinsam die neue Lackiererei im Werk München: Werkleiter Milan Nedeljkovic, Ilse Aigner (Bayerische Staatsministerin für Wirtschaft), Produktionsvorstand Oliver Zipse und der Gesamtbetriebsratsvorsitzende Manfred Schoch. (oben)

Präzise und effizient: Farbauftrag mit der IPP-Technologie (unten)

Die aktuelle BMW 3er Limousine wurde der Fachpresse 2018 auf einer Rennstrecke in Portugal vorgestellt.

Neuer 3er, neue Technologien

Seit 2015 hatte sich das Werk München auf den Anlauf der siebten Generation des BMW 3er vorbereitet. Um den zahlreichen Innovationen und der gestiegenen Komplexität des neuen Modells Rechnung zu tragen, wurden neben der neuen Lackiererei auch der Karosseriebau und die Montage erweitert. In allen Bereichen erhöhen sich der Grad der Digitalisierung und die Dichte vernetzter Systeme. Die hoch komplexen Sicherheits-, Fahrerassistenz- und Connectivity-Systeme im neuen BMW 3er erfordern ebenso komplexe Montage-, Test- und Prüfanlagen.

Unmittelbar nach dem Produktionsstart der neuen 3er Generation im Herbst 2018 bereitet sich das Werk auf den Produktionsstart des neuen BMW 3er Plug-In-Hybrid Mitte 2019 vor. Auch der BMW 330e verzeichnet mehrere konzeptionelle Änderungen im Vergleich zu seinem Vorgänger, die zu deutlichen Konsequenzen im Produktionsprozess führen. Das Werk München ist für die zunehmende Nachfrage nach elektrifizierten Fahrzeugen bestens gerüstet. Falls erforderlich kann nahezu jeder dritte BMW aus dem Stammwerk ein 3er Plug-In-Hybrid sein. Beim Vorgänger lag die maximale Kapazität noch bei rund zehn Prozent einer Tagesproduktion.

Mit der neuen BMW 3er Limousine mit konventionellem Antrieb und als Plug-In-Hybrid, dem ebenfalls in 2019 gestarteten neuen BMW 3er Touring

Frontend-Montage beim BMW 3er (G20).

Vollautomatisiert in Richtung Zukunft: die Erweiterung des Karosseriebaus

Das Streben der Entwickler nach noch mehr Dynamik und reduziertem Fahrzeuggewicht bei gleichzeitig weiter verbesserter Sicherheit für die Insassen erhöht auch die Anforderungen an einen modernen Karosseriebau. Um für die kommende Generation des BMW 3er gerüstet zu sein, wurde der Münchner Karosseriebau zwischen 2016 und 2018 um rund 24.000 Quadratmeter erweitert.

Doch bevor Neues gebaut werden konnte, musste Altes weichen: ein seit Jahrzehnten als Presswerk genutztes Gebäude samt Keller und Versorgungstunnel. Im Zuge des Rückbaus waren mit mineralischen Kohlenwasserstoffen belastete Betonbauteile und Erdreich fachmännisch zu entsorgen. Um beim zentimetergenauen Abriss des bisherigen Gebäudes am direkt angrenzenden Fügespeicher die dortige Produktion vor Schmutz zu schützen, wurde eine provisorische Fassade mit einer Fläche von rund 3.000 Quadratmetern errichtet.

Die Anbindung des Neubaus an die bestehenden Produktionsflächen des Karosseriebaus erfolgte bei laufender Produktion. Schritt für Schritt wuchsen Alt und Neu zusammen. Ein hohes Maß an Koordinationsleistung ermöglichte in dieser Phase das parallele Arbeiten sowohl an neuen Anlagen als auch am Gebäude per se. So gelang auch das zeitliche Vorziehen sehr frühzeitig benötigter Teilflächen wie Förderebenen und einer Tunnelanbindung.

Eine weitere Besonderheit des Projekts stellte die Position des Karosseriebaus dar: direkt an der Werkaußengrenze zur Dostlerstraße. Aus diesem Grund mussten der Straßenzug teilweise gesperrt und die Haltestellen des Werkbusverkehrs verlegt werden. Ziel war daher ein minimales Baufeld für die Baustelleneinrichtung und Logistik zu schaffen, da die Baumaßnahme das vollständige Areal zwischen Bestandsgebäuden und Werkgrenze überbaut hat.

sowie dem BMW 4er Coupé und dem BMW M4 umfasst die Modellpalette des Münchner Stammwerks im Jahr 2019 fünf Fahrzeuge mit konstant hoher Nachfrage. Werkleiter Robert Engelhorn kündigte zu Jahresbeginn an: „Mit rund 230.000 Fahrzeugen wird 2019 eines der volumenstärksten Jahre in der nahezu 100-jährigen Geschichte des Werkes."

Neue Investitionen für die Elektromobilität

Ein gutes Jahr nach der Inbetriebnahme der neuen Lackiererei werden bereits die nächsten Modernisierungsmaßnahmen angekündigt. Das Werk München erhält die Zusage für die Produktion des ersten vollelektrischen Gran Coupé – den BMW i4 – und investiert dafür ab 2019 rund 200 Millionen Euro in Gebäude, Fertigungsanlagen und Logistiksysteme, um die Serienfertigung des i4 bis 2021 zu realisieren.
Bei der Ankündigung im Dezember 2018 ist bereits klar, dass es der größte Umbau in der Geschichte des Werks werden wird – und das im laufenden Betrieb. Vor allem im Karosseriebau und in der Fahrzeugmontage erfordert die Integration des BMW i4 umfangreiche Maßnahmen. So unterscheidet sich das Karosserie-Konzept des Fahrzeugs ganz erheblich von den Architekturen der bislang im Werk München produzierten Modelle. Beispielsweise benötigt der Hochvoltspeicher (Batterie) des BMW i4 im Karosseriebau eine nahezu komplett eigenständige Bodengruppe samt Hinterbau. Aufgabe der Planungsspezialisten ist es nun, die komplex verketteten Produktionslinien so zu gestalten, dass die mehr als 1.000 Roboter nicht nur die Karosserien des BMW 3er, des 4er und des M4 im Minutentakt fertigen können, sondern zugleich die Spezialkarosserie des BMW i4.
Vor massive Herausforderungen stellt die Integration des BMW i4 auch die Montageplanung. Und auch hier spielt unter anderem die Batterie eine gewichtige Rolle. Um den Hochvoltspeicher ins Fahrzeug einbauen zu können, müssen die Planer umfangreiche und platzintensive Förder- und Anlagentechnik in der ohnehin beengten Münchner Werkshalle unterbringen.
Darüber hinaus bringt der BMW i4 für die Logistik und Materialversorgung des Werks erhebliche Aufwände mit sich. Denn zahlreiche Komponenten des i4 unterscheiden sich von den Bauteilen der konventionellen Fahrzeuge. Das wiederum bedeutet zusätzliche Bauteilevarianten und somit eine steigende Zahl an zu beherrschenden Warenströmen.

Eine neue Anlage für den Seitenrahmen des BMW i4 wird im Sommer 2020 in den Karosseriebau eingebracht

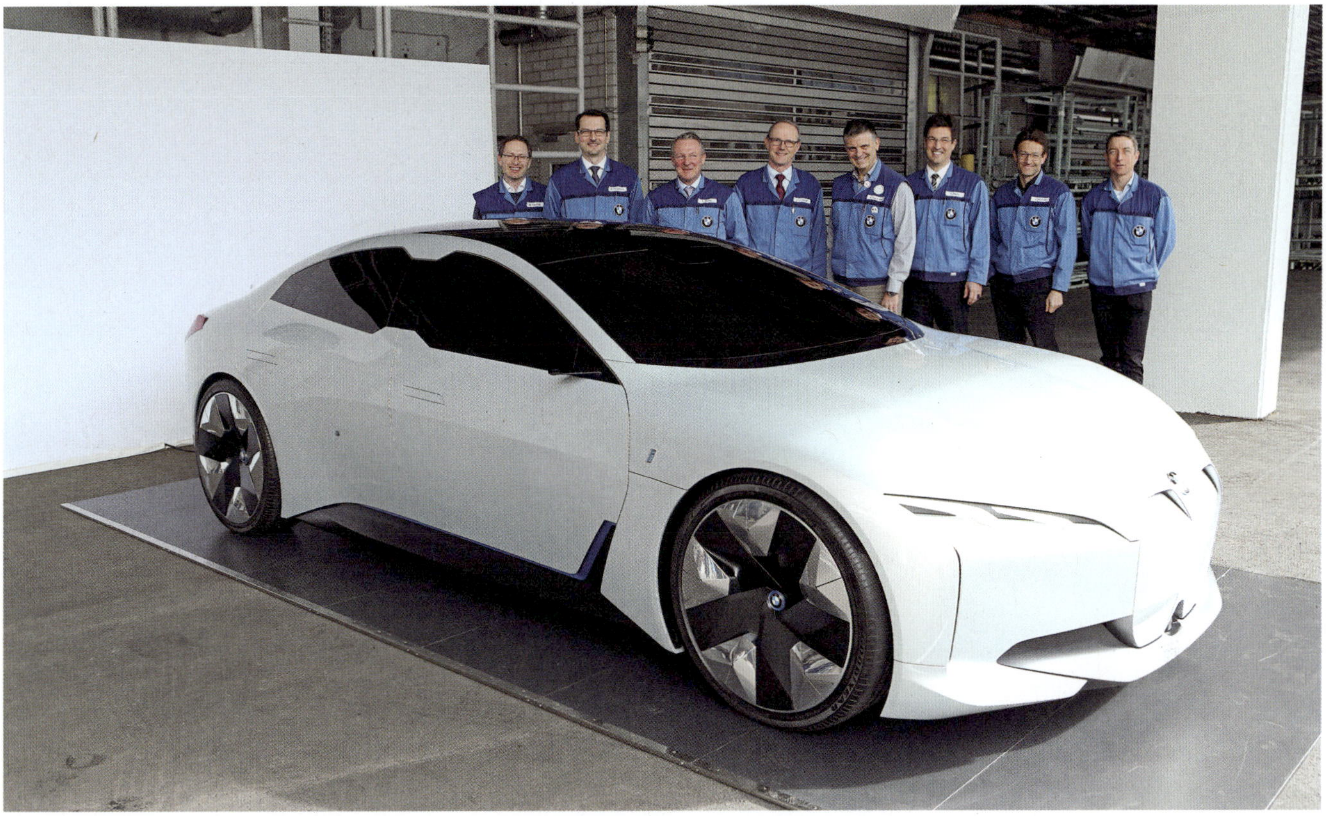

Der Werkleitungskreis mit dem BMW i Vision Dynamics – dem Konzeptfahrzeug zum späteren BMW i4.

An der Riesenfeldstraße 87 entsteht ein neues Logistikzentrum für die Hochvoltspeicher des BMW i4.

Eine Führung auf der Produktionsmeile im BMW Group Werk München.

Schaufenster

Durch die BMW Welt steigt das Interesse von Kunden, Besuchern und Freunden der Marke an Werkführungen – einer besonders authentischen Möglichkeit, BMW live zu erleben. Nicht nur Fahrzeugabholer sollen die Möglichkeit erhalten, einen exklusiven Blick „hinter die Kulissen" zu werfen und zu entdecken, wie Freude am Fahren gebaut wird. Eine Werkführung vermittelt in allen Details, wie im Stammwerk der BMW Group individuelle Fahrzeuge ganz nach Kundenwunsch entstehen. Die Gäste erleben, wie aus tonnenschweren Stahlrollen Teile gefertigt, zu einer Karosserie gefügt und lackiert werden. Die Entstehung eines Motors und der Prozess in der Montage mit der „Hochzeit" von Antriebsstrang und Karosserie sind ebenso zu sehen wie die zahlreichen Qualitätstests. Werkführungsexperten vermitteln auf der Produktionsmeile einmalige Einblicke in die Fertigung von Premiumautomobilen und -motoren. Das BMW Group Werk München ist damit heute Schaufenster der BMW Produktion.

Blick von der Produktionsmeile auf fertig produzierte Fahrzeuge.

Kontraste

In seiner Gebäudestruktur bietet das Werk München heute spannende Kontraste zwischen historischer Bausubstanz und modernen Produktionsgebäuden im Gewand der Corporate Identity. Gerade im Nordbereich des Werks sind noch einige Bauten aus den frühen Tagen des Werks erhalten. In der Dostlerstraße prägt neben dem modernen Torgebäude 34 das traditionsreiche Gebäude 71 das Bild des Werks. Es war zwischen 1982 und 2018 Sitz der Werkleitung.

Stammwerk und hochmoderne Fabrik – für das Werk München ist dies kein Widerspruch. Generationen von Mitarbeitern und Führungskräften wussten mit dem scheinbaren Nachteil einer vergleichsweise kompakten Fläche richtig umzugehen. Sie sahen optimale Prozessbeherrschung und innova-

Das Backsteingebäude an der Dostlerstraße war bis 2018 Sitz der Werkleitung. Daneben der neue Karosseriebau.

tive Lösungen als beste Antwort auf die strukturellen Bedingungen eines Industriebetriebs, um den herum die Stadt weiter wuchs. Mit der Bereitschaft, sich immer wieder auch den vermeintlich unüberwindbaren Herausforderungen zu stellen, gelang es dem Werk, die Zäsuren und Brüche in seiner langen Geschichte letztendlich unbeschadet zu überstehen. Der Wandel als Konstante – vom Hersteller von Flugmotoren zum Leitwerk der 3er Reihe und zum Leuchtturm für Elektromobilität.

Im neuen Gebäude im Zentrum des Werks sind Montage, Planung und Werkleitung vereint.

Am Tor 1 schmiegen sich Gebäude aus unterschiedlichen Jahrzehnten aneinander.

Das neue Hochregallager steht auf Stelzen. Unterhalb führt weiterhin die Hauptlogistikstraße durch.

Blick von der BMW Welt auf die im Sommer 2021 neu gestaltete Werksmauer.

Neuer Zwischenpuffer für lackierte Fahrzeuge.

Ein intelligenter Speicher

Der Neubau der Lackiererei und der damit einhergehende Wechsel auf einen Dreischicht-Betrieb hat ein neues Hochregallager für lackierte Karosserien erforderlich gemacht. Nur so kann gewährleistet werden, dass die während der Nachtschicht lackierten Fahrzeuge zwischengepuffert werden und die Montage mit der notwendigen Stückzahl versorgt wird. Als Versorgungsstrecke wurden zusätzlich mehrere Förderbrücken zwischen dem neuen Hochregal und der Montage mit einer Länge von mehr als einem halben Kilometer errichtet.
Für das Hochregallager gab es nur einen möglichen Standort, der ausreichend Grundfläche für einen Speicher mit rund 800 Lagerplätzen bietet. Allerdings erforderte die Lage eine Bauweise, die für ein Hochregallager mehr als untypisch ist. Der gesamte Komplex steht auf Stelzen und somit auf einem Tisch in rund elf Metern Höhe. Unterhalb des Tisches führt weiterhin die Hauptlogistikstraße.
Mit einer Gesamthöhe von 41 Metern ist das Hochregallager (ohne Aufbauten) das höchste Gebäude im Werk. Seine Besonderheit ist die sichtbare Betonfassade, welche mit ihrer rohen Erscheinung einmalig im Werk ist.

800 Lagerplätze befinden sich im 41 Meter hohen Hochregallager.

Werkleitung und Planung mitten im Geschehen

Im Zuge der Erweiterung der bestehenden Montagestrukturen entstand zwischen 2016 und 2018 auch ein komplett neues Gebäude im Herzen des Werkes. Neben den zusätzlichen Flächen für Montage und Logistik umfasst es auf den zwei oberen Etagen neue Büros, die der Werkleitung und diversen Planungsabteilungen ideale Rahmenbedingungen und moderne Arbeitswelten bieten. Das Gebäude 16.3 wurde als dreiseitiger Anbau in eine vorab geschaffene Freifläche integriert. Alle Übergänge zu den benachbarten Gebäuden wurden sukzessive geöffnet, sodass die Anmutung einer homogenen Fläche aus Neubau und bestehenden Gebäudeteilen entstand.

Der Start der Fahrzeugmontage befindet sich im neuen Zentralgebäude 16.3.

Blick auf den Vierzylinder aus den neuen Büroflächen.

Auf den neu geschaffenen Produktionsflächen werden unter anderem Komponenten für das 48-Volt-Bordnetz in die Fahrzeuge eingebaut. Außerdem wurden bereits Flächen zur Verfügung gestellt, um Fahrzeugmodelle wie den vollelektrischen BMW i4 in die Fertigungslinie zu integrieren. Die neu geschaffenen Büroflächen bieten bestmögliche Voraussetzungen für eine stärkere Vernetzung der Büro- und Produktionsmitarbeiter. Eine besondere Signalwirkung haben hierbei die offen integrierten Arbeitsplätze der Werkleitung. Die Führungskräfte sind somit für alle Mitarbeiter sichtbar und ansprechbar. Hierarchiegrenzen werden abgebaut, eine neue, agile Art der Zusammenarbeit wird gefördert und erlebbar.
Eine attraktive Gestaltung der Büros durch stimmiges Mobiliar, ausgewogene Materialien und Farben macht die Unternehmenswerte spürbar und wirkt sich positiv auf das Betriebsklima aus. Keine zugeordneten Arbeitsplätze, sondern die Nutzungsprinzipien des „Flexible Office" ermöglichen die bestmögliche Nutzung der Arbeitsflächen.

Platz für Austausch und Vernetzung im neuen Zentralgebäude.

BMW 318

BAYR. MOTOREN WERKE

Gebaut, um das Morgen zu gestalten: Das BMW Group Werk München wird 100 Jahre alt

Das Stammwerk in München steht mit seiner langjährigen Geschichte für den Erfolg und den Wandel des Unternehmens wie kein anderer Standort der BMW Group. Die Herausforderungen am einzigen innerstädtischen Produktionsstandort des Unternehmens sind dabei enorm: zunehmende Stadtverdichtung sowie erschwerte Rahmenbedingungen bei Logistik und Versorgung. Pünktlich zum 100-jährigen Bestehen wird das Stammwerk für die Produktion der „Neuen Klasse“ umgebaut. Diesem Wandel liegen drei Schwerpunkte zugrunde: Transformation in Bezug auf Elektromobilität und Digitalisierung, Effizienz der Prozesse und Strukturen sowie Nachhaltigkeit in Produktion und Logistik.

2020 –

Eine zukunftsträchtige Entscheidung…

… verkündet die BMW Group kurz vor dem Jahreswechsel 2020/2021: die schrittweise Verlagerung des traditionsreichen Motorenbaus aus dem Werk München an die Standorte Steyr (Österreich) und Hams Hall (UK). Es ist ein notwendiger Schritt, um die Zukunft der Fahrzeugproduktion am Stammsitz der BMW Group zu sichern. Mit der zunehmenden Elektrifizierung der Modellpalette werden neue und zusätzliche Produktionsstrukturen erforderlich, die in den bestehenden Gebäuden und Hallen nicht mehr einzurichten sind. Der Motorenbau macht Platz für eine neue hochmoderne und komplett auf elektrifizierte Fahrzeuge ausgerichtete Montage.

Die rund 1.200 Mitarbeitenden des Motorenbaus werden persönlich von ihren Führungskräften und in einer gemeinsamen Veranstaltung durch den Vorstand, den Werkleiter und den Betriebsrat über die Veränderungen informiert. Sofort startet ein umfangreiches Transformationsprogramm, denn jeder Mitarbeiter und jede Mitarbeiterin soll bis zum endgültigen Auszug des letzten Motorenbands Ende 2023 eine neue Tätigkeit im Werk München oder an einem anderen Standort der BMW Group erhalten.

Unmittelbar nach dem Auszug des Motorenbaus beginnt der Rückbau des Gebäudes. Noch während im westlichen Teil abgerissen wird, startet am gegenüberliegenden Ende bereits der Neubau. Der ambitionierte Zeitplan sieht vor, dass vom ersten Tag des Abrisses bis zur Inbetriebnahme und dem Bau der ersten Fahrzeuge nur etwas mehr als zwei Jahre vergehen.

Parallel entsteht auf der Fläche der seit 2018 stillgelegten Gebäude 19 und 20 ein neuer Karosseriebau. Die Halle 19 wurde Mitte der 1920er Jahre gebaut und über die Jahre vielfältig genutzt: zunächst als Montagehalle für die Produktion von Motorrädern und zuletzt als Lackiererei.

Die zwei Neubauten ermöglichen die Serienproduktion der sogenannten Neue Klasse im Werk München ab dem Jahr 2026. Einer völlig neuen kompromisslos für elektrische Antriebe optimierten Gesamtfahrzeugarchitektur, die sich durch drei zentrale Aspekte auszeichnet: eine neu definierte IT- und Software-Architektur, eine neu entwickelte elektrische Antriebs- und Batteriegeneration und ein radikal neues Niveau von Nachhaltigkeit über den gesamten Lebenszyklus.

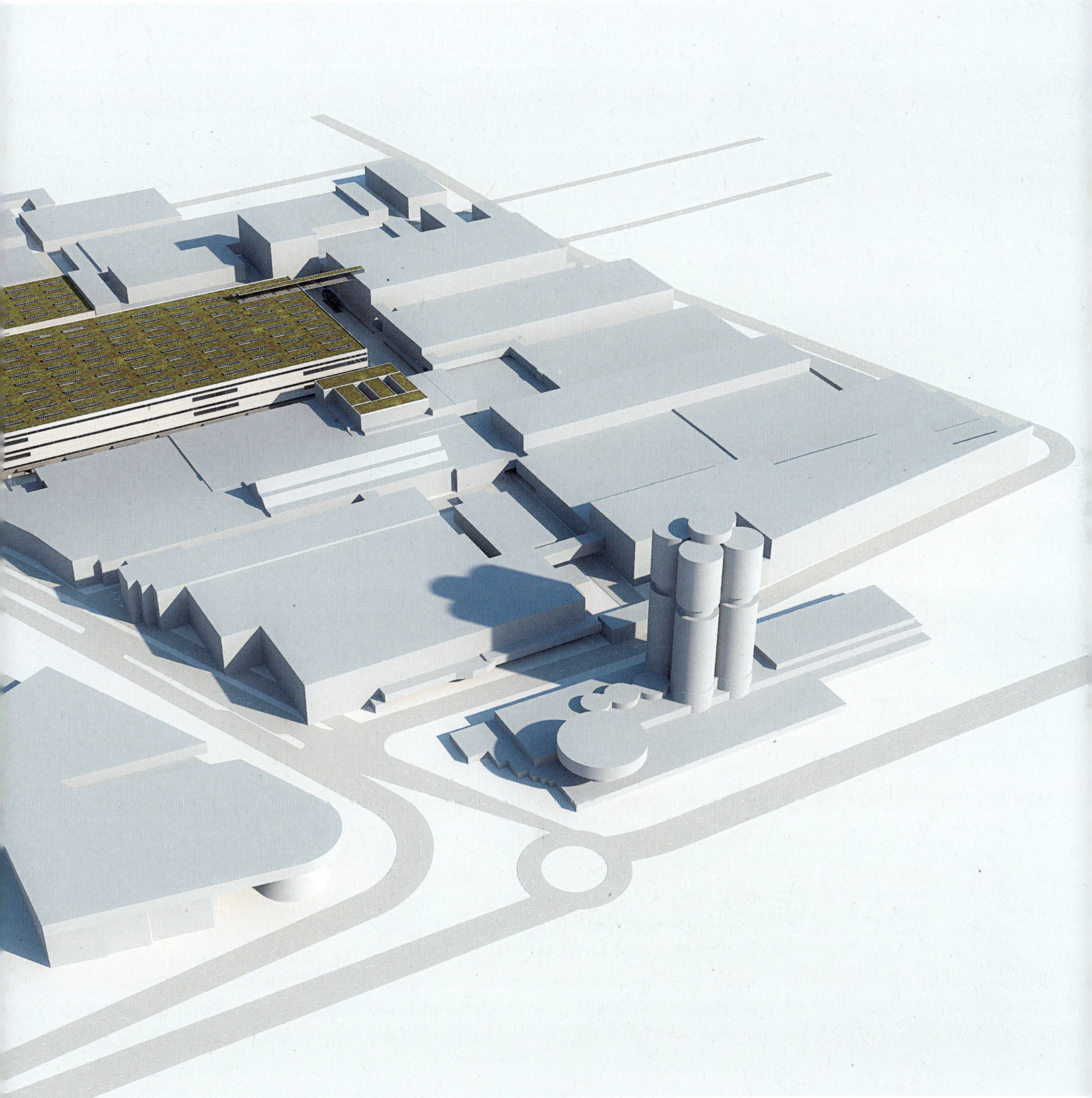

Auf der Fläche des Motorenbaus entsteht bis 2026 eine neue hochmoderne Montage.

Mentor Gashi

Ich habe KFZ-Mechatroniker gelernt und viele Jahre im Motorenbau des Werks München gearbeitet. Ende 2019 haben uns unsere Führungskräfte gesagt, in welche Richtung sich der Motorenbau in den nächsten Jahren entwickeln wird und welche Möglichkeiten wir haben. Ich habe mir über meine Zukunft Gedanken gemacht – und letztendlich aus dem Bauch heraus entschieden, mich im Karosseriebau zu bewerben.

Früher habe ich gedacht, im Rohbau ist es laut, da wird geschweißt und mit riesigen Anlagen und Maschinen gearbeitet – aber im Karosseriebau-Werksfinish ist es ganz anders. Dieser Bereich ist so facettenreich, hier lernt man den Feinschliff, die Details – da steckt so viel dahinter! Hier muss ich mich stärker konzentrieren, es ist anspruchsvoller, denn wenn mal was nicht geht, dann muss man sich halt was überlegen – das hat mir gut gefallen.

Der Arbeitsversuch war eigentlich für einen Monat geplant. Nach zwei Wochen wusste ich bereits, dass ich gerne hierbleiben würde. Mir wurde hier von Anfang an das Gefühl vermittelt, dass mein Wort gehört wird und dass es wichtig ist, wie es mir geht. Es war die richtige Entscheidung zu wechseln, das habe ich auch meinen ehemaligen Kollegen im Motorenbau erzählt.

Zum Abschied der historischen Halle sind zwei Fahrzeuge an den Ort ihres Ursprungs zurückgekommen: das Motorrad R32, das Mitte der 1920er Jahre in dieser Halle gefertigt wurde, sowie ein BMW 3er der sechsten Generation, die bis 2018 in der Halle 19 lackiert wurde. Den Rückbau läuteten Werkleiter Robert Engelhorn, Manfred Schoch (Gesamtbetriebsratsvorsitzender), Nicole Haft-Zboril (Leiterin Immobilienmanagement) und Wolfgang Obermaier (Leiter Einkauf Indirekte Güter und Leistungen) (v.r.n.l.) im Juni 2021 ein.

Architekturwettbewerb

Die großen baulichen Veränderungen des Werks durch die zwei Großprojekte Montage und Karosseriebau bieten die Chance für weitere architektonische Überlegungen. Es gilt der besonderen Lage des Werks mitten in der Stadt stärker Rechnung zu tragen. Dafür soll der gesamte Komplex sichtbar zugänglicher und offener für die Nachbarschaft gestaltet werden.

Die BMW Group startet im Oktober 2021 den internationalen Architekturwettbewerb „BMW München – urbane Produktion" zur langfristigen Strukturentwicklung des Stammwerks München. Das wesentliche Ziel des Projekts ist der Wandel des Werks zu einem Produktionscampus im städtischen Umfeld mit internationaler Strahlkraft.

Ideensuche für das Werk München als Produktionscampus im städtischen Umfeld.

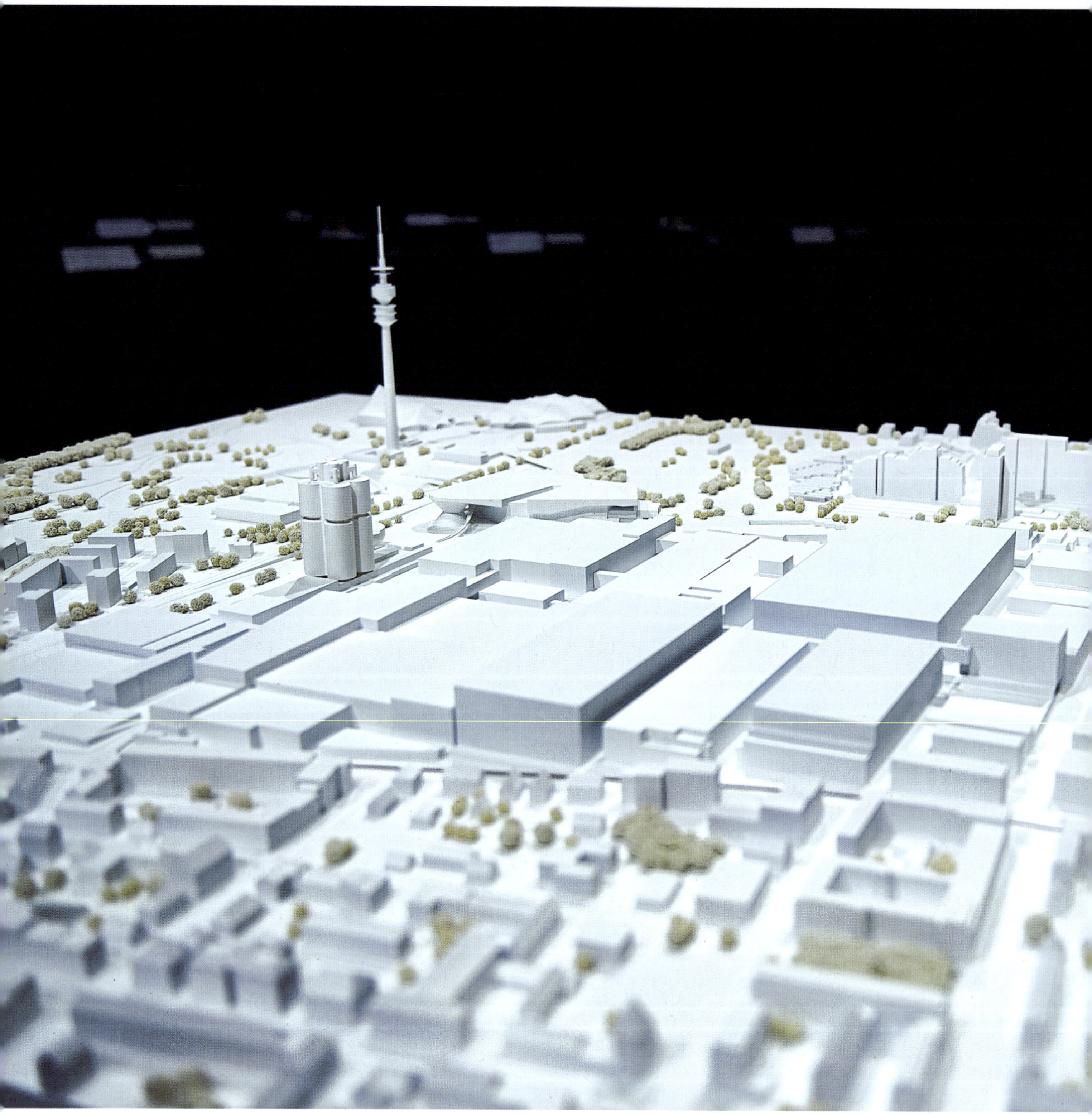

Umgeben von Wohngebieten und Olympiapark: die Öffnung des Werks zur Nachbarschaft zu gestalten, ist ein Ziel des Architekturwettbewerbs.

Im Osten, Norden und Westen grenzen Wohngebiete an das Werk.

Die Ergebnisse des Wettbewerbs, an dem sechs renommierte internationale Architekturbüros teilnehmen, wurden im Februar 2022 präsentiert. Die zwei Preisträger OMA (Rotterdam) und 3XN (Kopenhagen) überzeugten die hochkarätig besetzte Jury unter Beteiligung des Oberbürgermeisters der Landeshauptstadt München, Dieter Reiter, und von Vorstandsmitgliedern der BMW Group. Das Verfahren erfolgte im engen Austausch mit der Landeshauptstadt München. Veranstaltungen mit den Anwohnerinnen und Anwohnern des Werks halten die Nachbarschaft über das Projekt informiert und nehmen deren Anregungen und Wünsche mit auf.
Werkleiter Peter Weber betonte zum Ausschreibungsstart: „Um weiterhin zukunftsfähig zu bleiben, ist ein gesamtheitlicher Umbau notwendig. Die zwei ersten großen Projekte sind die neue Fahrzeugmontage und ein neuer Karosseriebau. Damit schaffen wir die Basis für innovative, nachhaltige und wettbewerbsfähige Produktionsprozesse. Wir bereiten unser Werk vor für die Produktion der Modelle der „Neuen Klasse", unser Schritt in die dritte Phase der Elektromobilität. Mit dem Architekturwettbewerb wollen wir eine mögliche Öffnung des Werkes im Zentrum der Stadt München gestalten. Der Wandel unseres Werkes dient der Zukunftssicherung des Standortes und seiner Arbeitsplätze."
Die Leiterin des Immobilienmanagements der BMW Group, Nicole Haft-Zboril ergänzt: „Mit dem Wettbewerb möchten wir unserer gesellschaftlichen Verantwortung nachkommen und uns aktiv an der Quartiersentwicklung rund um das Werk beteiligen. Damit schaffen wir ein langfristig zukunftsfähiges Arbeits- und Produktionsumfeld. Dabei richten wir unseren ganzheitlichen Blick vor allem auf die Aspekte der verkehrlichen Anbindung, Nachbarschaft und Nachhaltigkeit."

Kampagnen-Motiv für die Aktivitäten im Jubiläumsjahr des Werks München.

Ein Blick zurück, zwei nach vorn

Der Zeitpunkt für die Neugestaltung des Werksgeländes könnte nicht besser gewählt sein. Im Jahr 2022 feiert das Werk München sein 100-jähriges Bestehen. Die vorangegangenen Kapitel dieses Buches zeigen es eindrücklich: es waren einhundert sehr bewegte Jahre mit vielen unvorhersehbaren Wendungen, dramatischen Entscheidungen, bangen Phasen, aber auch großen Erfolgen. Das Werk München steht im Jahr 2022 besser da, als es viele in der Vergangenheit für möglich gehalten haben.

Die Mitarbeiterinnen und Mitarbeiter können im Werk München jeden Tag aufs Neue spüren, wie Geschichte und Zukunft der Produktion Hand in Hand gehen – der Arbeitsplatz im Werk München bietet ein historisches Ambiente, kombiniert mit modernsten Produktionsmöglichkeiten. Dieses einzigartige Merkmal gilt es zu bewahren und weiter in Richtung Zukunft zu entwickeln. „Gebaut, um das Morgen zu gestalten", lautet daher auch das Motto für das Jubiläumsjahr 2022.

Beginn einer neuen Ära

Kurz vor dem 100jährigen Jubiläum wird im Werk München ein neues Zeitalter eingeläutet. Mit dem BMW i4 läuft erstmals ein vollelektrisches Gran Coupé im Stammwerk vom Band. Bis zum Produktionsstart im Herbst 2021 wurden das Werk und seine Mannschaft im größten Montageumbau der Geschichte und einem umfangreichen Qualifizierungsprogramm fit für die Elektromobilität gemacht (siehe Kapitel 11, Seite 258).

Diese ohnehin schon angespannte Zeit der Vorbereitungen für den Anlauf des neuen Modells wird durch die weltweite Coronapandemie zusätzlich herausfordernd. Im Frühjahr 2020 wird auch das Werk München während des bundesweiten Lockdowns heruntergefahren und die für Ostern geplante Produktionsunterbrechung zunächst vorgezogen und verlängert – insgesamt acht Wochen wird kein Fahrzeug produziert.

Als es am 18. Mai – zunächst im Einschichtbetrieb – endlich wieder los geht, sind eine Vielzahl von Maßnahmen installiert, die die Werksmannschaft vor einer Infektion am Arbeitsplatz schützen sollen. In der produktionsfreien Zeit wurden in Eigenbau Trennwände für Arbeits- und Pausenplätze hergestellt, Abstandsmarkierungen angebracht, Desinfektions- und Maskenspender errichtet, Belegungspläne erstellt und vieles mehr. In der Belegschaft herrscht eine große Disziplin, alle wollen wieder arbeiten und Fahrzeuge produzieren. In den nachfolgenden Infektionswellen bis ins Jahr 2022 hinein bewähren sich die zwischenzeitlich wieder gelockerten und dann erneut verschärften Maßnahmen und deren

Dr. Dorothee Lange-Rieß, leitende Werksärztin im BMW Group Werk München

Am 11.3.2020 hat die Weltgesundheitsorganisation die Ausbreitung des SARS-CoV-2 Virus als Pandemie eingestuft. Trotz aller medizinischer Expertise – Pandemieerfahrungen hatten wir nicht. Bereits ab Januar 2020 hatte das Virus die BMW Gesundheitsdienste in ihrem Alltag beschäftigt, zunächst vor allem in Zusammenhang mit reisemedizinischen Beratungen vor Dienstreisen. Mit der Bedrohung durch die Covid-19-Pandemie rückte dann rasch der Arbeits- und Gesundheitsschutz der Beschäftigten sowie die Sicherstellung der Arbeitsfähigkeit des Unternehmens in den Fokus.
Zur Unterstützung der Gesundheitsämter halfen unsere Gesundheitsdienste bei der Fall- und Kontaktnachverfolgung von erkrankten Beschäftigten mit dem Ziel, Infektionsketten rasch zu erkennen und zu unterbrechen. Neben medizinischen Inhalten klärten wir in vielen Telefonaten auch Fragen und Unsicherheiten mit den Betroffenen.
Die hohen Standards im Gesundheitsschutz werden im Unternehmen konsequent umgesetzt und nachgehalten.. Das geht nur im Schulterschluss mit allen Prozesspartnern und einer intensiven interdisziplinären und standortübergreifenden Vernetzung – sei es in den anfänglichen „Coronabegehungen" oder durch die Etablierung (lokaler) Expertenteams zur kontinuierlichen Anpassung und Umsetzung der Infektionsschutzmaßnahmen, natürlich immer unter Berücksichtigung der sich laufend ändernden lokal geltenden gesetzlichen und behördlichen Vorgaben.
Bereits im Dezember 2020 haben wir ein interdisziplinäres Projektteam zur Vorbereitung der Covid-Impfkampagne der Gesundheitsdienste gestartet. Innerhalb von vier Monaten waren Impfstraßen an den BMW Werksstandorten einsatzbereit, die so gestaltet waren, dass die Produktionsabläufe nicht übermäßig beeinträchtigt werden. Es war schön zu erleben, wie dankbar unsere Kolleginnen und Kollegen dieses umfangreiche Impfangebot angenommen haben.
Insgesamt kann ich sagen, dass wir mit hohem Engagement, Motivation und Flexibilität und Dank der intensiven innerbetrieblichen Zusammenarbeit trotz der Herausforderungen das Heft stets in der Hand behalten haben.

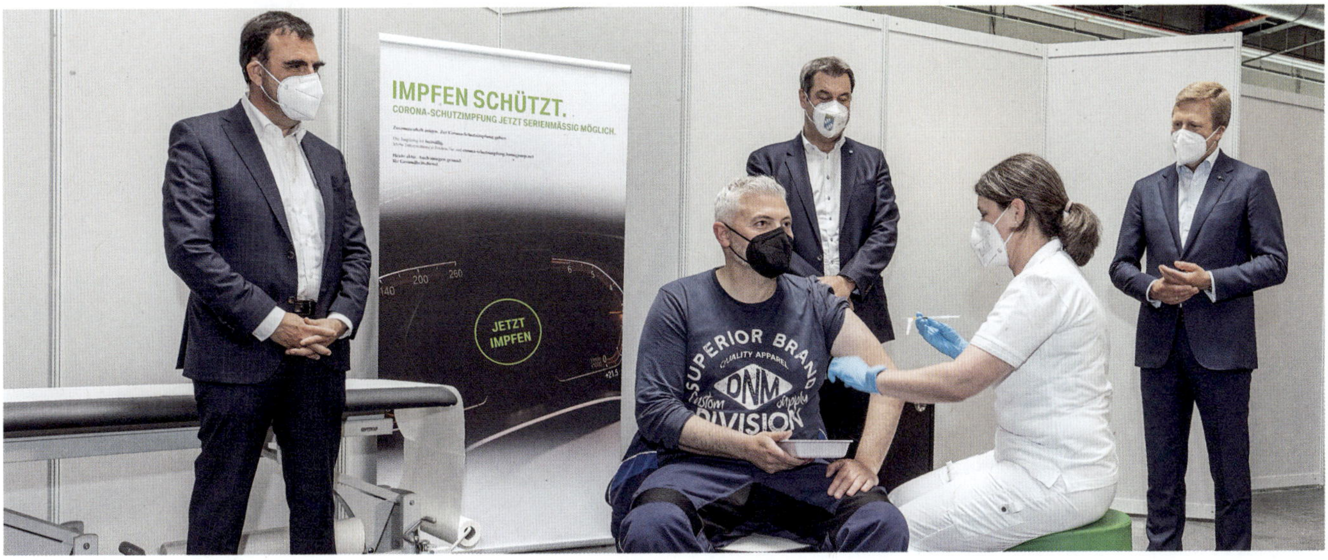

Bayerns Ministerpräsident Markus Söder ist bei der Eröffnung des Impfzentrums im Werk München dabei.

große Akzeptanz, sodass es in der gesamten Pandemiezeit zu keinem größeren Ausbruch im Werk München kommt.
Eine große Unterstützung bietet dabei die umfangreiche Impfkampagne der BMW Group. Insgesamt 29 Impfstraßen sind ab Juni 2021 an den deutschen BMW Standorten in Betrieb, 14 davon im Werk München und im FIZ. Nach dem Ansturm für die Erst- und Zweitimpfungen im Sommer – zeitweise werden BMW-weit bis zu 2.500 Impfungen am Tag durchgeführt – werden die Impfzentren im Herbst in den Regelbetrieb der Gesundheitsdienste überführt, wo bis heute Auffrischungs- und Boosterimpfungen angeboten werden.

Produktionsvorstand Milan Nedeljković, Werkleiter Peter Weber und Betriebsrätin Elisabeth Altmann-Rackl mit dem ersten BMW i4 am Tag des Produktionsstarts.

Die Anstrengungen während der ereignisreichen Zeit der Anlaufvorbereitung zahlen sich aus: der BMW i4 läuft sogar etwas früher an als geplant und ist eine Erfolgsgeschichte von Anfang an. Presse und Soziale Medien sind begeistert von Fahrdynamik und Effizienz; Händler und Kunden übertreffen mit ihren Bestellungen die ohnehin sehr positiven Erwartungen. Schnell wird die Produktion hochgefahren, die traditionelle Unterbrechung in der Weihnachtszeit sogar verkürzt, um einige wegen der Halbleiterknappheit zunächst abgesagte Schichten wieder aufzuholen und die Kunden schnellstmöglich zu beliefern.

Der BMW i4

Mit dem Startsignal für den BMW i4 erreicht rein elektrische Mobilität den Kern der Marke BMW. Das viertürige Gran Coupé kombiniert den Raumkomfort und die Praktikabilität dieses Fahrzeugkonzepts mit markentypischer Sportlichkeit und einer auch auf Langstreckenfahrten überzeugenden Reichweite. Der BMW i4 ist das erste rein elektrisch angetriebene Modell der Marke, das von Beginn an konsequent auf Fahrdynamik ausgerichtet wurde. Der BMW i4 eDrive40 kombiniert einen 250 kW/340 PS starken Elektromotor mit klassischem Hinterradantrieb. Seine im Testzyklus WLTP ermittelte Reichweite beläuft sich auf bis zu 590 Kilometer.
Mit der Modellvariante i4 M50 wurde zugleich auch das erste BMW M Fahrzeug mit lokal emissionsfreiem Antrieb vorgestellt. Das Performance-Automobil der BMW M GmbH sorgt mit jeweils einem Elektromotor an der Vorder- und Hinterachse und einer Systemleistung von 400 kW/544 PS für besonders intensive Fahrfreude mit einer im Testzyklus WLTP ermittelten Reichweite von bis zu 521 Kilometern.

Mit der Kraft des Wassers

Nicht nur das Auto selbst steht für die offensive Nachhaltigkeitsstrategie der BMW Group. Auch bei der Produktion des BMW i4 beschreitet das Werk neue, ökologische Wege. Bereits seit 2020 bezieht die BMW Group weltweit nur noch Grünstrom. Für die Produktion des BMW i4 hat das Unternehmen Lieferverträge für regenerativ erzeugten Strom aus den regionalen Lechkraftwerken Gersthofen und Rain abgeschlossen, sodass die ökologische Qualität des in der Fertigung eingesetzten Grünstroms noch einmal erhöht werden konnte.

Wasser ist auch das Stichwort für eine neue Anlage in der Lackiererei des Werks München: Mithilfe einer Umkehr-Osmoseanlage erzielt man dort eine deutliche Reduktion des Frischwasserverbrauchs. Dabei wird Abwasser aus der Kathodischen Tauchlackierung – einer Art Grundierung für die Fahrzeuge – aufbereitet und im gleichen Prozessschritt wieder eingesetzt. Insgesamt sinkt damit der jährliche Frischwasserverbrauch um mehr als sechs Millionen Liter. Bereits seit 1997 gewinnt das Werk rund die Hälfte seines jährlichen Wasserverbrauchs für die Produktionsprozesse aus einem eigenen Brunnen auf dem Werksgelände und schont somit die wertvolle Ressource Trinkwasser.

Das Wasserkraftwerk Gersthofen am Lechkanal ging bereits 1901 in Betrieb. Nun liefert es grünen Strom für die Produktion des BMW i4.

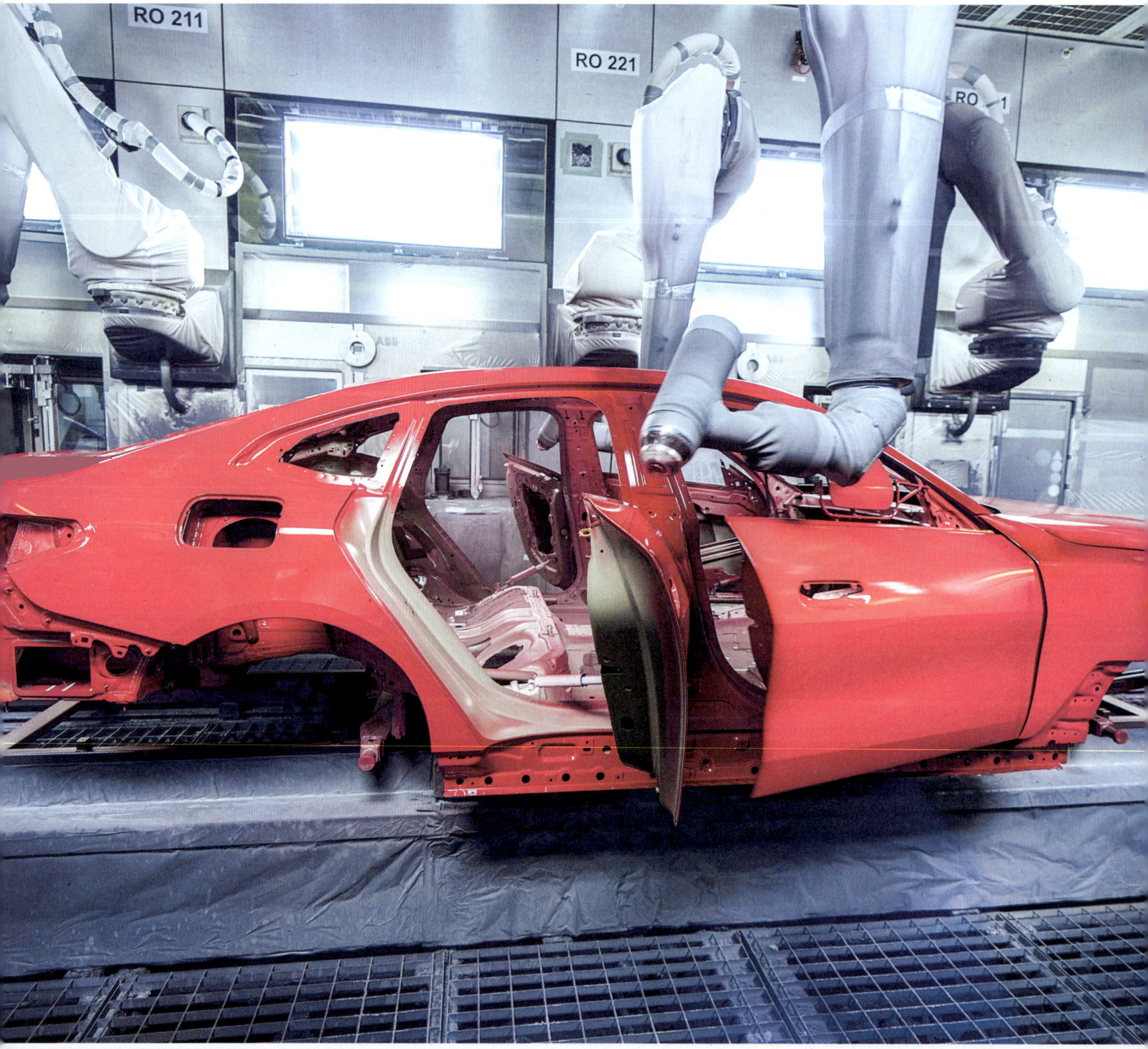

Der Ressourcenverbrauch je produziertem Fahrzeug konnte im Zeitraum von 2006 bis 2020 unternehmensweit bereits mehr als halbiert werden. Die CO_2-Emissionen sanken um 78 Prozent. Bis zum Jahr 2030 sollen die CO_2-Emissionen in der Produktion je gefertigtem Fahrzeug um weitere 80 Prozent sinken.

Neues Nachhaltigkeitsziel: lokal emissionsfreie Transportlogistik

Ein weiterer Hebel hin zu einer nachhaltigeren Produktion ist die lokal emissionsfreie Logistik von Teilen und Fahrzeugen. Für die Anlieferung von Teilen sind täglich mehr als 750 Lkw-Anlieferungen erforderlich. Diese Fahrten sollen künftig im städtischen Bereich mit E-Lkw emissionsfrei erfolgen. Der Abtransport der in München produzierten Fahrzeuge wird bereits heute etwa zur Hälfte mit der Bahn umgesetzt. Dieser Anteil soll sukzessive erhöht werden. Grundsätzlich ist vorgesehen, eine emissionsfreie Transportlogistik im Stadtgebiet München umzusetzen und die CO_2-Emissionen im weiteren Radius sowie im Interkontinentalverkehr weiterhin deutlich zu reduzieren.

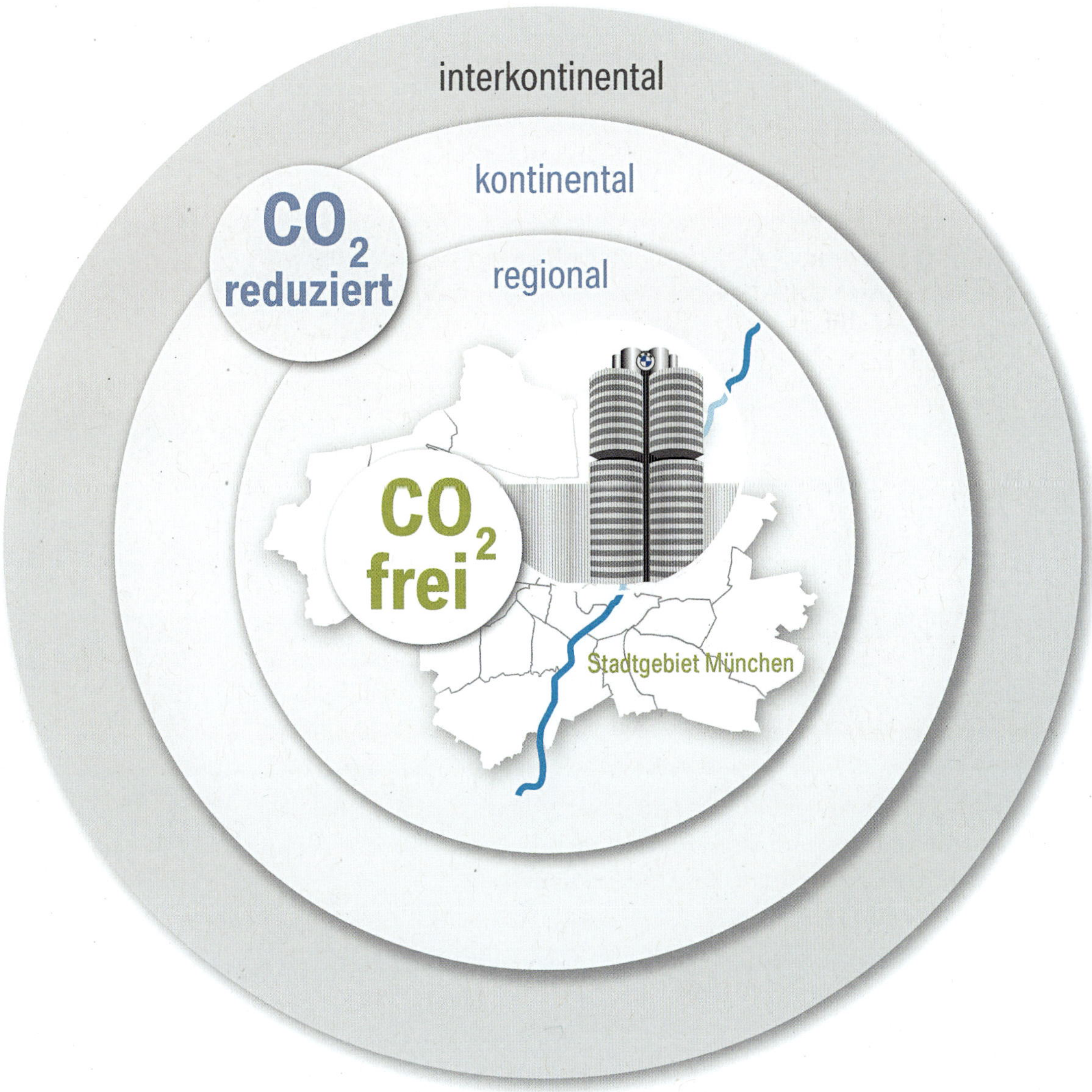

Noch immer im Zentrum

Das Stammwerk ist nach wie vor fest verankert im Ensemble aus der von weithin sichtbaren Konzernzentrale des Vierzylinders, der BMW Welt, des BMW Museums, des Forschungs- und Innovationszentrums und der seit 2016 neu bezogenen BMW Group Classic. Die sechs Standorte prägen mit ihren außergewöhnlichen Architekturen das Stadtbild des Münchner Norden – jeder für sich und als gemeinsames Schaufenster in die über einhundertjährige Geschichte des Unternehmens.

Die Konzernzentrale

„Der größte Vierzylinder der Welt" gilt als ein Wahrzeichen der Stadt München und ist im Jahr 2013 von einer Expertenkommission in die Riege der fünfzehn spektakulärsten Firmenzentralen der Welt aufgenommen worden. Das vom Architekten Professor Karl Schwanzer entworfene Gebäude wurde am 18. Mai 1973 offiziell eingeweiht und ist seitdem unbestreitbar zu einer architekturhistorischen Ikone geworden: Ein Haus der kurzen Wege (drinnen) und der klaren Linien (draußen). Seit 1999 stehen Konzernzentrale und Museum unter Denkmalschutz.

Wahrzeichen der Stadt: der BMW Vierzylinder, die BMW Welt und das Werk München.

Flexibel und transparent: Das Konzept der Architekten von COOP HIMMELB(L)AU wird geprägt von der bislang einzigartigen Dachkonstruktion und dem sogenannten Doppelkegel.

Die BMW Welt

Der jüngste Nachbar des Werks ist die BMW Welt, in der Gäste aus aller Welt seit 2007 die Marken BMW, MINI, Rolls-Royce und BMW Motorrad erleben können. Die BMW Welt realisiert die Idee, Raum für Begegnung zu schaffen und hat die Aufgabe, den Dialog mit Kunden und Besuchern als neue Dimension erlebbar zu machen.
In der BMW Welt können Kunden ihren neuen BMW auf unverwechselbare Art und Weise abholen und mit allen Sinnen erleben, was die Marken der BMW Group so einzigartig macht. Die BMW Welt ist heute die meistbesuchte Sehenswürdigkeit Bayerns – und das an einem für BMW so bedeutenden Standort.

Denkfabrik und Nervenzentrum: Das BMW Group Forschungs- und Innovationszentrum

Das Forschungs- und Innovationszentrum

Der BMW Standort mit den meisten Mitarbeitern in München ist mittlerweile das Forschungs- und Innovationszentrum (FIZ). Der Mitte der 1980er Jahre begonnene, 1990 eingeweihte und seitdem kontinuierlich wachsende Gebäudekomplex ist die Heimat für Motorenentwickler, Designer, Karosseriefachleute, Fahrwerksexperten und Elektronikspezialisten – aber auch für Physiker, Chemiker, Werkstoff-Forscher und Software-Ingenieure. Zusätzlich arbeiten auf dem in der Anlage einem Universitätscampus nachempfundenen Gelände Einkäufer, Produktionsplaner und Bauspezialisten und

viele weitere für den Entwicklungsprozess eines modernen Fahrzeugs notwendige Fachkräfte. Im FIZ entstehen alle Modelle für alle Marken und Märkte der BMW Group. Es ist Denkfabrik und Nervenzentrum des Unternehmens, in dem alle wichtigen Informationen aus dem weltweiten Forschungs- und Entwicklungsnetzwerk zusammenlaufen und Entscheidungen über neue Technologien und Fahrzeugkonzepte getroffen werden.
Die sukzessive Erweiterung im Zuge des städtebaulichen Programms „FIZ Future" haben den architektonisch beeindruckenden Gebäudekomplex in den vergangenen Jahren zu einem der größten F&E Standorte Europas gemacht.

Architekturentwurf für „FIZ Future".

Die charakteristische „Museumsschüssel" entwarf der Architekt Karl Schwanzer.

Das BMW Museum

Das BMW Museum in München macht über 100 Jahre automobiler Faszination, Innovation und Freude am Fahren erlebbar und beantwortet in seinen Ausstellungen Fragen zur Unternehmens-, Marken und Produktgeschichte von BMW. Dazu spannt es einen Bogen von den Anfängen über die Gegenwart bis in die Zukunft und vermittelt den Museumsgästen ein umfassendes Bild von der Innovationskraft der Marke BMW.
Das kommt an: Mit 630.000 Besuchenden pro Jahr zählt das BMW Museum zu den beliebtesten Museen Münchens. Optisch besticht das Gebäude mit seiner außergewöhnlichen Architektur. Die charakteristische „Museumsschüssel" entwarf der Architekt Professor Karl Schwanzer im Sinne einer „Fortsetzung der Straße im umbauten Raum". Im Jahr 2008 wurde das Museum neu konzipiert und um das Fünffache vergrößert. Seitdem umfasst es 5.000 Quadratmeter Ausstellungsfläche.

Denkmalgeschützt: Das Torgebäude der BMW Group Classic.

Die BMW Group Classic

Seit 2016 ist die Moosacher Straße 66 in München die erste Adresse, wenn es um klassische Fahrzeuge der BMW Group geht. Auf dem 13.000 m^2 großen Areal kümmern sich Expertinnen und Experten um alle Belange rund um die historischen Fahrzeuge, wie Restaurierung, Ersatzteile und das Archiv. Auch ein Teil der mittlerweile 1.400 Fahrzeuge umfassenden Sammlung wird in der BMW Group Classic ausgestellt. Hier schließt sich wieder ein Kreis, denn zu dem historischen Gebäudeensemble gehört auch eine der ersten Produktionshallen des damals noch jungen BMW Werks München. Sie wurde im Verlauf der Umgestaltungsarbeiten ebenso erhalten wie das zeitgenössische und heute unter Denkmalschutz stehende Torgebäude, das nun als Entree zur Historie der BMW Group dient. So wurde die Vergangenheit der Marke wieder ein Teil ihrer Zukunft.

Eine der ersten Produktionshallen des BMW Stammwerks stand auf dem Gelände der 2016 eröffneten BMW Group Classic.

Impressum

Herausgeber	BMW Group
Autoren	Caroline Schulenburg (Kapitel 1-7) Andreas Hemmerle (Kapitel 8-11) Susanne Tsitsinias (Kapitel 11 und 12)
Konzept und Realisation	von Quadt & Company – Agentur für Kommunikation und Events, Hirmer Verlag (2. und 3. Auflage, Neugestaltung der 3. Auflage: Lucia Ott)
Fotografie	BMW Group Historisches Medienarchiv BMW Group PressClub BMW Group Werk München Siemens Archive Seite 154, 168 und 186 © Werner Bachmeier Seite 284/285 LEW / Yeah - Bild, Code & Herzklopfen GbR Marcus Buck, Peter Rossa, Andreas Hemmerle, Harry Zdera, Günter Schmied
Übersetzung	Sonia Brough, Michael Capone, Tristam Carrington-Windo, Hugh Keith, Timothy Kemp, Philip Radcliffe, Alan Seaton, Micha Goebig-Phelps
Lithografie	Reproline mediateam GmbH & Co. KG, München
Druck und Verarbeitung	Westermann Druck, Zwickau
Papier	120 g/m² enviro clever
ISBN	978-3-7774-4072-9 (Hardcover) 978-3-7774-4074-3 (Broschur)

Aus Gründen der besseren Lesbarkeit wird auf die gleichzeitige Verwendung der Sprachformen männlich, weiblich und divers (m/w/d) weitgehend verzichtet. Sämtliche Personenbezeichnungen gelten gleichermaßen für alle Geschlechter.

3. überarbeitete und erweiterte Auflage 2022

THE CLINICAL SPECTRUM OF ALZHEIMER'S DISEASE – THE CHARGE TOWARD COMPREHENSIVE DIAGNOSTIC AND THERAPEUTIC STRATEGIES

Edited by **Suzanne De La Monte**

The Clinical Spectrum of Alzheimer's Disease –
The Charge Toward Comprehensive Diagnostic and Therapeutic Strategies
Edited by Suzanne De La Monte

Published by InTech

Janeza Trdine 9, 51000 Rijeka, Croatia

Publishing Process Manager Petra Zobic

Technical Editor Teodora Smiljanic

Cover Designer InTech Design Team

Additional hard copies can be obtained from orders@intechopen.com

The Clinical Spectrum of Alzheimer's Disease – The Charge Toward Comprehensive Diagnostic and Therapeutic Strategies, Edited by Suzanne De La Monte
p. cm.
ISBN 978-953-307-993-6

For EU product safety concerns:
IN TECH d.o.o., Prolaz Marije Krucifikse Kozulić 3, 51000 Rijeka, Croatia,
info@intechopen.com or visit our website at intechopen.com.

Meet the editor

Dr. Suzanne M. de la Monte, M.D., M.P.H. is Professor of Neuropathology, Neurology, and Neurosurgery at the Rhode Island Hospital and the Alpert Medical School of Brown University, Providence, RI. She received her undergraduate degree from Cornell University, Ithaca, N.Y., M.D. from the Weill College of Medicine at Cornell University, and masters in public health (M.P.H.) from the Blumberg School of Public Health at Johns Hopkins University, Baltimore, MD. Dr. de la Monte completed her residency in Anatomical Pathology and fellowship in Pediatric Pathology at The Johns Hopkins Hospital, and a fellowship in Neuropathology at the Massachusetts General Hospital. She received postdoctoral research training at the Massachusetts General Hospital. Currently, Dr. de la Monte directs research on the role of insulin resistance as a mediator of neurodegeneration in relation to Alzheimer's disease, alcoholism, obesity, diabetes, and development. Her research led to the provocative concept that Alzheimer's is "Type 3 Diabetes".

Contents

Preface

The Clinical Spectrum of Alzheimer's Disease: The Charge Toward Comprehensive Diagnostic and Therapeutic Strategies

Alzheimer's disease, the most common cause of dementia, is a degenerative disease associated with progressive destruction of the brain, resulting in behavioral/psychiatric symptoms, memory and cognitive impairments, and eventually inability to carry out normal daily activities. For over a century, Alzheimer's disease, sometimes mispronounced "old timers' disease" has been studied by clinicians, basic scientists, and translational investigators who work to link concepts developed by each of the other two groups. The term, 'old timers' is apt, because aging is by far the most dominant risk factor for the disease. Alzheimer's disease is studied all over the world because as populations age, the prevalence rates of Alzheimer's increase, and the personal, social, societal, economic, and emotional hardships endured over its 4 to 20 year span are staggering. Given the almost crusade-like drive and enormous sums of money poured into just one field, and the thousands of publications resulting from decades of dedicated struggle, one cannot help but wonder, "what's the problem?" Why are we still so deficient in our understanding of this disease? How much more time and effort are needed to finally have ways to make early, rapid, and accurate diagnoses? When will we finally have the cure, or at least some kind of treatment that can slow down the process and provide a bit more time to enjoy life in a *compos mentis* state?

The Overview chapters in, "The Clinical Spectrum of Alzheimer's Disease: The Charge Toward Comprehensive Diagnostic and Therapeutic Strategies", summarize the basics and provide up-to-date summaries of the salient clinical, epidemiological, and genetic features of Alzheimer's. The Chapter by Dr. Lee Tih-Shih, in addition to reviewing genetic factors mediating Alzheimer's, covers the use of genomics and chip arrays, approaches that will certainly be utilized in the future to identify individuals at increased risk for developing Alzheimer's, so that preventative measures, once determined, could be implemented. The final chapter in the Overview section is unique because it highlights the shifting demographics of Alzheimer's. Previously, Alzheimer's was not prevalent among African American, but now is. The author links the increased rates of Alzheimer's among African Americans to the increased rates of diabetes mellitus. Type 2 diabetes mellitus is now a very well recognized risk factor for sporadic AD, and its precursor, mild cognitive impairment. The author suggests practical measures to combat this emerging epidemic; the concepts expressed may have broader implications for the management and possibly prevention of sporadic Alzheimer's, which accounts for at least 90 percent of all cases.

The next section covers the non-standard features of Alzheimer's. All too often, physicians and caretakers look for only the classical features of Alzheimer's. The four chapters included in this section discuss problems related to focal cortical degenerative effects and disorders of spatial navigation and spatial memory. Such deficits quite likely account for the increased propensity of individuals with early Alzheimer's to get lost and become confused in new environments. The chapter by Dr. Ally Brandon discusses impairments in visual memory and cognition, which dovetails with the chapter on visual-spatial memory impairments in Alzheimer's. The last chapter summarizes olfactory sensory deficits in Alzheimer's. These concepts are important because, in addition to problems with perception and memory, the primary sensory organs, eyes and nose, can and often do undergo degenerative changes, some due to aging, and others possibly as components of Alzheimer's. The bottom line is that "non-standard" does not mean exceptional; instead it refers to the broader spectrum of abnormalities that exist in Alzheimer's, and that could be tapped to better understand the disease as well as improve diagnosis using non-invasive methods.

The ability to detect and monitor the progression and regional distributions of brain atrophy through neuro-imaging approaches provides excellent tools for supporting a clinical diagnosis of Alzheimer's, and can help distinguish the different causes of dementia. In addition, there is a growing realization that neuro-imaging, when combined with function, such as in vivo measures of blood flow, biochemistry, and metabolism, can be powerful for improving the accuracy of early diagnosis, and potentially monitoring responses to treatment. The section, 'Neuroimaging in the Spotlight" decodes the different approaches to neuro-imaging currently used to evaluate people with mild cognitive impairment, Alzheimer's disease, and other dementias. It is worthwhile knowing that as neuro-imaging approaches become more sophisticated and refined, functional assays will become incorporated more routinely. The limitations mainly pertain to the ability to identify pathological, biochemical, and molecular markers of neurodegeneration that correlate with structural and functional neuroimaging abnormalities, and the severity of dementia. This segment of the book is particularly useful for non-specialists and early-stage career specialists.

As mentioned, the growth and sophistication of neuroimaging are partly dependent upon understanding which molecular, biochemical, and structural abnormalities are significantly correlated with progressive neurodegeneration, and specifically, Alzheimer's. Research in the field of Alzheimer biomarkers is robust, and the combined effects of shifting targets, paradigms, and approaches, together with the difficulties in achieving high levels of inter-study concordance rates, make this area of investigation difficult to follow. The field is at the stage where clinicians, educators, and researchers must be knowledgeable about the state-of-the-art approaches to biomarker assays for Alzheimer's, particularly since they are almost exclusively based on cerebrospinal fluid tests. The first two chapters in the section, "Biomarkers: Steps Toward Rapid Non-Invasive Tests", cover these topics in complementary fashions and with sufficient detail for even newcomers to the field to grasp what are rapidly becoming accepted tools to aid in the diagnosis of AD. However, there is still appreciable resistance in the application of cerebrospinal fluid tests, particularly if samples have to be obtained repeatedly. The chapter by Dr. Miscia highlights one of the alternative approaches, i.e. the use of peripheral blood T cells to detect molecular abnormalities related to Alzheimer's neurodegeneration. Then, taking advantage of non-standard approaches to evaluating Alzheimer's, the chapters by Drs. Marco and Panitha illustrate how such sensory deficits can be detected and used to monitor progression of Alzheimer's.. To reiterate, the term, 'non-standard features' is used to highlight the fact that most clinicians and investigators either ignore or are unaware of the primary sensory deficits in olfaction and vision that accompany Alzheimer's.

Understanding the mechanisms of Alzheimer's neurodegeneration will absolutely aid in diagnosis, treatment and prevention of disease. The inclusion of experimental animal model studies in this book may seem off-target. On the contrary, open discussion of this type of research is critical because unlike humans, the specific conditions implicated in the pathogenesis and progression of neurodegeneration can be manipulated, and the outcomes determined in a short period of time. Experimental small animal (mainly rodent) approaches have led to many translational diagnostic and therapeutic approaches in humans. As mentioned at the outset, the most potent risk factor for Alzheimer's is aging. The first chapter in the section, 'Potential Mechanisms of Neurodegeneration' utilizes an experimental mouse model to show how accelerated senescence contributes to abnormalities in intracellular signaling that are associated with Alzheimer's disease. The second chapter by Dr. Kimonis, covers the role of a novel protein that inter-relates several degenerative diseases, including their molecular and biochemical natures. This particular chapter opens readers' minds to the concept that various degenerative diseases are actually interrelated on molecular and biochemical bases, but differ with respect to brain regions and therefore clinical and pathological features. Conceptually, this chapter paves the way toward improving our understanding of Alzheimer's by indirect, backdoor means, i.e. making use of advances in other related as well as seemingly unrelated diseases. Finally, the chapter by Dr. Martinez-Marcos illustrates how the primary sensory abnormalities of olfaction in Alzheimer's are likely mediated by the same pathophysiological mechanisms already identified in the brain. This chapter champions the concept that more consistent evaluation and monitoring of "non-standard" abnormalities in Alzheimer's, even by primary care physicians, could aid in the early detection of neurodegeneration

In summary, the collection of chapters in "The Clinical Spectrum of Alzheimer's Disease: The Charge Toward Comprehensive Diagnostic and Therapeutic Strategies" provides a balanced review of the problems and state-of-the-art approaches to diagnosing and monitoring Alzheimer's disease. The chapters are very readable and well-referenced. The works are mainly focused on human disease, which is the primary concern. However, a few chapters are devoted to experimental models because they are needed to demonstrate how our concepts evolve and the types of analyses that will likely be done in the future to improve our understanding of the pathogenesis of Alzheimer's. Data stemming from both clinical and experimental research will be need to develop objective non-invasive biomarkers for diagnosis, monitoring responses to treatment, and developing new therapeutic targets.

Suzanne M. de la Monte, MD, MPH
Professor of Neuropathology, Neurology, and Neurosurgery
Lifespan Academic Institutions-Rhode Island Hospital
Warren Alpert School of Medicine at Brown University
Providence, RI
USA

Part 1

Overview: Clinical, Epidemiological, and Genetic Factors

1

Risk Factors for Disease Progression in Alzheimer's Disease

Schmidt C, Wolff M, Shalash A and Zerr I
Dept. of Neurology, Dementia Research Unit, University Medical Center, Göttingen Germany

1. Introduction

The most common form of dementia is Alzheimer's disease (AD) (Blennow et al., 2006). Due to worldwide demographic aging, its incidence and socioeconomic impact is going to be growing noticeably within the next fifty years (Sloane et al., 2002). Typically the disease progresses slowly with a mean decline of about 3 MMSE (Mini Mental Status Examination) pts/yr (Morris et al., 1993). On average, patients survive 8 years after the diagnosis has been established (Goldberg, 2007). But sometimes fast progressive AD forms with distinct clinical features are observed (Caselli et al., 1998; Josephs et al., 2009; Mann et al., 1989; Schmidt et al., 2010; van Everbroeck et al., 2004).

During the past few years AD has increasingly being understood as a disease that appears in rather heterogeneous variants (Blennow et al., 2006; Wilkosz et al., 2010; van der Vlies et al., 2009a; Iqbal et al., 2005; Querfurth & LaFerla, 2010). This accounts for its clinical profile, biomarker patterns or neuropathological features. Still, studies sufficiently interrelating symptomatology to neuropathology, pathophysiology and biopathochemistry are lacking. Factors, which might cause heterogeneity, appear to be diverse. For instance, different deterioration speeds may occur in different disease stages (Wilkosz et al., 2010; Brooks et al., 1993; Storandt et al., 2002). Also differences in the so-called cognitive reserve (Stern, 2006; Mortimer et al., 2005; Paradise et al., 2009) could account for phenotypical disparities. But furthermore, different biological causes or processes that converge on a common final pathophysiological pathway might evoke heterogeneity (Ritchie & Touchon, 1992). With ever growing evidence of AD heterogeneity, rapidly progressive AD forms (rpAD) might very well be one representative of such AD subentities.

In this book chapter, we review clinical evidence regarding AD heterogeneity in general and rapidly progressive AD (rpAD) in particular. Questions arising regard the epidemiological evidence for rpAD, its predictability, the biological / pathophysiological basis and the impact on therapeutic decision-making (subtype adapted therapy).

2. Excursus: evidence of AD heterogeneity

Different disease courses, regarding speed and slope, as well as different phenotypes might represent distinct subtypes of AD (Davidson et al., 2010; Geldmacher et al., 2000; Mangone, 2004). Several attempts have been made to characterize those subtypes, by definition of cognitive subgroup patterns, biomarker profiles in the CSF and recently using neuroimaging (Wilkosz et al., 2010; Davidson et al., 2010; Boxer et al., 2003; Cummings, 2000).

Study	Mean survival	Age	n (patients with rpAD), gender	n, in parenthesis: n (subjects with prion disease)
Aksamit et al., 2001	n.a.	n.a.	13 (not all neuropathologically confirmed)	152 (31)
van Everbroeck et al., 2004	22mn	71	clinically diagnosed: 45 (19m, 26f); thereof 30 confirmed by post mortem	201 (52)
Collins et al., 2000	n.a.	n.a.	3	119 (14)
Gelpi et al., 2008	n.a.	n.a.	6	>900 (206)
Haïk et al., 2000	n.a.	n.a.	n.a.	465
Huang et al., 2003	n.a.	n.a.	1, m	46 (17)
Jansen et al., 2009	n.a.	n.a.	54	280 (146)
Jayaratnam et al., 2008	4.5mn	74	1, m	1
Josephs et al., 2009	3yrs	72	1, m	22 (8)
	1.2yrs	74	1, m	
Mahmoudi et al., 2010	21mn	74	1, m	1
Reinwald et al., 2004	40d	69	1, m	1
Schmidt et al., 2010	26.4mn	73	32 (15m,17f)	32
Tschampa et al., 2001	24mn	76	19 (4m, 15f)	56 (25)

Table 1. Neuropathologically confirmed rpAD cases imitating features of prion disease in different studies of rapid dementias. (Abbreviations: d=days, f=female, m=male, mn=months, n.a.=not available, yrs=years). Table modified from Schmidt et al., 2011.

2.1 Heterogeneity in AD neuropsychology and imaging

In a comprehensive overview Cummings presents the knowledge about different phenotypes of AD, which also correlate with marked differences in the focal metabolism or distinct types of focal atrophy (Cummings, 2000). Firstly, he mentions cognitive heterogeneity. Different AD phenotypes may reflect subtypes characterized by marked aphasia (Gorno-Tempini et al., 2008; Price et al., 1993), pronounced visoconstructive disturbances (Furey-Kurkjian et al., 1996), the variant denominated as "posteriortcortical atrophy" (Benson et al, 1988; Tom et al., 1998) and a frontal variant (Foster et al., 1983). For all these speculative variants, different metabolism patterns have been demonstrated e.g. by means of FDG PET imaging (Foster et al., 1983; Grady et al., 1988; Haxby et al., 1988; Pietrini et al., 1996) - as a possible reflection of neurobiological heterogeneity. Boxer and colleagues for instance examined AD patients with similar cognitive profiles but marked differences in visuoconstructive abilities. More right than left cortical gray matter loss was seen in MRI imaging in the visuoconstructively impaired group (esp. right inferior temporal gyrus in contrast to the less spatially impaired group). Right inferotemporal atrophy might therefore be able to serve as an imaging surrogate marker for visuoconstructive disabilities. Another subtype might be AD with salient extrapyramidal signs. Those patients exhibit parkinsonoid features, more severe cognitive decline (Clark et al., 1997) and an increased number of neurofibrillary tangles in neuropathology (Liu et al., 1997). Lewy body (LB) pathology is common (McKeith et al., 1996) in AD, but the group mentioned here was free from such LB features. Behavioral symptoms such as delusion, aggression, depression etc. seem as well to be heterogeneous and also show differences especially regarding metabolism (Cummings, 2000).

2.2 CSF biomarker evidence of heterogeneity

Iqbal and colleagues defined disease subtypes based on CSF marker profiles, age at onset, clinical profile and disease course (Iqbal et al., 2005). Van der Vlies et al. could also identify three AD subtypes using CSF marker profiles (based on Tau, phosphorylated Tau (pTau), and Aβ1-42) - corrected for *Apoε* type, age, gender - showing distinct cognitive profiles on neuropsychologic testing (van der Vlies et al., 2009a, 2009b). Especially patients with very low Aβ1-42 and high Tau and pTau performed worse on Visual association testing (VAT), Trail Making Tests (TMT) and Word Fluency (WF).

The differences in CSF marker profiles might imply the underlying pathophysiology to differ between subtypes. Although this is not proven to date, some findings support this hypothesis: Cerebrospinal fluid (CSF) contains a dynamic and complex mixture of proteins, which reflects physiological and pathological state of the CNS (Gawinecka & Zerr, 2010; Weller, 2001). In AD, levels of both major key players in the disease pathogenesis, namely Tau protein and Aβ, are altered in the CSF. These CSF changes are assumed to mirror the pathophysiological process in the brain, however, direct comparisons are lacking due to a long period between lumbar puncture and CSF tests on the one side and potential autopsy and neuropathological workup on the other side.

2.3 AD heterogeneity in neuropathology

Also from a pathology point of view evidence has been found to support hypotheses of Alzheimer heterogeneity. The basis of neuropathological classification are: Braak's staging, describing the distribution of neurofibrillary tangles (NFT), CERAD staging, describing the densitiy of neuritic plaques and NIA-RIA criteria, being a synthesis of CERAD and Braak's criteria (Murayama & Saito, 2004). Regarding those criteria, neuropathological heterogeneity is observed. Ritchie et al. suggest three hypotheses to explain neuropathological heterogeneity in AD: 1) subtypes 2) disease stage effects 3) "compensation" (differences in cause / origin and progression of AD) (Ritchie & Touchon, 1992).

Especially heterogeneous cortical atrophy, of which right inferotemporal atrophy correlates with visuoconstructive impairment, can be found (Boxer et al., 2003). Recent papers reported heterogeneous Aβ deposition patterns in the end stages of the disease with variations throughout the neocortex, which cannot be completely explained by a regular built up of the pathologic protein during the course of the disease. This implies that other biological factors might be involved to build certain phenotypes (Cupidi et al., 2010). The morphology of Aß deposits is influenced by the cyto- and fibroarchitectonics of the brain region in which they are found and by the amount of amyloid present (Wisniewski et al., 1989). Factors having an impact thereupon are not fully understood (Walker et al., 2008).

Studies, which focused on neurofibrillar tangles (NFT) in AD revealed significantly different NFT densities in various areas of the cerebral cortex without significant differences in the

duration of illness, suggesting a possible existence of subgroups. Two distinct subentities in AD with different densities of neurofibrillary tangles - but apparently without distinct clinical courses could be differentiated (Mizuno et al., 2003). Even in patients with presenelin (*PSEN*) mutations, the neuropathological distribution of different types of plaques, intensity of cerebrovascular amyloid and the number of NFT substantially differed among individuals, implying that missense mutations in PSEN genes can alter a range of key gamma-secretase activities to produce an array of subtly different biochemical, neuropathological and clinical manifestations (Maarouf et al., 2008).
Although the pathological and clinical heterogeneity of AD has been recognized and addressed to some extent in the literature, direct studies on clinico-pathological phenotypes are sparse. Some authors are arguing against the hypotheses of neuropathological heterogeneity. Armstrong et al. for instance examined eighty cases (Armstrong et al., 2000). They found that neuropathological differences were rather continuously distributed in contrast to the subtype hypotheses. Heterogeneity in plaque and tangle distribution correlated more with disease stage (stage hypothesis) rather than being explained by the presence of AD subentities. Nonetheless plaque load and distribution was significantly influenced by the presence of *Apoε* type 4 allele.

3. Definition and epidemiology of rapidly progressive AD

AD has been a clinical diagnosis since the McKhann Criteria were established in 1984 (McKhann et al., 1984). Neuroimaging and CSF parameters increasingly came into use especially in the first decade of the new millennium leading to newly proposed research criteria finally being accepted as a validated instrument to support the diagnostic concept (de Meyer et al., 2010; Dubois et al., 2010; Dubois et al., 2007; Gauthier et al., 2008).
Alois Alzheimer first described the hallmarks of AD with plaques and neurofibrillary tangles (NFT) more than a hundred years ago. In synopsis with the clinical presentation, neuropathological work-up allows a definite diagnosis. But it has become obvious that AD pathology can also exist without significant simultaneous cognitive impairment (Price et al., 2009). In cases when AD was diagnosed clinically and by post mortem work-up, heterogeneity has also been found to exist e.g. in terms of tangle distribution (Mizuno et al., 2003). Until today it remains subject to controversy how to relate clinical signs and symptoms to specific neuropathological lesion patterns or profiles.
Hypothetically clinically differing disease course could represent distinct subentities of AD in terms of heterogeneity. This accounts especially for speed of decline and distinct trajectories of that deterioration speed (Davidson et al., 2010; Mangone, 2004). Some attempts have been made to characterize these subentities by defining cognitive subgroup profiles, CSF biomarker patterns and neuroimaging characteristics (Wilkosz et al., 2010; Davidson et al., 2010; Boxer et al., 2003; Cummings, 2000). (→ see section 2)
Disease progression rates have also been used to distinguish AD subtypes. But at the moment there is no consensus about the definition of the term "rapidly progressive AD". Moreover the term «rapid» has been used rather arbitrarily. It has been doubtful whether "rapid" should be applied to characterize either the rate of cognitive deterioration - and if so, on which scales - or the disease duration time (survival time). In addition, the trajectories of decline have not been and even are currently not clearly known. They might differ among subentities, making a clear definition very difficult. The majority of AD researchers assume

a linear slope, but some investigators also suggest trilinear models of decline or even more trajectories (Wilkosz et al., 2010; Brooks et al., 1993).
A variety of definitions has been used in previous studies rather at will. The term "rapid" has been applied to describe a survival time below 4 years (Josephs et al., 2009), MMSE declines of >5 pts/yr (Doody et al., 2001), >3 pts/yr (Carcaillon et al., 2007), >4pts/0.5yrs (Dumont et al., 2005) or >2,56 pts/yr (Buccione et al, 2007) as well as CDR (Clinical Dementia Rating Scale) score progression from 1 to 2 or 3 within max. 3 yrs (Bhargava et al., 2006). Ito et al. observed an average MMSE loss of 5.5 pts/yr in mild to moderate AD in a metaanalysis (Ito et al., 2010). Encouraging a discussion and attempt to reach a consensus on the term "rapid cognitive decline", a threshold of 3 or more MMSE pt loss per six months has been proposed (Schmidt et al., 2011; Soto et al., 2008).
Owed to different definitions of "rapid", rpAD seems to constitute approximately 10-30% of the AD population. In a longitudinal study with more than 600 AD patients over a two years period, Cortes et al. discovered that almost one third of the patients declined faster than 3 MMSE pts. per year. A tenth deteriorated twice as fast as the whole groups average decline of approx. 4.5 pts per year on the MMSE scale (Cortes et al, 2008). Dumont and colleagues, in another prospective study, saw one quarter of the cohort decline faster than 4 MMSE points within half a year (Dumont et al., 2005). Recently Åsa Wallin and her research group were able to show that approximately 8% of their AD study population were characterized by a significantly higher mortality and a mean speed of cognitive deterioration of almost 5 MMSE pts/yr (Wallin et al., 2010). Table 2 gives overview of different studies describing rapid progression and its frequency.

study	definition of "rapid" [MMSE decline]	proportion of study population, (n (total))
Carcaillon et al., 2007	>3pt/yr	34% (254)
Ballard et al., 2001	>4pt/yr *	60% (101)
Cortes et al., 2008	>4.5/yr	11% (686)
Wallin et al., 2010	>5pt/yr**	8% (151)
Ballard et al., 2001	>7pt/yr *	32% (101)
Dumont et al., 2005	>8pt/yr	25% (312)
Soto et al., 2008a	multiple (>3pts/6months)	10%-54%
Soto et al., 2008b	>4pts/first 6 months	14% (565)

*(«Rapid» is not explicitly defined in this study. The numbers given are mere observations.)
** Special CSF biomarker cluster

Table 2. Frequency of rpAD in several clinical studies (longitudinal, cross-sectional, retrospective). «Rapid» has been defined by the authors in terms of MMSE decline (column 1) to specify a «rapid group» out of the AD continuum. (Abbreviations: MMSE=Minimental Status Examination, n=number, pts=points, yr=year). Table modified from Schmidt et al., 2011.

4. Factors associated with rapid progression

Much is known about clinical, pathobiochemical and hereditary factors altering the *risk* of developing Alzheimer's disease, as well as how the risk to advance from Mild Cognitive Impairment (MCI) to manifest dementia is modulated by these. But there is a relative lack of knowledge about which signs and symptoms, blood and CSF marker values as well as genetic factors actually predict the speed of deterioration in AD.

4.1 Clinical signs, symptoms and comorbidity as predictors of fast progression

Several factors such as genetic properties, environmental circumstances, cerebral atherosclerosis, cognitive reserve, medical and social support contribute to disease progression (Etiene et al., 1998).

sign / comorbidity	predictor of		
	slow progression	no influence or unclear	fast progression
apathy			Starkstein et al., 2006 (354)
apraxia (constructional)			Smith et al., 2001 (60)
atherosclerosis, atrial fibrillation, hypercholesterinemia, hypertension, microvascular disease, myocardial infarction		Abellan et al., 2009 (686)	Laukka et al., 2010 (138) Mielke et al., 2007 (135) Roselli et al., 2009 (162) Silvestrini et al., 2006 (53)
chronic systemic inflammation			Holmes et al., 2010 (300)
diabetes mellitus	Sanz et al., 2009 (608)		Roselli et al., 2009 (162)
psychotic symptoms			Mangone, 2004 (1000) Wilkosz et al., 2009 (201)
multitude of focal neurological signs			Josephs et al., 2009 (1) Schmidt et al., 2010 (32) Tschampa et al., 2001 (19) van Everbroeck et al., 2004 (45)
high educational level	Pavlik et al., 2009 (rate of decline) (478)	Pavlik et al., 2009 (survival) (478)	Roselli et al., 2009 (162)
low educational level			Mangone, 2004 (1000)
motor signs			Mangone, 2004 (1000) Portet et al., 2009 (388) Scarmeas et al., 2005 (533)
early fast decline			Soto et al., 2008b (565)
seizures			Volicer et al., 1995 (language function) (27)
severe cognitive impairment at disease onset		Hui et al., 2003 (mortality) (354)	Atchison et al., 2007 (150) Ito et al., 2010 (576) Marra et al., 2000 (45)
sex (male)			Roselli et al., 2009 (162)

Table 3. Clinical signs, symptoms and comorbidity as predictors of disease progression. Total number of subjects (AD) in the studies are given in parentheses. Table modified from Schmidt et al., 2011.

The role of comorbidity is subject to controversy. Diseases of the cardiovascular system and diabetes mellitus are commonly accepted as AD disease risk modulators. However, findings regarding their impact on disease progression are sometimes contradictory (Table 3) (Abellan van Kan et al., 2009; Mielke et al., 2007).
Fast deterioration also appears to be associated with the occurrence of certain signs and symptoms. Among those are especially early signs of the motor system. They are predictors of fast decline as well as poor outcome (Mangone, 2004; Portet et al., 2009; Scarmeas et al., 2005). Another potential indicator / predictor of a rapid disease course might be the presence of psychotic symptoms (Wilkosz et al. 2010). Table 3 provides an overview of the associations of comorbidity and symptoms with progression of AD.
Baseline cognitive status and preprogression rates in MMSE decline (estimated MMSE loss per time period from onset until diagnosis [pt/yr]) were used as predictive clinical markers as well. Another concept of predictive clinical markers has been demonstrated to be useful e.g. by Doody et al. in 2001. The baseline cognitive status as well as preprogression rates of MMSE decline were able to predict further speed of deterioration. Preprogression rates resemble the estimated MMSE loss per time period between the clinical onset to formal diagnosis (pts/yr).
It has been shown by Soto et al., that especially the early loss of 4 MMSE pts within half a year was predicting a poorer outcome (Soto et al., 2008b). Additionally, the baseline cognitive status is all the more capable of predicting the speed of decline regarding functional basic care abilities in AD (Atchison et al., 2007). The baseline level of cognition does not necessarily correlate with mortality, nonetheless, the cognitive decline rate features a considerable variability in some longitudinal studies (Hui et al., 2003). Recently a metaanalysis showed baseline ADAS-Cog values to be covariates of speed of decline (Ito et al., 2010). Santillan and coworkers proposed the use of a scale, consisting of the educational level, insight assessment, the presence of psychosis, the activities of daily living as well as MMSE. Measured at baseline this scale might be capable of estimating the risk of future deterioration (Santillan et al., 2003).

4.2 Imaging and prediction

An abundance of scientific work has been published regarding imaging in AD. The majority deals with either the early diagnosis of AD and differentiation MCI, AD and healthy subject, or makes statements about imaging and the risk of developing Alzheimer's disease, or it correlates atrophy rates to stages of AD. Literature about baseline imaging characteristics that actually predict the future speed of decline of AD patients (and not the risk of progression from MCI to AD) is scarce. Table 4 gives an overview.

4.3 Predictive biomarkers

4.3.1 CSF

CSF markers have become an important part of AD diagnostics. But also as predictors of fast decline, they might harbor a certain potential. For instance, rapid cognitive deterioration has been demonstrated to be indicated by high total Tau (Tau) protein or hyperphosphorylated Tau (pTau) as well as low Aβ1-42 (411pg/ml or less) or a high Tau/Aβ1-42 ratio (0.81 or higher) in the cerebrospinal fluid (CSF) respectively (Mungas et al., 2002). Therefore attempts have been made to suggest and validate Tau as well as its phosphorylated isoforms in particular as prognostic markers. Kester et al. discovered that especially elevated Tau protein without proportionally elevated hyperphosphorylated Tau (pTau) might predict fast decline (Kester et al., 2009). Wallin and coworkers recently showed that subjects with very high levels of Tau (>1501 (±292) pg/ml) and pTau (>139 (±39) pg/ml) and at the same time low levels of Aβ1-42 (< 362 (± 66) pg/ml) deteriorate more rapidly and feature high mortality rates (Wallin et al., 2010).

study	slower progression or no influence	faster progression
Adak et al., 2004 (n=225, MRI)		higher ventricular volume
Kinkingnehun et al., 2008 (n=41, MRI, voxel based morphometry)		extensive cortical atrophy
Mungas et al., 2002 (n=120, MRI)		hippocampal atrophy, cortical atrophy
Ridha et al., 2008 (n=52, MRI)	hippocampal atrophy	
Sluimer et al., 2008 (n=65, MRI)	focal hippocampal shrinkage	generalized global atrophy and early onset and *Apoε*4 negative
Swann et al., 1997 (n[AD]=24, MRI)	hippocampal atrophy	

Table 4. Imaging and the prediction of AD disease progression.

It has to be kept in mind that some studies the disease stage might be a confounder: Certain CSF marker levels or patterns could as well reflect the disease stage instead of being indicative or predictive for the deterioration rate. Data from serial, repeatedly performed lumbar punctures and CSF analyses are necessary to control this potential confounding factor. Only a small number of studies on this subject have been performed so far. The follow up intervals were short. Over a period of 24 months CSF Tau, pTau and Aβ1-42 appear to be quite constant (Sunderland et al., 1999; Blennow et al., 2007). This hypothesis has largely been undergirded by Buchave et al. However, they reported slightly increasing Tau values over two years (Buchhave et al., 2009). Contradicting these findings of constancy, Stomrud and colleagues demonstrated pTau to increase in a 4 years observation period. Furthermore this increment seemed to be associated with cognitive decline (Stomrud et al., 2010). Regarding Aβ1-42 levels, Huey and colleagues found these to slightly decrease while Tau staying stable observed over a period of 4 years (Huey et al., 2006).

4.3.2 Genetics

Efforts to investigate genetic predictors in AD have been significantly increased over the past years. A number of polymorphisms found seem to have predictive capability in regards of speed of decline. Nonetheless, several remain subject to discussion and controversy: Among those especially the Apoε gene. This polymorphism is a well established modulator of AD *disease risk*. But its significance as a *predictor* of progression is not yet as well examined. Some researchers claim, that the presence of the ε4 allele predicts fast

deterioration especially in mild AD (Cosentino et al., 2008). But in opposition, according to van der Vlies, early onset AD is especially rapid, if the subjects are negative for Apoε4 (van der Vlies et al., 2009b). A recent study of our research group came to the same result: the ε4 allele was exceptionally infrequent among rpAD cases (Schmidt et al., 2010). Clues mount up that lacking Apoε4 in AD is not only associated with a faster decline but also a more atypical course (van der Flier et al., 2011).
Nevertheless, the research group of Kester and colleagues found no predictive capability of Apoε whatsoever (Kester et al., 2009). An overview of different genetic markers associated with speed of decline is provided in Table 5.

gene/polymorphism	**decline**		
	slow	**no influence**	**fast**
Apoε4		Kester et al., 2009 (151)	Cosentino et al., 2008 (570)
no Apoε4			van der Vlies et al., 2009b (291) Schmidt et al., 2010 (32) van der Flier et al., 2011
BuChE (K allele)	Holmes et al., 2005 (339)		
G51S PNP (AA genotype)			Tumini et al., 2007 (321)
HMGCR (A allele)			Porcellini et al., 2007 (190+586, 97, 296)
PSEN1 rs3025780 (TG genotype)			Belbin et al., 2009 (714, 169)
PSEN1 rs3025787 (CG genotype)			Belbin et al., 2009 (714, 169)
PSEN1 rs7152131 (CA genotype)	Belbin et al., 2009 (714, 169)		
ACT7 (GC + CC genotype)			Belbin et al., 2008 (688+419)
ACT-17 (AA genotype)			Kamboh et al., 2006 (909)
ACT promoter polymorphism (TT genotype) + Apoε4			Licastro et al., 2005 (422)
*IL-1α -889 (*1/*1 genotype)*			Murphy et al., 2001 (114)
IL-18 -137 (CC genotype)			Bossu et al., 2007 (339)
FAS -1377 (AG + GG genotype)			Chiappelli et al., 2006 (137+144)
RAGE G82S (GS + SS genotype)			Li et al., 2010 (276+254)

Table 5. Genetic predictors of cognitive deterioration speed in AD Total number of subjects (AD) in the studies are given in parentheses.

5. Conclusion

Until recently, Alzheimer's disease has been seen as a clinically rather homogeneous disease. But during the last decade several studies have differentiated early onset or late onset entities as well as fast declining forms. Classification and characterization of these disease subentities by means CSF biomarkers and search for indicative patterns as well as neuropsychological test batteries has been attempted. However, comprehensive approaches to characterize AD subtypes relating clinical characteristics to a neuropathological molecular level are lacking (Wilkosz et al., 2010; Doody et al., 2001). Latest pharmacological trials implicated that there may be different subtypes within Alzheimer's disease exhibiting different susceptibilities to specific pharmacotherapies (Wallin et al., 2009). Hence, a superior characterization of the clinico-pathological heterogeneity and identification of predictive factors of disease progression should be able to improve our understanding of disease pathogenesis and allow better monitoring in therapeutic settings.

	rpAD	**classical AD**
survival	few years (2-3)	8-10 years
onset	still unclear, around the age of 73yrs in the study of Schmidt et al., 2010	around age 65yrs (below = early onset, above = late onset)
cognitive decline	>6 MMSE pts/yr → fast	approx. 3-6 MMSE pts/yr → slow
focal neurological signs	occurring in early stages, multiple (esp. extrapyramidal signs)	occurring in late stages
CSF biomarkers	very high Tau, very high pTau, very low A beta 1-42, proteins	high Tau, high pTau, low A beta 1-42, proteins 14-3-3
ApoE4	controversial: its influence on decline see Table 4, sometimes seen negative in very rapid cases (Mann et al., 1989)	established as a risk factor

Table 6. Classic AD and rpAD in comparison. Table modified from Schmidt et al., 2011.

6. Acknowledgement

This book chapter is based on "Rapidly progressive Alzheimer`s Disease" (Schmidt et al. accepted for publication in Arch Neurol). The work was supported by the BMBF (Determinants for disease progression in AD, KNDD-2 (German Network for Degenerative Dementia) 2011-2013, grant 016/1010c

7. References

Abellan van Kan, G., Rolland, Y., Nourhashémi, F., Coley, N., Andrieu, S., & Vellas, B. (2009) Cardiovascular disease risk factors and progression of Alzheimer's disease. *Dement Geriatr Cogn Disord.*, 27(3), 240-246

Adak, S., Illouz, K., Gorman, W., Tandon, R., Zimmerman, E.A., Guariglia, R., et al. (2004) Predicting the rate of cognitive decline in aging and early Alzheimer disease. *Neurology*, 63(1), 108-114

Aksamit, A.J., Preissner, C.M., & Homburger, H.A. (2001) Quantitation of 14-3-3 and neuron-specific enolase proteins in CSF in Creutzfeldt-Jakob disease. *Neurology*, 57(4), 728-730

Armstrong, R.A., Nochlin, D., & Bird, T.D. (2000) Neuropathological heterogeneity in Alzheimer's disease: a study of 80 cases using principal components analysis. *Neuropathology*, 20(1), 31-37

Atchison, T.B., Massman, P.J., & Doody, R.S. (2007) Baseline cognitive function predicts rate of decline in basic-care abilities of individuals with dementia of the Alzheimer's type. *Arch Clin Neuropsychol*, 22(1), 99-107

Ballard, C., O'Brien, J., Morris, C.M., Barber, R., Swann, A., Neill, D., et al. (2001) The progression of cognitive impairment in dementia with Lewy bodies, vascular dementia and Alzheimer's disease. *Int J Geriatr Psychiatry*,16(5), 499-503

Belbin, O., Beaumont, H., Warden, D., Smith, A.D., Kalsheker, N., & Morgan, K. (2009) PSEN1 polymorphisms alter the rate of cognitive decline in sporadic Alzheimer's disease patients. *Neurobiol Aging*, 30(12), 1992-1999

Belbin, O., Dunn, J.L., Chappell, S., Ritchie, A.E., Ling, Y., Morgan, L., et al. (2008) A SNP in the ACT gene associated with astrocytosis and rapid cognitive decline in AD. *Neurobiol Aging*, 29(8), 1167-1176

Benson, D.F., Davis, R.J., & Snyder, B.D. (1988) Posterior cortical atrophy. *Arc Neurol* ,45(7), 789-793

Bhargava, D., Weiner, M.F., Hynan, L.S., Diaz-Arrastia, R., & Lipton, A.M. (2006) Vascular disease and risk factors, rate of progression, and survival in Alzheimer's disease. *J Geriatr Psychiatry Neurol*, 19(2), 78-82

Blennow, K., de Leon, M.J., & Zetterberg, H. (2006) Alzheimer's disease. *Lancet*, 368(9533), 387-403

Blennow, K., Zetterberg, H., Minthon, L., Lannfelt, L., Strid, S., Annas, P., et al. (2007) Longitudinal stability of CSF biomarkers in Alzheimer's disease. *Neurosci Lett*, 419(1), 18-22

Bossù, P., Ciaramella, A., Moro, M.L., Bellincampi, L., Bernardini, S., Federici, G., et al. (2007) Interleukin 18 gene polymorphisms predict risk and outcome of Alzheimer's disease. *J Neurol Neurosurg Psychiatr*, 78(8), 807-811

Boxer, A.L., Kramer, J.H., Du, A.-T., Schuff, N., Weiner, M.W., Miller, B.L., et al. (2003) Focal right inferotemporal atrophy in AD with disproportionate visual constructive impairment. *Neurology*, 61(11), 1485-1491

Brooks, J.O., Kraemer, H.C., Tanke, E.D., & Yesavage, J.A. (1993) The methodology of studying decline in Alzheimer's disease. *J Am Geriatr Soc*, 41(6), 623-628

Buccione, I., Perri, R., Carlesimo, G.A., Fadda, L., Serra, L., Scalmana, S., et al. (2007) Cognitive and behavioural predictors of progression rates in Alzheimer's disease. *Eur J Neurol*, 14(4), 440-446

Buchhave, P., Blennow, K., Zetterberg, H., Stomrud, E., Londos, E., Andreasen, N., et al. (2009) Longitudinal study of CSF biomarkers in patients with Alzheimer's disease. *PLoS ONE*, 4(7), e6294

Carcaillon, L., Pérès, K., Péré, J.-J., Helmer, C., Orgogozo, J.-M., Dartigues, J.-F. (2007) Fast cognitive decline at the time of dementia diagnosis: a major prognostic factor for survival in the community. *Dement Geriatr Cogn Disord*, 23(6), 439-445

Caselli, R.J., Couce, M.E., Osborne, D., Deen, H.G., & Parisi, J.P. (1998) From slowly progressive amnesic syndrome to rapidly progressive Alzheimer disease. *Alzheimer Dis Assoc Disord*, 12(3), 251-253

Chiappelli, M., Nasi, M., Cossarizza, A., Porcellini, E., Tumini, E., Pinti, M., et al. (2006) Polymorphisms of fas gene: relationship with Alzheimer's disease and cognitive decline. *Dement Geriatr Cogn Disord*, 22(4), 296-300

Clark, C.M., Ewbank, D., Lerner, A., Doody, R., Henderson, V.W., Panisset, M., et al. (1997) The relationship between extrapyramidal signs and cognitive performance in patients with Alzheimer's disease enrolled in the CERAD Study. Consortium to Establish a Registry for Alzheimer's Disease. *Neurology*, 49(1), 70-75

Cortes, F., Nourhashémi, F., Guérin, O., Cantet, C., Gillette-Guyonnet, S., Andrieu, S., et al. (2008) Prognosis of Alzheimer's disease today: a two-year prospective study in 686 patients from the REAL-FR Study. *Alzheimers Dement*, 4(1), 22-29

Cosentino, S., Scarmeas, N., Helzner, E., Glymour, M.M., Brandt, J., Albert, M., et al. (2008) APOE epsilon 4 allele predicts faster cognitive decline in mild Alzheimer disease. *Neurology*, 70(19 Pt 2), 1842-1849

Cummings, J.L. (2000) Cognitive and behavioral heterogeneity in Alzheimer's disease: seeking the neurobiological basis. *Neurobiol Aging*, 21(6), 845-861

Cupidi, C., Capobianco, R., Goffredo, D., Marcon, G., Ghetti, B., Bugiani, O., et al. (2010) Neocortical variation of Abeta load in fully expressed, pure Alzheimer's disease. *J Alzheimers Dis*, 19(1), 57-68

Davidson, J.E., Irizarry, M.C., Bray, B.C., Wetten, S., Galwey, N., Gibson, R., et al. (2010) An exploration of cognitive subgroups in Alzheimer's disease. *J Int Neuropsychol Soc*, 16(2), 233-243

De Meyer, G., Shapiro, F., Vanderstichele, H., Vanmechelen, E., Engelborghs, S., De Deyn, P.P., et al. (2010) Diagnosis-Independent Alzheimer Disease Biomarker Signature in Cognitively Normal Elderly People. *Arch Neurol*, 67(8), 949-956

Doody, R.S., Massman, P., & Dunn, J.K. (2001) A method for estimating progression rates in Alzheimer disease. *Arch Neurol*, 58(3), 449-454

Dubois, B., Feldman, H.H., Jacova, C., Cummings, J.L., Dekosky, S.T., Barberger-Gateau, P., et al. (2010) Revising the definition of Alzheimer's disease: a new lexicon. *Lancet Neurol*, 9(11), 1118-1127

Dubois, B., Feldman, H.H., Jacova, C., Dekosky, S.T., Barberger-Gateau, P., Cummings, J., et al. (2007) Research criteria for the diagnosis of Alzheimer's disease: revising the NINCDS-ADRDA criteria. *Lancet Neurol*, 6(8), 734-746

Dumont, C., Voisin, T., Nourhashemi, F., Andrieu, S., Koning, M., & Vellas, B. (2005) Predictive factors for rapid loss on the mini-mental state examination in Alzheimer's disease. *J Nutr Health Aging*, 9(3), 163-167

Etiene, D., Kraft, J., Ganju, N., Gomez-Isla, T., Gemelli, B., Hyman, B.T., et al. (1998) Cerebrovascular Pathology Contributes to the Heterogeneity of Alzheimer's Disease. *J Alzheimers Dis*, 1(2), 119-134

Foster, N., Chase, T.N., Fedio, P., Patronas, N.J., Brooks, R.A., & Di Chiro, G. (1983) Alzheimer's disease: focal cortical changes shown by positron emission tomography. *Neurology*, 33(8), 961-965

Furey-Kurkjian, M., Pietrini, P., Graff-Radford, N., Alexander, G., Freo, U., Szczepanik, J., et al. (1996) The visual variant of Alzheimer's disease: distinctive neuropsychological features. *Neuropsychology*, 10, 294-300

Gauthier, S., Dubois, B., Feldman, H., & Scheltens, P. (2008) Revised research diagnostic criteria for Alzheimer's disease. *Lancet Neurol*, 7(8), 668-670

Gawinecka, J., & Zerr, I. (2010) Cerebrospinal fluid biomarkers in human prion diseases. *Future Neurology*, 5(2), 301-316

Geldmacher, D., Santillan, C., & Fritsch T. (2000) Development of a scale to predict decline among mildly demented Alzheimer disease patients. *Neurobiol Aging*, 21(Suppl 1S), S93

Gelpi, E., Heinzl, H., Hoftberger, R., Unterberger, U., Strobel, T., Voigtlander, T., et al. (2008) Creutzfeldt-Jakob disease in Austria: an autopsy-controlled study. *Neuroepidemiology*, 30(4), 215-221

Goldberg, R.J. (2007) Alzheimer's disease. *Compr Ther*, 33(2), 58-64

Gorno-Tempini, M.L., Brambati, S.M., Ginex, V., Ogar, J., Dronkers, N.F., Marcone, A., et al. (2008) The logopenic/phonological variant of primary progressive aphasia. *Neurology*, 71(16), 1227-1234

Grady, C.L., Haxby, J.V., Horwitz, B., Sundaram, M., Berg, G., Schapiro, M., et al. (1988) Longitudinal study of the early neuropsychological and cerebral metabolic changes in dementia of the Alzheimer type. *J Clin Exp Neuropsychol*, 10(5), 576-596

Haïk, S., Brandel, J.P., Sazdovitch, V., Delasnerie-Lauprêtre, N., Peoc'h, K., Laplanche, J.L., et al. (2000) Dementia with Lewy bodies in a neuropathologic series of suspected Creutzfeldt-Jakob disease. *Neurology*, 55(9), 1401-1404

Haxby, J.V., Grady, C.L., Koss, E., Horwitz, B., Schapiro, M., Friedland, R.P., et al. (1988) Heterogeneous anterior-posterior metabolic patterns in dementia of the Alzheimer type. *Neurology*, 38(12), 1853-1863

Heinemann, U., Krasnianski, A., Meissner, B., Varges, D., Kallenberg, K., Schulz-Schaeffer, W.J., et al. (2007) Creutzfeldt-Jakob disease in Germany: a prospective 12-year surveillance. *Brain*, 130(Pt 5), 1350-1359

Holmes, C., Ballard, C., Lehmann, D., David Smith, A., Beaumont, H., Day, I.N., et al. (2005) Rate of progression of cognitive decline in Alzheimer's disease: effect of butyrylcholinesterase K gene variation. *J Neurol Neurosurg Psychiatr*, 76(5), 640-643

Holmes, C., Cunningham, C., Zotova, E., Woolford, J., Dean, C., Kerr, S., et al. (2009) Systemic inflammation and disease progression in Alzheimer disease. *Neurology*, 73(10), 768-774

Huang, N., Marie, S.K., Livramento, J.A., Chammas, R., & Nitrini, R. (2003) 14-3-3 protein in the CSF of patients with rapidly progressive dementia. *Neurology*, 61(3), 354-357

Huey, E.D., Mirza, N., Putnam, K.T., Soares, H., Csako, G., Levy, J.A., et al. (2006) Stability of CSF beta-amyloid(1-42) and tau levels by APOE genotype in Alzheimer patients. *Dement Geriatr Cogn Disord*, 22(1), 48-53

Hui, J.S., Wilson, R.S., Bennett, D.A., Bienias, J.L., Gilley, D.W., & Evans, D.A. (2003) Rate of cognitive decline and mortality in Alzheimer's disease. *Neurology*, 61(10), 1356-1361

Iqbal, K., Flory, M., Khatoon, S., Soininen, H., Pirttila, T., Lehtovirta, M., et al. (2005) Subgroups of Alzheimer's disease based on cerebrospinal fluid molecular markers. *Ann Neurol*, 58(5), 748-757

Ito, K., Ahadieh, S., Corrigan, B., French, J., Fullerton, T., & Tensfeldt, T. (2010) Disease progression meta-analysis model in Alzheimer's disease. *Alzheimers Dement*, 6(1), 39-53

Jansen, C., Schuur, M., Spliet, W.G.M., van Gool, W.A., van Duijn, C.M., & Rozemuller, A.J.M. (2009) [Eleven years of autopsy on account of Creutzfeldt-Jakob disease in the Netherlands]. *Ned Tijdschr Geneeskd*, 153, A172

Jayaratnam, S., Khoo, A.K.L., & Basic, D. (2008) Rapidly progressive Alzheimer's disease and elevated 14-3-3 proteins in cerebrospinal fluid. *Age Ageing*, 37(4), 467-469

Johnson, J.K., Head, E., Kim, R., Starr, A., & Cotman, C.W. (1999) Clinical and pathological evidence for a frontal variant of Alzheimer disease. *Arch Neurol*, 56(10), 1233-1239

Josephs, K.A., Ahlskog, J.E., Parisi, J.E., Boeve, B.F., Crum, B.A., Giannini, C., et al. (2009) Rapidly progressive neurodegenerative dementias. *Arch Neurol*, 66(2), 201-207

Kamboh, M.I., Minster, R.L., Kenney, M., Ozturk, A., Desai, P.P., Kammerer, C.M., et al. (2006) Alpha-1-antichymotrypsin (ACT or SERPINA3) polymorphism may affect age-at-onset and disease duration of Alzheimer's disease. *Neurobiol Aging*, 27(10), 1435-1439

Kester, M.I., van der Vlies, A.E., Blankenstein, M.A., Pijnenburg, Y.A.L, van Elk, E.J., Scheltens, P., et al. (2009) CSF biomarkers predict rate of cognitive decline in Alzheimer disease. *Neurology*, 73(17), 1353-1358

Kinkingnéhun, S., Sarazin, M., Lehéricy, S., Guichart-Gomez, E., Hergueta, T., & Dubois, B. (2008) VBM anticipates the rate of progression of Alzheimer disease: a 3-year longitudinal study. *Neurology*, 70(23), 2201-2211

Laukka, E.J., Fratiglioni, L., & Bäckman, L. (2010) The Influence of Vascular Disease on Cognitive Performance in the Preclinical and Early Phases of Alzheimer's Disease. *Dement Geriatr Cogn Disord*, 29(6), 498-503

Li, K., Dai, D., Zhao, B., Yao, L., Yao, S., Wang, B., et al. (2010) Association between the RAGE G82S polymorphism and Alzheimer's disease. *J Neural Transm*, 117(1), 97-104

Licastro, F., Chiappelli, M., Grimaldi, L.M.E., Morgan, K., Kalsheker, N., Calabrese, E., et al. (2005) A new promoter polymorphism in the alpha-1-antichymotrypsin gene is a disease modifier of Alzheimer's disease. *Neurobiol Aging*, 26(4), 449-453

Liu, Y., Stern, Y., Chun, M.R., Jacobs, D.M., Yau, P., & Goldman, J.E. (1997) Pathological correlates of extrapyramidal signs in Alzheimer's disease. *Ann Neurol*, 41(3), 368-374

Maarouf, C.L., Daugs, I.D., Spina, S., Vidal, R., Kokjohn, T.A., Patton, R.L., et al. (2008) Histopathological and molecular heterogeneity among individuals with dementia associated with Presenilin mutations. *Mol Neurodegener*, 3, 20

Mahmoudi, R., Manckoundia, P., Morrone, I., Lang, P.-O., Dramé, M., & Novella, J.-L. (2010) Atypical case of Alzheimer's disease mimicking Creutzfeldt-Jakob disease: interest of cerebrospinal fluid biomarkers in the differential diagnosis. *J Am Geriatr Soc*, 58(9), 1821-1823

Mangone, C.A. (2004) [Clinical heterogeneity of Alzheimer's disease. Different clinical profiles can predict the progression rate]. *Rev Neurol*, Apr 1;38(7), 675-681

Mann, U.M., Mohr, E., Chase, T.N. (1989) Rapidly progressive Alzheimer's disease. *Lancet*, 2(8666), 799

McKeith, I.G., Galasko, D., Kosaka, K., Perry, E.K., Dickson, D.W., Hansen, L.A., et al. (1996) Consensus guidelines for the clinical and pathologic diagnosis of dementia with Lewy bodies (DLB): report of the consortium on DLB international workshop. *Neurology*, 47(5), 1113-1124

McKhann, G., Drachman, D., Folstein, M., Katzman, R., Price, D., & Stadlan, E.M. (1984) Clinical diagnosis of Alzheimer's disease: report of the NINCDS-ADRDA Work Group under the auspices of Department of Health and Human Services Task Force on Alzheimer's Disease. *Neurology*, 34(7), 939-944

Mielke, M.M., Rosenberg, P.B., Tschanz, J., Cook, L., Corcoran, C., Hayden, K.M., et al. (2007) Vascular factors predict rate of progression in Alzheimer disease. *Neurology*, 69(19), 1850-1858

Mizuno, Y., Ikeda, K., Tsuchiya, K., Ishihara, R., & Shibayama, H. (2003) Two distinct subgroups of senile dementia of Alzheimer type: quantitative study of neurofibrillary tangles. *Neuropathology*, 23(4), 282-289

Morris, J.C., Edland, S., Clark, C., Galasko, D., Koss, E., Mohs, R., et al. (1993) The consortium to establish a registry for Alzheimer's disease (CERAD). Part IV. Rates of cognitive change in the longitudinal assessment of probable Alzheimer's disease. *Neurology*, 43(12), 2457-2465

Mortimer, J.A., Borenstein, A.R., Gosche, K.M., & Snowdon, D.A. (2005) Very early detection of Alzheimer neuropathology and the role of brain reserve in modifying its clinical expression. *J Geriatr Psychiatry Neurol*, 18(4), 218-223

Mungas, D., Reed, B.R., Jagust, W.J., DeCarli, C., Mack, W.J., Kramer, J.H., et al. (2002) Volumetric MRI predicts rate of cognitive decline related to AD and cerebrovascular disease. *Neurology*, 59(6), 867-873

Murayama, S., & Saito, Y. (2004) Neuropathological diagnostic criteria for Alzheimer's disease. *Neuropathology*, 24(3), 254-260

Murphy, G.M., Claassen, J.D., DeVoss, J.J., Pascoe, N., Taylor, J., Tinklenberg, J.R., et al. (2001) Rate of cognitive decline in AD is accelerated by the interleukin-1 alpha -889 *1 allele. *Neurology*, 56(11), 1595-1597

Paradise, M., Cooper, C., & Livingston, G. (2009) Systematic review of the effect of education on survival in Alzheimer's disease. *Int Psychogeriatr*, 21(1), 25-32

Pavlik, V.N., Doody, R.S., Massman, P.J., & Chan, W. (2006) Influence of premorbid IQ and education on progression of Alzheimer's disease. *Dement Geriatr Cogn Disord*, 22(4), 367-377

Pietrini, P., Furey, M.L., Graff-Radford, N., Freo, U., Alexander, G.E., Grady, C.L., et al. (1996) Preferential metabolic involvement of visual cortical areas in a subtype of Alzheimer's disease: clinical implications. *Am J Psychiatry*, 153(10), 1261-1268

Porcellini, E., Calabrese, E., Guerini, F., Govoni, M., Chiappelli, M., Tumini, E., et al. (2007) The hydroxy-methyl-glutaryl CoA reductase promoter polymorphism is associated with Alzheimer's risk and cognitive deterioration. *Neurosci Lett*, 416(1), 66-70

Portet, F., Scarmeas, N., Cosentino, S., Helzner, E.P., & Stern, Y. (2009) Extrapyramidal signs before and after diagnosis of incident Alzheimer disease in a prospective population study. *Arch Neurol*, 66(9), 1120-1126

Price, B.H., Gurvit, H., Weintraub, S., Geula, C., Leimkuhler, E., & Mesulam, M. (1993) Neuropsychological patterns and language deficits in 20 consecutive cases of autopsy-confirmed Alzheimer's disease. *Arch Neurol*, 50(9), 931-937

Price, J.L., McKeel, D.W., Buckles, V.D., Roe, C.M., Xiong, C., Grundman, M., et al. (2009) Neuropathology of nondemented aging: presumptive evidence for preclinical Alzheimer disease. *Neurobiol Aging*, 30(7), 1026-1036

Querfurth, H.W., & LaFerla, F.M. (2010) Alzheimer's disease. *N Engl J Med*, 362(4), 329-344

Reinwald, S., Westner, I.M., & Niedermaier, N. (2004) Rapidly progressive Alzheimer's disease mimicking Creutzfeldt-Jakob disease. *J Neurol*, 251(8), 1020-1022

Ridha, B.H., Anderson, V.M., Barnes, J., Boyes, R.G., Price, S.L., Rossor, M.N., et al. (2008) Volumetric MRI and cognitive measures in Alzheimer disease : comparison of markers of progression. *J Neurol*, 255(4), 567-574

Ritchie, K., & Touchon, J. (1992) Heterogeneity in senile dementia of the Alzheimer type: individual differences, progressive deterioration or clinical sub-types? *J Clin Epidemiol*, 45(12), 1391-1398

Roselli, F., Tartaglione, B., Federico, F., Lepore, V., Defazio, G., & Livrea, P. (2009) Rate of MMSE score change in Alzheimer's disease: influence of education and vascular risk factors. *Clin Neurol Neurosurg*, 111(4), 327-330

Santillan, C.E., Fritsch, T., & Geldmacher, D.S. (2003) Development of a scale to predict decline in patients with mild Alzheimer's disease. *J Am Geriatr Soc*, Jan;51(1), 91-95

Sanz, C., Andrieu, S., Sinclair, A., Hanaire, H., & Vellas, B. (2009) Diabetes is associated with a slower rate of cognitive decline in Alzheimer disease. *Neurology*, 73(17), 1359-1366

Scarmeas, N., Albert, M., Brandt, J., Blacker, D., Hadjigeorgiou, G., Papadimitriou, A., et al. (2005) Motor signs predict poor outcomes in Alzheimer disease. *Neurology*, 64(10), 1696-1703

Schmidt, C., Redyk, K., Meissner, B., Krack, L., von Ahsen, N., Roeber, S., et al. (2010) Clinical features of rapidly progressive Alzheimer's disease. *Dement Geriatr Cogn Disord*, 29(4), 371-378

Schmidt, C., Wolff, M., Weitz, M., Bartlau, T., Korth, C., & Zerr I. (2011) On rapidly progressive Alzheimer's disease. *Arch Neurol*. Accepted for publication.

Silvestrini, M., Pasqualetti, P., Baruffaldi, R., Bartolini, M., Handouk, Y., Matteis, M., et al. (2006) Cerebrovascular reactivity and cognitive decline in patients with Alzheimer disease. *Stroke*, 37(4), 1010-1015

Sloane, P.D., Zimmerman, S., Suchindran, C., Reed, P., Wang, L., Boustani, M., et al. (2002) The public health impact of Alzheimer's disease, 2000-2050: potential implication of treatment advances. *Annu Rev Public Health*, 23, 213-231

Sluimer, J.D., Vrenken, H., Blankenstein, M.A., Fox, N.C., Scheltens, P., Barkhof, F., et al. (2008) Whole-brain atrophy rate in Alzheimer disease: identifying fast progressors. *Neurology*, 70(19 Pt 2), 1836-1841

Smith, M.Z., Esiri, M.M., Barnetson, L., King, E., & Nagy, Z. (2001) Constructional apraxia in Alzheimer's disease: association with occipital lobe pathology and accelerated cognitive decline. *Dement Geriatr Cogn Disord*, 12(4), 281-288

Soto, M.E., Andrieu, S., Arbus, C., Ceccaldi, M., Couratier, P., Dantoine, T., et al. (2008a) Rapid cognitive decline in Alzheimer's disease. Consensus paper. *J Nutr Health Aging*, 12(10), 703-713

Soto, M.E., Andrieu, S., Cantet, C., Reynish, E., Ousset, P.-J., Arbus, C., et al. (2008b) Predictive value of rapid decline in mini mental state examination in clinical practice for prognosis in Alzheimer's disease. *Dement Geriatr Cogn Disord*, 26(2), 109-116

Starkstein, S.E., Jorge, R., Mizrahi, R., & Robinson, R.G. (2006) A prospective longitudinal study of apathy in Alzheimer's disease. *J Neurol Neurosurg Psychiatr*, 77(1), 8-11

Stern, Y. (2006) Cognitive reserve and Alzheimer disease. *Alzheimer Dis Assoc Disord*, 20(3 Suppl 2), S69-74

Stomrud, E., Hansson, O., Zetterberg, H., Blennow, K., Minthon, L., & Londos, E. (2010) Correlation of longitudinal cerebrospinal fluid biomarkers with cognitive decline in healthy older adults. *Arch Neurol*, 67(2), 217-223

Storandt, M., Grant, E.A., Miller, J.P., & Morris, J.C. (2002) Rates of progression in mild cognitive impairment and early Alzheimer's disease. *Neurology*, 59(7), 1034-1041.

Sunderland, T., Wolozin, B., Galasko, D., Levy, J., Dukoff, R., Bahro, M., et al. (1999) Longitudinal stability of CSF tau levels in Alzheimer patients. *Biol Psychiatry*, 46(6), 750-755

Swann, A., O'Brien, J., Ames, D., Schweitzer, I., Desmond, P., & Tress, B. (1997) Does hippocampal atrophy on MRI predict cognitive decline? A prospective follow-up study. *Int J Geriatr Psychiatry*, 12(12), 1182-1188

Tom, T., Cummings, J.L., & Pollak, J. (1998) Posterior cortical atrophy: Unique features. *NNCS*, 4(1), 15-20

Tschampa, H.J., Neumann, M., Zerr, I., Henkel, K., Schröter, A., Schulz-Schaeffer, W.J., et al. (2001) Patients with Alzheimer's disease and dementia with Lewy bodies mistaken for Creutzfeldt-Jakob disease. *J Neurol Neurosurg Psychiatr*, 71(1), 33-39

Tumini, E., Porcellini, E., Chiappelli, M., Conti, C.M., Beraudi, A., Poli, A., et al. (2007) The G51S purine nucleoside phosphorylase polymorphism is associated with cognitive decline in Alzheimer's disease patients. *Hum Psychopharmacol*, 22(2), 75-80

van der Flier, W.M., Pijnenburg, Y.A., Fox, N.C., & Scheltens P. (2011) Early-onset versus late-onset Alzheimer's disease: the case of the missing APOE ε4 allele. *Lancet Neurol*, 10(3), 280-8

van der Vlies, A.E., Koedam, E.L.G.E., Pijnenburg, Y.A.L., Twisk, J.W.R., Scheltens, P., van der Flier, W.M. (2009a) Most rapid cognitive decline in APOE epsilon4 negative Alzheimer's disease with early onset. *Psychol Med*, 39(11), 1907-1911

van der Vlies, A.E., Verwey, N.A., Bouwman, F.H., Blankenstein, M.A., Klein, M., Scheltens, P., et al. (2009b) CSF biomarkers in relationship to cognitive profiles in Alzheimer disease. *Neurology*, 72(12), 1056-1061

Van Everbroeck, B., Dobbeleir, I., De Waele, M., De Deyn, P., Martin, J.-.J, & Cras, P. (2004) Differential diagnosis of 201 possible Creutzfeldt-Jakob disease patients. *J Neurol*, 251(3), 298-304

Volicer, L., Smith, S., & Volicer, B.J. (1995) Effect of seizures on progression of dementia of the Alzheimer type. *Dementia*, 6(5), 258-263

Walker, L.C., Rosen, R.F., & Levine, H. (2008) Diversity of Abeta deposits in the aged brain: a window on molecular heterogeneity? *Rom J Morphol Embryol*, 49(1), 5-11

Wallin, A.K., Blennow, K., Zetterberg, H., Londos, E., Minthon, L., & Hansson, O. (2010) CSF biomarkers predict a more malignant outcome in Alzheimer disease. *Neurology*, 74(19), 1531-1537

Wallin, A.K., Hansson, O., Blennow, K., Londos, E., & Minthon, L. (2009) Can CSF biomarkers or pre-treatment progression rate predict response to cholinesterase inhibitor treatment in Alzheimer's disease? *Int J Geriatr Psychiatry*, 24(6), 638-647

Weller, R.O. (2001) How well does the CSF inform upon pathology in the brain in Creutzfeldt-Jakob and Alzheimer's diseases? *J Pathol*, 194(1), 1-3

Wilkosz, P.A., Seltman, H.J., Devlin, B., Weamer, E.A., Lopez, O.L., DeKosky, S.T., et al. (2010) Trajectories of cognitive decline in Alzheimer's disease. *Int Psychogeriatr*, 22(2), 281-290

Wisniewski, H.M., Bancher, C., Barcikowska, M., Wen, G.Y., & Currie, J. (1989) Spectrum of morphological appearance of amyloid deposits in Alzheimer's disease. *Acta Neuropathol*, 78(4), 337-347

2

Alzheimer's Disease Genomics and Clinical Applications

Tih-Shih Lee[1] and Mei Sian Chong[2]
[1]*Duke University Medical School*
[2]*Tan Tock Seng Hospital*
[1]*USA*
[2]*Singapore*

1. Introduction

The prevalence of dementia is expected to increase exponentially worldwide. Global estimates of Alzheimer's disease (AD) - generally considered to be the most common subtype of dementia - are expected to increase from the current estimated 25 million to 63 million in 2030, and by 2050, a staggering 114 million (Wimo et al., 2003).
Traditional approaches in AD diagnosis (Diagnostic and Statistical Manual- IV (DSM-IV) – Text Revision (American Psychiatric Association [APA], 2000) and National Institute of Neurological Disorders and Stroke- Alzheimer Disease and Related Disorders (NINCDS-ADRDA) (McKhann et al., 1984) criteria have varying diagnostic accuracy of 65-96% and specificity of 23-88% compared to the neuropathologic gold standard (Kazee et al., 1993; Lim et al., 1999; Petrovich et al., 2001; Varma et al., 1999). Studies have shown that the hallmark histopathological changes of AD (β-amyloid plaques and neurofibrillary tangles) precede the clinical onset of disease by as long as 20-30 years (Price & Morris, 1999). This translates clinically to functional and structural brain damage where these pathologic changes may occur prior to apparent clinical manifestations of cognitive decline by way of standard clinical assessments. This has fuelled an increasing shift of diagnostic focus to the pre-dementia transitional state between normal aging and early AD, which represents a window of opportunity for identifying subjects at a phase when pathogenesis has already begun but clinical diagnosis of established dementia is still not achievable. This would logically be the stage most amenable to disease-modifying interventions (such as β- and gamma-secretase inhibitors, anti-amyloid and anti-neurofibrillary tangle therapies). Diagnostic focus thus has shifted towards prodromal stages of Alzheimer's Disease (AD), such as mild cognitive impairment (MCI) (Morris et al., 2001; Peterson, 2004). Clinical criteria alone, which by their very nature subjective and entail judgment, are thus inadequate to identify the pre-clinical stages of AD and may have contributed to the disappointing results of therapeutic trials in MCI (a heterogeneous entity) to date. This has prompted revisions in the upcoming DSM-V criteria due in 2013 (Kupfer & Regier, 2010) which include major and minor neurocognitive disorder classification, as well as the proposed revision of NINCDS-ADRDA criteria for AD to include prodromal AD and preclinical AD, which characterises earliest stage of AD that predate crossing of the dementia threshold of functional disability. In the proposed criterion by Dubois et al (Dubois et al., 2007), other than clinical criterion of episodic memory deficit,

they have also included in criterion E, dominant genetic mutation within the immediate family of amyloid precursor protein (Chromosome 21), presenilin 1 (chromosome 14) and presenilin 2 (chromosome 1). In consideration of important genetic factors, the presence of a proven autosomal dominant mutation has been taken as evidence to support AD diagnosis even when clinical features fall outside typical AD criteria. In the working draft for the revised NINCDS-ADRDA research criteria for MCI-AD and preclinical AD, there are also considerations given to genetics and its influence on disease progression in these pre-dementia states.

The rate and presence of clinical manifestation of AD is postulated to be influenced by the complex relationship of age, genetic factors, cognitive reserve, cerebrovascular disease, which might affect the neuropathogenic progress of amyloid toxicity and subsequent clinical presentation of AD (Jack et al., 2010). Hence in recent years, there has been increasing interest in the role of genomics in understanding AD and disease progression.

In this chapter, we will review the application of genomic, transcriptomic and other 'omic' platforms and their role in the development of novel diagnostic strategies for AD diagnosis, prediction of disease progression and therapeutic drug responses. We will discuss the potential clinical applications, the current limitations, ethical dilemmas and the future direction of genomics in AD.

2. Genetics of AD

The genetic underpinning of AD is heterogeneous and complex, without a straightforward mode of inheritance for the vast majority of cases. The heritability of AD in general is estimated to be around 60% (Bergem et al., 1997a, 1997b).

In general, AD can be divided into 2 forms: early onset AD (EOAD) usually those below 65 years of age, and patients with the late onset AD (LOAD), above 65 years. EOAD largely follows a Mendelian autosomal dominant inheritance but they account for less than 5% of all AD. Linkage studies have identified three genes thus far for which multiple mutations can lead to the pathology. These genes are the amyloid precursor protein (APP) gene on chromosome 21q, the presenilin 1 (PSEN1) gene on 14q, and presenilin 2 (PSEN2) gene on 1q. These mutations all affect Amyloid Precursor Protein (APP) processing and lead to the increased synthesis of Aβ40 and Aβ42 (See Figure 1). These peptides aggregate to form amyloid plaques. Given their rarity, these three gene mutations contribute minimally to the estimated 60% heritability of AD. The importance of these rare mutations lies in the identification of pathogenic pathways, specifically those involving the catabolism of APP. Hence accumulation of Aβ40 and Aβ42 is attributed to increased activity of the β and γ secretases in familial cases of AD with APP, PSEN1 and PSEN2 gene mutations. However environmental or other non-genetic or epigenetic factors may also affect the activities of the secretases. This may account for why some cases of PSEN1 and PSEN2 mutations show incomplete penetrance and variable onset of illness (Tanzi et al., 1996, 1999).

Normal individuals with first-degree relatives affected by AD, especially one parent, are at 4 to10-fold higher risk of developing LOAD compared to those with no family history. However no clear Mendelian pattern of transmission has been identified as yet for LOAD. Those subjects with a maternal history of dementia showed reduced cerebral metabolic rate of glucose in the same regions as clinically affected AD subjects (posterior cingulate cortex, precuneus, parietotemporal and frontal cortices, medial temporal lobes) and these effects remained after age, gender and education adjustments were made. This may be suggestive of either chromosome X transmission or inheritance of mitochondrial DNA (mtDNA). This is especially pertinent as mtDNA deficits are proposed to be involved in AD (Lin & Beal, 2006; Mosconi et al.,2007) with further recent evidence for sub-haplotype H5 of mtDNA, especially in females, to be a risk factor for late onset AD, independent of APOE status (Santoro et al., 2010).

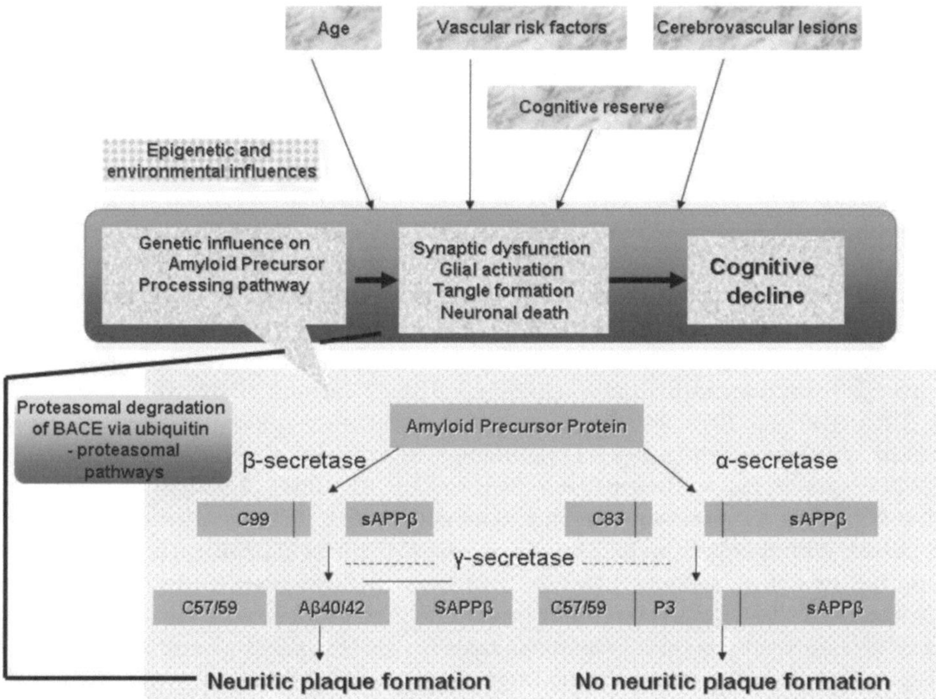

Fig. 1. Hypothetical pathophysiological cascade of AD and genetic influences on amyloid precursor pathways

Multiple association studies have showed apolipoprotein e4 (APOE e4) to be a genetic susceptibility factor, and another allele e2 to be likely protective. Apolipoprotein has three alleles e2, e3, e4 located on chromosome 19. They encode cholesterol transport protein APOE which is the primary cholesterol transporter in the brain. APOE proteins play a central role in the regulation of cholesterol and triglyceride metabolism. They are also present in amyloid plaques. In 25% of LOAD patients, there is at least one affected relative in the family (Ritchie & Lovestone., 2002). In Caucasian populations, 3-fold increased risk of developing AD has been reported for heterozygous APOE e4 and 8-fold risk in homozygous APOE e4 (Roses, 1996). Regional, racial and ethnic differences have been observed in APOE e4 genotype frequency, with lower carrier status estimates in Asian, southern European/Mediterranean communities compared to North American or North European counterparts (Crean et al., 2011). The influence of APOE e4 on AD risk, while applicable between ages 40 and 90 years, diminishes after the age of 70, and varies across ethnic groups (Farrer et al., 1997).

The mechanism for the effects of APOE isoforms on brain damage is unclear although a recent study demonstrated APOEe4 to cause mitochondrial respiratory dysfunction in neuronal cells through APOEe4 domain interaction. APOEe4, not APOEe3, causes reduced expression of mitochondrial respiratory complexes and perturbed mitochondrial respiratory function in neuronal cells; thus suggesting that the structure of APOEe4 could be a potential therapeutic target for APOEe4-related neurodegeneration (Chen et al., 2010). Other studies have suggested that APOEe4 is a disease modifier exerting its effect on disease risk by influencing age of onset rather than disease risk per se (Serretti et al., 2007). In this hypothesis, APOEe4 genotype modulates disease risk likely by its effect on earlier amyloid β accumulation.

While APOEe4 status exerts a modulatory effect on disease trajectory and clinical expression of disease, it has not been consistently shown to predict MCI-converters (Jack et al., 1999; Killiany et al.,2002; Korf et al.,2004 ; Martins et al, 2006; Okonkwo et al., 2010; Petersen et al., 2005; Wang et al., 2011). A recent study showed APOE subjects to have 6 times increased risk of MCI conversion to AD (Barabash et al., 2009). The role of APOEe4 genotype in cholesterol metabolism and Aβ clearance and interactions in vascular risk factors is becoming increasingly recognized (Martins et al., 2006). Midlife high systolic blood pressure has a stronger adverse effect on cognitive function in the presence of APOEe4 genotype (Peila et al., 2001). Histopathologic data suggest an association between APOEe4 and small vessel arteriolosclerosis and microinfarcts of the deep nuclei (Yip et al., 2005).

In cognitively normal individuals, APOEe2 carriers have slower rate of hippocampal atrophy over 2 years than individuals with e3/3. The e2 carriers also have higher CSF β-amyloid (Chiang et al., 2010; Morris et al., 2010) and lower phosphorylated-tau (p-tau) (Chiang et al., 2010) suggesting less AD pathology. Morris also showed a gene dose effect for the APOE genotype, with greater mean cortical binding potential for Pittsburgh Compound-B binding increases and greater reductions in CSF $A\beta_{42}$ with increased numbers of APOE alleles; with no effect on CSF tau or p-tau_{181} (Morris et al., 2010). These findings are also supported by the Alzheimer Disease Neuroimaging Initiative study (Vemuri et al., 2010). Mosconi et al has also shown that normal APOEe4 carriers with subjective memory complaints have decreased cerebral metabolic rates for glucose (CMRglc) on 2-[^{18}F] fluoro-2-deoxy-D-glucose (FDG)-positron emission tomography (PET) (Mosconi L et al., 2008).

Apart from its effects on clinical progression in at-risk individuals, there have also been studies on APOE polymorphism in Alzheimer's disease patients and neuropsychiatric symptoms. APOEe4 AD subjects have been found to be associated with more depressive symptoms and apathy (D'Onofrio et al., 2010; Fritze et al., 2010). However this association has been inconsistent (Slifer et al., 2009).

The relationship of APOE genotype with brain function is complex. The APOEe4 carrier state is likely to increase the brain's vulnerability to late-life pathology or cognitive decline (Filippinin et al., 2009). APOE also has been postulated to interact with other factors, such as homocysteine (Minagawa et al., 2010), smoking (Rusanen et al., 2010), testosterone (Panizzon et al., 2010), and other genetic factors like GAB2 haplotype (Liang et al., 2011) which is possibly protective, These allude to potential gene-gene interactions between APOE and other factors for clinical AD manifestations. APOE as a genetic risk factor is not fully penetrant, and neither necessary nor sufficient for AD development (Ertekin-Taner et al., 2010).

Genetic risk factors are traditionally studied using linkage analysis followed by positional cloning, and association studies. A major drawback is that these hypothesis-driven studies depend on pre-existing knowledge limiting their potential to uncover novel genes and pathways. Over the past decade, a high-throughput hypothesis-free approach - genome-wide association study (GWAS) has taken off. This approach examines genetic variation across an entire genome and is designed to identify whether certain genes or their variants are skewed to a particular population of individuals affected with disease when compared with a control population. This follows recent advancements in developing microarray platforms that allow researchers to survey the human genome for single base pair differences - single-nucleotide polymorphisms (SNPs) - across many disease cases and unaffected controls. For example, Illumina's Infinium HD Beadchip Human Omni1-Quad® and Human 1MDuo® now have excess of one million markers (www.illumina.com). Affymetrix Genome-Wide Human SNP Array 6.0® is a single array that features more than 1.8 million markers for genetic variation, including more than 900,000 single nucleotide polymorphisms (SNPs) (www.affymetrix.com).

By different gene discovery methods, hundreds of genes have been associated with LOAD but most have not been consistently replicated except for APOEe4 (Betram et al., 2008). Some of the other susceptibility genes reported include ubiquilin 1 (UBQLN1), a presenilin interactor that promotes the accumulation of presenilin 1 protein and regulates its endoproteolysis (Betram et al., 2005); insulin degrading enzyme (IDE), which regulates Aβ42 levels in brain neurons and microglial cells (Farris et al., 2003; Prince et al., 2003); sortilin-related sorting receptor (SORL1), which appears to play a key role in the differential sorting of APP. Under-expression of SORL1 leads to APP release into late endosomal pathways and processed by beta-secretase cleavage and yielding Aβ (Andersen et al., 2007; Rogaeva et al., 2007). A recent study has also shown MTHFD1L association with AD, which might influence homocysteine-related pathways, thus supporting biological evidence of folate-pathway abnormalities as homocysteine has been implicated in AD (Naj et al., 2010). There is also some recent evidence supporting the role of intermediate genotypes in influencing age-related cognitive decline and neuropathologically-proven AD pathology, suggesting divergent pathways to AD (Shulman et al., 2010).

The association studies results can be accessed openly on the AlzGene database - (http://www.alzforum.org/res/com/gen/alzgene) for the most up-to-date information. This is a huge and rapidly growing database of genes and proteins that researchers have found and made available in an open access platform which summarizes results of case-control AD studies across different racial populations. In the recent 2 years, results from large population GWAS studies showed association with the established APOE locus (most significant SNP,rs2075650, P = 1.8 x 10(-157)) as well as observed genome-wide significant association with SNPs at two loci not previously associated with the disease: at the CLU (also known as APOJ) gene on chromosome 8(rs11136000, P = 1.4 x 10(-9)) and 5' to the PICALM gene (rs3851179, P = 1.9 x 10(-8)) (Harold D et al., 2009; Seshadri et al., 2010); rs744373 near BIN1 (odds ratio [OR],1.13; 95% confidence interval [CI],1.06-1.21 per copy of the minor allele; P = 1.59x10(-11)) and rs597668 near EXOC3L2/BLOC1S3/MARK4 (OR, 1.18; 95% CI, 1.07-1.29; P = 6.45x10(-9)) in a separate Spanish sample (Seshadri et al., 2010). Similar results were replicated in a large European study, which showed CLU, (OR = 0.86, 95% CI 0.81-0.90, P = 7.5 x 10(-9) for combined data) and the other within CR1, encoding the complement component (3b/4b) receptor 1, on chromosome 1 (rs6656401, OR = 1.21, 95% CI 1.14-1.29, P = 3.7 x 10(-9) for combined data). Previous biological studies have supported CLU and CR1's role in Abeta peptide clearance (Lambert et al., 2009) and their interactions with APOE genotype (Gyungah et al., 2010). Another gene locus of interest is TOMM40, gene in LD with APOE, which may contribute to APOE correlations with AD risk and age of onset (Roses et al., 2009) (See Table 1). Although genetic associations have been demonstrated, such as CLU and PICALM, in a study by Seshadri, these loci did not improve AD risk prediction (Seshadri et al., 2010).

Year published	Authorship	Source	Initial Number of cases/ controls	Reported Genes
2011	Lee (Lee et al., 2011)	US	549/544	CUGBP2 (APOE4 homozygous), HPCAL1, PCDH21, LRITI, RGR, CLU, PICALM, BIN1
2010	Carrasquillo (Carrasquillo et al., 2010)	US	1829/2576	CLU, CRI, PICALM
2010	Seshadri (Seshadri et al., 2010)	US	10968/14642	APOE
2010	Naj (Naj et al., 2010)	US	931/1104	APOE,TOMM40, MTHFD1L, PVRL2
2009	Heinzen (Heinzen et al., 2010)	US	331/368	TOMM40, APOE, RFC3, TTLL7, PAX2, SASHI
2009	Harold (Harold et al., 2009)	US/ Europe	3941/7848	APOE, TOMM40, CLU, PICALM
2009	Lambert (Lambert et al., 2009)	Europe	2032/528	APOE, CR1, CLU
2009	Carrasquillo (Carrasquillo et al., 2009)	US	844/1255	PCDH11X
2009	Poduslo (Poduslo et al., 2009)*	US	140(family) & 199 (unrelated)/85 (unrelated controls)	TRPC4AP
2009	Feulner (Feulner et al., 2009)	Germany	491/479	TOMM40, APOE
2009	Beecham (Beecham et al., 2009)	US	492/496	FAM113B, ZNF224
2008	Bertram (Bertram et al., 2005) #	US	941/404	CD33
2008	Abraham (Abraham et al., 2008)	UK	1082/1239	PVRL2, TOMM40, APOE

Year published	Authorship	Source	Initial Number of cases/ controls	Reported Genes
2008	Li (Li et al., 2008)	Canada/ UK	753/736	APOE, APOC1
2008	Webster (Webster et al., 2008)	US	664/422	APOE
2007	Reiman (Reiman et al., 2007)	US/ Netherlands	415/260	GAB2
2007	Coon (Coon et al., 2007)	US/Netherlands	664/422	APOE
2007	Grupe (Grupe et al., 2007)	UK/US	1428/1666	GALP, THNK1, chr14q32.13, PCK1, LMNA, PGBD1, LOC651924, chr7p152, THEMS, MYH13, CTSS, UBD, BCR, AGC1, TRAK2, EBF3

All case control studies except # (family-based) and * (family-based and case control)

Table 1. Selected recent GWAS studies and genes reported Adapted from the Alzheimer Disease database of the National Human Genome Research Institute, NIH. (www.genome.gov)

Recent findings in an adequately powered study failed to detect evidence for association between common variants in BIN1, CLU, CR1 and PICALM with CSF Aβ42 and ptau-42; This original hypothesis that gene variants might affect risk via an additive effect has yet to be substantiated. The authors concluded that the negative findings might suggest that the rare, rather than common, variations influence the CSF biomarkers and that other complex, non-additive genetic mechanisms, such as gene-gene and gene-environment interactions play major roles (Kauwe et al., 2011).

Copy number variations (CNV) which include segments of DNA ranging from 1kb - several Mb have been postulated to show differences in regional copy number when comparing 2 or more genomes although a recent study did not show any new SNPs of genome-wide significance (Heinzen et al., 2010).

3. From genomes to transcriptomes

Beyond DNA, other sources of variability are related to transcriptional, translational and post-translational modifications all the way to environmental factors. Hence from the study of the collective genotypes of an individual, one logically moves to the study of the genome-wide gene expression products, also called 'transcriptomics'. Here we are not looking only at which genes are present in an individual but which genes are actually transcribed into messenger RNA (mRNA). While the genome is fixed for an individual, the transcriptome, i.e. the set of mRNAs produced in an individual corresponding to its genome, varies between different tissue types, across the life cycle of the cells, the life cycle of the organism, changes in the internal or external milieu, epigenetic and other factors. Hence the transcriptome reflects the genes that are being actively expressed in the tissue or cell type under study at one point in time. Transcriptomics usually employs high-throughput techniques based on oligonucleotide microarray technology platforms. For example Illumina's Whole-genome expression HT-12 v4.0 beadchip® targets more than 28,000 coding transcripts with well-established annotations derived from the RefSeq and the UniGene databases (www.illumina.com). Another one commonly used is the Affymetrix GeneChip Human Genome U133 Plus 2.0 Array® (www.affymetrix.com).

An example of a transcriptomic study would be comparing the mRNA levels between samples obtained from AD patients versus healthy controls. Significant differences in mRNA levels would imply that the genes are expressed to different degrees and this may lead downstream to different levels of protein translation and several steps further into disease phenotypes.

The first area of interest is whether the findings from transcriptomics correspond to those obtained from classical genetics or GWAS, for example, with reference to APOEe4, APP, PSEN1, PSEN2. A seminal study by Liang and coworkers demonstrated how different regions of the brain have different expression profiles by analyzing six anatomically discrete postmortem brain regions - entorhinal cortex, hippocampus, middle temporal, posterior cingulate, superior frontal gyri and primary visual cortex, comparing AD patients with normal controls (Liang et al., 2008). They showed a correlation between their findings with those obtained by other investigators using genotyping and GWAS. They found altered expression of factors previously implicated in AD pathogenesis, including APP, PSEN1, SORL1, and BACE1. APP gene expression was markedly increased in the hippocampus, medial temporal, posterior cingulated gyri and visual cortex in AD subjects whereas BACE1 displayed decreased expression in entorhinal cortex, medial temporal gyrus and hippocampus. They also found decreased expression for microtubule associated protein tau (MAPT) and decreased expression for alpha and beta tubulin proteins (which form the building blocks of microtubules) in entorhinal cortex, hippocampus, medial temporal and posterior cingulated gyri. These observations may help in explaining the relationship between NFTs and amyloid plaques.

Other investigators have focused on specific regions of the brain. Studying specifically the neocortex, Tan and co-workers found evidence of synaptic dysfunction, disturbed neurotransmission and activation of neuroinflammation in AD subjects when compared to normal controls (Tan et al., 2010). In a case control study of 22 AD subjects and 9 normal controls, Blalock examined gene expression patterns in the hippocampus and found up-regulation of many transcription factor/signaling genes regulating proliferation and differentiation, including tumor suppressors, oligodendrocyte growth factors and protein kinase A modulators. In addition, there was up-regulation of adhesion, apopotosis, lipid metabolism and initial inflammation processes. Protein folding/metabolism and signaling pathways were conversely down-regulated (Blalock et al., 2004).

To overcome the limitations of gene expression profiling due to the substantial intra-individual regional brain differences and inter-individual heterogeneity, Dunckley compared the gene expression profiles of three groups: (1) neurofibrillary tangle-bearing entorhinal cortex neurons from 19 AD patients with (2) adjacent non-tangle bearing neurons from the same patients and (3) histologically normal non-AD controls. 225 genes showed progressively increased and decreased expression in the 3 groups. Not unexpectedly many of the genes coded for proteins implicated in NFT formation, especially in the early stages of formation (Dunckley et al., 2006).

Another approach employed was to correlate gene expression profiles according to histological staging of AD. Bossers and co-workers correlated changes in gene expression to the progression of AD in prefrontal cortex brain samples from 49 patients using the standard Braak histopathological system of staging post mortem brain tissue samples for neurofibrillary changes as an objective indicator of AD progression et al (Bossers et al., 2010). The Braak stages range from I to VI, with an additional Stage 0 referring to the absence of neurofibrillary change. They found 2 distinct patterns of tightly co-regulated groups of genes. Firstly, there was an increase in the expression of genes involved in synaptic activity and changes in the plasticity during the early Braak stages. However, the expression of this same group of genes was reduced in the later Braak stages. There was also an increase in intracellular amyloid beta staining from Braak Stages I to II but a decrease in Braak stages IV to VI. For the genes up-regulated in the early Braak stages, there were several genes involved in amyloid precursor protein processing and beta amyloid clearance. The authors thus suggested that the temporally correlated upregulation of synaptic genes activity represents a compensatory mechanism against increased soluble amyloid beta (Aβ) levels, and that this could possibly be a good place to identify new targets of anti-dementia drug development.

The most important factor in transcriptomics and also the downstream 'omic's is the tissue of study. Human brain tissue for analysis can only be obtained post-mortem and sampled only once. This tissue usually reflects a late-stage disease unless an AD subject had died of another cause early in the disease. Moreover RNA quality and quantity are highly dependent on the pre and post-mortem conditions and around tissue harvesting. The other major concern is the region of sampling as the brain is anatomically and histologically extremely heterogeneous. The choice of which anatomical brain region to study, gray versus white matter, neocortex versus archicortex greatly influences the results. Therefore much transcriptomic research endeavor has been directed towards blood. Blood is readily available and can be re-sampled repeatedly, allowing for longitudinal assessment of gene dysregulation at different disease stages. This could assist in making diagnoses, tracking the disease course and evaluation of disease altering interventions. Blood derived nuclear material is by no means a direct proxy for neuronal tissue, but it may reflect certain aspects of the CNS milieu, or systemic manifestations of the underlying disease. More importantly they can serve as peripheral biomarkers of disease. Gene expression profiling of peripheral blood has been shown to provide distinctive profiles for a few neurological conditions (Tang Y et al., 2001, 2003). Similarly psychiatric disorders were also found to have unique gene expression signatures (Tsuang et al. , 2005). Nevertheless extrapolating blood-derived data to the brain tissue still poses major challenges. In transcriptomic studies, due to the large numbers of genes in the genome that are differentially expressed, the up or down-regulated genes may be implicated as potentially casually related to AD pathology, downstream consequences of the disorder, reflect compensatory mechanisms, or found simply by chance alone. This type-one error is likely by virtue of the large number of genes sampled.

Probably the first major publication on the blood-derived gene expression for AD was by Maes and his co-workers who studied the expression profiling of blood mononuclear cells of AD subjects versus normal controls (Maes et al., 2008). They reported that 28% of the upregulated genes and 16% of the downregulated genes have been previously reported to exhibit similar expression patterns in AD brain, whereas only 4% of affected genes were divergent in terms of expression between blood and brain. This comparison is important as it suggested the systemic nature of altered gene expression in AD and demonstrated the usefulness of blood as putative probes of CNS dysfunction. After comparing over 6000 genes, they found a significant decline in gene expression in the pathways of cytoskeletal maintenance, cellular trafficking, cellular stress response, redox homeostasis, transcription and DNA repair (Maes et al., 2007). Moreover they reported that the majority of upregulated transcripts function in apoptotic and inflammatory pathways, including those involved in TNF alpha signaling and caspase pathways. Using whole blood samples of AD patients versus normal controls, Grunblatt et al found that five out of 33 genes were differentially expressed and showed significant correlation to the severity of AD (Grunblatt et al., 2009).

More recently, Booij et al developed a 96-gene microarray using blood samples from a large clinical cohort of 203 probable AD patients and 209 cognitively healthy age-matched controls and has patented it for commercial use, specifically for detection of early AD - ADtect® by DiaGenic ASA based in Oslo, Norway (www.diagenic.com). A disease classification algorithm was developed on samples from 208 individuals (AD = 103; controls = 105) and was validated in two steps using an independent initial test set (n = 74; AD= 32; controls = 42) and another second test set (n = 130; AD= 68; controls = 62). In the initial analysis, diagnostic accuracy was 71.6±10.3%, with sensitivity 71.9±15.6% and specificity 71.4±13.7%. (Booij et al., 2010; Rye et al., 2010).

In summary, the transcriptomic studies regardless of tissue of origin, has yielded a large number of genes and putative mechanisms and pathways, including the 'usual suspects' as outlined previously. However no simple conclusions can be arrived at from this approach at this time. The fragmented and sometime incongruous lists of pathways and mechanisms attest to the heterogeneous nature of AD and await further replication and confirmation. Furthermore, most of the transcriptomic studies have focused on neuroanatomical and histological stages of AD. The current lack of longitudinal data and translation of genetic correlations to neuroimaging changes limits its role to a primarily investigative exploration of AD pathogenesis.

4. The other 'Omics'

Looking further downstream, although microarray studies can reveal the relative amounts of different mRNAs in the cell, levels of mRNA per se are not directly proportional to the level of the proteins they code for nor the eventual protein configuration. Each protein first arises as an unfolded polypeptide when translated from mRNA to a linear chain of amino acids. The amino acids interact with each other to produce complex three dimensional structures, and their folding configuration is essential to protein function. The complete protein complement of a cell, including protein structures is now referred to as the proteome. Proteomics refer to the study of the plethora of proteins across the whole organism and is one step closer to the phenotype (Simonsen et al., 2007).

Like transcriptomics, proteomics is usually applied to compare the differences in abundances of proteins between diseased and normal subjects. The technologies involved in proteomics are very complex and beyond the scope of this review. Proteomic discoveries are limited thus far but more would be expected in the next few years. The proteomic techniques have been applied to discover biomarkers for AD in CSF but the results thus far are inconclusive. Simonsen et al found a 17-protein biomarker using cerebrospinal fluid samples to predict the progression from mild cognitive impairment to AD in a sample of 113 patients (Papassotiropoulos et al., 2006). German et al. reported finding three discriminating peaks in common but these peaks still await identification of the proteins and peptides (German et al. , 2007). Portelius proposed that targeted proteomics on Aβ may provide novel assays for biomarkers for AD (Portelius et al., 2008). Investigating the proteome of the hippocampus, Sultana and her co-workers employed 2-dimensional gel electrophoresis and mass spectrometry to determine the changes in protein levels in AD and controls (Sultana et al. , 2007). They identified 18 proteins with altered protein levels and which were involved in regulating different cellular functions. This study gives preliminary data on the levels of key proteins in the AD brain. A comprehensive review of the state of the art of proteomics in AD has been published by Zellner (Zellner et al., 2009).

As a corollary to proteomics, metabolomics is the global approach to understanding regulation of metabolic pathways and metabolic networks (Kaddurah-Daouk et al., 2009). This involves the study of the complete set of small-molecule metabolite, such as metabolic intermediates, hormones, other signaling molecules, and secondary metabolites. The metabolome is dynamic, changing from minute to minute and provides a snapshot of the physiology of the cell. It is not currently possible to analyze the entire range of metabolites by a single analytical method. Kaddurah-Daouk compared samples from post-mortem ventricular cerebrospinal fluid of 15 AD with 15 non-demented subjects and identified alterations in tyrosine, tryptophan, purine and tocopherol pathways in patients in AD (Kaddurah-Daouk et al., 2010). She also noted a reduction in norepinephrine and its related metabolites. Barba and co-authors published a useful review of the rationale and methodology of metabolomics in AD (Barba et al., 2008). The applications for metabolomic analysis in AD is still in infancy but will emerge as a powerful tool in CNS research, as it complements data derived from the other 'omics' to assist in providing a systems approach to the study of human health and disease.

Epigenetics refer to molecular and cellular effects on gene expression without a change in the DNA sequence. These effects include DNA methylation, histone modification and RNA mediated gene silencing. Epigenomics is the genomic-wide study of epigenetic effects. While all nucleated cells in an individual contain the same genome, they contain very different epigenomes depending on tissue type, developmental stage, environmental influences and other parameters (Murrell et al., 2005; Stamatoyannopoulos et al., 2008). These affect the individual presently and can be transmitted into the next generation without a change in the underlying DNA code. Epigenetic contribution is vital to achieve either stable expression or repression of genes at various stages of development (Chouliaras et al., 2010; Wu et al., 2008).

DNA methylation is currently one of the most studied modification and is accomplished through DNA methyltransferases, which transfer a methyl group to the cystosine of CpG dinucleotides. The cystosine DNA-methyltransferase genes play a critical role in the establishment of transcriptionally repressive complexes. It plays an important role in gene silencing and regulating gene expression. Epigenetic mechanisms are dynamic and changeable even in fully differentiated brain cells. Among the various epigenetic mechanisms, histone acetylation and phosphorylation can open up the chromatin structure and may favor gene transcription. DNA methylation is more often associated with increased condensation of chromatin and gene silencing. However the effects of such epigenetic mechanisms may be gene dependent (Gräff et al., 2009).

In investigating LOAD, Wang and his co-workers proposed that epigenetic contribution in the development of the disease could be inferred from several observations (Wang et al., 2008). These include the fact that sporadic cases of AD dominate over familial ones; a concordance rate of monozygotic twins well below 100%; differential susceptibility and course of illness in males and females; parent-of-origin effect; and relatively late age of disease onset. In AD brain they found aberrant histone modifications and abnormal folate (Coppede et al., 2010) and homocysteine levels, which were indicative of abnormal methylation homeostasis and epigenetic dysregulation. Even for EOAD, the difference in penetrance and expressivity can be attributed in part to epigenetic phenomenon. They argued that the epigenome is particularly susceptible to dysregulation during embryonic and neonatal development, puberty and old age. When studying DNA methylation patterns on a series of candidate genes in postmortem brains and lymphocytes from LOAD patients versus healthy controls, they further found that the largest inter-individual variance in DNA was observed in PSEN1 and APOE promoters and postulated that hypomethylation of PSEN1 promoter could induce an overexpression of PSEN1. They also found that there were substantial differences in the epigenetic profiles between old monozygotic twins that can be attributed to one's environmental exposure, lifestyle, diet, or merely stochastic fluctuations. They reported that the strongest age-effects were detected in NCSTN gene that codes for nicastrin, which participates in the regulation of gamma-secretase cleavage of the APP. Hence they hypothesized that neuronal tissue in the AD brain may be prone to collecting epimutations with time due to their post-mitotic state, as opposed to cells which are constantly being renewed.

Mastroeni and co-workers studied the immunoreactivity for two markers of DNA methylation and eight methylation maintenance factors in the entorhinal cortex layer II, a region that has been implicated in the histopathology of AD (Mastroeni et al., 2010). They demonstrated neuronal immunoreactivity for all 10 of the epigenetic markers and factors, with significant decrements in AD cases. These decrements were particularly marked in certain neurofibrillary tangle-bearing neurons. In addition, two of the DNA methylation maintenance factors were decreased in AD subjects. Hence they concluded that epigenetic dysfunction occurred in AD-vulnerable neurons.

5. Clinical applications of the 'Omics'

The involvement of genetic approaches in the diagnosis, risk prediction of AD in the established and at-risk (pre-dementia) states includes its use in combination with clinical parameters and biomarker supplementation (Crunchaga et al., 2010). Another potential application is based on quantitative endophenotype data to provide greater statistical power for subject inclusion in clinical therapeutic trials via genetics-imaging approaches. This later approach has been adopted by the US NIH Alzheimer's Disease Neuroimaging Initiative (ADNI) and European Union FP6-funded AddNeuroMed study (Mueller SG, 2005) (Lovestone et al., 2007; Shen et al., 2010). Specific loci such as PICALM has been shown to be the most significant gene associated with entorhinal cortical thickness (Biffi et al., 2010). Over-representation of rs10845840, located in the GRIN2B gene, which encodes the N-methyl-d-aspartate (NMDA) glutamate receptor NR2B subunit has been found to be associated with lower temporal lobe volume (Stein et al., 2010). Distinct variants of SORL1 has been demonstrated to be associated with cerebrovascular and neurodegenerative changes related to AD (Cuenco et al., 2008); and APOE and TOMM40 with multiple brain regions (Shen et al., 2010).

APOE genotype has also been shown to be associated with increased blood oxygen level-dependent (BOLD) signal on functional magnetic resonance imaging (fMRI) in the occipital and perisylvian cortices bilaterally. More work needs to be done looking at the paradigm, family history and age to further interpret the BOLD differences between e4 carriers and non-carrier states, which might provide information on default modal networks involved in AD (Ringman et al., 1993; Trachtenberg et al., 2010).

The effects of genetics on therapeutic response to AD are potentially via the use of genomic information for the selection of at-risk groups as well as genetic influences on treatment efficacy and complications in the burgeoning field of pharmacogenomics. In particular, it has been shown that those with APOEe4 genotype do better on donepezil during the initial 1-year period (Petersen et al., 2005); but fair less well during the phase II trial of rosiglitazone (Risner et al., 2006) (peroxisome proliferator-activated receptor γ agonist), and the higher incidence of reversible vasogenic edema when treated with bapineuzumab (Kaufer et al., 2009). There is also some epidemiological rationale for the use of curcuminoids in AD which may be explained by the enhanced phagocytosis of Aβ via upregulation of transcription of specific genes (MGAT3) and translation of TLR2-4 (Fiala et al., 2007).

The main utility of GWAS currently lies in its potential in their hypothesis-generating nature to understand the pathophysiological pathways and ability to correct for population stratifications using principal component adjustments in homogenous populations, especially when low levels of increased risks are involved. Although there are current studies proposing the use of a 96-gene expression array (using blood RNA) for early AD diagnosis (Booij et al., 2010; Rye et al., 2010), the clinical accuracy is modest, estimated at 80%, and comparable to current clinical assessment methods.

While the idea of a diagnostic gene test kit to diagnose early AD is appealing, we have to be mindful of the diagnosis in asymptomatic at-risk individuals, given the current lack of concrete benefit of disease-modifying treatments and the modest benefits conferred by cognitive enhancers (Caselli et al., 2010). There are also concerns about the amount of age-related AD-like pathology one would accept as normal before offering potentially useful but yet unproven treatment strategies, which might promote 'cognitive hypochondriasis'. An example would be the controversial "Alzheimer's Mirror" genetic test developed by Smart Genetics, a Philadelphia company, which developed test kit for APOE variants and ceased operations 8 months after initial launch (Erika et al., 2008).

6. Limitations of methods and works in progress

Foremost is the absence of a time axis as most studies are based on a snapshot. While this is not vital in DNA studies, it is very relevant for transcriptomic, proteomic, metabolomics, epigenomic and most imaging studies. As mentioned previously, human tissue derived from postmortem specimens largely reflects advanced or terminal stage of disease and the quality of the tissue is dependent on the agonal and postmortem conditions. CSF and blood can only be a proxy of the intracerebral condition. However sampling CSF and blood allows longitudinal study and repeated sampling. Another major issue is 'spatial'. The brain is not a homogenous tissue and regional differences are significant. Hence whole brain sampling will not reflect regional variation and significant differences may be 'lost in translation'. This has been somewhat mitigated by microdissection and single-cell sampling. However looking at individual cells or cell types ignores the complex and interconnected nature of brain tissue and function. Other researchers have focused on studying transgenic mice or cell lines as informative proxies. Therefore there is no single best approach, and a combination of approaches, analyzed collectively and stratified according to ethnic variability will likely yield the most meaningful results.

There is currently strong interests in genomics and the various groups, for example the Dominantly Inherited Alzheimer Network (DIAN) (http://www.dian-info.org), which is presently enrolling study participants who are biological adult children of a parent with a mutated gene known to cause dominantly inherited Alzheimer's disease. Others include the ADNI Genetics Core and OPAL (Opportunity for Prevention of Alzheimer's) (http://www.opalstudy.org) which are recruiting normal subjects, defined by neuropsychological testing, between 60 and 87 years and genotyped for APOE status and TOMM40 '523 polymorphisms. Then, based on their age and TOMM40 status, they will either fall into the high-risk or low-risk category for developing Alzheimer's in the next five years with potential therapeutic drug administered.

7. Conclusions

In recent years, there has been much progress made in the recent high throughput technologies that has led to a better understanding of AD. Mutations in the genes APP, PSEN1 and PSEN2 in autosomal dominant inheritance patterns in EOAD are fairly well established. For LOAD, with an estimated heritability of around 60%, the principal susceptibility gene remains APOEe4 with several others, which play much lesser roles. There is evidence for APOE gene profiling for prospective epidemiological study research and pharmacogenetics in identifying high-risk individuals as well as the potential response to current therapeutic agent with calls for APOEe4 genotype to be a covariate for AD clinical trials in view of its modulatory effect on disease progression (Farlow et al., 2010). Broader genetic profiling via GWAS approach very recently has identified susceptibility at-risk genes. However, the individual effects of these identified gene loci are individually small but may identify genes for further functional investigation.

The endeavors in gene expression, proteomics and metabolomics, all downstream from genomics, are relatively early in their development and the results are very preliminary. This is in part due to the limitations of the technology and the tremendous challenges posed by analyzing huge datasets with current bioinformatic and computational biology capabilities. Epigenomics is another burgeoning area of tremendous promise. It runs parallel to genomics for it affects gene transcription and translation in ways beyond the actual DNA code. Extraneous and environmental factors can affect the epigenetic modifications. While DNA methylation and histone modifications are better understood, a far larger scope of epigenomics lies in the near horizon. Integrative approaches to complex multi-gene interaction and epigenetic effects using sophisticated algorithms have begun and would likely yield more robust results. However, the current state of genomics in diagnostics, risk prediction and potential inclusion in therapeutic trials still favor the established APOE given the demonstration of modulatory effect even in the preclinical stages of disease. The unfulfilled potential of these other high throughput platforms lie mainly in the lack of longitudinal data reflecting change as well as correlations with a more 'measurable' structural and functional brain measure, limiting its current role to a purely investigative one.

Moving forward, large scale collaborative efforts across high throughput technologies are required to understand the role of amyloid, lipid homeostasis and chronic inflammation in AD pathogenesis as well as therapeutic interventions directed at these various proposed pathways.

There is a need for diagnostic-therapeutic co-development approach especially in complex disorders such as AD to create diagnostic and prognostic algorithms via a multi-modal approach together with clinical and biomarker supplementation. This will lead to eventually fulfill the role of genomics in predictive, preventive and personalized medicine. In anticipation of this, a recent GRIPS (Genetic Risk Prediction Studies) Statement recommendation has also been published to enhance transparency of study reporting, and thereby improve the synthesis and application of multiple studies which may differ in terms of study design, protocol and analytical methods (Janssens et al., 2011).

8. References

Abraham R, Moskvina V, Sims R, et al. (2008) A genome-wide association study for late-onset Alzheimer's disease using DNA pooling. *BMC Med Genomics;* 1:44.

American Psychiatric Association. (2000) Diagnostic and statistical manual of mental disorders (IV-TR) 4th edn - text revision. Washington, DC.

Andersen OM, Willnow TE, Graff-Radford N, et al. (2007) The neuronal sortilin-related receptor SORL1 is genetically associated with Alzheimer disease. *Nat Genet.* Feb; 39 (2): 168-77.

Barabash A et al. Neurobiology Aging (2009); 30:1254-64. APOE, ACT and CHRNA7 genes in the conversion from amnestic MCI to AD. *Neurobiology Aging;* 30:1254-64.

Barba I, Fernandez-Montesinos R, Garcia-Dorado D, et al. (2008) Alzheimer's Disease beyond the genomic era:nuclear magnetic resonance (NMR) spectroscopy-based metabolomics. *J cell Mol Med* 12(5A): 1477-85.

Beach T, Leung D, Bryden L, et al. (2008) Sorl1 as an Alzheimer's disease predisposition gene? *Neurodegener Dis.,* 5(2):60-4.

Beecham GW, Martin ER, Li YJ, et al. (2009) Genome-wide association study implicates a chromosome 12 risk locus for late-onset Alzheimer disease. *Am J Hum Genet,* 84:35-43.

Bergem AL, Engedal K, Kringlen E. (1997) The role of heredity in late-onset Alzheimer disease and vascular dementia. A twin study. *Arch Gen Psychiatry,* 54. 264-70.

Bergem AL, Lannfelt L. (1997) Apolipoprotein E type epsilon4 allele, heritability and age at onset in twins with Alzheimer disease and vascular dementia. *Clin Genet,* Nov; 52(5): 408-13.

Bertram L, Hilunen M, Parkinson M, et al. (2005) Family-based association between Alzheimer's disease and variants in UBQLN1. *N Engl J Med* 352: 884-894.

Betram L, Lange C, Mullin K, et al. (2008) Genome-wide association analysis revelas putative Alzheimer's disease susceptibility loci in addition to APOE. *Am J Hum Genet,* 83:623-32.

Biffi A, Anderson CD, Desikan RS et al. (2010) Genetic variation and Neuroimaging Measures in Alzheimer Disease. *Arch Neurol,* 67(6):677-85.

Blalock EM, Geddes JW, Chen KC, et al. (2004) Incipient Alzheimer's disease: Microarray correlation analyses reveal major transcriptional and tumor suppressor responses. *PNAS*, 101(7):2173-2178.

Booij BB, Lindahl T, Wetterberg P, et al. (2011) A gene expression pattern in blood for the early detection of Alzheimer's Disease 23:1-11. *J Alzheimers Dis.* Jan 1;23(1):109-19.

Bossers K, Wirz KTS, Meerhoff GF, et al. (2010) Concerted Changes in Transcripts in the Prefrontal Cortex Precede Neuropathology in Alzheimer's Disease. *Brain* 133: 3699-3723.

Carrasquillo MM, Belbin O, Hunter TA, et al. (2010) Replication of CLU, CR1, and PICALM associations with alzheimer disease. *Arch Neurol.* Aug; 67(8):961-4. Epub Jun 14.

Carrasquillo MM, Zou F, Pankratz VS, et al. (2009) Genetic variation in PCDH11X is associated with susceptibility to late-onset Alzheimer disease. *Nat Gent,* 41:192-8.

Caselli RC, Dueck AC. (2010) APOE ε 2 and presymptomatic stage Alzheimer disease. *Neurology*, 75:1952-3.

Chen HK, Ji ZS, Dodson SE, et al (2011) Apolipoprotein E4 Domain Interaction mediates detrimental effects on Mitochondria and is a potential Therapeutic target for Alzheimer's disease. *J Biol Chem.* Feb 18; 286(7):5215-21.

Chiang GC, Insel PS, Tosun D, et al. (2010) Hippocampal atrophy rates and CSF biomarkers in elderly APOE2 normal subjcts. *Neurology;* 75:1976-81.

Chouliaras L, Sierksma ASR, Kenis G et al. (2010) Gene-Environment Interaction Research and Transgenic Mouse Modles of Alzheimer's disease. *Int J Alz Dis.* Oct 5.

Coon KD, Myers AJ, Craig DW, Webster JA et al. (2007) A high-density whole-genome association study reveals that APOE is the major susceptibility gene for sporadic late-onset Alzheimer's disease. *J Clin Psychiatry;* 68:613-18.

Coppede F. (2010) One-Carbon Metabolism and Alzheimer's disease: Focus on Epigenetics. *Curr Genomics;* 11:246-60.

Crean S, Ward A, Mercaldi CJ, et al. (2011) Apolipoprotein E ε4 prevalence in Alzheimer's disease patients varies across global populations: A Systematic Literative Review and Meta-Analysis. *Dement Geriatr Cogn Disord;* 31;20-30.

Crunchaga C, Kauwe JSK, Mayo, et al. (2010) SNPs associated with cerebrospinal fluid phospho-tau levels influence rate of decline in Alzheimer's disease. *PLOS;* 6(9): e1001101.

Cuenco KT, Lunetta KL, Clinton T, et al. (2008) Association of distinct variants in SORL1 with cerebrovascular and neurodegenerative changes related to Alzheimer disease. Arch Neurol; 65:1640-8.

D'Onofrio G, Panza F, Seripa D, et al. (2010) The APOE polymorphism in Alzheimer's disease patients with neuropsychiatric symptoms and syndromes. *Int J Geriatr Psychiatry.* Oct 29.

Dubois B, Feldman HH, Jacova C, et al. (2007) Research criteria for diagnosis of Alzheimer's disease: revising the NINCDS-ADRDA criteria. *Lancet Neurol;* 6:734-46.

Dunckley T, Beach TG, Ramsey KE, et al. (2006) Gene expression correlates of neurofibrillary tangles in AD. *Neurobiol Aging.* 27(10):1359-1371.

Ertekin-Taner N. (2010) Genetics of Alzheimer's disease in the pre- and post-GWAS era. *Alz Res Therapy*, 2:3.

Farlow MR. (2010) Should the ApoE genotype be a covariate for clinical trials in Alzheimer disease? *Alz Res Ther*; 2:15.

Farrer LA, Cupples LA, Haines JL, et al. (1997) Effects of age, sex, and ethnicity on the association between apolipoprotein E genotype and Alzheimer disease. A meta-analysis. *JAMA*; 278: 1349-1356.

Farris W, Mansourian S, Chang Y, et al. (2003) Insulin-degrading enzyme regulates the levels of insulin, amyloid beta-protein, and the beta-amyloid precursor protein intracellular domain in vivo. *Proc Natl Acad Sci USA* 100: 4162-67.

Feulner TM, Laws SM, Friedrich P, et al. (2009) Examination of the current top candidate genes for AD in a genome-wide association study. *Mol Psychiatry*, Jan 6.

Fiala M, Liu PT, Espinosa-Jeffrey A, et al. (2007) Innate immunity and transcription of MGAT-III and Toll-like receptors in Alzheimer's disease patients are improved by bisdemethoxycurcumin. *Proc Natl Acad Sci U S A*. Jul 31;104(31):12849-54.

Filippinin N, Ebmeir KP, Macintosh BJ, et al. (2011) Differential effects of the APOE genotype on brain function across lifespan. *Neuroimage*; 54:602-610.

Fritze F, Ehrt U, Sonnesyn H, et al. (2010) Depression in mild dementia: associations with diagnosis, APOE genotype and clinical features. *Int J Geriatr Psychiatry*. Oct 28.

German DC, Gurnani P, Nandi A, et al. (2007) Serum biomarkers for Alzheimer's disease: proteomic discovery. *Biomed Pharmacother*. Aug; 61(7): 383-9.

Gräff J, Mansuy IM. (2009) Epigenetic dysregulation in cognitive disorders. *European Journal of Neuroscience* pp. 1-8.

Grunblatt E, Bartl J, Zehetmayer, et al. (2009) Gene expression as peripheral biomarkers for sporadic Alzheimer's Disease. *J Alzheimer's Disease*, 16:627-634.

Grupe A, Abraham , Li Y, et al. (2007) Evidence for novel susceptibility genes for late-onset Alzheimer's disease from a genome-wide association study of putative functional variants. *Hum Mol Genet*. Apr 15;16(8):865-73.

Gyungah J et al. (2010) Meta-analysis confirms CR1, CLU and PICALM as Alzheimer disease risk loci and reveals interactions with APOE genotype. *Arch Neurol*. Dec;67(12):1473-84.

Harold D et al. (2009) Genome-wide association study identifies variants at CLU and PICALM associated with Alzheimer's disease. *Nat Genet*. Oct; 41(10): 1088-93.

Hayden EC. (2008) Alzheimer's tests under fire. *Nature*; 455:1155.

Heinzen EL Need AC, Hayden KM, et al. (2010) Genome-wide scan of copy number variation in late-onset Alzheimer's disease. *J Alzheimers Dis*. 19(1):69-77.

Lee JH, Cheng R, Barral S (2011) Identification of Novel Loci for Alzheimer Disease and Replication of CLU, PICALM, and BIN1 in Caribbean Hispanic Individuals. *Arch Neurol*. Mar;68(3):320-8.

Jack CR, Knowpman DS, Jagust WJ, et al. (2010) Hypothetical model of dynamic biomarkers of the Alzheimer's pathological cascade. *Lancet Neurol* 9:119-28.

Jack CR, Peterson RC, Xu XC, et al. (1999) Prediction of AD with MRI-based hippocampal volume in mild cognitive impairment. *Neurology*; 52:1397-1403.

Janssens ACJW, Ioannidis JPA, van Duijin CM, et al. (2011) Strengthening the Reporting of Genetic Risk Prediction Studies: The GRIPS Statement. *Ann Intern Med*; 154:421-5.

Kaddurah-Daouk R, Krishnan KR. (2009) Metabolomics: a global biochemical approach to the study of central nervous system diseases. *Neuropsychopharmacology*. Jan; 34(1):173-86.

Kaddurah-Daouk R, Rozen S, Matson W, et al. (2010) Metabolomic Changes in autopsyconfirmed Alzheimer's Disease. *Alzheimers Dement*. Nov 12.

Kaufer D, Gandy S.(2009) APOE e4 and bapineuzumab: infusing pharmacogenomics into Alzheimer disease therapeutics. *Neurology*; 73:2052-3.

Kauwe JSK, Cruchaga C, Karch CM, et al. (2011) Fine Mapping of Genetic Variations in BIN1, CLU, CR1 and PICALM for Association with Cerebrospinal fluid biomarkers for Alzheimer's disease. *PLoS One*. Feb 9;6(2):e15918.

Kazee AM, Eskin TA, Laphan LW, et al. (1993) Clinicopathological correlates in Alzheimer disease: assessment of clinical and pathologic diagnostic criteria. *Alzheimer Dis Assoc Disord*, 7:152-64.

Killiany RJ, Gomez-Isla T, Moss M, et al. (2000) Use of structural magnetic resonance imaging to predict who will get Alzheimer's disease. *Ann Neurol*; 47: 430-439.

Killiany RJ, Hyman BT, Gomez-Isla T, et al. (2002) MRI measures of entorhinal cortex vs hippocampus in preclinical AD. *Neurology*; 58:1188-96.

Korf ESC, Wahlund L-O, Visser PJ, et al. (2004) Medial Temporal Lobe Atrophy on MRI predicts dementia in patients with mild cognitive impairment. *Neurology*, 63:94-100.

Kupfer DJ, Regier DA. (2010) Why All of Medicine Should Care about DSM-5. *JAMA*; 303(19):1974-5.

Lambert JC, Heath S, Even G. (2009) Genome-wide association study identifies variants at CLU and CR1associated with Alzheimer's disease. *Nat Genet*. Oct; 41(10):1094-9. Epub 2009 Sep 6.

Lee JH, Cheng R, Barral S et al. (2010) Identification of Novel Loci for Alzheimer Disease and Replication of CLU, PICALM, and BIN1 in Caribbean Hispanic Individuals. *Arch Neurol*. 2011 Mar; 68(3):320-8. Epub Nov 8.

Li H, Wetten S, Li L, et al. (2008) Candidate single-nucleotide polymorphisms from a genome wide association study of Alzheimer disease. *Arch neurol*; 65:45-53.

Liang WS, Chen K, Lee W, et al. (2011) Association between GAB2 haplotype and higher glucose metabolism in Alzheimer's disease-affected brain regions in cognitively normal APOEe4 carriers. *Neuroimage*. Feb 1;54(3):1896-902. Epub (2010) Oct 1

Liang WS, Dunckley T, Beach TG, et al. (2008) Altered neuronal gene expression in brain regions differentially affected by Alzheimer's diseases: a reference data set. *Physiol Genomics* 33 240-256.

Lim A, Tsuang D, Kukull W et al. (1999) Clinico-pathological correlation of Alzheimer's disease in a community-based case series. *J Am Geriatr Soc*; 47:564-69.

Lovestone S, Francis P, Strandgaard K. (2007) Biomarkers for disease modification trials - the innovative medicines initiative and Add *NeuroMed*. J Nutr Health Aging; 11; 359-61.

Maes OC, Xu S, Yu B, et al. (2007) Transcriptional profiling of Alzheimer blood mononuclear cells by microarray. *Neurobiol Aging*, 28:1795-1809.

Maes OC, Xu S, Yu B, et al. (2008) Transcriptional profiling of Alzheimer blood mononuclear cells by microarray. *Neurobiology of Aging*, 28 1795-1809.

Martins IJ, Hone E, Foster JK, et al. (2006) Apolipoprotein E, cholesterol metabolism, diabetes and the convergence of risk factors for Alzheimer's disease and cardiovascular disease. *Molecular Psy;* 11:721-36.

Mastroeni D, Grover A, Delvaux E, et al. (2010) Epigenetic Changes in Alzheimer's disease: Decrements in DNA Methylation *Neurobiol Aging* 31(12): 2025-2037.

McKhann G, Drachmann DA, Folstein M, e al. (1984) Clinical diagnosis of Alzheimer's disease - report o the NINCDS-ADRDA workgroup under the auspices of Department of Health and Human Services Task Force on Alzheimer's disease. *Neurology;* 34:939-44.

Minagawa H, Watanabe AM, Akatsu H, et al. (2010) Homocysteine, Another Risk Factor for Alzheimer Disease, Impairs Apolipoprotein E3 function. *J Biol Chem;* 285(49):38382-88.

Morris JC, Roe CM, Xiong C, et al. (2010) APOE predicts amyloid-beta but not tau Alzheimer pathology in cognitively normal aging. *Ann Neurol;* 67:122-131.

Morris JC, Storandt M, Miller JP, et al. (2001) Mild cognitive impairment represents early stage Alzheimer's disease. *Arch Neurol;* 58:397-405.

Mosconi L, Brys M, Switalski R, et al. (2007) Maternal family history of Alzheimer's disease predisposes to reduced brain glucose metabolism. *Proc Natl Acad Sci U S A.* 2007 Nov 27;104(48):19067-72. Epub, Nov 14.19.

Lin MT, Beal MF. (2006) Alzheimer's APP mangles mitochondria. *Nat Med.* Nov;12(11):1241-3.

Mosconi L, De Santi S, Brys M, et al. (2008) Hypometabolism and altered cerebrospinal fluid markers in normal Apolipoprotein E e4 carriers with subjective memory complaints. *Biol Psy;* 63(3): 609-18.

Mueller SG, Weiner MW, Thal LJ, et al. (2005) Ways towards an early diagnosis in Alzheimer's disease: the Alzheimer's Disease Neuroimaging Initiative (ADNI). *Alzherimers Dement;* 1:55-66.

Murrell A, Rakyan VK, Beck S. (2005) From genome to epigenome. *Hum Mol Genet.* Apr 15;14 Spec No 1:R3-R10. Review.

Naj AC, Beecham GW, Martin ER, et al. (2010) Dementia Revealed: Novel Chromosome 6 Locus for Late-Onset Alzheimer Disease Provides Genetic Evidence for Folate-Pathway Abnormalities. *PLoS Genet.* Sep 23;6(9). 58.

Shulman JM, Chibnik LB, Aubin C, et al. (2010) Intermediate phenotypes identify Divergent Pathways to Alzheimer's disease. *PLoS One.* Jun 21;5(6):e11244.

Okonkwo OC, Alosco ML, Jerskey BA, et al. (2010) Cerebral atrophy, apolipoprotein E e4, and rate of decline in everyday function among patients with amnestic mild cognitive impairment. *Alz Dement;* 6:404-411.

Panizzon M, Hauger R, Dale Am, et al. (2010) Testosterone modifies the effect of APOE genotype on hippocampal volume in middle-aged men. *Neurology;* 75:874-880.

Pankratz VS, Dickson DW et al. (2010) Replication of CLU, CR1, and PICALM associations with alzheimer disease. *Arch Neurol.* Aug;67(8):961-4.

Papassotiropoulos A, Fountoulakis M, Dunckley T, et al. (2006) Genetics, transcriptomics and proteomics of Alzheimer's disease. *J Clin Psychiatry* 67(4): 652-670.

Peila R, White LR, Petrovich H, et al. (2001) Joint effect of the APOE gene and midlife systolic hypertension on late-life cognitive impairment: The Honolulu-Asia Aging Study. *Stroke*, 32:2882-2889.

Petersen RC, Thomas RG, Grundman et al. (2005) Vitamin E and donepezil for the treatment of mild cognitive impairment. *N Engl J Med*, 352:2379-88.

Petersen RC, Thomas RG, Grundman M, et al. (2005) Vitamin E and donepezil for the treatment of mild cognitive impairment. *N Engl J Med*, 352: 2379-88.

Peterson RC. (2004) Mild cognitive impairment as a diagnostic entity. *J Int Med*, 256:183–94.

Petrovich H, White LR, Ross GW, et al. (2001) Accuracy of clinical criteria for AD in the Honolulu-Asia Aging Study: a population-based study. *Neurology*, 57:226-34.

Poduslo SE, Huang R, Huang J et al. (2009) Genome screen of late-onset Alzheimer's extended pedigrees identified TRPC4AP by haplotype analysis. *Am J Med Genet B Neuropsychiatr Genet*, 150B:50-5.

Portelius E, Zetterberg H, Gobom J, et al. (2008) Targeted proteomics in Alzheimer's disease: Focus on amyloid-beta. *Expert Rev Proteomics* 5(2): 225-37.

Price JL, Morris JC. (1999) Tangles and plaques in nondemented aging and preclinical Alzheimer disease. *Ann Neurol*, 45:358-68.

Prince JA, Feuk L, Gu HF, et al. (2003) Genetic variation in a haplotype block spanning IDE influence Alzheimer's disease. *Hum Mutat*, 22: 363-71.

Reiman EM, Webster JA, Myers AJ, et al. (2007) GAB2 alleles modify Alzheimer's risk in APOE episilon4 carriers. *Neuron*, 54:713-20.

Ringman JM, Medina LD, Braskie M, et al. (2011) Effects of Risk Genes on BOLD activation in presymptomatic carriers of familial Alzheimer's disease mutations during a novelty encoding task. *Cerebral Cortex*. Apr;21(4):877-83.

Risner ME, Saunders AM, Altman JF, et al. (2006) Efficacy of rosiglitazone in a genetically defined population with mild-to-moderate Alzheimer's disease. *Pharmacogenomics J*, 6 :246-54.

Ritchie K, Lovestone S. (2002) The dementias. *Lancet*. Nov 30; 360 (9347):1759-66.

Rogaeva E, Meng Y, Lee JH, et al. (2007) The neuronal sortilin-related receptor SORL1 is genetically associated with Alzheimer's disease. *Nat Genet*. Feb; 39(2): 168-77.

Roses AD, Lutz MW, Amrine-Madsen H, et al. (2009) A TOMM40 variable-length polymorphism predicts age of late-onset Alzheimer's disease. *Pharmacogenomics*, 69:1-10.

Roses AD. (1996) Apolipoprotein E alleles as risk factors in Alzheimer's disease. *Annu Rev Med*. 47:387-400. Review.

Rusanen M, Rovio S, Gan Du T, et al. (2010) Midlife smoking, apolipoprotein E and risk of dementia and Alzhiemer's disease: A population-based cardiovascular risk factors, aging and dementia study. *Dement Geriatr Disord*, 30:277-284.

Rye PD, Booij BB, Grave G, et al. (2010) A novel blood test for the early detection of Alzheimer's Disease. *J Alzheimer's Disease*, 23:1-9.

Santoro A, Balbi V, Balducci E, et al. (2010) Evidence for Sub-haplogroup h5 of Mitochondrial DNA as a Risk Factor for Late Onset Alzheimer's Disease. *PLoS One*, Aug 6;5(8):e12037.

Serretti A, Olgiati P, Ronchi DD. (2007) Genetics of Alzheimer's disease: A rapidly evolving field. *Journal of Alzheimer's disease*, 73-92.

Seshadri S et al. (2010) Genome-wide analysis of genetic loci associated with Alzheimer disease. *JAMA*, May 12; 303(18):1832-40.

Shen L, Kim S, Risacher SL, et al. (2010) Alzheimer's Disease Neuroimaging Initiative. Whole genome association study of brain-wide imaging phenotypes for identifying quantitative trait loci in MCI and AD: A study of the ADNI cohort. *Neuroimage*, 53(3):1051-63.

Simonsen AH, McGuire J, Hansson O, et al. (2007) Novel Panel of Cerebrospinal Fluid Biomarkers for the Prediction of Progression to Alzheimer Dementia in Patients With Mild Cognitive Impairment. *Arch Neurol*, 64(3):366-370.

Slifer MA, Martin ER, Gilbert JR, et al. (2009) Resolving the relationship between Apolipoprotein E and depression. *Neurosci Lett*, 455(2): 116-119.

Stamatoyannopoulos JA, Dunham I. (2008) Epigenomics at the tipping point. *Pharmacogenomics*, 9:12, 1781-83.

Stein JL, Hua X, Morra JH et al. (2010) Genome-wide Analysis reveals novel genes influencing temporal lobe structure with relevance to neurodegeneration in Alzheimer's disease. *Neuroimage*, 51(2): 542-44.

Sultana R, Boyd-Kimball D, Cai J, et al. (2007) Proteomics Analysis of the Alzheimer's Disease Hippocampal Proteome. *JAD*, 11(2): 153-164.

Tan MG, Chua WT, Esiri MM, et al. (2010) Genome wide profiling of altered gene expression in the neocortex of AD. *J Neuroscience Research*, 88:1157-1169.

Tang Y, Lu A, Arnow BJ, et al. (2001)Blood genomic responses differ after stroke, seizures, hypoglycemia and hypoxia: blood genomic fingerprints of disease. *Ann. Neurol.*, 50: 699 – 707.

Tang Y, Nee AC, Lu A, et al. (2003) Blood genomic expression profile for neuronal injury. *J. Cereb. Blood Flow Metab.* 23: 310 – 319.

Tanzi RE, Dovacs DM, Kim TW, et al. (1996) The gene defects responsible for familial Alzheimer's disease. *Neurobiol Dis* 3:159-168.

Tanzi RE. (1999) A genetic dichotomy model for the inheritance of Alzheimer's disease and common age-related disorder. *J Clin Invest*, 104:1175-1179.

Trachtenberg AJ, Filippini N, Mackay CE. (2010) The effects of APOE-epsilon4 on the BOLD response. *Neurobiol Aging*. Apr 19.

Tsuang MT, Nossova N, Yager T, et al. (2005) Assessing the validity of blood-based gene expression profiles for the classification of schizophrenia and bipolar disorder: a preliminary report. *Am. J. Med. Genetics* Part B; 133B: 1 - 5.

Varma AR, Snowden JS, Lloyd JJ, et al. (1999) Evaluation of the NINCDS-ADRD criteria in the differentiation of Alzheimer's disease and frontotemporal dementia. *J Neurol Neurosurg Psychiatry*; 66:184-88.

Vemuri P, Wiste HJ, Weigand SD, et al. (2010) Effect of Apolipoprotein E on biomarkers of Amyloid Load and Neuronal Pathology in Alzheimer disease. *Ann Neurol*, 67:308-16.

Wang P, Hong C, Lin K et al. (2011) APOEe4 increases risk of progression from amnestic mild cognitive impairment to Alzheimer's disease among ethnic Chinese in Taiwan. *J Neurol Neurosurg Psychiatri*, 82:165-9.

Wang S, Oelze B, Schumacher A. (2008) Age-specific epigenetic drift in late-onset Alzheimer's disease. *PLoS ONE*, Jul 16:3(7): e2698.

Webster JA, Myers AJ, Pearson JV, et al. (2008) Sorl1 as an Alzheimer's disease predisposition gene? *Neurodegener Dis*; 5(2):60-4.

Wimo A, Winbald B, Aguero Torres H, et al. (2003) The magnitude of dementia occurrencein the world. *Alz Dis Assoc Disord*, 17: 63-67.

Wu J, Basha MR, Zawia NH. (2008) The environment, epigenetics and amyloidogenesis. *J Mol Neurosci*, 34(1): 1-7.

Yip AG, McKee A, Green RC, et al. (2005) APOE, vascular pathology and the AD brain. *Neurology*, 65:259-265.

Zellner M, Veitinger M, Umlauf E. (2009) The Role of Proteomics in Dementia and Alzheimer's Disease. *Acta Neuropathol*, 118: 181-195.

3

Addressing Risk Factors for Neurocognitive Decline and Alzheimer's Disease Among African Americans in the Era of Health Disparities

David L. Mount[1,2] et al.*

Maya Angelou Center for Health Equity, Wake Forest School of Medicine
[2]Founder and CEO, Mind-Body Institute of the Piedmont
United States of America

1. Introduction

More than any other time in the past, the world is now paying attention to the public health implications of neurological health, ranging from cognitive aging, and mild cognitive impairment to neurodegenerative conditions such Alzheimer's disease. It is estimated that every 69 seconds someone develops AD related symptoms, and by 2050, the rate of developing this condition will be about every 33 seconds (Alzheimer's Association 2011). As a leading public interest organization, the national Alzheimer's Association 2011 report also mentions that in 2010, 14.9 million family members and friends provided 17 billion hours of unpaid care to those with Alzheimer's and other types of dementia, a care valued at $202.6 billion. Adverse neurocognitive functioning is now front and center of public health concerns as more than 5.4. million people are living with Alzheimer's disease (AD).

Within the continuum of health disparities, we are now learning that risk for Alzheimer's disease (AD) is 14-100% more likely for African Americans when compared to Caucasian Americans (Taylor, Sloan et al. 2004; Manly 2008; Weiner 2008). For all too many African Americans, the biopsychosocial threats to brain health and neurocognitive functioning are profoundly influenced by seen and unseen factors, ranging from inequalities in education, health, neighborhoods and communities, vocational opportunities, and access to wellness promoting resources. The cumulative effect of acute and chronic inequalities may be expressed through a differentially higher burden for brain-behavior vulnerability. Hence, identifying factors that are leading to an increased risk for adverse neurocognitive health and wellbeing is of highest priority in the black community.

---

*Maria Isabel Rego[1], Alethea Amponsah[1], Annette Herron[3], Darin Johnson[1], Mario Sims[4], DeMarc Hickson[5], and Sylvia A. Flack[6]

1 Maya Angelou Center for Health Equity, Wake Forest School of Medicine, United States of America
2 Founder and CEO, Mind-Body Institute of the Piedmont, United States of America
3 Department of Behavioral Sciences and Social Work, Winston Salem State University, United States of America
4 Department of Medicine, University of Mississippi, United States of America
5 Department of Medicine, University of Mississippi & Department of Epidemiology and Biostatistics, Jackson State University, United States of America
6 Center of Excellence for the Elimination of Health Disparities, Winston Salem State University United States of America

2. Public health implications of dementia related health

Dementia is a general term used when referring to symptoms caused by disorders that affect the brain. Persons with dementia have an assortment of neurobehavioral symptoms affecting and interfering with cognitive performance, memory, personality, and activities of daily living. Alzheimer's disease (AD) is a specific type of disease process, and in the early 1990s this condition was estimated to affect 1.5 to 2 million people (Brinton 1993).

Although AD, closely followed by vascular dementia, is the more common form of dementia, African Americans are more than twice as likely to develop dementia symptoms when compared to Caucasian Americans (Alzheimer's Association 2002; Demirovic, Prineas et al. 2003; Fitzpatrick, Kuller et al. 2004; Bennett 2007; Plassman, Langa et al. 2007; Fitzpatrick, Kuller et al. 2009). For over a decade, the prevalence of dementia in the African American community has been characterized as a "silent epidemic". Issues of accessibility to medical care have been linked to the prevalence of dementia in the black community (Alzheimer's Association 2002). Chances are, African Americans may receive critical neurological attention too late and miss the window for therapeutic interventions. This is particularly concerning given the growing discussion about reversal of adverse neurocognitive functioning, including dementia (Arendash, Mori et al. 2009; Etgen, Sander et al. 2010; Mangialasche, Solomon et al. 2010). Moreover, African-Americans have a higher rate of vascular disease such as T2DM, a condition thought to increase brain dysfunction in higher cortical abilities. Despite the significance of an early diagnosis of Alzheimer's disease (AD), African Americans are diagnosed in later stages of the disease, demonstrate greater cognitive impairment at the time of diagnosis, and receive less adequate treatment following diagnosis (Hughes, Tyler et al. 2009; Chin, Negash et al. 2011). As the major public health emphasis for African Americans remains focused around physical disease (e.g., heart disease, lower limb amputations, and kidney disease), there is growing concern that health care professional and the patients for whom they provide care may be missing opportunities for connecting integrative mind-body health.

Although the exact cause of Alzheimer's is not completely understood, experts have recently identified a genetic and physiological mechanism involving the insufficient breakdown and recycling of amyloid protein in the brain. This action process leads to cell death and weakened neuronal communication. Guidelines identifying and classifying individuals with possible, probable, and definite AD were established through a joint effort supported by the National Institute of Neurological and Communicative Disorders and Stroke (NINCDS) and the Alzheimer's Disease and Related Disorders Association (ADRDA) (McKhann, Drachman et al. 1984). Multi-center studies have shown these guidelines to have adequate sensitivity (83%) and specificity (84%) (Blacker, Albert et al. 1994). Additional diagnostic criteria for probable AD include medical examination, deficits in two or more neurocognitive domains, progressive worsening of memory and other neurocognitive domains, no disturbance of consciousness, and absence of systemic disorders or other brain diseases that could be the cause of decline.

3. Type 2 diabetes immediate and intermediate crises

T2DM is a blood sugar dysregulation disorder associated with insulin resistance, insulin deficiency, or both. Individuals can remain undiagnosed for as long as seven years (Harris, Klein et al. 1992). T2DM is a costly, life-threatening chronic disease that is associated with a high degree of medical complications and an estimated price tag of $100 billion a year (O'Connor 2006). This metabolically driven chronic illness is at an all time high in black America, and tied primarily to health behaviors that include poor dietary habits and sedentary lifestyles (Bell, Bertoni et al. 2010). In addition to physical health markers, persons living with diabetes are known to live with an elevated risk of developing adverse neurocognitive problems, ranging from mild cognitive impairment to more severe brain health problems including AD related dementia. Memory related problems were initially reported, particularly among persons with complications of peripheral neuropathy and/or elevated A1c levels (Perlmuter et al., 1984). These findings have been substantiated through meta-analysis research methodology (Strachan, Deary et al. 1997). At this, based upon research published between 1980 and 1995, Strachan and colleagues found that there was a connection between history of T2DM and verbal memory dysfunction. Supplementing these findings, multi-site longitudinal studies including, the Rotterdam Study (Ott, Stolk et al. 1996), the Honolulu-Asia Aging Study (Peila, Rodriguez et al. 2002), and the Epidemiology of Vascular Aging Study (Fontbonne, Berr et al. 2001) have also found evidence of a diabetes-neurocognitive functioning compromise. When studying younger Type 2 diabetes cohorts, non-age related changes in information processing speed are observed (Ryan and Geckle 2000). As noted in their published findings from the Atherosclerosis Risk in Communities cohort, a large biracial, multisite, longitudinal investigation of initially middle-aged individuals, (Knopman, Boland et al. 2001) observed that persons with Type 2 diabetes demonstrated problems with language skills tasks.

The stated inconsistencies in the area of diabetes and brain may reflect differences in how well researchers have characterized the population. Toward achieving a more standardized covariate modeling of the data, some relevant markers need mentioning. Because the community of persons living with T2DM is not homogenous, it is important to explore the range of biopsychosocial candidate markers implicated in a loosely defined Diabetes-neurocognitive risk paradigm. Duration of diabetes is identified as a risk marker. For instance, when persons with well controlled diabetes are compared with relatively healthy individuals without diabetes, there are relatively no discernable differences on behavioral tasks measuring verbal memory, except when duration of diabetes is considered (Cosway, Strachan et al. 2001). Duration of diabetes as a brain-cognition threshold marker has been previously reported in the literature (Stewart and Liolitsa 1999; Logroscino, Kang et al. 2004).

Insulin resistance is a physiological condition where the natural hormone, insulin, becomes less effective at lowering blood sugars. Insulin resistance as also been addressed has an inflammatory process (Shoelson, Lee et al. 2006). The poor supply of glucose to the brain can also cause neurological symptoms such as: drowsiness, confusion, loss of consciousness, seizures, and permanent brain damage. Elevated blood glucose levels can damage small blood vessels (miscrovascular disease) that in turn affect the eyes (diabetic retinopathy), kidneys (nephropathy), and nerve damage (i.e.,neuropathy). Elevated blood sugar or hyperglycemia is a significant complication experienced in Type 2 diabetes. Elevated blood sugar is shown to decrease acetylcholine synthesis in rat brain (Squadrito, Trimarchi et al. 1986; Welsh and Wecker 1991). Acetylcholine is a neurotransmitter that appears to be involved in learning and memory, and is severely diminished in the brains of persons with Alzheimer's disease. Insulin resistance, as inflammatory response, may lead to a situation of brain cells losing their ability to convert glucose to energy, and begin to starve.

There is reason to believe that dementia, in the context of T2DM, is driven through a stress pathway and inflammatory sensitive process. Stressful situations repeatedly activate

Allostatic load responses leading to a wear and tear of the body (McEwen and Stellar 1993). This cumulative wear and tear or Allostatic load represents a model of how psychosocial factors impact the body and lead to disease (Nielsen, Seeman et al. 2007). There seems to be three stages of allostasis. During the primary stage the body releases stress hormone molecules and their antagonists as well as anti-inflammatory cytokines which are the Allostatic load biomarkers called primary mediators (Juster, McEwen et al. 2010). These molecules' synergistic effects impact cellular levels activities which compromise the integrity of Allostatic mechanisms (Juster, McEwen et al. 2010). In order to compensate for unbalanced production of these primary mediators, subsidiary biological systems change their operating ranges to maintain functions at chemical, tissue and organ levels (Juster, McEwen et al. 2010). At a secondary stage, also called prodromal stage, metabolic, cardiovascular and immune parameters arrive at sub-clinical levels (Juster, McEwen et al. 2010). The third and final stage or the Allostatic overload is when physiological dysregulation leads to tertiary outcomes or disease (Juster, McEwen et al. 2010). Even more dangerous are brain changes that are associated with chronic stress and allostasis since it further reduces our abilities to cognitively process and physiologically respond to stressors (Juster, McEwen et al. 2010). Therefore, this model explains how the dysregulation of systems that are supposed to balance our bodies through environmental demands serves as a key mediator for increased disease risk (Nielsen, Seeman et al. 2007).

Several, serum markers of inflammation have been speculated to burn neurocognitive abilities. Findings from the Health, Aging, and Body Composition Study demonstrated that serum markers of inflammation, especially IL-6 and CRP, were prospectively associated with cognitive decline in well-functioning African-American and white elders, as measured by the Modified Mini-Mental State Examination (3MS)(Yaffe, Lindquist et al. 2003). C-reactive protein (CRP), a marker of inflammation, is generated at a higher level in obese people, and mild elevation in CRP increases risk of heart attacks, strokes, high blood pressure, muscle weakness and fragility. In a more recent cognitive aging related study (Noble, Manly et al. 2010) , findings showed that participants in the highest high-sensitivity (hs) CRP tertile had higher adjusted odds of impaired memory (odds ratio [OR], 1.5; 95% confidence interval [CI], 1.0-2.1; *P* = .03) than participants in the lowest tertile. Subjects in the highest hs CRP tertile also had greater odds of visuospatial impairment (OR, 1.6; 95% CI, 1.0-2.3; *P* = .03). Higher hsCRP was not associated with executive or language impairment. Persons with at least 1 *APOE* ε4 allele and hsCRP in the highest tertile had the greatest odds of impaired memory (OR, 2.7; 95% CI, 1.6-4.4). While CRP is associated with body mass index, the evidence on the association between BMI and cognitive functioning in aging research is mixed. For instance, in one biracial community population aged 65 and older, BMI was not predictive of cognitive decline in a cognitively unimpaired community population (Sturman, de Leon et al. 2008); however, results from a Swedish community population study, published in the Journal of Gerontology (Dahl, Hassing et al. 2010), found that higher midlife BMI scores precede lower general cognitive ability and steeper cognitive decline in both men and women. Yet, data from the Cardiovascular Health Study (Fitzpatrick, Kuller et al. 2009) seems to have indicated no association indicated no association of BMI with greater dementia risk.

As diabetes is a constellation of signs and symptoms, a salient feature of poor glycemic control is increased risk for atherosclerosis. Atherosclerosis, a disease of vessel wall thickness and plaques of the carotid arteries, is a risk factor for non-age related changes in brain functioning (Hofman, Ott et al. 1997) and a consequence of several lifestyle factors (e.g., cigarette smoking, sedentary lifestyle, obesity). Reporting on their findings from the Rotterdam Study, Hofman and associates (year) found that atherosclerosis is associated with dementia and the odds ratio for Alzheimer's disease in those with severe atherosclerosis compared with those without atherosclerosis was 3.0 (95%, CI 1.5-6.0; p = 0.001).

Similar to atherosclerosis, hypertension is shown to alter brain functions (Kilander, Nyman et al. 1998; den Heijer, Launer et al. 2005). Variables that may alter (i.e., moderate) the relationship of hypertension to brain functioning include age, education, several characteristics of elevated blood pressure or hypertension, and the presence of concurrent diseases (Waldstein 2003). The data suggests that while hypertension is a risk factor for cerebrovascular health independent of Type 2 diabetes, the joint contributions of both diseases elevate stroke mortality (Hu, Sarti et al. 2005). Pathologies of the peripheral vasculature are responsible for a wide variety of clinical conditions, premature disability, and early death. With these and other factors in mind, T2DM increases risk for peripheral arterial disease (PAD), a common disease affecting 8 to 12 million Americans (Selvin and Erlinger 2004) Occurring in about 8% of African Americans, 5% of Mexican Americans, and about 3% of Caucasian Americans(Rucker-Whitaker, Greenland et al. 2004; Nelson, Reiber et al. 2007; Meadows, Bhatt et al. 2009). PAD occurs when a fatty material called plaque builds up on the inside walls of the arteries that carry blood from the heart to the head, internal organs, and limbs. Peripheral arterial disease (PAD) is a manifestation of systemic atherosclerosis, is associated with significant morbidity and mortality, and is an important marker of subclinical coronary heart disease, and stroke (Selvin and Erlinger 2004; Khattab, Ali et al. 2005). PAD prevalence increases dramatically with age and disproportionately affects persons of color (Collins, Petersen et al. 2003; Selvin and Erlinger 2004), and the comorbidity of PAD and Type 2 diabetes greatly increases mortality (Leibson, Ransom et al. 2004). Three types of studies on the investigation of cognitive functioning have emerged including PAD severity compared to healthy controls (Waldstein, Tankard et al. 2003), asymptomatic PAD and inflammatory process (Mangiafico, Sarnataro et al. 2006), and PAD and coronary heart disease with stroke (Phillips and Mate-Kole 1997; Rao, Jackson et al. 1999); (Mukherjee, Eagle et al. 2007). PAD can impair physical health and diminish the ability to walk since physical activity is associated with oxygenated blood flow to brain and cognitive agility (Yaffe, Barnes et al. 2001; Allmer 2005; Singh-Manoux, Hillsdon et al. 2005). Jointly, poor circulation in the legs can be associated with poor circulation in the heart and in the brain. Such questions would concern how and to what extent persons with T2DM develop their continuum of risk for adverse brain health and neurocognitive dysfunction, including neurodegenerative disease, such as dementia of the AD type. Recent clinical data show that rates of diabetes and other cardiovascular disease health problems are increasing among African Americans in their middle-ages and younger (Krishnan, Cozier et al. 2010; Cali and Caprio 2008; Steinberger, Daniels et al. 2009). An earlier onset of physical health problems correlated with accelerated brain aging will likely translate into a greater burden of neurocognitive problems in younger cohorts. To that extent, blood circulation components, including volume, flow, access, and nutrition quality may prove beneficial in elucidating the upward-bound body-brain functionality and dynamics central to critical psychoendoneuroimmunology questions.

For the most part, T2DM does not appear to have immediate effects on brain health and cognitive functioning. All things being considered, it is equally plausible that adverse neurocognitive risk and event is the summed expression of an inverse neurocognitive resilience-inflammatory response process. That is, as one's resilience is diminished there might be an appreciable spike in inflammatory activity. Risk for brain health complications along the diabetes-brain connectivity spectrum is more characteristic of intermediate effects, especially when there is evidence of diabetes being poorly controlled. This said, a general saying in clinical neuropsychology is "its not just the brain it happens to; its whose brain it happens to". Such a statement warrants attention to acknowledging the absence of a social-ecological perspective in addressing prevention and treatment, as well as the formulation of intervention efforts in taking serious action to eliminate the burden of dementia related disparities faced by African Americans, particularly those suffering from vascular diseases.

4. Built environment and social determinants of AD risk

The built environment in the context of health can provide insight into how African Americans may experience a differentially high risk for dementia. The term built environment is used to signal human-made structures and how those environmental components come to shape our health, whether we are talking about neighborhood-level factors or more broad ranging elements that constitute community and its accessible and inaccessible resources. Within the built environment lies a host of factors operating in concert, but are there clues and solutions in the built environment that could be used to reposition translational research on brain and neurocognitive impairment research? As some brain functions are more sensitive to aging effects than others, neurobiological and contextual factors such as environmental demands and cultural experiences independently and simultaneously influence underlying neural circuits that activate and deactivate cognitive processes (Salthouse 1996; Baltes, Staudinger et al. 1999; Von Dras and Blumenthal 2000; Park and Gutchess 2006). Environmental factors shown to affect health include housing and indoor air quality (McEwen 2008; Lan and Lian 2009; van Hoof, Kort et al. 2010), neighborhood location, noise, crowding, socioeconomic status (Glass, Bandeen-Roche et al. 2009; Hackman and Farah 2009; Van Gerven, Vos et al. 2009; Yen, Michael et al. 2009), access to grocery stores, nutritious foods (Gomez-Pinilla 2008; Rose 2010), and space and safety forphysical activity (Kramer and Erickson 2007; Hillman, Erickson et al. 2008; Lautenschlager, Cox et al. 2008; Scarmeas, Luchsinger et al. 2009).

It is generally accepted that chronic stress and chronic physical diseases accelerate physiological changes in multiple organ systems independent of age (Sieck 2003; Roth, Mattison et al. 2004). As psychosocial markers, negative emotional functioning is problematic for achieving optimal brain health. That is, *emotional instability stimulates the release of various hormones, alters metabolic activity, and is linked to risk for elevated blood glucose levels.* Hostility and impatience influence body physiological in the direction of blood pressure elevations (Yan, Liu et al. 2003). Negative emotional states and both acute and chronic social stressors increase cardiovascular symptoms (Ferketich, Schwartzbaum et al. 2000; Everson-Rose and Lewis 2005). In postmenopausal women, the evidence suggests that perceived chronic stress was associated with decreased grey matter volume in the right orbitofrontal cortex and right hippocampus (Gianaros, Jennings et al. 2007). Studies have shown that chronic stressful life events (e.g., perceived discrimination or chronic burden) may impair the sympathetic nervous system, as well as neuroendocrine stability, cognitive and emotional functions that the hippocampus supports: spatial information, regulating the HPA axis and processing the contextual aspects of emotional events.(Krieger and Sidney 1996; Sapolsky 2003; Conrad 2006; Aldo Ferrara, Guida et al. 2007; Cohen, Janicki-Deverts et al. 2007; Albert, Ravenell et al. 2008).

For sometime now, researchers have found that chronic stress derails the body's physiology, including the brain's corticotropin-releasing factor, interleukin-6, brain-derived neurotrophic factor, and insulin-like growth factor-1(Bonne, Gill et al. 2010), and has a consequential impact on AD risk (Nakajima, Ohsawa et al. 2010; Gasparini and Xu 2003; Araki, Kume et al. 2009). To the point, chronic stress can diffuse neural signaling, diminish the cells ability to cope with adversity and potentially trigger accelerated age-related damage to the hippocampus. The adrenal glucocorticoids are thought to be responsible for this damage given its ability to compromise energy metabolism and make neurons more vulnerable to glutamate excitotoxicity (Smith 1996; Mattson, Maudsley et al. 2004). Hence, stress has been found to decrease brain-derived neurotrophic activity in the hippocampus and other possible brain areas. The term disrupted energy in the context of metabolism is being used more frequently in brain and neurocognition research. The pathogenesis of neuronal circuit dysfunction connects to overwhelmed neurocognitive compensatory mechanisms and is speculated to result from perturbation in cellular energy metabolism, level excitation or inhibition and neurotrophic factor release (Kapogiannis and Mattson 2011).

As a chronic stress psychosocial marker, socioeconomic status (SES) has received increasing attention as an explanatory mechanism for health disparities. SES and its associated proxy indicators (i.e. income, employment, education, housing, social cohesion, life expectancy, etc.) are thought to negatively affect healthcare utilization and health outcomes, including premature death (Gostin et al., 2004; McGennis, Williams-Russo, & Knickman, 2002). A number of studies have indicated that African Americans are at greater risk for suffering from chronic disease and disease morbidity often operating through injustice and discrimination (Clark, 2000; Kessler et al., 1999, Williams et al., 1997). Chronic stress reduces an individual's functional capacity, and has an untoward effect on sustainable healthy functioning. The "isms" that impact health outcomes (i.e. racism, institutionalism, ageism, sexism, etc.) increase mortality rates, as discrimination is inversely related to medical well-being, e.g. cardiovascular disease, (Krieger & Sidney, 1996), as well as emotional health (Branscombe, Schmitt, & Harvey, 1999; Fischer & Shaw, 1999).

A last and central component of the built-environment is access to and quality of caregiving on neurocognitive wellbeing. The role of African American caregiver in the case of caring for someone with adverse mental functioning is loosely addressed in the dementia literature. In the Black community caregiving occurs at several levels. Within the context of social services, caregiving is defined as providing assistance or care to someone who is unable to perform some or all Activities of Daily Living (ADLs) and/or Instrumental Activities of Daily Living (IADLs). Examples of ADLs are bathing, eating (unable to feed oneself), and dressing. IADLs are complex activities such as driving, planning, and cooking. There is some evidence suggesting African American couples have others to assist them with ADLs compared to Caucasian couples who only have themselves to rely on (Feld, Dunkle, and Schroepfer ,2005; Yarry, Stevens, McCallum, 2007).

In 2009, approximately 10.9 million family caregivers in the United States did not receive payment for the care they provided to a family member with Alzheimer's disease (2010 Alzheimer's Association Report). An *informal caregiver* is someone who is not being compensated monetarily for the care they provide. An informal caregiver can be a family member (e.g. husband, cousin, extended family member), a neighbor, or a friend. Burnout is potentially a caregiving risk factor as African American caregivers are less likely to utilize formal care such as respite care or nursing homes services (Fiscella, Franks, Gold, & Clancy, 2000; Cagney & Agree, 1999; Murtaugh, Kemper, Spillman, & Carlson, 1997; Belgrave &

Bradsher, 1994. Despite of the declining health of the elderly caregiver, they are more likely to be the caregiver and care recipient ((Yarry, Stevens, McCallum, 2007; Sorensen and Pinquart, 2005; Hooyman and Kiyak,1996). In North Carolina, the number of Alzheimer's/dementia caregivers was 311,578 in 2007 but rose to 356,851 in 2009. The 2007 group provided 268,953,971 hours of unpaid care that year at an economic value of $2,845,533,016. The 2009 group provided 406,381,406 hours of unpaid care that year at an economic value of $4,673,386,174. For South Carolina, the number of Alzheimer's/dementia caregivers was 159,221. They provided 137,439,556 hours of unpaid care that year, which had an economic value of $1,454,110,507 (Alzheimer's Association, 2008).

Although not conclusive, there is strong evidence that African Americans experience less caregiving depression compared with Caucasian Americans. (McCallum, Longmire, Knight, 2007; Sorensen & Pinquart, 2005; Plant & Sach-Ericsson, 2004; Dilworth-Anderson, Williams, Gibson, 2002; Knight, Silverstein, McCallum, & Fox, 2000; Cox, 1995; Allen, 1993). The church environment has been shown to serve as a potential emotional buffer among this population(Hines-Martin, 1998). Religion has been found to be a significant coping mechanism for African American informal caregivers. Caregivers who attend or are active members in a church report less experience of depression and stress (Sorensen & Pinquart, 2005; Coon et al., 2004; Haley et al, 2004; Stuckey, 2001; Hines-Martin, 1998; Wood & Parham, 1990). More than likely, the church buffering effect may be acting in concert with what has been termed the mutual aid system (Dilworth-Anderson, 1992; Wood & Parham, 1990). The mutual aid system is the extended family which included the parents, children, uncles and aunts, grandparents, close friends, and the community. Specifically, one study investigating the kin support and use of formal caregivers (i.e. licensed or certified professionals such as nurses, home aids, etc.) found that African American caregivers who are caring for an impaired elderly family member had a larger number of "nuclear kin" available to provide assistance compared to Caucasian caregivers (Sterritt, Pokorny, 1998). It has been further observed that African Americans caregivers are less likely to be spouses, and more likely to be extended family members (Dilworth-Anderson et al., 2002; Knight & McCallum, 1998).

5. Opportunities for promoting and restoring neurocognitive health

Restoration is generally thought of as involving an integrative renovator-rejuvenating dynamic embodying a holistic reserve necessary to achieving optimal physical, mental, and emotional health functioning. However, the pathways of restoration and reversal of adverse neurocognitive health remain poorly understood. There is growing speculation that increasing cognitive stimulation, consuming more fruit and vegetables, increasing physical activity, maintaining emotional balance, and reducing diabetes and its health related complications would have a noteworthy public health impact on reducing the incidence of dementia, outweighing even the effects of removing the principal known genetic risk factor (Ritchie, Carriere et al. 2010). As a component of the built environment, social network engagement has been described in terms of its brain health benefits. For instance, social network research suggests that social engagement surrounding mental, social, productive, and leisure activities appears to have an inverse relationship to dementia incidence (Amieva, Stoykova et al. 2010; Wang, Karp et al. 2002; Akbaraly, Portet et al. 2009; Hughes, Chang et al. 2010).

Caffeine's role in cognitive impairment research provides some preliminary insights. For instance, in the basic sciences, AD transgenic mice given a moderate level of caffeine intake have been shown to experience a memory restoration and reversal of AD pathology, suggesting the treatment potential of caffeine in cases of established AD (Arendash, Mori et al. 2009). From human-level research, there are clinical findings demonstrating the association between caffeine consumption and lower cognitive change over time to be statistically significant for women only and dose-dependent (Ritchie, Artero et al. 2010).

The impact of physical activity, nutrition and dietary quality on the aging central nervous system has multiple implications for African Americans neurocognitive health.

There is increasing evidence that physical activity and diet are equally beneficial in reducing risk for AD (Scarmeas, Luchsinger et al. 2009). Results from the Cardiovascular Health Cognition study (N=299; mean age 78 years) show that greater amounts of walking related physical activity was related with greater gray matter volume, which is associated with protection from neurocognitive impairment(Erickson, Raji et al. 2010). Although typically treated as a separate component of health and wellbeing, diet and, nutrition are as relevant to deconstructing the neurological consequences of the built-environment as SES, chronic stress, and other psychosocial markers. As one of the Omega-3 fatty acids, DHA is considered one of the primary structural fatty acids in brain gray matter, influencing and promoting communication between brain cells.. Specifically, dietary intake of omega-3 fatty acids and weekly consumption of fish may improve visual, mental, cardiovascular health and reduce the risk of incident Alzheimer disease (Morris et al., 2003.; Mattson, 2004; Arterburn, 2006). In persons characterized with mild to moderate AD from the randomized double blind OmegAD trial, researchers found that administration of ω-3 fatty acid did not delay the rate of cognitive decline according to the MMSE or the cognitive portion of the Alzheimer Disease Assessment Scale. However, positive effects were observed in a small group of patients with very mild AD (MMSE >27 points) (Freund-Levi et al., 2006).

Data from the National Health and Examination Survey III examining the association of race, education, and dietary intake, showed that while education attainment was positively related to intake of calcium, magnesium, and potassium among whites, African Americans consumed less calcium, magnesium, and potassium regardless of educational achievement (Ford, 1998). As a function of diet, potassium supplementation has been studied on its effects to the blood pressure of African Americans, showing positive results in substantially reducing blood pressure in persons with low potassium consumption (Brancati et al., 1996; Appel et al., 2006). In a more recent study by Individuals and the National Health and Nutrition Examination Survey, utilizing the Continuing Survey of Food Intakes questionnaire, investigations revealed similar findings that African Americans in all age groups consume fewer mean servings of total dairy, milk, cheese, and yogurt per day than non-African Americans, and have lower mean intakes of calcium, magnesium, and phosphorus (Fulgoni et al., 2007). Among African Americans, the intake of fruits and vegetables, as well as food store characteristics, store location and perceptions of the selection/quality and affordability of fresh produce mediate perceived nutritional options, at the community level (Zenk et al., 2005;). Elsewhere, African Americans' higher frequency of eating at fast-food restaurants was positively associated with fair/poor self-rated health, weak belief in a diet–cancer relationship, low self-efficacy for healthy eating, weight dissatisfaction, and perceived difficulties of preparing healthy meals and order healthy foods in restaurants (Satia et al., 2004). At last, the issues of nutrition and dietary self-management represent a major piece of neurocognition health and the brain protection campaign. This is largely speculated from basic science studies, clinic-base trials, and cognition related epidemiological studies observing that higher dietary intake of antioxidants, vitamins B6, B12,folate, unsaturated fatty acids and fish are related to greater likelihood of neurocognitive protection reducing risk for untoward neurocognitive functioning, including AD (Burgener, Buettner et al. 2008; van der Beek and Kamphuis 2008; Carrie 2009; Dangour, Whitehouse et al. 2010).

T2DM is almost always preceded by obesity. Obesity, eating behavior, and physical activity are also associated with multiple behavior changes including brain-behavior functioning. As the body of evidence linking nutrition and dietary behavior to incidence of neurocognitive illnesses increases, community-based researchers and practitioners will need to translate this knowledge into procedures and strategies to advance African American neurocognition risk prevention research. Such community-level interventions will want to be mindful of the need to better understand the barriers to consuming specific dairy products at all levels of African American communities (e.g., SES, education attainment, gender, urban vs. rural locations). While diet and nutrition may be important modifiable risk factors in preventing adverse neurocognitive disease, conclusive evidence has yet to emerge. (Coley, Andrieu et al. 2008).

In short, whether brain and its supporting abilities can be restored is stimulating debate across scientific fields. At the heart of this debate is a gene-environment that may actually represent the subcomponents of where you live, what you experience, how you feel, and how you relax. Stated slightly different, neurocognitive aging may be a function of built-environment-brain energy balancing operating on some biopsychosocial continuum across time.

6. Conclusion

6.1 Challenges, opportunities, and implications

Pathologies of the central nervous system and peripheral vasculature are responsible for a wide variety of clinical conditions, premature disability, and early death. T2DM is a diet, energy, nutrition, health behavior, and lifestyle driven condition. Brain health protection and promotion are equally responsive to diet, energy, nutrition, health behavior, and lifestyle components. Several nutritional factors can influence mental health, including: overall energy intake, intake of the energy-containing nutrients (proteins, carbohydrates, and fats), alcohol intake, and intake of vitamins and minerals. The downstream occurrence of elevated risk for acquired brain changes in Americans African is inextricably linked to the upstream chronic diseases strongly tied to the social determinants of health. The social determinants of neurocognitive impairment link to physical health conditions such as high blood pressure, diabetes, heart disease, stroke, and psychiatric health conditions such as chronic depression and excessive psychological distress, as well as social resource deprivation, all known risk factors for neurocognitive illness. The built environment in the context of health can provide insights about how African Americans may experience a differentially high risk for dementia. In turn, the socio-environment plays a major role from brain development, brain stimulation to brain nutrition, brain trauma and brain aging.

The bourgeoning research underscores that there exists multiple explanations for why Africans Americans are at higher risk for preventable neurocognitive illness. There appears to be consistent findings that social factors (e.g., discrimination, biased access to resources, environmental social injustice) are a major deterrent to sustainable neurocognitive quality of life. For T2DM, untoward neurobehavioral changes will negatively impact quality-of-life and self-care management, which could place African Americans living with chronic health complications at additional disadvantage for underperforming in their daily physical disease management regimen, including adhering to medical regimen, scheduling appointments, health knowledge, health service utilization behavior, and prevention of secondary diseases. The factors contributing to psychosocial wellbeing may be important predictors of decreasing brain-behavioral status and might partly be related to experiences with racial discrimination. Understanding neurocognitive variability among persons living with diabetes, their activities of daily living, as well as their perceived quality of life requires a commitment to work across conventional disciplinary boundaries. Showing the relationship of psychosocial factors to differential risk for brain-behavior connectivity in a well characterized population will serve to help clinicians identify adults at high-risk for non-age related brain and cognitive changes and those who may be at additional high risk for self-management difficulties that could lead to stroke and/or dementia. Figure I, below, can be utilized to inform other researchers about these translational research efforts.

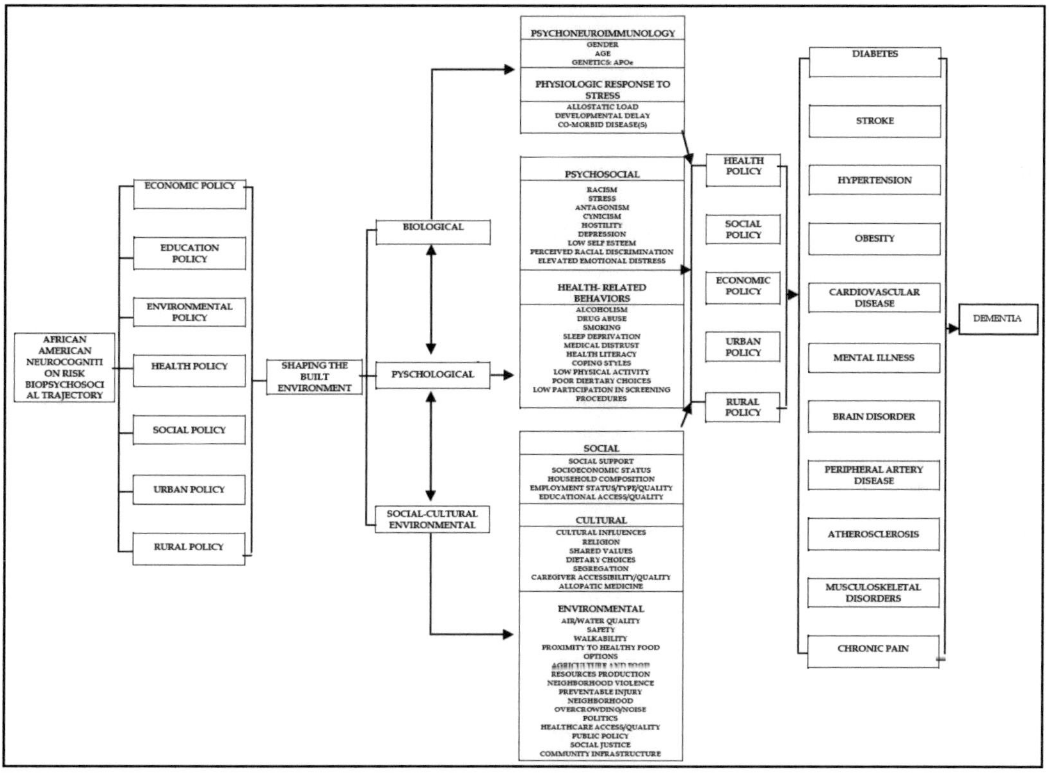

Fig. 1. Alzheimer's disease risk as a biopsychosocial determinant of health

One of the most challenging health care issues facing African Americans and the United States as a whole is the rising rates of dementia. Dementia prevention is one of the most critical health disparity agenda items of the 21st century. Dementia not only compromises the patient, it affects the family, the church, the neighborhood, the community, the workforce, the healthcare system, as well as the public policy programs. From this viewpoint, no one can afford to ignore the need to develop programs and interventions that prevent, delay, and/or eliminate the public health burden of dementia. Our research team has planned, developed, and are working toward implementing several programs.

6.2 Neurocognitive health screening and monitoring in primary care

While African Americans may have low access to specialty care, developing state-of-the-art primary care screening, evaluation, and monitoring will prove necessary in order to address dementia risk in the black community. This said, important gaps remain in our knowledge about screening for and early treatment of dementia. There are several benefits to early detection of dementia (e.g., individual and family planning, care coordination); however, there is a need for determining and examining the evidence that screening serves as an added value in the context of patient care. More attention is needed centered around identifying promising brief screening tools that can be implemented in primary care settings.

6.3 Participatory community-based AD awareness promotion

Developing drug therapies are essential, but drugs will not achieve therapeutic intent if patients are not willing to take them as prescribed. Our research team is focused on developing, testing, and implementing community outreach and health promotion. This work addresses the underrepresentation of African Americans in dementia related clinical research in urban and rural communities. Some of our objectives include identifying barriers to recruitment and addressing factors associated with lower participation rates in clinical research. The use of community-based participatory engagement as a strategy for addressing barriers to recruitment and retention is at the heart of our work.

In conclusion, because of a possible dementia epidemic, focusing narrowly on susceptibility genes and identifying genetic, clinical, and neuropathological subtypes of AD may miss the larger story in the context of upstream factors and cognitive health in black America. The critical question seems to be what factors are setting African Americans up on this downward neurocognition slope? With an eye toward protection, prevention, and neurocognitive promotion, we must start to unpack the biopsychosocial dimension of health that influences risk for adverse neurocognitive wellbeing and that provides clues to potential risk factor modification strategies among African Americans.

At this point in the field of neurocognitive health research and public health protection and promotion, researchers have not been able to pin down or know exactly what causes Alzheimer's disease. But, the accumulating body of research in the chronic physical disease literature is motivating brain researchers to consider mind-body explanations in understanding risk for dementia related conditions. Threats to brain health appear to be elevated in the presence of Type 2 diabetes and its associated health complications, including high blood pressure, high cholesterol, lack of exercise, malnutrition and psychological distress. This chapter has identified and characterized potential modifiable risk factors for adverse neurocognitive health in the context of African Americans diagnosed with T2DM.

This chapter should have advanced insights about the strategies that could promote awareness of AD risk and health care outcomes among African Americans with T2DM. Compared to the amount of public health attention focusing on African Americans and T2DM, little attention has focused on treating T2DM among African Americans as a neurodegenerative primary prevention public health concern. Moving forward, it will be critical to ensure that we clearly understand the lay health perspectives as it relates to meaning, health beliefs, and socio-ecological determinants attached to risk for neurocognitive impairment and AD within and across the black community. If African Americans continue to receive little education on neurocognitive risk factors and health promotion, continue to develop chronic diseases that threaten brain health at earlier ages, continue to experience psychosocial trauma, and continue to experience problems obtaining early intervention for changes in neurocognitive functioning, the possibility that neurocognitive illness will disrupt this community remains very high. The information regarding functions protecting, promoting, and interfering with neurocognitive health lag further behind information on cancer, heart disease, and diabetes. Health conditions that were once considered age-related are now being diagnosed in young and middle adulthood. This heightens the public health urgency for why funding supporting research, treatment, education, and community outreach addressing African American neurocognition health is the new civil rights issue of the 21st century.

7. References

Akbaraly, T. N., F. Portet, et al. (2009). "Leisure activities and the risk of dementia in the elderly." Neurology 73(11): 854-861.

Albert, M. A., J. Ravenell, et al. (2008). "Cardiovascular risk indicators and perceived race/ethnic discrimination in the Dallas Heart Study." Am Heart J 156(6): 1103-9.

Aldo Ferrara, L., L. Guida, et al. (2007). "Blood pressure at rest, during 24 h monitoring and in response to sympathetic stimulation in hypertensive patients with metabolic syndrome." Int J Cardiol 117(3): 312-6.

Allmer, H. (2005). "Physical activity and cognitive functioning in aging." Journal of Public Health 13(4): 185-188.

Alzheimer's Association (2002). "Alzheimer's Association, African Americans and Alzheimer's disease: The silent epidemic, Alzheimer's Association, Chicago (2002).

Alzheimer's Association (2011). "North Carolina Alzheimer's Statistics, Report retrieved in March 2011 from ".

Amieva, H., R. Stoykova, et al. (2010). "What Aspects of Social Network Are Protective for Dementia? Not the Quantity But the Quality of Social Interactions Is Protective Up to 15 Years Later." Psychosom Med 72(9): 905-911.

Araki, W., H. Kume, et al. (2009). "IGF-1 promotes [beta]-amyloid production by a secretase-independent mechanism." Biochemical and Biophysical Research Communications 380(1): 111-114.

Arendash, G. W., T. Mori, et al. (2009). "Caffeine Reverses Cognitive Impairment and Decreases Brain Amyloid-β Levels in Aged Alzheimer's Disease Mice." Journal of Alzheimer's Disease 17(3): 661-680.

Arendash, G. W., T. Mori, et al. (2009). "Caffeine reverses cognitive impairment and decreases brain amyloid-beta levels in aged Alzheimer's disease mice." J Alzheimers Dis 17(3): 661-80.

Baltes, P. B., U. M. Staudinger, et al. (1999). "Lifespan psychology: theory and application to intellectual functioning." Annu Rev Psychol 50: 471-507.

Bell, R., A. Bertoni, et al. (2010). The epidemiology of diabetes in African Americans Diabetes in Black America: public health and clinical solutions to a national crisis. F. V. Jack L Jr, Graham GN, eds. Roscoe (IL), Hilton Publishing Company: 5-25

Bennett, D. A. (2007). "Editorial comment on 'Prevalence of dementia in the United States: The aging, demographics, and memory study' by Plassman et al." Neuroepidemiology 29(1-2): 133-135.

Blacker, D., M. S. Albert, et al. (1994). "Reliability and validity of NINCDS-ADRDA criteria for Alzheimer's disease. The National Institute of Mental Health Genetics Initiative." Arch Neurol 51(12): 1198-204.

Bonne, O., J. M. Gill, et al. (2010). "Corticotropin-releasing factor, interleukin-6, brain-derived neurotrophic factor, insulin-like growth factor-1, and substance P in the cerebrospinal fluid of civilians with posttraumatic stress disorder before and after treatment with paroxetine." J Clin Psychiatry.

Brinton, R. (1993). "Learning and memory." Neuroscience for rehabilitation H. Cohen (edition): 278-279.

Burgener, S., L. Buettner, et al. (2008). "Evidence supporting nutritional interventions for persons in early stage Alzheimer's disease (AD)." The Journal of Nutrition, Health & Aging 12(1): 18-21.

Cali, A. M. and S. Caprio (2008). "Prediabetes and type 2 diabetes in youth: an emerging epidemic disease?" Current Opinion in Endocrinology, Diabetes and Obesity 15(2): 123-127 10.1097/MED.0b013e3282f57251.

Carrie, I. A. V. K., G; Rolland, Y.; Gillette-Guyonnet, S.; Vellas, B. (2009). "PUFA for Prevention and Treatment of Dementia?" Current Pharmaceutical Design 15: 4173-4185.

Chin, A. L., S. Negash, et al. (2011). "Diversity and Disparity in Dementia: The Impact of Ethnoracial Differences in Alzheimer Disease." Alzheimer Disease & Associated Disorders

Cohen, S., D. Janicki-Deverts, et al. (2007). "Psychological stress and disease." Jama 298(14): 1685-7.

Coley, N., S. Andrieu, et al. (2008). "Dementia Prevention: Methodological Explanations for Inconsistent Results." Epidemiologic Reviews 30(1): 35-66.

Collins, T. C., N. J. Petersen, et al. (2003). "The Prevalence of Peripheral Arterial Disease in a Racially Diverse Population." Arch Intern Med 163(12): 1469-1474.

Conrad, C. D. (2006). "What is the functional significance of chronic stress-induced CA3 dendritic retraction within the hippocampus?" Behav Cogn Neurosci Rev 5(1): 41-60.

Cosway, R., M. W. Strachan, et al. (2001). "Cognitive function and information processing in type 2 diabetes." Diabet Med 18(10): 803-10.

Dahl, A., L. B. Hassing, et al. (2010). "Being Overweight in Midlife Is Associated With Lower Cognitive Ability and Steeper Cognitive Decline in Late Life." The Journals of Gerontology Series A: Biological Sciences and Medical Sciences 65A(1): 57-62.

Dangour, A. D., P. J. Whitehouse, et al. (2010). "B-Vitamins and Fatty Acids in the Prevention and Treatment of Alzheimer's Disease and Dementia: A Systematic Review." Journal of Alzheimer's Disease 22(1): 205-224.

Demirovic, J., R. Prineas, et al. (2003). "Prevalence of dementia in three ethnic groups: The south Florida program on aging and health." Annals of Epidemiology 13(6): 472-478.

den Heijer, T., L. J. Launer, et al. (2005). "Association between blood pressure, white matter lesions, and atrophy of the medial temporal lobe." Neurology 64(2): 263-7.

Erickson, K. I., C. A. Raji, et al. (2010). "Physical activity predicts gray matter volume in late adulthood." Neurology 75(16): 1415-1422.

Etgen, T., D. Sander, et al. (2010). "Physical Activity and Incident Cognitive Impairment in Elderly Persons: The INVADE Study." Arch Intern Med 170(2): 186-193.

Everson-Rose, S. A. and T. T. Lewis (2005). "Psychosocial factors and cardiovascular diseases." Annu Rev Public Health 26: 469-500.

Ferketich, A. K., J. A. Schwartzbaum, et al. (2000). "Depression as an antecedent to heart disease among women and men in the NHANES I study. National Health and Nutrition Examination Survey." Arch Intern Med 160(9): 1261-8.

Fitzpatrick, A. L., L. H. Kuller, et al. (2004). "Incidence and prevalence of dementia in the cardiovascular health study." Journal of the American Geriatrics Society 52(2): 195-204.

Fitzpatrick, A. L., L. H. Kuller, et al. (2009). "Midlife and Late-Life Obesity and the Risk of Dementia: Cardiovascular Health Study." Arch Neurol 66(3): 336-342.

Fontbonne, A., C. Berr, et al. (2001). "Changes in cognitive abilities over a 4-year period are unfavorably affected in elderly diabetic subjects - Results of the Epidemiology of Vascular Aging Study." Diabetes Care 24(2): 366-370.

Gasparini, L. and H. Xu (2003). "Potential roles of insulin and IGF-1 in Alzheimer's disease." Trends in Neurosciences 26(8): 404-406.

Gianaros, P. J., J. R. Jennings, et al. (2007). "Prospective reports of chronic life stress predict decreased grey matter volume in the hippocampus." Neuroimage 35(2): 795-803.

Glass, T. A., K. Bandeen-Roche, et al. (2009). "Neighborhood Psychosocial Hazards and the Association of Cumulative Lead Dose With Cognitive Function in Older Adults." American Journal of Epidemiology 169(6): 683-692.

Gomez-Pinilla, F. (2008). "Brain foods: the effects of nutrients on brain function." Nat Rev Neurosci 9(7): 568-578.

Hackman, D. A. and M. J. Farah (2009). "Socioeconomic status and the developing brain." Trends in Cognitive Sciences 13(2): 65-73.

Harris, M. I., R. Klein, et al. (1992). "Onset of NIDDM occurs at least 4-7 yr before clinical diagnosis." Diabetes Care 15(7): 815-819.

Hillman, C. H., K. I. Erickson, et al. (2008). "Be smart, exercise your heart: exercise effects on brain and cognition." Nat Rev Neurosci 9(1): 58-65.

Hofman, A., A. Ott, et al. (1997). "Atherosclerosis, apolipoprotein E, and prevalence of dementia and Alzheimer's disease in the Rotterdam Study." Lancet 349(9046): 151-4.

Hu, G., C. Sarti, et al. (2005). "The Impact of History of Hypertension and Type 2 Diabetes at Baseline on the Incidence of Stroke and Stroke Mortality." Stroke 36(12): 2538-2543.

Hughes, T., K. Tyler, et al. (2009). "African American caregivers." Dementia 8(1): 95-116.

Hughes, T. F., C.-C. H. Chang, et al. (2010). "Engagement in Reading and Hobbies and Risk of Incident Dementia: The MoVIES Project." American Journal of Alzheimer's Disease and Other Dementias 25(5): 432-438.

Juster, R.-P., B. S. McEwen, et al. (2010). "Allostatic load biomarkers of chronic stress and impact on health and cognition." Neuroscience & Biobehavioral Reviews 35(1): 2-16.

Kapogiannis, D. and M. P. Mattson (2011). "Disrupted energy metabolism and neuronal circuit dysfunction in cognitive impairment and Alzheimer's disease." The Lancet Neurology 10(2): 187-198.

Khattab, A. D., I. S. Ali, et al. (2005). "Peripheral arterial disease in diabetic patients selected from a primary care setting: Implications for nursing practice." Journal of Vascular Nursing 23(4): 139-148.

Kilander, L., H. Nyman, et al. (1998). "Hypertension Is Related to Cognitive Impairment : A 20-Year Follow-up of 999 Men." Hypertension 31(3): 780-786.

Knopman, D., L. L. Boland, et al. (2001). "Cardiovascular risk factors and cognitive decline in middle-aged adults." Neurology 56(1): 42-48.

Kramer, A. F. and K. I. Erickson (2007). "Capitalizing on cortical plasticity: influence of physical activity on cognition and brain function." Trends in Cognitive Sciences 11(8): 342-348.

Krieger, N. and S. Sidney (1996). "Racial discrimination and blood pressure: the CARDIA Study of young black and white adults." Am J Public Health 86(10): 1370-8.

Krishnan, S., Y. C. Cozier, et al. (2010). "Socioeconomic Status and Incidence of Type 2 Diabetes: Results From the Black Women's Health Study." American Journal of Epidemiology 171(5): 564-570.

Lan, L. and Z. Lian (2009). "Use of neurobehavioral tests to evaluate the effects of indoor environment quality on productivity." Building and Environment 44(11): 2208-2217.

Lautenschlager, N. T., K. L. Cox, et al. (2008). "Effect of Physical Activity on Cognitive Function in Older Adults at Risk for Alzheimer Disease." JAMA: The Journal of the American Medical Association 300(9): 1027-1037.

Leibson, C. L., J. E. Ransom, et al. (2004). "Peripheral Arterial Disease, Diabetes, and Mortality." Diabetes Care 27(12): 2843-2849.

Logroscino, G., J. H. Kang, et al. (2004). "Prospective study of type 2 diabetes and cognitive decline in women aged 70-81 years." Bmj 328(7439): 548.

Mangiafico, R. A., F. Sarnataro, et al. (2006). "Impaired cognitive performance in asymptomatic peripheral arterial disease: relation to C-reactive protein and D-dimer levels." Age Ageing 35(1): 60-65.

Mangialasche, F., A. Solomon, et al. (2010). "Alzheimer's disease: clinical trials and drug development." The Lancet Neurology 9(7): 702-716.

Manly, J. (2008). "S1-04-03: Alzheimer's disease in the African American population: Implications for genetic studies." Alzheimer's and Dementia 4(4, Supplement 1): T105-T105.

Mattson, M. P., S. Maudsley, et al. (2004). "A neural signaling triumvirate that influences ageing and age-related disease: insulin/IGF-1, BDNF and serotonin." Ageing Research Reviews 3(4): 445-464.

McEwen, B. S. (2008). "Understanding the potency of stressful early life experiences on brain and body function." Metabolism 57(Supplement 2): S11-S15.

McEwen, B. S. and E. Stellar (1993). "Stress and the Individual: Mechanisms Leading to Disease." Arch Intern Med 153(18): 2093-2101.

McKhann, G., D. Drachman, et al. (1984). "Clinical diagnosis of Alzheimer's disease: report of the NINCDS-ADRDA Work Group under the auspices of Department of Health and Human Services Task Force on Alzheimer's Disease." Neurology 34(7): 939-4

Meadows, T. A., D. L. Bhatt, et al. (2009). "Ethnic differences in the prevalence and treatment of cardiovascular risk factors in US outpatients with peripheral arterial disease: insights from the reduction of atherothrombosis for continued health (REACH) registry." Am Heart J 158(6): 1038-45.

Mukherjee, D., K. A. Eagle, et al. (2007). "Impact of Prior Peripheral Arterial Disease and Stroke on Outcomes of Acute Coronary Syndromes and Effect of Evidence-Based Therapies (from the Global Registry of Acute Coronary Events)." The American Journal of Cardiology 100(1): 1-6.

Nakajima, S., I. Ohsawa, et al. (2010). "Regular voluntary exercise cures stress-induced impairment of cognitive function and cell proliferation accompanied by increases in cerebral IGF-1 and GST activity in mice." Behavioural Brain Research 211(2): 178-184.

Nelson, K. M., G. Reiber, et al. (2007). "Peripheral arterial disease in a multiethnic national sample: the role of conventional risk factors and allostatic load." Ethn Dis 17(4): 669-75.

Nielsen, L., T. Seeman, et al. (2007). NIA Exploratory Workshop on Allostatic Load. Washington, DC.

Noble, J. M., J. J. Manly, et al. (2010). "Association of C-Reactive Protein With Cognitive Impairment." Arch Neurol 67(1): 87-92.

O'Connor, P. J. (2006). "Improving Medication Adherence: Challenges for Physicians, Payers, and Policy Makers." Arch Intern Med 166(17): 1802-1804.

Ott, A., R. P. Stolk, et al. (1996). "Association of diabetes mellitus and dementia: The Rotterdam Study." Diabetologia V39(11): 1392-1397.

Park, D. and A. Gutchess (2006). "The Cognitive Neuroscience of Aging and Culture." Current Directions in Psychological Science 15(3): 105-108.

Peila, R., B. L. Rodriguez, et al. (2002). "Type 2 Diabetes, APOE Gene, and the Risk for Dementia and Related Pathologies: The Honolulu-Asia Aging Study." Diabetes 51(4): 1256-1262.

Phillips, N. A. and C. C. Mate-Kole (1997). "Cognitive Deficits in Peripheral Vascular Disease : A Comparison of Mild Stroke Patients and Normal Control Subjects." Stroke 28(4): 777-784.

Plassman, B. L., K. M. Langa, et al. (2007). "Prevalence of dementia in the united states: The aging, demographics, and memory study." Neuroepidemiology 29(1-2): 125-132.

Rao, R., S. Jackson, et al. (1999). "Neuropsychological Impairment in Stroke, Carotid Stenosis, and Peripheral Vascular Disease : A Comparison With Healthy Community Residents." Stroke 30(10): 2167-2173.

Ritchie, K., S. Artero, et al. (2010). "Caffeine, cognitive functioning, and white matter lesions in the elderly: establishing causality from epidemiological evidence." J Alzheimers Dis 20 Suppl 1: S161-6.

Ritchie, K., I. Carriere, et al. (2010). "Designing prevention programmes to reduce incidence of dementia: prospective cohort study of modifiable risk factors." BMJ 341.

Rose, D. (2010). "Access to Healthy Food: A Key Focus for Research on Domestic Food Insecurity." The Journal of Nutrition 140(6): 1167-1169.

Roth, G. S., J. A. Mattison, et al. (2004). "Aging in Rhesus Monkeys: Relevance to Human Health Interventions." Science 305(5689): 1423-1426.

Rucker-Whitaker, C., P. Greenland, et al. (2004). "Peripheral arterial disease in African Americans: clinical characteristics, leg symptoms, and lower extremity functioning." J Am Geriatr Soc 52(6): 922-30.

Ryan, C. M. and M. O. Geckle (2000). "Circumscribed cognitive dysfunction in middle-aged adults with type 2 diabetes." Diabetes Care 23(10): 1486-93.

Salthouse, T. A. (1996). "The processing-speed theory of adult age differences in cognition." Psychol Rev 103(3): 403-28.

Sapolsky, R. M. (2003). "Stress and plasticity in the limbic system." Neurochem Res 28(11): 1735-42.

Scarmeas, N., J. A. Luchsinger, et al. (2009). "Physical Activity, Diet, and Risk of Alzheimer Disease." JAMA: The Journal of the American Medical Association 302(6): 627-637.

Selvin, E. and T. P. Erlinger (2004). "Prevalence of and Risk Factors for Peripheral Arterial Disease in the United States: Results From the National Health and Nutrition Examination Survey, 1999-2000." Circulation 110(6): 738-743.

Shoelson, S. E., J. Lee, et al. (2006). "Inflammation and insulin resistance." The Journal of Clinical Investigation 116(7): 1793-1801.

Sieck, G. C. (2003). "Physiology of aging." J Appl Physiol 95(4): 1333-1334.

Singh-Manoux, A., M. Hillsdon, et al. (2005). "Effects of Physical Activity on Cognitive Functioning in Middle Age: Evidence From the Whitehall II Prospective Cohort Study." Am J Public Health 95(12): 2252-2258.

Smith, M. A. (1996). "Hippocampal vulnerability to stress and aging: possible role of neurotrophic factors." Behavioural Brain Research 78(1): 25-36.

Squadrito, F., G. R. Trimarchi, et al. (1986). "Cerebral cholinergic control of rat arterial blood pressure in streptozotocin-induced diabetes." Pharmacol Res Commun 18(10): 951-65.

Steinberger, J., S. R. Daniels, et al. (2009). "Progress and Challenges in Metabolic Syndrome in Children and Adolescents: A Scientific Statement From the American Heart Association Atherosclerosis, Hypertension, and Obesity in the Young Committee of the Council on Cardiovascular Disease in the Young; Council on Cardiovascular Nursing; and Council on Nutrition, Physical Activity, and Metabolism." Circulation 119(4): 628-647.

Stewart, R. and D. Liolitsa (1999). "Type 2 diabetes mellitus, cognitive impairment and dementia." Diabetic Medicine 16(2): 93-112.

Strachan, M. W., I. J. Deary, et al. (1997). "Is type II diabetes associated with an increased risk of cognitive dysfunction? A critical review of published studies." Diabetes Care 20(3): 438-445.

Sturman, M. T., C. F. M. de Leon, et al. (2008). "Body mass index and cognitive decline in a biracial community population." Neurology 70(5): 360-367.

Taylor, D. H., Jr., F. A. Sloan, et al. (2004). "Marked Increase in Alzheimer's Disease Identified in Medicare Claims Records Between 1991 and 1999." J Gerontol A Biol Sci Med Sci 59(7): M762-766.

van der Beek, E. M. and P. J. G. H. Kamphuis (2008). "The potential role of nutritional components in the management of Alzheimer's Disease." European Journal of Pharmacology 585(1): 197-207.

Van Gerven, P. W. M., H. Vos, et al. (2009). "Annoyance from environmental noise across the lifespan." The Journal of the Acoustical Society of America 126(1): 187-194.

van Hoof, J., H. S. M. Kort, et al. (2010). "The indoor environment and the integrated design of homes for older people with dementia." Building and Environment 45(5): 1244-1261.

Von Dras, D. D. and H. T. Blumenthal (2000). "Biological, Social-Environmental, and Psychological Dialecticism: An Integrated Model of Aging." Basic and Applied Social Psychology 22(3): 199-212.

Waldstein, S. R. (2003). "The relation of hypertension to cognitive function." Current Directions in Psychological Science 12(1): 9-13.

Waldstein, S. R., C. F. Tankard, et al. (2003). "Peripheral Arterial Disease and Cognitive Function." Psychosom Med 65(5): 757-763.

Wang, H.-X., A. Karp, et al. (2002). "Late-Life Engagement in Social and Leisure Activities Is Associated with a Decreased Risk of Dementia: A Longitudinal Study from the Kungsholmen Project." American Journal of Epidemiology 155(12): 1081-1087.

Weiner, M. F. (2008). "Perspective on race and ethnicity in Alzheimer's disease research." Alzheimer's and Dementia 4(4): 233-238.

Welsh, B. and L. Wecker (1991). "Effects of streptozotocin-induced diabetes on acetylcholine metabolism in rat brain." Neurochem Res 16(4): 453-60.

Yaffe, K., D. Barnes, et al. (2001). "A Prospective Study of Physical Activity and Cognitive Decline in Elderly Women: Women Who Walk." Arch Intern Med 161(14): 1703-1708.

Yaffe, K., K. Lindquist, et al. (2003). "Inflammatory markers and cognition in well-functioning African-American and white elders." Neurology 61(1): 76-80.

Yan, L. L., K. Liu, et al. (2003). "Psychosocial factors and risk of hypertension: the Coronary Artery Risk Development in Young Adults (CARDIA) study." JAMA 290(16): 2138-48.

Yen, I. H., Y. L. Michael, et al. (2009). "Neighborhood Environment in Studies of Health of Older Adults: A Systematic Review." American Journal of Preventive Medicine 37(5): 455-463.

Part 2

Non-Standard Features of Alzheimer's

4

Focal Cortical Presentations Genetically Proven Alzheimer Disease

Naeije G et al.[1]
Department of Neurology, Hôpital Erasme
Université Libre de Bruxelles, Brussels
Belgium

1. Introduction

The term Alzheimer Disease (AD) was first proposed by the famous German psychiatrist, Emil Kraepelin, over a century ago, in the eighth edition of his textbook of psychiatry. AD was, at this time, included in the differential diagnosis of presenile dementia. Kraeppelin chose this name to honor one of his pupils Aloïs Alzheimer who was one of the first to describe the pathological pattern that hallmarks the disease (1,2): miliary foci of extracellular structures (senile plaque) and the intracellular flame-shaped fiberlike bundles (tangles) observed in the brain of a fifty years old woman who presented with dementia and delusions he had first clinically followed (figure 1, copyright-free).
For decades, the term AD was used for patients whose onset of dementia was before 65 years old. In 1977, it was admitted that physiopathological changes were the same whatever was the age of clinical illness begining (3). The classic clinical pattern consists in early episodic memory loss followed by a various combination of higher function modalities alterations (executive, language, visuo-spatial impairment…) reflecting the spread of the pathology from the medio-temporal lobe to other neo-cortical areas (4,5). Thus, actual diagnostic criteria for AD (NINCDS-ADRDA and DSM IV) claim that the disease is probable if there are cognitive impairments in two or more areas of cognition, whether memory and one other (aphasia, apraxia, agnosia or executive dysfunctions for DSM-IV) or two from the following eight: memory, language, perceptual skills, attention, constructive abilities, orientation, problem solving and functional abilities for NINCDS-ADRDA. Assuming that the deficits were progressive for both, the onset between 40 and 90 years old for NINCD-ADRDA and that disease masquerading AD were excluded. Against neuropathological gold

Van den Berge Delphine[2], Vokaer M[1], Fery P[2], Vilain C[3], Abramowicz M[3], Van den Broeck M[4,5,6,] Van Broeckhoven C[4,5,6] and Bier JC[1]
1 Department of Neurology, Hôpital Erasme, Université Libre de Bruxelles; Brussels, Belgium
2 Department of Neuropsychology, Hôpital Erasme, Université Libre de Bruxelles; Brussels, Belgium
3 Clinical genetics, Hôpital Erasme, Université Libre de Bruxelles; Brussels, Belgium
4 Neurodegenerative Brain Diseases Group, Department of Molecular Genetics, VIB, Antwerpen, Belgium
5 Laboratory of Neurogenetics, Institute Born-Bunge, Antwerpen, Belgium
6 University of Antwerp, Antwerpen, Belgium

standards, the accuracy of those criteria is low: 65-96% and their specificity against other dementias even lower 23-88% (6,7,8). Furthermore, these criteria impose the necessity of presenting dementia to make a diagnosis of AD. Howhever, it is very clear today that such disease begins to express itself well before the presence of dementia. Thus, focal cortical presentation of AD escapes diagnostic by those criteria whether because memory loss remains isolated like in isolated progressive amnesia (IPA), amnesic mild cognitive impairment (MCI) or because the presenting feature that involves an other area of cognition than memory like in posterior cortical atrophy, semantic dementia, primary progressive aphasia, etc…

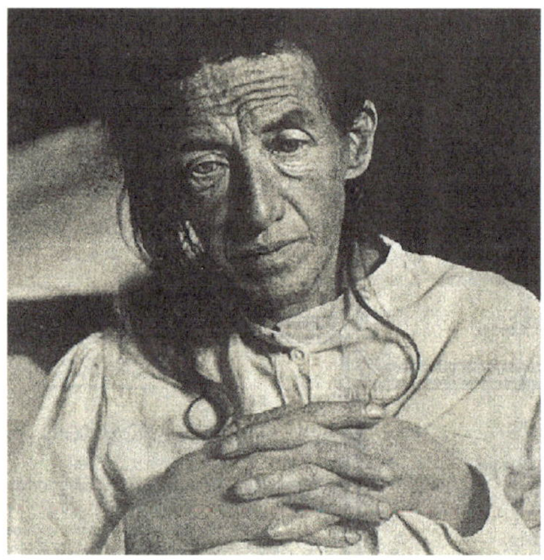

The senile plaque found in the hippocampus, temporal cortex and the nucleus basalis of Meynert of patient suffering from AD are made of a core of Aβ-amyloid, proteoglycans, ApoE, antichimotrypsin and other proteins. Aβ-amyloid is a protein derived proteolytically from a larger transmembrane protein: amyloid precursor protein (APP). The cleavage of APP is processed either in a non amyloidogenic way in a two step manner by the action of an α- followed by the action of γ-secretase and lead to the production of the non toxic P3 peptide. The amyloidogenic way is due to the action of a β-secretase in toxic Aβ42 and less-toxic Aβ40. Three genes have been associated with autosomal dominant AD, the APP gene, the Presenilin 1 (PSEN1) gene that codes for a protease that is part of the γ-secretase complex and Presenilin2 (PSEN2) that is also part of the γ-secretase complex (9).
Actually, those three genes can be screened for AD and are estimated to be responsible for 0.5% of all AD and 13% of early onset AD.
According to the Alzheimer Disease & Frontotemporal Dementia Mutation Database (http://www.molgen.ua.ac.be/ADMutations), of the EOFAD mutations identified, *PSEN1* mutations account for the majority (81%), followed by *APP* (14%) and with *PSEN2* mutations identified only in a handful of families (6%). An earlier age of onset is linked to the presence of an APOE ε4 allele and is also sought in suspected genetic AD (10,11).
The second pathological finding in AD are neurofibrillary tangles. These tangles are filamentous inclusions in neurons that are mostly made of an hyperphosphorylated and aggregated form of τau. The normal τau is soluble and favors vesical transport in axons by promoting assembly and stability of microtubules. Abnormal accumulation of the hyperphosphorylated and insoluble form of τau is toxic and can be found in several

neurodegenerative disorders including AD. In AD, The number of tangles is a marker of the disease's severity.

Recently, cerebro-spinal fluid (CSF) biomarkers (12), iconographic (13,14) and metabolic markers (15,16,17) have been validated as supportive criteria for the diagnostic of AD and cases of pathogenic mutations have been described in the preseniline genes in patients presenting with focal cortical presentation of AD. New approaches challenge NINCDS-ARDA and DSM IV criteria, notably the criteria proposed by Dubois et al in 2007 (18,19) that include brain imaging, CSF biomarkers and genetic considerations.

In this chapter, we will present two patients with new mutations in the PSEN 1 gene for one, APP gene for the other and isolated cognitive loss in both cases. We will discuss the various presentation of focal cortical presentation of AD and try to broaden the new criteria of Dubois et al to fit those presentations.

2. Cases- reports

2.1 Isolated progressive amnesia (IPA) associated with the London mutation of the APP (20)

A fifty year old, right handed salesman consulted for memory deficits, he first noticed five years before. The trouble began by subjective blunders in his professional activities as forgetting to collect information from his customers that increased and eventually cost him his job. His medical history was unremarkable except for a road accident 43 years before without loss of consciousness. Interestingly, his family history was significant for personality and memory disorders in his mother, grandmother and maternal aunt who required institutionalization in their early sixties. Neurological examination was within normal limits and his Minimal Mental State Examination (MMSE) score was 28/30. Blood analysis and electroencephalogram didn't reveal any abnormalities. Brain MRI was normal. Extensive neuropsychological examination highlighted an isolated deficit in verbal learning. Visual analysis of his cerebral 2-fluoro-2-deoxy-D-glucose (FDG)-PET obtained at this stage showed slight cortical hypometabolism on temporal tips. Those findings coupled with positive family history and early age of onset prompted us to perform direct sequencing on AD genes, namely of exons 16 and 17 of APP, exons 3 to 12 of PSEN1 and exons 9 to 13 of microtubule associated protein Tau. The analyses lead to the discovery of the London mutation (Val717Ile) in the APP gene that was reported in several autosomal dominant AD families. The clinical evolution was remarkable for the initial striking stability of the isolated progressive amnesia (IPA). Such long lasting IPA is not unheard, a case of 13 years duration IPA was found on autopsy to have pathological AD anomalies and there are reports of atypical AD preceded by years of isolated amnesia. This case shows that IPA can be a variant of genetically proven AD. Yet this case, even with the genetic analysis would not have fulfilled the NINCDS-ADRDA or DSM IV criteria (20).

2.2 Progressive non fluent aphasia and executive disturbances associated with a Gly266Cys mutation in PSEN1 (unpublished data)

A 56 years old physiotherapist consulted with her daughter for gradual-onset speech difficulties over a year. She never presented space or time disorientation nor had important behavioural changes. The core complaint was trouble to find words and effortful speech output due to loss of proper and common nouns. She was still working but felt increasing psychological tension due to her communication problems. Her familial history was unremarkable, her mother died of cancer without cognitive impairment at 75 and her father is still alive and alert at 83 years old. Neurological examination was normal. She presented dyscalculia and her MMSE was 28/30, losing one point for sentence rehearsal and one for making a mistake in "world" spelling. Complete neuropsychological examination showed a mixed pattern dominated by dysexecutive and loss of speech production features and saliently a complete lack of episodic memory deficit. The initial diagnostic hypothesis was a predominantly logopenic form of primary progressive aphasia (PPA). Biological work-up was unremarkable. Brain MRI showed a discrete cortical atrophy and FDG-Pet highlighted slight biparietal cortex hypometabolism. Genetic testing was undertaken and positive for a heterozygous mutation in PSEN1 gene never reported before. The mutation in exon 8 implicated an amino acid substitution of Glycine to Cysteine at codon 266. The mutation was absent in 500 belgian controls and mutation in the codon 267 are associated with Early onset AD in polish and English families which make us think that the mutation is pathogenic in our patient. Furthermore our patient improved with treatment by memantine chlorhydrate. As in our previous case of IPA, this patient would not have fulfilled the actual criteria for AD.

3. Other focal cortical forms of AD

Classical AD is diagnosed in vivo thanks to criteria centred on memory loss as the first and predominant complaint. Patients presenting with features masquerading other forms of neurodegenerative diseases like PPA, fronto-temporal dementia (FTD), Cortico-Basal Dementia (CBD) can be overlooked. An important study by Alladi et al sought to confront pathological examination with focal cortical syndromes and found that AD was the primarily pathological diagnosis in 34% of the cases (21). Interestingly, the proportion of focal cortical syndromes associated to AD pathology was different according to their clinical presentations. One hundred percent of posterior cerebral atrophy (PCA) was found to be due to AD whereas 50% of CBD, 36% of PPA and 7 % of FTD were associated with AD pathologies.

We will develop in the following paragraphs the clinical features of those focal cortical presentations.

3.1 Behavioural variant

The initial case reported by Aloïs Alzheimer, Auguste D. (figure 1, copyright-free), presented with behavioural disorders, psychosis and delusions in combination with dementia… and had the pathologic anomalies that now hallmark AD. Yet behavioural presentation are not considered in NINCDS-ADRDA and DSM IV criteria and are even an exclusion feature in recently proposed Dubois et al criteria. The behavioural variant of FTD (bv-FTD) is the most common differential diagnosis of AD presenting with behavioural pattern, especially in presenile dementia. bv-FTD is the most common clinical manifestation of FTD that represents one of the seconds causes of cortical dementia after Alzheimer's disease (22). Initial symptoms in bv-FTD patients usually include progressive personality and social conduct changes coupled with executive functions deficits (23,24). Changes in personality, loss of social abilities, apathy, reduced empathy, stereotypic behaviour, disinhibition are in correlation with predominantly orbito-basal and dorsolateral frontal atrophy found on MRI (22). Many studies tried to find distinctive neuropsychological patterns or CSF biomarkers that could reliably make the difference between AD and bv-FTD. However, pathological studies continue to demonstrate an important proportion of mistakes.

3.2 Progressive aphasia

Losing words, especially proper names, may be the first complaint of patients and may thus bring them to consultations. Later, difficulties classically involve common nouns and progress to points where fluency of speech could be seriously impaired. Every sentence can be broken by pauses and search for wanted words. If not found, circumlocutions can be substituted or sentences left unfinished. Depending on which modality of aphasia is mostly affected, PPA is separated in progressive non-fluent aphasia (PNFA) when effortful speech and phonological and/or syntaxic errors is prominent, semantic dementia (SD) (26) and more recently by logopenic aphasia. In SD, speech fluency is preserved but there is a striking anomia, impaired word comprehension and deficits in non-verbal semantic association tasks such as sorting and grouping objects on basis of functional characteristics (26). In logopenic aphasia, repetition is more affected. The localization of semantic memories is usually lateralized. Left parietal and temporal lobes store verbal-language semantic memories whereas the right parietal and temporal and parietal lobes store predominantly visual-spatial semantic memories. These modalities seem to be electively affected in semantic dementia (26,27).

3.3 Corticobasal syndromes (CBS)

The term corticobasal dementia was coined to describe a specific nosologic form of cortical-subcortical degenerative disorders. Patients classically present with an asymmetric apraxia and extrapyramidal syndromes with rigidity, bradykinesia and tremor indicating basal-ganglionic impairment (28). This is usually combined with an "alien hand" phenomena suggesting cortical involvement: the patient, though able to exert normal muscle strength, fail to direct voluntary action, the affected limb is unable to produce purposeful action and attempts result in inappropriate movement. The limb may remain in an odd posture without the patient's awareness; there is some kind of hemisensory neglect and visuo-spatial impairment. Myoclonus may also be present and may acquire a sensitive stimulus myoclonus pattern as the disease progresses. Initially the disease begins with one limb and then progresses to the other side and to cranial nerves. Apraxia of gaze and eyelids opening are frequent. CBS are considered distinct of AD for localized thalamoparietal metabolic asymmetries and lack of histopathologic hallmarks on autopsies. Yet, as time passes, most pathological changes associated with dementia have been described: usually tangles, amyloid deposits and lewy bodies. In the Alladi et al study, half of CBS had pathological hallmarks of AD (21) and several mutations of PSEN-1 have been described with clinical extrapyramidal syndromes and myoclonies (29,30).

3.4 Posterior cortical atrophy (PCA)

Initial manifestations are characterised by progressive visual impairment. Patients even usually consult an ophtalmologist for reading or driving difficulties. Features of Balint's syndrome can be found such as simultagnosia (patients see the tree instead of the forest), ocular apraxia (inability to direct gaze accurately) and optic ataxia (an object cannot be reached by visual guidance). Both simultagnosia and ocular apraxia lead to obvious reading difficulties (31). Visuo-spatial orientation becomes defective. Patients are thus unable to park a car. Their arms do not find correct sleeves of the dressing gown. The route from one place to another cannot be described nor can been understood. PCA can be further subsided in bi-parietal syndrome, where object recognition and reading are preserved but with marked apraxia, agraphia and visuo-spatial difficulties. Occipito-temporal syndrome presented with alexia, aperceptive agnosia and some degree of prosopagnosia. In visual variants, there is a primary visual failure and failure of perceptual abilities (32). The immense majority of the patients with PCA do have AD with lewy body disease, prion disease, and τaupathies as major differential diagnosis (21). The patient in the seminal description of Aloïs Alzheimer, Auguste D, could maybe presented initially with PCA explaining partially precocity of delusions described.

3.5 Others (myoclonia, cerebellar…)

Studies of the clinical characteristics of families with mutations in PSEN-1 show wide phenotypic features variety. Ranging from families in which myoclonus and seizures were prominent to ataxia attributed to some cerebellar pathology. Interestingly, extrapyramidal signs were reported in some series in as much as 50% of patients with PSEN-1 mutations (29) and seizures in over 20 % PSEN-2 mutations (33).

4. Recents Dubois et al criteria and our proposed amendements

In some way, the situation of focal cortical presentation of AD can be compared to the diagnosis of clinically isolated syndrome in multiple sclerosis (MS). To speak of MS, amnestic, clinical and paraclinical examination must reveal objective anormalities that implicate two or more areas of the central nervous system. If the anomaly is isolated, waiting for another anomaly is mandatory to confirm the diagnostic. This pitfall is responsible for time loss and thus of psychological and physical burden for the patient and in some cases, the worsening of his prognosis. Therefore, in MS, there has been considerable efforts to include paraclinical features in diagnostic criteria to reduce time to diagnosis. Since several years, Central Nervous System MRI, CSF markers and evoked potentials are important features to increase the suspicion of the diagnosis. The same situation happens with actual criteria proposed for AD diagnosis. In cases where there is only an isolated cortical dysfunction without memory impairment or isolated memory impairment without other cortical areas involvement, a diagnosis would be postponed until some new features are added to the pattern. Contrary to MS, where evidenced of diagnosis can be gathered from many clinical or paraclinical sources, actual criteria of AD fail to consider the knowledge that has been accumulating for years in the field of brain imaging and discoveries of relatively reliable CSF biomarkers. Recently, Dubois et al concerned by the situation proposed their new criteria (Table 1) to replace those previous (from 1984) of the NINCDS-ADRDA (18). The argumentation behind the new criteria is that the previous NINCDS-ADRDA/DSM IV-TR ones were not including recent progresses of imaging and biomarkers for AD. This would be responsible for a low sensibility and sensitivity that could be much improved with the inclusion of CSF analysis, structural MRI and neuroilmaging with PET features. Those additions would lead to more accurate detection of the earliest stages of the disease and of its full spectrum.

Probable AD: **A plus one or more supportive features B,C,D or E**
A. Presence of an early and significant episodic memory impairment that includes the following features: **1. Gradual and progressive change in memory function reported by patients or informants over more than 6 months** **2. Objective evidence of significantly impaired episodic memory on testing: this generally consists of recall deficit that does not improve significantly or does not normalise with cueing or recognition testing and after effective encoding of information has been previously controlled** **3. The episodic memory impairment can be isolated or associated with other cognitive changes at the onset of AD or as AD advances** *Supportive features* **B. Presence of medial temporal lobe atrophy** **• Volume loss of hippocampi, entorhinal cortex, amygdala evidenced on MRI with qualitative ratings using visual scoring (referenced to well characterised population with age norms) or quantitative volumetry of regions of interest (referenced to well characterised population with age norms)** **C. Abnormal cerebrospinal fluid biomarker** **• Low amyloid $A\beta_{1-42}$ concentrations, increased total τau concentrations, or increased phospho-τau concentrations, or combinations of the three** **• Other well validated markers to be discovered in the future** **D. Specific pattern on functional neuroimaging with PET** **• Reduced glucose metabolism in bilateral temporal parietal regions** **• Other well validated ligands, including those that foreseeably will emerge such as Pittsburg compound B or FDDNP** **E. Proven AD autosomal dominant mutation within the immediate family** *Exclusion criteria* **History** **• Sudden onset** **• Early occurrence of the following symptoms: gait disturbances, seizures, behavioural changes** **Clinical features** **• Focal neurological features including hemiparesis, sensory loss, visual field deficits** **• Early extrapyramidal signs** **Other medical disorders severe enough to account for memory and related symptoms** **• Non-AD dementia** **• Major depression** **• Cerebrovascular disease** **• Toxic and metabolic abnormalities, all of which may require specific investigations** **• MRI FLAIR or T2 signal abnormalities in the medial temporal lobe that are**

consistent with infectious or vascular insults

Criteria for definite AD

AD is considered definite if the following are present:

- **Both clinical and histopathological (brain biopsy or autopsy) evidence of the disease, as required by the NIA-Reagan criteria for the post-mortem diagnosis of AD; criteria must both be present**
- **Both clinical and genetic evidence (mutation on chromosome 1, 14, or 21) of AD; criteria must both be present.**

Dubois et al remain focused on early episodic memory impairment as core diagnostic criteron. The degradation of memory function must have started progressively and for over six month. Memory complaints can come from the patient itself or a close relative as both situations are associeted with high risk of developping AD (34,35). When the complaint is reported, objective memory testing must confirm an impaired delayed recall that is not normalised with cuing or recognition testing. Some studies found that delayed recall was a reliable predictor for AD in patients with MCI. Memory impairment can be isolated or associated with other cognitive changes.

The inclusion of objective paraclinic tests as supporive features is, we believe, the important inovation of proposions of Dubois et al. They include findings from structural MRI, abnormal CSF markers, specific pattern on functionnal imaging and genetic that are questionnably absents from the previous NINCDS-ADRDA/DSM IV-TR criteria. Unfortunately, their exclusion criteria are actually quite strict. We guess that for a high specifity of their criteria, they choose not to consider any atypical pattern, excluding patients presenting with predominantly behavioural changes, extrapyramidal signs, sensory loss, visual fields deficits. As a consequence, all the AD focal cortical presentations exposed before would fail to qualify for probable AD except for IPA. The 2 cases we here report and other studies examining post-mortem brain pathologies from patient with alleged CBS or focal cortical presentations clearly argue against such exclusion criteria. Yet, it is our belief that with slight modifications, the score proposed by Dubois et al could encompass "atypical-AD". The major modification we thus propose (table 2) is to get free of the memory impairment dogma in AD.

We do not question the fact that most AD begin with episodic impairment and that accumulation of pathologenic almyloid plaques and tangle preferentially starts from the medio-temporal lobe to spread towards other neo-cortical areas. Yet, a significant proportion of patients presents initially with alterations of other cortical skills, even if they represent a small part of all AD. As the prevalence of AD is high and the population is getting old, this small part of a high population will make many thousands of patients to fail to be diagnosed. Changing episodic memory impairment as core criteria to any gradual cortical impairment with the supportive feature listed by Dubois et al would support a diagnosis of probable AD in most of these cases. We also think that early occurence of gait disturbances, behavioural changes, sensory loss, visual field deficits and extrapyramidal signs should not be exclusion criterias. There is a risk to diminish our specificty to diagnosis by using those amended criteria, but the active searching for supportive features wether genetic, CSF biomarkers or iconographic will help to diagnose early many patients and perhaps help to broaden visions more and more many people have of the AD clinical spectrum.

Probable AD: A plus one or more supportive features B,C,D or E
A. Presence of an early and significant episodic memory impairment that includes the following features: 1. Gradual and progressive change in any cognitive function reported by patients or informants over more than 6 months 2. Objective evidence of significantly impaired at least this higher function on testing: in case of memory, this generally consists of recall deficit that does not improve significantly or does not normalise with cueing or recognition testing and after effective encoding of information has been previously controlled 3. The cognitive function impairment can be isolated or associated with other cognitive changes at the onset of AD or as AD advances *Supportive features* B. Presence of predominantly medial temporal lobe atrophy • Volume loss of hippocampi, entorhinal cortex, amygdala evidenced on MRI with qualitative ratings using visual scoring (referenced to well characterised population with age norms) or quantitative volumetry of regions of interest (referenced to well characterised population with age norms) C. Abnormal cerebrospinal fluid biomarker • Low amyloid $A\beta_{1-42}$ concentrations, increased total τau concentrations, or increased phospho-τau concentrations, or combinations of the three • Other well validated markers to be discovered in the future D. Specific pattern on functional neuroimaging with PET • Reduced glucose metabolism in bilateral temporal parietal regions • Other well validated ligands, including those that foreseeably will emerge such as Pittsburg compound B or FDDNP E. Proven AD autosomal dominant mutation within the immediate family *Exclusion criteria* History • Sudden onset • Early occurrence of the following symptoms: gait disturbances, seizures, behavioural changes Clinical features • Focal neurological features including hemiparesis, sensory loss, visual field deficits • • Early extrapyramidal signs Other medical disorders severe enough to account for the cognitive decline and related symptoms • Non-AD dementia • Major depression • Cerebrovascular disease • Toxic and metabolic abnormalities, all of which may require specific investigations • MRI FLAIR or T2 signal abnormalities in the medial temporal lobe that are

consistent with infectious or vascular insults

Criteria for definite AD

AD is considered definite if the following are present:

- **Both clinical and histopathological (brain biopsy or autopsy) evidence of the disease, as required by the NIA-Reagan criteria for the post-mortem diagnosis of AD; criteria must both be present**
- **Both clinical and genetic evidence (mutation on chromosome 1, 14, or 21) of AD; criteria must both be present.**

5. References

[1] Alzheimer A (1907). "Über eine eigenartige Erkrankung der Hirnrinde [About a peculiar disease of the cerebral cortex]" (in (German)). *Allgemeine Zeitschrift fur Psychiatrie und Psychisch-Gerichtlich Medizin* 64 (1–2): 146–148

[2] Kraepelin E, Diefendorf AR (translated by) (2007-01-17). *Clinical Psychiatry: A Textbook For Students And Physicians (Reprint)*. Kessinger Publishing. p. 568

[3] Katzman Robert, Terry Robert D, Bick Katherine L (editors) (1978). *Alzheimer's disease: senile dementia and related disorders*. New York: Raven Press. p. 595

[4] Brun A, Englund E (1981). Regional pattern of degeneration in Alzheimer's disease: neuronal loss and histopathological grading. Histopathology 5 (5): 549-564

[5] Braak H, Braak E (1991). Neuropathological stageing of Alzheimer-related changes. Acta Neuropathol 82 (4): 239-259

[6] Lim A, Tsuang D, Kukull W, Nochlin D, Leverenz J, McCormick W, Bowen J, Teri L, Thompson J, Peskind ER, Raskind M, Larson EB (1999). Clinico-neuropathological correlation of Alzheimer's disease in a community-based case series. J Am Geriatr Soc 47 (5): 564-569

[7] Varma AR, Snowden JS, Lloyd JJ, Talbot PR, Mann DM, Neary D (1999). Evaluation of the NINCDS-ADRDA criteria in the differentiation of Alzheimer's disease and frontotemporal dementia. J Neurol Neurosurg Psychiatry 66 (2): 184-188

[8] Kazee AM, Eskin TA, Lapham LW, Gabriel KR, McDaniel KD, Hamill RW (1993). Clinicopathologic correlates in Alzheimer disease: assessment of clinical and pathologic diagnostic criteria. Alzheimer Dis Assoc Disord 7 (3): 152-164

[9] Querfurth HW, LaFerla FM (2010). Alzheimer's disease. N Engl J Med 362 (4): 329-344. Review. Erratum in: (2011) N Engl J Med 364 (6): 588.

[10] Bird TD (2008). Genetic aspects of Alzheimer disease. Genet Med 10 (4): 231-239. 11/ Ertekin-Taner N (2007). Genetics of Alzheimer's disease: a centennial review. Neurol Clin 25 (3): 611-667

[11] Blennow K, Hampel H, Weiner M, Zetterberg H (2010). Cerebrospinal fluid and plasma biomarkers in Alzheimer disease. Nat Rev Neurol 6 (3): 131-144

[12] Van de Pol LA, Hensel A, Barkhof F, Gertz HJ, Scheltens P, van der Flier WM (2006). Hippocampal atrophy in Alzheimer disease: age matters. Neurology 66 (2): 236-238

[13] Wahlund LO, Julin P, Johansson SE, Scheltens P (2000). Visual rating and volumetry of the medial temporal lobe on magnetic resonance imaging in dementia: a comparative study. J Neurol Neurosurg Psychiatry 69 (5): 630-635

[14] Patwardhan MB, McCrory DC, Matchar DB, Samsa GP, Rutschmann OT (2004). Alzheimer disease: operating characteristics of PET--a meta-analysis. Radiology 231 (1): 73-80

[15] Albin RL, Koeppe RA, Burke JF, Giordani B, Kilbourn MR, Gilman S, Frey KA (2010). Comparing fludeoxyglucose F18-PET assessment of regional cerebral glucose metabolism and [11C]dihydrotetrabenazine-PET in evaluation of early dementia and mild cognitive impairment. Arch Neurol 67 (4): 440-446

[16] Koeppe RA, Gilman S, Joshi A, Liu S, Little R, Junck L, Heumann M, Frey KA,

[17] Albin RL (2005). 11C-DTBZ and 18F-FDG PET measures in differentiating dementias. J Nucl Med 46 (6): 936-944

[18] Dubois B, Feldman HH, Jacova C, Dekosky ST, Barberger-Gateau P, Cummings J, Delacourte A, Galasko D, Gauthier S, Jicha G, Meguro K, O'brien J, Pasquier F, Robert P, Rossor M, Salloway S, Stern Y, Visser PJ, Scheltens P (2007). Research criteria for the diagnosis of Alzheimer's disease: revising the NINCDS-ADRDA criteria. Lancet Neurol 6 (8): 734-746

[19] Dubois B, Feldman HH, Jacova C, Cummings JL, Dekosky ST, Barberger-Gateau P, Delacourte A, Frisoni G, Fox NC, Galasko D, Gauthier S, Hampel H, Jicha GA, Meguro K, O'Brien J, Pasquier F, Robert P, Rossor M, Salloway S, Sarazin M, de Souza LC, Stern Y, Visser PJ, Scheltens P (2010). Revising the definition of Alzheimer's disease: a new lexicon. Lancet Neurol 9 (11): 1118-1127

[20] Gankam Kengne F, Vokaer M, Fery P, Abramowicz M, Massat I, Van den Broeck M, Van Broeckhoven C, Bier JC (2009). Pure progressive amnesia as variant of genetically proven Alzheimer disease. Eur J Neurol 16 (2): e9-10.

[21] Alladi S, Xuereb J, Bak T, Nestor P, Knibb J, Patterson K, Hodges JR (2007). Focal cortical presentations of Alzheimer's disease. Brain 130 (Pt10): 2636-2645

[22] Piguet O, Hornberger M, Mioshi E, Hodges JR (2011). Behavioural-variant frontotemporal dementia: diagnosis, clinical staging, and management. Lancet Neurol 10 (2): 162-172

[23] Rahman S, Sahakian BJ, Hodges JR, Rogers RD, Robbins TW (1999). Specific cognitive deficits in mild frontal variant frontotemporal dementia. Brain 122 (Pt 8): 1469-1493

[24] Torralva T, Roca M, Gleichgerrcht E, Bekinschtein T, Manes F (2009). A neuropsychological battery to detect specific executive and social cognitive impairments in early frontotemporal dementia. Brain 132 (Pt 5): 1299-1309

[25] Gorno-Tempini ML, Hillis AE, Weintraub S, Kertesz A, Mendez M, Cappa SF, Ogar JM, Rohrer JD, Black S, Boeve BF, Manes F, Dronkers NF, Vandenberghe R, Rascovsky K, Patterson K, Miller BL, Knopman DS, Hodges JR, Mesulam MM, Grossman M (2011). Classification of primary progressive aphasia and its variants. Neurology 76 (11): 1006-1014

[26] Nestor PJ, Graham KS, Bozeat S, Simons JS, Hodges JR (2002). Memory consolidation and the hippocampus: further evidence from studies of autobiographical memory in semantic dementia and frontal variant frontotemporal dementia. Neuropsychologia 40 (6): 633-654

[27] Rogalski EJ, Mesulam MM. Clinical trajectories and biological features of primary progressive aphasia (PPA) (2009). Curr Alzheimer Res 6 (4): 331-336

[28] Ludolph AC, Kassubek J, Landwehrmeyer BG, Mandelkow E, Mandelkow EM, Burn DJ, Caparros-Lefebvre D, Frey KA, de Yebenes JG, Gasser T, Heutink P, Höglinger

G, Jamrozik Z, Jellinger KA, Kazantsev A, Kretzschmar H, Lang AE, Litvan I, Lucas JJ, McGeer PL, Melquist S, Oertel W, Otto M, Paviour D, Reum T, Saint-Raymond A, Steele JC, Tolnay M, Tumani H, van Swieten JC, Vanier MT, Vonsattel JP, Wagner S, Wszolek ZK; Reisensburg Working Group for Tauopathies With Parkinsonism (2009). Tauopathies with parkinsonism: clinical spectrum, neuropathologic basis, biological markers, and treatment options. Eur J Neurol 16 (3): 297-309

[29] Larner AJ, Doran M (2006). Clinical phenotypic heterogeneity of Alzheimer's disease associated with mutations of the presenilin-1 gene. J Neurol 253 (2): 139-158

[30] Larner AJ, Doran M (2009). Genotype-phenotype relationships of presenilin-1 mutations in Alzheimer's disease: an update. J Alzheimers Dis 17 (2): 259-265

[31] Levine DN, Lee JM, Fisher CM (1993). The visual variant of Alzheimer's disease: a clinicopathologic case study. Neurology 43 (2): 305-313

[32] McMonagle P, Deering F, Berliner Y, Kertesz A (2006). The cognitive profile of posterior cortical atrophy. Neurology 66 (3): 331-338

[33] Yu CE, Marchani E, Nikisch G, Müller U, Nolte D, Hertel A, Wijsman EM, Bird TD (2010). The N141I mutation in PSEN2: implications for the quintessential case of Alzheimer disease. Arch Neurol 67 (5): 631-633

[34] Geerlings MI, Jonker C, Bouter LM, Adèr HJ, Schmand B (1999). Association between memory complaints and incident Alzheimer's disease in elderly people with normal baseline cognition. Am J Psychiatry 156 (4): 531-537

[35] Tierney MC, Szalai JP, Snow WG, Fisher RH (1996). The prediction of Alzheimer disease. The role of patient and informant perceptions of cognitive deficits. Arch Neurol 53 (5): 423-427

5

Spatial Navigation Impairment in Healthy Aging and Alzheimer's Disease

Kamil Vlček
Department of Neurophysiology of Memory, Institute of Physiology, Academy of Sciences of the Czech Republic
Czech Republic

1. Introduction

The prevailing number of studies dealing with spatial navigation in animals and also in human have been connecting it to the function of the medial-temporal lobe (MTL), hypothesized to serve as the neuronal basis for the spatial cognitive map. Changes in the MTL are characteristic for both healthy aging and Alzheimer's disease (AD), with markedly more severe changes in AD. The level of hippocampal dysfunction therefore counts among the boundaries between healthy aging and development of AD. Furthermore, the decline in the spatial navigation abilities has been described for healthy aging and is among the diagnostics marks of early AD. While the impact of this decline on the life of elderly seems to be minor, subjects suffering AD become lost in new environments and later in the course of the disease even inside their homes. The spatial navigation is however a complex process using a number of brain regions besides MTL. The regions discussed in this review also include prefrontal cortex (PFC), whose changes in healthy aging are often considered more typical than changes in MTL, and parietal cortex documented to deteriorate from the very early stages of AD. Due to its complexity, spatial navigation is a promising cognitive ability to be investigated in the phases of development from healthy aged to AD.
The aim of this review is to investigate the complexity of the spatial navigation and its neural basis in healthy aging and in AD, including several available studies concerning the boundary between these two. We will focus on the differences in the spatial navigation abilities between healthy aging and AD and on the potential of spatial navigation to differentiate between them. The current review follows up two papers on similar topic (Iachini et al., 2009; Moffat, 2009) and in contrast to them focuses just on wayfinding and navigation, its underlying neural structures and the distinction between healthy aging and Alzheimer's disease.

2. Neural basis of spatial navigation

Functional neuroimaging and lesion studies have identified a complex network of structures that are involved in spatial navigation. The proposed network includes the hippocampus, parahippocampal gyrus, medial and right inferior parietal cortex, regions within prefrontal cortex, cerebellum, parts of the basal ganglia, posterior cingulate cortex and retrosplenial cortex (Aguirre et al., 1996; Barrash, 1998; Ekstrom et al., 2003; Hartley et al., 2003; Maguire

et al., 1998a). Here we will shortly review the role of some of those areas whose changes in elderly and Alzheimer's subjects have been documented in relation to spatial navigation.
The concept of hippocampus as a neural basis for cognitive map (O'Keefe & Nadel, 1978) stems from the discovery of place cells responding when an animal is in a particular location as defined by the spatial configuration of objects in the environment (O'Keefe & Dostrovsky, 1971) and from the effect of hippocampal lesions impairing navigation to an invisible goal in a water maze from variable start positions (Morris et al., 1982). The cognitive map theory dissociated the navigation based on a configuration of distal landmarks from the navigation to and from landmarks. This concept has evolved into the dissociation between allocentric and egocentric navigation. The allocentric navigation uses flexible representation (Eichenbaum et al., 1999) of an ensemble of distal landmarks and independent of actual subject positions. On contrary, the egocentric navigation uses distances and angles to or from individual landmarks. In humans, the allocentric mode of navigation was shown to be connected with the hippocampal function in analogues of the Morris water maze (Astur et al., 2002; Feigenbaum & Morris, 2004), in place navigation inside a virtual town (Maguire et al., 1998a), and also in remembering the location of objects on a table (Abrahams et al., 1997).
The hippocampal function have often been confused with the function of parahippocampal gyrus, but there is evidence that parahippocampal cortical areas are required for iconic representations of scenes, with hippocampus being required in addition when memory for locations in three-dimensional space is required. Functional neuroimaging of recognition memory for object location within a two-dimensional array (Johnsrude et al., 1999) and the perception of spatial scenes (Epstein & Kanwisher, 1998) and buildings (Aguirre et al., 1998) consistently activates the posterior right parahippocampal gyrus, but not the hippocampus.
While allocentric representation of space has been connected with the MTL, the egocentric representations were documented within the parietal cortex (Hyvarinen & Poranen, 1974; Mountcastle et al., 1975). Posterior parietal areas appear to support the necessary translation of spatial information between allocentric and body-centred reference frames (Snyder et al., 1998) and between the various egocentric reference frames (Andersen et al., 1985). Lesions of the right posterior parietal cortex are characteristic by an egocentric orientation deficit presenting as the inability to represent the spatial relationship between the subject and other objects (Kase et al., 1977; Levine et al., 1985; Stark et al., 1996).
Evidence of PFC involvement in spatial navigation is based mainly on animal research, however its functional activation associated with navigation in human was described several times including activation during successful relative to unsuccessful navigation (Maguire et al., 1998a) or activation associated with navigational goals and conjunction of goals and places (Ekstrom et al., 2003). Ablating or inactivating part of the rat orbitofrontal cortex impairs performance of an allocentric foraging task (Corwin et al., 1994), escape in the Morris water maze and conditioned place avoidance (Vafaei & Rashidy-Pour, 2004). Several studies have reported double dissociation with hippocampal and/or fimbria fornix lesions impairing place learning in the place version of the Morris water maze and PFC lesions impairing response learning (de Bruin et al., 1997; de Bruin et al., 2001).

3. Healthy aging

The decline of cognitive function in elderly people have been thoroughly studied, the role of spatial navigation impairments in the difficulties experienced in daily life is however probably underestimated. During driving elderly individuals have self-perceived deficits in navigation and develop behavioural patterns to avoid unfamiliar routes and places (Burns, 1999). These deficits can have negative implications for peoples' well-being and independence. In addition, several studies in elderly describe objective route learning and navigational deficits that can affect daily life not only during driving.

3.1 Cognition and neural changes

Before reviewing literature concerning changing spatial abilities during aging we will review shortly general cognitive changes. The prevailing concept explains most of the cognitive effects of aging by changes in prefrontal cortical function. This viewpoint is evidenced by both neuropsychological and functional brain imaging data and related decrements are typically found in tasks as working memory, episodic free recall or recollection of the source of the learned information (Johnson et al., 1993). Working memory tasks require to manipulate in some way the material held in memory, in contrast to short-term memory tasks, requiring only holding the presented material in memory for several seconds. One example is repeating a sequence of presented digits in a reversed order. Working memory is dependent on the prefrontal regions (Courtney et al., 1998; D'Esposito et al., 2000; Smith & Jonides, 1999) and deteriorates with aging (Salthouse & Meinz, 1995). Also free recall of episodic information without contextual or any other cues activates prefrontal brain areas (Petrides, 2002) and there is considerable evidence that age differences in memory performance diminish when retrieval is facilitated by providing additional cues at the time of memory test (Craik & Mcdowd, 1987; Rabinowitz, 1984).

Another source of evidence concerning age dependent changes in prefrontal function comes from functional imaging experiments. Aging is generally connected with reduced activation of the left PFC during encoding (Cabeza et al., 1997; Grady & Craik, 2000) and a pattern of reduced activation in those prefrontal regions that are most activated in younger subjects together with an increased activation in the contra-lateral regions. This pattern, referred to as reduced hemispheric asymmetry (Cabeza et al., 2002), is often interpreted as a sign of compensatory function, as those older individuals who have the most successful task performance tend to display the largest bilateral PFC activations (Reuter-Lorenz & Lustig, 2005). Several studies document another pattern of age dependent changes in brain activation with decreased activity of hippocampal region and simultaneously increased prefrontal activation during encoding (Gutchess et al., 2005; Park et al., 2003), interpreted as compensatory mechanism for the decrease of hippocampal function. Structures of the PFC also exhibit age-related volumetric changes that are larger than in any other cortical region (Raz et al., 2004; Raz et al., 2005; Resnick et al., 2003; West, 1996).

The age dependent changes in the MTL are less clear. Results of the volumetric studies are somewhat ambiguous: while numerous both cross-sectional and longitudinal studies show an effect of age on the hippocampal volume (Golomb et al., 1993; Jernigan et al., 1991; Persson et al., 2006) with the rate of decline in the range of 0.79–1.5% per year (Jack, Jr. et al., 1998; Pruessner et al., 2001; Raz et al., 2004; Raz et al., 2005), some studies did not find any age dependent hippocampal volume decline (Sullivan et al., 1995; Van et al., 2004). The finding of decreased medial-temporal involvement for older adults compared to young adults during encoding is robust however and has been reported in a number of studies, including encoding of faces (Grady et al., 1995), natural scenes (Park et al., 2003), verbal materials (Daselaar et al., 2003; Grady et al., 1999) and line drawings (Grady et al., 1999). The neuropsychological evidence of age related changes in MTL is scarce and confined mainly to the domain of spatial navigation.

3.2 Spatial memory and navigation

Results from various types of spatial memory tasks have been explained by limits in cognitive capacity connected to the PFC. Age dependent deficit in the memory for location of several object was shown in a number of studies (Light & Zelinski, 1983; Naveh-Benjamin, 1987; Naveh-Benjamin, 1988; Park et al., 1983; Sharps, 1991), but not when using specific experimental conditions (Sharps & Gollin, 1987; Waddell & Rogoff, 1981; Waddell & Rogoff, 1987). The factors influencing similar performance of elderly to young subjects seem to include intentional versus incidental learning and distinctiveness of the object locations (Uttl & Graf, 1993). In experiments focusing on this distinctiveness theory, Sharp and Gollin (1987) showed that the age dependent deficit is absent when the objects are presented in a real space or are in different colors or are three-dimensional blocks of wood. Similar effect of the form of the objects these authors described even for the free recall of identity of objects located on a table-top map (Sharps & Gollin, 1988). They suggested that visually distinctive context facilitates object memory because it provides a rich associative base for elaboration of memory traces. It seems that elderly participants spontaneously engage in less elaboration than do younger respondents. This interpretation is in agreement with reports showing less efficient encoding in elderly adults (Grady et al., 1995; Stebbins et al., 2002), was however not confirmed in a control study on a different group of subjects (Park et al., 1990). Interestingly, object location memory was shown to be dependent on the MTL region (Nunn et al., 1999; Pillon et al., 1999; Stepankova et al., 2004) or more specifically on the parahippocampal gyrus (Maguire et al., 1998b; Owen et al., 1996). Thus another interpretation of this age dependent object location memory deficit may attribute it to the decline in MTL activity. The incidental learning and distinctiveness may then facilitate compensational strategies supported by the PFC.

3.2.1 Large-scale real spaces

Other authors studying spatial memory in large-scale environments proposed explanation of age related deficits by working memory demands. In one of these studies, subjects should remember spatial position of building pictures standing in a large room either in a spatial configuration corresponding to the real position in the subject's hometown or in a novel spatial configuration. Most of the pictures were hidden and the subjects should learn their position by replacing them several times until they could do all items accurately. Then, at several points in the room, they should estimate direction and distance to the current position from these hidden pictures. They were instructed to do so either by mental rotation of their current position or by taking perspective from the picture. Mental rotation and perspective taking was more difficult for elderly subjects in the novel but not in the known environment (Kirasic, 1989). Because all subjects learned the object positions before testing, the understanding of the experiment was based on working memory demands larger in novel configuration than in known configuration. Similar effect of increased deficit associated with aging in a novel relative to a familiar environment was documented in a navigational task in supermarket (Kirasic, 1991) and explained also by working memory demands.

The limits in cognitive capacity in temporospatial processing were assessed by another study presenting to the subjects a set of colour slides of two routes through unfamiliar neighbourhood. The two routes shared a common section. In a series of tests following the presentation, older adults were less likely to recall the landmarks sequentially, more likely to recall non-spatial associations to the routes and more likely to regard salient landmarks, rather than turns, as critical route-maintaining events (Lipman, 1991). The older adult's landmark memory was organized according to the distinctiveness of landmarks rather than their spatial order. The authors hypothesized that with the advancing age sequential processing of route information is curtailed or precluded by the cognitive capacity limits. Preferred mode of spatial processing used by older people, which captures distinctive but not critical route events, may require less cognitive effort.

Similar age related deficits were found in an experiment by Wilkniss et al. (1997), where subjects were guided along a complicated route through a university building. After the tour they were asked to lead the experimenter along the same route and their errors were recorded. Then they completed landmark recognition and ordering tasks, followed by another test on navigation in the same building using a just learned map of a new route. The elderly adults recognized well the landmarks, but were impaired in their temporal ordering, in recalling the route, and in using the learned map to navigate successfully. Although the older adults encoded visual information and recognized landmarks, they were less likely than younger adults to select or effectively use critical cues. This was interpreted as consistent with the studies by Kirasic (1991) and Lipman (1991) (see above) by an age-related deficit in selection of information most useful in route maintenance. The impairment of navigation using a learned map in the second part of the test offers additional explanation, mentioned by the authors, by deficit in using a configural spatial representation to navigate a route.

Real space route learning ability in a hospital lobby was the subject of another study (Barrash, 1994). The participants in the age of 18 to 78 were lead by the experimenter through a long route containing 28 intersections and 16 turns and at the end they were asked to lead the experimenter back to the route origin. The complete test consisted of three trials. Although all groups showed significant learning between the trials, the participants 60 and older made significantly more errors than the youngest group and the oldest participant in their 8th decade committed almost 4 times more errors than the youngest group. There was a tendency even for the participants in their 6th decade to be impaired. The impairment seems to be explicable by cognitive capacity limits in the elderly subjects, because the retracing test was performed in an opposite direction than the learning and there were only three trials to learn the route.

3.2.2 Virtual maze environments

Other studies employed virtual reality design to assess navigation in highly controlled environment. In a simple virtual maze composed of richly textured alleys connected by four intersections, participants were required to find a trophy at the goal point as fast as possible and to learn the correct route in five learning trials (Moffat et al., 2001). The time, distance and number of errors to reach the goal increased with age, with the groups of 45-65 and 66-91 years old participants impaired relative to younger subjects. The impairment resulted from incorrect entrances to dead ends or already visited alleys. The authors found significant correlations between the performance in the maze and measures of working, non-verbal and verbal memory and mental rotation.

Spatial relational learning was investigated in a virtual reality study using a treadmill to simulate locomotion (Lovden et al., 2005). The subjects were assessed in a virtual museum using combination of two conditions: city-block topography with straight corridors vs. variable topography with winding corridors and with vs. without walking support. Variable topography was expected to be more difficult than city-block topography when using spatial strategy, but not when using non-spatial cued navigation strategy. Elderly subjects were impaired under all conditions, and their performance was slightly better using walking support and not influenced by variable topography. This contrasted with the increase in travelled distance with variable topography in younger subjects and no effect of walking support. The elderly subjects were also less successful in locating landmarks from the museum on its map. Findings of this study suggest that elderly subjects do not use spatial relations between parts of the maze. In analogy, animal research showed that aged organisms more often adopt stimulus-response learning and cue guidance strategies to locate places in space, whereas younger organisms rely more on spatial relational learning in tasks where both activities could be used (Rapp et al., 1987; Tanila et al., 1997). In addition, the finding of walking support helping elderly subjects in navigation indicates that walking per se is an attention demanding activity for elderly subjects.

Results distinct from the real space study by Wilkniss et al. (1997, see above) were described in an experiment using immersive virtual reality with head mounted display in simple city model (Zakzanis et al., 2009). The elderly subjects were impaired in retracing a short route with four intersections after passively viewing it, but made also more false alarm errors in the landmark recognition test, contradicting the above mentioned study. It is questionable whether the landmark recognition error could result from small angle of view (40°) or the passive way of learning the route.

In an interesting recent study using virtual reality, subjects were trained thoroughly to acquire the spatial relationships of the environment and tested in this knowledge by locating six landmarks on a schematic map (Iaria et al., 2009). Elderly subjects not only spent longer time learning the environment, but even after meeting the criterion of knowing it, they were slower and made more errors in the navigational tasks. The authors interpret this finding as impairment both in the formation of a cognitive map and in using the acquired cognitive map for navigation, similarly to the above mentioned study by Wilkniss et al. (1997). It may be questionable however if during the training the elderly subjects really learned a map of the environment containing spatial relations or it they learned rather a visual view of the schematic map with landmarks. This visual view would then be naturally more difficult to use for navigation. Anyway, this approach should be a fruitful one and deserves further elaboration.

3.2.3 Analogies of the Morris water maze

The theory explaining spatial navigation deficit in elderly by changes in using of the cognitive map was directly tested using human analogues of the Morris water maze (MWM) (Morris, 1981). The cognitive map, as introduced by Tolman (1948) and later by O'Keefe and Nadel (1978), contains flexible representation of the environment, which can be used in novel circumstances independently on actual subject's position. Navigation using this flexible representation should not be affected by rotation or deletion of individual landmarks (Markus et al., 1994; O'Keefe & Speakman, 1987). In the experiment using a real space analogue of the Morris water maze (Newman & Kaszniak, 2000), subject were required to learn to find an invisible target position in an octagonal arena 7.3 m in diameter. Then they were assessed in three testing conditions: after arena rotation, cues deletion and delay. The elderly subjects were impaired under all of these conditions but not in the control trials allowing non-spatial strategy, confirming the assumption of impaired acquisition or use of their cognitive map of the maze.

In navigational experiments using virtual analogue of the MWM with variable start position, strong association was found between age and time to find the invisible platform and also between age and time spent in the correct quadrant during the probe trial with the platform removed (Driscoll et al., 2005; Driscoll et al., 2003; Moffat & Resnick, 2002). In the latter of these experiments (Moffat & Resnick, 2002), older participants were able to use proximal objects but not room-geometry cues to locate the goal on overhead diagrams of the environment. This difference in strategy in aged subjects is similar to the effect of hippocampal lesions in rats, which results in impaired use of distal but not proximal landmarks (Save & Poucet, 2000). This similarity suggests that the age dependent atrophy in the human hippocampus (Jack, Jr. et al., 1998) underlies the age related shift to cue-use strategies observed in the present study. In a strong relation to these views are the findings from another report using virtual MWM analogue in elderly subjects (Laurance et al., 2002). The elderly participants were impaired in learning the goal position and also in locating it on a diagram of the maze, but on the same diagram they were able to arrange correctly the patterned walls and objects on the walls. It seems therefore that they acquired cognitive map of the maze structure but not of the goal position. Two dissociable cognitive processes could be responsible for these two abilities, according to authors' suggestion. The possibility should be excluded however, that the elderly subjects used pure visual memory to reconstruct the maze, but could not use it to estimate the goal location that was never shown.

Important observation from the Moffat and Resnick (2002) study was that elderly subjects were impaired even in the first trial of the test, following only practice trials with different goal location. Elderly individuals probably continued to search in locations that have been already adequately explored, suggesting a preservative component to their behaviour, the working memory deficit, or more generally, the selection of inefficient spatial search strategy. Thus, besides relational spatial memory, executive and strategic functions probably play a significant role in spatial skill acquisition in the MWM.

3.2.4 Brain imaging

From the above results we can hypothesize about the underlying neural structures, primarily the PFC and MTL. More direct evidence about the connection between neural function changes during aging and navigational performance was provided however by several brain imaging studies. Two approaches used in the aging research include correlating brain volumes with spatial navigation performance and functional imaging. The first approach was used in three studies with surprisingly contrasting results. The hippocampal volume was significantly correlated with navigational performance in the virtual MWM in the first study (Driscoll et al., 2003); more specifically the positive correlation was found with the time in the target quadrant in the probe trial in all subjects together, younger and older. In contrast, another study using also virtual MWM (Moffat et al., 2006b) described correlation of the hippocampal volume with the distance travelled only in the first learning trial (with not yet known goal position) and only in the younger subjects group. Finally, in a report describing navigation in a maze consisting of several alleys and seven intersections (Head & Isom, 2010) significant correlation was found between the wayfinding performance and hippocampal volume in only elderly subjects. Spatial strategy selection could account for these discrepancies. The brain areas correlating with the navigational performance was shown to depend on the strategy selection (Bohbot et al.,

2007). In addition, the virtual MWM performance depends on extrahippocampal brain areas, namely PFC and caudate nucleus (Moffat et al., 2006b). The link between hippocampal volume and navigational performance probably depends on the specifics of the virtual maze and successfulness of individual spatial strategies.

The second approach to assess changes in brain function in spatial navigation accompanying aging is to use functional imaging. In the first route encoding and recognition study in a virtual reality building (Meulenbroek et al., 2004) subjects should remember a set of turns marked by arrows on the walls and then, during the recognition phase, on the same places choose the correct one of two arrows to follow the route. The elderly subjects reached slightly lower scores than young subjects, and compared to the young they showed diminished posterior fusiform-parahippocampal and parietal activity during route encoding, corresponding to the role of these brain areas in navigation. In addition, the elderly subjects exhibited increased anterior parahippocampal activity relative to the young subjects during the route recognition, which might indicate decreased familiarity with the route. Finally, the elderly subject activated more the anterior cingulate and perisylvian cortices during encoding, interpreted as a failure to suppress irrelevant information. In a related paper by Moffat et al. (2006a) subjects learned a virtual environment consisting of several rooms and hallways by navigating between various objects. Compared to their younger counterparts, elderly adults showed reduced activation in several regions of the MTL and of the parietal lobe. They also showed greater anterior cingulate gyrus and medial frontal lobe activation during encoding than younger subjects. The findings were interpreted as aging dependent compensatory shift from more posterior and medial temporal systems supporting navigation to more anterior frontal systems. Contrasting activation pattern was found in the only fMRI study in virtual MWM in elderly subjects (Antonova et al., 2009). Differently from younger group, the elderly adults did not activate hippocampal-parahippocampal region either during encoding or retrieval and also lacked activation of the frontal pole and dorsolateral prefrontal cortex. The compensatory shift to frontal system seems therefore to be limited to several structures, some of which may be related to inhibitory processes.

In summary, many descriptions of spatial navigation impairment in aging are compatible with the lower cognitive resources theory of aging and weaker prefrontal function. Evidence for mediotemporal function decline in aging comes mainly from studies using analogies of Morris water maze and brain imaging.

4. Alzheimer's disease

4.1 Progression of Alzheimer's disease

AD is a neurodegenerative disorder, which predominantly and initially affects mediotemporal structures, especially hippocampus and parahippocampal gyrus. Its early symptom is the impairment in episodic memory. Patients have difficulty with learning of new information and retaining it for more than a few minutes. As the disease advances, the ability to learn is increasingly impaired and the access to older, more distant memories is lost. With the development of the disease also other cognitive domains than memory are impaired, like judgment and executive functioning, together with aphasia, apraxia, disorientation and visuospatial functioning. Important diagnostic criterion for dementia is that these cognitive deficits affect daily life of the patients.

Due to its neurodegenerative nature, the development of AD from normal ageing is gradual and long. Increasing attention is now being paid to the mild end of the cognitive spectrum from normal ageing to AD. There is probably a transitional period between normal ageing and the clinical diagnosis of probable very early AD and this transitional zone is now mostly described using term mild cognitive impairment (MCI) (Petersen et al., 2001). Originally, the concept of MCI was limited to memory deficits with relative preservation of other cognitive domains (Petersen et al., 1999). As the research on MCI has advanced, it has become apparent that several clinical subtypes of MCI exist, covering all cognitive domains (Petersen et al., 2001; for review see Petersen, 2004). Besides memory, the impaired cognitive domains can be language, executive function or visuospatial skills. Based on this pattern of impairment, the MCI subtypes comprise amnestic and non-amnestic forms, both possibly single or multi domain. This distinction is particularly relevant when considering the outcomes of subjects with MCI, which can be also non-AD forms of dementia such as vascular dementia or dementia with Lewi bodies. All of these clinical subtypes of MCI have minimal impairments in functional activities and do not meet criteria for dementia. Although amnestic MCI presents a high risk of developing AD, this category includes patients who will develop AD together with others who will never convert. The conversion rates from MCI to dementia reported by different authors range from 7.2% per year (Morris et al., 2001; Rubin et al., 1998) to 12% (Bowen et al., 1997; Petersen et al., 1999) or 13.5 % (Tierney et al., 1996). This is in contrast to conversion rate from healthy elderly subjects to dementia which is between one and two percent per year (Petersen et al., 1999).

4.2 Cognition and neural changes

The MTL atrophy is the hallmark of AD. In individuals at risk of autosomal dominant familial AD it can even precede the onset of cognitive changes (Fox et al., 1996). Neuropathological investigations (Braak & Braak, 1991; Hyman et al., 1984) suggest that AD-related changes may begin in the entorhinal cortex and subsequently spread to the hippocampus. Entorhinal volume was found to be the most useful metric for discriminating healthy from MCI individuals, whereas hippocampal volume was best for classifying MCI and Alzheimer's disease patients (Pennanen et al., 2004). Volumetric studies in AD subjects consistently reveal both volume reductions in the hippocampus relative to age-matched controls (e.g. Jack, Jr. et al., 1992; Jack, Jr. et al., 1997; Killiany et al., 1993) and higher rate of hippocampal decline (Fox et al., 1996; Jack, Jr. et al., 1998; Jobst et al., 1994). The brain pathology in AD shows also in functional brain imaging studies. A pattern of bilateral temporoparietal hypoperfusion or hypometabolism well discriminates AD patients not only from age-matched healthy controls but also from patients with vascular or frontotemporal dementia (Silverman, 2004).

This MTL atrophy is closely related to the episodic delayed recall impairment from the onset of the disease (Greene et al., 1996; Small et al., 2003). Memory for both verbal and visual material is affected in the majority of cases (Greene et al., 1996; Hodges & Patterson, 1995; Small et al., 2003). AD patients seem incapable of learning due to deficient encoding rather than due to impaired retrieval since their free recall performance is as poor as their recognition performance (Greene et al., 1996).

In addition to the MTL, other brain regions degenerate as the disease spreads beyond the hippocampus. Parietal lobe atrophy is well documented from moderate stages (Braak & Braak, 1991; Brun & Gustafson, 1976; Foundas et al., 1996), but medial parietal atrophy could be detectable even from presymptomatic AD (Scahill et al., 2002) and even in MCI patients converting to AD (Chetelat et al., 2005). Also frontal lobe atrophy was shown from moderate stages (Haxby et al., 1988; Scahill et al., 2002). This extrahippocampal brain affection is related to deficits of other non-memory domains, manifesting as impairment of executive functions with later involvement in constructional praxis, language and sustained attention (Baudic et al., 2006).

Distinguishing evolving from stable amnestic MCI in order to prescribe appropriate treatment as quickly as possible in the evolution of AD is a primary objective of majority of the MCI research. The available biological markers predicting the disease development are not reliable, a combination of several markers increases however the discrimination power. Markers in use include biochemical measures, like amyloid β-protein and tau levels in the cerebrospinal fluid (Hulstaert et al., 1999), brain imaging of hippocampal (Jack, Jr. et al., 1999) or parahippocampal (Visser et al., 1999) atrophy and hippocampal hypoactivation (Johnson et al., 1998; Small et al., 1999), and cognitive neuropsychological evaluation. Episodic memory deficits occur very early in the course of the disease and decreased performance in delayed recall of words, sentences, or series of objects is the most reliable predictor of AD in preclinical individuals (Masur et al., 1994; Tierney et al., 1996). Memory deficit may be a more efficient indicator than MTL atrophy on MRI (Laakso et al., 2000; Visser et al., 1999).

4.3 Spatial navigation impairment in AD

Deficit in the spatial domain is well documented in Alzheimer's disease. Clinically-relevant impairments in navigational skills are often apparent in the early stages and reports of impaired spatial behaviour, like getting lost in familiar places, can in many cases lead to the recognition of cognitive impairment and diagnosis of dementia (Klein et al., 1999). Disorientation and episodes of getting lost were documented both in outpatients (McShane et al., 1998) and patients residing in a community (Pai & Jacobs, 2004). According to global deterioration scale of Reisberg (Reisberg et al., 1982) the first orientation difficulties at the early stage of the disease (stage three) may affect journeys in unfamiliar and macro-scale environments, while at stage six patients only can move in very familiar home settings. Patients with AD have a tendency to become lost and then wander even in familiar surroundings. This "wandering" seems to be associated with an increased tendency to walk (Hope et al., 2001), parietal dysfunction (de Leon et al., 1984) and general confusion.

Many Alzheimer's disease patients suffer from higher visual motion processing deficits (Rizzo & Nawrot, 1998), including selective impairments in perceiving the optic flow (Tetewsky & Duffy, 1999). Optic flow is the patterned visual motion seen by a moving observer (Gibson, 1950). It provides cues about heading direction and the three-dimensional structure of the visual environment (Royden et al., 1992; Warren & Hannon, 1988) and its perception activates right posterior parietal cortex (Morrone et al., 2000). An atypical form of AD with higher visuospatial impairment was described (Kiyosawa et al., 1989), based also on deficits in judging spatial relations (Cogan, 1985) and atrophy (Benson et al., 1988), hypometabolism (Pietrini et al., 1996) and neuropathology (Hof et al., 1989) of the posterior cortical regions.

4.3.1 Perceptual deficits

Most studies on spatial disorientation in AD focus on its connection with optic flow discrimination deficit. This theory was documented several times by a significant correlation of optic flow discrimination thresholds with several measures of spatial navigation. In a test of navigation in a hospital lobby (Tetewsky & Duffy, 1999) poor performance was associated with an elevated optic flow threshold. In contrast, there was no significant correlation between the MMSE score and spatial navigation score and adding MMSE scores to optic flow threshold in a regression model did not explain more variance in the spatial navigation scores. Another study found significant correlation of the optic flow thresholds also with a score in the table-top left-right orientation Money Road Map test and the ability to respect lane boundaries during sustained driving in On-the-Road Driving test (O'Brien et al., 2001). Rather convincing evidence of the importance of visual perception deficit in spatial disorientation in AD was recently provided in a study by Kavcic et al. (2006). The authors required elderly and AD subjects to attend to a 300 m path through a hospital lobby being pushed on a wheelchair, retrace it and complete a set of tests. Then they correlated navigational to neuropsychological, perceptual and neurophysiological measures. The AD subjects were impaired in all navigational tests, with best results in route and location knowledge and worst results in identifying photo and video location along the route. In a multiple linear regression model, the total score of navigation in AD subjects correlated significantly with optic flow discrimination thresholds, amplitude of the evoked occipital EEG responses N200 and with contrast sensitivity, but with none of the memory tests. The authors concluded that navigational impairment in Alzheimer's disease is linked to a disorder of visual cortical motion processing reflected in specific perceptual and neurophysiological measures.

Consistent with this perceptual deficit theory of spatial disorientation in AD are also two other experiments using route learning in a hospital lobby. The perceptual nature of disorientation was inferred either from correct recognition of landmarks mentioned during the walk in contrast to impaired recognition of incidental not-mentioned landmarks in AD patients (Cherrier et al., 2001) or a lack of relationship between disorientation and memory tests and a failure to use spatial architectural information (Monacelli et al., 2003). The discrepancy between memory impairment, being the defining characteristics of AD, and perceptual nature of disorientation in these patients have been explained by the memory deficits limiting the usage of spatial navigation strategies to these based on visual perceptual analyses (Monacelli et al., 2003), unfortunately without specifying these strategies.

4.3.2 Complex cognitive deficits

While the series of just reviewed studies consistently propose that the factor defining mostly the spatial disorientation in the AD is the perceptual deficit, other articles describe also the role of other cognitive processes. In a study using Memory and Behavior Problems Checklist (Zarit et al., 1985), which contains four items dealing specifically with spatial disorientation (wandering, getting lost indoors, getting lost on familiar streets, being unable to recognize familiar surroundings), Henderson et al. (1989) compared the sum score of these four items with a set of neuropsychological measures. Stepwise regression analysis showed scores from delayed recall memory test and clock drawing and house copying visuoconstructive test as the significant predictors of the disorientation score, but not disease severity, attention or language impairment. As wandering or getting lost is unusual among focal-lesion patients with constructional deficits and is also not reported in association with discrete disturbance in long-term memory, the authors propose that it is the combination of the visuoconstructive and memory deficits that is crucial.

The importance of perceptual and higher cognitive spatial skills for navigation in AD was examined in another study comparing these skills in AD and healthy control subjects with the functional spatial skills in the subject's own home and in an unknown building (Liu et al., 1991). The AD group was worse than elderly healthy subjects in navigation inside the unknown building but not in their homes. The AD group was also impaired in all cognitive spatial orientation tests and a subset of perceptual spatial orientation tests requiring to mentally represent shapes. Some of the basic orientation skills were intact: visual object recognition of shape, visual and tactual discrimination of size and left-right discrimination. The visuospatial deficit seen in early AD, such as getting lost or misplacing objects, are probably due to the impairment of the mental shape representation or other higher order processes, rather than to visual-perceptual skills.

Another approach was chosen in an experiment by Passini et al. (1995). Spatial navigation was considered as a problem solving task demanding development of a decision plan containing a hierarchy of sub-problems. Subjects diagnosed with AD were told to take the experimenter to the dental clinic in an unknown hospital and were asked to express verbally everything that went through their mind. By interventions from the experimenter the subject were reminded about the task to minimize the effect of memory and attentional deficit. It was observed that irrelevant stimuli affected behavior of the subjects. Some patients acted impulsively without analyzing the constituent elements, e.g. they tended to read uncritically almost all of the written information that they encountered on the trip. The behaviour of many DAT patients was seemingly more driven by external stimuli than by the goal of the wayfinding task. The major difficulty for DAT patients was probably to distinguish relevant from irrelevant information and to structure their decision plan.

Virtual analogue of hospital lobby can probably substitute the real space environment in estimating the navigational deficits of MCI and AD patients, as implied by similar group differences and a strong correlation across all subjects in a recent study (Cushman et al., 2008). The subjects were taken passively (in the real space they were pushed on a wheelchair) along a 300 m path through a hospital lobby, and then should retrace it and complete a set of tests. Stepwise discriminant analysis was then used to find which scores of the follow-up tests distinguished best between the groups. The MCI and AD subjects were best differentiated by tests assessing the ability to locate of scenes from the lobby on its map and the free recall of the landmarks along the route. The cognitive deficit of MCI and AD was interpreted as a dual one consisting of visuospatial and verbal memory deficits. Slight gender differences in performance in a similar task in a hospital lobby were described in AD and MCI patients, with only women performing better in recognition of photographs from the lobby and in free landmark recall (Cushman & Duffy, 2007). Using multiple regression, their general navigational performance was however explained by scores in different neuropsychological tests: mostly radial optic flow perceptual thresholds in men and category naming and figural memory in women. The impairment found in AD and MCI patients can therefore results from different grounds in men and women.

An interesting study used positions of home locations and two familiar landmarks individual for each subject to compare the knowledge of their spatial relations with learning a new environment (Jheng & Pai, 2009). Early AD patients were similarly successful to healthy elderly subjects in drawing simple diagrams of the home and two landmarks positions. The two groups were also similar in learning new goal position in an virtual reality water maze analogue; the elderly subjects were only more successful in learning to navigate to home location in the same water maze analogue using positions of the two familiar landmarks. It is difficult to estimate however if the similarity between the two groups could results from difficulty of the tests even for the healthy subjects.

4.4 Spatial navigation in MCI

The question not sufficiently answered yet concerns with the spatial navigation impairment in a MCI, a diagnosis with a high progression rate to AD. Optic flow perception, the visuoperceptual ability compromised in AD, can be impaired already in amnestic MCI subjects, as documented by Mapstone et al. (2003). In this study, approximately half of the amnestic MCI patients were impaired in radial motion perception, suggesting a visuospatial subtype of MCI based on spatial perception. The motion perception thresholds correlated significantly with the results of the Money Road Map test, requiring subjects to follow a path through a city on a map and indicate left and right turns, but not with figural and verbal memory. However, the MCI subjects were not impaired in the Money Road Map test. The study, therefore, does not document any spatial navigation deficit.

Results of another study using two types of virtual environments might also be interpreted in the context of deficits in parietal lobe function (Weniger et al., 2010). The MCI patients and elderly control subjects should learn in five trials a route through a maze, without any landmarks and containing six intersections, and through a virtual park, a model of a village with many landmarks, both near and distant. The MCI patients performed worse than the control group in both environments, more impaired were however in the maze environment without any learning evident during the five trials. In addition, the performance in this environment was correlated with right precuneus volume. The MCI seem therefore to be connected to both egocentric navigation deficits in the maze and allocentric navigation deficits in the park, with more evident egocentric deficits. This is consistent with the following studies documenting general spatial navigation impairment in multi-domain MCI subjects.

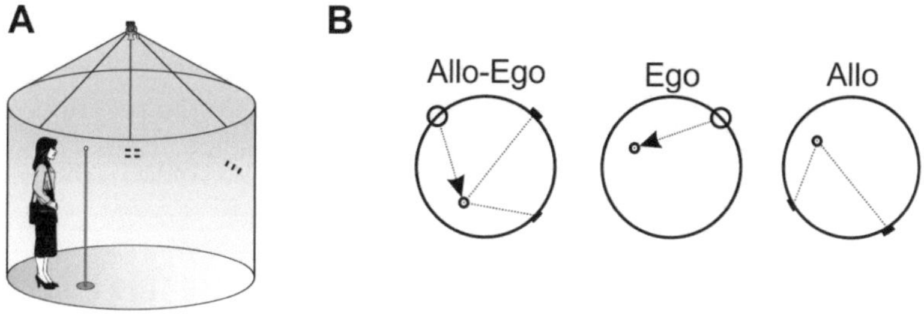

Fig. 1. Experimental environment and the scheme of the test from Hort et al. (2007)

That spatial navigation deficits could be detected even in amnestic single-domain MCI patients and that the memory deficit is the determining factor in this deficit was suggested by our recent experiment (Hort et al., 2007). In a real space analogue of the Morris water maze, we found navigational impairment in single-domain amnestic MCI subjects only in allocentric but not in egocentric configuration. To locate an invisible goal, the subjects were required to use two landmarks in the allocentric configuration or their own position in the egocentric configuration. The specificity of their impairment only to the allocentric part suggests that spatial configuration memory was the critical factor affecting the results of the amnestic MCI group in our experiment, in contrast to visuospatial perceptual functions which were required probably throughout the whole test. This interpretation is consistent with the MTL atrophy found in MCI (Du et al., 2001) and with the progression rate to AD from amnestic MCI higher than from non-amnestic subtypes of MCI (Yaffe et al., 2006). In contrast to the results in single-domain amnestic MCI subjects, the group of multi-domain amnestic MCI patients was impaired in all subtests including both egocentric and allocentric configuration. This suggests that together with the decline in other domains, but before progression to AD, the impairment includes even simpler forms of navigation, presumably not dependent on the MTL. Similar pattern of impairment mainly in allocentric navigation was described in our previous studies in the AD group, which was broadly defined mainly by severe memory problems (Kalova et al., 2005; Laczo et al., 2010).

The view of multiple domain based disorientation in MCI patients was supported by several other reports. MCI patients reporting problems with navigation in a structured interview had lower volumes in temporo-parietal brain regions, including hippocampus and parahippocampal gyrus, than patients without navigation problems (Lim et al., 2010). Another study correlated navigational impairment in AD and MCI patients to standard neuropsychology tests and regional neural atrophy (deIpolyi et al., 2007). The key finding was that the patients who made at least one error in retracing a route through a hospital lobby did not differ from other patients in any memory or executive neuropsychological tests but had lower right posterior hippocampus and right posterior parietal cortex volumes. The fact that both medial temporal and parietal volumes corresponded to errors in navigation supports the view of visuoconstructive and memory deficits are in the basis of spatial navigation impairment in AD and MCI.

In the last published study focusing on spatial navigation in MCI, a small virtual city was used (Tippett et al., 2009). The subjects passively watched movement along a path though the virtual city comprising four intersections and should reproduce it in five trials. The group of MCI subjects differed only in the speed of movement from the control subjects, but was similar in the number of errors. This similarity was probably due to the ceiling effect in the very simple maze.

In summary, both visual perception changes and deficits in spatial memory seem to predict navigational performance of Alzheimer's disease patients. While the severe memory deficits in AD may emphasize the role of visual perception efficiency, both cognitive abilities apparently contribute to navigational capacity of MCI patients.

	Brain changes	**Cognitive abilities linked to spatial navigation impairment**
Healthy Aging	Prefrontal areas Medial temporal lobe	Working memory Cognitive capacity limits Temporal ordering Relevant information selection Formation and usage of cognitive map Place recognition by room geometry
Mild cognitive impairment and Alzheimer's Disease	Medial temporal lobe Parietal lobe	Optic flow perception Long-term memory Relevant information selection Egocentric navigation

Table 1. Summary of the brain and cognitive changes linked to spatial navigation impairment in healthy aging and Alzheimer's disease

5. Conclusion

From the reviewed literature some important points can be made. During aging, the most affected brain regions are in the PFC and most neuropsychological studies on episodic memory and also spatial memory explain the deficit in elderly subject by this prefrontal decline. Some navigational experiments in a real space or in a virtual reality points however to the hippocampal and MTL affection in aging and several object location memory experiments allow similar interpretation. More experiments are needed to compare these explanations, but in any case the spatial navigation is a promising choice of hippocampal function assessment in elderly.

Spatial navigation impairment in AD is probably closely related to its multi-domain nature. The necessary condition for navigation in a novel environment is a contribution of higher visual perceptual functions which are impaired in AD. Due to this impairment, the perception seems to be the more important factor in the documented navigational impairment than memory. In a known environment however, like in a familiar building or in familiar streets, the perceptual requirements may become smaller and the spatial memory seems to become another important factor of navigational impairment in AD.

The boundary between the healthy aging and AD in the domain of spatial navigation presumably lies in the cognitive changes connected to parietal lobe atrophy during the dementia development. Optic flow perception deficits and egocentric navigation impairment appear to be detectable in some MCI patients and are profound in AD patients. This hypothesis, implied by the current review, deserves however further examination. Future studies should focus on connection between these abilities and spatial disorientation also in other types of environments, as in water maze analogues and virtual mazes, and on the possibilities of outcome prediction of MCI patients. MCI subtypes differentiation based on individual cognitive domains could be essential for these predictions. Another area worth more experimentation is the navigation of AD patients in familiar environments. The knowledge of the strategies and orientation abilities these patients have in their homes should help with their well-being.

6. Acknowledgements

The author's work is supported by grants GACR 309/09/1053 and 309/09/0286, MSMT CR 1M0517 and LC554 and research project AV0Z50110509.

7. References

Abrahams,S., Pickering,A., Polkey,C.E. & Morris,R.G. (1997). Spatial memory deficits in patients with unilateral damage to the right hippocampal formation. Neuropsychologia, Vol. 35, No. 1, pp. 11-24.

Aguirre,G.K., Detre,J.A., Alsop,D.C. & D'Esposito,M. (1996). The parahippocampus subserves topographical learning in man. Cereb Cortex, Vol. 6, No. 6, pp. 823-829.

Aguirre,G.K., Zarahn,E. & D'Esposito,M. (1998). An area within human ventral cortex sensitive to "building" stimuli: evidence and implications. Neuron, Vol. 21, No. 2, pp. 373-383.

Andersen,R.A., Essick,G.K. & Siegel,R.M. (1985). Encoding of spatial location by posterior parietal neurons. Science, Vol. 230, No. 4724, pp. 456-458.

Antonova,E., Parslow,D., Brammer,M., Dawson,G.R., Jackson,S.H. & Morris,R.G. (2009). Age-related neural activity during allocentric spatial memory. Memory, Vol. 17, No. 2, pp. 125-143.

Astur,R.S., Taylor,L.B., Mamelak,A.N., Philpott,L. & Sutherland,R.J. (2002). Humans with hippocampus damage display severe spatial memory impairments in a virtual Morris water task. Behav Brain Res, Vol. 132, No. 1, pp. 77-84.

Barrash,J. (1994). Age-related decline in route learning ability. Developmental Neuropsychology, Vol. 10, No. 3, pp. 189-201.

Barrash,J. (1998). A historical review of topographical disorientation and its neuroanatomical correlates. J.Clin.Exp.Neuropsychol., Vol. 20, No. 6, pp. 807-827.

Baudic,S., Barba,G.D., Thibaudet,M.C., Smagghe,A., Remy,P. & Traykov,L. (2006). Executive function deficits in early Alzheimer's disease and their relations with episodic memory. Arch.Clin.Neuropsychol., Vol. 21, No. 1, pp. 15-21.

Benson,D.F., Davis,R.J. & Snyder,B.D. (1988). Posterior cortical atrophy. Arch.Neurol., Vol. 45, No. 7, pp. 789-793.

Bohbot,V.D., Lerch,J., Thorndycraft,B., Iaria,G. & Zijdenbos,A.P. (2007). Gray matter differences correlate with spontaneous strategies in a human virtual navigation task. J Neurosci, Vol. 27, No. 38, pp. 10078-10083.

Bowen,J., Teri,L., Kukull,W., McCormick,W., McCurry,S.M. & Larson,E.B. (1997). Progression to dementia in patients with isolated memory loss. Lancet, Vol. 349, No. 9054, pp. 763-765.

Braak,H. & Braak,E. (1991). Neuropathological stageing of Alzheimer-related changes. Acta Neuropathol.(Berl), Vol. 82, No. 4, pp. 239-259.

Brun,A. & Gustafson,L. (1976). Distribution of cerebral degeneration in Alzheimer's disease. A clinico-pathological study. Arch.Psychiatr.Nervenkr., Vol. 223, No. 1, pp. 15-33.

Burns,P.C. (1999). Navigation and the mobility of older drivers. J.Gerontol.B Psychol.Sci.Soc.Sci., Vol. 54, No. 1, p. S49-S55.

Cabeza,R., Anderson,N.D., Locantore,J.K. & McIntosh,A.R. (2002). Aging gracefully: compensatory brain activity in high-performing older adults. Neuroimage., Vol. 17, No. 3, pp. 1394-1402.

Cabeza,R., Grady,C.L., Nyberg,L., McIntosh,A.R., Tulving,E., Kapur,S., Jennings,J.M., Houle,S. & Craik,F.I. (1997). Age-related differences in neural activity during memory encoding and retrieval: a positron emission tomography study. J.Neurosci., Vol. 17, No. 1, pp. 391-400.

Cherrier,M.M., Mendez,M. & Perryman,K. (2001). Route learning performance in Alzheimer disease patients. Neuropsychiatry Neuropsychol Behav Neurol, Vol. 14, No. 3, pp. 159-168.

Chetelat,G., Landeau,B., Eustache,F., Mezenge,F., Viader,F., De,L.S., V, Desgranges,B. & Baron,J.C. (2005). Using voxel-based morphometry to map the structural changes associated with rapid conversion in MCI: a longitudinal MRI study. Neuroimage, Vol. 27, No. 4, pp. 934-946.

Cogan,D.G. (1985). Visual disturbances with focal progressive dementing disease. Am.J.Ophthalmol., Vol. 100, No. 1, pp. 68-72.

Corwin,J.V., Fussinger,M., Meyer,R.C., King,V.R. & Reep,R.L. (1994). Bilateral destruction of the ventrolateral orbital cortex produces allocentric but not egocentric spatial deficits in rats. Behav.Brain Res., Vol. 61, No. 1, pp. 79-86.

Courtney,S.M., Petit,L., Haxby,J.V. & Ungerleider,L.G. (1998). The role of prefrontal cortex in working memory: examining the contents of consciousness. Philos.Trans.R.Soc.Lond B Biol.Sci., Vol. 353, No. 1377, pp. 1819-1828.

Craik,F.I.M. & Mcdowd,J.M. (1987). Age-Differences in Recall and Recognition. Journal of Experimental Psychology-Learning Memory and Cognition, Vol. 13, No. 3, pp. 474-479.

Cushman,L.A. & Duffy,C.J. (2007). The sex specificity of navigational strategies in Alzheimer disease. Alzheimer Dis.Assoc.Disord., Vol. 21, No. 2, pp. 122-129.

Cushman,L.A., Stein,K. & Duffy,C.J. (2008). Detecting navigational deficits in cognitive aging and Alzheimer disease using virtual reality. Neurology, Vol. 71, No. 12, pp. 888-895.

D'Esposito,M., Postle,B.R. & Rypma,B. (2000). Prefrontal cortical contributions to working memory: evidence from event-related fMRI studies. Exp.Brain Res., Vol. 133, No. 1, pp. 3-11.

Daselaar,S.M., Veltman,D.J., Rombouts,S.A., Raaijmakers,J.G. & Jonker,C. (2003). Deep processing activates the medial temporal lobe in young but not in old adults. Neurobiol.Aging, Vol. 24, No. 7, pp. 1005-1011.

de Bruin,J.P., Moita,M.P., de Brabander,H.M. & Joosten,R.N. (2001). Place and response learning of rats in a Morris water maze: differential effects of fimbria fornix and medial prefrontal cortex lesions. Neurobiol.Learn.Mem., Vol. 75, No. 2, pp. 164-178.

de Bruin,J.P., Swinkels,W.A. & de Brabander,J.M. (1997). Response learning of rats in a Morris water maze: involvement of the medical prefrontal cortex. Behav.Brain Res., Vol. 85, No. 1, pp. 47-55.

de Leon,M.J., Potegal,M. & Gurland,B. (1984). Wandering and parietal signs in senile dementia of Alzheimer's type. Neuropsychobiology, Vol. 11, No. 3, pp. 155-157.

delpolyi,A.R., Rankin,K.P., Mucke,L., Miller,B.L. & Gorno-Tempini,M.L. (2007). Spatial cognition and the human navigation network in AD and MCI. Neurology, Vol. 69, No. 10, pp. 986-997.

Driscoll,I., Hamilton,D.A., Petropoulos,H., Yeo,R.A., Brooks,W.M., Baumgartner,R.N. & Sutherland,R.J. (2003). The aging hippocampus: cognitive, biochemical and structural findings. Cereb.Cortex, Vol. 13, No. 12, pp. 1344-1351.

Driscoll,I., Hamilton,D.A., Yeo,R.A., Brooks,W.M. & Sutherland,R.J. (2005). Virtual navigation in humans: the impact of age, sex, and hormones on place learning. Horm.Behav., Vol. 47, No. 3, pp. 326-335.

Du,A.T., Schuff,N., Amend,D., Laakso,M.P., Hsu,Y.Y., Jagust,W.J., Yaffe,K., Kramer,J.H., Reed,B., Norman,D., Chui,H.C. & Weiner,M.W. (2001). Magnetic resonance imaging of the entorhinal cortex and hippocampus in mild cognitive impairment and Alzheimer's disease. J.Neurol.Neurosurg.Psychiatry, Vol. 71, No. 4, pp. 441-447.

Eichenbaum,H., Dudchenko,P., Wood,E., Shapiro,M. & Tanila,H. (1999). The hippocampus, memory, and place cells: is it spatial memory or a memory space? Neuron, Vol. 23, No. 2, pp. 209-226.

Ekstrom,A.D., Kahana,M.J., Caplan,J.B., Fields,T.A., Isham,E.A., Newman,E.L. & Fried,I. (2003). Cellular networks underlying human spatial navigation. Nature, Vol. 425, No. 6954, pp. 184-188.

Epstein,R. & Kanwisher,N. (1998). A cortical representation of the local visual environment. Nature, Vol. 392, No. 6676, pp. 598-601.

Feigenbaum,J.D. & Morris,R.G. (2004). Allocentric versus egocentric spatial memory after unilateral temporal lobectomy in humans . Neuropsychology, Vol. 18, No. 3, pp. 462-472.

Foundas,A.L., Eure,K.F. & Seltzer,B. (1996). Conventional MRI volumetric measures of parietal and insular cortex in Alzheimer's disease. Prog.Neuropsychopharmacol.Biol.Psychiatry, Vol. 20, No. 7, pp. 1131-1144.

Fox,N.C., Warrington,E.K., Freeborough,P.A., Hartikainen,P., Kennedy,A.M., Stevens,J.M. & Rossor,M.N. (1996). Presymptomatic hippocampal atrophy in Alzheimer's disease. A longitudinal MRI study. Brain, Vol. 119, No. 6, pp. 2001-2007.

Gibson,J.J. (1950) The perception of the visual world. Houghton Mifflin, Boston, MA.

Golomb,J., de Leon,M.J., Kluger,A., George,A.E., Tarshish,C. & Ferris,S.H. (1993). Hippocampal atrophy in normal aging. An association with recent memory impairment. Arch.Neurol., Vol. 50, No. 9, pp. 967-973.

Grady,C.L. & Craik,F.I. (2000). Changes in memory processing with age. Curr.Opin.Neurobiol., Vol. 10, No. 2, pp. 224-231.

Grady,C.L., McIntosh,A.R., Horwitz,B., Maisog,J.M., Ungerleider,L.G., Mentis,M.J., Pietrini,P., Schapiro,M.B. & Haxby,J.V. (1995). Age-related reductions in human recognition memory due to impaired encoding. Science, Vol. 269, No. 5221, pp. 218-221.

Grady,C.L., McIntosh,A.R., Rajah,M.N., Beig,S. & Craik,F.I. (1999). The effects of age on the neural correlates of episodic encoding. Cereb.Cortex, Vol. 9, No. 8, pp. 805-814.

Greene,J.D., Baddeley,A.D. & Hodges,J.R. (1996). Analysis of the episodic memory deficit in early Alzheimer's disease: evidence from the doors and people test. Neuropsychologia, Vol. 34, No. 6, pp. 537-551.

Gutchess,A.H., Welsh,R.C., Hedden,T., Bangert,A., Minear,M., Liu,L.L. & Park,D.C. (2005). Aging and the neural correlates of successful picture encoding: frontal activations compensate for decreased medial-temporal activity. J.Cogn Neurosci., Vol. 17, No. 1, pp. 84-96.

Hartley,T., Maguire,E.A., Spiers,H.J. & Burgess,N. (2003). The well-worn route and the path less traveled: distinct neural bases of route following and wayfinding in humans. Neuron, Vol. 37, No. 5, pp. 877-888.

Haxby,J.V., Grady,C.L., Koss,E., Horwitz,B., Schapiro,M., Friedland,R.P. & Rapoport,S.I. (1988). Heterogeneous anterior-posterior metabolic patterns in dementia of the Alzheimer type. Neurology, Vol. 38, No. 12, pp. 1853-1863.

Head,D. & Isom,M. (2010). Age effects on wayfinding and route learning skills. Behav.Brain Res., Vol. 209, No. 1, pp. 49-58.

Henderson,V.W., Mack,W. & Williams,B.W. (1989). Spatial disorientation in Alzheimer's disease. Arch.Neurol., Vol. 46, No. 4, pp. 391-394.

Hodges,J.R. & Patterson,K. (1995). Is semantic memory consistently impaired early in the course of Alzheimer's disease? Neuroanatomical and diagnostic implications. Neuropsychologia, Vol. 33, No. 4, pp. 441-459.

Hof,P.R., Bouras,C., Constantinidis,J. & Morrison,J.H. (1989). Balint's syndrome in Alzheimer's disease: specific disruption of the occipito-parietal visual pathway. Brain Res., Vol. 493, No. 2, pp. 368-375.

Hope,T., Keene,J., McShane,R.H., Fairburn,C.G., Gedling,K. & Jacoby,R. (2001). Wandering in dementia: a longitudinal study. Int.Psychogeriatr., Vol. 13, No. 2, pp. 137-147.

Hort,J., Laczo,J., Vyhnalek,M., Bojar,M., Bures,J. & Vlcek,K. (2007). Spatial navigation deficit in amnestic Mild cognitive impairment. Proc.Natl.Acad.Sci.U.S.A, Vol. 104, No. 10, pp. 4042-4047.

Hulstaert,F., Blennow,K., Ivanoiu,A., Schoonderwaldt,H.C., Riemenschneider,M., De Deyn,P.P., Bancher,C., Cras,P., Wiltfang,J., Mehta,P.D., Iqbal,K., Pottel,H., Vanmechelen,E. & Vanderstichele,H. (1999). Improved discrimination of AD patients using beta-amyloid(1-42) and tau levels in CSF. Neurology, Vol. 52, No. 8, pp. 1555-1562.

Hyman,B.T., Van Horsen,G.W., Damasio,A.R. & Barnes,C.L. (1984). Alzheimer's disease: cell-specific pathology isolates the hippocampal formation. Science, Vol. 225, No. 4667, pp. 1168-1170.

Hyvarinen,J. & Poranen,A. (1974). Function of the parietal associative area 7 as revealed from cellular discharges in alert monkeys. Brain, Vol. 97, No. 4, pp. 673-692.

Iachini,I., Iavarone,A., Senese,V.P., Ruotolo,F. & Ruggiero,G. (2009). Visuospatial memory in healthy elderly, AD and MCI: a review. Curr.Aging Sci., Vol. 2, No. 1, pp. 43-59.

Iaria,G., Palermo,L., Committeri,G. & Barton,J.J. (2009). Age differences in the formation and use of cognitive maps. Behav.Brain Res., Vol. 196, No. 2, pp. 187-191.

Jack,C.R., Jr., Petersen,R.C., O'Brien,P.C. & Tangalos,E.G. (1992). MR-based hippocampal volumetry in the diagnosis of Alzheimer's disease. Neurology, Vol. 42, No. 1, pp. 183-188.

Jack,C.R., Jr., Petersen,R.C., Xu,Y., O'Brien,P.C., Smith,G.E., Ivnik,R.J., Tangalos,E.G. & Kokmen,E. (1998). Rate of medial temporal lobe atrophy in typical aging and Alzheimer's disease. Neurology, Vol. 51, No. 4, pp. 993-999.

Jack,C.R., Jr., Petersen,R.C., Xu,Y.C., O'Brien,P.C., Smith,G.E., Ivnik,R.J., Boeve,B.F., Waring,S.C., Tangalos,E.G. & Kokmen,E. (1999). Prediction of AD with MRI-based hippocampal volume in mild cognitive impairment. Neurology, Vol. 52, No. 7, pp. 1397-1403.

Jack,C.R., Jr., Petersen,R.C., Xu,Y.C., Waring,S.C., O'Brien,P.C., Tangalos,E.G., Smith,G.E., Ivnik,R.J. & Kokmen,E. (1997). Medial temporal atrophy on MRI in normal aging and very mild Alzheimer's disease. Neurology, Vol. 49, No. 3, pp. 786-794.

Jernigan,T.L., Archibald,S.L., Berhow,M.T., Sowell,E.R., Foster,D.S. & Hesselink,J.R. (1991). Cerebral structure on MRI, Part I: Localization of age-related changes. Biol.Psychiatry, Vol. 29, No. 1, pp. 55-67.

Jheng,S.S. & Pai,M.C. (2009). Cognitive map in patients with mild Alzheimer's disease: A computer-generated arena study. Behav.Brain Res., Vol. 200, No. 1, pp. 42-47.

Jobst,K.A., Smith,A.D., Szatmari,M., Esiri,M.M., Jaskowski,A., Hindley,N., McDonald,B. & Molyneux,A.J. (1994). Rapidly progressing atrophy of medial temporal lobe in Alzheimer's disease. Lancet, Vol. 343, No. 8901, pp. 829-830.

Johnson,K.A., Jones,K., Holman,B.L., Becker,J.A., Spiers,P.A., Satlin,A. & Albert,M.S. (1998). Preclinical prediction of Alzheimer's disease using SPECT. Neurology, Vol. 50, No. 6, pp. 1563-1571.

Johnson,M.K., Hashtroudi,S. & Lindsay,D.S. (1993). Source monitoring. Psychol.Bull., Vol. 114, No. 1, pp. 3-28.

Johnsrude,I.S., Owen,A.M., Crane,J., Milner,B. & Evans,A.C. (1999). A cognitive activation study of memory for spatial relationships. Neuropsychologia, Vol. 37, No. 7, pp. 829-841.

Kalova,E., Vlcek,K., Jarolimova,E. & Bures,J. (2005). Allothetic orientation and sequential ordering of places is impaired in early stages of Alzheimer's disease: corresponding results in real space tests and computer tests. Behav Brain Res, Vol. 159, No. 2, pp. 175-186.

Kase,C.S., Troncoso,J.F., Court JE, Tapia,J.F. & Mohr,J.P. (1977). Global spatial disorientation. Clinico-pathologic correlations. J.Neurol.Sci., Vol. 34, No. 2, pp. 267-278.

Kavcic,V., Fernandez,R., Logan,D. & Duffy,C.J. (2006). Neurophysiological and perceptual correlates of navigational impairment in Alzheimer's disease. Brain, Vol. 129, No. Pt 3, pp. 736-746.

Killiany,R.J., Moss,M.B., Albert,M.S., Sandor,T., Tieman,J. & Jolesz,F. (1993). Temporal lobe regions on magnetic resonance imaging identify patients with early Alzheimer's disease. Arch.Neurol., Vol. 50, No. 9, pp. 949-954.

Kirasic,K.C. (1991). Spatial cognition and behavior in young and elderly adults: implications for learning new environments. Psychol Aging, Vol. 6, No. 1, pp. 10-8.

Kirasic,K.C. (1989). The effects of age and environmental familiarity on adults' spatial problem-solving performance: evidence of a hometown advantage. Exp.Aging Res., Vol. 15, No. 3-4, pp. 181-187.

Kiyosawa,M., Bosley,T.M., Chawluk,J., Jamieson,D., Schatz,N.J., Savino,P.J., Sergott,R.C., Reivich,M. & Alavi,A. (1989). Alzheimer's disease with prominent visual symptoms. Clinical and metabolic evaluation. Ophthalmology, Vol. 96, No. 7, pp. 1077-1085.

Klein,D.A., Steinberg,M., Galik,E., Steele,C., Sheppard,J.M., Warren,A., Rosenblatt,A. & Lyketsos,C.G. (1999). Wandering behaviour in community-residing persons with dementia. Int J Geriatr Psychiatry, Vol. 14, No. 4, pp. 272-279.

Laakso,M.P., Hallikainen,M., Hanninen,T., Partanen,K. & Soininen,H. (2000). Diagnosis of Alzheimer's disease: MRI of the hippocampus vs delayed recall. Neuropsychologia, Vol. 38, No. 5, pp. 579-584.

Laczo,J., Andel,R., Vyhnalek,M., Vlcek,K., Magerova,H., Varjassyova,A., Tolar,M. & Hort,J. (2010). Human Analogue of the Morris Water Maze for Testing Subjects at Risk of Alzheimer's Disease. Neurodegener.Dis., Vol. 7, No. 1-3, pp. 148-152.

Laurance,H.E., Thomas,K.G.F., Newman,M.C., Kaszniak,A.W., Nadel,L. & Jacobs,W.J. (2002). Older adults map novel environments but do not place learn: Findings from a computerized spatial task. Aging Neuropsychology and Cognition, Vol. 9, No. 2, pp. 85-97.

Levine,D.N., Warach,J. & Farah,M. (1985). Two visual systems in mental imagery: dissociation of "what" and "where" in imagery disorders due to bilateral posterior cerebral lesions. Neurology, Vol. 35, No. 7, pp. 1010-1018.

Light,L.L. & Zelinski,E.M. (1983). Memory for Spatial Information in Young and Old Adults. Developmental Psychology, Vol. 19, No. 6, pp. 901-906.

Lim,T.S., Iaria,G. & Moon,S.Y. (2010). Topographical disorientation in mild cognitive impairment: a voxel-based morphometry study. J Clin Neurol, Vol. 6, No. 4, pp. 204-211.

Lipman,P.D. (1991). Age and exposure differences in acquisition of route information. Psychol.Aging, Vol. 6, No. 1, pp. 128-133.

Liu,L., Gauthier,L. & Gauthier,S. (1991). Spatial disorientation in persons with early senile dementia of the Alzheimer type. Am.J.Occup.Ther., Vol. 45, No. 1, pp. 67-74.

Lovden,M., Schellenbach,M., Grossman-Hutter,B., Kruger,A. & Lindenberger,U. (2005). Environmental topography and postural control demands shape aging-associated decrements in spatial navigation performance. Psychol.Aging, Vol. 20, No. 4, pp. 683-694.

Maguire,E.A., Burgess,N., Donnett,J.G., Frackowiak,R.S., Frith,C.D. & O'Keefe,J. (1998a). Knowing where and getting there: a human navigation network. Science, Vol. 280, No. 5365, pp. 921-924.

Maguire,E.A., Frith,C.D., Burgess,N., Donnett,J.G. & O'Keefe,J. (1998b). Knowing where things are parahippocampal involvement in encoding object locations in virtual large-scale space. J Cogn Neurosci, Vol. 10, No. 1, pp. 61-76.

Mapstone,M., Steffenella,T.M. & Duffy,C.J. (2003). A visuospatial variant of mild cognitive impairment: getting lost between aging and AD. Neurology, Vol. 60, No. 5, pp. 802-808.

Markus,E.J., Barnes,C.A., McNaughton,B.L., Gladden,V.L. & Skaggs,W.E. (1994). Spatial information content and reliability of hippocampal CA1 neurons: effects of visual input. Hippocampus, Vol. 4, No. 4, pp. 410-421.

Masur,D.M., Sliwinski,M., Lipton,R.B., Blau,A.D. & Crystal,H.A. (1994). Neuropsychological prediction of dementia and the absence of dementia in healthy elderly persons. Neurology, Vol. 44, No. 8, pp. 1427-1432.

McShane,R., Gedling,K., Keene,J., Fairburn,C., Jacoby,R. & Hope,T. (1998). Getting lost in dementia: a longitudinal study of a behavioral symptom. Int.Psychogeriatr., Vol. 10, No. 3, pp. 253-260.

Meulenbroek,O., Petersson,K.M., Voermans,N., Weber,B. & Fernandez,G. (2004). Age differences in neural correlates of route encoding and route recognition. Neuroimage, Vol. 22, No. 4, pp. 1503-1514.

Moffat,S.D. (2009). Aging and Spatial Navigation: What Do We Know and Where Do We Go? Neuropsychol.Rev..

Moffat,S.D., Elkins,W. & Resnick,S.M. (2006a). Age differences in the neural systems supporting human allocentric spatial navigation. Neurobiol.Aging, Vol. 27, No. 7, pp. 965-972.

Moffat,S.D., Kennedy,K.M., Rodrigue,K.M. & Raz,N. (2006b). Extrahippocampal Contributions to Age Differences in Human Spatial Navigation. Cereb.Cortex, Vol. 17, No. 6, pp. 1274-1282.

Moffat,S.D. & Resnick,S.M. (2002). Effects of age on virtual environment place navigation and allocentric cognitive mapping. Behav Neurosci, Vol. 116, No. 5, pp. 851-859.

Moffat,S.D., Zonderman,A.B. & Resnick,S.M. (2001). Age differences in spatial memory in a virtual environment navigation task. Neurobiol Aging, Vol. 22, No. 5, pp. 787-96.

Monacelli,A.M., Cushman,L.A., Kavcic,V. & Duffy,C.J. (2003). Spatial disorientation in Alzheimer's disease: the remembrance of things passed. Neurology, Vol. 61, No. 11, pp. 1491-1497.

Morris,J.C., Storandt,M., Miller,J.P., McKeel,D.W., Price,J.L., Rubin,E.H. & Berg,L. (2001). Mild cognitive impairment represents early-stage Alzheimer disease. Arch.Neurol., Vol. 58, No. 3, pp. 397-405.

Morris,R.G., Garrud,P., Rawlins,J.N. & O'Keefe,J. (1982). Place navigation impaired in rats with hippocampal lesions. Nature, Vol. 297, No. 5868, pp. 681-683.

Morris,R.G.M. (1981). Spatial localization does not require the presence of local cues. Learn Motiv, Vol. 12, pp. 239-261.

Morrone,M.C., Tosetti,M., Montanaro,D., Fiorentini,A., Cioni,G. & Burr,D.C. (2000). A cortical area that responds specifically to optic flow, revealed by fMRI. Nat.Neurosci., Vol. 3, No. 12, pp. 1322-1328.

Mountcastle,V.B., Lynch,J.C., Georgopoulos,A., Sakata,H. & Acuna,C. (1975). Posterior parietal association cortex of the monkey: command functions for operations within extrapersonal space. J.Neurophysiol., Vol. 38, No. 4, pp. 871-908.

Naveh-Benjamin,M. (1987). Coding of spatial location information: an automatic process? J.Exp.Psychol.Learn.Mem.Cogn, Vol. 13, No. 4, pp. 595-605.

Naveh-Benjamin,M. (1988). Recognition memory of spatial location information: another failure to support automaticity. Mem.Cognit., Vol. 16, No. 5, pp. 437-445.

Newman,M. & Kaszniak,A. (2000). Spatial memory and aging: Preformance on a human analog of the Morris water maze. Aging, Neuropsychology and Cognition, Vol. 7, No. 2, pp. 86-93.

Nunn,J.A., Graydon,F.J., Polkey,C.E. & Morris,R.G. (1999). Differential spatial memory impairment after right temporal lobectomy demonstrated using temporal titration. Brain, Vol. 122 (Pt 1), pp. 47-59.

O'Brien,H.L., Tetewsky,S.J., Avery,L.M., Cushman,L.A., Makous,W. & Duffy,C.J. (2001). Visual mechanisms of spatial disorientation in Alzheimer's disease. Cereb.Cortex, Vol. 11, No. 11, pp. 1083-1092.

O'Keefe,J. & Dostrovsky,J. (1971). The hippocampus as a spatial map. Preliminary evidence from unit activity in the freely-moving rat. Brain Res, Vol. 34, No. 1, pp. 171-175.

O'Keefe,J. & Nadel,L. (1978) The hippocampus as a cognitive map. Clarendon Press, Oxford.

O'Keefe,J. & Speakman,A. (1987). Single unit activity in the rat hippocampus during a spatial memory task. Exp Brain Res, Vol. 68, No. 1, pp. 1-27.

Owen,A.M., Milner,B., Petrides,M. & Evans,A.C. (1996) A specific role for the right parahippocampal gyrus in the retrieval of object-location: A positron emission tomography study. In Journal of Cognitive Neuroscience, pp. 588-602.

Pai,M.C. & Jacobs,W.J. (2004). Topographical disorientation in community-residing patients with Alzheimer's disease. Int J Geriatr Psychiatry, Vol. 19, No. 3, pp. 250-255.

Park,D.C., Cherry,K.E., Smith,A.D. & Lafronza,V.N. (1990). Effects of distinctive context on memory for objects and their locations in young and elderly adults. Psychol.Aging, Vol. 5, No. 2, pp. 250-255.

Park,D.C., Puglisi,J.T. & Sovacool,M. (1983). Memory for pictures, words, and spatial location in older adults: evidence for pictorial superiority. J.Gerontol., Vol. 38, No. 5, pp. 582-588.

Park,D.C., Welsh,R.C., Marshuetz,C., Gutchess,A.H., Mikels,J., Polk,T.A., Noll,D.C. & Taylor,S.F. (2003). Working memory for complex scenes: age differences in frontal and hippocampal activations. J.Cogn Neurosci., Vol. 15, No. 8, pp. 1122-1134.

Passini,R., Rainville,C., Marchand,N. & Joanette,Y. (1995). Wayfinding in dementia of the Alzheimer type: planning abilities. J Clin Exp Neuropsychol, Vol. 17, No. 6, pp. 820-832.

Pennanen,C., Kivipelto,M., Tuomainen,S., Hartikainen,P., Hanninen,T., Laakso,M.P., Hallikainen,M., Vanhanen,M., Nissinen,A., Helkala,E.L., Vainio,P., Vanninen,R., Partanen,K. & Soininen,H. (2004). Hippocampus and entorhinal cortex in mild cognitive impairment and early AD. Neurobiol.Aging, Vol. 25, No. 3, pp. 303-310.

Persson,J., Nyberg,L., Lind,J., Larsson,A., Nilsson,L.G., Ingvar,M. & Buckner,R.L. (2006). Structure-function correlates of cognitive decline in aging. Cereb.Cortex, Vol. 16, No. 7, pp. 907-915.

Petersen,R.C. (2004). Mild cognitive impairment as a diagnostic entity. Journal of Internal Medicine, Vol. 256, No. 3, pp. 183-194.

Petersen,R.C., Doody,R., Kurz,A., Mohs,R.C., Morris,J.C., Rabins,P.V., Ritchie,K., Rossor,M., Thal,L. & Winblad,B. (2001). Current concepts in mild cognitive impairment. Arch.Neurol., Vol. 58, No. 12, pp. 1985-1992.

Petersen,R.C., Smith,G.E., Waring,S.C., Ivnik,R.J., Tangalos,E.G. & Kokmen,E. (1999). Mild cognitive impairment: clinical characterization and outcome. Arch.Neurol., Vol. 56, No. 3, pp. 303-308.

Petrides,M. (2002). The mid-ventrolateral prefrontal cortex and active mnemonic retrieval. Neurobiol.Learn.Mem., Vol. 78, No. 3, pp. 528-538.

Pietrini,P., Furey,M.L., Graff-Radford,N., Freo,U., Alexander,G.E., Grady,C.L., Dani,A., Mentis,M.J. & Schapiro,M.B. (1996). Preferential metabolic involvement of visual cortical areas in a subtype of Alzheimer's disease: clinical implications. Am.J.Psychiatry, Vol. 153, No. 10, pp. 1261-1268.

Pillon,B., Bazin,B., Deweer,B., Ehrle,N., Baulac,M. & Dubois,B. (1999). Specificity of memory deficits after right or left temporal lobectomy. Cortex, Vol. 35, No. 4, pp. 561-71.

Pruessner,J.C., Collins,D.L., Pruessner,M. & Evans,A.C. (2001). Age and gender predict volume decline in the anterior and posterior hippocampus in early adulthood. J.Neurosci., Vol. 21, No. 1, pp. 194-200.

Rabinowitz,J.C. (1984). Aging and Recognition Failure. Journals of Gerontology, Vol. 39, No. 1, pp. 65-71.

Rapp,P.R., Rosenberg,R.A. & Gallagher,M. (1987). An evaluation of spatial information processing in aged rats. Behav.Neurosci., Vol. 101, No. 1, pp. 3-12.

Raz,N., Gunning-Dixon,F., Head,D., Rodrigue,K.M., Williamson,A. & Acker,J.D. (2004) Aging, sexual dimorphism, and hemispheric asymmetry of the cerebral cortex: replicability of regional differences in volume. Neurobiol.Aging, Vol. 25, No. 3, pp. 377-396.

Raz,N., Lindenberger,U., Rodrigue,K.M., Kennedy,K.M., Head,D., Williamson,A., Dahle,C., Gerstorf,D. & Acker,J.D. (2005). Regional brain changes in aging healthy adults: general trends, individual differences and modifiers. Cereb.Cortex, Vol. 15, No. 11, pp. 1676-1689.

Reisberg,B., Ferris,S. & Crook,T. (1982) Signs, symptoms and course of age-associated cognitive decline. In Alzheimer's disease: A report of progress, Corkin,S., Davis,K.L., Growdon,J.H., Usdin,E. & Wurtman,R.J. (eds), pp. 177-182, Raven Press, Raven Press.

Resnick,S.M., Pham,D.L., Kraut,M.A., Zonderman,A.B. & Davatzikos,C. (2003). Longitudinal magnetic resonance imaging studies of older adults: a shrinking brain. J.Neurosci., Vol. 23, No. 8, pp. 3295-3301.

Reuter-Lorenz,P.A. & Lustig,C. (2005). Brain aging: reorganizing discoveries about the aging mind. Curr.Opin.Neurobiol., Vol. 15, No. 2, pp. 245-251.

Rizzo,M. & Nawrot,M. (1998). Perception of movement and shape in Alzheimer's disease. Brain, Vol. 121 (Pt 12), pp. 2259-2270.

Royden,C.S., Banks,M.S. & Crowell,J.A. (1992). The perception of heading during eye movements. Nature, Vol. 360, No. 6404, pp. 583-585.

Rubin,E.H., Storandt,M., Miller,J.P., Kinscherf,D.A., Grant,E.A., Morris,J.C. & Berg,L. (1998). A prospective study of cognitive function and onset of dementia in cognitively healthy elders. Arch.Neurol., Vol. 55, No. 3, pp. 395-401.

Salthouse,T.A. & Meinz,E.J. (1995). Aging, inhibition, working memory, and speed. J.Gerontol.B Psychol.Sci.Soc.Sci., Vol. 50, No. 6, pp. 297-306.

Save,E. & Poucet,B. (2000). Involvement of the hippocampus and associative parietal cortex in the use of proximal and distal landmarks for navigation. Behav.Brain Res., Vol. 109, No. 2, pp. 195-206.

Scahill,R.I., Schott,J.M., Stevens,J.M., Rossor,M.N. & Fox,N.C. (2002). Mapping the evolution of regional atrophy in Alzheimer's disease: unbiased analysis of fluid-registered serial MRI. Proc.Natl.Acad.Sci.U.S.A, Vol. 99, No. 7, pp. 4703-4707.

Sharps,M.J. (1991). Spatial memory in young and elderly adults: category structure of stimulus sets. Psychol.Aging, Vol. 6, No. 2, pp. 309-312.

Sharps,M.J. & Gollin,E.S. (1987). Memory for object locations in young and elderly adults. J.Gerontol., Vol. 42, No. 3, pp. 336-341.

Sharps,M.J. & Gollin,E.S. (1988). Aging and free recall for objects located in space. J.Gerontol., Vol. 43, No. 1, pp. 8-11.

Silverman,D.H. (2004). Brain 18F-FDG PET in the diagnosis of neurodegenerative dementias: comparison with perfusion SPECT and with clinical evaluations lacking nuclear imaging. J.Nucl.Med., Vol. 45, No. 4, pp. 594-607.

Small,B.J., Mobly,J.L., Laukka,E.J., Jones,S. & Backman,L. (2003). Cognitive deficits in preclinical Alzheimer's disease. Acta Neurol Scand Suppl, Vol. 179, pp. 29-33.

Small,S.A., Stern,Y., Tang,M. & Mayeux,R. (1999). Selective decline in memory function among healthy elderly. Neurology, Vol. 52, No. 7, pp. 1392-1396.

Smith,E.E. & Jonides,J. (1999). Storage and executive processes in the frontal lobes. Science, Vol. 283, No. 5408, pp. 1657-1661.

Snyder,L.H., Grieve,K.L., Brotchie,P. & Andersen,R.A. (1998). Separate body- and world-referenced representations of visual space in parietal cortex. Nature, Vol. 394, No. 6696, pp. 887-891.

Stark,M., Coslett,H.B. & Saffran,E.M. (1996). Impairment of an Egocentric Map of Locations: Implications for Perception and Action. Cognitive Neuropsychology, Vol. 13, No. 4, pp. 481-524.

Stebbins,G.T., Carrillo,M.C., Dorfman,J., Dirksen,C., Desmond,J.E., Turner,D.A., Bennett,D.A., Wilson,R.S., Glover,G. & Gabrieli,J.D. (2002). Aging effects on memory encoding in the frontal lobes. Psychol.Aging, Vol. 17, No. 1, pp. 44-55.

Stepankova,K., Fenton,A.A., Pastalkova,E., Kalina,M. & Bohbot,V.D. (2004). Object-location memory impairment in patients with thermal lesions to the right or left hippocampus. Neuropsychologia, Vol. 42, No. 8, pp. 1014-28.

Sullivan,E.V., Marsh,L., Mathalon,D.H., Lim,K.O. & Pfefferbaum,A. (1995). Age-related decline in MRI volumes of temporal lobe gray matter but not hippocampus. Neurobiol.Aging, Vol. 16, No. 4, pp. 591-606.

Tanila,H., Sipila,P., Shapiro,M. & Eichenbaum,H. (1997). Brain aging: impaired coding of novel environmental cues. J.Neurosci., Vol. 17, No. 13, pp. 5167-5174.

Tetewsky,S.J. & Duffy,C.J. (1999). Visual loss and getting lost in Alzheimer's disease. Neurology, Vol. 52, No. 5, pp. 958-965.

Tierney,M.C., Szalai,J.P., Snow,W.G., Fisher,R.H., Nores,A., Nadon,G., Dunn,E. & St George-Hyslop,P.H. (1996). Prediction of probable Alzheimer's disease in memory-impaired patients: A prospective longitudinal study. Neurology, Vol. 46, No. 3, pp. 661-665.

Tippett,W.J., Lee,J.H., Zakzanis,K.K., Black,S.E., Mraz,R. & Graham,S.J. (2009). Visually navigating a virtual world with real-world impairments: a study of visually and spatially guided performance in individuals with mild cognitive impairments. J Clin Exp Neuropsychol, Vol. 31, No. 4, pp. 447-454.

Tolman,E.C. (1948). Cognitive maps in rats and men. Psychol.Rev., Vol. 56, pp. 144-155.

Uttl,B. & Graf,P. (1993). Episodic spatial memory in adulthood. Psychol.Aging, Vol. 8, No. 2, pp. 257-273.

Vafaei,A.A. & Rashidy-Pour,A. (2004). Reversible lesion of the rat's orbitofrontal cortex interferes with hippocampus-dependent spatial memory. Behav.Brain Res., Vol. 149, No. 1, pp. 61-68.

Van,P.C., Plante,E., Davidson,P.S., Kuo,T.Y., Bajuscak,L. & Glisky,E.L. (2004). Memory and executive function in older adults: relationships with temporal and prefrontal gray matter volumes and white matter hyperintensities. Neuropsychologia, Vol. 42, No. 10, pp. 1313-1335.

Visser,P.J., Scheltens,P., Verhey,F.R., Schmand,B., Launer,L.J., Jolles,J. & Jonker,C. (1999). Medial temporal lobe atrophy and memory dysfunction as predictors for dementia in subjects with mild cognitive impairment. J.Neurol., Vol. 246, No. 6, pp. 477-485.

Waddell,K.J. & Rogoff,B. (1981). Effect of Contextual Organization on Spatial Memory of Middle-Aged and Older Women. Developmental Psychology, Vol. 17, No. 6, pp. 878-885.

Waddell,K.J. & Rogoff,B. (1987). Contextual Organization and Intentionality in Adults Spatial Memory. Developmental Psychology, Vol. 23, No. 4, pp. 514-520.

Warren,W.H. & Hannon,D.J. (1988). Direction of Self-Motion Is Perceived from Optical-Flow. Nature, Vol. 336, No. 6195, pp. 162-163.

Weniger,G., Ruhleder,M., Lange,C., Wolf,S. & Irle,E. (2010). Egocentric and allocentric memory as assessed by virtual reality in individuals with amnestic mild cognitive impairment. Neuropsychologia.

West,R.L. (1996). An application of prefrontal cortex function theory to cognitive aging. Psychol Bull., Vol. 120, No. 2, pp. 272-292.

Wilkniss,S.M., Jones,M.G., Korol,D.L., Gold,P.E. & Manning,C.A. (1997). Age-related differences in an ecologically based study of route learning. Psychol Aging, Vol. 12, No. 2, pp. 372-375.

Yaffe,K., Petersen,R.C., Lindquist,K., Kramer,J. & Miller,B. (2006). Subtype of mild cognitive impairment and progression to dementia and death. Dement.Geriatr.Cogn Disord., Vol. 22, No. 4, pp. 312-319.

Zakzanis,K.K., Quintin,G., Graham,S.J. & Mraz,R. (2009). Age and dementia related differences in spatial navigation within an immersive virtual environment. Med.Sci.Monit., Vol. 15, No. 4, pp. CR140-150.

Zarit,S., Orr,N. & Zarit,J. (1985) The Hidden Victims of Alzheimer's Disease: Families Under Stress. University Press, New York, NY.

6

Visual Cognition in Alzheimer's Disease and Its Functional Implications

Philip C. Ko and Brandon A. Ally
Vanderbilt University
USA

1. Introduction

Alzheimer's disease (AD) is a common form of neurodegeneration that entails a progressive breakdown of cognitive functions. Cognitive impairments commonly begin with noticeable difficulties in remembering recent events (Gold & Budson, 2008; Ally, Gold & Budson, 2009), as well as spatial disorientation (Duffy, Cushman & Kavcic, 2004) and semantic memory impairments (Milberg, McGlinchey-Berroth, Duncan & Higgins, 1999). As the disease progresses, AD also entails impairments to visual cognition, which encompasses processes that help us to understand what we see (Cronin-Golomb, 1995). The purpose of this chapter is to review recent progress towards understanding aspects of visual cognition in AD, including visual memory and visual attention, and then explore how this research can be applied to assist in the daily living of AD patients.

Humans normally rely tremendously on vision for interacting with the world. Therefore, there is a profound impact on everyday activities when visual impairments develop. For example, Perry and Hodges (2000) showed that measures of visuospatial functions, semantic memory, and attention correlated significantly with measures of daily living in patients with AD, but measures of episodic and verbal short-term memory did not. Further, impairments to visual attention and memory in patients with mild-to-moderate AD lead to poor performance in complex situations like driving (Rizzo, Sparks, McEvoy, Viamonte, Kellison & Vecera, 2009) and measures of financial responsibility (Sherod, Griffith, Copeland, Belue, Krzywanski et al., 2009). Finally, certain visual abilities, like assembling an image from its parts, deteriorate as AD progresses, providing a reliable means of tracking the progress of AD in a given patient (Paxton, Peavy, Jenkins, Rice, Heindel & Salmon, 2007). Changes in everyday visual abilities can be observed very early in the disease, even in patients with mild cognitive impairment (MCI), which is thought to be a precursor to AD (Farias, Mungas, Reed, Harvey et al., 2006). Together, these studies suggest that measurable visual impairments in AD are strongly related to deterioration in everyday activities.

Since the decline of visual abilities can have a very profound effect on daily living, a better understanding of AD-related changes to visual cognition, and the development of subsequent interventional strategies, promise to lead to improvements in patients' quality of life. This chapter will place an emphasis on visual short-term memory (VSTM) in patients with AD, which has only recently been investigated. We will first describe the basic process of VSTM and then review the changes known to occur in AD. Then, we will review the interaction between visual attention and VSTM in AD patients and indicate how these two processes have sometimes been confounded with each other in the literature regarding AD patients. Finally, we will discuss possible functional interventions to improve daily living in AD patients based on findings in visual cognition.

2. Visual short-term memory

Visual memory is extremely important in normal daily functioning. Consider how one navigates a room during a sudden blackout or how one recalls the color of a pill he or she just ingested. More fundamentally, visual memory is crucial for one's basic understanding of the visual environment. Objects often become occluded, like when a person walks behind a tall bookshelf. Visual processing is also suppressed during saccadic eye movements, when one's eyes suddenly move from one position to another. The situations described above are discontinuous visual events: the bookshelf disrupts the image of a person in the former situation, and the saccadic suppression disrupts the image of the entire world in the latter. Such discontinuities introduce a problem of correspondence to the visual system. In the first situation, how do we know that the person walking behind the bookshelf is the same person that emerges from behind that bookshelf? In the second situation, the image of an object will project to different regions of the retina before and after the saccadic eye movement. Given that visual information is unavailable during saccadic suppression, how are the images matched across saccades? Both solutions require visual memory.

Several forms of visual memory are available to the visual system following the offset of a visual stimulus, including visible persistence, iconic memory and visual short-term memory (VSTM). Visible persistence refers to the subjective impression of an image remaining visible after it has offset. For example, lightning is only physically present for less than 100 milliseconds (ms), but we perceive it to last much longer. Iconic memory is a highly detailed representation of an image, but only lasts for 300 - 500 ms (Sperling, 1960). Unlike visible persistence, iconic memory does not necessarily involve an impression that the stimulus is still present (Coltheart, 1980; Irwin & Yeomans, 1991), and the information extracted from iconic memory has undergone some higher-level processing, such as rapid matching to long-term memory representations (Chun & Potter, 1995). Another form of memory is visual short-term memory. VSTM involves a less detailed representation of an image compared to iconic memory, but it can endure for up to nine seconds or longer (Phillips, 1974). In relation to models of cognition, VSTM is similar to the visuospatial sketchpad of Baddeley's multi-component model of working memory (Baddeley & Hitch, 1974).

Phillips (1974) first distinguished iconic memory from VSTM with a change detection task. A typical trial in this task entails presenting observers with a brief visual pattern, followed by a blank interval of a specified duration, and then another visual pattern. The observer's task is to report whether the two patterns are the same. It is assumed that the ability to detect whether a change has occurred is mediated by comparing the memory of the first pattern to the perception of the second pattern (Figure 1). Using this task, Phillips (1974) discovered that visual memory exhibited different properties depending on how much time intervened between the visual patterns. The early memory was related to iconic memory, and the late memory eventually became known as VSTM. These memories differed in two important ways. First, unlike iconic memory, VSTM is not tied to the retinotopic region upon which the image was projected. Second, VSTM is resistant to backward masking, which is erasure that could occur due to visual stimulation occurring after a stimulus has been encoded in memory. In contrast, iconic memory is not resistant to backward masking, so it can be erased by subsequent visual stimulation.

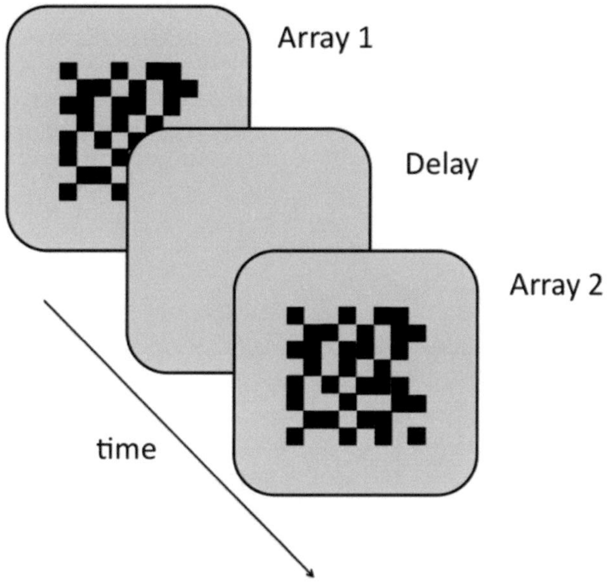

Fig. 1. One trial of a change detection task, adapted from Phillips (1974)
Two visual patterns appear sequentially and separated by a blank screen enduring for a certain amount of time. The ability to detect any difference between the patterns is assumed to depend on a form of memory that must span the delay interval. This delay could be between 100 - 500 ms to capture iconic memory. Delay intervals of longer than 500 ms could capture VSTM.

The properties of VSTM discovered by Phillips (1974) make it an ideal component in performing everyday activities. The finding that VSTM is not retinotopic suggests that it plays a role in resolving the correspondence of images across saccadic eye movements. Irwin (1991) showed that subjects were able to detect changes between the visual patterns, even when they made eye movements during the inter-pattern interval. Irwin's (1991) results closely resembled those of Phillips' (1974) study, suggesting that VSTM mediated the retention of visual information across saccadic eye movements. VSTM is also vital in correcting eye movement errors (Hollingworth, Richard & Luck, 2008; Hollingworth & Luck, 2009). Eye movements often land inaccurately and miss their targets, especially in crowded situations where one must perform a visual search and move the eyes frequently. Hollingworth and colleagues (2008) showed that the ability to correct saccadic eye movement errors was significantly slowed when subjects concurrently maintained information in VSTM, but not when they held information in verbal short-term memory. The use of VSTM in eye movements is also suggested by the finding that it is not susceptible to backward masking. Some theories propose that finding an object during visual search is facilitated by keeping the target in VSTM (Desimone & Duncan, 1995). It would then be important that contents of VSTM are not easily erased as the eyes land on different objects in the scene during the search.

The differing properties of iconic memory and VSTM suggest a possible transformation of information between the two systems. This transformation of information is referred to as consolidation (Chun, 1997; Jolicoeur & Dell'Acqua, 1998). Consolidation of an item into short-term memory is cognitively demanding, so that the performance of other tasks is delayed until it concludes (Jolicoeur & Dell'Acqua, 1998). The time that is required for consolidation to conclude depends on the amount of information being transitioned between iconic memory and VSTM (Vogel, Woodman & Luck, 2006), as well as difficulties in target identification caused by low-level factors, such as backward masking (Seiffert & Di Lollo, 1997).

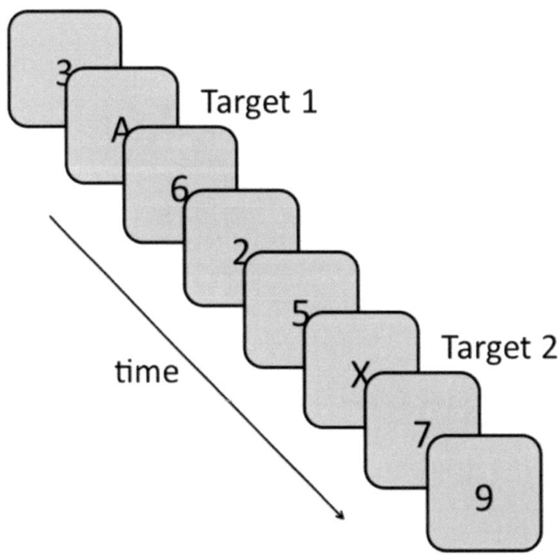

Fig. 2. One trial of a target discrimination task using RSVP.
A schematic of a typical multiple target discrimination task using rapid serial visual presentation (RSVP). The stimuli are typically presented at a rate of 100 ms per item, although this varies across studies. The task is to report the identities of items belonging to a target category, in this case letters. The attentional blink refers to the difficulty of reporting the second target if it appears too closely to the first target in the sequence. However, accuracy of reporting the second target is often high when it immediately follows the first, a phenomenon called "Lag-1 sparing" (Chun & Potter, 1995).

One paradigm that nicely illustrates the consolidation process is multiple target discrimination during a rapid serial visual presentation (RSVP; see Figure 2). In this task, participants view several items in rapid succession, and are required to identify two items belonging to a specific target category, such as letters appearing among digits. One well-known phenomenon that occurs in this paradigm is the attentional blink (Raymond, Shapiro & Arnell, 1992). When participants correctly identify the first target, they are often impaired at identifying the second one if it follows the first target too closely in the sequence. It is thought that the processing of the first target delays the processing of other incoming information. If the second target falls within this window of time, it cannot be reported. The processing during the attentional blink is thought to include the consolidation of the first target from iconic memory to VSTM (Chun & Potter, 1995). The actual processing of the first target may entail binding its features together as it is encoded in VSTM (Chun, 1997). Together, visible persistence, iconic memory, and consolidation can be conceptualized as progressive stages of encoding information into VSTM. A rough schematic of this process is shown in Figure 3.

What determines the limit of VSTM storage capacity? Using change detection tasks, Luck and Vogel (1997) found similar VSTM capacity when memorized items differed from each other by a single feature, as well as when the items differed from each other by a specific conjunction of color and orientation. In other words, they found that change detection of conjunctions was just as good as that of basic features. This result showed that VSTM capacity was not defined by the total amount of differing information available to the observer. Instead, the basic unit of VSTM is not individual features, but rather integrated objects. This may have occurred because each item underwent processing that integrated their component features. Another important result was that VSTM capacity had an upper limit of about four objects, which resembled the capacity of several short-term memory studies (Cowan, 2001).

To illustrate this finding, imagine that a person with a VSTM capacity of 2 objects must remember to take two pills. This person would have the same capability to remember to take two red and blue circular pills, and to take a red circular pill and blue cylindrical pill. In the first case, there are only two pieces of differing information, being the colors. In the second case, there are four pieces of differing information, being the colors and the shapes. This person would have adequate memory in both cases since they both involve only two objects, which fits the person's VSTM capacity. With some modification, Luck and Vogel's (1997) results have been replicated many times (Vogel, Woodman & Luck, 2001; Olson & Jiang, 2002; Xu, 2002; Alvarez & Cavanagh, 2004; although see Wilken & Ma, 2004).

However, an important debate in the VSTM literature has regarded exactly how objects are represented in VSTM. Luck and Vogel (1997) proposed that the objects of VSTM were fully integrated, such that no other process but VSTM storage was necessary to maintain them. Alternatively, Wheeler and Treisman (2002) proposed that sustained visual attention was necessary to keep the features of each object bound together. Treisman had shown years earlier that visual attention plays a similar role in visual perception (Treisman & Gelade, 1980), thus providing a parsimonious theory of how objects are represented in visual cognition: in both perception and memory, objects are comprised of separate features bound together by visual attention. Studies have examined Wheeler and Treisman's (2002) binding account of VSTM by having participants perform a visual attention task during VSTM retention. The binding account predicts that, in such conditions, VSTM for features would be unaffected by the intervening task, but VSTM for conjunctions would be profoundly impaired since visual attention would be occupied with the intervening task. Many studies failed to show any differences in VSTM for features and conjunctions (Yeh, Yang & Chun, 2005; Allen, Baddeley & Hitch, 2006; Johnson, Hollingworth & Luck, 2008). However, when Fougnie and Marois (2008) used a multiple-object tracking task during VSTM maintenance, which places heavier demand on visual attention than the previous studies, they showed significant impairments in VSTM for conjunctions, but not for features. In further support for a bound feature-based representation in VSTM, it has been shown that participants can selectively encode specific features of an object in memory (Woodman & Vogel, 2008).

Furthermore, participants can selectively update a specific feature of an object in VSTM, while leaving the other features of that object unchanged (Ko & Seiffert, 2009).

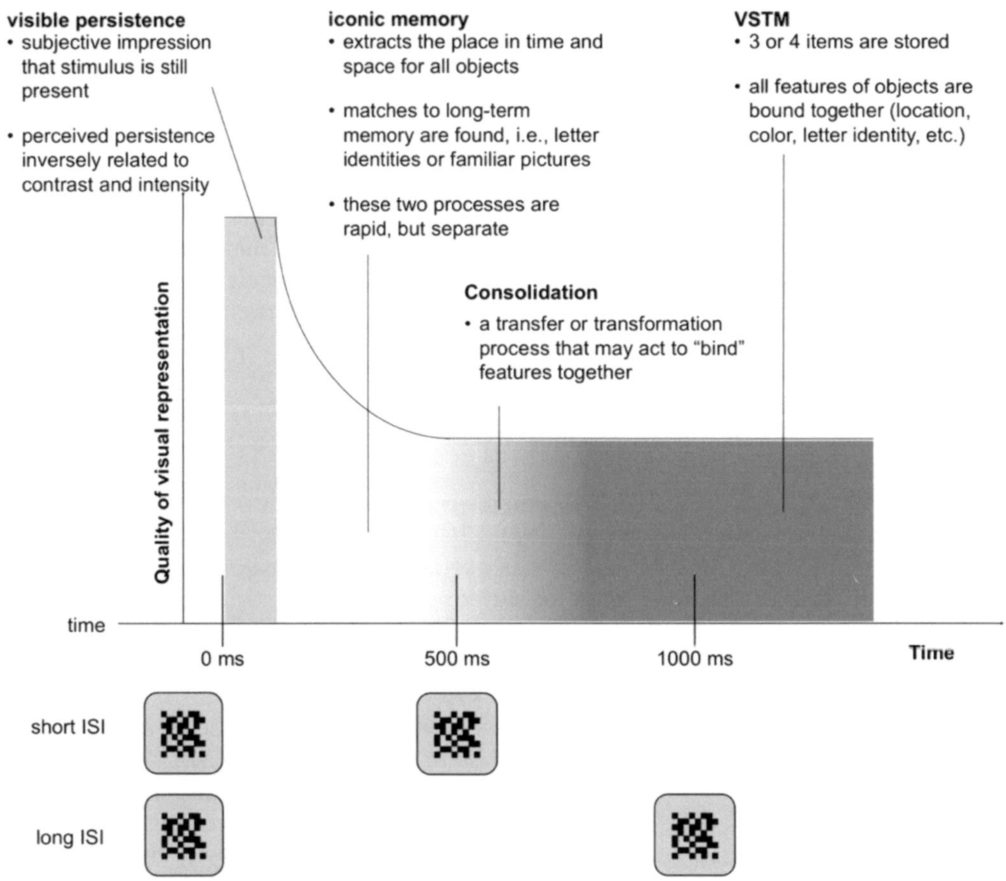

Fig. 3. A schematic of visual memory stages.
The y-axis depicts a vague concept of "quality", indicating how similar the memory representation is to the original perceptual representation. This visual quality is plotted as a function of time on the x-axis. In visible persistence, quality is high because the subjective percept is identical to the stimulus. Iconic memory marks the exponential decay of visual quality over time. The gradient between the iconic memory stage (white) and VSTM stage (dark gray) represents the time of consolidation. The decay in quality plateaus as the information is being consolidated into VSTM and then there is no further loss of information. This decay in visual quality trades off with the level of abstraction from the original stimulus, so by the time information is consolidated into VSTM, it is processed at a high-level. Below the x-axis, the stimuli for change detection are depicted as they would appear in time. This illustrates how manipulating the time interval between the two arrays captures different kinds of visual memory. It should be noted that this summary of findings is specific to change detection and RSVP methods. Other psychophysical methods, like method of adjustment, capture important details of VSTM not usually found by change detection (Zhang & Luck, 2008; Bays & Husain, 2009).

What are the neural correlates of VSTM? Studies using functional magnetic resonance imaging (fMRI) have related activity in the posterior parietal cortex to VSTM capacity (Todd & Marois, 2004). However, there may be multiple sites of neural representation related to VSTM. For example, different regions of the parietal cortex have been related to the number of items stored in VSTM and the visual complexity of the items (Xu & Chun, 2006). Recent studies using sensitive multivoxel pattern analyses have shown evidence that primary visual cortex and extrastriate areas are also involved in VSTM representation (Harrison & Tong, 2009; Serences, Ester, Vogel & Awh, 2009). Studies using electroencephalograms (EEG) have identified an event-related potential (ERP), recorded from posterior electrodes in the hemisphere contralateral to the stimulus, that modulates with VSTM capacity (Vogel & Machizawa, 2004). This ERP, called the contralateral delay activity (CDA), originates from activity recorded by posterior electrodes contralateral to the stimulus location. It emerges 200 ms after stimulus onset, and remains active during VSTM maintenance.

In summary, VSTM emerges from earlier stages of visual memory. Visual information is initially available in high resolution visual memories, including visible persistence and iconic memory. Visual information then must undergo a time-consuming, cognitively demanding process of transfer or transformation into VSTM, during a stage called consolidation. These early stages of visible persistence, iconic memory, and consolidation can be conceived of as progressive stages of VSTM encoding. Information is properly stored in VSTM, which exhibits three important properties:

1. It is not tied to the original retinotopic location of the perceptual image being stored.
2. It is resistant to incoming visual stimulation, so one can hold information in VSTM while looking at other things.
3. VSTM stores relatively complex objects; the mechanism by which this is possible may be sustained visual attention that binds the features of each object together.

These properties indicate that VSTM is critical in common tasks that involve frequent eye movements around a scene, such as visual search. VSTM enables people to match images across saccades, correct saccadic eye movement errors, and keep a target item in memory during a search process. Understanding this system in AD patients is important when considering changes to visual cognition associated with the disease. In the next section, we will examine what is known about visual memory and VSTM in AD patients.

3. VSTM in Alzheimer's disease

There has been relatively little direct investigation of VSTM in patients with AD. However, examining VSTM in AD patients is potentially important for several reasons. First, methods that tap into VSTM processing are relatively simple, sensitive, and inexpensive, providing a means to detect early signs of AD-related changes to VSTM. Second, AD may also involve specific changes to VSTM that can be measured to distinguish AD from other neurodegenerative diseases and memory disorders. Finally, understanding changes in VSTM in patients with AD can help lay the groundwork for developing meaningful behavioral strategies and interventions that can be easily implemented in the clinic or home. In this next section of the chapter, we will first review early research on visual memory in AD and its relationship with visual perception and long-term memory. Then, we will review more recent research on VSTM in AD, and emphasize AD-related changes to VSTM encoding and storage.

Various techniques in neuroscience have revealed deficits in functions that may overlap with VSTM in AD patients. fMRI has shown that when encoding visual information, medial temporal activity that is typically observed in normal adults is absent in patients with AD (Kato, Knopman & Liu, 2001). However, this finding may be specific to encoding information into long-term memory. AD-related differences in neural activity during working memory may suggest that AD patients use different cognitive strategies than controls to accomplish such tasks (Yetkin, Rosenberg, Weiner, Purdy & Cullum, 2006). Animal models of AD using non-human primates have shown that lesions to the cholinergic and noradrenergic systems impair VSTM (Dudkin, Chueva, Makarov, Bich & Roer, 2005), suggesting that deficits in visual memory can be related to pathology in areas such as the nucleus basalis of Meynert and the locus coeruleus.

Early studies suggested that AD-related impairments in visual memory were independent of problems with visual perception. Grossi, Becker, Smith and Trojano (1993) showed that AD patients had impaired short-term memory for movement patterns and visual patterns, without showing impairments of visual perception. Similarly, Trojano, Chiacchio, De Luca and Grossi (1994) demonstrated that AD patients had impaired short-term memory for abstract visual patterns, while exhibiting no deficits in visual perception. More recently, Rizzo and colleagues (2000) showed that while AD patients exhibited intact performance on tasks measuring low-level perceptual functions like motion discrimination and visual acuity, they were impaired on higher-level visual processes, such as divided attention, selective attention, and visual memory. Together, these early findings suggested that patients with AD have impairments in VSTM, while their visual perception remains intact.

However, not all low-level perceptual functions are left intact by AD. Rizzo et al. (2000) showed that contrast sensitivity was impaired in AD patients. This perceptual impairment in AD has profound effects on higher-level visual tasks. Supporting this idea, Cronin-Golomb and colleagues (2007) showed that enhancing the contrast of visual stimuli facilitated the performance of AD patients to match that of healthy older adults on several tasks of high-level visual cognition. This finding is remarkable, because it indicates a simple solution to significant visual problems in AD patients. Interestingly, although the enhanced stimuli aided AD patients on several visual-based tasks, it did not help them on the Raven's Progressive Matrices task. This task requires viewing a patterned sequence of abstract images and choosing another abstract image to complete the sequence. Their impairment on the matrix task was remarkable, because enhanced contrast did benefit them on a face-matching task that was arguably equal in task demands - both required multiple fixations, and both entailed a form of matching a target to a sample. In other words, both had similar oculomotor demands, and both likely required visual memory. The crucial difference between the tasks could have been that the abstract visual patterns contained no semantic information, in contrast to the stimuli in the face-matching task. This suggests that compensating for low-level impairments in contrast sensitivity effectively enhances retention of images containing familiar semantic information but not images devoid of semantic content.

This idea is supported by results from Ally, Gold and Budson (2009), who showed that mild AD patients have a relatively preserved long-term memory for real-world pictures compared to memory for the verbal referents of those pictures. Pictures of real objects produce a great deal of semantic or conceptual activation, in addition to the rich amount of perceptual information that they contain. To follow-up on this finding, Ally, McKeever, Waring and Budson (2009) found that ERP components related to memorial familiarity were preserved in amnestic MCI patients when they memorized pictures, but were diminished when they memorized words. Familiarity can be rooted in the ease at which both perceptual and conceptual information related to the test item is processed. Since MCI patients demonstrated intact familiarity for visual stimuli compared to verbal stimuli, Ally, McKeever, et al. (2009) suggested that implicit or stored visual representations were responsible for the increased familiarity and discrimination for pictures. Further, O'Connor and Ally (2010) found that recognition memory in amnestic MCI and mild AD patients was superior when the perceptual and conceptual aspects of studied items were preserved from study to test, compared to when only the conceptual aspects were preserved from study to test. Importantly, this advantage was much greater when the stimuli were pictures rather than words.

Together, these findings show that storing information as pictures leads to greater success of long-term memory retrieval in AD patients. This might stem from the rich retrieval cue provided by the combination of visual and semantic information in pictures compared to words alone. Another likely hypothesis is that neural regions dedicated to VSTM remain intact, allowing for storage of visual representations that can be used for subsequent retrieval. In support of this idea is evidence that similar neural regions are activated during retrieval from VSTM and visual long-term memory (Ranganath, Cohen, Dam & D'Esposito, 2004).

Direct investigation of AD-related changes in properties of VSTM has become more popular in the last decade. In an initial study, Vecera and Rizzo (2004) used change detection tasks to show that AD patients exhibit a decreased VSTM capacity. What is the root of this decreased VSTM capacity? Subsequent research has shown AD-related deficits in at least three important stages of the VSTM process. First, iconic memory decays much faster in patients with MCI compared to healthy controls. Second, the consolidation of information in VSTM may be impaired in AD patients. These first two findings suggest that the encoding of information into VSTM from earlier memory representations may be corrupted. Third, VSTM storage itself is changed in patients with AD. Specifically, AD patients appear to have a specific deficit in how features of objects in VSTM are bound together.

Lu, Nuese, Madigan and Dosher (2005) showed that patients with MCI exhibited much faster decay of iconic memory than healthy younger and older adult controls. In this particular visual task, the duration of iconic memory was calculated to be approximately 70 ms in patients with MCI, while younger and older adults showed durations of nearly 340 ms and 300 ms, respectively. This accelerated decay of iconic memory could potentially lead to fewer items being transferred to VSTM, especially as MCI patients develop AD.

In addition to iconic memory being shorter in duration for patients with very mild AD, the consolidation of information from iconic memory into VSTM appears to be somewhat impaired. Kavcic and Duffy (2003) showed that the attentional blink window was much more severe and longer enduring for AD patients than for healthy older adults. Furthermore, the authors noticed that AD patients tended to report the second target correctly while failing to identify the first target. This impairment was attenuated when 5 or more intervening distractors appeared between the first and second target. In other words, the identification of the second target seemed to retroactively mask identification of the first target, analogous to perceptual backward-masking effects. However, this effect was attentional in nature because it occurred between items belonging to the target category. This effect may stem from the same mechanism responsible for object substitution masking, a phenomenon thought to reflect the overwriting of one visual object by another (Enns & Di Lollo, 1997). An object may be susceptible to this overwriting if there is a failure to encode it into VSTM (Prime, Pluchino, Eimer, Dell'Acqua & Jolicoeur, 2010). Interestingly, this alteration to the attentional blink may explain some results in a study directly examining VSTM in AD patients. Alescio-Lautier and colleagues (2007) had AD patients report any changes between a visual image in memory and three sequentially presented probe images. AD patients failed to detect changes in the first of the three probe images but successfully detected changes in the second and third image. This temporary failure to detect changes between the image in memory and a subsequent probe image is consistent with Kavcic and Duffy's (2003) finding of a prolonged attentional blink in AD.

The finding of AD-related changes to the attentional blink (Kavcic & Duffy, 2003) differs from the results of two studies with MCI patients. Perry and Hodges (2003) found that patients with MCI did not show alterations to the time-course of the attentional blink. Also, Lu et al. (2005) found that, although MCI patients have shortened duration of iconic memory, they have normal transfer of items from iconic memory into VSTM. Together, these results could reflect the natural course of AD, such that the consolidation process from iconic memory to VSTM is still intact in MCI patients but becomes corrupted once MCI patients develop into AD patients. Alternatively, they could reflect the methodological differences between the studies. For example, the stimuli used by Perry and Hodges (2003) and Lu et al. (2005) were spatially distributed, but the stimuli used by Kavcic and Duffy (2003) were all centrally presented. Subjects could therefore use the spatial pattern formed by multiple items as a memory cue (Jiang, Olson & Chun, 2000).

AD patients have also been shown to exhibit changes in VSTM storage. These studies suggest that AD patients do not have impaired VSTM storage per se, but rather have a specific problem in maintaining how features of objects are bound together. For example, Parra and colleagues (2009a) had AD patients and healthy older adults view visual arrays of multiple items. Each item was either distinguishable by a single feature, like color or shape, or by a specific conjunction of color and shape. Participants then provided a free recall of the items after the array was removed. AD patients did not differ from controls in their memory accuracy for features, but showed significantly worse accuracy for conjunctions. This suggested that short-term memory deficits in AD might not involve a decreased capacity per se, but a specific impairment in maintaining the relationship between the component features of each object. However, since the participants provided verbal reports, the authors did not claim that these short-term memory deficits were specifically visual.

Further studies from the same group have supported the idea that patients with AD have specific problems keeping information bound in VSTM. These results have practical applications, such as early detection of AD onset and distinguishing AD from other memory disorders. Parra et al. (2009b) measured VSTM for features and conjunctions in patients with familial AD caused by mutation of the presenilin-1 gene. Binding deficits were detected in patients with early onset AD, as well as asymptomatic carriers of the gene, when compared to non-carriers of the same families. This suggests that measuring a specific impairment in VSTM can be used as a means for detecting AD early in the course of the disease, perhaps prior to the onset of noticeable symptoms. Parra and colleagues (2010) also showed VSTM binding deficits to be specific to patients with AD compared to depressed patients, who also suffer from poor memory. The detection of VSTM binding deficits is more accurate than other binding problems in distinguishing AD patients from healthy older adults. Healthy older adults show deficits in binding features in long-term memory (Chalfonte & Johnson, 1996), but AD patients show this deficit as well (Dierckx, Engelborghs, De, et al., 2007; Swainson, Hodges, Galton et al., 2001). However, healthy older adults do not show deficits in VSTM bindings (Brockmole, Parra, Della Sala, & Logie, 2008; Parra et al., 2009c).

Together, these studies show that deficits in VSTM binding could better distinguish AD from healthy aging compared to other impairments in memory.
In summary, important findings have begun to reveal AD-related changes in certain VSTM processes. Changes to visual encoding can be detected early in the course of AD, as suggested by shortened iconic memory in MCI patients. While consolidation may remain intact in MCI, it becomes corrupted as MCI patients convert into patients with AD. As information is consolidated from iconic memory to VSTM, AD patients have trouble preventing incoming information from interfering with representations already in VSTM, sometimes resulting in the overwriting of information in VSTM. This impairment would subsequently interfere with normal cognitive processes, such as making correspondence between images across eye movements. Imagine that, in such a situation, rather than being able to compare the images across an eye movement, the new information acquired once the eye has landed subsequently erases the memory of information acquired before the saccade. This would greatly impair common activities, like trying to find one's wallet on a crowded countertop.
Finally, the storage of information in VSTM is changed in AD. AD patients have a specific difficulty retaining the relationship between features of objects in VSTM. For example, if a patient kept the image of two parking lot symbols in VSTM, such as a red square and blue oval, a potential problem might be that he or she could falsely recognize a blue square or red oval. It is important to note that this finding indicates information in VSTM is still preserved in AD patients. The key to helping patients could be to adapt their environment according to this preservation.

4. Visual attention and memory in Alzheimer's disease

Attention is considered to be involved in the high-level processing of information in a manner that is limited in capacity (Pashler, 1998). This capacity limitation has many consequences, including the processing of some information at the cost of neglecting other information (James, 1890) and the inability to adequately perform two tasks simultaneously (Pashler, 1994). Visual attention refers to when an aspect of vision is the basis of this capacity limitation. For example, visual attention may select and process a small region of visual space at the cost of processing surrounding regions. In this section, we will examine the relationship between visual attention and VSTM in AD. Although some researchers consider visual attention and VSTM to be synonymous (Cowan, 2001), some research suggests that there is only a partial overlap in these processes and at least some important distinction exists between them (Fougnie & Marois, 2006; Ko & Seiffert, 2006). It is important to understand this relationship in the context of AD, because AD-related impairments in visual attention could actually be rooted in changes to VSTM (Vecera & Rizzo, 2004). For example, one early study by Simone and Baylis (1997) suggested that AD-related problems with selective attention could be significantly alleviated once memory demands had been removed. However, removing such demands did not relieve all attention-related impairments.
AD patients have long been known to have disturbances in visual attention. Extensive reviews on this topic have been recently published (Vecera & Rizzo, 2004; Iachini, Iavarone, Senese Ruotolo & Ruggiero, 2009; Tales & Porter, 2009), so this section will not provide an exhaustive review. Instead, we will examine whether AD-related problems in visual attention could be re-interpreted as problems with VSTM, as first proposed by Vecera and

Rizzo (2004), prior to much of the research conducted on VSTM in AD patients. We will show that, although there is some evidence to support Vecera and Rizzo's (2004) theory in regards to selective attention, visual search, and eye movements, there is also evidence to support the opposing theory - problems with VSTM could be rooted in deficits of visual attention.

Selective attention processes must enhance or facilitate relevant information while also filtering or inhibiting irrelevant information (Neill, 1977). Priming measures have been used to examine selective attention in AD patients. In these studies, participants attend to one stimulus while concurrently ignoring another stimulus. Effects of this selection can be observed by subsequently measuring responses to a quality of the attended or ignored stimulus, such as a color, a location, or a name. Faster responses, or positive priming, are predicted to occur for a feature of the attended stimulus, indicating facilitated processing of that stimulus. Slower responses, or negative priming (Tipper, 1985), are predicted to occur for features of the ignored stimulus, indicating inhibited processing of that stimulus. Research using priming has suggested that AD patients have trouble inhibiting irrelevant information (for a review, see Amieva Phillips, Della Sala & Henry, 2004). For example, Grande, McGlinchey-Berroth, Milberg and D'Esposito (1996) demonstrated that AD patients not only failed to suppress information to be ignored, but that such information was actually enhanced, as if it were attended. Similar studies have shown that AD patients fail to suppress the visual image of an object that should have been ignored (Sullivan, Faust & Balota, 1995; Amieva, Lafont, Auriacombe, Le Carret, Dartigues et al., 2002). Together, these studies suggest that AD patients are impaired at inhibiting irrelevant information. Impaired filtering of irrelevant information becomes particularly problematic for AD patients because once they attend to something like a spatial location, they have trouble disengaging from that location (Parasuraman, Greenwood, Haxby & Grady, 1992), especially if their attention has been captured in an exogenous manner (Tales, Muir, Bayer & Snowden, 2002).

Visual selective attention to spatial locations in AD patients has also been investigated with priming. Vaughan, Hughes, Jones, Woods and Tipper (2006) presented participants with two ovals of different sizes that could each appear in one of four possible locations in space and instructed them to attend to the location occupied by the larger oval. AD patients did not behave differently for ignored locations and baseline conditions, suggesting that they failed to inhibit ignored locations. In contrast, Ko, Higgins, Kilduff, Milberg and McGlinchey (2005) used a similar task and showed that both the facilitative and inhibitive components of spatial attention were intact in AD patients. One reason for this discrepancy may stem from task-related differences across the studies. Vaughan et al.'s (2006) targets and distractors were defined by a rule: the larger stimulus was the target, so that the appearance of the target could have changed across trials. In contrast, Ko et al. (2005) used the same visual identities for targets and distractors throughout the experiment, thereby allowing participants to habituate to their appearance. Could this difference account for intact selective attention in AD patients? Recently, Fernandez-Duque and Black (2008) also demonstrated intact selective attention in AD patients, but they found severe performance costs in conditions when the targets and distractors could switch identities across trials. In support of this, Langley, Overmier, Knopman and Prod'Homme (1998) also found intact selective attention when the identities and locations of targets and distractors were kept constant. Together, these results suggest that habituation may be important in preserving visual selective attention in AD. Dynamically changing the appearance of what is to be attended or ignored, and therefore requiring a memory system like VSTM, could severely impair AD patients in ways that obscure the benefits of selective attention.

The shifting of visual attention, as assessed by visual search, could also be interpreted as a VSTM deficit in AD patients. Many studies of visual search in AD have been conducted under the framework of Treisman and Gelade's (1980) feature integration theory, whereby search for targets differing from distractors by a single feature requires little attention because they can be found primarily by bottom-up processes. However, search for targets differing by distractors by a conjunction of features requires attention to bind the features of a single object in order to discriminate targets from distractors. Foster, Behrmann and Stuss (1999) showed that AD patients were impaired at finding targets defined by conjunctions compared to those defined by single features, especially as set-size increased, indicating an attentional binding problem during search. Tales, Butler, Fossey, Gilchrist, Jones and Troscianko (2002) also showed that AD patients were selectively impaired at conjunction search, even though feature search was equated for attentional demands. More recently, AD patients were shown to have increased pupil dilation during visual search for conjunctions rather than features, suggesting increased effort during such conditions (Porter, Leonards, Wilcock, Haworth, Troscianko & Tales, 2010). Together, these results show that AD patients have specific impairments search for objects defined by conjunctions of features rather than single features.

Some neural models of visual search require VSTM for the control of attention, such as biased competition theory (Desimone & Duncan, 1995). This model proposes that visual search for a target requires a "template" of that target be stored in VSTM during the search. This target-to-template theory of visual search is supported by behavioral evidence (Soto, Heinke, Humphreys & Blanco, 2005; Soto, Hodsoll, Rothshtein & Humphreys, 2008; Olivers, Meijer & Theeuwes, 2006) and electrophysiological evidence (Woodman & Arita, 2011). This may help to explain AD patients' specific impairment at conjunction searches. It is possible that conjunction search is supported by attentional binding of perceptual information (Treisman & Gelade, 1980), as well as a memory template for the conjunction target. AD patients may be missing the search template, since they have a specific impairment at maintaining feature bindings in memory (Parra et al., 2009a, 2009b). This would leave search for conjunctions possible for AD patients, but severely impaired compared to the healthy older adults.

Like visual search, eye movements provide a measure of spatial shifting in attention, albeit in an overt manner. Early research suggested that AD patients have abnormal smooth pursuit eye movements (Hutton, 1985). Bylsma and colleagues (1995) found that AD patients also made saccadic eye movements when they were supposed to fixate, and the increase in these intrusive saccades correlated with lower scores on the Mini-Mental State Examination (MMSE; Folstein, Folstein & McHugh, 1975). AD patients also exhibit neural changes with abnormal eye movement behavior. Using fMRI, Thulborn, Martin and Voyvodic (2000) showed that right-parietal dominance during a saccadic eye movement task was reversed to left-parietal dominance in AD patients.

Some research has shown that AD patients show relatively intact performance when asked to make saccadic eye movements towards a visual target, or pro-saccades, but they are error-prone when instructed to make a saccade away from a target, or an anti-saccades (Crawford, Higham, Renvoize, Patel, Dale et al., 2005; Boxer, Garbutt, Rankin, Hellmuth, Neuhaus et al., 2006; Kaufman, Pratt, Levine & Black, 2010). AD patients make fewer spontaneous self-corrections after anti-saccade errors, while other types of dementia patients readily make corrections as well as normals (Garbutt, Matlin, Hellmuth, Schenk, Johnson et al., 2007). This is consistent with the finding that AD patients have trouble disengaging after being exogenously drawn towards a location (Tales, Muir et al., 2002). Together, these results may reflect impairments in inhibiting overt attention.

Another possibility regarding antisaccades in AD is that their high error rate reflects a working memory deficit. For example, AD patients could have simply forgotten the task instruction to saccade away from the target rather than saccade to it. Performance on antisaccade tasks have been linked to working memory (Mitchell, Macrae & Gilchrist, 2002) and measures of working memory have correlated with antisaccade performance in AD (Boxer et al., 2006). However, this theory remains controversial (Crawford, Parker, Solis-Trapela & Mayes, 2011). Oddly, there is no research on memory-guided saccadic eye movements in AD to our knowledge. In this paradigm, a participant must hold target location in VSTM prior to making a saccade toward that location. VSTM is not only important in guiding such saccades (Desimone & Duncan, 1995), but also in correcting them in case of errors (Hollingworth et al., 2008). The memory-guided saccade task has been shown to be a useful biomarker for Huntington's disease (Blehker, Weaver, Cai, Hui, Marshall et al., 2009). Exploring memory-guided saccades in AD would provide a better understanding of how VSTM could guide overt shifts of attention.

In contrast to Vecera and Rizzo's (2004) theory that AD-related attentional impairments actually stem from deficits in VSTM, a more recent study has suggested the opposite: deficits in VSTM could be traced to an underlying deficit in visual attention. Alescio-Lautier, Michel, Herrera, Elahmadi, Chambon et al. (2007) examined VSTM in patients with probable AD and MCI. In their task, participants memorized multiple real-world objects presented in one image, followed by a variable delay, and then three probe images that could be either the same or different than the sample image. AD patients showed impaired task performance at 30-second delay intervals, but strangely, these impairments were restricted to the first probe image, and not the second or third probe. High performance on the later images suggested that VSTM is intact in AD. The authors speculated that the AD patients' performance suffered during the first probe due to an attentional blink (as discussed above; see Kavcic & Duffy, 2003). In contrast, AD patients' performance on a task requiring only memory for spatial location decreased as the time interval increased. Together, these results suggest that VSTM for appearance may stem from an attentional deficit, while VSTM for spatial locations stem from a memory deficit. The fact that the stimuli were real-world images may also be important; as discussed above, memory tests using real-world images have shown high rates of successful retrieval in AD patients (Ally et al., 2009a, 2009b; O'Connor & Ally, 2010).

Additionally, the finding that AD patients have a specific deficit in maintaining feature bindings in VSTM (Parra et al., 2009a; 2009b) could be interpreted as a deficit of attention at its core. One prominent theory proposes that maintaining conjunctions in VSTM relies on sustained visual attention to keep the separate features of the conjunctions bound together (Wheeler & Treisman, 2002; Fougnie & Marois, 2008). AD patients in the studies by Parra and colleagues may not have suffered from a memory failure per se, since they showed normal VSTM for features. Instead, they showed VSTM binding deficits because they lacked the attention to sustain those bindings.

Do these results imply a dissociation between AD patients with visual attention deficits and those with VSTM deficits? Research examining neurotransmitter systems suggests that this is a possibility. One hallmark of AD is the breakdown of the cholinergic system, which has profound effects on attention (Contestabile, 2010) and inhibiting the processing of irrelevant sensory stimuli (Ally, Jones, Cole & Budson, 2007). Studies have also shown acetylcholine to play a role in working memory (Furey, Peitrini & Haxby, 2000). However, acetylcholine may only have similar effects on stages of memory that are shared by attention. Consistent with this, Bentley, Husain and Dolan (2004) found that pharmaceutically induced cholinergic enhancement increased activity in extrastriate regions while suppressing parietal activity during spatial attention and spatial memory encoding. However, this effect was absent during the spatial memory delay. This showed that acetylcholine has distinct effects on attention and memory. Importantly, Voytko and colleagues (1994) found deficits in visual attention, but not VSTM, after lesioning cholinergic neurons in crab-eating macaques. Together, these studies suggest that acetylcholine may play a specific role in visual attention, but not VSTM.

In contrast to results by Voytko et al. (1994), Dudkin and colleagues (2005) found that by lesioning both cholinergic and noradrenergic neurons in rhesus macaques, VSTM was impaired. Related to this finding, one theory proposes that dynamics of norepinephrine activity in the forebrain is the primary mechanism behind the attentional blink (Warren, Breuer, Kantner, Fiset, Blais & Masson, 2009), supporting the role of the noradrenergic system in VSTM encoding. Together, these results highlight the importance of understanding, not only cholinergic systems in AD, but also noradrenergic systems. AD has long been known to affect the noradrenergic system (Bondareff, Mountjoy, Roth, Rossor, Iversen et al., 1987). Besides the cognitive consequences, norepinephrine plays a mechanistic role in the pathology of AD. Recent work has shown that norepinephrine activity from the locus coeruleus is critical in clearing beta-amyloid plaques in the brain (Heneke et al., 2010).

Together, these studies suggest that AD patients could be split into cognitive subtypes, some with more severe impairments in visual attention, and others with more severe impairments in VSTM, depending on how the pathology has affected specific neurotransmitter systems. However, this possibility has not been investigated to our knowledge. Possible research could include the use of pharmacological agents, such as donepizil (Rokem, Landau, Garg, Prinzmetal & Silver, 2010; Dickerson, 2010) and clonidine (Coull, Nobre & Frith, 2001) to manipulate levels of acetylcholine and norepinephrine, respectively, and observe the effects on visual attention and VSTM.

In summary, the literature indicates several areas of visual attention that could be recast as impairments with VSTM, including selective attention, visual search, and eye movement behavior. However, some findings in the VSTM literature could also be re-interpreted as impairments of visual attention. This possibly reflects the difficulty in teasing apart the effects of visual attention and memory. Since these processes are closely interrelated, it may be better to always consider both visual attention and VSTM in investigations of visual cognition in AD. Findings that could not link visual attention to problems of daily living may have ignored memory systems like VSTM (Liu, McDowd & Lin, 2004). In contrast, research that has integrated measures of visual attention and VSTM in formal computational models, such as Bundesen's Theory of Visual Attention (Bundesen, 1990) have had success in creating a more full picture of changes to visual cognition in AD (Bublak, Redel, Sorg, Kurz, Forstl et al., 2009; Redel, Bublak, Sorg, Kurz et al., 2010). Alternatively, the discrepant findings in visual attention and VSTM of AD patients may be rooted in distinct subtypes of AD. One possible reason for differences in patients could be how AD pathology affects different neurotransmitter systems, including those mediating acetylcholine and norepinephrine activity. This could possibly lead to differences in pharmacological treatments of AD, depending on the specific nature of changes to visual cognition.

5. Functional implications on daily living

A better understanding of visual cognition in AD patients potentially leads to inexpensive alterations of their visual environment that could prolong a high quality of patients' lives. In this section, we speculate on such alterations based on the known research. Understanding changes in visual processing in AD has been shown to be clearly effective. For example, Dunne, Neargardner, Cipolloni and Cronin-Golomb (2004) applied the finding of low contrast sensitivity in AD patients (Cronin-Golomb et al., 2007) to known problems with food intake in AD patients. By using high contrast plates, cups and utensils, they were able to increase food intake by 25% and liquid intake by 84%. We believe that similarly effective applications can be inspired by basic research in visual cognition to improve the lives of AD patients. In this section, we focus on how the following findings can lead to improved daily living for AD patients:

1. Visual perception and VSTM for feature bindings is impaired in AD patients.
2. AD patients have impaired mechanisms of encoding visual information into VSTM.
3. "Enhancing" visual stimuli for AD patients facilitates performance in higher-level visual cognition, but only for real-world pictures.
4. Visual selective attention in AD may be intact, but only for overlearned, habituated stimuli.

It must be noted that each of these findings requires further verification with basic research involving AD patients. Further basic research will also provide psychological and physiological explanations in understanding why the proposed applications may work. However, there is no reason to refrain from testing the effectiveness of these proposed applications until the theoretical verification is exhausted. Testing the impact of inexpensive ideas now could lead to tremendous savings in healthcare costs in the near future. One study by the Department of Veteran's Affairs found that delaying nursing home placement by only one month could realize a $4 billion annual savings to the healthcare system (Clipp, 2005). Below, we will discuss two potential applications to the benefit of AD patients: First, we provide suggestions on organizing patients' visual environment and how they interact with it. Second, we suggest that a visual mnemonic, in the form of a cheap booklet of pictures, would facilitate several everyday abilities.

AD patients are impaired at perceiving and remembering feature bindings. Everyday objects are generally composed of several different features, such as color and shape, and often the objects in a given scene share many visual features. For example, many objects on your desk, like a computer mouse, cell phone, and pen, could be colored black or white, and shaped as a rectangle or oval. Binding is necessary when you must find the black-oval object, like the computer mouse. This attentional process is impaired in AD (Foster et al., 1999; Porter et al., 2010), and even when they successfully find such items, they cannot remember them well (Parra et al., 2009). It would therefore benefit AD patients if the objects in their surroundings were distinguishable by a single, salient feature, such as color. If the objects all appeared in different colors, the attentional cost of finding them in a cluttered scene would be significantly reduced. Since visual search is likely to be facilitated by VSTM contents (Woodman & Arita, 2011), patients with AD would be better able to maintain their search target in memory, and therefore find the target sooner. Instead of having to find the "black-oval" object, they just have to find the "black" object.

Additionally, with regards to AD patients' environments, it is important to consider impairments to their visual selective attention. It has been shown that selective attention in

AD may be intact when aspects of targets and distractors are fixed (Ko et al., 2005), rather than dynamic and changing (Vaughan et al., 2006; Fernandez-Duque & Black, 2008). It may be damaging for a patient to perform too many attentive tasks in succession. For example, if a patient must quickly find her keys and then her cell phone, the search for these items may be impaired due to the rapid switching of the search target. Also, if too many people are addressing them at a time, the focus of their attention will rapidly switch, introducing confusion that could obscure otherwise intact selective attention. Related to this notion is that AD patients have trouble disengaging from an attended object or location (Parasuraman et al., 1992). This is most problematic when their attention has been captured in a bottom-up manner (Tales, Muir, et al., 2002). Therefore, it is important to reduce sudden loud noises or visual transients in their environment. For example, if a telephone rings or the television suddenly turns on while a patient with AD patient is being addressed by a family member, the patient could suddenly attend to the phone or television and subsequently fail to return attention to the family member. The flow of the conversation could easily be lost by these sudden interruptions.

Keeping in mind that VSTM helps to guide visual search and that VSTM is impaired in AD, it may be useful for AD patients to keep a booklet containing pictures of common targets of their visual search. Such objects could be a patient's wallet, cell phone, or keychain. While a patient searches for a specific object, like her keys, she could visually consult this booklet repeatedly during the search. The booklet image would effectively serve as the search template, alleviating the need to use an impaired VSTM system, and potentially facilitating the search. This booklet might also be useful because AD patients have trouble encoding information into VSTM. This impaired encoding not only prevents a normal range of information to be stored in VSTM, but information already in storage will be vulnerable to incoming perceptual information. This scenario is relevant to eye movements made in perceptual comparisons – information stored prior to a saccade could be fragile and may be prone to erasure once the saccade is complete, since the observer is looking at a new visual scene after the eye movement. A booklet of objects would also be useful in this situation. It can be held next to objects of the comparison to reduce eye movements. For example, if a patient is looking for his wallet, he could hold up a picture of his wallet from the booklet next to each object that could potentially be the wallet. The spatial proximity of the picture to each candidate object would minimize eye movements and the need for VSTM.

The use of real-world pictures, collected into a handy booklet, may also be useful in recognizing other important information, like the faces of family members. Writing family members' names underneath each picture would maximize the perceptual and conceptual information that could trigger familiarity processes. AD patients could use these pictures to rehearse the information and potentially reduce the amount of retrieval failures when encountering those faces in person.

In summary, changing the visual environment of AD patients can potentially facilitate their performance on everyday visual tasks. Our suggestion is to essentially simplify the objects in their environment, so that each object is defined by a single, salient feature. Keeping the appearance of their objects as stable as possible may also help their selective attention. Finally, the use of a visual mnemonic, like a booklet of pictures, is potentially useful in activities involving visual attention and VSTM, including search and perceptual comparisons. It could also help AD patients rehearse the names and faces of friends and family who interact with them regularly. It is important to note two factors in the use of such a booklet: (1) AD patients have low-level perceptual impairments, so the pictures must be high contrast and devoid of visual clutter; (2) Enhancing the quality of visual aids may only help when the images carry semantic information. So, real-world pictures should be used as opposed abstracted icons.

6. Conclusions

AD patients experience changes to processes that enable them to understand what they see. In this chapter, we have referred to such processes as visual cognition, which includes visual attention and VSTM. Although much research has been conducted in understanding visual attention in AD, less research has examined changes in other components, like VSTM. Further examination of this component of visual cognition could reveal a greater understanding of everyday visual abilities in AD patients. The relationship between visual attention and VSTM remains unclear, so future research may benefit from always considering both components. It is also important to understand how these short-term processes relate to long-term memory and visual perception.

Understanding visual cognition in AD patients leads to ideas of how their visual environment could be optimized to suit their psychological changes. Such inexpensive visual alterations could enhance patients' quality of life and save the healthcare industry billions of dollars. Here, we provide some suggestions on changing AD patients' visual environment, as well as a possible mnemonic that could be used to aid patients in everyday tasks.

7. Acknowledgments

This work was supported by National Institutes on Aging grants K23 AG031925 and R01 AG038471 to BAA.

8. References

Alescio-Lautier, B., Michel, B. F., Herrera, C., Elahmadi, A., Chambon, C., Touzet, C., Paban, V. (2007) Visual and visuospatial short-term memory in mild cognitive impairment and Alzheimer disease: Role of attention. *Neuropsychologia*, 45: 1948 – 1960.

Ally, B. A., Jones, G. E., Cole, J. A., & Budson A. E. (2007). Sensory gating in patients with Alzheimer's disease and their biological children. *American Journal of Alzheimer's Disease and Other Dementias, 21*, 439 - 447.

Ally, B. A., McKeever, J. D., Waring, J. D., & Budson, A. E. (2009). Pictures preserve frontal memorial processes in patients with mild cognitive impairment. *Neuropsychologia, 47*, 2044 -2055.

Ally, B. A., Gold, C. A., & Budson, A. E. (2009a). An evaluation of recollection and familiarity in Alzheimer's disease and mild cognitive impairment using receiver operating characteristics. *Brain and Cognition 69,* 504 - 513.

Ally, B. A., Gold, C. A., & Budson, A. E. (2009b). The picture superiority effect in patients with Alzheimer's disease and mild cognitive impairment. *Neuropsychologia 47,* 595-598.

Alvarez, G. A., & Cavanagh, P. (2004). The capacity of visual short-term memory is set both by visual information load and by number of objects. *Psychological Science, 15*(2), 106-111.

Allen, R. J., Baddeley, A. D., & Hitch, G. J. (2006). Is the binding of visual features in working memory resource-demanding? *Journal of Experimental Psychology: General, 135*(2), 298-313.

Amieva, H., Lafont, S., Auriacombe, S., Le Carret, N., Dartigues, J-F., Orgogozo, J-M., Collette, F. (2002) Inhibitory breakdown and dementia of the Alzheimer type: a general phenomenon? *Journal of Clinical and Experimental Neuropsychology, 24*(4), 503 - 16.

Amieva, H., Phillips, L. H., Della Sala, S., Henry, J. D. (2004) Inhibitory functioning in Alzheimer's disease. *Brain, 127*(5), 949 - 964.

Baddeley, A. D., Bressi, S., Della Sala, S., Logie, R., & Spinnler, H. (1991) The decline of working memory in Alzheimer's disease. *Brain, 114,* 2521 - 2542.

Barbeau, E., Didic, M., Tramoni, E., Felician, O., Jourbert, S., Sontheimer, A., Ceccaldi, M., Poncet, M. (2004) Evaluation of visual recognition memory in MCI patients. *Neurology, 62*(8), 1317 - 1322.

Bays, P. M., & Husain, M. (2008). Dynamic shifts of limited working memory resources in human vision. *Science, 321,* 851 - 854.

Bird, C. M., Chan, D., Hartley, T., Pijnenburg, Y. A., Rossor, M. N., & Burgess, N. (2010) Topographical short-term memory differentiates Alzheimer's disease from frontotemporal lobar degeneration. *Hippocampus, 20,* 1154 - 1169.

Bentley, P., Husain, M., Dolan, R. J. (2004) Effects of cholinergic enhancement on visual stimulation, spatial attention, and spatial working memory. *Neuron, 41*(6), 969 - 82.

Blekher T., Weaver, M. R., Cai, X., Hui, S., Marshall, J., Jackson, J. G., Wojcieszek, J., Yee, R. D. & Foroud, T. M. (2009) Test-retest reliability of saccadic measures in subjects at risk for Huntington disease. *Investigative Ophthalmology & Visual Science, 50*(12), 5707-11.

Bondareff, W., Mountjoy, C. Q., Roth, M., Rossor, M. N., Iversen, L. L., Reynolds, G. P., Hauser,D. L. (1987) Neuronal degeneration in locus ceruleus and cortical correlates of Alzheimer disease. *Alzheimer Disease and Associated Disorders, 1*(4), 256-62.

Boxer, A. L., Garbutt, S., Rankin, K. P., Hellmuth, J., Neurhaus, J., Miller, B. L. & Lisberger, S. G. (2006) Medial versus lateral frontal lobe contributions to voluntary saccade control as revealed by the study of patients with frontal lobe degeneration. *Journal of Neuroscience, 26*(23), 6354 - 6363.

Brockmole, J. R., Parra, M. A., Della Sala, S., & Logie, R. (2008) Do binding deficits account for age-related decline in visual working memory? *Psychonomic Bulletin & Review, 15*(3): 543 - 547.

Bublak, P., Redel, P., Sorg, C., Kurz, A., Forstl, H., Muller, H. J., Schneider, W. X., & Finke, K. (2009) Staged decline of visual processing capacity in mild cognitive impairment and Alzheimer's disease. *Neurobiology of Aging,* doi: 10.1016/ j.neurobiolaging. 2009.07.012.

Bundesen, C. (1990) A theory of visual attention. *Psychological Review, 97,* 523 - 547.

Chalfonte, B. L. & Johnson, M. K. (1996) Feature memory and binding in young and older adults. *Memory and Cognition, 24*(4), 403 - 416.

Chun, M. M., & Potter, M. C. (1995). A two-stage model for multiple target detection in rapid serial visual presentation. *Journal of Experimental Psychology: Human Perception and Performance, 21*(1), 109 - 127.

Chun, M. M. (1997). Types and tokens in visual processing: a double dissociation between the attentional blink and repetition blindness. *Journal of Experimental Psychology: Human Perception and Performance, 23*(3), 738 - 755.

Coltheart, M. (1980). Iconic memory and visible persistence. *Perception and Psychophysics, 27*(3), 183-228.

Clipp, E. (2005). US Department of Veterans Affairs HSR&D Study NRI 95-218, Informal Caregivers of Veterans with Dementia: Cost, QOL, and Service Use.

Contestabile, A. (2010) The history of cholinergic hypothesis. *Behavioral Brain Research,* doi:10.1016/j.bbr.2009.12.044

Coull, J. T., Nobre, A. C., & Frith, C. D. (2001) The noradrenergic α2 agonist clonidine modulates behavioural and neuroanatomical correlates of human attentional orienting and alerting. *Cerebral Cortex, 11*(1), 73 – 84.

Cowan, N. (2001). The magical number 4 in short-term memory: A reconsideration of mental storage capacity. *Behavioral and Brain Sciences, 24*(1), 87-114; discussion 114-185.

Cowan, N., Naveh-Benjamin, M., Kilb, A., Saults, J. S. (2006) Life-span development of visual working memory: when is feature binding difficult? *Developmental Psychology, 42*(6), 1089 – 1102.

Crawford, T. J., Higham, S., Renvoize, T., Patel, J., Dale, M., Suriya, A., Tetley, S. (2005) Inhibitory control of saccadic eye movements and cognitive impairment in Alzheimer's disease. *Biological Psychiatry, 57*(9), 1052 – 60.

Crawford, T. J., Parker, E., Solis-Trapala, I., Mayes, J. (2011) Is the relationship of prosaccade reaction times and antisaccade errors mediated by working memory? *Experimental Brain Research, 208*(3), 385 – 97.

Cronin-Golomb, A. (1995) Vision in Alzheimer's disease. *Gerontologist, 35*: 370-376.

Cronin-Golomb, A., Gilmore, G. C., Neargarder, S., Morrison, S. R., Laudate, T. M. (2007) Enhanced signal strength improves visual cognition in aging and Alzheimer's disease. *Cortex, 43*(7), 952 – 966.

Desimone, R., & Duncan, J. (1995). Neural mechanisms of selective visual attention. *Annual Review of Neuroscience, 18*, 193-222.

Dierckx, E., Engelborghs, S., De, R. R., De Deyn, P. P., Ponjaert-Kristoffersen, I. (2007) Differentiation between mild cognitive impairment, Alzheimer's disease and depression by means of cued recall. *Psychological Medicine, 37*, 747–755

Dickerson, B. C. (2006) Functional magnetic resonance imaging of cholinergic modulation in mild cognitive impairment. *Current Opinion in Psychiatry, 19*(3), 299 – 306.

Dudkin, K. N., Chueva, I. V., Makarov, F. N., Bich, T. G., & Roer, A. E. (2005) Impairments in working memory and decision-taking processes in monkeys in a model of Alzheimer's disease. *Neuroscience and Behavioral Physiology, 35*(3), 281 – 289.

Duffy, C. J., Cushman, L., Kavcic, V. (2004) Visuospatial Disorientation in Alzheimer's Disease: Impaired Spatiotemporal Integration in Visual Information Processing. In A. Cronin-Golomb & P. R. Hof (Eds.), *Vision in Alzheimer's disease: Interdisciplinary Topics in Gerontology.* Basal, Karger, Vol. 24, pp. 155 – 172.

Dunne, T. E., Neargardner, S. A., Cipolloni, P. B., & Cronin-Golomb, A. (2004) Visual contrast enhances food and liquid intake in advanced Alzheimer's disease. *Clinical Nutrition, 23*(4), 533 – 538.

Enns, J. T., & Di Lollo, V. (1997) Object substition: a new form of masking in unattended visual locations. *Psychological Science, 8*(2), 135 - 139.

Farias, S. T., Mungas, D., Reed, B. R., Harvey, D., Cahn-Weiner, D. & DeCarli, C. (2006) MCI is associated with deficits in everyday functioning. *Alzheimer Disease and Associated Disorders, 20*(4), 217 - 23.

Fernandez-Duque, D., & Black, S. E. (2008) Selective attention in early Dementia of Alzheimer Type. *Brain and Cognition, 66,* 221 - 231.

Folstein, F., Folstein, S. L., & McHugh, P. R. (1975). Mini-mental state, a practical method for grading the cognitive state of patients for the clinician. *Journal of Psychiatric Research, 12,* 189–198.

Foster, J. K., Behrmann, M., Stuss, D. T. (1999) Visual attention deficits in Alzheimer's disease: simple versus conjoined feature search. *Neuropsychology, 13,* 233 - 245.

Fougnie, D., & Marois, R. (2006). Distinct capacity limits for attention and working memory: Evidence from attentive tracking and visual working memory paradigms. *Psychological Science, 17*(6), 526-534.

Fougnie, D., & Marois, R. (2008). Attentive tracking disrupts feature binding in visual working memory. *Visual Cognition, 17*(1/2), 48 - 66.

Furey, M. L., Pietrini, P., & Haxby, J. V. (2000) Cholinergic enhancement and increased selectivity of perceptual processing during working memory. *Science, 290*(5500), 2315 - 19.

Fujimori, M., Imamura, T., Hirono, N., Ishii, K., Sasaki, M., & Mori, E. (2000) Disturbances of spatial vision and object vision correlate differently with regional cerebral glucose metabolism in Alzheimer's disease. *Neuropsychologia, 38*(10), 1356 - 1361.

Garbutt, S., Matlin, A., Hellmuth, J., Schenk, A. K., Johnson, J. K., Rosen, H., Dean, D., Kramer, J., Neuhaus, J., Miller, B. L., Lisberger, S. G. & Boxer, A. L. (2007) Oculomotor function in frontotemporal lobar degeneration, related disorders and Alzheimer's disease. *Brain, 131*(5), 1268 - 1281.

Gold, C. A., Budson, A. E. (2008) Memory loss in Alzheimer's disease: implications for development of therapeutics. *Expert Review of Neurotherapeutics, 8*(12), 1879 - 1891.

Grossi, D., Becker, J. T., Smith, C., & Trojano, L. (1993) Memory for visuospatial patterns in Alzheimer's disease. *Psychologlical Medicine, 23,* 65 - 70.

Harrison, S. A. & Tong, F. (2009) Decoding reveals the contents of visual working memory in early visual areas. *Nature, 458*(7238), 632 - 635.

Heneke, M. T., Nadrigny, F., Regen, T., Martinez-Hernandez, A., Dumitrescu-Ozimek, L., Terwel, D., Jardanhazi-Kurutz, D., Walter, J., Kirchhoff, F., Hanisch, U-K., Kummer, M. P. (2010) Locus coeruleus controls Alzheimer's disease pathology by modulating microglial functions through norepinephrine. *Proceedings of the National Academy of Sciences USA, 107*(13), 6058 - 63.

Hollingworth, A., Richard, A. M., & Luck, S. J. (2008). Understanding the function of visual short-term memory: Transsaccadic memory, object correspondence, and gaze correction. *Journal of Experimental Psychology: General, 137*(1), 163 - 181.

Hollingworth, A. & Luck, S. J. (2009) The role of visual working memory (VWM) in the control of gaze during visual search. *Attention, Perception & Psychophysics, 71*(4), 936 - 949.

Hutton, J. T. (1985) Eye movements and Alzheimer's disease: significance and relationship to visuospatial confusion. In: Hutton, J.T. and Kenny, A.D. (Eds.), *Senile Dementia of the Alzheimer Type,* Alan R. Liss, New York, NY.

Irwin, D. E. (1991). Information integration across saccadic eye movements. *Cognitive Psychology, 23,* 420 - 456.

Iachini, T., Iavarone, A., Senese, V. P., Ruotolo, F., Ruggiero, G. (2009) Visuospatial memory in healthy elderly, AD and MCI: a review. *Current Aging Science, 2*(1), 43 – 59.

Irwin, D. E., Yeomans, J. M. (1991) Duration of visible persistence in relation to stimulus complexity. Perception & Psychophysics, *50*(5), 475-89.

James, W. (1890) *The Principles of Psychology, Volume 1.* New York: Dover Publications, Inc.

Jiang, Y., Olson, I. R., & Chun, M. M. (2000) Organization of visual short-term memory. *Journal of Experimental Psychology: Learning, Memory and Cognition, 26*(3), 683 – 702.

Johnson, J. S., Hollingworth, A., & Luck, S. J. (2008). The role of attention in the maintenance of feature bindings in visual short-term memory. *Journal of Experimental Psychology: Human Perception and Performance, 34*(1), 41 - 55.

Jolicoeur, P., & Dell'Acqua, R. (1998). The demonstration of short-term consolidation. *Cognitive Psychology, 36*(2), 138-202.

Jost, K., Bryck, R. L., Vogel, E. K. (2010) Are old adults just like low working memory young adults? Filtering efficiency and age differences in visual working memory. *Cerebral Cortex,* doi:10.1093/cercor/bhq185.

Kato, T., Knopman, D., & Liu, H. (2001) Dissociation of regional activation in mild AD during visual encoding: a functional MRI study. *Neurology, 57*(5), 812 – 816.

Kavcic, V. & Duffy, C. J. (2003) Attentional dynamics and visual perception: mechanisms of spatial disorientation in Alzheimer's disease. *Brain, 126,* 1173 – 1181.

Kaufman, L. D., Pratt, J., Levine, B., Black, S. E. (2010) Antisaccades: a probe into the dorsolateral prefrontal cortex in Alzheimer's disease. A critical review. *Journal of Alzheimer's Disease, 19*(3), 781-93.

Klaver, P., Smid, H. G., & Heinze, H. J. (1999) Representations in human visual short-term memory: an event-related brain potential study. *Neuroscience Letters, 268*(2), 65 – 8.

Ko, P. C. & Seiffert, A. E. (2006) Visual memory for colors of tracked objects [Abstract]. *Journal of Vision, 6*(6), 1080, 1080a.

Ko, P. C. & Seiffert, A. E. (2009) Updating objects in visual short-term memory is feature selective. *Memory and Cognition, 37*(6), 909 - 923.

Ko, P. C., Higgins, J. A., Kilduff, P. T., Milberg, W., & McGlinchey, R. (2005) Evidence for intact selective attention in Alzheimer's disease patients using a location priming task. *Neuropsychology, 19*(3), 381 – 389.

Langley, L. K., Overmier, J. B., Knopman, D. S. & Prod'Homme, M. M. (1998) Inhibition and habituation: preserved mechanisms of attentional selection in aging and Alzheimer's disease. *Neuropsychology, 12*(3), 353 – 66.

Liu, C-J., McDowd, J. & Lin, K-C. (2004) Visuospatial inattention and daily life performance in people with Alzheimer's disease. *American Journal of Occupational Therapy, 58*(2), 202 – 10.

Lu, Z-L., Neuse, J., Madigan, S., & Dosher, B. (2005) Fast decay of iconic memory in observers with mild cognitive impairments. *Proceedings of the National Academy of Sciences, 102*(5), 1797 – 1802.

Luck, S. J., & Vogel, E. K. (1997) The capacity of visual working memory for features and conjunctions. *Nature, 390*(6657), 279-281.

Milberg, W., McGlinchey-Berroth, R., Duncan, K. M., & Higgins, J. A. (1999) Alterations in the dynamics of semantic activation in Alzheimer's disease: evidence for the gain/decay hypothesis of a disorder of semantic memory. *Journal of the International Neuropsychological Society, 5*(7), 641 - 58.

Mitchell, J. P., Macrae, C. N. & Gilchrist, I. D. (2002) Working memory and the suppression of reflexive saccades. *Journal of Cognitive Neuroscience, 14*(1), 95 - 103.

Neill, W. T. (1977) Inhibitory and facilitatory processes in selective attention. *Journal of Experimental Psychology: Human Perception and Performance, 3,* 444 - 50.

Neill, W. T., Valdes, L. A., Terry, K. M., Gorfein, D. S. (1992) Persistence of negative priming II: Evidence for episodic trace retrieval. *Journal of Experimental Psychology: Learning, Memory and Cognition, 18,* 993 - 1000.

O'Connor, M. K. & Ally, B. A. (2010). Using stimulus form change to understand memorial familiarity for pictures and words in patients with mild cognitive impairment and Alzheimer's disease. *Neuropsychologia, 48,* 2068-2074.

Olivers, C. N. L., Meijer, F., & Theeuwes, J. (2006). Feature-based memory-driven attentional capture: Visual working memory content affects visual attention. *Journal of Experimental Psychology: Human Perception and Performance, 32,* 1243 - 1265.

Olson, I. R., & Jiang, Y. (2002). Is visual short-term memory object based? Rejection of the "strong-object" hypothesis. *Perception and Psychophysics, 64*(7), 1055-1067.

Parasuraman, R., Greenwood, P. M., Haxby, J. V., Grady, C. L. (1992) Visuospatial attention in dementia of Alzheimer type. *Brain, 115,* 711 - 733.

Parra, M. A., Abrahams, S., Fabi, K., Logie, R., Della Sala, S. (2009a) Short-term memory binding deficits in Alzheimer's disease. *Brain,* 132: 1057 - 1066.

Parra, M. A., Abrahams, S., Logie, R. H., Della Sala, S. (2009c) Age and binding within-dimension features in visual short-term memory. *Neuroscience Letters, 449*(1), 1 - 5.

Parra, M. A., Abrahams, S., Logie, R. H., Mendez, L. G., Lopera, F., Della Sala, S. (2009b) Visual short-term memory binding deficits in familial Alzheimer's disease. *Brain 133,* 2702 - 2713.

Parra, M. A., Abrahams, S., Logie, R. H., Della Sala, S. (2010) Visual short-term memory binding in Alzheimer's disease and depression. *Journal of Neurology,* 257: 1160 - 1169.

Pashler, H. (1994) Dual-task interference in simple tasks: data and theory. *Psychological Bulletin, 116*(2), 220 - 244.

Pashler, H. (1998). *The psychology of attention.* Cambridge, MA: MIT Press.

Paxton, J. L., Peavy, G. M., Jenkins, C., Rice, V. A., Heindel, W. C. & Salmon, D. P. (2007) Deterioration of visual-perceptual organization ability in Alzheimer's disease. *Cortex, 43*(7), 967 - 75.

Perry, R. J. & Hodges, J. R. (2000) Relationship between functional and neuropsychological performance in early Alzheimer disease. *Alzheimer Disease and Associated Disorders, 14*(1), 1 - 10.

Perry, R. J. & Hodges, J. R. (2003) Dissociation between top-down attentional control and the time course of visual attention as measured by attentional dwell time in patients with mild cognitive impairment. *European Journal of Neuroscience, 18*(2), 221 - 226.

Phillips, W. A. (1974). On the distinction between sensory storage and short-term visual memory. *Perception and Psychophysics, 16*(2), 283-290.

Porter, G., Leonards, U., Wilcock, G., Haworth, J., Troscianko, T. & Tales, A. (2010) New insights into features and conjunction search: II. Evidence from Alzheimer's disease. *Cortex, 46,* 637 - 649.

Prime, D. J., Pluchino, P., Eimer, M., Dell'Acqua, R. & Jolicoeur, P. (2010) Object-substitution masking modulates spatial attention deployment and the encoding of information in visual short-term memory: Insights from occipito-parietal ERP components. *Psychophysiology,* doi: 10.1111/j.1469-8986.2010.01133.x.

Ranganath, C., Cohen, M. X., Dam, C. & D'Esposito, M. (2004) Inferior temporal, prefrontal, and hippocampal contributions to visual working memory maintenance and associative memory retrieval. *Journal of Neuroscience, 24*(16), 3917 - 3925.

Raymond, J. E., Shapiro, K. L.& Arnell, K. M. (1992) Temporary suppression of visual processing in an RSVP task: an attentional blink? *Journal of Experimental Psychology: Human Perception and Performance, 18*(3), 849 - 860.

Redel, P., Bublak, P., Kuz, A., Forstl, H., Muller, H. J., Schneider, W. X., Perneczky, R. & Finke, K. (2010) Deficits of spatial and task-related attentional selection in mild cognitive impairment and Alzheimer's disease. *Neurobiology of Aging,* doi:10.1016/j.neurobiolaging.2010.05.014

Rizzo, M., Anderson, S. W., Dawson, J., Nawrot, M. (2000) Vision and cognition in Alzheimer's disease. *Neuropsychologia, 38*: 1157 - 1169.

Rizzo, M., Sparks, J., McEvoy, S., Viamonte, S., Kellison, I., & Vecera, S. P. (2009) Change blindness, aging, and cognition. Journal of Clinical and Experimental *Neuropsychology, 31*(2), 245 - 256.

Rokem, A., Landau, A. N., Garg, D., Prinzmetal, W. & Silver, M. A. (2010) Cholinergic enhancement increases the effects of voluntary attention but does not affect involuntary attention. *Neuropsychopharmacology, 35*(13), 2538 - 2544.

Seiffert, A. E. & Di Lollo, V. (1997) Low-level masking in the attentional blink. *Journal of Experimental Psychology: Human Perception and Performance, 23*(4), 1061 - 1073.

Serences, J. T., Ester, E. F., Vogel, E. K. & Awh, E. (2009) Stimulus-specific delay activity in human primary visual cortex. *Psychological Science, 20*(2), 207 - 214.

Sherod, M. G., Griffith, H. R., Copeland, J., Belue, K., Kryzwanski, S., Zamrini, E. Y., Harrell, L. E., Clark, D. G., Brockington, J. C., Power, R. E. & Marson, D. C. (2009) Neurocognitive predictors of financial capacity across dementia spectrum: Normal aging, mild cognitive impairment and Alzheimer's disease. *Journal of the International Neuropsychological Society, 15*(2), 258 - 67.

Simone, P. M. & Baylis, G. C. (1997) The role of attention in a spatial memory task in Alzheimer's disease patients. *Alzheimer's Disease and Associated Disorders,* 11(3), 140 - 152.

Soto, D., Heinke, D., Humphreys, G. W., & Blanco, M. J. (2005). Early, involuntary top-down guidance of attention from working memory. *Journal of Experimental Psychology: Human Perception and Performance, 31,* 248 - 261.

Soto, D., Hodsoll, J., Rothshtein, P., & Humphreys, G. W. (2008). Automatic guidance of attention from working memory. *Trends in Cognitive Sciences, 12,* 342 - 348.

Sullivan, M. P., Faust, M. E., & Balota, D. A. (1995). Identity negative priming in older adults and individuals with dementia of the Alzheimer's type. *Neuropsychology, 9,* 1–19.

Swainson, R., Hodges, J. R., Galton, C. J., Semple, J., Michael, A., Dunn B. D., Iddon, J. L., Robbins, T. W. & Sahakian, B. J. (2001) Early detection and differential diagnosis of Alzheimer's disease and depression with neuropsychological tasks. *Dementia and Geriatric Cognitive Disorders, 12*, 265–280.

Tales, A. & Porter, G. (2009) Visual attention-related processing in Alzheimer's disease. *Reviews in Clinical Gerontology, 18*, 229 – 243.

Tales, A., Butler, S. R., Fossey, J., Gilchrist, I. D., Jones, R. W., Troscianko, T. (2002) Visual search in Alzheimer's disease: a deficiency in processing conjunctions of features. *Neuropsychologia, 40*(12), 1849 - 1857.

Tales, A., Muir, J. L., Bayer, A., & Snowden, R. J. (2002) Spatial shifts in visual attention in normal ageing and dementia of the Alzheimer type. *Neuropsychologia, 40*(12), 2002 - 2012.

Thulborn, K. R., Martin, C. & Voyvodic, J. T. (2000) Functional MR imaging using a visually guided saccade paradigm for comparing activation patterns in patients with probable Alzheimer's disease and in cognitively able elderly volunteers. *American Journal of Neuroradiology, 21*(3), 542 - 31.

Tipper, S. P. (1985). The negative priming effect: Inhibitory priming by ignored objects. *Quarterly Journal of Experimental Psychology, 37A*, 571–590.

Todd, J. J. & Marois, R. (2004) Capacity limit of visual short-term memory in human posterior parietal cortex. *Nature, 428*(6984), 751-4.

Treisman, A. M., & Gelade, G. (1980). A feature-integration theory of attention. *Cognitive Psychology, 12*(1), 97-136.

Treisman, A., & Schmidt, H. (1982) Illusory conjunctions in the perception of objects. *Cognitive Psychology, 14*, 107 - 141.

Trojano, L., Chiacchio, L., De Luca, G., & Grossi, D. (1994) Exploring visuospatial short-term memory defect in Alzheimer's disease. *Journal of Clinical and Experimental Neuropsychology, 16*(6), 911 – 5.

Vaughan. F. L., Hughes, E. A., Jones, R. S. P., Woods, R. T. & Tipper, S. P. (2006) Spatial negative priming in early Alzheimer's disease: evidence for reduced cognitive inhibition. *Journal of the International Neuropsychological Society, 12*(3), 416 – 423.

Vecera, S. P. & Rizzo, M. (2004) Visual attention and visual short-term memory in Alzheimer's disease. In A. Cronin-Golomb & P. R. Hof (Eds.), *Vision in Alzheimer's disease: Interdisciplinary Topics in Gerontology*. Basal, Karger, Vol. 34, pp 48 – 270.

Vogel, E. K., Woodman, G. F., & Luck, S. J. (2001). Storage of features, conjunctions, and objects in visual working memory. *Journal of Experimental Psychology: Human Perception and Performance, 27*(1), 92-114.

Vogel, E. K., Machizawa, M. G. (2004) Neural activity predicts individual differences in visual working memory capacity. *Nature, 428*(6984), 748-51.

Vogel, E. K., Woodman, G. F., & Luck, S. J. (2006). The time course of consolidation in visual working memory. *Journal of Experimental Psychology: Human Perception and Performance, 32*(6), 1436 - 1451.

Voytko, M. L., Olton, D. S., Richardson, R. T., Gorman, L. K., Tobin, J. R., & Price, D. L. (1994) Basal forebrain lesions in monkeys disrupt attention but not learning and memory. *Journal of Neuroscience, 14*, 167 – 186.

Warren, C. M., Breuer, A. T., Kantner, J., Fiset, D., Blais, C. & Masson, M. E. J. (2009) Target-distractor interference in the attentional blink implicates the locus coeruleus - norepinephrine system. *Psychonomic Bulletin & Review, 16*(6), 1106 – 1111.

Wheeler, M. E., & Treisman, A. M. (2002). Binding in short-term visual memory. *Journal of Experimental Psychology: General, 131*(1), 48-64.

Wilken, P. & Ma, W. J. (2004) A detection theory account of change detection. *Journal of Vision, 4,* 1120 – 1135.

Woodman, G. F., & Vogel, E. K. (2008). Selective storage and maintenance of an object's features in visual working memory. *Psychonomic Bulletin and Review, 51*(1), 223 - 229.

Woodman, G. F. & Arita, J. T. (2010) Direct electrophysiological measurement of attentional templates in visual working memory. *Psychological Science, 22*(2), 212 – 215.

Xu, Y. (2002). Encoding color and shape from different parts of an object in visual short-term memory. *Perception and Psychophysics, 64*(8), 1260 - 1280.

Xu, Y., & Chun, M. M. (2006). Dissociable neural mechanisms supporting visual short-term memory for objects. *Nature, 440*(7080), 91-95.

Yeh, Y.-Y., Yang, C.-T., & Chiu, Y.-C. (2005). Binding or prioritization: The role of selective attention in visual short-term memory. *Visual Cognition, 12*(5), 759-799.

Yetkin, F. Z., Rosenberg, R. N., Weiner, M. F., Purdy, P. D., Cullum, C. M. (2006) fMRI of working memory in patients with mild cognitive impairment and probable Alzheimer's disease. *European Radiology, 16*(1), 193 – 206.

Zhang, W., & Luck, S. J. (2008). Discrete fixed-resolution representations in visual working memory. Nature, 453(7192), 233 - 235.

7

Olfactory Dysfunctions in Alzheimer's Disease

Iuliana Nicola-Antoniu
Romania

1. Introduction

Alzheimer's disease is not only the most frequent cause of dementia that takes its toll on the elder population, but it is also the disorder for which, despite the complex research performed, a certain diagnosis may only be performed through anatomic-pathologic examination.

Alzheimer's disease is a neurodegenerative disease whose defining anatomic-pathologic trait is the deposit of amyloid plaques at the level of certain areas of the brain, the presence of fibrillary degeneration in the neurons and vascular changes with an amyloid deposit, all of which result in the impressive reduction of the cerebral mass noticed in the final stages of the condition.

Studies of over 30 years have established that olfaction is impaired in AD, however not invariably.

As early as 1987, Rezek described olfactory deficit as a neurological sign in Alzheimer dementia. Recent research has started to clear up potential mechanisms of olfactory loss in Alzheimer's disease.

Alzheimer disease has a selective vulnerability of the cerebral structures to the pathologic process, inducing a distinctive lesion pattern with a slow evolution in time and that is constantly invariable in the study cases. It begins in the transtentorial region and it then expands to the cortical and subcortical components of the limbic system and it may include the association areas of the neocortex. The pathologic process may be progressive, containing 6 stages. In stages 1-2, the pathologic process takes place at the level of the anteromedial temporal lobe mesocortex, the entorhinal allocortex and the horn of Ammon. Such structures are not only related to memory and learning, but also to the olfactory system. Therefore, stage 1-2, considered "clinically silent", includes a series of non-cognitive clinical changes that are essential for the timely diagnosis of the disease, including olfactory changes.

The deficit of the olfactory system in Alzheimer's disease, as early as its incipient stages, is currently a generally recognized fact. The correlation between olfaction and Alzheimer's disease is particularly exciting, with important diagnosis practical implications.

The olfactory system is a unique system of the human brain; it belongs to archaic structures, its anatomic route is distinguished by the fact that it is the only means of sense that approaches the brain directly, it is the only sensatory system with direct cortical projections, without a thalamic relay, it is the only part of the brain where neurogenesis persists, it has a special reaction to the aging process, it plays an essential role in behavior (food behavior, orientation and sexual behavior) and it influences memory, as there is also a smell memory.

2. Olfaction and memory - investigating the olfactory system

The olfactory primary cortex is the place processing the olfactory information at the highest level and it is directly related to the amygdale and the hippocampus. The amygdale plays an important role in the formation and modulation of emotions, as well as in emotional memory. The hippocampus is involved in memory processes, especially in working memory and in short term memory. Olfaction is the sensory manner that is closest to the limbic system, including both the amygdale and the hippocampus, and that is responsible for emotions and memory. Olfaction and memory are so infused that they allow us to make connections with certain experiences we have been subject to (the capacity of a smell to evoke memories).

This is probably why memories evoked by smells are particularly strong at an emotional level.

An individual olfactory stimulus may trigger different perceptions that depend on previous experiences and olfactory learning. Recent studies of cerebral imagery have indicated changes based on experience of the piriform cortex. (Li et al 2008) The anatomic bases of olfactory learning in such cerebral regions may involve a complex system of association fibers connecting neurons from the same areas or different cortical areas and whose synapse power may be changed by olfactory experience. (Wilson et al 2004) Olfactory learning may amplify the discrimination of smells and it may be important in survival. In humans, changes in the neuronal cortical activity determined by olfactory learning are correlated with the improvement in the discrimination of similar smells. (Li et al 2008)

Olfaction has often been involved in learning processes.

Since the olfaction system is connected to the limbic system, which explained earlier is responsible for the storing and creation of memories, this leads us to the conclusion that each receptor will recognize a specific scent if it had previously been exposed to it, basically creating memories.

It can also be significant that demyelinized olfactory fibers make olfaction the sense with the slowest driving. Not only does it require a longer time for the brain to perform the olfactory perception, but the sensation of a smell also persists more than, for example, visual or auditory sensation. Moreover, the fact that olfactory receptors are the only sensory receptors that are directly exposed to the environment may explain the relation between olfaction and memory.

Despite the fact that initial studies have not recognized it, there is also a short term olfactory memory.

White and Treisman have suggested that olfactory memory occurs due to the fact that humans assign verbal meanings to olfactory stimuli. The memory of smells is improved by familiarity and the capacity of identification.

Episodic information is an essential constituent of olfactory memory, comparative with the form and structure of the visual and auditory memory systems. All smells are encoded as "items" in the piriform cortex. The perception of smells is totally dependant on the integrity of this memory system and the loss thereof leads to the dysfunction of perception.

Neuro-transmitters in the olfactory system are responsible for the neuronal plasticity and behavioral changes. Noradrenaline and acecoline influence both implicit and explicit memory.

Implicit memory

It does not imply the conscious memory of the initial exposure to smell. The proof of the implicit memory formation of smells is given by habit, sensitization, perceptual learning and classic conditioning tests. Olfaction includes a strong tendency of habit.

Habit

It involves the decrease of the level of attention and response to a stimulus that is no longer perceived as new. It refers to decreasing the levels of response to a smell due to extended exposure. It involves the adaptation of cells in the olfactory system. It concerns both receptors, mitral cells of the BO, and cells in the piriform cortex with a rapid adaptation rate. Noradrenaline is deemed to have an effect in the operation of mitral cells and in increasing the response level thereof.

Explicit memory

Is a phenomenon encountered exclusively in humans. It concerns the assigning of associative meanings to different smells. The testing thereof uses the identification and recognition of smells.

In humans it was noticed that the Korsakoff syndrome, with an important memory dysfunction, the memory of smells is less impaired than other types of memory, thus suggesting a separate mechanism than other types of memory.

The testing of the olfactory sense is relatively complex and difficult at the same time. An attempt is made to asses the capacity to detect, identify, recognize and differentiate smells.

- The odor detection threshold is the lowest concentration of a certain odor compound that is perceivable by the human sense of smell. The threshold of a chemical compound is determined in part by its shape, polarity, partial charges and molecular mass
- The identification of smells is a semantic task, referring to general individual knowledge or to experience with a specific smell. (Schab 1999, Tulving 1993) The identification of smells is related to semantic memory, as there is a relation between smells and the name thereof. No significant relation was ascertained with intelligence, short term memory and episodic memory.

The episodic memory of smells is mediated by semantic factors (familiarity and identification of smells); the difficulty in the identification of common smells is based on deficits of the smell memory.

It is worth noting that it is the strong influence of the perception of intensity on the identification of smells. Individual variations in the perception of intensity are a major element for successful identification and it must be considered in the study assessing identification.

Odor identification ability is sensitive to prefrontal lobe dysfunction.

The objectification of smells by the identification of the name makes the subtle connection between memory and the environment.

Olsson (1999) suggested that the identification of smells interferes with memory. The identification of smells has a positive effect on the recognition of smells and it deems the name of smells to be a high level of cognition.

There is also a peri-semantic implicit episodic memory of smells and this spontaneous smell memory remembers especially connections with experienced situations.

Identification provides the individual with a secondary memory channel, however, the question remains if this is for smell itself.

Once identified, the name is remembered and the memory of this name is reactivated when the smell is identified again.

In order to test whether smell can be identified without verbal mediation, Moller carried out an experiment of incidental versus intentional learning recognition with unusual smells, using young and old subjects. In incidental learning, the elderly proved more successful; in intentional learning, the young proved better, as they had fewer false alarms and because they did not use verbal mediation and not because of the deterioration of their working memory.

If smell memory operates independently from its name, it is mainly tuned at detecting changes.

- Smell recognition is a simple method of checking olfactory memory that does not involve language. It only requires that the subject establish, after a period of latency, if the substance it smells is the same as that which was provided for it to smell before.

3. Examination of olfaction

Ideal examination is carried out for each nostril separately. Starting with the asymmetry of neuropathologic changes, there is a functional asymmetry in olfactory performances. Apparently, in order to diagnose the difference of the olfactory identification capacity and of olfactory memory between subjects with MCI and AD, it is useful to test unirinal smell. The testing of performances it carried out by considering the affected nostril; a difference may be noticed between patients with MCI and AD. If the assessment is made by considering the healthy nostril (the olfaction of the two nostrils), the differences between MCI and Alzheimer's disease are no longer present. (Bacher-Fuchs, Moss, 2010).

Olfactory tests:

It is necessary for the battery of tested smells to reduce errors and to be adapted at a multicultural and ethnic level. It should consider all causes that may lead to the dysfunction of the olfactory sense, paying great care to pathological history, associated disorders, the therapy the patient is subject to, the pollution it was exposed to (job), etc.

They must be supplemented and correlated with other factors involved in AD, as well as with other situations that may prevent the cognitive function.

The used tests are:

1. UPSIT - The University of Pennsylvania Smell Identification Test, "a scratch and sniff odor identification test", including:
   - tests for odor threshold (n butanol testing by means of a single staircase)
   - odor discrimination (16 pairs of odorants, triple forced choice)
   - odor identification (16 common odorants, multiple forced choice from four verbal items per test)
2. "Sniffin' sticks" - pen like odor dispersing devices which include tests for odor identification, discrimination and thresholds
3. CCCRC (Connecticut Chemosensory Clinical Research Center Test) - a combined odor identification and odor threshold test.

Specialized testing may include EEG derived measured such as the recording of olfactory event-related potentials.

4. Olfaction and aging

Aging also leads to the decrease of all senses: sight, hearing, tactile, including taste and smell. There is a reverse proportionality between age and olfactory sensibility.

Olfactory senescence begins at 36 for both genders, and it accelerates with aging, impairing pleasant smells. Despite the fact that it is of lower interest for the patient compared to, for example, the loss of sight or of hearing, the loss of smell is frequent and often unacknowledged. Patients with congenital anosmia are diagnosed with it at about 10 years old.

It was reported that over 75% of the population over 80 years old has a tendency towards major olfactory dysfunction, as olfaction decreases considerably after the 7th decade. A more recent study has indicated that 62.5% of people between the ages of 80 and 97 are subject to olfactory dysfunction.

Aging is also accompanied by the decrease in the capacity to identify smells and of discrimination.

The loss of olfactory acuteness in elders may be caused by changes in the anatomy of the involved structures, the action of environmental factors, medication. Apparently, the main causes are: chronic illness, medication, dental and sinus problems.

Medical causes affecting smell:

i. Neurological: - Bell's paralysis
   - chorda tympani dysfunction
   - epilepsy
   - cranial trauma
   - Korsakoff's syndrome
   - multiple sclerosis
   - Parkinson's disease
   - tumors
ii. Nutritional:
   - cancer
   - renal chronic illness
   - liver disease
   - vitamin PP deficit
   - vitamin B12 deficit
iii. Endocrinous:
   - corticoadrenal insufficiency
   - congenital adrenal hypoplasia
   - panhypopituitarism (Simon's disease)
   - diabetes mellitus
   - hypothyroidism
   - Kallman's syndrome
   - McCune-Albright syndrome
   - Turner syndrome
iv. Local:
   - sinusitis, rhinitis, polyposis
   - asthma
   - xerostomic conditions, including the Sjogren's syndrome
v. Viral:
   - acute viral hepatitis
   - flu-like infections

However, the studies have indicated that a series of disorders in elders do not impair olfaction, such as arterial hypertension and heart diseases.
The decrease of the olfactory sense in elders may occur by the alternation in the distribution, density, functionality of specific receptor proteins, of ionic channels or of signaling molecules affecting the ability of the neurons in the olfactory path to signal and process the odoriferous information.
The mechanisms leading to the decrease of the olfactory sense in high age are: the decrease of neurogenesis, the decrease in the number of synapses, a decrease of the total synaptic density in the glomerular layer, (STABLE TUBULE ONLY POLYPEPTIDE could be responsible for this phenomenon), the change of growth factors (TGF - alpha, FGF2, BMPs, TGF-beta, EGF, BDNF) ,the decrease in the number of nerve terminations at the level of the nasal mucous, the decrease in the quantity of mucus at the level of the nasal mucous, respectively of the olfactory epithelium, the decrease of neurotransmitters.
Anatomic changes consist of decreasing the number of olfactory receptors and fibers in the olfactory bulb. Losses in the olfactory bulb may be secondary to the reduction of neurons in the nasal mucous. Olfactory receptors die through an apoptosis process. The decrease in regeneration with age leads to reducing the surface of the olfactory epithelium. This is also accompanied by an increase in the death rate of receptors.
In some cases, olfactory loss occurs due to bone growth and the consequent reduction of the cribriform lamella orifices of the ethmoid bone with microlesions of the nerve fillets when crossing this structure.
Functional imagery studies have proved that the activity of the piriform/amygdaliane region and of the orbitofrontal cortex is reduced in elder patients exposed to olfactory stimuli.
Moreover, it was noticed that areas of the cerebellum are activated by olfactory stimuli: the upper and inferior semilunar lobe, the posterior quadrangular lobe. In elders, olfactory stimulation leads to a higher activation of the cerebellum, suggesting a high response to attention requests or a compensating mechanism.
Age-related deficits concern both the recognition of smells and the identification of smells, which may be attributed to cognitive limitation.
The reduction of the olfactory sense has major consequences of the state of health and on the security of the respective patient: hyposmia is inseparably related to the altering of taste, leading to inappetence, the decrease of food intake, weight loss, malnourishment, reduction of immunity, the deterioration of the state of health. The altering of taste leads to the loss of the please of eating, as the patient is deprived of the ability to savor a meal, which may lead to depression. As taste is altered, the patient has the tendency to have a high intake of salt and sugar which may lead to the aggravation of cardio-vascular diseases or, respectively, to diabetes.
The reduction of the olfactory sense may lead to anxiety, the tendency of isolation. The altering of the perception of smell related to one's own body may lead to the decrease in the degree of personal hygiene, with consequent social implications.
The security of the life of patients with hyposmia is affected by the possibility of ingesting altered food, gas intoxication, etc.
Physical health, financial security, profession, partnership, friendship, emotional stability, free time are severely affected by the loss of olfaction.
The treatment of hyposmia generally has relatively modest results. Treatment may include the intake of zinc, vasodilatation substances such as pentoxifylline, as well as of vitamin A,

alpha-lipoic acid and NMDA receptor antagonists such as caroverine. Aside from such substances, the use of flavoring agents improves taste changes. Studies have indicated that the use of food supplements such as flavors leads to the increase of salivary Ig A, the increase in the number of T and B cells.

5. MCI and olfaction

The assessment of the olfactory function may be a method that is worth trying in order to identify patients with memory deficits. Identification performances were studied by using MCI. Comparing normal elder subjects with an MCI group, where the identification and the remembering of smells were studied, noticed that MCI subjects had significantly lower results in their tests, however, the performance in the assessment of smells was less affected than the cognitive assessment.

Moreover, after monitoring elder patients in time (5 years), who did not initially have cognitive dysfunctions, where the capacity of olfactory identification was also determined, it was ascertained that for those who have developed MCI, the olfactory identification score had a predictive value. Respectively, an olfactory score increased the risk of MCI by 50%. The results were not changed by the cognitive level in the presence of smoking. The reduction of olfaction was associated with a lower basic cognitive level and with a faster decline of episodic, semantic memory and of the perceptual speed. Therefore, in elders with no manifest cognitive disorder, the difficulty in identifying smells plays the role of prediction in the MCI development.

An important study has monitored 471 elder patients that were not subject to dementia or to cognitive disorder, for 5 years (Wilson-Olfactory impairment in presymptomatic Alzheimer's disease), for whom the capacity to identify familiar smells was initially assessed, by using the Brief Smell Identification Test, and they well clinically assessed annually and they were subject to cerebral anatomo-pathologic examination after their death. Moreover, the presence of the APOE epsilon 4 allele was determined. Low BSIT scores were associated with a faster decline of episodic memory, with a high risk of developing MCI. People who have deceased without a cognitive deficit and with lower BSIT scores were associated with a high level of the Alzheimer disease pathology, particularly with fibrillary degenerations in the central olfactory regions, especially in the entorhinal cortex and the horn of Ammon.

Such analyses suggest that in an elder population without clinical manifestations of Alzheimer's disease or MCI, the olfactory dysfunction is correlated both with the level of the Alzheimer's disease pathology in the brain and with the risk of the subsequent development of prodromal signs of the Alzheimer's disease symptoms as MCI and of the episodic memory decline. Therefore, olfactory manifestations may precede cognitive disorders in Alzheimer's disease with a substantial amount of time.

Furthermore, decline also occurs with age in other sensory systems in association with cognitive decline. As the entorhinal cortex processes multiple sensory impulses, it is possible that olfaction may also be accompanied by subtle changes in other sensory functions.

Therefore, the olfactory deficit occurs both in patients with symptoms of Alzheimer's disease, which was long proven, and in MCI patients or in carriers of the epsilon 4 allele, a well established risk factor for Alzheimer's disease. The respective analysis indicates that the association between the olfactory dysfunction and the pathological changes specific to Alzheimer's disease may also occur in asymptomatic elders.

Another study has proven that in elders, the presence of APOE is associated with a high risk of MCI and a fast cognitive decline. It was also indicated that hyposmia associated with APOE has a 5 times higher risk of developing Alzheimer dementia than the general population.

The preliminary data of a study indicates the fact that MCI patients not only have an olfactory dysfunction compared to healthy persons, that progresses in time, but that those who are not aware of the decline of their olfactory sensibility, suffering from amnestic MCI, will develop the criteria for the diagnosis of Alzheimer's disease in the near future.

6. Alzheimer's disease and olfaction

Despite all the research carried out so far, it is still not known why the loss of olfaction occurs in victims of Alzheimer's disease. What is known is that the loss of olfaction is current. Ansomia and Alzheimer's disease go hand in hand. Anosmia was currently studied as a potential diagnosis instrument for Alzheimer's disease.

In 1994, Solomon examined the first cranial nerve in patients with Alzheimer's disease. He noticed that 90% of the patients had different degrees of anosmia.

Another experiment compared the olfactory capacity of 80 normal elders with that of 80 elders suffering from Alzheimer's disease, and the latter had a significantly lower olfactory capacity.

An attempt was even made to quantify the difference of olfactory capacity. Respectively, the study performed by Nordin in 1995 proved that 74% patients with Alzheimer's disease had a satisfactory olfaction only after smelling a sample with a concentration that was 9 times higher than the initial one, which 77% of the normal elders managed to identify. The same study also indicated that patients with Alzheimer's disease were not aware of the debut of their anosmia, nor of the severity of their impairment which is why they did not acknowledge the loss of their olfactory sense.

The amyloid deposit-olfactory impairment relation was proved by Zucco in 1994 in his study on patients suffering from Down's syndrome. It is known that due to the trisomy of the chromosome 21 they carry, they have an overexpression of the genes of this chromosome, including that of the amyloid precursor protein. Starting with the age of 40, they indicate deposits of amyloid plaques at a cerebral level, without however necessarily developing it. The risk of developing dementia in a patient suffering from Down syndrome is higher in persons with a family history of Alzheimer's disease, while others have the same risk as the general population. With age, patients with Down syndrome are also subject to an increase in the rate of Alzheimer's disease, so that, at 60 years old, 50-70% have Alzheimer's disease. Moreover, Alzheimer's disease has an earlier debut in patients with Down syndrome.

The decrease of the olfactory capacity was also noticed in adults with Down syndrome, many of which have a cerebral pathology that is analogue with Alzheimer's disease.

The question that was raised next was if adolescents suffering from Down syndrome and that were not subject to clear neuropathologic changes similar to Alzheimer's disease will develop an olfactory dysfunction.

The olfactory sense (the capacity of identification and discrimination) was tested for 20 teenagers suffering from Down syndrome (13.8 years average age), and the results were compared with 20 patients with Down syndrome who were mentally retarded and 20 patients with Down syndrome who were not retarded. There were no differences between the three groups.

Another study tested the olfactory sense for 14 young people (20 - 31 years) and 14 adults (32 - 54 years) with Down syndrome. The scores were definitely lower in the older group. (Amyloid plaques were emphasized together with neurofibrillary degeneration in the olfactory mucous).

Such corroborated studies suggest that the olfactory impairments correlated with Down syndrome only occur in elders, when the pathology similar to Alzheimer's disease is present.

In MCI, the decrease in olfactory identification may be a marker for early Alzheimer's disease, and the Apo E genotype may be a part of the olfactory decline base.

In his study, Devanand proved that in patients with MCI, low base olfactory identification scores predict the diagnosis of Alzheimer's disease during monitoring. However, the MMSE should be considered, together with whether the patient is aware of the olfactory deficit or not. Devanand has indicated an association of olfactory and neuropsychological tests with an MRI examination for the cerebral volume (entorhinal cortex and horn of Ammon), the sensibility of predicting the MCI conversion to AD increases. Such studies have suggested that olfactory dysfunction may be a potential useful biomarker in estimating the debut and the progression of the disease.

The power of prediction increases if it is associated with the lack of awareness of the olfactory deficit. Low olfactory scores associated with the subjective reporting of the lack of olfactory problems are a stronger prediction factor. The correlation between being non-critical towards olfactory issues and the development of Alzheimer's disease is important as the awareness of the loss of olfactory sense may also be located in the medial temporal lobe structures, known to be impaired in the preclinical stages of the disease and associated with attention deficits.

Olfaction was studied (detection, quality of dissemination and identification) together with cognition (attention, rationale, memory, name, fluency) in patients with Alzheimer's disease, MCI and normal elders.

Patients with MCI had their olfactory sensibility and identification diminished, while discrimination was considered to be under normal limits.

Alzheimer's disease impairs all three areas, more than in MCI. It was noticed that the performances in the identification and discrimination of smells is correlated better than the detection with neuropsychological tests. Therefore, the deficits in detection and identification occur early in Alzheimer's disease, prior to the development of the clinical symptoms, and it progresses with the evolution of the disease. High detection thresholds together with the impairment of identification may be an early indicator of Alzheimer's disease.

Electrophysiological - olfactory evoked potential studies have confirmed the olfactory dysfunction both in patients suffering from Alzheimer's disease and in the preclinical MCI stage.

In Alzheimer's disease, the olfactory dysfunction progresses together with the disease and it is correlated with its severity. More advanced stages also register the impairment of olfactory discrimination.

1996 meta-analyses were performed on 43 olfactory perception and AD studies, and significant deficits were noticed in the olfactory detection threshold, the olfactory identification and olfactory recognition in confirmed or potential AD cases compared to the case-controls of the same age. Such deficits were correlated with genetic factors associated with a high risk for AD.
Gilbert and Murphy have proved that even one or two copies of the APOE allele e4 have a significant deficit in smell recognition compared to patients who do not have this allele. The authors have indicated that the deficit only applies to olfaction and not to visual stimuli.

7. The theoryes of olfactory impairment in Alzheimer's disease

In terms of olfactory impairment in Alzheimer's disease, two theories were raised: the olfactory vector theory and the degenerative theory.
The olfactory vector theory
In 1985, Pearson et al suggested that in terms of the impairment of the olfactory system in striking contrast to the minimal changes of other cerebral areas, it is possible that the olfactory system is the gateway for the agents triggering the disease. Therefore, the loss of smell may be a consequence of virus access or the access of toxins from the nose to the brain via the olfactory path.
This theory is supported by the following:

1. In the intranasal instillation of virus or toxins, they can enter the brain by the active transport of olfactory cells and it induces the alteration of olfactory structures (Stroop, 1995)
2. Studies suggesting histopathologic changes occur in the olfactory epithelium in patients with Alzheimer's disease (Jafek et al, 1992)

Amyloidal plaques and degeneracy are preferentially located in the limbic system receiving fibers directly from the olfactory bulb, including the anterior olfactory nucleus, uncus and the medial amygdaline nucleus. (Pearson et al, 1985)
Secondary degeneration theory
It postulates that the loss of olfaction is determined by retrograde secondary degeneration. A version postulates that limbic structures are particularly susceptible to alteration in the processes of Alzheimer's disease.
Potential arguments are:

1. Patients with Alzheimer's disease have a reverse correlation between the UPSIT scores and the metabolic activity in the anterior portion of the medial temporal cortex measured by PET (Buchsbaum et al, 1989)
2. The association between low olfactory scores and the number of hippocampal lesions in patients with Alzheimer's disease (Serby et al, 1992)
3. Mice which have recently become anosmic do not have a learning deficit, unlike those in which anosmia was induced earlier (Kurtz et al, 1989)

8. The structural bases of the olfactory impairment in Alzheimer disease

Multiple areas of the brain that are crucial for the normal olfactory function are severely impacted by the pathology of Alzheimer's disease. The olfactory dysfunction of Alzheimer's disease is associated with anatomical-pathological changes specific to the disease both at the level of the olfactory mucous and at the level of the olfactory bulb, of the olfactory tracts and of the central region for the projection of olfactory tracts, including regions involved in the recognition of smells and memory (entorhinal cortex and the horn of Ammon).

Deposits of amyloid and neurofibrillary tangles, the two pathological hollmarkes of AD, are located differentially by crossing these regions. Few studies have approached the connection between the prevalence of these pathologies with the olfactory function.

A study has suggested that for elders (87 ± 6 years), olfactory loss is determined by the loading of neurofibrillary tangles in the central areas processing olfactory information; another study has indicated that the severity of the pathology in the olfactory system is correlated with the neuropathologic progression of the disease starting from the MCI stage.

Olfactory identification is impaired early on in Alzheimer's disease and it may be influenced by the cognitive status more than the olfactory acuity or detection that is not alerted until late stages. The hyposmia pattern in Alzheimer's disease suggests that the disease does not begin "in the nose", as was theorized so far.

Talamo examined the changes in the olfactory neurons in Alzheimer's disease and he indicated that there are histopathologic changes at the level of the olfactory epithelium.

In 1991, Hyman used neuroanatomic and neurochemical studies to describe the changes at the level of the olfactory bulb with deposit of amyloid plaques and neurofibrillary tangles with degenerations of other areas: the anterior olfactory nucleus, the olfactory tubercle, uncus and subiculum.

A 1993 study indicated a less severe impairment in Alzheimer's disease of the olfactory tract and bulb in Alzheimer's disease than in the central part of the olfactory system.

Immunohistochemical determinations in the olfactory epithelium for the polyclonal protein, for amyloid plaques and for ubiquitin have proved the presence thereof in Alzheimer's disease, so that nasal mucous biopsy may be useful.

It was also noticed that neuroblasts from donors with Alzheimer's disease have high levels of precursor amyloid.

Imagistic and immunohistochemical studies have proven the correlation between the deposit of amyloid plaques and neurofibrillary tangles at the level of the olfactory bulb with those at the level of the cortex.

The study of Wilson and his collaborators, performed in 2007, indicated that the difficulty in identifying familiar smells at a high age is partially due to the neurofibrillary pathological accumulation in the central olfactory regions, respectively in the entorhinal cortex and the CA1/subiculum area in the horn of Ammon, as the density of degeneracy is inversely proportional with the olfactory identification.

In 2009, Thomann carried out MRI studies to indicate the reduction in the sizes of the olfactory bulb and tract in the early stage of Alzheimer's disease.

An MRI study also described the decrease in the volume of the left horn of Ammon in Alzheimer's disease, reflected in the reduction of olfactory identification performances.

Experiments carried out on rodents with AD have provided evidence that both the neurofibrillary tangles and the beta-amyloid lead to olfactory loss. For example, a recent study carried out on a transgenic mouse with the overexpression of the human amyloid beta protein precursor indicated that such mice have an age-dependent olfactory dysfunction compared to the control group of the same age. Such olfactory deficits include the abnormal investigation of smells, olfactory habit (short term memory) and olfactory discrimination. Furthermore, such behaviors are correlated with the spatial-temporal deposit of the fibrillary and/or non-fibrillary beta-amyloid. It is worth mentioning that the amyloid deposit first occurs in the olfactory bulb, followed by the deposit in the olfactory cortex and horn of Ammon.Such data suggest that the beta-amyloid deposit in the olfactory bulb and in the olfactory cortical areas may contribute to olfactory loss in early and, respectively, late stages.

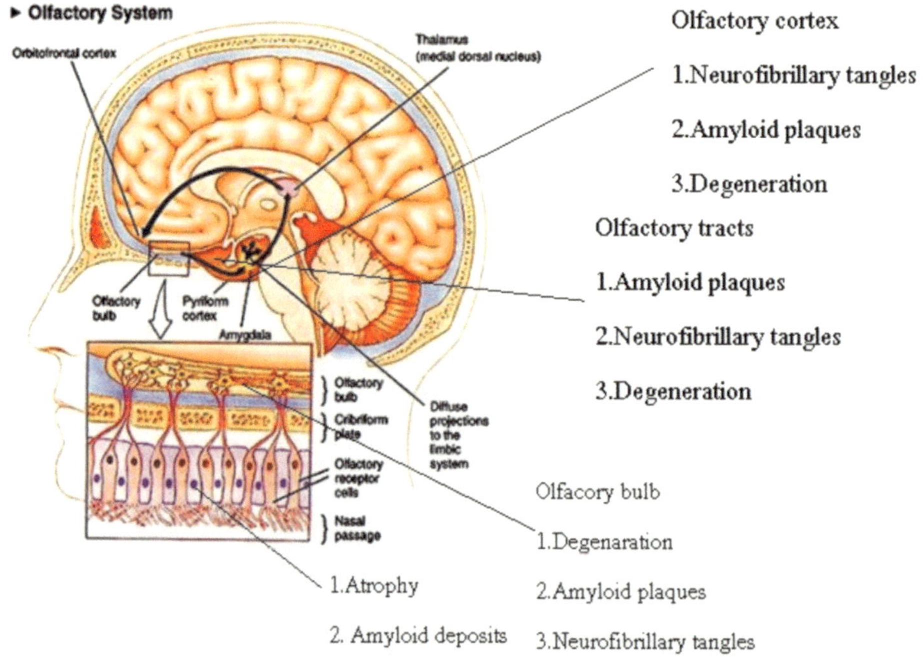

Fig. 1. Anatomical changes of the olfactory pathways in AD

9. Olfactory sense and other neurodegenerative disease

The decrease of the olfactory sense is also associated with other neurodegenerative diseases: Parkinson's disease and Lewy corpuscles dementia,

Olfactory impairments in Alzheimer's disease and Parkinson's disease are initially similar, and they are later on set apart in terms of quality. In Parkison's disease, cerebral lesions are rarer and the olfactory impairment is more stable. However, it is worth noting that in initial studies, the extent of the olfactory changes in Parkinson's disease is the same as that in Alzheimer's disease.

During the post-mortem examination, patients suffering from anosmia dementia seem more likely to have Lewy body dementia.

Progressive supranuclear palsy -In this disease, the olfactory function is relatively intact, with no significant differences between the olfactory scores of such patients compared to the case-controls.

Multiple system atrophy- They have lower olfactory scores than the case-controls, however they are better than patients with Parkinson's disease (Wenning et al, 1993). The olfactory impairment has no correlation with the disability scores, and the pathological changes are more expanded than in Alzheimer's disease.

In Huntington's chorea there is impairment in the discrimination and identification of smells, however not in the detection thereof.

10. Olfaction-marker of Alzheimer disease

A major effort in AD research is directed towards the identification of the markers of the disease. Such biomarkers should ideally predict the AD prognosis before the significant development of the neuropathology and the consequent loss of the cognitive function. Early indicators of the disease are especially important for the implementation of interventions as long as the brain is still operating normally. Therefore, the finding of a robust and accurate biomarker may be a pivot in the reduction of the AD global impact.

An overview of the biomarkers' progression has indicated that the first elements that are detected are beta-amyloid, followed by the neurodegeneration and the cognitive markers.

Despite the fact that they are not normally used, perception impairments may serve as AD biomarkers. Perception impairments are common in AD, including the loss of olfaction, of visual and hearing abilities.

The answer to the question on whether olfaction can be used as an AD marker is not simple. There are numerous causes of hyposmia. The high prevalence of anosmia in other neurodegenerative diseases - PD, DLB, D fronto-temporal indicates that olfaction alone is not specific enough as an AD biomarker. Together with other biomarkers, the olfactory perception screening may be useful in consolidating the sensitivity and specificity of an AD diagnosis, especially due to the fact that it is non-invasive, easy to repeat, it reflects the operation of the neuronal circuits impaired in the initial stages of AD, it is not costly and it does not require technological equipment.

Considering the fact that the olfactory deficit is developed with a high frequency in intact cognitive subjects, carriers of the e4 allele, olfaction can be a particularly useful and non-invasive measure in the intervention or prevention of risk trials.

The testing of the olfactory sense may be useful in differentiating Alzheimer's disease from major depression.

Anosmia may be a respectable method of diagnosis in Alzheimer's disease. The careful monitoring of the decline of the olfactory sense may indicate the debut of Alzheimer's disease.

Anosmia may be used as a probable indicator in the diagnosis of Alzheimer's disease, however it cannot be a decisive factor by itself.

Longitudinal studies during the progression of the disease, correlated with independent measurements of the structural and functional deficits in relevant areas of the brain will establish the usefulness of olfactory tests.

The smell identification function may be useful as a clinical measure for the assessment of the clinical response to donepezil, as the entorhinal cortex, the olfactory bulb, critical areas for smell, are high in acecoline, a neurotransmitter involved in the pathology of Alzheimer's disease and treatment.

11. References

[1] Andreasen N, Blennow K. CSF biomarkers for mild cognitive impairment and early Alzheimer's disease. *Clin Neurol Neurosurg.* 2005;107:165–173

[2] Anstey K. J Problems identifying odours predicts mild cognitive impairment in the elderly Evid Based Ment. Health, may,2008;11(2):40-40

[3] Bacon A. W., Bondi M.W., Salmon D. P.,Murphy C.(1998) Very early changes in olfactory functioning due to Alzheiemr,s disease and the rol of apoliporotein E in olfaction Ann. N.Y. Acad. Sci. 855, 723-731doi:10.1111

[4] Bath K. G., Mandairon N., Jingd.,Rajagopal R.,Kapoor R, Chen Z.,Khan T.,Proenca C.C> Kraemer R.,Clelend T. A., Hempstead B. L., Chao M. V., Lee F. S.(2008). Variant brain-derived neurotrophic factor (Val66Mat) alters adult olfactory bulb neurogenesis and spontaneous olfactory discrimination. J. neurosci. 28,2383-2393 doi:10.1523

[5] Bedard a, Parent a(2004) Evidence of newly generated neurons in the human olfactory bulb. Dev Brain Res. 151,159-168 doi:10.1016

[6] Bennett DA, Schneider JA, Buchman AS, Mendes de Leon CF, Bienias JL, Wilson RS. The Rush Memory and Aging Project: study design and baseline characteristics of the study cohort. *Neuroepidemiol.* 2005;25:163–175.

[7] Bennett DA, Schneider JA, Wilson RS, Bienias JL, Arnold SE. Mild cognitive impairment is related to Alzheimer's disease pathology and cerebral infarctions. *Neurology.* 2005;64:834–841.

[8] Bennett DA, Schneider JA, Arvanitakis Z, Kelly JF, Aggarwal NT, Shah RC, Wilson RS. Neuropathology of older persons without cognitive impairment. *Neurology.* 2006;66:1837–1844.

[9] Bennett DA, Wilson RS, Schneider JA, Evans DA, Beckett LA, Aggarwal NT, Barnes LL, Fox JH, Bach J. Natural history of mild cognitive impairment in older persons. *Neurology.* 2002;59:198–205.

[10] Blennow K, Vanmechelen E. CSF markers for pathogenic processes in Alzheimer's disease: diagnostic implications and use in clinical neurochemistry. *Brain Res Bull.* 2003;61:235–242.

[11] Braak H., Rub U., Schultz C., Del Tredici K - Journal Alzheimer's Disease,2006,91(3 Suppl) 35-44

[12] Braak H.,Braak E., Yilmazer D., de Vos RA.,Jansen E.N.,Bohl J- J Neuronal Trans,1996;103(4);455-90

[13] Bueller J.,Aftab M.,Sen S.,Gomez-Hassan D.,Burmeister M.,Zubieta J.(2006) BDNF Val66Met is associated with reduced hippocampal volume in healthy subjects. Biol. Psychiatry 59,812-815 doi:10.1016

[14] Burns A.,Might olfactory dysfunction be a marker of early Alzheimer's disease? Lancet 2000, 355; 84-85

[15] Chin-Ying Su,Karen Menz, John R. Carlson Olfactory Perception, Receptors, Cells and Circuits. Celll,vol 139,1;45-59,2009

[16] Cox DR. Regression models and life tables (with discussion. *J.R. Soc. Stat. B.* 1972;74:187–220.

[17] Craig-Schapiro R.,Fagan AM, Holtzman DM. Biomarkers of Alzheimer's disease. Neurobiol. Dis. 35(2),128-140(2009)

[18] Cushman LA, Stein K, Duffy CJ. Detecting navigational deficits in cognitive aging and Alzheimer's disease using virtual reality. *Neurology.* 2008;71:888–895

[19] Degel J,Piper D, Koster E.P. Implicit learning and implicit memory for odors: the influence of odor identification and retention time Chem. Sens,2001,26,267-280

[20] Devanand DP, Folz M, Gorlyn M, MoellerJR, Stern Y : Questionable dementia: clinical course and predictors of outcome. J Am Geriatr Soc 1997;45:321-328

[21] Doty RL, Shaman P, Dann M. Development of the University of Pennsylvania Smell Identification Test: a standardized microencapsulated test of olfactory function. *Physiol Behav.* 1984;32:489–502.

[22] Doty RL Studies of olfactory Dysfunction in Major Neurological Disorders, Advances in biosciences,vol 93,pp593-602,1994

[23] Doty RL, Reyes PF, Gregor T: Presence of both odor identification and detection deficits in Alzheimer's disease. Brain Res Bull 1987;18:597-600

[24] Doty RL, Perl DP, Steele JC, Chen KM, Pierce JD, Reyes P, Kurland LT: Olfactory dysfunction in trhee neurodegenerative disease. Geriatrics 1991; 46:47-51

[25] Djordjevic J, Jones-Gotman M, de Sousa K, Chertkow H. Olfaction in patients with mild cognitive impairment and Alzheimer's disease. *Neurobiol Aging.* 2007 doi:10.1016/j. neurobiolaging. 2006.11.014.

[26] Eibenstein A, Fioretti AB, Simaskau MN, Sucapane P, Mearelli S, Mina C, Amabile G, Fusetti M. Olfactory screening test in mild cognitive impairment. *Neurol Sci.* 2005;26:156–160.

[27] Engen T Remembering odors and their names Am Scient,1987,75,497-503

[28] Frank RA, Galasko D, Hampel H, et al. Biological markers for therapeutic trials in Alzheimer's disease;proceedings of the biological markers working group; NIA initiative on neuroimaging in Alzheimer's disease. *Neurobiol Aging.* 2003;24:521–536.

[29] Gilbert PE, Murphy C. The effect of the ApoE epsilon4 allele on recognition memory for olfactory and visual stimuli in patients with pathologically confirmed Alzheimer's disease, probable Alzheimer's disease, and healthy elderly controls. *J Clin Exp Neuropsychol.* 2004;26:779–794.

[30] Gilbert PE, Murpyy C. The effect of the ApoE e4 allele on recognition memory for olfactory and visual stimuli in patients with pathologically confirmed Alzheimer's disease,probable Alzheiemr's disease,and healthy elderly controls. J. Clin. Exp. Neuropsychol. 26(6),779-794(2004)

[31] Graham JE, Rockwood K, Beattie BL, et al. Prevalence and severity of cognitive impairment with and without dementia in an elderly population. *Lancet.* 1997;349:1793–1796.

[32] Hall CB, Lipton RB, Sliwinski M, et al. A change point model for estimating the onset of cognitive decline in preclinical Alzheimer's disease. *Stat. Med.* 2000;19:1555–1566.

[33] Hedner M,Nilsson LG, Olofsson JK, Bergman O, Eriksson E, Larsson M Age-related Olfactory decline in Associated with BDNF Val66met polymorphism:Evidence from a Population-Based Stady Front Aging Neurosci 2010 Jun 7;2:24

[34] Herz RS,EngenT Verbal coding in olfactory versus nonolfactory cognition Men Cogn,1996,28,957-964

[35] Hixson J, Vernier DT. Restriction isotyping of human apolipoprotein E by gene amplification and cleavage with Hhal. *J. Lipid Res.* 1990;31:545–548.

[36] van Hoesen GW, Hyman BT, Damasio AR. Entorhinal cortex pathology in Alzheimer disease. *Hippocampus.* 1991;1:1–8.

[37] Hyman BT, van Hoeson GW, Kromer C, Damasio A. Alzheimer's disease: cell specific pathology isolates the hippocampal formation. *Science.* 1984;225:1168–1170
[38] Jack CRJ, Knopman DS,Jagust WJ et al. Hypothetical model of dynamic biomarkers of the Alzheimer's pathological cascade. Lancet Neurol.9(1),119-128(2010)
[39] Kovacs T. Mechanisms of olfactory dysfunction in aging and neurodegenerative disorders. Ageing Res. Rev 3,215-232(2004)
[40] Koster E. P. Does olfactory memory dependent on remembering odors? Chemical Senses,2005,vol 30,i236-i237
[41] Laird NM, Ware JH. Random-effects models for longitudinal data. *Biometrics.* 1982;38:963–974.
[42] Larsson M, Semb H, Winblad B, Amberla K, Wahlund LO, Backman L. Odor identification in normal aging and early Alzheimer's disease: effects of retrieval support. *Neuropsychol.* 1999;13:47–53.
[43] Levy LM,Henkin RI,Hutter A, Lin CS, Schellinger D. Odor memory induces brain activation as measured by functional magnetic resonance imaging. J Comp Asst Tomog 1999;23: 487-498
[44] Li KZH, Lindenberger U. Relations between aging sensory/sensorimotor and cognitive functions. *Neurosci. Biobehav. Rev.* 2002;26:777–783
[45] Martske JS, Kopala LC, Good KC: Olfactory dysfunction in neuropsychiatric disorders: review and methodological considerations. Biol Psychiatry 1997;42:721-732
[46] McKhann G, Drachmann D, Folstein M, Katzman R, Price D, Stadlan E. Clinical diagnosis of Alzheimer's disease. Report of the NINCDS-ADRDA Work Group under the auspices of Department of Health and Human Services Task Force on Alzheimer's Disease. *Neurology.* 1984;34:939–944.
[47] Mesholam RI, Moberg PJ, Mahr RN, Doty RL :Olfaction in neurodegenerative disease: a meta-analysis of olfactory functioning in Alzheimer,s and Parkinson's diseases. Arch Neurol 1998;55:84-90
[48] Morgan CD, Nordin S, Murphy C; Odor identification is an early marker for Alzheiemr's disease:impact of lexical functioning and detection sensivity. J Clin Exp Neuropsychol 1995;17:793-803
[49] Murphy C, Gilmore MM, Seery CS, Salmon DP, Lasker BR. Olfactory thresholds are associated with degree of dementia in Alzheimer's disease. *Neurobiol Aging.* 1990;11:465–469.
[50] Murphy C, Bacon AW, Bondi MW, Salmon DP. Apolipoprotein E status is associated with odor identification deficits in nondemented older persons. *Ann NY Acad Sci.* 1998;855:744–750.
[51] Murphy C, Nordin S, Acosta L: Odor learning, recall and recognition memory in young and elderly adults. Neuropsychology 1997;11:126-137
[52] Murphy C, Gilmore MM, Seery CS, Salmon DP, Lasker BR: Olfactory thresholds are associated with degree of dementia in Alzheiemr'a disease. Neurobiol Aging 1990;11:465-469
[53] Nordin S, Murphy C; Impaired sensory and cognitive olfactory function in questionable Alzheiemr's disease. Neuropsychology 1996;10:113-119
[54] Nordin S, Almkvist O, Berglund B, Wahlund L: Olfactory disfunction for pyridine and dementia progression in Alzheimer disease. Arch neurol 1997;54:993-998

[55] Peters JM, Hummel T, Kratzsch T, Lotsch J, Skarke C, Frolich L. Olfactory function in mild cognitive impairment and Alzheimer's disease: an investigation using psychophysical and electrophysiological techniques. *Am J Psychiatry.* 2003;160:1995–2002.

[56] Price JL, Davies PB, Morris JC, White DL. The distribution of tangles, plaques and related histochemical markers in healthy aging and Alzheimer's disease. *Neurobiol Aging.* 1991;12:295–312

[57] Royet JP, Croisile B, Williamson-Vasta R, Hibert O, Serclerat D, Guerin J. Rating of different olfactory judgments in Alzheimer's disease. *Chem Senses.* 2001;26:409–417.

[58] Saiiadian A, Doty RL Gyttnick DN, Chirugi RJ, Sivak M, Perl D : Olfactory dysfunction in amyotrophic lateral sclerosis. Neurodegeneration 1994;3 : 153-157

[59] Saleron-Kennedy R, Cusack S, Cashman KD. Olfactory function in people with genetic risk of dementia. *Ir J Med Sci.* 2005;174:46–50.

[60] Serby M,Larson P,Kalkstein D The nature and course of olfactory deficits in Alzheimer's disease, Am J Psychiatry 1991,Mar,148(3):357-60

[61] Serby M, Mohan C, Aryan M, Wiliams L, Mohs RC, Davis KL: Olfactory identification deficits in relatives of Alzheimer's disease pacients. Biol Psychiatry 1996;39:375-377

[62] Talamo BR, Rudel R, Kosik KS, Lee VM, Neff S, Adelman L, Kauer JS: Pathological changes in olfactory neurons in patients with Alzheiemr's disease. Nature 1989;337:736-739

[63] Temple S., Alvarez-Bylla A., Stem cells in the adult mammalian nervous system. Curr Opin Neurobiol 1999; 9 : 135-141

[64] Warner M, Peabody C, Csernansky J: Olfactory functioning in schizophrenia and depression. Biol Psychiatry 1990;27:457-467

[65] Wang QS, Tian L, Huang YL, Qin S, He LQ, Zhou JN. Olfactory identification and apolipoprotein E episolon 4 allele in mild cognitive impairment. *Brain Res.* 2002;951:77–81.

[66] Wesson D. Daniel, Efrat Leny, Ralph A. Nixon, Donald A. Wilson Olfactory dysfunction correlates with Amyloid-beta burden in a Alzheimer,a disease mouse model The Journal of Neuroscience, January 13 2010,3(2):505-514

[67] Wilson RS, Arnold SE, Schneider JA, Tang Y, Bennett DA. The relationship between cerebral Alzheimer's disease pathology and odour identification in old age. *J Neurol Neurosurg Psychiatry.* 2007;78:30–35

[68] Wilson RS, Barnes LL, Bennett DA. Assessment of lifetime participation in cognitively stimulating activities. *J Clin Exp Neuropsychol.* 2003;25:634–642.

[69] Wilson DA The fundamental rol of memory in olfactory perception, Trends in Neurosciences,2003,26(5);244

[70] Wilson DA, Learning to smell: olfactory perception from neurobiology to behavior, Baltimore MD, US:John Hopkins University Press, 2006

[71] Wilson RS, Barnes LL, Krueger KR, Hoganson G, Bienias JL, Bennett DA. Early and late life cognitive activity and cognitive systems in old age. *J Int Neuropsychol Soc.* 2005;11:400–407.

[72] Wilson RS, Arnold SE, Schneider JA, Kelly JF, Tang Y, Bennett DA. Chronic psychological distress and risk of Alzheimer's disease in old age. *Neuroepidemiol.* 2006;27:143–153.

[73] Wilson R S,Schneider JA, Arnold SE, Tang Y, Boyle PA,Benett DA Olfactory identification incidence of Mild Cognitive Impairment in Older Age Arch Gen Psychitrry, yuli,2007;64(7):802-808

[74] Wen Li, James D. Haward, Jay A Gottfried Disruption of odour quality coding in piriform cortex mediates olfactory deficits in Alzheimer's disease, Brain, 133(9) 2714-2726

[75] Wesson D, Ralph A Nixon, Donald A Wilson Olfactory dysfunction may serve as an early diagnostic tool for Alzheimer's disease Journal of neuroscience, 2010

[76] Wesson D ,Donald A Wilson ,Nixon A Ralph Shoud olfactory dysfunction be used as a biomarker of Alzheimer's disease?, Exper Review of Neurotherapeutics, may 2010, vol. 10,No.5 pages 633-635,doi 10.1586

[77] Wilson RS, Schneider JA, Barnes LL, et al. The apolipoprotein E ε4 allele and decline in different cognitive systems during a 6-year period. *Arch. Neurol.* 2002;59:1154–1160.

[78] Wilson RS, Bienias JL, Berry-Kravis E, et al. The apolipoprotein E ε2 allele and decline in episodic memory. *J Neurol. Neurosurg. Psychiatry.* 2002;73:672–677.

Part 3

Neuroimaging in the Spotlight

8

Currently Available Neuroimaging Approaches in Alzheimer Disease (AD) Early Diagnosis

Laura Ortiz-Terán[1], Juan MR Santos[2],
María de las Nieves Cabrera Martín[3] and Tomás Ortiz Alonso[2]
[1]*Department of Radiology, Massachussets General Hospital, Harvard University, Boston*
[2]*Departamento de Psiquiatría y Psicología Médica, Universidad Complutense, Madrid*
[3]*Departamento de Medicina Nuclear, Hospital Clínico, Universitario San Carlos, Madrid*
[1]*USA*
[2,3]*Spain*

1. Introduction

Alzheimer´s disease (AD) is a condition mainly diagnosed through clinical interpretation and neuropsychological testing. Unfortunately this leads to problems due to variations in expertise of the clinicians involved. Moreover, its diagnosis is usually achieved in later phases of the disease, which reduces the scope of useful interventions. In this chapter we will review the different brain imaging approaches used for both AD and mild cognitive impairment (MCI), a condition which evolves into AD in an important proportion of cases (between 10-15 % yearly) (Petersen, 2008).

It has been hypothesized that the accumulation of β-amyloid (Aβ) in the AD brain triggers a cascade of neurodegenerative events, including inflammatory processes, neurofibrillary tangles, oxidative stress, and neuronal network dysfunction with synaptic loss and neurotransmitter deficits. Such events are manifested by progressive impairment of cognitive functions (Kadir et al, 2011). Years ago, an accurate diagnosis of AD was considered only possible using a demonstration of Aβ plaques and neurofibrillary tangles at post-mortem histopathological analysis of the brain (Wiley et al, 2009).

At present there are promising methods for the *in vivo* assessment of the extent of AD. The typical findings of these brain imaging techniques are different and they are summarized in Table 1. These neuroimaging methods may help in AD early diagnosis as well as helping in differentiating AD from other neurodegenerative conditions. Although some pioneering work started in the 1970s, the explosion of knowledge regarding brain imaging methods for AD diagnosis is a matter of the last two decades.

1.1 Computerized Tomography (CT)

Nowadays CT is not considered a standard technique for diagnosing AD, least of all in early stages. Its main usefulness is in differential diagnosis since it is less expensive, faster and more widely available than MRI. CT allows ruling out some clinical situations which lead to behavioural alterations but are not AD, e.g., normotensive hydrocephalus, intra and extra-axial bleeding, etc.

Neuroimaging technique	Finding
CT	Tissue atrophy.
MRI	Tissue atrophy. It is more specific about grey matter.
fMRI	Changes in blood oxygenation level (BOLD signal) representing synaptic activity.
DTI	Connectivity and organization in white matter tracts.
Spectroscopy	Chemical content of the brain, such as NAA/Cr ratio or others.
SPECT	Changes in cerebral perfusion.
PET	Changes in glucose metabolism.
PET-amyloid	Measures accumulation of β-amyloid, an AD-specific protein.
MEG	Measures magnetic fields and, indirectly, yields rather precise information about brain electrical activity

CT = computerized tomography; MRI = magnetic resonance imaging; fMRI = functional magnetic resonance imaging; DTI = diffusion tensor imaging; SPECT = single-photon emission computed tomography; PET = positron emission tomography; MEG = magnetoencephalography; BOLD = blood oxygen level-dependent; NAA = N-acetyl aspartate; Cr = Creatinine; AD = Alzheimer's disease

Table 1. Typical findings of different brain imaging methods used in AD and MCI diagnosis

1.2 Magnetic Resonance Imaging (MRI)

1.2.1 Structural MRI

This technique provides the best possible spatial resolution. Given the fact the most robust neuroimaging finding in AD is the atrophy of mesial temporal structures, structural MRI is the most widely used approach. Hippocampal atrophy is another well known finding, but atrophy within other brain areas has also been described in entorrhinal cortex, amygdala, basal ganglia (nucleus basalis of Meynert), thalamus and bilateral parietal cortex. It is relevant to mention here that in terms of early diagnosis some consider the entorrhinal cortex as the earliest area affected by AD. Other researchers have stated that the nucleus basalis of Meynert is a key structure in AD early diagnosis (Herholz et al, 2004; Grothe et al, 2010).

1.2.2 Functional MRI (fMRI)

fMRI provides signal intensities images associated with a relative cerebral blood flow during cognitive tasks. Resting and activation functional MRI studies have showed a lesser coordinated activity in the hippocampus, inferior parietal lobes -both bilaterally- and cingulate cortex in patients with AD. This neuroimaging technique is nowadays used to monitor AD patients' treatment.

Combining genetic risk with functional MRI memory task paradigms has shown to be a very accurate pre-symptomatic predictor of cognitive decline.

1.3 Diffusion Tensor Imaging (DTI)

DTI allows visualizing neuronal connectivity or, more precisely, local fiber orientation and white matter tracts integrity. Patients with AD show decreased fiber density in temporal white matter, probably related to the medial temporal grey matter atrophy, as well as in the splenium of the corpus callosum.

In mild cognitive impairment (MCI), however, this decreased fiber density has been located in the anterior part of the corpus callosum.

1.4 Spectroscopy

It provides information on tissue substrate or metabolite concentrations. Specifically the N-acetyl aspartate (NAA) has been used as a biomarker of neuronal death, and it has been demonstrated that in patients with MCI and AD is significantly reduced compared to healthy controls.

1.5 Nuclear medicine brain imaging techniques

1.5.1 Single-photon emission computed tomography (SPECT)

It measures cerebral flow by detecting a single-photon emitting tracer after its intravenous injection and brain uptake. It has a very low spatial resolution and its diagnostic accuracy is lower than PET. Nevertheless, in clinical practice, it can be useful for differentiating AD from other dementias such as frontotemporal dementia.

1.5.2 Positron emission tomography (PET)

Recently a new technique using PET with Pittsburg compound B (PIB; PIB-PET) has emerged. PIB is a tracer which allows marking β-amyloid plaques. This technique has been highly efficacious to detect β-amyloid *in vivo* and, therefore, could be rather useful to detect AD in its early phases.

1.6 Magnetoencephalography (MEG)

MEG is a technique which measures brain magnetic fields both during basal state and during cognitive activation. Its time resolution is measured in milliseconds. It is precisely this very high temporal resolution which allows evaluating small changes in brain processing during cognitive stimulation. These changes may help to differentiate between AD, MCI and normality as well as providing some clues about differences in information processing in these same conditions

Different studies carried out with MEG show a decrease in magnetic fields in people with AD in temporal mesial areas during memory tasks. People suffering from AD exhibit increased slow frequencies in temporoparietal areas in basal evaluation.

2. Computed Tomography (CT)

Since the 1970s, there have been many CT studies searching for evidence of focal atrophy in the brains of subjects with AD (DeCarli et al, 1990). The search was complicated by the overlap between changes common to AD and normal ageing and because AD cases were only diagnosed clinically (Smith and Jobst, 1996). There are both generalized and focal changes, both in cortical areas as in the ventricular system, in brain atrophy. Unfortunately focal atrophy is not consistently found in standard axial CT studies though subjects with AD may show a greater degree of generalized atrophy revealed by sulci enlargement and ventricular dilatation.

DeCarli et al (1990) concluded as follows: "Unfortunately, at present there is little definite evidence for clear anatomic brain changes that accurately predict the cognitive dysfunction within a group of patients suffering Alzheimer's disease". The dictum still remains valid.

The standard axial CT system used internationally does not show the medial temporal lobe well, mainly because of the scan angle used. Changes in the medial temporal lobe itself have to be inferred from dilatation of the temporal horns of the lateral ventricles and enlargement of the suprasellar cisterns. Indeed, these changes have been observed in AD (Kido et al, 1989). By 1988, an alternative camera angle was used for hippocampus evaluation in patients with temporal lobe epilepsy and this system was also used by de Leon et al (1989) to study AD patients. The angle is parallel to the long axis of the temporal lobe and scanning is carried out from below and upwards until the inferior margin of the orbit is reached; in this way a complete series of images through the temporal lobe is obtained without exposing the eyes. Using this "temporal-lobe-oriented" CT procedure, de Leon et al (1989) found that 87% of patients with moderate to severe AD had dilatation of the hippocampal fissure compared with age-matched controls.

Hippocampal atrophy detected with CT was also more common in a group that did not reach the clinical research criteria for AD but showed minimal memory impairments. This led them to suggest that hippocampal atrophy might be an AD marker which occurs early in the course of the illness, before the diagnosis is established, and predicts deterioration (De Leon et al, 1989). Hippocampal atrophy is not the only neuroimaging sign in AD, but it is rather characteristic.

The axial temporal lobe oriented CT scan can be used to look for other possible causes of dementia, such as multiple infarcts, tumours or hydrocephalus, and the temporal lobe-oriented scan (in 1.5-2 mm slices) to reveal atrophy of the medial temporal lobe (Smith et al, 1996) (Fig 1).

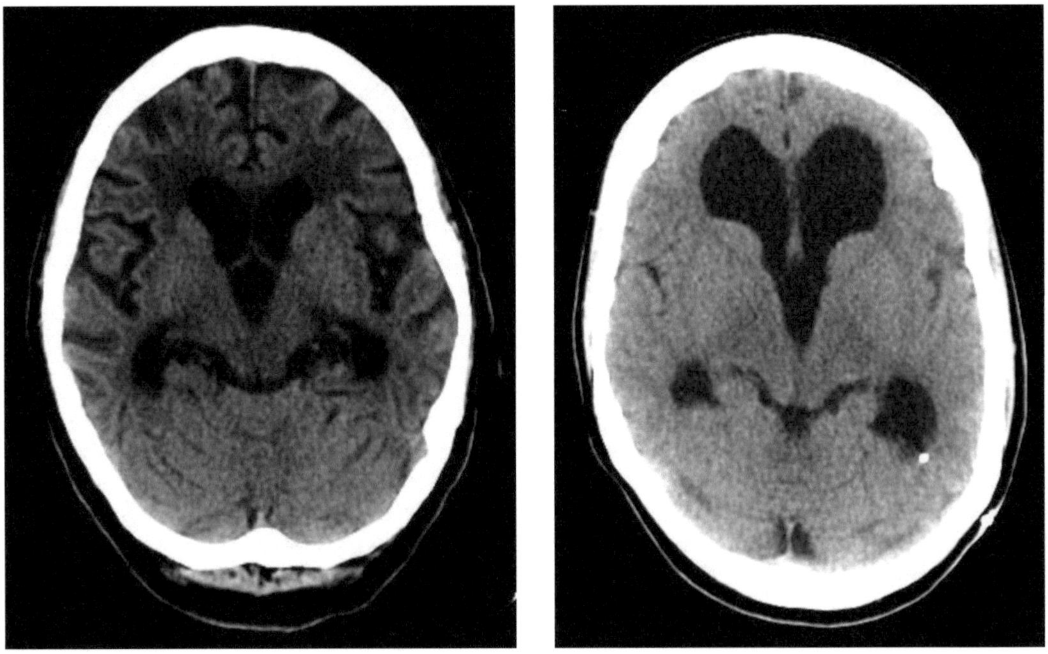

Fig. 1. CT in AD on the left and a patient with normotensive hydrocephalus on the right, where a catheter can be seen. CT is helpful to differentiate between AD and other brain conditions.

Unfortunately CT usefulness in AD diagnosis is very limited (DeCarli et al, 1990). In the last 20 years MRI became increasingly available and the vast majority of structural neuroimaging used since then has been MRI. This is the reason why there are no relevant papers written since then where CT has been used for AD.
Atrophy is evident, at hippocampal level too. Dilatation of the lateral ventricles can also be seen.

3. Structural magnetic resonance imaging (MRI)

MRI volumetry was one of the earliest brain imaging techniques used to identify AD. Given the temporal lobe atrophy found in AD patients, it seemed that this finding per se could diagnose AD. Further research revealed this simplistic approach was flawed.
The first technique was manual volumetry. This required an excellent working knowledge of neuroanatomy as well as good dexterity in delineating the ROIs (regions of interest). This method is highly operator-dependent and multiple subjective issues can arise. This is overcome by double or triple-blind studies. Manual volumetry is also very time-consuming. On the other hand you have to have a prior hypothesis, such as a ROI to analyze. There have been many hypotheses in AD. Hippocampal analysis stands out (Besga et al, 2010) amongst them, though more recently other structures, such as the caudate nucleus or thalamus (Skup et al, 2011), or even corpus callosum, are being considered.
A newer method is the so-called Voxed-based morphometry (VBM). This is an authomatized approach which allows distinguishing between grey and white matter. It also allows performing statistical studies amongst different populations (Kinkingnéhun et al, 2008).
Multiple computer techniques have evolved since then. They allow analysing the brain, either globally or in any 3D ROI. For instance, in hippocampus, a key structure in AD, there are "radial atrophy mapping approach" or "large-deformation high dimensional brain mapping". The former computes the 3D distance from the hippocampal centroid in each coronal section (also called a medial curve or core) to each hippocampal surface point. This provides an intuitive 3D measure of hippocampal thickness, as well as metric estimates of hippocampal atrophy that can be compared point-by-point across individuals and groups (Thompson et al, 2004). The latter is also used to study the changes in hippocampal morphology in patients with AD (Apostolova et al, 2007). Rather than relying on hippocampal manual tracings, a template hippocampus is traced on a single subject and fluidly warped to match the anatomy of new subjects. The transformation involved is high-dimensional, i.e. involves millions of degrees of freedom to produce a deformation that captures shape differences in detail. It is *de facto* a 'large-deformation' approach, that is to say the deformation model follows a continuum-mechanical law that prevents folding or tearing of the deforming template (this is known mathematically as a *diffeomorphism*).
Similarly to VBM, many cortical computational anatomy techniques use the segmented grey matter maps and the grey matter density approach (Thompson et al, 2004) or a more advanced grey matter thickness approach (Lerch et al, 2005; Singh et al, 2006; Apostolova et al, 2008).
Using the hippocampal radial atrophy mapping approach, Thompson et al (2004) showed profound hippocampal differences between normal controls and AD patients. These differences were correlated with MMSE scores. Two cross-sectional large-deformation high-dimensional brain mapping hippocampal studies have suggested the CA1 subfield may

discriminate between normal aging and questionable AD (Clinical Dementia Rating Scale (CDR) = 0.5) (Csernansky et al, 2000; Wang et al, 2006).

Along the last 10 years all sorts of volumetry studies aiming at early diagnosis of AD have been carried out. They mainly focus on either comparing AD versus MCI or healthy controls category or finding AD progression biomarkers progression.

One can reliably classify AD patients and controls in the first group. Most studies revolve around temporal mesial lobe (MTL) structures. Many volumetric MCI studies measure hand-traced ROIs of specific MTL structures and most of them focus on the hippocampus. The majority of published studies indicate MCI patients have less hippocampal volume than cognitively intact controls (Becker et al, 2006; Kantarci et al, 2002), and AD patients have less volume than those with MCI (Wolf et al, 2004).

Other studies show average entorhinal cortex volume in MCI patients is decreased compared with cognitively intact controls. Cross-sectional ROI studies have shown that the hippocampal and entorhinal volumes (Juottonen et al, 1999; Xu et al, 2000) can reliably differentiate AD subjects from normal older adults. Although some researchers claim that the precision of differentiating MCI from normal controls and MCI from AD is substantially less accurate when using hippocampal volume (MCI vs controls: sensitivity = 52– 80 % and specificity = 79–80% ; MCI vs AD: sensitivity = 45–60 % and specificity = 80%) than when using entorhinal cortex volumetry (Xu et al, 2000; Du et al, 2001; Kantarci et al, 2002), they concluded that, given the ambiguity imposed by the boundaries of the entorhinal cortex, it is easier to make these measurements in the hippocampus. Which structure is the more powerful discriminator to distinguish MCI patients from normal controls is currently being debated. Some studies side with the hippocampus and others with the entorhinal cortex (Pennanen et al, 2004).

The second group of studies is made up of longitudinal research based on disease progression. Two hypotheses have emerged: the degree of atrophy progression and the basal atrophy found in AD patients.

Several longitudinal studies have examined the relationship between the brain atrophy rate and its progression from MCI to AD. They have found significant group differences between MCI patients who progress to AD versus those who do not rapidly progress. They show that the hippocampus shows higher annual rates of atrophy in patients with MCI that progress to AD than in those who remain stable (Chetelat et al, 2005; Apostolova et al, 2006; Jack et al, 2004). Others have found that entorhinal cortex atrophy rate, but not hippocampus, is faster for individuals progressing to AD (Stoub et al, 2005). Moreover, other studies have shown that not only mesial temporal lobe regions show greater atrophy linked with progression towards AD, but also some cortical structures, such as posterior cingulum, precunneus or temporal medial lobe (Jack et al, 2004; Jack et al, 2005; Chetelat et al, 2005).

Several studies have examined the accuracy of a single baseline brain MRI in predicting the progression towards AD, or stability, using a longitudinal clinical status follow-up. Studies using VBM for whole-brain analysis also find that a lower hippocampal baseline predicts progression towards MCI (Whitwell et al, 2007; Chetelat et al, 2005; Bozzali et al, 2006). Others studies using manual tracing methods have failed to replicate this association and report the entorhinal cortex as a more sensitive predictor of progression (de Toledo-Morrell et al, 2004; Stoub et al, 2005).

Investigations using VBM have identified areas outside the mesial temporal lobe in which lower baseline volume in certain areas is related to later progression to MCI. These areas are fusiform gyrus (Whitwell et al, 2007; Chetelat et al, 2005), medial and inferior frontal regions (Whitwell et al, 2007; Bozzali et al, 2006) and the posterior cingulate and precuneus ones (Whitwell et al, 2007; Hamalainen et al, 2007).

To summarize, it is in the last decade when we have been able to have an accurate idea about the structural brain changes in MCI as well and its progression towards AD. Those structural changes are multiple. Hippocampal atrophy is important, but there are also other important cortical biomarkers. Atrophy is more diffuse than one would expect, but pinpointing the specific regional areas of atrophy can be useful in the diagnosis of AD and differential diagnosis with other types of dementia. VBM is a technique which can help in identifying the regions of atrophy.

Nevertheless it is important to take into account that all these studies are population ones, so none of them serves as an individual maker. Though reliable whole brain measurements can be accomplished with authomatized methods there is no way yet to know which MCI patients will evolve into AD. However these structural ancillary tests are clinically useful in combination with neuropsychological testing, augmenting significantly the prognosis accuracy.

4. Functional magnetic resonance imaging (fMRI)

It can be described as a non-invasive form (it does not require the injection of a paramagnetic contrast) of MRI. It measures the oxygen consumed by certain brain areas when they are challenged with specific stimuli or tasks. This technique has got a high spatial resolution and a rather acceptable temporal resolution too. Its major inconvenience is its high sensitivity to small head movements. It is carried out taking brain images during a specific activity and in basal state. Basal state activity is subtracted from the specific task activity to yield the specific brain areas where blood flow has increased due to the specific activity tested.

fMRI physical foundation relies on the inherent magnetic properties of blood. Red blood cells (RBC) have a haemoglobin molecule which has an iron (Fe) atom in its centre. Oxygen binds to haemoglobin yielding oxihaemoglobin and haemoglobin configuration changes when oxygen is delivered to tissues (deoxihaemoglobin). Both oxihaemoglobin and deoxihaemoglobin have different paramagnetic properties. Deoxihaemoglobin will create an in-homogeneous magnetic field around itself which will lead to a decreased signal. In other words, when there is less deoxihaemoglobin (and more oxihaemoglobin) due to increased activity and subsequent increased blood flow and associated oxygen concentration within a specific area, there will be a greater signal. Blood oxygenation dependent level (BOLD) gives a variable signal intensity between stimulus and resting state. BOLD signal relies upon the different magnetic susceptibility of oxyhaemoglobin and deoxyhaemoglobin (Westbrook, 2000).

Task testing is prepared according to paradigms. There is a huge variety of paradigms depending on the task. Broadly speaking these paradigms are classified into two main groups: "block design" or "event-related". The former are characterized for stimulus presentation for a longer time while in the latter group they are presented for a shorter time and in an alternating fashion.

Numerous studies have shown activation during memory tasks in the anterior hippocampal region in both healthy older adults and young people. This activation has a lesser extension in healthy older adults. On the other hand healthy young adults exhibit a greater activation of the prefrontal cortex and a lesser parietal cortex activation in comparison with older adults (Sperling, 2003b).

AD patients show a consistent decreased activation in hippocampal and parahippocampal areas in comparison with healthy controls (Pariente, 2005). Dickerson et al (2004) suggested the cognitive deterioration degree could be inferred from the hippocampal activation at the time of fMRI basal scanning; the more hippocampal activation, the greater the deterioration. Interestingly, an increased activity in some neocortical regions has also been described (Sperling, 2003). This may be understood as a hippocampal failure compensatory mechanism. In fact these frontal regions have been labelled "default mode network", implying that AD patients would have difficulty in deactivating them (Buckner, 2005).
There are few fMRI studies addressing the differences between MCI and healthy adults. Moreover, their results show disparity, from mesial temporal lobe hyperactivation (Dickerson, 2004) to hypoactivation (Johnson, 2005).
Dickerson et al (2004) have tried to clarify this issue and they state that whenever there is MCI, there is a compensatory hyperactivation, and both the extension and localization of this compensatory activity depends on memory tasks demands and memory performance. They also affirm that memory starts to fail in advanced MCI stages, which is shown by hippocampal hypoactivity. In this way they describe an fMRI activity non-linear trajectory in a patient which evolves from MCI to AD, presenting first a hyperactivity phase in pre-clinical stages followed by an activation decrease. This is what they called "inverse-U shape curve" (Sperling, 2007; Dickerson, 2008). This curve poses a problem if it is used as an AD biomarker, namely the brain activity pseudo-normalization when people with MCI start deteriorating more and at that moment they show a loss of the MCI characteristic hyperactivation. They conclude that if there is minimal clinical symptomatology and little atrophy of the mesial temporal lobe for a given degree of hyperactivation and more clinical symptomatology with greater mesial temporal atrophy for the same degree of activation, we are in the ascending and descending parts of the inverse-U shape curve.
Johnson et al (2004) used a paradigm with repetitive presentation of faces to prove MCI patients do not show the same slope of decreasing hippocampal activity than in healthy older controls. This suggests a certain disruption of this adaptive response in the medial temporal lobe.
Dickerson (2008) stated the direct linear relation between the clinical deterioration and the extension of activity (measured as a function of the number of activated voxels) detected by fMRI both in hippocampus as in parahippocampus. Thus, a greater clinical deterioration correlates with a greater activity extension in the mesial temporal lobe which, in turn, correlates negatively with the degree of hippocampal atrophy.
Amongst those studies where different patient groups have been compared (healthy ones, very mild MCI, MCI and AD), Celone et al (2006) stands out because of the strong correlation they found between the degree of preserved memory and the activity of mesial temporal areas and deactivation of precunneus and parietal cortex, using always a "default-mode network" approach.

5. Diffusion tensor imaging (DTI)

This technique is also known as diffusion MRI. Its underlying physical basis relies upon detection and quantification of the random movement of water known as the Brownian movement. Molecules undergoing the Brownian movement follow a chaotic route due to continuous impacts against other particles in their environment and their speed is directly proportional to the system temperature.

Even though the system displacement induced by a single hydrogen molecule cannot be appreciated, the impacts of a great number of them generate a significant and quantifiable displacement of a chaotic nature. However it is possible to calculate the distance run by a particle in a given time through the formula: $R=\sqrt{6}\ D\ \tau$. D is the molecule diffusion coefficient, which is dependent on the temperature, while τ is the time interval. In biological tissues D is not the only cause of molecular movement since microcirculation, amongst other variables, throughout the capillary net has a diffusion increase net effect. This is the reason the term apparent diffusion coefficient (ADC) is used.

When the diffusion in a structured system, such as the brain, is quantified, molecules displacement is limited by physical barriers. The latter make the displacement dependent upon direction (anisotropy). In a system without barriers a particle undergoing the Brownian movement can displace freely in any direction, with an isotropic diffusion. Whenever there are physical barriers, such as a membrane or axonal fibres, the particle loses movement freedom and the diffusion is therefore restricted (anisotropic).

A set of DTI images permits the identification of a predominant direction of diffusion (anisotropy). The processing of diffusion values is carried out through a structure called tensor. A tensor can be defined as a set of co-existing magnitudes dependent upon direction and coordinates.

Tractography permits the reconstruction and 3D visualization of the neuronal column structures. If is applied to white matter axon fibres, it provides information about connectivity and fibre deviations caused by tumours and infarcts (Martí-Bonmatí, 2008; Le Bihan et al, 2001; Melhem et al, 2002).

In short, MRI water diffusion measurements include those images weighted in diffusion (DWI) and tensor diffusion (DTI). DWI provides a mean without direction (isotropic) of tissue water diffusivity. DWI is described in terms of ADC. ADC increases reflect neuronal loss and increased extracellular space, where water diffusion is faster, and it is an indirect indicator of grey or white matter integrity. DTI can be understood as an index of tissue permeability difference in different directions (anisotropic) and it is measured in terms of mean diffusivity (MD). Another important measurement to take into account is the anisotropic fraction (AF). AF is very sensitive in the evaluation of the microstructure integrity of the white matter. AF is obtained measuring water diffusivity along white matter long tracts (Ries et al, 2008).

The use of diffusion techniques is justified because of the AD ethiopathogenic mechanism, e.g., β-amyloid depositions and neurofibrillary tangles. They seem to interfere with neuronal function at early stages producing a cascade of ultra-structural changes in axons. The resulting damage affects axonal transport, microtubules structure, neurofilaments and the integrity of the myelin sheath (Englund, 1981). All of these factors produce microstructural changes in the white matter which, in turn, affect the water protons diffusivity, a parameter measurable by DTI. This technique has the advantage of being very sensitive in detecting microstructural abnormalities, something not revealed by volumetric measurements.

The loss of tissue organization causes a decrease in anisotrophy (or its correlate, AF). It is assumed that reduced water diffusion parallel to axonal tracts is indicative of axonal degeneration, disruption and partial breakdown of cytoarchitecture (Beaulieu, 2002) or demyelinating processes (Song et al, 2002), which modifies AF.

We should focus on the corpus callosum (CC), the largest white matter structure in the brain. The CC provides inter-hemispheric communication and anterior-posterior connections which link cortical association areas. CC anisotropy decreases with age. Progressively reduced AF has been reported as part of the normal aging process (Sullivan et al, 2010). This AF decrease seems to follow an anterior-posterior gradient. The genu has a lower AF compared to the splenium. Several major white matter fibre bundles, including those connecting to the hippocampal structures, pass through the genu of the CC (Serra et al, 2010).

Anatomical localization of AF reductions in amnestic MCI (aMCI) seems to be a robust finding across a variety of approaches. Thomann et al (2006) found an AF reduction in the rostral subregions and anterior body of the CC in MCI patients compared with healthy controls using region of interest (ROI) methods. Similarly Wang et al (2009) and DiPaola et al (2010), using voxel based morphometry (VBM), identified a density reduction in the genu in aMCI patients compared with healthy controls. Other researchers like Ukmar et al (2008), Cho et al (2008) or Parente et al (2008) found an AF reduction in MCI patients in the CC splenium. The splenium of the corpus callosum, crux of the fornix (Zhuang et al, 2010) and the cingulum were sensitive discriminators to differentiante between aMCI and normal subjects (Chua et al, 2009). Ortiz Alonso et al (2000) found a volume reduction of the anterior body, mid body and isthmus of the corpus callosum in a homogenous group of moderately advanced AD compared with healthy controls.

Several theories have been proposed to explain the early involvement of frontal white matter in MCI. The pattern of white matter integrity disruption tends to follow an anterior-posterior gradient with greater damage noticeable in posterior regions in AD and MCI. The aMCI group showed significant macrostructural atrophy only in the anterior CC section. In the mild AD group this atrophy extended to posterior CC subsections and was accompanied by anterior and posterior microstructural modifications (Di Paola et al, 2010).

It has been recently suggested that myelin breakdown is an important component of the illness process in AD (Bartzokis, 2004; DiPaola et al, 2010). According to this hypothesis late myelinating fibers should be more susceptible to myelin breakdown. This may constitute an alternative mechanism which may explain AD cortical progression in the direction opposite to myelination (Braak and Braak, 1997). Wallerian degeneration affects the posterior CC sub-region that gets afferent axons directly from those brain areas primarily affected in AD (temporoparietal regions). However the myelin breakdown process might affect the late myelination of the CC subregion, causing changes in the CC genu at early stages of the disease (DiPaola et al, 2010).

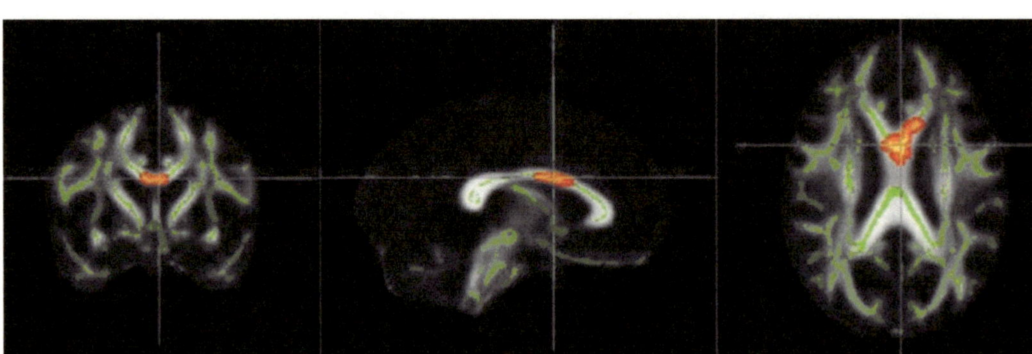

Fig. 2. Coronal, sagital and axial planes DTIs showing AF differences between patients with MCI and controls.

The controversial results concerning CC regional atrophy are most likely due to the methods adopted in various studies, such as different criteria used to select patients, different stages of the illness or variation in the number of participants. Those investigators who found that the genu was more adversely affected thought that earlier affectation of late maturing regions might be responsible, whereas others who found that the splenium was more affected said it might be due to the overall degenerative pattern occurring in the posterior circuitry of the temporal parietal areas.

A positive correlation between AF values and MMSE scores has been demonstrated in several studies, arguing in favour that white matter degeneration has an impact in cognitive performance (Bozzali, 2002; Ukmar et al, 2008; Ortiz-Terán et al, submitted) Other studies (e.g., Sullivan et al, 2010) found a correlation between AF decline in the CC with performance on the alternate finger tapping test, which is a test of inter-hemispheric communication transference.

DTI is more used nowadays for correct identification of dementia subtypes.

6. Magnetic Resonance Spectroscopy (MRS)

MRS is used to measure the levels of different metabolites in body tissues. It detects and quantifies resonance signals of certain molecules present at much lower concentrations (approximately 10^{-3} mol/g_{tissue}) than water ones (circa 55 mol/g_{tissue}). The metabolic profile of a concrete region within a specific organ can be obtained through a single voxel MRS (SVMRS) or through multivoxel MRS imaging. SVMRS provides a metabolic information average score within the selected voxel while multivoxel MRS provides, within a unique image acquisition, various molecular images which indicate the spatial distribution of different metabolites (Martí-Bonmatí, 2007).

The major drawback of SVMRS is the lack of spatial information, though the magnetic field homogenization is excellent and, consequently, so is its spectral resolution. On the contrary, multivoxel MRS yields spatial distribution information of different metabolites but its magnetic field homogenization is rather complicated since the brain areas are bigger and their magnetic susceptibility differences greater. Hence the characterization of a given specific volume is more precise with SVMRS but multivoxel MRS generates additional molecular information about surrounding areas. The latter provides more information about the heterogeneity of the lesion, analyzes peripheral infiltrations and allows comparisons with contralateral areas (Martí-Bonmatí, 2007).

The most common CNS metabolites measured with MRS are (1) N-acetyl-aspartate (NAA), a neuronal marker localized in neurons and axons, (2) choline (Cho), a marker which indicates membrane changes, (3) Creatine/phosphocreatine (Cr/PCr), an index of energetic metabolism, (4) lactate (Lac), a final product of glycolisis generated because of oxidative metabolism failure which is found both in intra and extra-cellular compartments, but never found in healthy tissues, (5) myoinositol (mI), mainly found within astrocytes where it regulates the cell volume, (6) lipids (Lip) and polypeptides, mostly in myelin sheaths and cell membranes and (7) glutamine (Gln) and glutamate (Glu), important neurotransmitters involved in multiple synaptic processes which give complex signals because of their ubiquity, scalar coupling and multiple complexes therefore posing a real challenge for their quantification.

In short, MRS is the only available technique for obtaining fast and simultaneous metabolic information *in vivo* and different molecular images within a single image acquisition. It is a reliable method for clinical molecular follow-up and studying therapeutic effectiveness in different diseases.

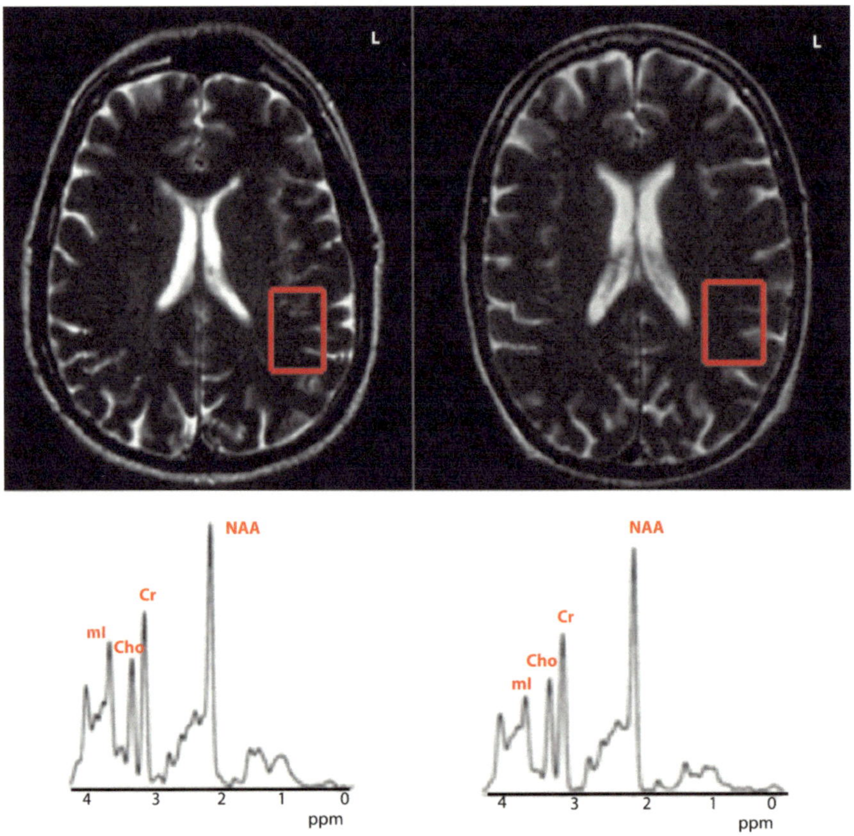

Fig. 3. MRS in Alzheimer Disease
Axial T2-weighted images from an AD patient (L, left) and a healthy control (R, right). These images show the left parietotemporooccipital region where the spectra was acquired, and the results are shown just below. Please note the differences between the two subjects in the mI.

With regards to AD, and from the early nineties, MRS has become a frequently used technique. The typical 1H-MRS includes the following peaks: NAA, Cr/PCr, Cho containing compounds, Glu and mI. Most authors have opted for following up AD progression using voxels in the medial temporal lobe. However Kantarci et al (2002) states that from a biologic standpoint there is evidence from MR imaging, fluorine 18 (18F) fluoro-deoxy- glucose PET, amyloid ligand PET, and fMRI studies that the posterior cingulate gyri (bilaterally) and the inferior precuneate gyri exhibit atrophy, decreased metabolism, amyloid deposition and deactivation early in the course of AD (Whitwell et al, 2007; Petrella et al, 2007; Chetelat et al, 2003). Moreover, the quality and reliability of 1H MR spectra from these voxel locations are superior to those from the medial temporal lobe because of the close proximity of the medial temporal lobe to the skull base, an area susceptible to magnetic artefacts.

Besides of the voxel location, NAA has been considered a prominent candidate for AD investigation and diagnosis since it is localized only in neurons and absent in glial tissue in mature brains (Simmons et al, 1991). Hence NAA is a general marker of neural integrity. The first ever described finding in relation to AD was a decrease in NAA concentration in the brain (Miller et al, 1992), a reduction positively correlated with the density of senile plaques and neurofibrillary tangles (Klunk et al, 1992). Because NAA is a neuronal metabolite, the reduction of NAA levels in patients with AD is the result of loss of neuronal components, neuronal function disruption, or both; these phenomena are strongly associated with increasing neurofibrillary degeneration. On the basis of the correlation between mitochondrial ATP production and NAA level, NAA production within the neuron is thought to be related to mitochondrial function (Bates et al, 1996).

Both Shonk et al (1995b) and Kantarci et al (2000) described bilateral temporoparietal increase of Cr and mI concentrations as well as the mI/NAA ratio in AD. These authors also found significantly elevated mI and Cr concentrations in the parietal region in early AD stages while NAA remained largely unchanged. Based on these findings they suggested mI and Cr abnormalities could be detected with MRS prior to abnormalities in neocortical NAA (Shonk et al, 1995b). Nevertheless, only the mI/NAA ratio was capable of classifying AD and healthy controls without any overlap between the groups (Panertti et al, 1998). Kantarci et al (2002) found a sensibility around 82% and a specificity ranging from 80 to 90% for MRS in classifying AD, clinically defined, and healthy controls.

The observation of an increased mI concentration not coupled with a cortical NAA decrease had already been reported in a group of AD patients with a low MMSE score and, also, in a group of Down's syndrome patients in the pre-dementia phase (Huang et al, 1999). Therefore mI, but not NAA, showed an inverse linear correlation with MMSE scores (Huang et al, 2001).

The most plausible up-to-date explanation for the increased levels of mI in the brain of AD patients is the contribution of the glial component. Glia contains much higher concentrations of mI than neurons (Glanville et al, 1989) and gliosis may cause the increase in mI found in AD patients (Huang et al, 2001). This may suggest that glial proliferation is a sensitive measure of AD before neuronal loss, the latter reflected by NAA (Fig 3).

Shonk and Ross (1995a) had previously supported the aforementioned hypothesis by showing that adults with Down's syndrome exhibited a significant elevation of mI before the onset of dementia without any concomitant reduction in NAA. On the other hand, cholinergic receptors in the CNS are believed to act in part through the phosphoinositide pathway (Honchar, 1990; Kennedy, 1990). Jolles et al (Jolles, 1992) showed a reduced activity of the inositol polyphosphate enzyme phosphatidyinositol kinase and postulated a specific defect in the inositol polyphosphate cascade in AD to such a degree that cholinergic activity could be affected. Ross et al (2005) summarized this evidence proposing that alterations in mI must have consequences for enzyme equilibrium and the metabolite concentrations in the inositol polyphosphate cascade. Accordingly, altered cholinergic sensitivity could be expected.

During the last decade 1H MRS *in vivo* studies have consistently indicated NAA decreases and mI increases in patients with AD and aMCI (Valenzuela and Sachdev, 2001). The strongest association between MRS and anatomopathologic findings was observed when two metabolite ratios were combined to yield the NAA/mI ratio; this result suggests that NAA and mI have complementary roles in predicting AD pathology. As previously said, NAA is located primarily in neuron bodies, axons, and dendrites. Therefore, it is a sensitive marker for neuronal density or viability. In patients with amnestic MCI mI/Cr ratios are elevated but NAA/Cr ratios are only mildly decreased. These findings suggest that the mI/Cr ratio increase happens earlier than does the decrease in NAA/Cr ratio decrease in AD (Parnetti et al, 1997).

In a recent 1H MRS study, Cho/Cr ratios longitudinally increased in patients with amnestic MCI who progressed to AD (Kantarci et al, 2007). In contrast, Cho/Cr ratios decreased in patients with amnestic MCI who remained stable.

Wang et al (2009) described: a) Hippocampal mI/NAA increases were significantly larger than those in the posterior cingulate area (an area with a recognized relationship in the pathological progression of AD); b) Hippocampal and posterior cingulated mI/NAA together provided valuable discrimination to differentiate AD, MCI and control groups and c) there were significant correlations between mI/NAA in the hippocampus and the posterior cingulate area and MMSE scores. The posterior cingulate area suffered later neuropathological and spectroscopic changes.

A reduced NAA was found in the right hippocampus ($p = 0.01$) in MCI patients while increased mI was reported in the left hippocampus ($p = 0.02$). mI/NAA ratios were higher in both right ($p = 0.03$) and left ($p = 0.01$) hippocampi of MCI subjects (Franczak et al, 2007). Greater mI concentrations have also been found in patients with MCI (Godbolt et al, 2006; Kantarci et al, 2000). Neuropathological studies of MCI have shown the existence of hippocampal damage. This goes along with the hypothesis that MCI is a transitional state between normal aging and AD. A recent study found reductions in NAA/mI ratios in presenilin 1 and amyloid precursor protein mutation carriers who have a nearly 100% risk of developing AD (Godbolt et al, 2006). Metastasio et al (2006) observed a significant a NAA/Cr decrease in the parietal white matter in a group of five patients who developed AD after being diagnosed with MCI. This was replicated by Pilatus et al (2009). Modrego et al (2005) identified the occipital cortex as the most sensitive area for NAA/Cr ratios. To summarize, MI/NAA ratio may be a useful biomarker for diagnosing MCI and it may help to commence early treatment in affected individuals (Franczak et al, 2007).

In AD patients NAA levels may also return to normal within the first 6 weeks of treatment with donepezil (Krishnan et al, 2003). NAA is not just a marker for neuronal function and, possibly, neuronal mitochondrial function, but can also be a surrogate marker to evaluate progression and decline in neuronal integrity during the transition period from MCI to dementia.

Other attempts to evaluate alternative metabolites have been done. Glu and Gln are decreased in the cingulate gyrus in AD patients (Antuono et al, 2001). However, the precise role of glutamate excitotoxicity in the development of MCI and AD remains largely unknown.

In short, and in spite of the difficulties posed by the voxels localization in the mesial temporal lobe, this seems to be the best place to accurately discriminate between MCI and AD as well as measuring MCI progression. The most relevant metabolites in MCI and AD are mI and NAA. They also allow to correctly classify the patients between those two groups and to evaluate their response and treatment and disease progression.

7. Single-photon emission computed tomography (SPECT)

Brain SPECT allows the study of regional cerebral blood flow (rCBF), which correlates at rest with the regional consumption of glucose and reflects neuronal activity. Thus, the rCBF indirectly reflects neural activity in each brain region, and allows the earlier detection of functional abnormalities, preceding the stage of symptomatic disease.

The tracers currently used in the clinical practice are ^{99m}Tc-Hexamethyl-propylene-amine-oxime (^{99m}Tc-HMPAO), which is considered to be the most reliable SPECT method, and ^{99m}Tc-ethyl cysteinate dimer (^{99}mTc-ECD). They enter cells due to their lipophilic character and remain trapped because of their conversion to hydrophilic compounds. Their incorporation is proportional to rCBF in the first few minutes after injection. Modifications in rCBF after injection do not change the initial distribution of the tracer because of its intracellular trapping (Farid et al, 2011).

Both radiotracers have a similar behaviour, being captured in the brain, with a distribution pattern corresponding to the rCBF (Koyama et al, 1997). Brain SPECT reveals a specific pattern of abnormalities in AD by demonstrating reduced rCBF in the medial temporal, superior temporal, parietal, posterior cingulate cortex, and precuneus before becoming diffuse and affecting the frontal cortex in advanced stages (Farid et al, 2011).

SPECT images represent the topography of physiopathologic changes in AD (Fig 4) and it is a promising diagnostic tool in the early diagnosis and its differentiation from other potentially treated causes of dementia such as normal pressure hydrocephalus or depression (Bartenstein et al, 1997).

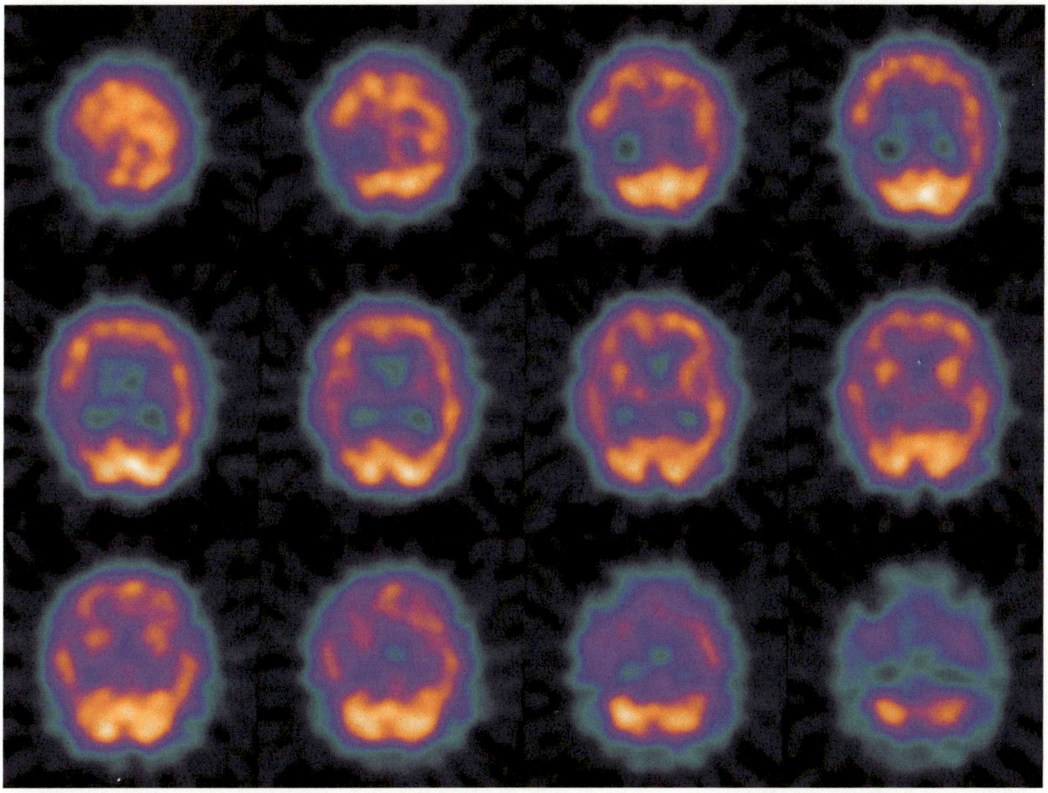

Fig. 4. SPECT in AD. Transversal slices of a 99mTc-ECD SPECT study in a patient with early AD. Bilateral temporal hipoperfusion and assymmetrical parietal hipoperfusion, more evident on the right cortex, can be seen

Haxby et al (1985) were able to link metabolic function, measured with SPECT, with a variety of cognitive and behavioural domains, including memory.

8. Positron emission tomography (PET)

In the last decades there has been a progressive advance in the development of techniques able to explore neurophysiological and neurochemical processes in humans. Positron emission tomography (PET) is a powerful technique allowing the visualization of physiological and biochemical changes both in healthy and ill subjects. This type of unique information may not be available with structural brain imaging techniques. PET has been useful to elaborate the hypothesis of the pathogenesis of AD, in correlating symptoms with their biological markers and in studying individuals at increased risk (Giovacchini et al, 2011).

Glucose is the main energy supply for the brain and its metabolism maintains ion gradients and glutamate turnover, and it is related to neuronal function at rest and during functional activation Its measurement by [^{18}F]-2-fluoro-2-deoxy-D-glucose (^{18}F-FDG) is based on phosphorylation of the tracer by hexokinase, which is the pivotal first step of that metabolic pathway. Measurement of regional cerebral glucose metabolism (rCMRglc) using ^{18}F-FDG PET has become a standard technique in dementia research (Herholz et al, 2007). FDG PET is the approach most efficiently used in AD and MCI diagnosis.

The visualization of metabolic abnormalities using ^{18}F-FDG PET, reveals similar patterns to that of SPECT, with hipoactivity in temporal and parietal neocortex in association with AD, detected either by visual inspection or by conventional quantitative analyses selecting regions of interest (ROI).

PET and SPECT studies using SPM-based image analysis methods have replicated temporoparietal neocortical hypoactivity findings in AD; moreover, these studies have been able to document activity decrements also in the medial temporal region (where the neuropathological process occurs first, with greatest severity and in the posterior cingulate gyrus and precuneus (Matsuda, 2001). That pattern of hypometabolism has been detected even in very early stages of AD (Fig 5) and in subjects at genetic risk for the disorder (Duran et al, 2007).

As AD progresses, the frontal association cortex becomes involved, while cerebellum, striatum, basal ganglia, primary visual, and sensorial and motor cortex remain unaltered (Mosconi, 2005). Hemispherical asymmetries are often observed, especially at early stages of AD and may be attributed to co-morbidity factors (e.g., vascular brain disease) or compensatory mechanisms (e.g., neuroplasticity). This *in vivo* pattern of hypometabolism is found in the majority of clinically diagnosed AD patients and in over 85% pathologically confirmed AD cases (Mosconi et al, 2010).

^{18}F-FDG PET is therefore a useful diagnostic tool to identify the cause of dementia and to have a differential diagnosis with other diseases, and to determine the neurophysiological mechanisms underlying these pathologies. Table 2 shows the characteristic locations of hypometabolism according to different types of dementia. (Montz et al, 2002).

^{18}F-FDG PET is more sensitive than clinical criteria in the detection of AD and in the differential diagnosis with other dementias, reaching values of diagnostic accuracy between 80 and 100%, with sensitivity of 90-96 % and specificity of 67-97% for AD (Gambhir et al, 2001, Knopman et al, 2001 Silverman et al, 1999).

It should be noted that this technique has been helpful in diagnosing AD, irrespective of the degree of cognitive impairment. In fact, abnormal parietotemporal uptake patterns were

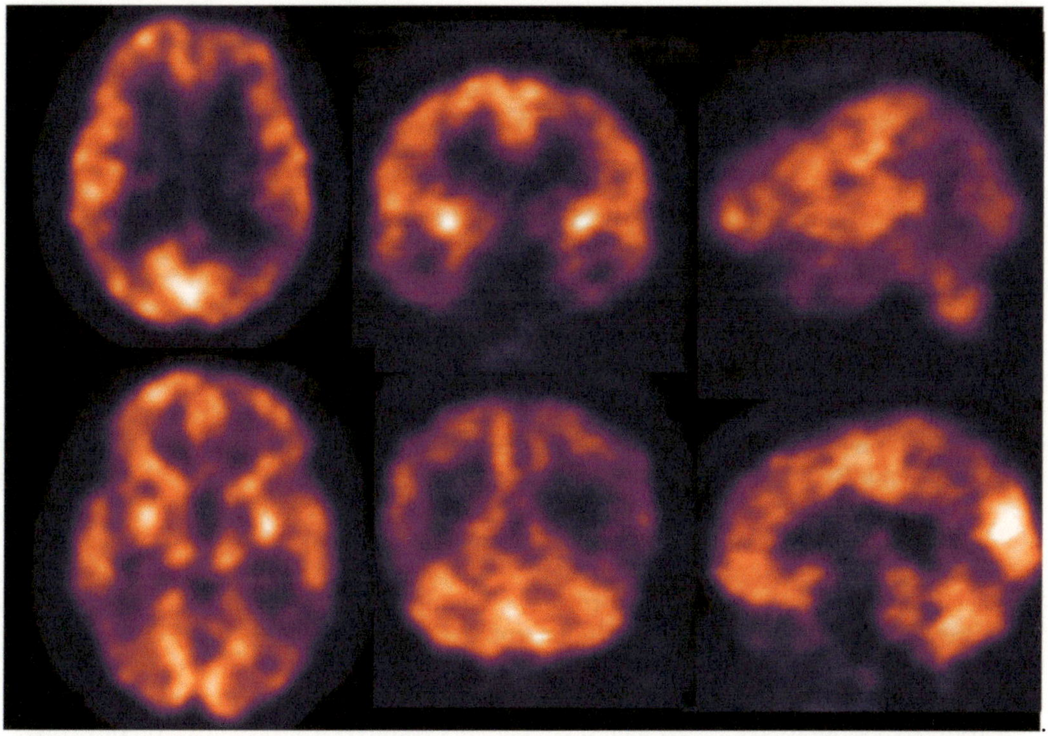

Fig. 5. PET in AD. Transversal, coronal and sagital slices of a cerebral 18F-FDG study of a patient with mild cognitive impairment. Hypometabolism of bilateral temporal and parietal cortex including part of the posterior cingulate gyrus (left dominance) was observed, corresponding to incipient AD.

TYPE OF DEMENTIA	HYPOMETABOLIC BRAIN AREAS
Alzheimer's disease	Parietal and superior/posterior temporal abnormalities; bilateral temporoparietal hypoperfusion (frontal lobe hypoperfusion may happen in conjuncion with temporoparietal hypoperfusion) Earliest changes in medial portion of parietal cortex, posterior cingulated or retrosplenial region
Diffuse Lewy body disease	Temporoparietal associatedwith occipital hypoperfusion
Corticobasal degeneration	Cortex and contralateral thalamus to the affected limb
Progressive supranuclear palsy	Motor/premotor frontal cortex, anterior cyngulate gyrus, hippocampus, basal ganglia and thalamus
Frontal dementia	Frontal, anterior cyngulate gyrus, anterior temporal lobe, hippocampus, basal ganglia and thalamus
Vascular dementia	Irregular pattern of uptake due to strokes
Parkinson's disease	Frontal-temporal-parietal

Table 2. ^{18}F-FDG PET pattern of uptake in different types of dementia

seen on ^{18}F-FDG PET images obtained in asymptomatic members of families in which a familial form of early AD was present. Similarly, asymptomatic subjects with the apolipoprotein ε4 allele were found to have significantly less parietotemporal ^{18}F-FDG uptake than those without this allele. ^{18}F-FDG PET has also proved useful to follow the course of AD patients. A normal PET study indicates that pathologic progression of cognitive impairment during a 3-year follow-up period is unlikely to occur. In another study, investigators were able to predict the clinical course of patients with mild cognitive impairment by using ^{18}F-FDG PET images obtained early in the course of disease (Hammoud et al, 2009).

Few studies have directly compared brain perfusion SPECT and ^{18}F-FDG PET in AD. Ishii et al. in 1999 compared ^{99m}Tc-ECD SPECT images with ^{18}F-FDG PET images in the same ten patients with Alzheimer's disease. ^{99m}Tc-ECD SPECT showed a reduction in parieto-temporal perfusion in 8 of the 10 patients, whereas ^{18}F-FDG PET showed a reduction in temporoparietal metabolism in nine of them. The contrast between the radiotracer uptake in the sensorial and motor areas and that in the parietotemporal region was not as great in the ECD images as it was in the FDG images (Ishii et al, 1999). Messa et al, in 1994, performed ^{99m}Tc-HMPAO SPECT and ^{18}F-FDG PET in patients with mild to moderate AD and in healthy control subjects. They reported that these techniques had similar abilities for visualizing decreased perfusion and metabolism in the temporoparietal cortex and similar diagnostic accuracies (Messa et al, 1994). In 2002, Herholz et al. showed good correlation between ^{18}F-FDG PET and ^{99m}Tc-HMPAO SPECT for detecting changes in the temporoparietal cortex in mild to moderate AD by using voxel-based statistical image analysis (Herholz et al, 2002), although ^{18}F-FDG PET demonstrated a more robust differentiation of patients with AD from healthy volunteers than did SPECT (Matsuda, 2007).

The meta-analysis performed by Yuan et al. in 2008 comparing results of ^{18}F-FDG PET, SPECT and structural MR imaging to predict conversion to AD in patients with mild cognitive impairment, including data from 1112 patients, showed that ^{18}F-FDG PET had moderately better concordance with follow-up results for the prediction of conversion. Approximately 88.9% of the patients with progressive mild cognitive impairment were considered affected by ^{18}F-FDG PET, whereas 84.9% of stable patients had negative ^{18}F-FDG PET (Yuan et al, 2008).

Another method for *in vivo* assessment of the extent of AD is the use of new radiotracers including the amyloid PET tracer Pittsburgh Compound B (^{11}C-PIB) for visualizing fibers Aβ (Morris et al, 2009, Kadir et al, 2011) or 2-(1-{6-[(^{18}F-fluoroethyl)(methyl)amino]-2naphthyl}ethylidene) malononitrile (^{18}F-FDDNP) that has been reported to label not only amyloid but also neurofibrillary tangles (Tolboom et al, 2009), and these methods have generated new possibilities for early diagnosis of brain impairments.

The first attempt to image brain Aβ accumulation in AD was reported by Friedland et al. in 1997 using a monoclonal antibody fragment labelled with ^{99m}Tc for single SPECT. This first attempt failed, but it was fundamental for subsequent efforts (Friedland et al, 1997). The second used PET, and the report of this work was published in 2002 (Shoghi-Jadid et al, 2002). The radiotracer used was ^{18}F-FDDNP but had the disadvantage of a limited experience worldwide (Klunk & Mathis, 2008). The third study of *in vivo* Aβ imaging with ^{11}C-PIB, was reported in 2004 (Klunk et al, 2004).

The quantity of radiotracer measured must be proportional to the amount of Aβ in that area and there must be sufficient signal-to-noise ratio to detect the tracer when levels of Aβ have become clinically significant. There are some published data for PIB demonstrating these properties both *in vivo* and in post-mortem studies (Klunk et al, 2005, Maeda et al, 2007, Wiley et al, 2009). There is no doubt that the validation of an in-vivo Aβ tracer needs *in-vivo*–post-mortem correlation study in humans. ^{11}C-PIB has the advantage of not showing significant changes over 2 years during clinical AD (Engler et al, 2006).

Several tracers including ^{18}F-BAY94-9172 (Wang et al, 2011) (figure 3), ^{18}F-AV-45, ^{18}F-AH110690, ^{18}F-3'F-PiB, ^{11}C-AZD2995 and ^{11}C-AZD2184 have recently been or soon will be used in multi-centre phase II or phase III trials.

To understand the behaviour of a tracer in neurodegenerative disease, it is important to note that the population should include not only patients with AD or healthy controls. Studies on populations with mild cognitive impairment, early onset familial autosomal dominant AD, Parkinson's disease, Lewy body disease, fronto-temporal dementia, cerebral amyloid angiopathy, prion disease and other atypical dementias and cognitively normal aging contribute to our understanding of Aβ imaging with ^{11}C-PIB. A third principle for acceptance should be widely available of any Aβ imaging tracer.

The leading difference between these radionuclides is their decay 'half-life'. The decay half-live of carbon-11 is 20 min and that of fluorine-18 is 110 min. The main advantage of carbon-11 is that it decays so rapidly that sequential imaging studies in the same patient can be performed on the same day, thus, a ^{11}C-PIB study can be followed by a study using ^{18}F-Fluorodeoxyglucose (FDG). This would require two different days with a fluorine-18-labeled Aβ tracer. However, the 110 min half-life of fluorine-18 allows distribution within a 2–4 h travel radius. Thus, the need for a good fluorine-18 Aβ imaging tracer is mainly a matter of widening the availability. The properties of ^{11}C-PIB appear quite sufficient for imaging Aβ with a carbon-11 tracer, so the current goal is to obtain a fluorine-18 tracer with similar characteristics to those of ^{11}C-PIB (Klunk & Mathis, 2008).

To conclude about these two nuclear medicine brain imaging approaches (SPECT and PET), SPECT with ^{99m}Tc-HMPAO and ^{99m}Tc-ECD and ^{18}F-FDG PET are very useful diagnostic tools for early diagnosis of AD, even in pre-clinical stages. Posterior cingulated hypometabolism, measured with SPECT, may help to predict progression from MCI to AD. Some authors have stated that SPECT can be highly accurate in identifying the type of dementia (Read et al, 1995). The severity of temporoparietal metabolism impairment, measured by FDG PET, is helpful to distinguish those people with a progressive course of their condition from those who have a non-progressive course. This is useful for delivering MCI prognosis. The development of new radiotracers able to demonstrate the presence of Aβ plaques in AD patients, will improve the specificity of those methods. Finally, it is worth mentioning these nuclear medicine neuroimaging methods can serve as surrogate markers in clinical trials of therapeutic agents (Mueller et al, 2005; Teipel et al, 2006).

9. Magnetoencephalography (MEG)

MEG is a non-invasive technique that allows recording the magnetic fields generated by the human brain. MEG provides an excellent temporal resolution up to milliseconds, magnitude orders better than in other methods for measuring cerebral activity, such as CT, MRI, SPECT or PET (Hämäläinen et al, 1993). It generates functional maps with delimitation of cerebral structures in the range of few cm and, even, cubic millimeters. Therefore these functional maps can be organized both temporal and spatially. MEG signal is generated by synchronous oscillations of pyramidal neurons; the MEG detects slightly different features of the simultaneous electromagnetic brain activity and MEG power represents the activity of a given number of neurons discharging synchronously.

Some MEG background activity abnormalities in moderate and severe AD have been observed. AD patients show a decrease of MEG coherence values (Berendse et al, 2000). This biological marker is accompanied by a slowed MEG activity which becomes evident when analyzing the power spectral density of selected frequency bands. In this way, spontaneous MEG activity shows increased slow rhythms and reduced fast activity in AD patients compared with healthy subjects (Berendse et al, 2000; Fernández et al, 2002; Osipova et al, 2005).

It has been proposed that such slowing might be due to an increase in activation of low frequency oscillators rather than slowing of existing sources (Osipova et al, 2005). Fernández et al (2002) analyzed the presence of low frequency magnetic activity (delta and theta bands) associated with AD degeneration. Their results showed that people with AD had a significant increase of this type of frequencies in the temporoparietal area greater in the left hemisphere. Moreover, the values of low frequency were associated with the cognitive and functional state of these patients. Temporoparietal delta activity predicted the scores in mental status scales such as MMSE or CAMCOG. Delta activity in right parietal areas allowed predicting the functional status (FAST stage). Fernández et al (2006C) replicated previous studies stating that temporoparietal low frequency plays a key role in the process that leads from MCI to AD. There is a slow and practically linear low frequency activity from normal aging to dementia where MCI has an intermediate position. This study, once the parietal low frequency was defined as the most relevant feature to characterize these patients, carried a follow-up study of the people with MCI. The next step was to find out if MCI patients with more marked low frequency had more probability to evolve into AD. This group showed that people with MCI and higher parietal delta activity had 3,5 times more chance to develop AD (Fernández et al, 2006A). Broadly speaking, from the perspective of spontaneous MEG activity, one can say that a tendency towards brain activity slowing means a higher risk to develop dementia.

Fernandez et al (2006B) carried out a detailed analysis of spontaneous MEG activity spectral changes where the frequencies spectrum 2-60 Hz was subdivided "microscopically" in 2 Hz bands. The relative power of these micro-bands was then calculated. This approach served to overcome the difficulties in comparing data with previous literature, since there is some variation in establishing the limits of traditional EEG bands. A narrow temporoparietal 20-22 Hz band differentiated clearly the AD group from healthy elderly people and was correlated with the cognitive status.

MCI is an ideal target for this type of studies because the rate to progression to AD in healthy elderly people is about 1-2 % yearly, but in the MCI group this rate is 10-15 %. In fact AD and MCI share some characteristics which make difficult to establish a dividing line between both of them. Essentially anyone diagnosed with MCI will exhibit some cognitive impairments, specifically in the memory domain, that can be measured objectively but allow this patient to carry out a normal lifestyle. Therefore he cannot be diagnosed as suffering from dementia. Because of this fact many authors consider MCI as an intermediate or transitional state between normal aging and AD.

Once MCI was chosen as a target, we did a first study following-up a series of normal elderly people for two years. We realized those patients developing MCI had a MEG activity reduction in medial temporal regions during a memory task compared with those who had normal aging (Maestú et al, 2006). Along this line Poza et al (2007) evaluated the discriminative power of five measures extracted from the MEG power spectrum. The best one of them was the spectral mean frequency (sensitivity = 85%, specificity = 85.71%), thus confirming the presence of spectral slowing in AD. Spectral changes can also be characterized in terms of ratios between powers in different frequency bands. In a later study Poza et al (2008) showed that a ratio of relative power in fast bands (alpha, beta and gamma) and slow ones (delta, theta) had a 75% sensitivity and a 95% specificity for the same purpose. A comparison of spectral median frequency with various nonlinear measures indicated median frequency was the single best discriminator between AD patients and controls (Hornero et al, 2008).

Another important issue during basal MEG, as well as during basal EEG, is brain complexity. Some authors have found a global decrease in irregularity and complexity in AD during basal (rest) MEG recordings (Poza et al, 2006; Gomez et al, 2006). However, the loss of complexity has been only proven in the high frequencies when a detailed spectral analysis in several frequency bands was performed.(van Cappellen et al, 2003).

Other approaches have focused on analyzing functional connections rather than local abnormalities in AD. A decrease of coherence values in the alpha band (Franciotti et al, 2006) and a general decrease of coherence in all frequency bands (Berendse et al, 2000) have been described. A reduced level of synchronization has also been reported in the upper alpha, beta, and gamma bands of AD patients in comparison with controls suggesting a loss of functional connectivity (Stam et al, 2002). Using resting MEG some authors have shown functional connectivity in AD is characterized by specific changes of long and short distance interactions in several frequency bands (Stam et al, 2006). Decreased levels of functional connectivity point towards the relationship of AD with an abnormal function of the large scale brain networks.

Recently Fernández et al (2010) have shown AD non-linear analysis is characterized by a reduced complexity and connectivity. They calculated Lempel-Ziv complexity (LZC) values and found that MCI patients exhibited intermediary LZC scores between AD patients and healthy controls. A combination of age and posterior LZC scores allowed AD-MCI discrimination whereas no LZC score allowed MCI-healthy controls discrimination. AD patients and controls showed a parallel tendency towards diminished LZC scores as a function of age, but MCI patients did not exhibit such "normal" tendency. Accordingly, anterior LZC scores allowed MCI-healthy controls discrimination for subjects below 75 years. People with MCI exhibited a qualitatively distinct relationship between aging and complexity reduction, with scores higher than controls in older individuals. This fact might be considered a compensatory mechanism in MCI before fully established dementia.

A third type of MEG studies is through brain synchronicity. There is increasing evidence that ubiquously distributed neural systems may communicate through synchronization of their activity. Synchronization here refers to the existence of a consistent relationship between activity patterns of two or more spatially separated neuronal groups. Synchronization can be defined at action potentials level or at oscillatory activity one. Synchronization in different frequency bands has been associated with various cognitive functions and the integration of information in the healthy brain (Stam, 2010).

Using the synchronization likelihood as a measure of functional connectivity, a loss of functional interactions between brain regions in alpha, beta and gamma bands was demonstrated in AD patients (Stam et al, 2002). In the same study coherence analysis did not show any significant differences between AD patients and controls, suggesting that nonlinear coupling might play a role. In a further analysis of the same data, van Cappellen et al (2003) showed that a neural complexity measure was increased in AD in both delta and theta bands, whereas the multichannel correlation dimension was increased in the beta band; these results argue against a simple concept of 'loss of complexity' in AD and suggest a pattern of decreases as well as increases of functional connectivity in different frequency bands. This pattern was subsequently elucidated in another study showing a loss of mainly long distance left hemisphere functional connectivity in low alpha and beta bands, and an increase in parietal theta and occipito-parietal beta/gamma connectivity in AD patients compared to controls (Stam et al, 2006). The preferential loss of left hemisphere connectivity is interesting because some researchers (Osipova et al, 2003; Fernandez et al, 2006) have suggested a left hemisphere vulnerability rather characteristic. The increased connectivity in occipital and parietal areas is remarkable. Possibly, these changes could also reflect a kind of compensatory mechanism. Coherence analysis of the same data showed a roughly comparable pattern of changes. Furthermore, inter-hemispheric alpha band synchronization likelihood was significantly correlated with the MMSE score, suggesting the functional significance of these resting-state measurements.

A problem of functional connectivity studies based upon correlations between raw EEG or MEG signals is a single source is often picked up by many sensors, giving rise to spurious correlations. This volume conduction problem can be solved by special measures such as the phase lag index, which eliminates possible contributions from common sources, and reflects more accurately true interactions between distributed brain areas, reconstructed functional brain networks (Stam et al, 2007). This approach allows the classification of networks on a scale ranging from completely ordered to completely random. It was shown that in the alpha band brain networks in AD were more random than brain networks of healthy controls. Finally, using a modeling approach, it could be shown that the process that gives rise to abnormal brain networks in AD probably attacks critical connections between networks hubs preferentially.

Lastly, cognitive function studies through magnetic evoked potentials have been widely used both in MCI and AD. The MEG activity pattern during cognitive task is significantly altered (Maestú et al., 2001). A study showed greater MEG parietotemporal activity in the left hemisphere during a memory task in healthy elderly people compared with AD patients. The latter showed a reduction of MEG activity accompanied by an anomalous localization in frontal areas. This activation profile can predict performance in cognitive tests such as the MMSE or CAMCOG, as well as with daily life functional outcomes. Thus a lesser parieto-temporal activation during a memory task is associated o lower scores in cognitive tests, what makes MEG a functional neuroimaging technique useful for diagnosis.

In combining MEG with volumetry data obtained from MRI, we have found a direct relationship between hippocampal atrophy with both an increased magnetic activity of low frequency (Fernández et al, 2003) and a decreased magnetic dipoles during a memory task (Maestú et al, 2003).

A relevant aspect is studying those MEG normal changes which are part of normal aging. We have studied elderly people at different ages and we have found a cortical reorganization as age progresses (Maestú et al., 2004). Besga et al (2010) also found that hippocampal volume reduction allowed the discrimination between AD and MCI patients as compared with controls. The percentage of correct classification was 91.3% when AD patients versus controls were compared, and 83.3% in the case of MCI versus controls. MEG data showed that AD patients exhibit higher theta and delta activity than MCI and controls. Such higher activity was significant in parietal, temporal, and occipital areas. Left parietal theta classified correctly MCI patients (vs controls) in 78.3% of the occasions. Right occipital theta and the left parietal delta allowed correctly discrimination of AD patients (vs controls) at a 81.8% rate. Left parietal theta discriminated between AD and MCI in 56.6% of the occasions. In addition, the combination of both techniques significantly improved the rate of correct classification, thus indicating that a multidisciplinary perspective of techniques may improve the diagnostic capabilities (Besga et al, 2010).

Osipova et al (2006) used source estimation of ongoing MEG oscillations to detect changes in subjects with MCI. In this study, the distribution of alpha sources did not differ between subjects with MCI and healthy elderly controls. Maestú et al (2006) suggested MEG can provide useful information about the risk of developing MCI. They recorded MEG during a memory task in 15 healthy subjects. Five of these subjects developed MCI after two years. These subjects were characterized by abnormal low frequency activity in the left temporal lobe in the initial recording. The MEG mean frequency power spectrum in MCI subjects was decreased compared to healthy controls, and increased compared to Alzheimer patients (Fernández et al, 2006 A). This suggests once more MCI is, in some respects, an intermediate state between health and AD. Furthermore, an average decrease of 0.17 Hz/year of the mean frequency in healthy subjects was shown. Slowing of MEG in MCI could be related to the risk of developing AD.

10. Conclusion

Along this chapter we have highlighted some issues in relation to MCI. MCI is less known from the brain imaging point of view than AD. The high chance to progress from MCI to AD indicates the need to do more studies on this domain. MRS and those neuroimaging techniques based on neurophysiological measurements, e.g. MEG, can throw light on this area.

Brain imaging techniques have not reached a point yet where they can provide the confirmatory diagnosis of AD. However the likelihood of suspicion of AD can be enhanced by these methods. Table 3 summarizes these brain imaging techniques in AD and MCI.

Neuroimaging technique	Strengths	Limitations	Comparison AD-MCI
CT	Low cost, high availability	Relative poor resolution Poor differentiation grey matter-white matter	Does not add
MRI	Extensive use, high availability	Poor correlation with changes in function and metabolic findings	Volumetry and ROI volumetry can be useful, even more so longitudinally
fMRI	Gives insight into cognitive performance	Conflicting results	Can be useful as well, but results interpretation may be difficult
DTI	Can assess structural connectivity	Utility not proven	AF reductions in aMCI is a robust finding

Neuroimaging technique	Strengths	Limitations	Comparison AD-MCI
Spectroscopy	Provides information about brain chemical content	Utility not proven	NAA and mI may measure progression from MCI to AD
SPECT	Low cost compared with PET	Mediocre resolution Radiation exposure	Limited utility
PET	Can detect metabolic changes in AD	Expensive Lack of availability	Most useful tool to differentiate AD from MCI, so far
PET-amyloid	Detects most specific metabolic change linked to diagnosis	Difficult interpretation as neurometabolic changes may antecede disease	Can be a risk biomarker, but results interpretation may be difficult
MEG	Gives insight into cognitive performance High temporal resolution	Very expensive	Some usefulness for this purpose has been demonstrated

CT = computerized tomography; MRI = magnetic resonance imaging; fMRI = functional magnetic resonance imaging; DTI = diffusion tensor imaging; SPECT = single-photon emission computed tomography; PET = positron emission tomography; MEG = magnetoencephalography; NAA = N-acetyl aspartate; mI = myoinositol; AD = Alzheimer's disease; MCI = mild cognitive impairment; ROI = region of interest

Table 3. Comparison of different brain imaging techniques for AD, with relative advantages and disadvantages, and usefulness for AD-MCI differentiation

Structural MRI is nowadays a standard technique for this purpose, but cheaper techniques, such as CT, may still play a role, even more so in underdeveloped countries. Structural brain imaging, such as CT or MRI, is quite useful for the differential diagnosis of AD with non-neurodegenerative diseases. PET and SPECT are not sufficiently accurate to replace clinical judgment, though they supplement the diagnosis of AD and MCI and help to improve the accuracy of diagnosis. Neuroimaging can be very useful for differentiating AD from frontotemporal dementia as well.

At this moment the rest of the neuroimaging techniques previously mentioned are more used for research than for clinical purposes. Part of the problem is that the brain imaging sensitivities and relative utility of each one of them in AD and MCI are not clearly established. The bulk of neuroimaging research in AD continues to be centered on glucose metabolism, perfusion and tissue content. In the future it is likely the functional neuroimaging techniques will continue to expand. Their refinement will bring greater clarity in the diagnosis of AD as well in the MCI status. Combination of brain images approaches, some of them at least based on molecular issues, such as amyloid imaging, may be promising.

11. Acknowledgments

The authors would like to thank Professor Gabriel A. de Erausquin (University of Southern Florida, Tampa, USA) for his invaluable help in the preparation of this manuscript. They also would like to thank Professor Daniel G. Herrera (Harvard University, Boston, USA) and Dr. Carlos Chada Castro (Hospital de Menorca, Spain) for their helpful comments and suggestions in preparing this manuscript.

12. References

Antuono PG, Jones JL, Wang J et al. (2001). Decreased glutamate and glutamine in Alzheimer's disease detected in vivo with H-MRS at 0.5 T. *Neurology*, 56, pp. 737-742

Apostolova LG, Dutton RA, Dinov ID et al. (2006). Conversion of Mild Cognitive Impairment to Alzheimer Disease Predicted by Hippocampal Atrophy Maps. *Archives of Neurology*, 63, pp. 693–699

Apostolova LG, Steiner CA, Akopyan GG et al. (2007). 3D grey matter atrophy mapping in mild cognitive impairment and mild Alzheimer's disease. *Archives of Neurology*, 64, pp. 1489–1495

Bartenstein P, Minoshima S, Hirsch C et al. (1997). Quantitative assessment of cerebral blood flow in patients with Alzheimer's disease by SPECT. *Journal of Nuclear Medicine*, 8 (7), pp. 1095-1101

Bartzokis G. (2004). Age-related myelin breakdown: a developmental model of cognitive decline and Alzheimer's disease. *Neurobiology of Aging*, 25 (1), pp. 5-18

Bates TE, Strangward M, Keelan J et al. (1996). Inhibition of N-acetylaspartate production, implications for 1H MRS studies in vivo. *Neuroreport*, 7, pp. 1397–1400

Beaulieu C. (2002). The basis of anisotropic water diffusion in the nervous system: a technical review. *NMR in Biomedicine*, 15, pp. 435-455

Becker JT, Davis SW, Hayashi KM et al. (2006). Three-dimensional Patterns of Hippocampal Atrophy in Mild Cognitive Impairment. *Archives of Neurology*, 63, pp. 97–101

Berendse HW, Verbunt JPA, Scheltens PH et al. (2000). Magnetoencephalographic analysis of cortical activity in Alzheimer's disease. A pilot study. *Clinical Neurophysiology*, 111, pp. 604–612

Besga A, Ortiz L, Fernández A et al. (2010). Structural and functional patterns in healthy aging, mild cognitive impairment, and Alzheimer disease. *Alzheimer Disease and Associated Disorders*, 24 (1), pp. 1-10

Bozzali M. (2002). White matter damage in Alzheimer's disease assessed in vivo using diffusion tensor magnetic resonance imaging. *Journal of Neurology, Neurosurgery, and Psychiatry*, 72 (6), pp. 742-746

Bozzali M, Filippi M, Magnani G et al. (2006). The contribution of voxel-based morphometry in staging patients with mild cognitive impairment. *Neurology*, 67, pp. 453–460

Braak H & Braak E. (1997). Frequency of Stages of Alzheimer-Related Lesions in Different Age Categories. *Neurobiology of Aging*, 18 (4), pp. 351–357

Brun A & Englund E. (1981). Regional pattern of degeneration in Alzheimer's disease: neuronal loss and histopathological grading. *Histopathology*, 5, pp. 549-564

Buckner RL, Snyder AZ, Nyder et al. (2005). Molecular,structural, and functional characterization of Alzheimer's disease, evidence for a relationship between default activity, amyloid, and memory. *Journal of. Neuroscience*, 25, pp. 7709–7717.

Celone KA, Calhoun VD, Dickerson BC et al. (2006). Alterations in memory networks in mild cognitive impairment and Alzheimer's disease: An independent component analysis. *Journal of Neuroscience*, 26, pp. 10222–10231.

Chetelat G, Desgranges B, de la Sayette V et al. (2003). Mild cognitive impairment, can FDG-PET predict who is to rapidly convert to Alzheimer's disease? *Neurology*, 60, pp. 1374–1377

Chetelat G, Landeau B, Eustache F et al. (2005). Using voxel-based morphometry to map the structural changes associated with rapid conversion in MCI: A longitudinal MRI study. *Neuroimage*, 27, pp. 934–946

Cho H, Yang DW, Shon YM et al. (2008).Abnormal Integrity of Corticocortical Tracts in Mild Cognitive Impairment, A Diffusion Tensor Imaging Study. *Journal of Korean Medical Science*, 23, pp. 477-483

Chua TC, Wen W, Slavin MJ et al. (2008). Diffusion tensor imaging in mild cognitive impairment and Alzheimer's disease, a review. *Current Opinion in Neurology*, 21, pp. 83-92

Csernansky JG, Wang L, Joshi S et al. (2000). Early DAT is distinguished from aging by high-dimensional mapping of the hippocampus. Dementia of the Alzheimer type. *Neurology*, 55, pp. 1636–1643

DeCarli C, Kaye JA, Horwitz B et al. (1990). Critical analysis of the use of computer-assisted transverse axial tomography to study human brain in aging and dementia of the Alzheimer type. *Neurology*, 40, pp. 872-878

De Leon MJ, George AE, Stylopoulos LA et al. (1989). Early marker for Alzheimer's disease, the atrophic hippocampus. *Lancet*, ii, pp. 672-673

DeToledo-Morrell L, Stoub TR, Bulgakova M et al. (2004). MRI-derived entorhinal volume is a good predictor of conversion from MCI to AD. *Neurobiology of Aging*, 25, pp. 1197–1203

Dickerson BC, Salat DH, Bates JF et al. (2004). Medial temporal lobe function and structure in mild cognitive impairment. *Annals of Neurology*, 56, pp. 27–35

Dickerson B & Sperling RA. (2008). Functional abnormalities of the medial temporal lobe memory system in mild cognitive impairment and Alzheimer's disease: Insights from functional MRI Studies. *Neuropsychologia*, 46, pp. 1624–1635

Di Paola M, Luders E, Di Iulio F et al. (2010). Callosal atrophy in mild cognitive impairment and Alzheimer's disease: Different effects in different stages. *Neuroimage*, vol. 49 (1) pp. 141-149

Di Paola M, Di Iulio F, Cherubini A et al. (2010). When, where, and how the corpus callosum changes in MCI and AD: A multimodal MRI study. *Neurology*, 74 (14), pp. 1136-1142

Di Paola M, Spalletta G & Caltagirone C. (2010). In vivo structural neuroanatomy of corpus callosum in Alzheimer's disease and mild cognitive impairment using different MRI techniques: a review. *Journal of Alzheimer's Disease*, 20 (1), pp. 67-95

Du AT, Schuff N, Amend D et al. (2001). Magnetic resonance imaging of the entorhinal cortex and hippocampus in mild cognitive impairment and Alzheimer's disease. *Journal of Neurology, Neurosurgery, and Psychiatry*, 71, pp. 441–447

Duran FL, Zampieri FG, Bottino CC et al. (2007). Voxel-based investigations of regional cerebral blood flow abnormalities in Alzheimer´s disease using a single-detector SPECT system. *Clinics (Sao Paulo)*, 62 (4), pp. 377-384

Engler H, Forsberg A, Almkvist O et al. (2006). Two-year follow-up of amyloid deposition in patients with Alzheimer's disease. *Brain*, 129 (11), pp. 2856–2866

Farid K, Caillat-Vigneron N & Sibon I. (2011). Is brain SPECT useful in degenerative dementia diagnosis? *Journal of Computer Assisted Tomography*, 35 (1), pp. 1-3

Fernández A, Maestú F, Amo C et al. (2002). Focal temporoparietal slow activity in Alzheimer's disease revealed by magnetoencephalography. *Biological Psychiatry*, 52, pp. 764–770

Fernández A, Arrazola J, Maestú F et al. (2003). Correlations of hippocampal atrophy and focal low-frequency magnetic activity in Alzheimer disease, volumetric MR imaging: a magnetoencephalographic study. *American Journal of Neuroradiology*, 24, pp. 481–487

Fernández A, García-Segura JM, Ortiz T et al. (2005). Proton Magnetic Resonance Spectroscopy and Magnetoencephalographic Estimation of Delta Dipole Density: A Combination of Techniques That May Contribute to the Diagnosis of Alzheimer's Disease. *Dementia and Geriatric Cognitive Disorders*, vol. 20 (2-3) pp. 169-177

Fernández A, Hornero R, Mayo A et al. (2006). Quantitative magnetoencephalography of spontaneous brain activity in Alzheimer's disease. *Dementia and Geriatric Cognitive Disorders*, 20, pp. 153–159 (C)

Fernandez A, Hornero R, Mayo A et al. (2006). MEG spectral profile in Alzheimer's disease and mild cognitive impairment. *Clinical Neurophysiology*, 117, pp. 306–314 (A)

Fernandez A, Turrero A, Zuluaga P et al. (2006). Magnetoencephalographic parietal delta dipole density in mild cognitive impairment. Preliminary results of a method to estimate the risk of developing Alzheimer disease. *Archives of Neurology*, 63, pp. 427–30 (B)

Fernández A, Hornero R, Gómez C et al. (2010). Complexity analysis of spontaneous brain activity in Alzheimer disease and mild cognitive impairment: an MEG study. *Alzheimer Disease and Associated Disorders*, 24 (2), pp. 182-189

Franciotti R, Iacono D, Della Penna S et al. (2006). Cortical rhythms reactivity in AD, LBD and normal subjects. A quantitative MEG study. *Neurobiology of Aging*, 27, pp. 1100–1109

Friedland RP, Kalaria R, Berridge M et al. (1997). Neuroimaging of vessel amyloid in Alzheimer's disease. *Annals of the New York Academy of Sciences*, 826, pp. 242–247

Gambhir SS, Czermin J, Schwimmer J et al. (2001). A tabulated summary of the FDG PET literature. *Journal of Nuclear Medicine*, 42, 5 Suppl, pp. 1S-93S

Giovacchini G, Squitieri F, Esmaeilzadeh M et al. (2011). PET translates neurophysiology into images: A review to stimulate a network between neuroimaging and basic research. *Journal of Cellular Physiology*, 226, 4, pp. 948-961

Glanville NT, Byers DM, Cook HW et al. (1989). Differences in the metabolism of inositol and phosphoinositides by cultured cells of neuronal and glial origin. *Biochimica et Biophysica Acta*, 1004, pp. 169-179

Godbolt AK, Waldman AD, Macmanus DG et al. (2006). MRS shows abnormalities before symptoms in familiar Alzheimer disease. *Neurology*, 66, pp. 718-722

Gomez C, Hornero R, Abasolo D et al. (2006). Complexity analysis of the magnetoencephalogram background activity in Alzheimer's disease patients. *Medical Engineering & Pysics*, 28, pp. 851-859

Grothe N, Zaborszky L, Atienza M et al. (2010). Reduction of basal forebrain cholinergic systems parallels cognitive impairment in patients at high risk of developing Alzheimer's disease. Cerebral Cortex, 20, 7, pp.1685-1695

Hämäläinen M, Hari R, Ilmoniemi RJ et al. (1993). Magnetoencephalograpy: theory, instrumentation, and applications to noninvasive studies of the working human brain. *Reviews of Modern Physics*, 65 (1993) pp. 413–497

Hamalainen A, Tervo S, Grau-Olivares M et al. (2007). Voxel-based morphometry to detect brain atrophy in progressive mild cognitive impairment. *Neuroimage*, 37, pp. 1122–1131

Hammoud DA, Hoffman JM & Pomper MG. (2007). Molecular neuroimaging: from conventional to emerging techniques. *Radiology*, 245, 1, pp. 21-42

Haxby JV, Duara R, Grady CL et al. (1985). Relations between neuropcyhological and cerebral metabolic assymetries in early Alzheimer's disease. *Journal of Cerebral Blood Flow and Metabolism*, 5, pp. 193-200.

Herholz K, Schopphoff H, Schmidt M et al. (2002). Direct comparison of spatially normalized PET and SPECT scans in Alzheimer's disease. *Journal of Nuclear Medicine*, 43, 1, pp. 21–26

Herholz K, Weisenbach S, Zündorf G et al. (2004). In vivo study of acetylcholine esterase in basal forebrain, amygdala, and cortex in mild to moderate Alzheimer disease. Neuroimage, 21, 1, pp. 136-143

Herholz K, Carter SF & Jones M. (2007). Positron emission tomography imaging in dementia. *The British Journal of Radiology*, 80, 2 (suppl), pp. S160-167

Honchar MP, Vogler GP, Gish BG et al. (1990). Evidence that phosphoinositide metabo- lism in rat cerebral cortex stimulated by pilo- carpine, physostigmine and pargyline in vivo is not changed by chronic lithium treatment. *Neurochemistry*, 55, pp. 1521–1525

Hornero R, Escudero J, Fernández A et al. (2008). Spectral and nonlinear analyses of MEG background activity in patients with Alzheimer's disease. *IEEE Transactions on Biomedical Engineering*, 55, pp. 1658–1665

Huang W, Alexander GE, Daly EM et al. (1999). High brain myoinositol levels in the predementia phase of Alzheimer's disease in adults with Down's syndrome: A 1H MRS study. *American Journal of Psychiatry*, 156, pp. 1879-1886.

Huang W, Alexander GE, Chang L et al. (2001). Brain metabolite concentration and dementia severity in Alzheimer's disease, a ^{1}H-MRS study. *Neurology*, 57, pp. 626–632

Ishii K, Sasaki M, Sakamoto S et al. (1999). Tc-99m ethyl cysteinate dimer SPECT and 2-[F-18]fluoro-2-deoxy-D-glucose PET in Alzheimer's disease. Comparison of perfusion and metabolic patterns. *Clinical Nuclear Medicine*, 24, 8, pp. 572-575

Jack CR Jr, Shiung MM, Gunter JL et al. (2004). Comparison of different MRI brain atrophy rate measures with clinical disease progression in AD. *Neurology*, 62, pp. 591–600

Jack CR Jr, Shiung MM, Weigand SD et al. (2005). Brain atrophy rates predict subsequent clinical conversion in normal elderly and amnestic MCI. *Neurology*, 65, pp. 1227–1231

Jessen F, Gür O, Block W et al. (2009). A multicenter 1H-MRS study of the medial temporal lobe in AD and MCI. *Neurology*, vol. 72 (20), pp. 1735-1740

Johnson SC, Baxter LC, Susskind-Wilder L et al. (2004). Hippocampal adaptation to face repetition in healthy elderly and mild cognitive impairment. *Neuropsychologia*, 42, pp. 980– 989

Johnson SC, Schmitz TW, Moritz CH et al. (2005). Activation of brain regions vulnerable to Alzheimer's disease: the effect of mild cognitive impairment. *Neurobiology of Aging*, 27 (11), pp. 1604–1612

Jolles J, Bothmer J, Markerink M et al. (1992). Phosphatidylinositol kinase is reduced in Alzheimer's disease. *Journal of Neurochemistry*, 58, pp. 2326- 2329

Juottonen K, Laakso MP, Partanen K et al. (1999). Comparative MR Analysis of the Entorhinal Cortex and Hippocampus in Diagnosing Alzheimer Disease. *American Journal of Neuroradiology*, 20, pp. 139–144

Kadir A, Marutle A, Gonzalez D et al. (2011). Positron emision tomography imaging and clinical progression in relation to molecular pathology in the first Pittsburg Compound B positron emission tomography patient with Alzheimer´s disease. *Brain*, 134, 1, pp. 301-317

Kantarci K, Jack CR Jr, Xu YC et al. (2000). Regional metabolic patterns in mild cognitive impairment and Alzheimer's disease, A 1H MRS study. *Neurology*, 55, pp. 210–217

Kantarci K, Xu Y, Shiung MM et al. (2002). Comparative diagnostic utility of different MR modalities in mild cognitive impairment and Alzheimer's disease. *Dementia and Geriatric Cognitive Disorders*, 14, pp. 198–207

Kantarci K, Reynolds G, Petersen RC et al. (2003). Proton MR spectroscopy in mild cognitive impairment and Alzheimer disease: comparison of 1.5 and 3 T. *American Journal of Neuroradiology*, vol. 24 (5), pp. 843-849

Kantarci K, Weigand SD, Petersen RC et al. (2007). Longitudinal (1)H MRS changes in mild cognitive impairment and Alzheimer's disease. *Neurobiology of Aging*, 28, pp. 1330-1339

Kennedy ED, Chaliss JRA, Ragan CL et al. (1990). Reduced inositol polyphosphate accumulation and inositol supply induced by lithium in stimulated cerebral cortex slices. *Biochemistry Journal*, 267, pp. 781-786

Kido DK, Caine ED, LeMay M et al. (1989). Temporal lobe atrophy in patients with Alzheimer disease, a CT study. *American Journal of Neuroradiology*, 10, pp. 551-555

Kinkingnéhun S, Sarazin M, Lehéricy S et al. (2008). VBM anticipates the rate of progression of Alzheimer disease: a 3-year longitudinal study. *Neurology*, 70 (23), pp. 2201-2211

Klunk WE, Panchalingan K, Moosy J et al. (1992). N-acetyl-aspartate and other amino acid metabolites in Alzheimer's disease brain: a preliminary proton nuclear magnetic resonance study. *Neurology*, 42, pp. 1578-1585

Klunk WE, Engler H, Nordberg et al. (2004). Imaging brain amyloid in Alzheimer's disease with Pittsburgh Compound-B. *Annals of Neurology*, 55, 3, pp. 306–319

Klunk WE, Lopresti BJ, Ikonomovic MD et al. (2005). Binding of the positron emission tomography tracer Pittsburgh compound-B reflects the amount of amyloid-beta in Alzheimer's disease brain but not in transgenic mouse brain. *Journal of Neuroscience*, 25, 46, pp. 10598–10606

Klunk WE & Mathis CA. (2008). The future of amyloid-beta imaging: a tale of radionuclides and tracer proliferation. *Current Opinion in Neurology*, 21, 6, pp. 683–687

Knopman DS, DeKosky ST, Cummings JL et al. (2001). Practice parameter, diagnosis of dementia (an evidence-based review). Report of the Quality Standards Subcommittee of the American Academy of Neurology. *Neurology*, 56, 9, pp. 1143-1153

Koyama M, Kawashima R, Ito H et al. (1997). SPECT imaging of normal subjects with technetium-99m-HMPAO and technetium-99m-ECD. *Journal of Nuclear Medicine*, 38, 4, pp. 587-592

Krishnan KR, Charles HC, Doraiswamy PM et al. (2003). Randomized, placebo-controlled trial of the effects of donepezil on neuronal markers and hippocampal volumes in Alzheimer's disease. *American Journal of Psychiatry*, 160, pp. 2003- 2011

Lassen NA & Munck O. The cerebral blood flow in man determined by the use of radiactive Krypton. (1955). *Acta Physiologica Scandinavica*, 33, 1 pp. 30-40

Le Bihan D, Mangin JF & Poupon C. (2001) Diffusion Tensor Imaging. *Journal of Magnetic Resonance Imaging*, 13, pp. 534-546

Lerch JP, Pruessner JC, Zijdenbos A et al. (2005). Focal decline of cortical thickness in Alzheimer's disease identified by computational neuroanatomy. *Cerebral Cortex*, 15, pp. 995–1001

Maeda J, Ji, B, Irie T et al. (2007). Longitudinal, quantitative assessment of amyloid, neuroinflammation, and antiamyloid treatment in a living mouse model of Alzheimer's disease enabled by positron emission tomography. *Journal of Neuroscience*, 27, 41, pp. 10957–10968

Maestú F, Fernández A, Simos PG et al. (2001). Spatio-temporal patterns of brain magnetic activity during a memory task in Alzheimer's disease. *Neuroreport*, 12, pp. 3917–3922

Maestú F, Arrazola J, Fernández A et al. (2003). Do cognitive patterns of brain magnetic activity correlate with hippocampal atrophy in Alzheimer's disease? *Jouranl of Neurology, Neurosurgery, and Psychiatry*, 74, pp. 208-212

Maestú F, Fernández A, Simos PG et al. (2004). Profiles of brain magnetic activity during a memory task in patients with Alzheimer's disease and in non-demented elderly subjects, with or without depression. *Journal of Neurology, Neurosurgery, and Psychiatry*, 75, pp. 1160–1662

Maestú F, García-Segura J, Ortiz T et al. (2005). Evidence of Biochemical and Biomagnetic Interactions in Alzheimer's Disease: An MEG and MR Spectroscopy Study. *Dementia and Geriatric Cognitive Disorders*, 20, pp. 145–152

Maestú F, Campo P, Gil-Gregorio P et al. (2006). Medial temporal lobe neuromagnetic hypoactivation and risk for developing cognitive decline in elderly population: a 2-year follow up study. *Neurobiology of Aging*, 27, pp. 32–37

Martí-Bonmatí L, Moratal Pérez D & Celda Vázquez B. (2007). *Aprendiendo los fundamentos de la resonancia magnética*, Editorial Médica Panamericana ISBN-13, 978-84-7903-899-1, Madrid (Spain)

Matsuda H. (2001). Cerebral blood flow and metabolic abnormalities in Alzheimer's disease. *Annals of Nuclear Medicine*, 15, 2, pp. 85-92

Matsuda H. (2007). Role of neuroimaging in Alzheimer's disease, with emphasis on brain perfusion SPECT. *Journal of Nuclear Medicine*, 48, 8, pp. 1289–130

Melhem ER, Mori S & Mukundan G. (2002). Diffusion tensor MR Imaging of the brain and White matter tractography. *American. Jouranl of Radiology*, 178, pp. 3-16

Messa C, Perani D, Lucignani G et al. (1994). High-resolution technetium-99m-HMPAO SPECT in patients with probable Alzheimer's disease: comparison with fluorine-18-FDG PET. *Journal of Nuclear Medicine*, 35, 2, pp. 210–216

Miller B, Moats RA, Shonk T et al. (1993). Alzheimer's disease, depiction of increased cerebral myoinositol with proton MR spectroscopy. *Radiology*, 187, pp. 433- 437

Montz R, Jiménez A, Coullaut J et al. (2002). PET in neurology and psychiatry I. PET with FDG in the study of the CNS. *Revista Española de Medicina Nuclear*, 21, 5, pp. 370-386

Morris JC, Roe CM, Grant EA et al. (2009). Pittsburgh compound B imaging predicts progression from cognitively normal to symptomatic Alzheimer´s disease. *Archives of Neurology*, 66, 12, pp. 1469-1475

Mosconi L. (2005). Brain glucose metabolism in the early and specific diagnosis of Alzheimer's disease. *European Journal of Nuclear Medicine and Molecular Imaging*, 32, 4, pp. 486–510

Mosconi L, Bertia V, Glodzika L et al. (2010). Pre-clinical detection of Alzheimer's disease using FDG-PET, with or without amyloid imaging. *Journal of Alzheimer´s Disease*, Vol.20, No.3, pp. 843–854

Mueller SG, Weiner MW, Thal LJ et a. (2005). Ways towards an early diagnosis of Alzheimer's disease: the Alzheimer's Disease Neuroimaging Initiative (ADNI). *Alzheimer's Dementia*, 1, pp. 55-66

Ortiz Alonso T, Martínez Castillo E, Fernández Lucas A et al. (2000). Callosal atrophy and associated electromyographyc responses in Alzheimer's disease and aging. *Electromyography and Clinical Neurophysiology*, 40, pp. 465-475

Osipova D, Ahveninen J, Kaakkola S et al. (2003). Effects of scopolamine on MEG spectral power and coherence in elderly subjects. *Clinical Neurophysiology*, 114, pp. 1902–1907

Osipova D, Ahveninen J, Jensen O et al. (2005). Altered generation of spontaneous oscillations in Alzheimer's disease, *Neuroimage*, 27, pp. 835–841

Osipova D, Rantanen K, Ahveninen J et al. (2006). Source estimation of spontaneous MEG oscillations in mild cognitive impairment. *Neuroscience Letters*, 405, pp. 57–61

Parente DB, Gasparetto EL, da Cruz LC Jr et al. (2008). Potential role of diffusion tensor MRI in the differential diagnosis of mild cognitive impairment and Alzheimer's disease. *American Journal of Roentgenology*, 190 (5), pp. 1369

Pariente J, Cole S, Henson R et al. (2005). Alzheimer's patients engage an alternative network during a memory task. *Annals of Neurology*. 58, pp. 870–879

Parnetti L, Tarducci R, Presciutti O et al. (1997). Proton magnetic resonance spectroscopy can differentiate Alzheimer's disease from normal aging. *Mechanisms of Ageing and Development*, 97, pp. 9–14

Pennanen C, Kivipelto M, Tuomainen S et al. (2004). Hippocampus and entorhinal cortex in mild cognitive impairment and early AD. *Neurobiology of Aging*, 25, pp. 303–310

Petersen RC & Negash S. (2008). Mild Cognitive Impairment. An Overview. CNS Spectrums, 13, 1, pp. 45-53

Petrella JR, Wang L, Krishnan S et al. (2007). Cortical deactivation in mild cognitive impairment; high- field-strength functional MR imaging. *Radiology*, 245, pp. 224 - 235

Pilatus U, Lais C, Rochmont Adu M et al. (2009). Conversion to dementia in mild cognitive impairment is associated with decline of N-actylaspartate and creatine as revealed by magnetic resonance spectroscopy. *Psychiatry Research*, 173 (1), pp. 1-7

Poza J, Hornero R, Abasolo D et al. (2007). Extraction of spectral based measures from MEG background oscillations in Alzheimer's disease. *Medical Engineering and Physics*, 29, pp. 1073–1083

Poza J, Hornero R, Abásolo D et al. (2008). Evaluation of spectral ratio measures from spontaneous MEG recordings in patients with Alzheimer's disease. *Computer Methods and Programs in Biomedicine*, 90, pp. 137–147

Read SL, Miller BL, Mena I et al. (1995). SPECT in dementia: clinical and pathological correlation. *Journal of the American Geriatric Society*, 43, pp. 1243-1247.

Ries M, Carlsson C, Rowley H et al. (2008). Magnetic Resonance Imaging Characterization of Brain Structure and Function in Mild Cognitive Impairment: A Review. *Journal of the American Geriatrics Society*, 56 (5), pp. 920-934

Ross BD, Bluml S, Cowan R et al. (2005). In vivo magnetic resonance spectroscopy of human brain, the biophysical. *Dementia and Geriatric Cognitive Disorders*, 20, pp. 169–177

Roy CS & Sherrington CS. (1890). On the regulation of the blood supply of the brain. *Journal of Physiology*, 11, 1-2 pp. 85-108

Serra L, Cercignani M, Lenzi D et al. (2010) Grey and white matter changes at different stages of Alzheimer's disease. *Journal of Alzheimer's Disease*, 19 (1), pp. 147-159

Simmons M, Frondoza CG, Coyle JT et al. (1991). Immunocytochemical localization of N-acetyl-aspartate with monoclonal antibodies. *Neuroscience*, 45, pp. 37–45

Singh V, Chertkow H, Lerch JP et al. (2006). Spatial patterns of cortical thinning in mild cognitive impairment and Alzheimer's disease. *Brain*, 129, pp. 2885–2893

Shoghi-Jadid K, Small GW, Agdeppa ED et al. (2002). Localization of neurofibrillary tangles and beta-amyloid plaques in the brains of living patients with Alzheimer disease. *American Journal of Geriatric Psychiatry*, 10, 1, pp. 24–35

Shonk T & Ross BD. (1995). Role of increased cerebral myoinositol in the dementia of Down syndrome. *Magnetic Resonance in Medicine*, 33, pp. 858–861

Shonk TK, Moats RA, Gifford P et al. (1995). Probable Alzheimer disease, Diagnosis with proton MR spectroscopy. *Radiology*, 195, pp. 65–72

Silverman DH, Small GW & Phelps ME. (1999). Clinical value of neuroimaging in the diagnosis of dementia. Sensitivity and specificity of regional cerebral metabolic and other parameters for early identification of Alzheimer´s disease. *Clinical Positron Imaging*, Vol.2, No.3, (May 1999), pp. 119-130

Skup M, Zhu H, Wang Y et al. (2011). Sex Differences in Grey Matter Atrophy Patterns Among AD and aMCI Patients: Results from ADNI. *Neuroimage*, 56 (3), pp. 890-906

Smith D & Jobst K. (1996). Use of structural imaging to study the progression of Alzheimer's disease. *Br Med Bull*. Jul,52(3), pp. 575-86

Song SK, Sun SW, Ramsbottom MJ et al. (2002). Dymielination revealed throught MRI as increased radial (but unchanged axial) diffusion of water. *Neuroimage*, 17, pp. 1429-1722

Sperling RA, Bates JF, Cocchiarella AJ et al. (2001). Encoding novel face-name associations, a functional MRI study. *Human Brain Mapping*. 14, pp. 129–139

Sperling RA, Greve D, Dale A et al. (2002). fMRI detection of pharmacologically induced memory impairment. *Procedings of the National Academy of. Science*, 99, pp. 455–460 (b)

Sperling RA. (2007). Funtional MRI Studies of associative encoding in normal aging, mild cognitive impairment, and Alzheimer's disease. *Annals of the New York Academy of Sciences*, 1097, pp. 146-155

Stam CJ. (2001). Use of magnetoencephalography (MEG) to study functional brain networks in neurodegenerative disorders. *Journal of Neurological Science*, 15, 289 (1-2), pp. 128-34

Stam CJ, van Cappellen van Walsum AM, Pijnenburg YAL et al. (2002). Generalized synchronization of MEG recordings in Alzheimer's disease: evidence for involvement of the gamma band. *Journal of Clinical Neurophysiology*, 19, pp. 562–574

Stam CJ, Jones BF, Manshanden I et al. (2006). Magnetoencephalographic evaluation of resting-state functional connectivity in Alzheimer's disease. *Neuroimage,* 32, pp. 1335–1344

Stam CJ & Reijneveld JC. (2007). *Nonlinear Biomedical Physics*, 1 (1), pp. 3

Stoub TR, Bulgakova M, Leurgans S et al. (2005). MRI predictors of risk of incident Alzheimer disease: A longitudinal study. *Neurology*, 64, pp. 1520–1524

Sullivan EV, Rohlfing T & Pfefferbaum A. (2010) Quantitative fiber tracking of lateral and interhemispheric white matter systems in normal aging, relations to timed performance. *Neurobiology of Aging*, 31, pp. 464-481

Teipel SJ, Drzega A, Bartenstein P et al. (2006). Effects of donezepil on cortical metabolic response to activation during (18)FDG-PET in Alzheimer's disease: a double blind cross-over trial. Psychopharmacology, 187, pp. 86-94

Thomann PA, Wustenberg T, Pantel J et al. (2006). Structural changes of the corpus callosum in mild cognitive impairment and Alzheimer's disease. *Dementia and Geriatric Cognitive Disorders*, 21, pp. 215–220

Thompson PM, Hayashi KM, De Zubicaray GI et al. (2004). Mapping hippocampal and ventricular change in Alzheimer disease. *Neuroimage*, 22, pp. 1754–1766

Tolboom N, van der Flier WM, Yaqub M et al. (2009). Relationship of cerebrospinal fluid markers to ^{11}C-PiB and ^{18}F-FDDNP binding. *Journal of Nuclear Medicine*, 50, 9, pp. 1464–1470

Ukmar M, Makuc E, Onor ML et al. (2008). Evaluation of white matter damage in patients with Alzheimer's disease and in patients with mild cognitive impairment by using diffusion tensor imaging. *La Radiologia Medica*, 113 (6), pp. 915-922

Van Cappellen van Walsum AM, Pijnenburg YAL, Berendse HW et al. (2003). A neural complexity measure applied to MEG data in Alzheimer's disease. *Clinical Neurophysiology*, 114, pp. 1034-1040

Wang L, Miller JP, Gado MH et al. (2006). Abnormalities of hippocampal surface structure in very mild dementia of the Alzheimer type. *Neuroimage*, 30, pp. 52–60

Wang Z, Zhao C, Yu L et al. (2009). Regional Metabolic Changes in the Hippocampus and Posterior Cingulate Area Detected with 3-Tesla Magnetic Resonance Spectroscopy in Patients with Mild Cognitive Impairment and Alzheimer Disease. *Acta Radiologica*, 50 (3), pp. 312-319

Wang, H., Shi, H., Yu, H., Jiang, S., Tang, G. (2011). Facile and rapid one-step radiosynthesis of [(18)F]BAY94-9172 with a new precursor. *Nuclear Medicine and Biology*, 38, 1, pp. 121-127

Whitwell JL, Petersen RC, Negash S, et al. (2007). Patterns of atrophy differ among specific subtypes of mild cognitive impairment. *Archives of Neurology*, 64, pp. 1130 –1138

Whitwell JL, Shiung MM, Przybelski SA, et al. (2008). MRI patterns of atrophy associated with progression to AD in amnestic mild cognitive impairment. *Neurology*, 70 (7), pp. 512-520.

Wiley CA, Lopresti BJ, Venneti S et al. (2009). Carbon 11-labeled Pittsburg Compound B and carbon 11-labeled (R)-PK11195 positron emission tomographic imaging in Alzheimer disease. *Archives of Neurology*, 66, 1, pp. 60-67

Wolf H, Hensel A, Kruggel F, et al. (2004). Structural correlates of mild cognitive impairment. *Neurobiology of Aging*, 25, pp. 913–924

Xu Y, Jack CR Jr, O'Brien PC et al. (2000). Usefulness of MRI measures of entorhinal cortex versus hippocampus in AD. *Neurology*, 54, pp. 1760–1767

Yuan Y, Gu ZX & Wei WX. (2008). Fluorodeoxyglucose–Positron-Emission Tomography, Single-Photon Emission Tomography, and Structural MR Imaging for Prediction of Rapid Conversion to Alzheimer Disease in Patients with Mild Cognitive Impairment: A Meta-Analysis. *American Journal of Neuroradiology*, 30, 2, pp. 404–410.

Zhuang et al. (2010). White matter integrity in mild cognitive impairment, A tract-based spatial statistics study. *Neuroimage*, 53 (1), pp. 16-25

9

The Clinical Use of SPECT and PET Molecular Imaging in Alzheimer's Disease

Varvara Valotassiou[1], Nikolaos Sifakis[2], John Papatriantafyllou[3], George Angelidis[1] and Panagiotis Georgoulias[1]
[1]Department of Nuclear Medicine, University Hospital of Larissa
[2]Department of Nuclear Medicine, "Alexandra" University Hospital
[3]Department of Neurology, General Hospital "G. Gennimatas"
Greece

1. Introduction

Single photon emission computed tomography (SPECT) and positron emission tomography (PET) are functional nuclear medicine techniques which allow for accurate non-invasive in vivo measurements of a wide range of regional tissue functions in man. Brain functional imaging with SPECT and PET is based on the recording of the distribution of administered radionuclides in three dimensions, thus producing maps of brain biochemical and physiological processes. SPECT and PET techniques are able to image brain perfusion and metabolism, as well as various neurotransmission or other cellular processes using specific radioligands which mark in vivo receptors, transporters or enzymes.

Brain SPECT and PET imaging - or molecular imaging -, has been applied to the study of Alzheimer's disease (AD) for over two decades. These functional neuroimaging approaches have the capability of identifying subtle pathophysiologic changes in the brain before structural changes are present (Xu et al., 2000). Therefore they possess greater potential for accurate and early diagnosis, monitoring disease progression, and better treatment follow-up. Furthermore, the application of SPECT and PET techniques to the study of AD has led to increased understanding of the underlying pathology and the disease processes and improved the differential diagnosis from other neurodegenerative causes of dementia.

2. Clinical applications of SPECT and PET molecular imaging in AD

2.1 Radiopharmaceuticals for SPECT and PET brain imaging

Brain SPECT and PET imaging is performed using radiopharmaceuticals which utilize the highly selective properties of Blood Brain Barrier (BBB). The intact BBB has been a significant limitation whenever a nuclear imaging technique is employed to study the function of the living human brain since it may impede brain uptake of radiotracers (Jolliet Riant & Tillement, 1999). The main factors which regulate passage across the BBB are ionic selectivity and lipid solubility of substances (Costa, 2004). Osmotic pressure and specific and non-specific binding to plasma proteins, cell membranes and other components present in the bloodstream, may also affect the permeability of BBB and brain uptake of the administered radiopharmaceuticals (Tanaka & Mizojiri, 1999). In the absence of radiotracer binding to these metabolic (biological) barriers, free diffusion of lipophilic small neutral compounds occurs directly through the endothelial cells of BBB (Waterhouse, 2003).

2.1.1 Properties and mechanisms of brain uptake

Radiopharmaceuticals used for brain perfusion SPECT imaging are lipophilic and neutral compounds with limited protein binding, which penetrate freely the intact BBB by simple diffusion (Costa, 2004). They distribute in proportion to regional cerebral blood flow (rCBF) and remain trapped in neuronal tissue without redistribution for a suitable amount of time to permit SPECT imaging.

Brain perfusion SPECT radiopharmaceuticals are labeled with 99mTechnecium (^{99m}Tc) which has excellent physical characteristics for imaging purposes and dosimetry and it is always available at a low cost.

^{99m}Tc-bicisate (ECD) and ^{99m}Tc-exametazime (HMPAO) are the most common radiopharmaceuticals used in routine clinical practice (Kung et al., 2003). They are both lipophilic and neutral tracer agents with suitable characteristics to pass the BBB by passive diffusion. ^{99m}Tc-bicisate (ECD) is retained in brain tissue after being hydrolysed to ionized non-diffusible metabolites by interaction with esterases in brain cells (Walovitch et al., 1994), while ^{99m}Tc- HMPAO is converted to one or more polar species by an assumed interaction with glutathione (Jacquier-Sarlin et al., 1996).

The PET radiopharmaceuticals are labeled with isotopes of elements that naturally occur in the various substrates (Newberg & Alavi, 2003). The most common radioisotopes used for labeling are ^{18}F and ^{11}C. ^{18}F labeled compounds have the advantage over ^{11}C labeled compounds of the longer half life of ^{18}F (110 min versus 20 min) which allows longer imaging protocols. The advantage of ^{11}C labeling is that, theoretically, any organic molecule could be labeled by isotopic substitution of ^{11}C for natural carbon, retaining the full properties of the parent molecule (Pimlott, 2005).

The most common application of PET in AD is the study of regional cerebral glucose metabolism (rCGM) and to a lesser extent the measurements of regional cerebral blood flow (rCBF) and oxygen metabolism, with the use of radiotracer concentrations in the picomolar range which rarely exerts any pharmacological or toxicological effect (Gee, 2003).

The radiofluorinated analogue ^{18}F-2-fluoro-2-deoxy-D-glucose (^{18}F-FDG) is used for brain glucose metabolism studies. ^{18}F-FDG is transported into the brain cells by facilitated diffusion, then phosphorylated to FDG-6-PO_4 and trapped intracellularly where it can be measured, without further metabolism (Newberg & Alavi, 2003). [^{15}O] H_2O and $^{15}O_2$ are used for the measurement of rCBF and oxygen metabolism, respectively.

SPECT and PET receptor imaging radioligands are neutral and lipophilic compounds with high plasma clearance and low plasma protein binding, and the ability to pass the intact BBB by simple diffusion, while regional cerebral distribution reflect receptor density (Pimlott, 2005). Furthermore they perform high affinity and specificity and/or selectivity for the specific receptor of interest over other receptors, limited or measurable metabolism, low toxicity and good in-vitro stability (Wong & Pomper, 2003).

Although ^{99m}Tc has so far been incorporated in most SPECT imaging studies, a general problem with ^{99m}Tc complexes is the low brain uptake due to the large molecular weight of linking moieties required to radiolabel compounds with ^{99m}Tc (Johannsen & Pietzsch, 2002). The incorporation of the much smaller radioiodine into a radiotracer can increase brain uptake and currently most of the research studies on SPECT neuroreceptor brain imaging are performed using agents labeled with ^{123}I (Pimlott, 2005).

2.2 Imaging of brain perfusion and glucose metabolism in AD

A substantial number of rCBF and rCGM studies with SPECT and PET have been performed in AD patients as well as in other neurodegenerative disorders. These studies have demonstrated characteristic patterns of perfusion and metabolism abnormalities which distinguish AD from other types of dementia and supported the use of SPECT and PET imaging as biomarkers of AD for the detection of the underlying changes of perfusion and metabolism and monitoring disease progression and response to treatment. In general, there is a concordance between brain perfusion and metabolism deficits, exhibited on SPECT and PET studies, respectively.

Brain perfusion SPECT imaging in AD patients typically shows bilateral hypoperfusion of the parietal and posterior temporal lobes (Ichimyia, 1998; Ishii et al., 1996; Lojkowska et al., 2002). The perfusion deficits are frequently symmetric but not necessarily of the same magnitude and severity. Motor and sensory cortices are usually spared. Hypoperfusion of the posterior association cortices is a finding that some authors consider specific for AD and positive evidence for its diagnosis, although other conditions may display a similar pattern (Hirao et al., 2006). Prospective studies with histological confirmation in demented patients and control cases have shown that the sensitivity and specificity of rCBF SPECT imaging for the differentiation of patients with AD from control subjects is 89% and 80%, respectively (Jobst et al., 1998). With progression of the disease, hypoperfusion spreads from the posterior to the anterior temporal and frontal lobes (Fig. 1) (Brown et al., 1996).

The pattern and degree of hypoperfusion have been correlated in many studies with the onset, the severity, the clinical features and the prognosis of the disease, although with contradictable results in several cases. Temporoparietal hypoperfusion has been shown to be more severe in early-onset than in late-onset AD (Weinstein et al., 1991). Late onset patients tend to present with the characteristic involvement of the medial temporal lobes producing marked memory loss whereas early onset patients present with predominant posterior cortical association area involvement (Kemp et al., 2003). The Mini Mental Examination scores in AD patients correlate with the rCBF in temporal and parietal regions (Rodriguez et al., 1999). Moreover, specific clinical symptoms that AD patients may present are associated with perfusion abnormalities in discrete cortical areas. The right middle medial temporal region emerged as an important neural correlate of aggression (Lanctôt et al., 2004); depressive symptoms were associated with relative hypoperfusion in the prefrontal cortex (Levy-Cooperman et al., 2008); a significant association was also found between anosognosia and decreased perfusion in the orbitofrontal cortex (Shibata et al., 2008); hypoperfusion in the inferior, medial and orbital frontal lobes as well as the anterior cingulate gyri were found to be associated with the lack of awareness in patients with early AD (Hanyu et al., 2008); apathetic AD patients performed hypoperfusion in the left anterior cingulate and right orbitofrontal cortex (Lanctôt et al., 2007); hypoperfusion in prefrontal cortex, anterior cingulate gyri, inferior to middle temporal cortices, and parietal cortex of the right hemisphere has been observed in AD patients with delusions (Nakano et al., 2006); finally, hypoperfusion in the left anterior cingulate and left orbitofrontal cortices, and relative sparing of perfusion in the right anterior cingulate, right orbitofrontal and left middle mesial temporal cortices emerged as predictors of appetite loss in AD patients (Ismail et al., 2008). Decreased blood flow in the frontal lobe of AD patients is correlated not only with reduced cognitive function at the time of the evaluation but with rapid progression in the subsequent clinical course, as well (Nishimura et al., 2007). Hypoperfusion in the left temporal region has been associated with lowering of the median survival and higher death rates (Claus et al., 1999), though perfusion in the right parietal lobe has also found to be a significant predictor of survival in patients with AD (Jagust et al., 1998).

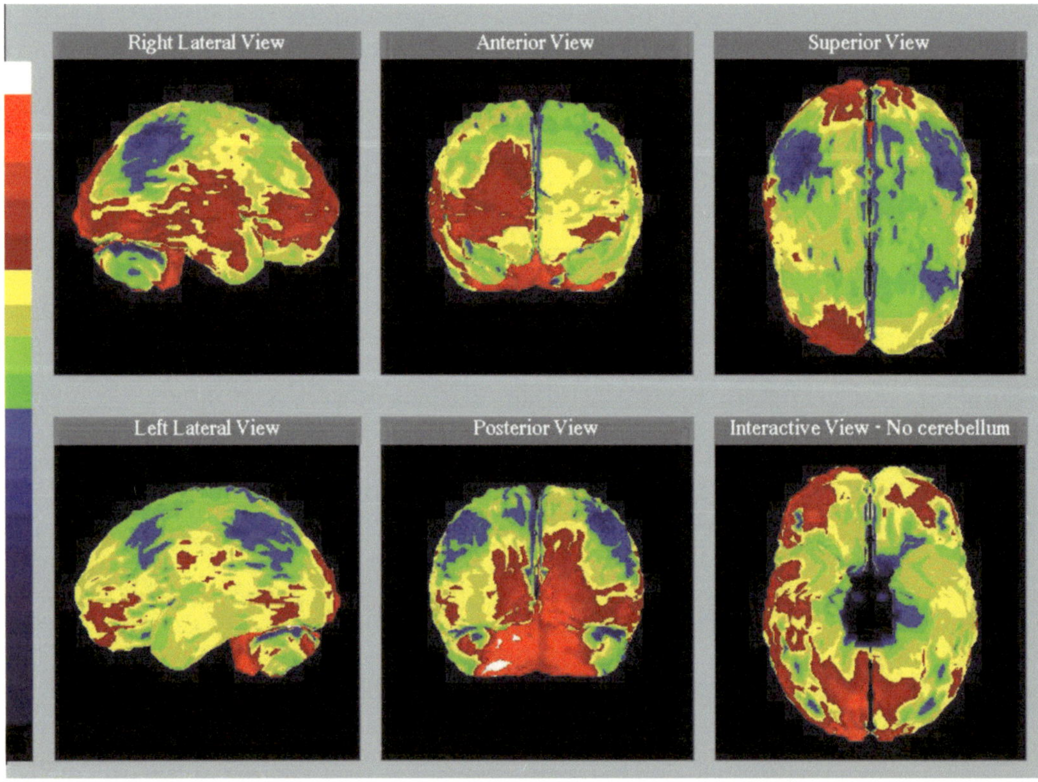

Fig. 1. Brain perfusion SPECT study in a patient with Alzheimer's disease. Reduced ^{99m}Tc-HMPAO uptake in parietal, temporal and frontal lobes. Hypoperfusion is more severe on the left hemisphere.

FDG PET studies in AD patients have demonstrated a typical pattern of reduced temporoparietal FDG uptake with sparing of the basal ganglia, thalamus and cerebellum (Coleman, 2005). Hypometabolism begins typically in the superior parietal cortex, then spreads inferiorly and anteriorly to involve the inferior parietal, superior temporal, and prefrontal cortices. The extent of hypometabolism correlates with the severity of cognitive impairment and often shows right/left hemispheric asymmetry (Haxby et al., 1990). More recent studies using higher resolution PET scanning have reported marked hypometabolism of the hippocampal head and amygdala in AD (Stein et al., 1998).

FDG PET demonstrated high sensitivity and specificity (94% and 73%, respectively) for detecting the presence of AD in histopathologically confirmed demented patients. In contrast, clinical evaluation without FDG PET showed lower sensitivity and specificity (83%-85% and 50%-55%, respectively), as determined by an entire series of evaluations repeated over a period of years (Silverman et al., 2002). Even early in the disease process, before the appearance of volume loss, FDG PET has been helpful in diagnosing AD, with a sensitivity and specificity of about 90%, irrespective of the degree of cognitive impairment

(Hoffman et al., 2000). It is the neuroimaging technique that has been shown to yield the highest prognostic value for providing a diagnosis of presymptomatic AD 2 years or more before the full dementia picture is manifested (Silverman et al. 2001). Thus, PET is able to measure cognitive decline at some of the earliest possible stages, providing evidence of its usefulness for early AD detection.

SPECT and FDG PET studies have also been applied in patients with mild cognitive impairment (MCI) in order to predict progression from MCI to AD. Reduced glucose metabolism in the inferior parietal cortex and hypoperfusion in the parahippocampus, lateral parietal and posterior cingulate in converters as compared with non-converters have been reported (Ishiwata et al., 2006; Mosconi et al., 2004). Longitudinal FDG PET and perfusion SPECT studies have shown that hypometabolism in the parietal association areas and hypoperfusion in the bilateral inferior parietal areas, angular gyrus and the precunei had a high predictive value and discriminative ability of converters and non-converters, while hypometabolism in the posterior cingulate gyrus had a lower predictive value (Chetelat et al., 2003; Hirao et al., 2005). Combined baseline memory deficits and rCBF SPECT images identified pre-clinical AD with a sensitivity and specificity of 77.8% (Borroni et al., 2006). These SPECT and PET findings suggest that initial functional neuroimaging studies of individuals with MCI may be useful in predicting who will convert to AD in the near future.

2.3 Beta amyloid imaging

In the last years, the detection of senile plaques (SPs) and neurofibrillary tangles (NFTs) has been a target for nuclear molecular imaging in the field of AD. The development of radiotracers able to localize SPs and NFTs could be useful not only in the diagnosis of AD but also in the investigation of the temporal relationship between amyloid deposition, neuronal loss, and cognitive decline and assessment of the effects of drugs in disease progression. Also, these radiotracers could provide treatment for AD patients early in the course of the disease when response to treatment is usually better.

The development of plaque-binding compounds started with monoclonal antibodies against beta-amyloid (Aβ) and self-associating Aβ fragments, and was followed by analogues of histopathological dyes such as Congo Red, Chrysamine G, and Thioflavin T, which are used to stain SPs and NFTs in postmortem AD brain sections (Valotassiou et al., 2010; Villemagne et al., 2005). Recently, malononitrile analogues, which share the same binding site on Aβ peptides with the nonsteroidal anti-inflammatory drugs (NSAIDs), have been developed as potential tracers for Aβ imaging (Agdeppa et al., 2001, 2003a; Shoghi-Jadid et al., 2002).

2.3.1 Radiolabeled antibodies

Several radiolabeled anti-Aβ antibodies and self- associating Aβ amyloid fragments have been developed for potential in vivo SPECT amyloid imaging in AD. ^{99m}Tc-10H3, ^{111}Indium (^{111}In) AMY33 and 10D5 (Bickel et al., 1994; L.C. Walker et al., 1994) although gave promising results in vitro, however, they didn't meet success for in vivo studies mainly due to poor BBB penetration. Despite the efforts that have been made to modify the structure of antibodies and to develop different drug delivery methods suitable for brain studies in vivo, significant problems still constrain the potential application of these probes in human subjects.

2.3.2 Radiolabeled derivatives of histopathological dyes

The first chemically modified neutral thioflavin derivatives were labelled with I-123 in an effort to develop radioiodinated tracers for SPECT imaging of Aβ plaques. Radioiodinated TZDM, TZPI, IBOX and IMPY showed good Aβ plaque binding in vitro but low brain uptake in vivo since they lack sufficient hydrophobicity for diffusion through the BBB, except IMPY which exhibited more promising binding properties (Ono et al., 2002; Zhuang et al., 2001). [^{11}C]-SB-13, a radiolabeled Congo Red derivative, (Verhoeff et al., 2004) has been recently evaluated in AD patients and healthy control subjects. [^{11}C]-SB-13 showed increased retention in the frontal and posterior temporal-inferior parietal association cortices in the AD patients, but not in the comparison subjects.

Another radiolabeled benzothiazole aniline (BTA) analogue [N-methyl-^{11}C]-2-(4'-methylaminophenyl)-6-hydroxylbenzothiazole ([^{11}C]6-OH-BTA-1), which is a neutral derivative of thioflavin T, has been studied extensively, in both preclinical and clinical studies (Klunk et al., 2001; Mathis et al., 2002). It was named "Pittsburgh Compound-B' or PIB and exhibited high affinity for aggregated amyloid but not for NFTs (Ye et al., 2005), and reasonable lipophilicities for crossing the BBB. In AD patients, the distribution pattern of ^{11}C-PIB is characterized by significantly great uptake in the frontal, temporal, parietal, and occipital cortices and the striatum but low entry into the cerebellum and subcortical white matter (Nordberg, 2008). The retention of PIB in cortical AD brain regions was found to be inversely related to the rCGM as measured by FDG PET in the same brain regions. ^{11}C-PIB uptake did not show significant correlation with the degree of cognitive impairment. Similar PIB retention was observed in both AD patients and controls in areas with low Aβ amyloid deposition (Klunk et al., 2004). Elevated ^{11}C-PIB uptake was also observed in dementia with lewy bodies and about 50% of mild cognitive impairment subjects, compared to healthy controls (Morris & Price, 2001). Interestingly, about 25% of the healthy controls demonstrated cortical binding of ^{11}C-PIB, predominantly in the prefrontal cortex, a finding which supports the in vitro observations that Aβ aggregation predominantly occurs before onset of dementia. ^{18}F-flutemetamol (or ^{18}F-GE067), a fluorolabeled structural thioflavin analogue of PIB, was developed recently. The spatial distribution of ^{18}F-flutemetamol uptake in AD resembles closely the distribution typically seen with ^{11}C-PIB binding (Nelissen et al., 2009). High ^{18}F-flutemetamol uptake was observed in striatum while the uptake in medial temporal cortex, one of the areas of predilection for neurofibrillary tangles in AD, was relatively low. Furthermore, the retention of the radioligand was similar in AD patients and healthy controls in brain regions known to be relatively unaffected by amyloid deposition.

2.3.3 Radiolabeled malononitrile analogues

Newer radioligands such as the radiofluorinated [^{18}F]FDDNP and [^{18}F]FENE, which are analogues of the 2-{1-[6-(dimethylamino)-2-naphthyl]ethylidene} malononitrile (DDNP), have been used to label not only SPs but also NFTs for the first time in the living brain of AD patients with PET (Agdeppa et al., 2003b). FDDNP and NSAIDs share a previously unrecognized common binding site on Aβ (1-40) fibrils and senile plaques and also exhibit anti-aggregation effects on Aβ peptides.

The PET imaging data showed increased retention of [^{18}F]FDDNP in the hippocampus, amygdale, entorhinal and temporal lobe regions of the brain, which are consistent with areas known to develop SPs and NFTs. The findings were associated with hypometabolism, as measured with FDG PET, and atrophy, as observed with MRI, in the same brain areas and correlated with lower memory performance scores (Agdeppa et al., 2001; Shoghi-Jadid et al., 2002). [^{18}F]FDDNP provides a disease-specific, in vivo imaging tool for localization and loading of AD-related lesions, which in turn, could aid in early diagnosis of AD in combination with other diagnostic tests (Agdeppa et al., 2003a). Indeed, [^{18}F]FDDNP has greater sensitivity at early stages of AD, before clinical evidence of cognitive decline.

Moreover, [^{18}F]FDDNP-PET may contribute in the elucidation of the relation between possible neuroprotective NSAIDs and Aβ aggregates. The shared binding site on Aβ fibrils and plaques may be a site of anti-aggregation drug action (e.g., naproxen and ibuprofen). Naproxen, ibuprofen and even FDDNP significantly inhibit aggregation of the Aβ (1-40) peptide in the micromolar range (Agdeppa et al., 2003b). Therefore, [^{18}F]FDDNP-PET could be used in determining the occupancy rate of NSAIDs and experimental drugs in plaques in the living brain of AD patients, thus offering new opportunities for early diagnosis, prevention and treatment of AD.

2.3.4 Flavonoids

Flavonoids and their derivatives (chalcones and aurones) have been proved to have anti-oxidant effect due to matrix metalloproteinases (MMP) inhibitory activity (Calliste et al., 2001), as well as anti-inflammatory and neuroprotective properties by modulating microglia-related immune responses in the brain (Rezai-Zadeh et al., 2008). Radioiodinated flavones have also been used in experimental studies as possible amyloid imaging probes. They displayed high brain penetration, high brain uptake, fast washout from the brain and good binding affinity not only on $A\beta^{1-40}$ aggregates but on $A\beta^{1-42}$ aggregates as well. Moreover, they showed high binding affinity for NFTs, too (Ono et al., 2005, 2007).

2.4 Imaging of the acetylcholine system

PET and SPECT can evaluate noninvasively the acetylcholine system in the human brain with the use of appropriate radiotracers, in order to detect impairments even at the presymptomatic stage of AD as well as monitoring treatment outcomes of the drugs that enhance acetylcholine activity in AD.

The available radiotracers target various elements and processes involved with cholinergic neurotransmission and function. These include the study of acetylcholine receptors and acetylcholine neuronal integrity.

Radioligands have been developed to measure both nicotinic and muscarinic receptors. ^{11}C-labeled nicotine (Nordberg et al., 1991) as well as epibatidine and azetidine derivatives labeled with ^{11}C or ^{18}F were used to visualize and quantify nicotinic receptors in the brain. Although epibatidine demonstrated high affinity and specificity for nicotinic receptors, unfortunately is very toxic, which may preclude its use in humans (Villemagne et al., 1997). Nevertheless, epibatidine and azetidine analogs didn't meet clinical application (Sihver et al., 1999). Early in the course of AD, PET studies revealed a reduced ^{11}C-nicotine uptake to nicotinic receptors in frontal and temporal cortex and in the hippocampus in comparison with that of age-matched healthy control subjects (Volkow et al., 2001).

Several radiotracers have been developed for mapping muscarinic receptors. For the most part these radiotracers are limited by the lack of selectivity for the muscarinic receptor subtypes (M1–M4), except for [^{18}F]FP-TZTP, which appears to bind predominantly to M2 receptors (Carson et al., 1998).

For the study of acetylcholine neuronal integrity, radioigands have been developed to measure both the activity of acetylcholinesterase and the acetylcholine vesicular transporter.

The activity of acetylcholinesterase can be measured with PET either using radiolabeled acetylcholine analogues that serve as substrates for acetylcholinesterase and hydrolyze to a hydrophilic product that is trapped in the cell or using radioligands that directly bind to acetylcholinesterase (Kuhl et al., 1999; Pappata et al., 1996). Radiolabeled acetylcholine analogues N-methyl-3-piperydyl-acetate [MP3A], N-methylpiperidin- 4-yl-acetate [MP4A], and N-methylpiperidin-4-yl-propionate [PMP] have been used for this purpose. PET studies in patients with AD demonstrated a widespread reduction of acetylcholinesterase activity in the cerebral cortex. In normal aging no changes were observed. Additionally, the early loss of cholinergic transmission in the cortex could be shown with these tracers, which precedes the loss of cholinergic neurons in the nucleus basalis of Meynert (Herholz et al., 2004).
Several radioligands that target the acetylcholine vesicular transporter have been labelled but only (2)-5 [^{123}I]iodobenzovesamicol (^{123}I-IBVM) has been used in SPECT studies to image the living human brain (Kuhl et al., 1994). ^{123}I-IBVM is an analogue of vesamicol that binds to the acetylcholine vesicular transporter. Cortical binding of ^{123}I-IBVM in normal subjects was found to decline only mildly with age (3.7% per decade), but it was markedly reduced in AD patients. The reductions predicted dementia severity while the binding levels were also determined by the age of disease onset (Kuhl et al., 1996). Patients with an early onset demonstrated reductions throughout the cortex and hippocampus, whereas patients with late onset had reductions only in the temporal cortex and hippocampus. This finding may reflect the greater cholinergic loss in early- rather than in late-onset AD (Rossor et al., 1984).

2.5 Imaging of neuroinflammation

The process of neurodegeneration in AD is associated with activation of resting microglial cells and local glial responses. Peripheral benzodiazepine receptors are the mediators of central nervous system inflammation. Radiolabelled isoquinoline ([^{11}C]*R*-PK11195) has been used in PET studies as an indicator of microglia activation in AD. [^{11}C](*R*)-PK11195 is a ligand for the peripheral benzodiazepine receptors which binds to the outer mitochondrial membrane of activated, but not resting, microglia (Banati, 2002). PET studies in AD patients demonstrated increased [^{11}C](*R*)-PK11195 uptake in the temporal cortex (particularly the fusiform, the parahippocampal and the inferior temporal gyri), the inferior parietal cortex, the posterior cingulate and the amygdala (Cagnin et al., 2002). These areas with high [^{11}C](*R*)-PK11195 uptake subsequently underwent the most marked atrophic changes within the following year as shown by a longitudinal serial volumetric MRI scan. This suggests that an in vivo measure of activated microglia provides an indirect index of disease activity.
^{123}I-PK11195, a SPECT ligand for the peripheral benzodiazepine receptors, has been recently studied in AD patients. Significantly increased uptake was found in the frontal and right mesotemporal regions which correlated with cognitive deficits (Versijpt et al., 2003).

2.6 Imaging of the serotonergic system

Several SPECT and PET studies have investigated the implication of serotonin (5HT) in the modulation of cognitive and behaviorial/neuropsychiatric disturbances of neurodegenerative dementias (Meltzer et al., 1998). Post-synaptic 5HT2A receptors and pre- and post-synaptic 5HT1A receptors have been studied in vivo in AD.
PET studies with ^{18}F-setoperone, a 5HT2A receptor antagonist, demonstrated reduced parietal, temporal, frontal and occipital cortical binding in untreated moderate-severe AD patients (Blin et al., 1993), while reduced ^{18}F-altanserin binding were also observed in mild-moderate AD in the anterior cingulate, prefontal, temporal, and sensorimotor cortices

(Meltzer et al., 1999). No correlation was found between cortical ^{18}F-altanserin binding and MMSE scores. Pre- and post-synaptic 5HT1A receptors studies with ^{18}F-MPPF have shown decreased binding in the hippocampus and the raphe nucleus of AD patients (Kepe et al., 2006).

2.7 Differential diagnosis

2.7.1 Differential diagnosis of AD from dementia with lewy bodies

The discrimination of AD from dementia with lewy bodies (DLB) is difficult since these disorders share common scintigraphic findings. Temporoparietal hypoperfusion and hypometabolism on SPECT and FDG PET studies is common to both AD and DLB (Minoshima et al., 2001; Pasquier et al., 2002), although subtle differences in perfusion and metabolism patterns have been reported (Colloby et al., 2002), with a relative preservation of medial temporal lobe structures and rCBF in DLB and more extended biparietal hypoperfusion in DLB compared to AD patients.

The differential diagnosis of AD from DLB is based on the greater degree of occipital hypoperfusion or hypometabolism in DLB than in AD. The reported sensitivity and specificity for the accuracy of discriminating AD from DLB on the basis of the finding of hypoperfusion and hypometabolism in the occipital cortex ranged between 65-90% and 80-87%, respectively (Lobotesis et al., 2001; Minoshima et al., 2001).

Post mortem brain studies have shown that the presynaptic dopaminergic terminals in the putamen of DLB patients show a 57% reduction compared to controls. This reduction in dopaminergic terminals leads to loss of the presynaptic dopamine transporter system (DAT) (Piggott et al., 1999). If one considers the DAT a surrogate marker of dopaminergic nigrostriatal neurons, imaging of the DAT sites with a specific marker, will be able to identify nigrostriatal dopaminergic degeneration in DLB patients during life. [^{123}I]-ioflupane is a cocaine analogue that binds specifically to the DAT in the membrane of the presynaptic dopaminergic neurones. SPECT studies with [^{123}I]-ioflupane in DLB patients demonstrated reduction of the presynaptic tracer uptake in the striata of both hemispheres, which was clearly more marked in the putamen than caudate nucleus and linked to significant loss of DAT (Z. Walker et al., 2002). This finding enabled the clear differentiation from AD that showed the striatal uptake to be within the normal range. Separation between DLB and AD based on [^{123}I]-ioflupane SPECT imaging is achieved with sensitivity, specificity, and positive predictive value of 78%, 94%, and 90%, respectively (O'Brien et al., 2004).

Recently, an alternative scintigraphic method - cardiac uptake of ^{123}I-metaiodobenzylguanidine (MIBG) - for differentiating AD from DLB was reported. Markedly decreased cardiac uptake was observed in DLB because of cardiac sympathetic denervation (Tateno et al., 2008). Thereafter, the combination of perfusion and [^{123}I]-ioflupane SPECT and MIBG scintigraphy could increase the accuracy of clinical diagnosis of DLB.

2.7.2 Differential diagnosis of AD from vascular dementia

The pattern of hypoperfusion and hypometabolism on brain perfusion SPECT and FDG PET studies in vascular dementia (VaD) varies greatly and depends on the location of the ischemic lesions (Mori et al., 1999). In the multi-infarct type of VaD, the pattern of perfusion and metabolism is characterized by small or large, single or multiple cortical defects randomly distributed. Motor and sensory cortices may also be involved (DeReuck et al.,

1998). In demented patients with white matter lesions, hypoperfusion and hypometabolism are seen mainly in frontal, posterior frontal and anterior temporoparietal cortical regions due to disruption of cortico-cortical connections. In VaD patients with subcortical lesions alone, without cortical lesions on CT, remote cortical metabolism and perfusion defects on intact cortical and subcortical structures are seen, due to disconnection or diaschisis of cortico-subcortical pathways (Kwan et al., 1999).

The great overlapping of hypoperfusion and hypometabolism patterns between AD and VaD, which some times reflect the presence of mixed dementia too, may complicate the interpretation of SPECT and PET images, making the differential diagnosis of AD and VaD difficult. In such cases the administration of acetazolamide has been proved to be a useful tool in the evaluation of vascular reserve capacity (Tikofsky & Hellman, 1991) and can contribute significantly in the differential diagnosis. Acetazolamide is a carbonic anhydrase inhibitor which increases the local pCO_2 in the brain tissue leading to arteriolar dilatation and local increase of rCBF. In AD, vascular reserve capacity is preserved and the administration of acetazolamide results in increased rCBF in the hypoperfused areas seen on SPECT perfusion study. In VaD, acetazolamide fails to increase rCBF in areas with vascular lesions where the vascular reserve capacity is impaired (Pavics et al., 1999).

2.7.3 Differential diagnosis of AD from frontotemporal lobar degeneration

In patients with frontotemporal lobar degeneration (FTLD), PET and SPECT studies revealed the preferential involvement of the frontotemporal regions (Jeong et al., 2005; McNeill et al., 2007). More specifically, these studies demonstrated an extensive decrease of glucose metabolism and perfusion in the frontal and temporal areas, cingulate gyri, uncus, and insula, and subcortical areas, including the basal ganglia and medial thalamic regions (Fig. 2).

The widespread abnormalities observed in FTLD patients may reflect the cumulative findings of the specific variants of FTLD i.e. the frontal or behavioural variant (bvFTD) and the temporal variants of semantic dementia (SD) and progressive non fluent aphasia (PNFA). FDG PET and perfusion SPECT studies in patients with PNFA and SD showed hypometabolism and hypoperfusion in the left hemisphere including the temporal, parietal and middle frontal lobe, whereas in bvFTD patients prominent frontal lobes deficits have been demonstrated (Perneczky et al., 2007; Sinnatamby et al., 1996).

PIB PET studies could potentially aid in differentiating between FTLD and AD patients. FTLD patients showed significantly lower PIB retention compared to AD in frontal, parietal, temporal, and occipital cortices as well as in putamen. The PIB uptake in these FTLD patients did not differ significantly from the healthy controls in any region (Engler et al., 2008).

2.7.4 Differential diagnosis of AD from other dementias

In Creutzfeldt-Jakob encephalopathy, brain perfusion and metabolism studies have revealed various degrees of focal or diffuse hypoperfusion and hypometabolism, which correlated with the severity of the disease, while the use of [^{11}C]-L deuterodeprenyl (DED) -a tracer to assess astrocytosis- showed parallel increases in DED uptake indicating astrocytosis (Engler et al., 2003). Use of iomazemil SPECT to bind with benzodiazepine receptors in a case of Creutzfeldt–Jakob disease has been described with reduced uptake in later stages suggesting neuronal degeneration (Itoh et al., 1998).

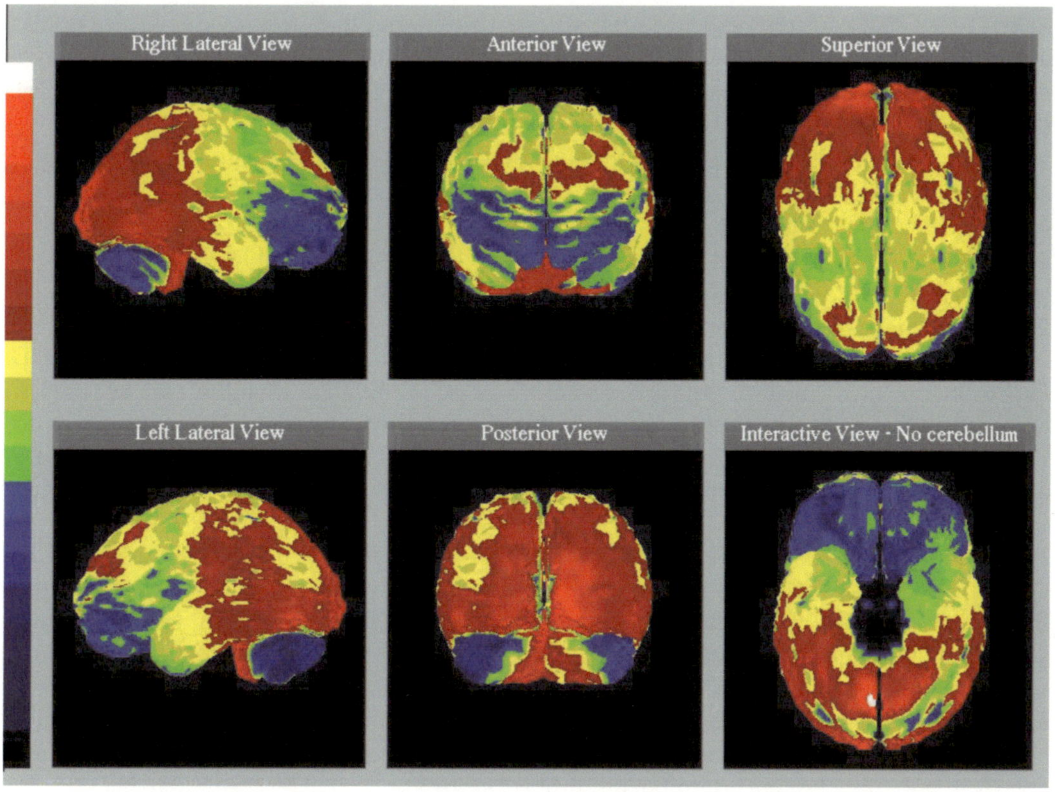

Fig. 2. Brain perfusion SPECT study in a patient with Frontotemporal lobar degeneration. Reduced ^{99m}Tc-HMPAO uptake is observed in frontotemporal cortical areas, more marked in the frontal lobes.

In acute immunodeficiency syndrome (AIDS) dementia, brain perfusion SPECT and FDG PET images demonstrated randomly distributed multiple focal cortical and subcortical deficits of perfusion and metabolism with a predilection for the basal ganglia. These perfusion and metabolism abnormalities may be present even when patients are asymptomatic and correlate better with cognitive improvement after therapy than do structural images (Kim et al., 1996; Tatsch et al., 1990).

Demented patients with Parkinson's disease or other parkinsonian syndromes such as corticobasal degeneration (CBD), progressive supranuclear palsy (PSP) and multiple system atrophy (MSA) may present overlapping perfusion and metabolism templates with AD patients. Demented patients with Parkinson's disease and AD share a common pattern of marked posterior hypoperfusion involving the parietal, temporal, and occipital lobes, as well as hypoperfusion in the dorsolateral prefrontal cortex (Eckert et al., 2005; Spampinato et al., 1991). In PSP, glucose metabolism and perfusion was decreased in the midbrain and medial frontal cortex (Eckert et al., 2005; Okuda et al., 2000). Relative hypometabolism and hypoperfusion in the basal ganglia and fronto-parietal cortex contralateral to the most affected side was a characteristic finding in CBD (Eckert et al., 2005; Hossain et al., 2003). MSA patients exhibited a pattern characterized by marked bilateral reductions of perfusion and metabolism in the lentiform nuclei, the pons and the cerebellum (Cilia et al., 2005;

Eckert et al., 2005). Recent neuroreceptor studies have found that decreased striatum uptake on the presynaptic DAT SPECT imaging in demented patients with Parkinson's disease or other parkinsonian syndromes, may be a useful marker for the discrimination from AD (Hilker et al., 2005; Pirker et al., 2000).
In symptomatic patients with Huntington's disease (HD) brain perfusion SPECT imaging shows decreased or absent tracer uptake in the caudate nucleus or basal ganglia (Nagel et al., 1991). The impairment of basal ganglia may not be permanent and tracer uptake may return to normal after therapy with olanzapine (Etchebehere et al. 1999).

2.8 Assessment of treatment

Acetylcholinesterase inhibitors have been the most widely used drugs to treat AD. Perfusion, metabolism and nicotinic receptors SPECT and PET imaging can be used to assess the efficacy of these drugs in inhibiting acetylcholinesterase, to determine the doses required to achieve optimal inhibition and identify patients in whom the concentration of acetylcholinesterase may be too low for acetylcholinesterase inhibitors to be effective (Kuhl et al., 2000).
Perfusion SPECT studies have shown that treatment with donepezil appeared to reduce the decline in rCBF, suggesting a preservation of functional brain activity (Nakano et al., 2001; Staff et al., 2000). Increases in rCBF in anterior cingulate, lateral orbitofrontal, dorsolateral prefrontal, and temporoparietal areas after short term acetylcholinesterase inhibitor therapy was significantly related to behaviors of irritability, disinhibition, and euphoria (Ceravolo et al., 2004; Nakano et al., 2001). These data suggest that cognitive or behavioral benefits after cholinesterase inhibitor therapy are related to clear increases in rCBF in crucial areas specifically involved in the attention and limbic networks.
Increases in rCBF in AD patients have also been reported after acute and fairly short periods of treatment with other cholinesterase inhibitors such as tacrine and velnacrine, and with the acetylcholine releaser linopirdine (van Dyck et al., 1997). Tacrine treatment increased cerebral blood flow, cerebral glucose metabolism, and uptake of ^{11}C-nicotine to the brain paralleled by improvement in neuropsychological performance. Though the effects of tacrine on nicotine receptors occurred early in the course of treatment (3 weeks), those in metabolism were observed only after months of treatment (Nordberg et al., 1998). Tacrine increased binding of ^{11}C-nicotine in the temporal cortex of AD patients was interpreted as reflecting a restoration of nicotinic receptors (Nordberg et al., 1997). These results are in agreement with preclinical data showing that cholinergic stimulation leads to upregulation of nicotinic receptors (Svensson & Nordberg, 1996).
Acetylcholinesterase inhibitors can be labeled with positron emitters without changing their pharmacologic properties. This would allow for the investigation of their regional distribution and pharmacokinetics in the human brain. Studies that have assess the effects of these drugs at their molecular target show the relationship between doses of a drug and percent occupancy of receptors or transporters, or percent of enzyme inhibition. This can be achieved either by using the radiolabeled drug itself, if it has a good specific-to-nonspecific binding ratio, or by using a radioligand that binds to the same site as the drug (Traykov et al., 1999). This same strategy can be applied to measure the receptor occupancies achieved by nicotinic or muscarinic drugs at doses that improve cognitive or behavioral function (Ding et al., 2000). Equivalent studies can also be done to assess the efficacy of cholinesterase inhibitors in inhibiting acetylcholinesterase (Pappata et al., 1996). Acetylcholine-enhancing

drugs that have been labelled with positron emitters include nicotine, tacrine, and physostigmine.

2.9 Genetic risk for AD and PET

Subtle changes in brain function may occur prior to overt manifestations of the disease in genetically at-risk individuals. The combination of functional brain imaging with genetic risk factors may enhance the ability to detect differences predictive of disease development prior to onset and assist in the potential for increasing the efficacy of therapeutic treatments (Reiman et al., 2001). FDG PET studies in asymptomatic apolipoprotein ε4 allele (APOE e4) carriers demonstrated a decline of metabolism in the left posterior cingulated, inferior parietal, and lateral temporal regions (Kennedy et al., 1995; Small et al., 2000). Likewise, perfusion SPECT studies in asymptomatic presenilin-1 mutation subjects demonstrated reduced perfusion in the hippocampal complex, anterior and posterior cingulate, posterior parietal lobe, and anterior frontal lobe (Johnson et al., 2001).

3. Conclusion

The application of SPECT and PET techniques to the study of AD patients has elucidated the in vivo understanding of the underlying pathology of the disease. The variety of the available radiotracers has rendered SPECT and PET objective biomarkers for monitoring of biochemical processes altered by neuronal loss. Nuclear molecular imaging of changes in brain Aβ deposition, perfusion, metabolism and neurotransmitter turnover, as well as alterations in receptor, transporter or enzyme concentrations can provide unique information not attainable by other methods. The noninvasive PET and SPECT imaging provided novel ways to improve early and differential diagnosis of AD and monitor the disease progression and the effects of symptomatic or disease modifying therapies.

4. References

Agdeppa, E.D., Kepe, V., Liu, J., Flores-Torres, S., Satyamurthy, N., Petric, A., Cole, G.M., Small, G.W., Huang, S.C., & Barrio, J.R. (2001). Binding characteristics of radiofluorinated 6-dialkylamino-2-naphthylethylidene derivatives as positron emission tomography imaging probes for beta-amyloid plaques in Alzheimer's disease. *Journal of Neuroscience*, Vol. 21, No. 24, (December 2001), pp. 189-193, ISSN 0270-6474

Agdeppa, E.D., Kepe, V., Liu, J., Small, G.W., Huang, S.C., Petric, A., Satyamurthy, N., & Barrio, J.R. (2003a). 2-Dialkylamino-6-acylmalononitrile substituted naphthalenes (DDNP Analogs): novel diagnostic and therapeutic tools in Alzheimer's disease. *Molecular Imaging & Biology*, Vol. 5, No. 6, (November - December 2003), pp. 404-417, ISSN 1536-1632

Agdeppa, E.D., Kepe, V., Petri, A., Satyamurthy, N., Liu, J., Huang, S.C., Small, G.W., Cole, G.M., & Barrio, J.R. (2003b). In vitro detection of (S)-naproxen and ibuprofen binding to plaques in the Alzheimer's brain using the positron emission tomography molecular imaging probe 2-(1-[6-[(2-[(18)F] fluoroethyl) (methyl) amino]-2-naphthyl] ethylidene) malononitrile. *Neuroscience*, Vol. 117, No. 3, (March 2003), pp. 723-730, ISSN 0306-4522

Banati, R.B. (2002). Visualising microglial activation in vivo. *Glia,* Vol. 40, No. 2, (November 2002), pp. 206-217, ISSN 1098-1136

Bickel, U., Lee, V.M., Trojanowski, J.Q., & Pardridge, W.M. (1994). Development and in vitro characterization of a cationized monoclonal antibody against beta A4 protein: A potential probe for Alzheimer's disease. *Bioconjugate Chemistry,* Vol. 5, No. 2, (March 1994), pp. 119-125, ISSN 1043-1802

Blin, J., Baron, J.C., Dubois, B., Crouzel, C., Fiorelli, M., Attar-Levy, D., Pillon, B., Fournier, D., Vidailhet, M. & Agid, Y. (1993). Loss of brain 5-HT2 receptors in Alzheimer's disease. In vivo assessment with positron emission tomography and [18F]setoperone. *Brain,* Vol. 116, No. 3, (June 1993) pp. 497-510, ISSN 0006-8950

Borroni, B., Anchisi, D., Paghera, B., Vicini , B., Kerrouche, N, Garibotto, V., Terzi, A., Vignolo, L.A., Di Luca, M., Giubbini, R., Padovani, A. & Perani, D. (2006). Combined 99mTc-ECD SPECT and neuropsychological studies in MCI for the assessment of conversion to AD. *Neurobiology of Aging,* Vol. 27, No. 1, (January 2006), pp. 24–31, ISSN 0197-4580

Brown, D.R., Hunter, R., Wyper, D.J., Patterson, J., Kelly, R.C., Montaldi, D., & McCullouch, J. (1996). Longitudinal changes in cognitive function and regional cerebral function in Alzheimer's disease: a SPECT blood flow study. *Journal of Psychiatric Research,* Vol. 30, No. 2, (March - April 1996), pp. 109 –126, ISSN 0022-3956

Cagnin, A., Gerhard, A., & Banati, R.B. (2002). In vivo imaging of neuroinflammation. *European Neuropsychopharmacology,* Vol. 12, No. 6, (December 2002), pp. 581–586, ISSN 0924-977X

Calliste, C.A., Le Bail, J.C., Trouillas, P., Pouget, C., Habrioux, G., Chulia, A.J., & Duroux J.L. (2001). Chalcones: structural requirements for antioxidant, estrogenic and antiproliferative activities. *Anticancer Research,* Vol. 21, No. 6A, (November - December 2001), pp. 3949-3956, ISSN 0250-7005

Carson, R.E., Kiesewetter, D.O., Jagoda, E., Der, M.G., Herscovitch, P., & Eckelman, W.C. (1998). Muscarinic cholinergic receptor measurements with [18F]FP-TZTP: control and competition studies. *Journal of Cerebral Blood Flow & Metabolism,* Vol. 18, No. 10, (October 1998), pp. 1130 –1142, ISSN 0271-678X

Ceravolo, R., Volterrani, D., Tognoni, G., Dell'Agnello, G., Manca, G., Kiferle, L., Rossi, C., Logi, C., Strauss, H.W., Mariani, G., & Murri, L. (2004). Cerebral perfusional effects of cholinesterase inhibitors in Alzheimer disease. *Clinical Neuropharmacology,* Vol. 27, No. 4, (July - August 2004), pp. 166–170, ISSN 0362-5664

Chetelat, G., Desgranges, B., De La Sayette, V., Viader, F., Eustache, F., & Baron, J.C. (2003). Mild cognitive impairment: can FDG-PET predict who is to rapidly convert to Alzheimer's disease? *Neurology,* Vol. 60, No. 8, (April 2003), pp. 1374–1377, ISSN 0028-3878

Cilia, R., Marotta, G., Benti, R., Pezzoli, G., & Antonini, A. (2005). Brain SPECT imaging in multiple system atrophy. *Journal of Neural Transmission,* Vol. 112, No. 12, (December 2005), pp. 1635–1645, ISSN 0300-9564

Claus, J.J., Walstra, G.J., Hijdra, A., van Royen, E.A., Verbeeten, B. Jr, & van Gool, W.A. (1999). Measurement of temporal regional cerebral perfusion with single-photon emission tomography predicts rate of decline in language function and survival in early Alzheimer's disease. *European Journal of Nuclear Medicine,* Vol. 26, No. 3, (March 1999), pp. 265-271, ISSN 0340-6997

Coleman, R.E. (2005). Positron emission tomography diagnosis of Alzheimer's disease. *Neuroimaging Clinics of North America,* Vol. 15, No. 4, (November 2005), pp. 837–846, ISSN 1052-5149

Colloby, S.J., Fenwick, J.D., Williams, E.D., Paling, S.M., Lobotesis, K., Ballard, C., McKeith, I., & O'Brien, J.T. (2002). A comparison of (99m)Tc-HMPAO SPET changes in dementia with Lewy bodies and Alzheimer's disease using statistical parametric mapping. *European Journal of Nuclear Medicine & Molecular Imaging,* Vol. 29, No. 5, (May 2002), pp. 615–622, ISSN 1619-7070

Costa, D.C., Walker, Z., Walker, R.W., & Fontes, F.R. (2003). Dementia with Lewy bodies versus Alzheimer's disease: role of dopamine transporter imaging. *Movement Disorders,* Vol. 18, Suppl. 7, (October 2003), pp. 34–38, ISSN 1531-8257

Costa, D.C. (2004). The blood-brain barrier, In: *Nuclear Medicine in clinical diagnosis and treatment,* P.J. Ell, S.S. Gambhir, (Eds.), 1235-1246, Churchill Livingstone, ISBN 0-443-07312-0, New York, USA

DeReuck, J., Decoo, D., Marchau, M., Santens, P., Lemahieu, I., & Strijckmans, K. (1998). Positron emission tomography in vascular dementia. *Journal of the Neurological Sciences,* Vol. 154, No. 1, (January 1998), pp. 55-61, ISSN 0022-510X

Ding, Y.S., Volkow, N.D., Logan, J., Garza, V., Pappas, N., King, P., & Fowler, J.S. (2000). Occupancy of brain nicotinic acetylcholine receptors by nicotine doses equivalent to those obtained when smoking a cigarette. *Synapse,* Vol. 35, No. 3, (March 2000), pp. 234 -237, ISSN 0887-4476

Eckert, T., Barnes, A., Dhawan, V., Frucht, S., Gordon, M.F., Feigin, A.S., & Eidelberg, D. (2005). FDG PET in the differential diagnosis of parkinsonian disorders. *Neuroimage,* Vol. 26, No. 3, (July 2005), pp. 912–921, ISSN 1053-8119

Engler, H., Lundberg, P.O., Ekbom, K., Nennesmo, I., Nilsson, A., Bergström, M., Tsukada, H., Hartvig, P., & Långström, B. (2003). Multitracer study with positron emission tomography in Creutzfeldt- Jakob disease. *European Journal of Nuclear Medicine & Molecular Imaging,* Vol. 30, No. 1, (January 2003), pp. 85- 95, ISSN 1619-7070

Engler, H., Santillo, A.F., Wang, S.X., Lindau, M., Savitcheva, I., Nordberg, A., Lannfelt, L., Långström, B., & Kilander, L. (2008). In vivo amyloid imaging with PET in frontotemporal dementia. *European Journal of Nuclear Medicine & Molecular Imaging,* Vol. 35, No. 1, (January 2008), pp. 100–106, ISSN 1619-7070

Etchebehere, E.C., Lima, M.C., Passos, W., Maciel Júnior, J.A., Santos A.O., Ramos, C.D., & Camargo, E.E. (1999). Brain SPECT imaging in Huntington's disease before and after therapy with olanzapine. *Arquivos de Neuro-psiquiatria,* Vol. 57, No. 3B, (September 1999), pp. 863– 866, ISSN 0004-282X

Gee, A.D. (2003). Neuropharmacology and drug development. *British Medical Bulletin,* Vol. 65, No. 1, (March 2003), pp. 169-177, ISSN 0007-1420

Hanyu, H., Sato, T., Akai, T., Shimizu, S., Hirao, K., Kanetaka, H., Iwamoto, T., & Koizumi, K. (2008). Neuroanatomical correlates of unawareness of memory deficits in early Alzheimer's disease. *Dementia and Geriatric Cognitive Disorders,* Vol. 25, No. 4, (April 2008), pp. 347-353, ISSN 1420-8008

Haxby, J.V., Grady, C.L., Koss, E., Horwitz, B., Heston, L., Schapiro, M., Friedland, R.P., & Rapoport, S.I. (1990). Longitudinal study of cerebral metabolic asymmetries and associated neuropsychological patterns in early dementia of the Alzheimer type. *Archives of Neurology,* Vol. 47, No. 7, (July 1990), pp. 753-760, ISSN 0003-9942

Herholz, K., Weisenbach, S., Zündorf, G., Lenz, O., Schröder, H., Bauer, B., Kalbe, E., & Heiss, W.D. (2004). In vivo study of acetylcholine esterase in basal forebrain, amygdala, and cortex in mild to moderate Alzheimer disease. *Neuroimage,* Vol. 21, No. 1, (January 2004), pp. 136–143, ISSN 1053-8119

Hilker, R., Thomas, A.V., Klein, J.C., Weisenbach, S., Kalbe, E., Burghaus, L., Jacobs, A.H., Herholz, K., & Heiss, W.D. (2005). Dementia in Parkinson disease: functional imaging of cholinergic and dopaminergic pathways. *Neurology,* Vol. 65, No. 11, (December 2005), pp. 1716-1722, ISSN 0028-3878

Hirao, K., Ohnishi, T., Hirata, Y., Yamashita, F., Mori, T., Moriguchi, Y., Matsuda, H., Nemoto, K., Imabayashi, E., Yamada, M., Iwamoto, T., Arima, K. & Asada, T. (2005). The prediction of rapid conversion to Alzheimer's disease in mild cognitive impairment using regional cerebral blood flow SPECT. *Neuroimage,* Vol. 28, No. 4, (December 2005), pp. 1014–1021, ISSN 1053-8119

Hirao, K., Ohnishi, T., Matsuda, H., Nemoto, K., Hirata, Y., Yamashita, F., Asada, T., & Iwamoto, T. (2006). Functional interactions between entorhinal cortex and posterior cingulate cortex at the very early stage of Alzheimer's disease using brain perfusion single-photon emission computed tomography. *Nuclear Medicine Communications,* Vol. 27, No. 2, (February 2006), pp. 151-156, ISSN 0143-3636

Hoffman, J.M., Welsh-Bohmer, K.A., Hanson, M., Crain, B., Hulette, C., Earl, N., & Coleman, R.E. (2000). FDG PET imaging in patients with pathologically verified dementia. *Journal of Nuclear Medicine,* Vol. 41, No. 11, (November 2000), pp. 1920–1928, ISSN 0161-5505

Hossain, A.K., Murata, Y., Zhang, L., Taura, S., Saitoh, Y., Mizusawa, H., Oda, K., Matsushima, E., Okubo, Y., & Shibuya, H. (2003). Brain perfusion SPECT in patients with corticobasal degeneration: analysis using statistical parametric mapping. *Movement Disorders,* Vol. 18, No. 6, (June 2003), pp. 697–703, ISSN 1531-8257

Ichimya, A. (1998). Functional and structural brain imagings in dementia. *Psychiatry and Clinical Neurosciences,* Vol. 52, Suppl, (December 1998), pp. 223–225, ISSN 1440-1819

Ishii, K., Mori, E., Kitagaki, H., Sakamoto, S., Yamaji, S., Imamura, T., Ikejiri, Y., & Kono, M. (1996). The clinical utility of visual evaluation of scintigraphic perfusion patterns for Alzheimer's disease using I-123 IMP SPECT. *Clinical Nuclear Medicine,* Vol. 21, No. 2, (February 1996), pp. 106-110, ISSN 0363-9762

Ishiwata, A., Sakayori, O., Minoshima, S., Mizumura, S., Kitamura, S., & Katayama, Y. (2006). Preclinical evidence of Alzheimer changes in progressive mild cognitive impairment: a qualitative and quantitative SPECT study. *Acta Neurologica Scandinavica,* Vol. 114, No. 2, (August 2006), pp. 91-96, ISSN 0001-6314

Ismail, Z., Herrmann, N., Rothenburg, L.S., Cotter, A., Leibovitch, F.S., Rafi-Tari, S., Black, S.E., & Lanctôt, K.L. (2008). A functional neuroimaging study of appetite loss in Alzheimer's disease. *Journal of the Neurological Sciences,* Vol. 271, No. 1-2, (August 2008), pp. 97-103, ISSN 0022-510X

Itoh, Y., Amano, T., Shimizu, T., Hashimoto, J., Kubo, A., & Fukuuchi, Y. (1998). Single photon emission computed tomography image of benzodiazepine receptors in a patient with Creutzfeldt-Jakob disease. *Internal Medicine,* Vol. 37, No. 10, (October 1998), pp. 896–900, ISSN 1349-7235

Jacquier-Sarlin, M.R., Polla, B.S., & Slosman, D.O. (1996). Oxido-reductive state: the major determinant for cellular retention of technetium-99m-HMPAO. *Journal of Nuclear Medicine,* 37: Vol., No. 8, (August 1996), pp. 1413-1416, ISSN 0161-5505

Jagust, W.J., Haan, M.N., Reed, B.R., & Eberling, J.L. (1998). Brain perfusion imaging predicts survival in Alzheimer's disease. *Neurology,* Vol. 51, No. 4, (October 1998), pp. 1009-1013, ISSN 0028-3878

Jeong, Y., Cho, S.S., Park, J.M., Kang, S.J., Lee, J.S., Kang, E., Na, D.L., & Kim, S.E. (2005). 18F-FDG PET findings in frontotemporal dementia: an SPM analysis of 29 patients. *Journal of Nuclear Medicine,* Vol. 46, No. 2, (February 2005), pp. 233-239, ISSN 0161-5505

Jobst, K.A., Barnetson, L.P., & Shepstone, B.J. (1998). Accurate prediction of histologically confirmed Alzheimer's disease and the differential diagnosis of dementia: the use of NINCDS-ADRDA and DSM-III-R. criteria, SPECT, x-ray CT, and Apo E4 in medial temporal lobe dementias: Oxford Project to Investigate Memory and Aging. *International. Psychogeriatrics,* Vol. 10, No. 3, (September 1998), pp. 271–302, ISSN 1041-6102

Johannsen, B. & Pietzsch, H.J. (2002). Development of technetium 99m-based CNS receptor ligands: have there been any advances? *European Journal of Nuclear Medicine and Molecular Imaging,* Vol. 29, No. 2, (February 2002), pp. 263-275, ISSN 1619-7070

Johnson, K.A., Lopera, F., Jones, K., Becker, A., Sperling, R., Hilson, J., Londono, J., Siegert, I., Arcos, M., Moreno, S., Madrigal, L., Ossa, J., Pineda, N., Ardila, A., Roselli, M., Albert, M.S., Kosik, K.S., & Rios, A. (2001). Presenilin-1-associated abnormalities in regional cerebral perfusion. *Neurology,* Vol. 56, No. 11, (June 2001), pp. 1545-1551, ISSN 0028-3878

Jolliet-Riant, P. & Tillement, J.P. (1999). Mechanisms of nutrient and drug transfer through the blood-brain barrier and their pharmacological changes. *L'Encéphale,* Vol. 25, No. 2, (March - April 1999), pp. 135-145, ISSN 0013-7006

Kemp, P.M., Holmes, C., Hoffmann, S.M., Bolt, L., Holmes, R., Rowden, J., & Fleming, J.S. (2003). Alzheimer's disease: differences in technetium-99m HMPAO SPECT scan findings between early onset and late onset dementia. *Journal of Neurology, Neurosurgery and Psychiatry,* Vol. 74, No. 6, (June 2003), pp. 715-719, ISSN 0022-3050

Kennedy, A.M, Frackowiak, R.S., Newman, S.K., Bloomfield, P.M., Seaward, J., Roques, P., Lewington, G., Cunningham, V.J., & Rossor, M.N. (1995). Deficits in cerebral glucose metabolism demonstrated by positron emission tomography in individuals at risk of familial Alzheimer's disease. *Neuroscience Letters,* Vol. 186, No. 1, (February 1995), pp. 17-20, ISSN 0304-3940

Kepe, V., Barrio, J.R., Huang, S.C., Ercoli, L., Siddarth, P., Shoghi-Jadid, K., Cole, G.M., Satyamurthy, N., Cummings, J.L., Small, G.W., & Phelps, M.E. (2006). Serotonin 1A receptors in the living brain of Alzheimer's disease patients. *Proceedings of the National Academy of Sciences of the United States of America,* Vol. 103, No. 3, (January 2006), pp.702-707, ISSN 0027-8424

Kim, D.M., Tien, R., Byrum, C., & Krishnan, K.R. (1996) Imaging in acquired immune deficiency syndrome dementia complex (AIDS dementia complex): a review. *Progress in Neuro-psychopharmacology & Biological Psychiatry,* Vol. 20, No. 3, (April 1996), pp. 349-370, ISSN 0278-5846

Klunk, W.E., Wang, Y., Huang, G.F., Debnath, M.L., Holt, D.P., & Mathis, C.A. (2001). Uncharged thioflavin-T derivatives bind to amyloid-beta protein with high affinity and readily enter the brain. *Life Sciences,* Vol. 69, No. 13, (August 2001), pp. 1471-1484, ISSN 0024-3205

Klunk, W.E., Engler, H., Nordberg, A., Wang, Y., Blomqvist, G., Holt, D.P., Bergström, M., Savitcheva, I., Huang, G.F., Estrada, S., Ausén, B., Debnath, M.L., Barletta, J., Price, J.C., Sandell, J., Lopresti, B.J., Wall, A., Koivisto, P., Antoni, G., Mathis, C.A., &

Långström, B. (2004). Imaging brain amyloid in Alzheimer's disease with Pittsburgh compound-B. *Annals of Neurology,* Vol. 55, No. 3, (March 2004), pp. 306-319, ISSN 0364-5134

Kuhl, D.E., Koeppe, R.A., Fessler, J.A., Minoshima, S., Ackermann, R.J., Carey, J.E., Gildersleeve, D.L., Frey, K.A., & Wieland, D.M. (1994). In vivo mapping of cholinergic neurons in the human brain using SPECT and IBVM. *Journal of Nuclear Medicine,* Vol. 35, No. 3, (March 1994), pp. 405-410, ISSN 0161-5505

Kuhl, D.E., Minoshima, S., Fessler, J.A., Frey, K.A., Foster, N.L., Ficaro, E.P., Wieland, D.M., & Koeppe, R.A. (1996). In vivo mapping of cholinergic terminals in normal aging, Alzheimer's disease, and Parkinson's disease. *Annals of Neurology,* Vol. 40, No. 3, (September 1996), pp. 399-410, ISSN 0364-5134

Kuhl, D.E., Koeppe, R.A., Minoshima, S., Snyder, S.E., Ficaro, E.P., Foster, N.L., Frey, K.A., & Kilbourn, M.R. (1999). In vivo mapping of cerebral acetylcholinesterase activity in aging and Alzheimer's disease. *Neurology*, Vol. 52, No. 4, (March 1999), pp. 691–699, ISSN 0028-3878

Kuhl, D.E., Minoshima, S., Frey, K.A., Foster, N.L., Kilbourn, M.R., & Koeppe, R.A. (2000). Limited donepezil inhibition of acetylcholinesterase measured with positron emission tomography in living Alzheimer cerebral cortex. *Annals of Neurology,* Vol. 48, No. 3, (September 2000), pp. 391-395, ISSN 0364-5134

Kung, H.F., Kung, M.P., & Choi, S.R. (2003). Radiopharmaceuticals for single-photon emission computed tomography brain imaging. *Seminars in Nuclear Medicine,* Vol. 33, No. 1, (January 2003), pp. 2-13, ISSN 0001-2998

Kwan, L.T., Reed, B.R., Eberling, J.L., Schuff, N., Tanabe, J., Norman, D., Weiner, M.W., & Jagust, W.J. (1999). Effects of subcortical cerebral infarction on cortical glucose metabolism and cognitive function. *Archives of Neurology,* Vol. 56, No. 7, (July 1999), pp. 809-814, ISSN 0003-9942

Lanctôt, K.L., Herrmann, N., Nadkarni, N.K., Leibovitch, F.S., Caldwell, C.B., & Black, S.E. (2004). Medial temporal hypoperfusion and aggression in Alzheimer disease. *Archives of Neurology,* Vol. 61, No. 11, (November 2004), pp. 1731-1737, ISSN 0003-9942

Lanctôt, K.L., Moosa, S., Herrmann, N., Leibovitch, F.S., Rothenburg, L., Cotter, A., & Black, S.E. (2007). A SPECT study of apathy in Alzheimer's disease. *Dementia and Geriatric Cognitive Disorders,* Vol. 24, No. 1, (June 2007), pp. 65-72, ISSN 1420-8008

Levy-Cooperman, N., Burhan, A.M., Rafi-Tari, S., Kusano, M., Ramirez, J., Caldwell, C., & Black, S.E. (2008). Frontal lobe hypoperfusion and depressive symptoms in Alzheimer disease. *Journal of Psychiatry & Neuroscience,* Vol. 33, No. 3, (May 2008), pp. 218-226, ISSN 1180-4882

Lobotesis, K., Fenwick, J.D., Phipps, A., Ryman, A., Swann, A., Ballard, C., McKeith, I.G., & O'Brien, J.T. (2001). Occipital hypoperfusion on SPECT in dementia with Lewy bodies but not AD. *Neurology,* Vol. 56, No. 5, (March 2001), pp. 643-649, ISSN 0028-3878

Lojkowska, W., Ryglewicz, D., Jedrzejczak, T., Sienkiewicz-Jarosz, H., Minc, S., Jakubowska, T., & Kozlowicz-Gudzinska, I. (2002). SPECT as a diagnostic test in the investigation of dementia. *Journal of the Neurological Sciences,* Vol. 203-204, (November 2002), pp. 215-219, ISSN 0022-510X

Mathis, C.A., Bacskai B.J., Kajdasz, S.T., McLellan, M.E., Frosch, M.P., Hyman, B.T., Holt, D.P., Wang, Y., Huang, G.F., Debnath, M.L., & Klunk, W.E. (2002). A lipophilic thioflavin-T derivative for positron emission tomography (PET) imaging of amyloid in brain. *Bioorganic & Medicinal Chemistry Letters,* Vol. 12, No. 3, (February 2002), pp. 295–298, ISSN 0960-894X

McNeill, R., Sare, G.M., Manoharan, M., Testa, H.J., Mann, D.M., Neary, D., Snowden, J.S., & Varma, A.R. (2007). Accuracy of single-photon emission computed tomography in differentiating frontotemporal dementia from Alzheimer's disease. *Journal of Neurology, Neurosurgery and Psychiatry,* Vol. 78, No. 4, (April 2007), pp. 350–355, ISSN 0022-3050

Meltzer, C.C., Smith, G., DeKosky, S.T., Pollock, B.G., Mathis, C.A., Moore, R.Y., Kupfer, D.J., & Reynolds, C.F. 3rd. (1998). Serotonin in aging, late-life depression, and Alzheimer's disease: the emerging role of functional imaging. *Neuropsychopharmacology,* Vol. 18, No. 6, (June 1998), pp. 407-430, ISSN 0893-133X

Meltzer, C.C., Price, J.C., Mathis, C.A., Greer, P.J., Cantwell, M.N., Houck, P.R., Mulsant, B.H., Ben-Eliezer, D., Lopresti, B., DeKosky, S.T. & Reynolds, C.F. 3rd. (1999). PET imaging of serotonin type 2A receptors in late-life neuropsychiatric disorders. *The American Journal of Psychiatry,* Vol. 156, No. 12, (December 1999), pp. 1871-1878, ISSN 0002-953X

Minoshima, S., Foster, N.L., Sima, A.A., Frey, K.A., Albin, R.L., & Kuhl, D.E. (2001). Alzheimer's disease versus dementia with Lewy bodies: cerebral metabolic distinction with autopsy confirmation. *Annals of Neurology,* Vol. 50, No. 3, (September 2001), pp. 358–365, ISSN 0364-5134

Mori, E., Ishii, K., Hashimoto, M., Imamura, T., Hirono, N., & Kitagaki, H. (1999). Role of functional brain imaging in the evaluation of vascular dementia. *Alzheimer Disease and Associated Disorders,* Vol. 13, Suppl. 3, (October - December 1999), pp. 91-101, ISSN 0893-0341

Morris, J.C. & Price, A.L. (2001). Pathologic correlates of nondemented aging, mild cognitive impairment, and early-stage Alzheimer's disease. *Journal of Molecular Neuroscience,* Vol. 17, No. 2, (October 2001), pp. 101-118, ISSN 0895-8696

Mosconi, L., Perani, D., Sorbi, S., Herholz, K., Nacmias, B., Holthoff, V., Salmon, E., Baron, J.C., De Cristofaro, M.T., Padovani, A., Borroni, B., Franceschi, M., Bracco, L. & Pupi, A. (2004). MCI conversion to dementia and the APOE genotype: a prediction study with FDG-PET. *Neurology,* Vol. 63, No. 12, (December 2004), pp. 2332–2340, ISSN 0028-3878

Nagel, J.S., Ichise, M., & Holman, B.L. (1991). The scintigraphic evaluation of Huntington's disease and other movement disorders using single photon emission computed tomography perfusion brain scans. *Seminars in Nuclear Medicine,* Vol. 21, No. 1, (January 1991), pp. 11-23, ISSN 0001-2998

Nakano, S., Asada, T., Matsuda, H., Uno, M., & Takasaki, M. (2001). Donepezil hydrochloride preserves regional cerebral blood flow in patients with Alzheimer's disease. *Journal of Nuclear Medicine,* Vol. 42, No. 10, (October 2001), pp. 1441–1445, ISSN 0161-5505

Nakano, S., Yamashita, F., Matsuda, H., Kodama, C., & Yamada T. (2006). Relationship between delusions and regional cerebral blood flow in Alzheimer's disease. *Dementia and Geriatric Cognitive Disorders,* Vol. 21, No. 1, (December 2006), pp. 16-21, ISSN 1420-8008

Nelissen, N., Van Laere, K., Thurfjell, L., Owenius, R., Vandenbulcke, M., Koole, M., Bormans, G., Brooks, D.J., & Vandenberghe, R. (2009). Phase 1 study of the Pittsburgh Compound B derivative 18F-Flutemetamol in healthy volunteers and patients with probable Alzheimer Disease. *Journal of Nuclear Medicine,* Vol. 50, No. 8, (August 2009), pp. 1251-1259, ISSN 0161-5505

Newberg, A.B. & Alavi, A. (2003). Normal patterns and variants in single-photon emission computed tomography and positron emission tomography brain imaging. *Seminars in Nuclear Medicine,* Vol. 33, No. 1, (January 2003), pp. 42-55, ISSN 0001-2998

Nishimura, T., Hashikawa, K., Fukuyama, H., Kubota, T., Kitamura, S., Matsuda, H., Hanyu, H., Nabatame, H., Oku, N., Tanabe, H., Kuwabara, Y., Jinnouchi, S., & Kubol, A. (2007). Decreased cerebral blood flow and prognosis of Alzheimer's disease: a multicenter HMPAO-SPECT study. *Annals of Nuclear Medicine,* Vol. 21, No. 1, (January 2007), pp. 15-23, ISSN 0914-7187

Nordberg, A., Hartvig, P., Lilja, A., Viitanen, M., Amberla, K., Lundqvist, H., Andersson, J., Nybäck, H., Ulin, J., & Anderson, Y. (1991). Nicotine receptors in the brain of patients with Alzheimer's disease. Studies with 11C-nicotine and positron emission tomography. *Acta Radiologica Supplementum,* Vol. 376, (1991), pp. 165–166, ISSN 0365-5954

Nordberg, A., Lundqvist, H., Hartvig, P., Andersson, J., Johansson, M., Hellström-Lindahi, E., & Långström, B. (1997). Imaging of nicotinic and muscarinic receptors in Alzheimer's disease: effect of tacrine treatment. *Dementia and Geriatric Cognitive Disorders,* Vol. 8, No. 2, (March - April 1997), pp. 78-84, ISSN 1420-8008

Nordberg, A., Amberla, K., Shigeta, M., Lundqvist, H., Viitanen, M., Hellström-Lindahl, E., Johansson, M., Andersson, J., Hartvig, P., Lilja, A., Långström, B., & Winblad, B. (1998). Long-term tacrine treatment in three mild Alzheimer patients: effects on nicotinic receptors, cerebral blood flow, glucose metabolism, EEG, and cognitive abilities. *Alzheimer Disease and Associated Disord*ers, Vol. 12, No. 3, (September 1998), pp. 228–237, ISSN 0893-0341

Nordberg, A. (2008). Amyloid plaque imaging in vivo: current achievement and future prospects. *European Journal of Nuclear Medicine and Molecular Imaging,* Vol. 35, Suppl. 1, (March 2008), pp. 46–50, ISSN 1619-7070

O'Brien, J.T., Colloby, S., Fenwick, J., Williams, E.D., Firbank, M., Burn, D., Aarsland, D., & McKeith, I.G. (2004). Dopamine transporter loss visualized with FP-CIT SPECT in the differential diagnosis of dementia with Lewy bodies. *Archives of Neurology,* Vol. 61, No. 6, (June 2004), pp. 919–925, ISSN 0003-9942

Okuda, B., Tachibana, H., Kawabata, K., Takeda, M., & Sugita, M. (2000). Cerebral blood flow in corticobasal degeneration and progressive supranuclear palsy. *Alzheimer Disease and Associated Disorders,* Vol. 14, No. 1, (January - March 2000), pp. 46–52, ISSN 0893-0341

Ono, M., Kung, M.P., Hou, C., & Kung, H.F. (2002). Benzofuran derivatives as Abeta-aggregate-specific imaging agents for Alzheimer's disease. *Nuclear Medicine and Biology,* Vol. 29, No. 6, (August 2002), pp. 633-642, ISSN 0969-8051

Ono, M., Yoshida, N., Ishibashi, K., Haratake, M., Arano, Y., Mori, H., & Nakayama, M. (2005). Radioiodinated flavones for in vivo imaging of beta-amyloid plaques in the brain. *Journal of Medicinal Chemistry,* Vol. 48, No. 23, (November 2005), pp. 7253-7260, ISSN 0022-2623

Ono, M., Maya, Y., Haratake, M., Ito, K., Mori, H., & Nakayama, M. (2007). Aurones serve as probes of b-amyloid plaques in Alzheimer's disease. *Biochemical and Biophysical Research Communications,* Vol. 361, No. 1, (September 2007), pp. 116–121, ISSN 0006-291X

Pappata, S., Tavitian, B., Traykov, L., Jobert, A., Dalger, A., Mangin, J.F., Crouzel, C., & DiGiamberardino, L. (1996). In vivo imaging of human cerebral acetylcholinesterase. *Journal of Neurochemistry,* Vol. 67, No. 2, (August 1996), pp. 876–879, ISSN 0022-3042

Pasquier, J., Michel, B.F., Brenot-Rossi, I., Hassan-Sebbag, N., Sauvan, R., & Gastaut, J.L. (2002). Value of (99m)Tc-ECD SPET for the diagnosis of dementia with Lewy bodies. *European Journal of Nuclear Medicine and Molecular Imaging,* Vol. 29, No. 10, (October 2002), pp. 1342–1348, ISSN 1619-7070

Pávics, L., Grünwald, F., Reichmann, K., Horn, R., Kitschenberg, A., Hartmann, A., Menzel, C., Schomburg, A.G., Overbeck, B., Csernay, L., & Biersack, H.J. (1999). Regional cerebral blood flow single-photon emission tomography with 99mTc-HMPAO and the acetazolamide test in the evaluation of vascular and Alzheimer's dementia. *European Journal of Nuclear Medicine,* Vol. 26, No. 3, (March 1999), pp. 239-245, ISSN 0340-6997

Perneczky, R., Diehl-Schmid, J., Pohl, C., Drzezga, A., & Kurz, A. (2007). Non-fluent progressive aphasia: cerebral metabolic patterns and brain reserve. *Brain Research,* Vol. 1133, No. 1, (February 2007), pp. 178-185, ISSN 0006-8993

Piggott, M.A., Marshall, E.F., Thomas, N., Lloyd, S., Court, J.A., Jaros, E., Burn, D., Johnson, M., Perry, R.H., McKeith, I.G., Ballard, C., & Perry, E.K. (1999). Striatal dopaminergic markers in dementia with Lewy bodies, Alzheimer's and Parkinson's disease; rostro-caudal distribution. *Brain,* Vol. 122, No. Pt 8, (August 1999), pp. 1449- 1468, ISSN 0006-8950

Pimlott, S.L. (2005). Radiotracer development in psychiatry. *Nuclear Medicine Communications,* Vol. 26, No. 3, (March 2005), pp. 183-188, ISSN 0143-3636

Pirker, W., Asenbaum, S., Bencsits, G., Prayer, D., Gerschlager, W., Deecke, L., & Brücke, T. (2000). [123I]beta-CIT SPECT in multiple system atrophy, progressive supranuclear palsy, and corticobasal degeneration. *Movement Disorders,* Vol. 15, No. 6, (November 2000), pp. 1158–1167, ISSN 1531-8257

Reiman, E.M., Caselli, R. J., Chen, K., Alexander, G.E., Bandy, D., & Frost, J. (2001). Declining brain activity in cognitively normal apolipoprotein E epsilon 4 heterozygotes: A foundation for using positron emission tomography to efficiently test treatments to prevent Alzheimer's disease. *Proceedings of the National Academy of Sciences of the United States of America,* Vol. 98, No. 6, (March 2001), pp. 3334-3339, ISSN 0027-8424

Rezai-Zadeh, K., Ehrhart, J., Bai, Y., Sanberg, P.R., Bickford, P., Tan, J., & Shytle, R.D. (2008). Apigenin and luteolin modulate microglial activation via inhibition of STAT1-induced CD40 expression. *Journal of Neuroinflammation,* Vol. 5, (September 2008), pp. 41, ISSN 1742-2094

Rodriguez, G., Nobili, F., Copello, F., Vitali, P., Gianelli, M.V., Taddei, G., Catsafados, E., & Mariani, G. (1999). 99mTc-HMPOA regional cerebral blood flow and quantitative electroencephalography in Alzheimer's disease: a correlative study. *Journal of Nuclear Medicine,* Vol. 40, No. 4, (April 1999), pp. 522-529, ISSN 0161-5505

Rossor, M.N., Iversen, L.L., Reynolds, G.P., Mountjoy, C.Q., & Roth, M. (1984). Neurochemical characteristics of early and late onset types of Alzheimer's disease. *British Medical Journal (Clinical Research Ed.),* Vol. 288, No. 6422, (March 1984), pp. 961-964, ISSN 0267-0623

Shibata, K., Narumoto, J., Kitabayashi, Y., Ushijima, Y., & Fukui, K. (2008). Correlation between anosognosia and regional cerebral blood flow in Alzheimer's disease. *Neuroscience Letters,* Vol. 435, No. 1, (April 2008), pp. 7-10, ISSN 0304-3940

Shoghi-Jadid, K., Small, G.W., Agdeppa, E.D., Kepe, V., Ercoli, L.M., Siddarth, P., Read, S., Satyamurthy, N., Petric, A., Huang, S.C., & Barrio, J.R. (2002). Localization of neurofibrillary tangles and beta-amyloid plaques in the brains of living patients with Alzheimer disease. *The American Journal of Geriatric Psychiatry,* Vol. 10, No. 1, (January - February 2002), pp. 24–35, ISSN 1064-7481

Sihver, W., Fasth, K.J., Ogren, M., Lundqvist, H., Bergström, M., Watanabe, Y., Långström, B., & Nordberg, A. (1999). In vivo positron emission tomography studies on the novel nicotinic receptor agonist [11C]MPA compared with [11C]ABT-418 and (S)(-)[11C]nicotine in rhesus monkeys. *Nuclear Medicine and Biology,* Vol. 26, No. 6, (August 1999), pp. 633– 640, ISSN 0969-8051

Silverman, D.H., Small, G.W., Chang, C.Y., Lu, C.S., Kung, D.E., Aburto, M.A., Chen, W., Czernin, J., Rapoport, S.I., Pietrini, P., Alexander, G.E., Schapiro, M.B., Jagust, W.J., Hoffman, J.M., Welsh-Bohmer, K.A., Alavi, A., Clark, C.M., Salmon, E., de Leon, M.J., Mielke, R., Cummings, J.L., Kowell, A.P., Gambhir, S.S., Hoh, C.K., & Phelps, M.E. (2001). Positron emission tomography in evaluation of dementia: Regional brain metabolism and long term outcome. *The Journal of the American Medical Association,* Vol. 286, No. 17, (November 2001), pp. 2120-2127, ISSN 0002-9955

Silverman, D.H., Gambhir, S.S., Huang, H.W., Schwimmer, J., Kim, S., Small, G.W., Chodosh, J., Czernin, J., & Phelps, M.E. (2002). Evaluating early dementia with and without assessment of regional cerebral metabolism by PET: a comparison of predicted costs and benefits. *Journal of Nuclear Medicine,* Vol. 43, No. 2, (February 2002), pp. 253–266, ISSN 0161-5505

Sinnatamby, R., Antoun, N.A., Freer, C.E., Miles, K.A., & Hodges, J.R. (1996). Neuroradiological findings in primary progressive aphasia: CT MRI and cerebral perfusion SPECT. *Neuroradiology,* Vol. 38, No. 3, (April 1996), pp. 232–238, ISSN 0028-3940

Small, G.W., Ercoli, L.M., Silverman, D.H., Huang, S.C., Komo, S., Bookheimer, S.Y., Lavretsky, H., Miller, K., Siddarth, P., Rasgon, N.L., Mazziotta, J.C., Saxena, S., Wu, H.M., Mega, M.S., Cummings, J.L., Saunders, A.M., Pericak-Vance, M.A., Roses, A.D., Barrio, J.R., & Phelps, M.E. (2000). Cerebral metabolic and cognitive decline in persons at genetic risk for Alzheimer's disease. *Proceedings of the National Academy of Sciences of the United States of America,* Vol. 97, No. 11, (May 2000), pp. 6037-6042, ISSN 0027-8424

Spampinato, U., Habert, M.O., Mas, J.L., Bourdel, M.C., Ziegler, M., de Recondo, J., Askienazy, S., & Rondot, P. (1991). (99mTc)-HM-PAO SPECT and cognitive impairment in Parkinson's disease: a comparison with dementia of the Alzheimer type. *Journal of Neurology, Neurosurgery and Psychiatry,* Vol. 54, No. 9, (September 1991), pp. 787–792, ISSN 0022-3050

Staff, R.T., Gemmell, H.G., Shanks, M.F., Murray, A.D., & Venneri, A. (2000). Changes in the rCBF images of patients with Alzheimer's disease receiving Donepezil therapy. *Nuclear Medicine Communications,* Vol. 21, No. 1, (January 2000), pp. 37–41, ISSN 0143-3636

Stein, D.J., Buchsbaum, M.S., Hof, P.R., Siegel, B.V. Jr, & Shihabuddin, L. (1998). Greater metabolic rate decreases in hippocampal formation and proisocortex than in neocortex in Alzheimer's disease. *Neuropsychobiology,* Vol. 37, No. 1, (December 1998), pp. 10-19, ISSN 0302-282X

Svensson, A.L. & Nordberg, A. (1996). Tacrine interacts with an allosteric activator site on alpha 4 beta 2 nAChRs in M10 cells. *Neuroreport,* Vol. 7, No. 13, (September 1996), pp. 2201–2205, ISSN 0959-4965

Tanaka, H. & Mizojiri, K. (1999). Drug-protein binding and blood-brain barrier permeability. *The Journal of Pharmacology and Experimental Therapeutics,* Vol. 288, No. 3, (March 1999), pp. 912-918, ISSN 0022-3565

Tateno, M., Kobayashi, S., Shirasaka, T., Furukawa, Y., Fujii, K., Morii, H., Yasumura, S., Utsumi, K., & Saito, T. (2008). Comparison of the usefulness of brain perfusion SPECT and MIBG myocardial scintigraphy for the diagnosis of dementia with Lewy bodies. *Dementia and Geriatric Cognitive Disorders,* Vol. 26, No. 5, (November 2008), pp. 453-457, ISSN 1420-8008

Tatsch, K., Schielke, E., Bauer, W.M., Markl, A., Einhäupl, K.M., & Kirsch, C.M. (1990). Functional and morphological findings in early and advanced stages of HIV infection: a comparison of 99mTc-HMPAO SPECT with CT and MRI studies. *Nuklearmedizin,* Vol. 29, No. 6, (December 1990), pp. 252–258, ISSN 0029-5566

Tikofsky, R.S. & Hellman, R.S. (1991). Brain single photon emission computed tomography: new activation and intervention studies. *Seminars in Nuclear Medicine,* Vol. 21, No. 1, (January 1991), pp. 40-57, ISSN 0001-2998

Traykov, L., Tavitian, B., Jobert, A., Boller, F., Forette, F., Crouzel, C., Di Giamberardino, L., & Pappata, S. (1999). In vivo PET study of cerebral [11C] methyl-tetrahydroaminoacridine distribution and kinetics in healthy human subjects. *European Journal of Neurology,* Vol. 6, No. 3, (May 1999), pp. 273–278, ISSN 1471-0552

van Dyck, C.H., Lin, C.H., Robinson, R., Cellar, J., Smith, E.O., Nelson, J.C., Arnsten, A.F., & Hoffer, P.B. (1997). The acetylcholine releaser linopirdine increases parietal regional cerebral blood flow in Alzheimer's disease. *Psychopharmacology,* Vol. 132, No. 3, (August 1997), pp. 217–226, ISSN 0033-3158

Valotassiou, V., Archimandritis, S., Sifakis, N., Papatriantafyllou, J., & Georgoulias, P. (2010). Alzheimer's disease: SPECT and PET tracers for beta-amyloid imaging. *Current Alzheimer Research,* Vol. 7, No. 6, (September 2010), pp. 477-486, ISSN 1567-2050

Verhoeff, N.P., Wilson, A.A., Takeshita, S., Trop, L., Hussey, D., Singh, K., Kung, H.F., Kung, M.P., & Houle, S. (2004). In-vivo imaging of Alzheimer disease beta-amyloid with [11C]SB-13 PET. *The American Journal of Geriatric Psychiatry,* Vol. 12, No. 6, (November - December 2004), pp. 584-595, ISSN 1064-7481

Versijpt, J.J., Dumont, F., Van Laere, K.J., Decoo, D., Santens, P., Audenaert, K., Achten, E., Slegers, G., Dierckx, R.A., & Korf, J. (2003). Assessment of neuroinflammation and microglial activation in Alzheimer's disease with radiolabelled PK11195 and single photon emission computed tomography. A pilot study. *European Neurology,* Vol. 50, No. 1, (June 2003), pp. 39-47, ISSN 0014-3022

Villemagne, V.L., Horti, A., Scheffel, U., Ravert, H.T., Finley, P., Clough, D.J., London, E.D., Wagner, H.N. Jr, & Dannals, R.F. (1997). Imaging nicotinic acetylcholine receptors with fluorine-18-FPH, an epibatidine analog. *Journal of Nuclear Medicine,* Vol. 38, No. 11, (November 1997), pp. 1737–1741, ISSN 0161-5505

Villemagne, V.L., Rowe, C.C., Macfarlane, S., Novakovic, K.E., & Masters, C.L. (2005). Imaginem oblivionis: the prospects of neuroimaging for early detection of Alzheimer's disease. *Journal of Clinical Neuroscience,* Vol. 12, No. 3, (April 2005), pp. 221-230, ISSN 0967-5868

Volkow, N.D., Ding, Y.S., Fowler, J.S., & Gatley, S. (2001). Imaging brain cholinergic activity with positron emission tomography: its role in the evaluation of cholinergic treatments in Alzheimer's dementia. *Biological Psychiatry,* Vol. 49, No. 3, (February 2001), pp. 211-220, ISSN 0006-3223

Walker, L.C., Price, D.L., Voytko, M.L., & Schenk, D.B. (1994). Labeling of cerebral amyloid in vivo with a monoclonal antibody. *Journal of Neuropathology and Experimental Neurology,* Vol. 53, No. 4, (July 1994), pp. 377–383, ISSN 0022-3069

Walker, Z., Costa, D.C., Walker, R.C., Shaw, K., Gacinovic, S., Stevens, T., Livingston, G., Ince, P., McKeith, I.G., & Katona, C.L. (2002). Differentiation of dementia with Lewy bodies from Alzheimer's disease using a dopaminergic presynaptic ligand. *Journal of Neurology, Neurosurgery and Psychiatry,* Vol. 73, No. 2, (August 2002), pp. 134 –140, ISSN 0022-3050

Walovitch, R.C., Cheesman, E.H., Maheu, L.J., & Hall, K.M. (1994). Studies of the retention mechanism of the brain perfusion imaging agent 99mTc-bicisate (99mTc-ECD). *Journal of Cerebral Blood Flow and Metabolism,* Vol. 14, Suppl. 1, (January 1994), pp. 4-11, ISSN 0271-678X

Waterhouse, R.N. (2003). Determination of lipophilicity and its use as a predictor of blood-brain barrier penetration of molecular imaging agents. *Molecular Imaging and Biology,* Vol. 5, No. 6, (November – December 2003), pp. 376-389, ISSN 1536-1632

Weinstein, H.C., Hijdra, A., Van Royen, E.A., Derix, M.M., Walstra, G., & Jonker, C. (1991). SPECT in early- and late-onset Alzheimer's disease. *Annals of the New York Academy of Sciences,* Vol. 640, (1991), pp. 72–73, ISSN 0077-8923

Wong, D.F. & Pomper, M.G. (2003). Predicting the success of a radiopharmaceutical for in vivo imaging of central nervous system neuroreceptor systems. *Molecular Imaging and Biology,* Vol. 5, No. 6, (November – December 2003), pp. 350-362, ISSN 1536-1632

Xu, Y., Jack, C.R. Jr, O'Brien, P.C., Kokmen, E., Smith, G.E., Ivnik, R.J., Boeve, B.F., Tangalos, R. G., & Petersen, R.C. (2000). Usefulness of MRI measures of entorhinal cortex versus hippocampus in AD. *Neurology,* Vol. 54, No. 9, (May 2000), pp. 1760–1767, ISSN 0028-3878

Ye, L., Morgenstern, J.L., Gee, A.D., Hong, G., Brown, J., & Lockhart, A. (2005). Delineation of positron emission tomography imaging agent binding sites on beta-amyloid peptide fibrils. *The Journal of Biological Chemistry,* Vol. 280, No. 25, (June 2005), pp. 23599–23604, ISSN 0021-9258

Zhuang, Z.P., Kung, M.P., Hou, C., Skovronsky, D.M., Gur, T.L., Plössl, K., Trojanowski, J.Q., Lee, V.M., & Kung, H.F. (2001). Radioiodinated styrylbenzenes and thioflavins as probes for amyloid aggregates. *Journal of Medicinal Chemistry,* Vol. 44, No. 12, (June 2001), pp. 1905-1914, ISSN 0022-2623

Part 4

Biomarkers: Steps Toward Rapid Non-Invasive Tests

10

Cerebrospinal Fluid Based Diagnosis in Alzheimer's Disease

Inga Zerr, Lisa Kaerst, Joanna Gawinecka and Daniela Varges
Dementia Research Unit, Dept. of Neurology,
Georg August University Göttingen
Germany

1. Introduction

The Alzheimer's disease (AD) is the most frequent form of dementia worldwide. The major neuropathological hallmarks of the disease are loss of neurons and synapse, senile plaques (extracellular aggregates primarily composed of ß-amyloid; Aß) and neurofibrillary tangles (aggregates of hyperphosphorylated forms of the microtubule-associated tau protein) throughout cortical and limbic regions of the brain. The definite diagnosis still requires histopathological conformation according to the criteria, however, in recent years substantial progress has been made in the area of early biomarker development. The use of cerebrospinal fluid as a testing platform is very promising because the CSF protein composition can reflect the pathological processes of the brain and because it is easily accessible by a lumbar puncture. Some proteins and peptides such as ß-amyloid 1-42 (Aβ1-42), ß-amyloid 1-40 (Aβ1-40), total tau (tau) and hyperphosphorylated tau (p-tau) have been reported to meet the criteria for a biomarker. Another series of publications reported transthyretin, isoprostane, BACE1 activity and other proteins and enzymes as a potential biomarkers in AD. Whereas the biomarkers mentioned first have been studied extensively and were suggested to be included into clinical AD criteria, less information is available on the others. This review will focus on the importance of CSF based biomarkers in AD, covers the data available from the literature and highlights their role in the differential diagnosis of dementia.

2. Why to use CSF as a testing platform in dementia? – Neuroanatomy driven approach

Cerebrospinal fluid (CSF) is the main component of the brain extracellular space and participates in the exchange of many biochemical products in the central nervous system (CNS). Consequently, CSF contains a dynamic and complex mixture of proteins, which reflects physiological or pathological state of CNS. Changes in CSF proteome have been described in various neurodegenerative disorders. These alterations are discussed to reflect pathological changes in the brain and thus contribute to a better understanding of the pathophysiology of the underlying disorder (Gawinecka et al. 2010).
CSF analysis is extremely important to identify autoimmune disorders and inflammatory conditions, which might lead to dementia. Although changes are non-specific, like

pleocytosis, elevated protein content, increased albumin ratio and oligoclonal IgG synthesis within the central nervous system, their presence clearly differentiate inflammatory and autoimmune disease from neurodegenerative dementia.

3. How to select a biomarker – a concept-of-pathogenesis-driven approach

Several potential biomarkers in the CSF and blood have been already suggested. Some of them like Aβ1-42 and tau (and its phosphorylated form) became important biomarker in dementia diagnosis. The advantage of these biomarkers is their clear link to the pathological process and abnormalities, which are detected in the brain of AD patients (Aß and amyloid hypothesis as well as tau pathology).

3.1 Amyloid hypothesis

The amyloid core of senile or neuritic plaques contains an amyloid-like substance formed by peptides, which originate from proteolytic cleavage of the membrane-associated precursor protein (amyloid precursor protein, APP). They are generated by a sequential cleavage of amyloid precursor protein (APP) by β- and γ-secretase. Aβs are small hydrophobic peptides existing mainly in two lengths: Aβ1-40 and Aβ1-42. It was initially assumed that the production of Aβs occurs only under pathological conditions. Later, Aβ was shown to be constitutively released from APP and secreted to blood and CSF. In AD, Aβ peptides are involved in pathological processes and accumulate in the brain as amyloid or senile plaques. There is clear correlation between Aβ levels in CSF and plaque depositions in the brain coupled with the concept of casual involvement of APP and Aβs in the pathogenesis of AD.
The concentration of Aβs is thought to reflect disease-associated changes and is widely applied as a diagnostic biomarker of AD (Gawinecka et al. 2010).
Table 1 gives an overview of publications related to this topic from past 5 years. The vast majority of publications is related to the detection of abnormal levels of Aß1-42 in AD as compared to other dementia, however, some data are also available for Aß1-40. Recently, a ratio between both peptides has been suggested as a potential biomarker in AD (Table 2). Aß1-42 level is decreased in patients with AD, but might also decrease in other dementia, too. Test sensitivity for Aß1-42 alone is given from 60 to 96%, depending on the design of the study.
In MCI, Aß42 level is lower in patients with a subsequent AD diagnosis (De Meyer et al. 2010; Diniz et al. 2008; Mattsson et al. 2009; Stefani et al. 2006), which leads to the conclusion that this parameter might also serve as an preclinical (potential predictive?) biomarker (Stefani et al. 2006) for cognitive decline.
Aß42 level is decreased in other conditions, including prion diseases, Parkinson's disease (Siderowf et al. 2010) and DLB. In PD, decreased levels correlate well with cognitive decline, in contrast to tau/p-tau ratio (see below) (Siderowf et al. 2010). According to some studies which used patients with non-AD dementia as controls, this marker is highly sensitive for detection of dementia, but it seems that it does not allow to discriminate between various dementia types because of limited specificity (Formichi et al. 2006; Gloeckner et al. 2008).
One approach to improve test sensitivity and specificity was to calculate an Aß42/40 ratio, which is significantly decreased in AD patients. It seems also to discriminate between different dementia including AD and non-AD (vascular, mixed, FTD, alcohol toxic and controls) (Lewczuk et al. 2004). However, the significance of this finding has still to be proven on higher numbers of patients in a prospective study.

	Patients (n)	Sensitivity (%)	Specificity (%)	Reference
Aß1-42	MCI -> AD (422) controls (429)	68	93	(Diniz et al. 2008)
Aß1-42	PD (109) AD (20) controls (36)	n.a.		(Alves et al. 2010)
Aß1-42	AD (131) controls (72)	92	89	(Sunderland et al. 2003)
Aß1-42	PD (45)	n.a.		(Siderowf et al. 2010)
Aß1-42	MCI	n.a.		(Okonkwo et al. 2011)
Aß1-42	AD (33) ARCD* (20) controls (50)	70-84	80-85	(Kapaki et al. 2005)
Aß1-42	MCI (750) AD (529) controls (304)	79	65	(Mattsson et al. 2009)
Aß1-42	autoptic AD (68) MCI (57)	94	n.a.	(De Meyer et al. 2010)
Aß1-42	AD	>85	>85	(Slats et al. 2010)
Aß1-42	mild AD (100) MCI (196) controls (114)	96	77	(Shaw et al. 2009)
Aß1-40	AD (82) DLB (44) controls (71)	AD vs controls 97	AD vs controls 83	(Mollenhauer et al. 2011)
Aß1-40	DLB (21) AD (23) PDD (21)	81	71	(Bibl et al. 2006a)
Aß1-40 Aß1-42	AD (23) NPH (13) DLB (23) CJD (18) DLB (23) FTD (10) controls (19)	61	78	(Gloeckner et al. 2008)

*ARCD = alcohol related cognitive disorder

Table 1. Aß40 and Aß42 in dementia diagnosis

	Diagnosis (n)	Sensitivity (%)	Specificity (%)	Reference
Aß1-42/ Aß1-40	MCI (65)	86	60	(Brys et al. 2009)
Aß1-42/ Aß1-40	AD (22)	95	88	(Lewczuk et al. 2004)
Aß1-42/ Aß1-40	AD (157)	59	88	(Shoji and Kanai 2001)
Aß1-42/ Aß1-40	AD (69)			(Spies et al. 2010)
Aß1-42/ Aß1-40	AD (18)	AD vs control: 100 AD vs DLB: 100 AD vs both groups: 100	AD vs control: 93 AD vs DLB: 68 AD vs both groups: 77	(Bibl et al. 2006b)
Aß1-42/ Aß1-40	AD (109)	AD vs control: 79 AD vs all: 70	AD vs control: 71 AD vs all: 71	(Brettschneider et al. 2006)

Table 2. Aß1-42/ Aß1-40 ratio as potential biomarkers in AD

3.2 Tau hypothesis

Intracellular neurofibrillary tangles (NFT), which are neuronal inclusions consisting of abnormal cytoskeletal elements of hyperphosphorylated tau protein are another characteristic pathological feature of AD. These tangles are found throughout the neocortex, in the nucleus basalis Meynert, thalamus, and in the mammillary bodies. Tau protein is a microtubule-associated protein (MAP), which interacts with tubulin and promotes microtubule assembly and stability; it is also involved in neurogenesis, axonal maintenance and axonal transport. There are six different tau isoforms present in the human adult brain, which are generated by an alternative mRNA splicing from a single gene (Goedert et al. 1989). Tau is a phosphoprotein, with 79 putative serine or threonine phosphorylation sites on the longest tau isoform. The hyperphosphorylated tau has a reduced affinity for microtubules and reduced ability to promote their assembly (Lindwall and Cole 1984). In AD, tau detaches from microtubules and aggregates in paired helical filaments (PHFs). Tau isolated from these aggregates is found to be about 4 times more phoshorylated than tau isolated from nondemented individuals (Alonso et al. 2001; Kopke et al. 1993, Gawinecka and Zerr 2010).

The elevated CSF level of nonphosphorylated and phosphorylated tau is one of AD hallmarks (Andreasen et al. 1999; Arai et al. 1997; Galasko et al. 1997; Ishiguro et al. 1999; Itoh et al. 2001; Mecocci et al. 1998). Since the first description of this abnormality and availability of an ELISA test, extensive research has been conducted. Data on tau level in AD and other dementia are given in Table 3. Again, elevated levels can be observed in other conditions than AD too, the test sensitivity and specificity seems to be above 80% in majority of the cases (Table 3). However, it has to be kept in mind that tau levels increase in CSF with age and this physiological finding hast to be kept in mind when cut-off level are established (Figure 1). In pathological conditions, total tau levels in MCI patients indicate increased AD risk (Hertze et al. 2010; Mattsson et al. 2009; Pauwels et al. 2009) and increased level correlates well with disease severity (Buchhave et al. 2009; Stefani et al. 2006). Some studies even demonstrated that extremely high tau levels might be indicator of poor prognosis (Snider et al. 2009).

Patients (n)	Sensitivity (%)	Specificity (%)	Reference
MCI (166)	78	83	(Hertze et al. 2010)
AD (131)	92	89	(Sunderland et al. 2003)
AD, CJD, LBD, FTD, VD	73-91	74-98	(van Harten et al. 2011)
AD (33) ARCD* (20)	88-94	95-96	(Kapaki et al. 2005)
AD NPH	91-93	78-96	(Kapaki et al. 2007)
MCI (750) AD (529)	86	56	(Mattsson et al. 2009)
AD, other dementia, psychiatric (219)	88	80	(Ibach et al. 2006)
early AD (269) mild AD (468) late AD (495)	n.a.		(Stefani et al. 2006)
MCI -> AD	82	87	(Pauwels et al. 2009)
mild AD (100) MCI (192) autoptic AD (56) controls (114)	70	92	(Shaw et al. 2009)
MCI -> AD (422) controls (420)	68	93	(Diniz et al. 2008)
DLB (34) AD (31) other dementia (4)	85	95	(Kasuga et al. 2010)

*ARCD = alcohol related cognitive disorder

Table 3. Total tau level in cerebrospinal fluid in AD and other dementia

Regarding phosphorylated tau level in CSF, a recent metaanalysis on 51 publications from the area revealed that p-tau contributed to the separation of MCI from healthy individuals with a sensitivity of 80% and specificity of 84% (Mitchell 2009). CSF p-tau is a good diagnostic biomarker of AD too, with test sensitivity mostly >80% (see Table 4). MCI patients with low Aß1-42 and high p-tau levels are at a clear AD risk (Hertze et al. 2010). AD patients with higher p-tau level have greater hippocampal atrophy, poorer neuropsychological test results and it is also indicator of disease progression (Henneman et al. 2009). Whereas p-tau levels indicate AD or development of AD with good accuracy, unfortunately, this biomarker is also less adequate in separating AD from other dementias (Mitchell 2009).

Due to these considerations, several studies tried to analyse the diagnostic potential of p-tau/total tau ratio. Some of them reported test sensitivity between 88-96% with a specificity of 60-100%. While its ratio is promising, again, it has to be analysed in a prospective setting since the numbers of analysed patients so far are too low for any definite conclusions (Buerger et al. 2006; Hu et al. 2002; Kapaki et al. 2007).

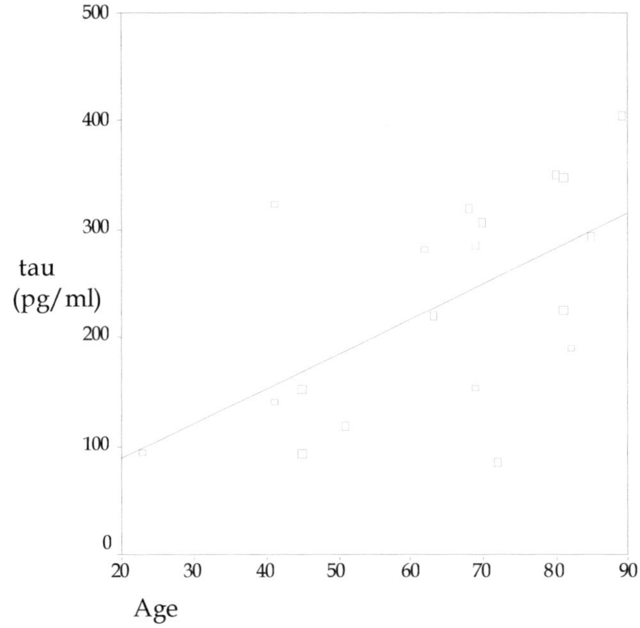

Fig. 1. Total tau level in cerebrospinal fluid stratified by age in healthy controls (Gloeckner et al. 2008)

	Patients (n)	Sensitivity (%)	Specificity (%)	Reference
p-tau	AD neurological controls (46)	>85	79-91	(Scheurich et al. 2010)
p-tau	AD (94) MCI (166) depression (29) controls (38)	>85	79-91	(Hertze et al. 2010)
p-tau	AD (49)	46	94	(Snider et al. 2009)
p-tau	AD (251) controls (122)	62	93	(Formichi et al. 2006)
p-tau	AD, CJD, LBD, FTD, vascular dementia	79-88	78-83	(van Harten et al. 2011)
p-tau	AD, NPH, controls	89	87	(Kapaki et al. 2007)
p-tau	AD, other dementia, psychiatric, controls	89	87	(Ibach et al. 2006)
p-tau	AD (31) MCI (25)	72-81	78-88	(Henneman et al. 2009)

	Patients (n)	Sensitivity (%)	Specificity (%)	Reference
p-tau	autoptic AD (68) MCI (57)	AD 94 MCI 100		(De Meyer et al. 2010)
p-tau	mild AD (100) MCI (196) autoptic AD (56) controls (114)	68	73	(Shaw et al. 2009)
p-tau	MCI (750) AD (529) Controls (304)	84	47	(Mattsson et al. 2009)
p-tau/total tau	AD (52) controls (56) non AD (37) vascular dementia (46)	96	94	(Hu et al. 2002)
p-tau/total tau	AD (67) NPH (18) controls (72)	88-93	60-100	(Kapaki et al. 2007)
p-tau/total tau	AD (37) CJD (21) controls (10)	91	97	(Buerger et al. 2006)
p-tau/total tau	AD (71) FTD (18) CJD (20) controls (43)	ratio AD: 1,27 (mean) ratio FTD: 1,13 (mean) ratio CJD: 0,05 (mean) ratio controls: 1,7 (mean)		(Riemenschneider et al. 2003)
p-tau/total tau	CJD (21) AD (49) neurol. controls (164)	86	90	(Bahl et al. 2009)

Table 4. Phosphorylated tau level in cerebrospinal fluid in AD and other dementia

In general, many studies on Aß1-42, total tau level and its phosphorylated isoform have been performed. In most studies, the number of patients per group is limited and various criteria and diagnostic techniques have been applied. Of importance, a recent multicenter study demonstrated once again that CSF Aß1-42, total tau and p-tau identify incipient AD with good sensitivity and specificity, however, the data are less reliable than reported from single-center studies (Mattsson et al. 2009). Thus, improvements are necessary, with respect to standardisation protocols between centers, but also with respect to identification of further disease- specific biomarkers in biological fluids.

3.3 The role of ApoE

The presence of the apolipoprotein E allele is a well documented risk factor for AD (Lamb et al. 1998; Saunders et al. 1993) and is associated with a decreased age of clinical onset, with a higher stage of ß-amyloid deposition and neurofibrillary change formation, severe disease course, higher brain atrophy and a more rapid disease course (Ohm et al. 1999). The ApoE polymorphism includes three common alleles (ε2, ε3, ε4) at a single gene locus resulting in six ApoE genotypes ε2/ε2, ε3/ε3, ε4/ε4, ε2/ε3, ε2/ε4, ε3/ε4. The ApoE ε4 allele is an established risk factor for AD (Saunders et al. 1993) and there is a large body of evidence for a role of ApoE in the pathogenesis of AD (Davidson et al. 2006; Varges et al. 2011).

CSF marker	Patients (n) [diagnosis confirmed]	Influence of ApoE ε4 allele	Reference
Aß1-42	82	dose-dependent reduction	(Galasko et al. 1998)
tau		heterozygous: elevation homozygous: reduction	
Aß1-42	50	dose-dependent reduction	(Riemenschneider et al. 2000)
Aß1-42	84	dose-dependent reduction	(Hulstaert et al. 1999)
Aß1-42	73	more reduced levels in ε4 carriers	(Smach et al. 2008)
tau		no influence	
Aß1-42	60	no influence	(Ewers et al. 2008)
Aß1-42	50	no influence	(Engelborghs et al. 2007)
tau		no influence	
tau	19	dose-dependent elevation	(Golombowski et al. 1997)
Aß1-42	121 [41 NP]	more reduced levels in ε4 carriers	(Tapiola et al. 2000)
tau		more elevated levels in ε4 carriers	
Aß1-42	563	more reduced levels in ε4 carriers	(Prince et al. 2004)
Aß1-42	150	more reduced levels in ε4 carriers	(Sunderland et al. 2004)

Table 5. Influence of the ApoE ε4 allele on CSF markers in AD (modified from Varges et al. 2011)

The ApoE ε4 allele status is important to be analysed in the context of CSF biomarker. Some studies report no association between ApoE ε4 allele and tau level, whereas others show higher tau level among ApoE ε4 carriers when compared to non-carriers among AD patients. The situation seems to be clearer for ß-amyloid 1-42: several studies report correlations between Aß1-42 levels and the ApoE ε4 allele (Table 5) (modified from Varges et al. 2011). Although the pathological links are not clearly identify at the moment, it is apparent that the ApoE genotype has to be taken into consideration.

4. Clinical criteria for AD

CSF biomarkers play an important role in clinical diagnosis and differential diagnosis of neurodegenerative dementia. A lot of research in this area has been already conducted. Recently, these markers which are associated with disease pathology in the brain namely Aß1-42 as a parameter of the amyloid cascade and tau and its phosphorylated isoforms have been suggested to be included into diagnostic criteria for AD. The typical AD signature comprises low CSF Aß1-42 levels and high total tau/p-tau level and it was suggested as a parameter of one of the supportive features at the same level as structural and functional brain imaging for probable AD diagnosis (Dubois et al. 2007).

5. Conclusions

The PubMed search on 31.1.2011 using keywords cerebrospinal fluid and Alzheimer reveals 2336 hits. Although not all are dealing directly with biomarker discovery and identification of novel proteins for diagnosis, they are linked to the topic and demonstrate once again the importance of the area. Adequate biomarker, which can be easily analysed in CSF and, even better, blood, will have a great potential for clinical and also preclinical diagnosis of the disease. In neurodegenerative disorders, we have to meet the problem of early disease diagnosis, because it is likely that neuroprotective and other pharmacological strategies will allow better treatment response in earlier disease stages.

6. Acknowledgements

This manuscript is supported by the BMBF grant within German Network for Degenerative Dementia, KNDD-2, 2011-2013, Determinants for disease progression in AD

7. References

Alonso A, Zaidi T, Novak M, Grundke-Iqbal I, Iqbal K. 2001. Hyperphosphorylation induces self-assembly of tau into tangles of paired helical filaments/straight filaments. Proc Natl Acad Sci U S A 98(12):6923-6928.

Alves G, Bronnick K, Aarsland D, Blennow K, Zetterberg H, Ballard C et al. 2010. CSF amyloid-beta and tau proteins, and cognitive performance, in early and untreated Parkinson's disease: the Norwegian ParkWest study. J Neurol Neurosurg Psychiatry 81(10):1080-1086.

Andreasen N, Minthon L, Clarberg A, Davidsson P, Gottfries J, Vanmechelen E et al. 1999. Sensitivity, specificity, and stability of CSF-tau in AD in a community-based patient sample. Neurology 53(7):1488-1494.

Arai H, Morikawa Y, Higuchi M, Matsui T, Clark CM, Miura M et al. 1997. Cerebrospinal fluid tau levels in neurodegenerative diseases with distinct tau-related pathology. Biochem Biophys Res Commun 236:262-264.

Bahl JM, Heegaard NH, Falkenhorst G, Laursen H, Hogenhaven H, Molbak K et al. 2009. The diagnostic efficiency of biomarkers in sporadic Creutzfeldt-Jakob disease compared to Alzheimer's disease. Neurobiol Aging 30(11):1834-1841.

Bibl M, Mollenhauer B, Esselmann H, Lewczuk P, Klafki HW, Sparbier K et al. 2006a. CSF amyloid-beta-peptides in Alzheimer's disease, dementia with Lewy bodies and Parkinson's disease dementia. Brain 129(Pt 5):1177-1187.

Bibl M, Mollenhauer B, Esselmann H, Lewczuk P, Trenkwalder C, Brechlin P et al. 2006b. CSF diagnosis of Alzheimer's disease and dementia of Lewy bodies. J Neural Transm 113(11):1771-1778.

Brettschneider J, Petzold A, Schottle D, Claus A, Riepe M, Tumani H. 2006. The neurofilament heavy chain (NfH) in the cerebrospinal fluid diagnosis of Alzheimer's disease. Dement Geriatr Cogn Disord 21(5-6):291-295.

Brys M, Pirraglia E, Rich K, Rolstad S, Mosconi L, Switalski R et al. 2009. Prediction and longitudinal study of CSF biomarkers in mild cognitive impairment. Neurobiol Aging 30(5):682-690.

Buchhave P, Blennow K, Zetterberg H, Stomrud E, Londos E, Andreasen N et al. 2009. Longitudinal study of CSF biomarkers in patients with Alzheimer's disease. PLoS One 4(7):e6294.

Buerger K, Otto M, Teipel SJ, Zinkowski R, Blennow K, DeBernardis J et al. 2006. Dissociation between CSF total tau and tau protein phosphorylated at threonine 231 in Creutzfedt-Jakob disease. Neurobiol Aging 27(1):10-15.

Davidson Y, Gibbons L, Purandare N, Byrne J, Hardicre J, Wren J et al. 2006. Apolipoprotein E epsilon4 allele frequency in vascular dementia. Dementia and Geriatric Cognitive Disorders 22(1):15-19.

De Meyer G, Shapiro F, Vanderstichele H, Vanmechelen E, Engelborghs S, De Deyn PP et al. 2010. Diagnosis-independent Alzheimer disease biomarker signature in cognitively normal elderly people. Arch Neurol 67(8):949-956.

Diniz BS, Pinto Junior JA, Forlenza OV. 2008. Do CSF total tau, phosphorylated tau, and beta-amyloid 42 help to predict progression of mild cognitive impairment to Alzheimer's disease? A systematic review and meta-analysis of the literature. World J Biol Psychiatry 9(3):172-182.

Dubois B, Feldman HH, Jacova C, DeKosky ST, Barberger-Gateau P, Cummings J et al. 2007. Research criteria for the diagnosis of Alzheimer's disease: revising the NINCDS-ADRDA criteria. Lancet Neurol 6:734-746.

Engelborghs S, Sleegers K, Cras P. 2007. No association of CSF biomarkers with APOEepsilon4, plaque and tangle burden in definite Alzheimer's disease. Brain 130:2320-2326.

Ewers M, Zhong Z, Buerger K. 2008. Increased CSF BACE 1 activity is associated with ApoE-epsilon 4 genotype in subjects with mild cognitive impairment and Alzheimer's disease. Brain 131:1252-1258.

Battisti C, Radi E, Federico A. 2006. Cerebrospinal fluid tau, A beta, and phosphorylated tau protein for the diagnosis of Alzheimer's disease. 208(1):39-46.

Galasko D, Chang L, Motter R. 1998. High cerebrospinal fluid tau and low amyloid beta42 levels in the clinical diagnosis of Alzheimer disease and relation to apolipoprotein E genotype. Arch Neurol 55:937-945.

Galasko D, Clark C, Chang L, Miller B, Green RC, Motter R et al. 1997. Assessment of CSF levels of tau protein in mildly demented patients with Alzheimer's disease. Neurology 48(3):632-635.

Gawinecka J, Zerr I. 2010. Cerebrospinal fluid biomarkers in human prion diseases. Future Neurol. 5(2):301-316.

Gloeckner SF, Meyne F, Wagner F, Heinemann U, Krasnianski A, Meissner B et al. 2008. Quantitative analysis of transthyretin, tau and amyloid-beta in patients with dementia. J Alzheimers Dis 14(1):17-25.

Goedert M, Spillantini MG, Potier MC, Ulrich J, Crowther RA. 1989. Cloning and sequencing of the cDNA encoding an isoform of microtubule-associated protein tau containing four tandem repeats: differential expression of tau protein mRNAs in human brain. Embo J 8(2):393-399.

Golombowski S, Mueller-Spahn F, Romig H. 1997. Dependence of cerebrospinal fluid Tau protein levels on apolipoprotein E4 allele frequency in patients with Alzheimer's disease. Neurosci Lett 225:213-215.

Henneman WJ, Vrenken H, Barnes J, Sluimer IC, Verwey NA, Blankenstein MA et al. 2009. Baseline CSF p-tau levels independently predict progression of hippocampal atrophy in Alzheimer disease. Neurology 73(12):935-940.

Hertze J, Minthon L, Zetterberg H, Vanmechelen E, Blennow K, Hansson O. 2010. Evaluation of CSF biomarkers as predictors of Alzheimer's disease: a clinical follow-up study of 4.7 years. J Alzheimers Dis 21(4):1119-1128.

Hu YY, He SS, Wang X, Duan QH, Grundke-Iqbal I, Iqbal K et al. 2002. Levels of nonphosphorylated and phosphorylated tau in cerebrospinal fluid of Alzheimer's disease patients: an ultrasensitive bienzyme-substrate-recycle enzyme-linked immunosorbent assay. Am J Pathol 160(4):1269-1278.

Hulstaert F, Blennow K, Ivanoiu A, Schoonderwaldt HC, Riemenschneider M, De Deyn PP et al. 1999. Improved discrimination of AD patients using beta-amyloid(1-42) and tau levels in CSF. Neurology 52(8):1555-1562.

Ibach B, Binder H, Dragon M, Poljansky S, Haen E, Schmitz E et al. 2006. Cerebrospinal fluid tau and beta-amyloid in Alzheimer patients, disease controls and an age-matched random sample. Neurobiol Aging 27(9):1202-1211.

Ishiguro K, Ohno H, Arai H, Yamaguchi H, Urakami K, Park JM et al. 1999. Phosphorylated tau in human cerebrospinal fluid is a diagnostic marker for Alzheimer's disease. Neurosci Lett 270(2):91-94.

Itoh N, Arai H, Urakami K, Ishiguro K, Ohno H, Hampel H et al. 2001. Large-scale, multicenter study of cerebrospinal fluid tau protein phosphorylated at serine 199 for the antemortem diagnosis of Alzheimer's disease. Ann Neurol 50(2):150-156.

Kapaki E, Liappas I, Paraskevas GP, Theotoka I, Rabavilas A. 2005. The diagnostic value of tau protein, beta-amyloid (1-42) and their ratio for the discrimination of alcohol-related cognitive disorders from Alzheimer's disease in the early stages. Int J Geriatr Psychiatry 20(8):722-729.

Kapaki EN, Paraskevas GP, Tzerakis NG, Sfagos C, Seretis A, Kararizou E et al. 2007. Cerebrospinal fluid tau, phospho-tau181 and beta-amyloid1-42 in idiopathic normal pressure hydrocephalus: a discrimination from Alzheimer's disease. Eur J Neurol 14(2):168-173.

Kasuga K, Tokutake T, Ishikawa A, Uchiyama T, Tokuda T, Onodera O et al. 2010. Differential levels of alpha-synuclein, beta-amyloid42 and tau in CSF between patients with dementia with Lewy bodies and Alzheimer's disease. J Neurol Neurosurg Psychiatry 81(6):608-610.

Kopke E, Tung YC, Shaikh S, Alonso AC, Iqbal K, Grundke-Iqbal I. 1993. Microtubule-associated protein tau. Abnormal phosphorylation of a non-paired helical filament pool in Alzheimer disease. J Biol Chem 268(32):24374-24384.

Lamb H, Christie J, Singleton AB. 1998. Apolipoprotein E and alpha-1 antichymotrypsin polymorphism genotyping in Alzheimer's disease and in dementia with Lewy bodies. Distinctions between diseases. Neurology 50:388-391.

Lewczuk P, Esselmann H, Otto M, Maler JM, Henkel MK, Eikenberg O et al. 2004. Neurochemical diagnosis of Alzheimer's dementia by CSF Aß 42, Aß 42/ Aß40 ratio and total tau. Neurobiol Aging 25:273-281.

Lindwall G, Cole RD. 1984. Phosphorylation affects the ability of tau protein to promote microtubule assembly. J Biol Chem 259(8):5301-5305.

Mattsson N, Zetterberg H, Hansson O, Andreasen N, Parnetti L, Jonsson M et al. 2009. CSF biomarkers and incipient Alzheimer disease in patients with mild cognitive impairment. Jama 302(4):385-393.

Mecocci P, Cherubini A, Bregnocchi M, Chionne F, Cecchetti R, Lowenthal DT et al. 1998. Tau protein in cerebrospinal fluid: a new diagnostic and prognostic marker in Alzheimer disease? Alzheimer Disease and Associated Disorders 12:211-214.

Mitchell AJ. 2009. CSF phosphorylated tau in the diagnosis and prognosis of mild cognitive impairment and Alzheimer's disease: a meta-analysis of 51 studies. J Neurol Neurosurg Psychiatry 80(9):966-975.

Mollenhauer B, Esselmann H, Trenkwalder C, Schulz-Schaeffer W, Kretzschmar H, Otto M et al. 2011. CSF amyloid-beta peptides in neuropathologically diagnosed dementia with Lewy bodies and Alzheimer's Disease. J Alzheimers Dis 24(2):383-391.

Okonkwo OC, Mielke MM, Griffith HR, Moghekar AR, O'Brien RJ, Shaw LM et al. 2011. Cerebrospinal fluid profiles and prospective course and outcome in patients with amnestic mild cognitive impairment. Arch Neurol 68(1):113-119.

Pauwels EK, Volterrani D, Mariani G. 2009. Biomarkers for Alzheimer's disease. Drug News Perspect 22(3):151-160.

Prince JA, Zetterberg H, Andreasen N. 2004. APOE E4 allele is associated with reduced cerebrospinal fluid levels of Aß42. Neurology 62:2116-2118.

Riemenschneider M, Schmolke M, Lautenschlager. 2000. Cerebrospinal beta-amyloid (1-42) in early Alzheimer's disease: association with apolipoprotein E genotype and cognitive decline. Neurosci Lett 284:85-88.

Riemenschneider M, Wagenpfeil S, Vanderstichele H, Otto M, Wiltfang J, Kretzschmar H et al. 2003. Phospho-tau/total tau ration in cerebrospinal fluid discriminates

Creutzfeldt-Jakob disease from other dementias. Molecular Psychiatry 8:343-347.

Saunders AM, Strittmatter WJ, Schmechel DE. 1993. Association of apolipoprotein E allele epsilon 4 with late onset familial and sporadic Alzheimer's disease. Neurology 43:1467-1472.

Scheurich A, Urban PP, Koch-Khoury N, Fellgiebel A. 2010. CSF phospho-tau is independent of age, cognitive status and gender of neurological patients. J Neurol 257(4):609-614.

Shaw LM, Vanderstichele H, Knapik-Czajka M, Clark CM, Aisen PS, Petersen RC et al. 2009. Cerebrospinal fluid biomarker signature in Alzheimer's disease neuroimaging initiative subjects. Ann Neurol 65(4):403-413.

Shoji M, Kanai M. 2001. Cerebrospinal fluid Abeta40 and Abeta42: Natural course and clinical usefulness. J Alzheimers Dis 3(3):313-321.

Siderowf A, Xie SX, Hurtig H, Weintraub D, Duda J, Chen-Plotkin A et al. 2010. CSF amyloid {beta} 1-42 predicts cognitive decline in Parkinson disease. Neurology 75(12):1055-1061.

Slats D, Spies PE, Sjogren MJ, Verhey FR, Verbeek MM, Olde Rikkert MG. 2010. Cerebrospinal fluid biomarkers in diagnosing Alzheimer's disease in clinical practice: an illustration with 3 case reports. Case Rep Neurol 2(1):5-11.

Smach MA, Charfeddine B, Lammouchi T. 2008. CSF beta-amyloid 1-42 and tau in Tunisian patients with Alzheimer's disease: the effect of APOE epsilon4 allele. Neurosci Lett 440:145-149.

Snider BJ, Fagan AM, Roe C, Shah AR, Grant EA, Xiong C et al. 2009. Cerebrospinal fluid biomarkers and rate of cognitive decline in very mild dementia of the Alzheimer type. Arch Neurol 66(5):638-645.

Spies PE, Slats D, Sjögren JM, Kremer BP, Verhey FR, Rikkert MG et al. 2010. The cerebrospinal fluid amyloid beta42/40 ratio in the differentiation of Alzheimer's disease from non-Alzheimer's dementia. Curr Alzheimer Res 7(5):470-476.

Stefani A, Martorana A, Bernardini S, Panella M, Mercati F, Orlacchio A et al. 2006. CSF markers in Alzheimer disease patients are not related to the different degree of cognitive impairment. J Neurol Sci 251(1-2):124-128.

Sunderland T, Linker G, Mirza N, Putnam KT, Friedman DL, Kimmel LH et al. 2003. Decreased beta-amyloid1-42 and increased tau levels in cerebrospinal fluid of patients with Alzheimer disease. Jama 289(16):2094-2103.

Sunderland T, Mirza N, Putnam KT. 2004. Cerebrospinal fluid ß-amyloid 1-42 and tau in control subjects at risk for Alzheimer's disease: the effect of ApoE E4 allele. Biol Psychiatry 56:670-676.

Tapiola T, Pirttilä T, Mehta PD. 2000. Relationship between apoE genotype and CSF beta-amyloid (1-42) and tau in patients with probable and definite Alzheimer's disease. Neurobiol Aging 21:735-740.

van Harten AC, Kester MI, Visser PJ, Blankenstein MA, Pijnenburg YA, van der Flier WM et al. 2011. Tau and p-tau as CSF biomarkers in dementia: a meta-analysis. Clin Chem Lab Med 49(3):353-366.

Varges D, Jung K, Gawinecka J, Heinemann U, Schmitz M, von Ahsen N et al. 2011. Amyloid-b 1-42 levels are modified by apolipoprotein E e4 in Creutzfeldt-Jakob disease in a similar manner as in Alzheimer's disease. J Alzheimers Dis 23(4):717-726.

11

Alzheimer's Diseases: Towards Biomarkers for an Early Diagnosis

Benaïssa Elmoualij[1], Ingrid Dupiereux[1], Jérémie Seguin[2], Isabelle Quadrio[2], Willy Zorzi[1], Armand Perret-Liaudet[2] and Ernst Heinen[1]
[1]*Department of Human Histology-CRPP, University of Liège, Sart Tilman, Liège*
[2]*Department Maladies à Prions, Service de Neurobiologie, CBPE, Hôpitaux de Lyon*
[1]*Belgium*
[2]*France*

1. Introduction

Alzheimer's diseases (AD) are the most frequent dementias across the world and represent more than 60% of all neurodegenerative dementias including those with Lewy bodies (DLB) and frontotemporal lobar degeneration (FTLD). Most neurodegenerative dementias are induced by aggregation of different brain proteins; they are nosologically grouped into a large pathological entity named proteinopathy. Prevalence of dementias is more than 20% in 85 years old aged population and linearly increases with the age (Ferri, Prince et al. 2005). The international impact of degenerative dementias across the world is estimated to touch more than 24 million patients with an incidence about 4.6 million new cases by year.

Diagnosis of AD is still based on the integration of clinical examination, neuropsychological data, radiological and biological analyses. The final diagnosis is established after neuropathological examination of brain and observation of typical cerebral failures, in consequence, the clinical diagnosis is "probable AD" when typical criteria are found and "possible AD" if atypical elements are present during clinical examination. Nevertheless, the clinical diagnosis performance for "probable AD" is relatively low with a sensitivity and a specificity of 80% and 70% respectively (Knopman, DeKosky et al. 2001). Because a consequent clinical overlap does exist between etiological AD and others causes of dementia, the clinical diagnosis specificity for a possible AD is less than 50%. Paraclinical analyses such as radiological and biological examinations tend to increase accuracy of differential diagnoses as well as diagnosis precocity for these patients.

2. How can we deal with the clinical diversity of Alzheimer's phenotypes?

AD is associated with a progressive disruption of the neuronal function and subsequent gradual deterioration in cognition and behaviour leading finally to the death (Khachaturian, 1985). The typical clinical beginning of AD is characterised by a progressive cognitive alteration affecting predominantly episodic memory. Other symptoms such as language deficit, visuoperceptive alterations or even dysexecutive syndromes appear during the course of the disease in relation to the progression of cerebral failures into the associative brain areas. Decrease in episodic memory is associated with radiological finding of obvious medial temporal lobe atrophy during the first step of the disease progression (Scheltens, Fox et al. 2002). Effectively, this cerebral structure highly participates in the memory process; even more, neuropathological findings demonstrated the strong implication of typical protein depositions met in AD that occur during this medial temporal lobe atrophy (Burton, Barber et al. 2009). Nevertheless, this kind of atrophy can be met in other pathologies such as FTLD or DLB, without any cerebral pathological hallmark of AD (O'Brien, Paling et al. 2001; van de Pol, Hensel et al. 2006). Moreover, frequent clinical overlaps (Kertesz, McMonagle et al. 2005; Josephs, Petersen et al. 2006; Hort, O'Brien et al. 2010) as well as pathological co-occurrence (Merdes, Hansen et al. 2003; Amador-Ortiz, Lin et al. 2007; Schneider, Arvanitakis et al. 2009) between these 3 dementias can occur, resulting in a misleading clinical diagnosis during lifetime.

During the AD progression, other symptoms than the alteration of the episodic memory progressively appear, but they can also be clinically predominant at the first step of the disease. For example, a dysexecutive syndrome, concordant with a frontal atrophy, and then the first hypothesis of frontotemporal dementia (FTD) diagnosis can finally be an AD. As well, an aphasic clinical presentation associated with temporal cerebral areas atrophy, suggestive of primary progressive aphasia, can reveal an etiological AD. Other clinical presentations can occur in the first symptoms of AD, such as apraxic forms suggesting corticobasal degeneration (CBD) or even visual deficits associated with posterior cortical atrophy (PCA).

These focal presentations of AD are clinically difficult to distinguish from other previously adverted neurodegenerative dementias which typically begin with these kind of clinical features (Alladi, Xuereb et al. 2007). It is why there is a need to identify inside this spectrum focal presentations underlying AD as well as other pathologic processes such as FTLD or DLB.

3. Neuropathological hallmark and physiopathological pathways of AD

The two neuropathological hallmarks of AD are the deposition of extracellular amyloid plaques and accumulation of intracellular neurofibrillary tangles (NFT). The first ones are principally constituted by amyloid protein (Aß peptide), a product of proteolytic processing by secretases of the amyloid precursor protein named APP (Haass and Selkoe 1993), and the second involves phosphorylated tau protein (Masters, Simms et al. 1985; Braak and Braak 1991). Distributions of amyloid plaques and NFTs do not overlap in all anatomical regions suggesting a complex pathogenetic scenario.

Tau protein is a microtubule associated protein expressed abundantly in the neuronal axons that promotes assembly and stability of microtubules. 6 different isoforms of tau are present in the human brain, constituted of 352 to 441 amino acids and harbouring more than 70 phosphorylation sites (Buée, Bussiere et al. 2000; Lewczuk, Esselmann et al. 2004). Its physiological function is regulated by these phosphorylations (Johnson and Hartigan 1999). The abnormal hyperphosphorylation of tau proteins in AD brain reduces their biological activity and results in disintegration of the microtubules (Uversky, Winter et al. 1998). Moreover, this phenomenon induces conformational changes of tau protein and then permits its assembly in paired helical filaments (PHF), the major constituent of NFTs (Kidd 1963; Alonso, Zaidi et al. 2001). These PHF are highly phosphorylated since more than 30 phosphorylation sites were observed in PHF deriving from NFTs (Liu, Liang et al. 2006). The stereotypic development of tau pathology with NFTs is clearly correlated with clinical

impairment of memory, starting in the transentorhinal cortex to finally involve associative areas and the whole neocortical areas (Braak and Braak 1995; Berg, McKeel et al. 1998).
In an other scheme, Aß depositions neither correlate with a given clinical presentation and seem to begin in the neocortex before involving the neuronal projections of already involved areas (Arriagada, Growdon et al. 1992). These amyloid plaques are also encountered in asymptomatic aged peoples without AD (Wolf, Gearing et al. 1999). Furthermore, metabolic imaging and particularly positron emission tomography with ^{11}C-PIB (a compound that specifically stain amyloid plaques) demonstrate that these amyloid accumulations are observed in subjects without any cognitive alteration (Villemagne, Fodero-Tavoletti et al. 2008). Although numerous proteins are associated with amyloid deposits in AD (Buée, Hof et al. 1992; Uchihara, Duyckaerts et al. 1996; Burns, Noble et al. 2003), the major proteinaceous component is the 42 amino acid Aß peptide ($Aß_{42}$) which is the most hydrophobic form of Aß (Jarrett, Berger et al. 1993; Gravina, Ho et al. 1995). Nevertheless, it was recently demonstrated that aggregation into amyloid plaques may provide truncated forms of this peptide in the N-terminal ($Aß_{4-/5-/8-/9-42}$) during the first steps of the disease (Sergeant, Bombois et al. 2003; Vanderstichele, De Meyer et al. 2005). These truncated forms could represent more than 60% of all cerebral Aß forms (Sergeant, Bombois et al. 2003).
Interestingly, the symptomatology observed in AD (or other neurodegenerative dementia) seems not due to these deposits and symptoms could appear before protein aggregations (Moechars, Dewachter et al. 1999). Several *in vitro* studies demonstrated that the toxicity against neurons is related to oligomeric forms of proteins and that the consequence is cognitive alteration in animal models (Kirkitadze, Bitan et al. 2002; Cleary, Walsh et al. 2005; Lesne, Koh et al. 2006). For AD, soluble oligomeric forms have been described, aggregating later on into amyloid plaques and it was suggested that effects of these oligomeric species could induce the first toxic events of amyloidopathy (Simmons, May et al. 1994; Kirkitadze, Condron et al. 2001; Walsh and Selkoe 2007).
Some controversy still remains on the course and distribution pattern of the Aß and tau pathologies. Some authors suggest that amyloid dysfunction is the pathogenic key leading to AD pathogenesis. This hypothesis was developed as "amyloid cascade" and the Aß metabolism dysfunction may initiate others pathologic events such as tau protein hyperphosphorylation, synaptic loss or neuroinflammation (Hardy and Higgins 1992; Hardy and Selkoe 2002). Nevertheless this hypothesis is still discussed and does not support all the AD physiopathology.
During the preclinical phase of AD, the neuronal degeneration proceeds and at a certain, yet unidentified, threshold the first symptoms appear. Otherwise, it seems that first cerebral failures begin several decades before symptoms appear (Braak and Braak 1997). Nevertheless the early and differential diagnosis remains difficult and reliable proof of AD process is difficult to obtain. An early and reliable diagnosis in order to establish appropriate drug treatment is essential to decrease symptomatology. Moreover, since research is conducted to develop treatments that could retard or stop cerebral failure progression, we need to improve AD diagnosis to identify this process before brain damages are too significant.

4. Which CSF biochemical markers might allow us to detect Alzheimer's diseases?

It is convincing that we could identify these neurodegenerative processes early during the course of AD with the help of paraclinical means such as functional imaging or use of biological markers.

An ideal biomarker for Alzheimer disease would have to meet three specific criteria:

- To be a quantitative and objective measure providing an indication of disease risk and rate of disease progression long before onset of symptoms
- To be reliable, reproducible and inexpensive to measure
- To be measurable in an easily accessible tissue of the patient.

During the past years, great efforts have been made to identify reliable biomarkers for AD in body fluids of patients that are suitable for minimal invasive early diagnosis of AD, mainly cerebrospinal fluid (CSF) and blood. Cerebrospinal fluid (CSF) closely reflects the composition of the brain extracellular space and is likely to have the highest yield in biomarkers (Wiltfang, Lewczuk et al. 2005). Furthermore, CSF biological modifications seem to appear before first anatomical modifications seen on magnetic resonance imaging (Schoonenboom, van der Flier et al. 2008). Nevertheless, lumbar puncture is relatively invasive even if complications appear in less than 2% of patients (Blennow, Wallin et al. 1993). So research strives for a less invasive biological diagnosis with development of blood markers for AD.

A high number of CSF brain-derived proteins have been investigated as potential markers for AD. The more promising are proteins resulting from cerebral failures meet in AD: tau proteins with total tau (T-tau), phosphorylated tau proteins (P-tau) and Aß$_{42}$ which are solubles in CSF. Moreover, AD diagnosis criteria were reviewed for research in 2007 and these 3 biomarkers were included (Dubois, Feldman et al. 2007).

- Aß peptide

In AD patients the CSF concentration of soluble Aß$_{42}$ decreases and it has been suggested that this may be due to the preferential deposition of Aß peptides into cerebral amyloid plaques reflecting parenchymental sequestration with lower levels diffusing to CSF (Strozyk, Blennow et al. 2003; Wiltfang, Lewczuk et al. 2005; Fagan, Mintun et al. 2006). Interestingly, this CSF concentration is linked to ApoE genotype which was identified as a susceptibility gene to develop AD: patients with homozygote genotype of ApoE4 have lower Aß$_{42}$ CSF concentration (Galasko, Chang et al. 1998). Nevertheless, a CSF Aß$_{42}$ concentration decrease is also observed in other pathologies such as DLB or even Creutzfeldt Jakob disease (CJD), pathology with sometimes cerebral Aß deposits (Andreasen, Minthon et al. 2001; Wiltfang, Esselmann et al. 2003; Mollenhauer, Bibl et al. 2005). These results are in accordance with pathological overlaps observed in these diseases (Schneider, Arvanitakis et al. 2007; Schneider, Arvanitakis et al. 2009; Kovacs, Seguin et al. 2011). Nonetheless, measurement of CSF Aß$_{42}$ concentration could differentiate AD patients from subjects without any neurodegenerative process with sensitivity and specificity of 86% and about 90% respectively (Blennow 2004). ELISA measurement of CSF Aß$_{42}$ reveals values comprised between 600 and 1230 pg/mL in normal subjects and 260 and 500 pg/mL in AD patients (Riemenschneider, Lautenschlager et al. 2002; Riemenschneider, Wagenpfeil et al. 2002; Lewczuk, Esselmann et al. 2004).

Several works postulate that Aß aggregates will be more reliable biomarkers than soluble Aß forms, as the aggregates are directly involved in the pathologic events of AD. Monoclonal and polyclonal antibodies specific to soluble oligomeric forms of Aß were developed (Kayed et al, 2010, Ying Z et al, 2009) and used to demonstrate that these oligomers are significantly more abundant in the soluble brain extracts of AD patients (Meli et al., 2009) suggesting that diffusible oligomers would also appear in the CSF. Sensitive techniques were applied to detect CSF Aß oligomers in AD patients (Pitschke, Prior et al. 1998). Recently, a study showed that levels of CSF aggregated Aß forms are higher in AD patients than in patients with other neurological disorders without neurodegenerative processes (Fukumoto, Tokuda et al. 2010). Moreover, the CSF oligomer concentrations correlate with cognitive alteration in AD. While detection of these CSF oligomeric forms appears to have a considerable diagnosis interest, low concentrations of these pathologic forms do not allow considering this assay routinely?.

In parallel to $Aß_{42}$, numerous N- and C- terminal truncated forms have been identified in clinical samples from AD patients (Gabelle, Roche et al. 2010). Most abundant Aß peptides in CSF are, in increasing order concentrations, $Aß_{40}$, $Aß_{38}$ and $Aß_{42}$ (Wiltfang, Esselmann et al. 2002). Concentration measurements of the major form $Aß_{40}$ in CSF are greatly instructive because they well reflect total amount of Aß peptide release in this biological fluid (Wiltfang, Esselmann et al. 2007). By the APP metabolism and the amyloidogenic way, strong cerebral producers of Aß peptides have higher Aß CSF levels (and thus also $Aß_{42}$) than weak producers. Instauration of $Aß_{40}$ CSF measurements associated with $Aß_{42}$ could permit to rectify mistakes in interpretation of biological results with CSF $Aß_{42}$ levels alone.

In addition to CSF $Aß_{40}$, $Aß_{38}$ and $Aß_{42}$, other forms of this peptide are produced by physiological regulation of γ-secretase (Gabelle, Roche et al. 2010). Numerous both cerebral and CSF truncated forms of Aß peptide were identified in AD and MCI patients using immunobloting or mass spectrometry analyses (such as SELDI-TOF) (Lewczuk, Esselmann et al. 2003; Sergeant, Bombois et al. 2003; Vanderstichele, De Meyer et al. 2005). Part of research concentrates on identification of novel Aß truncated forms that could allow better predictive power and specificity of biological diagnosis (Bibl, Mollenhauer et al. 2007). Indeed, new $Aß_{13}$, $Aß_{14}$ or else $Aß_{16}$ peptides were described within CSF of AD patients and surprisingly $Aß_{16}$ CSF levels increase in AD patients (Portelius, Zetterberg et al. 2006). Identification of these Aß fragments in the CSF could lead to a more specific differential diagnosis since it may exist distinct CSF Aß fragment profiles between AD, DLB or FTD, these profiles could reflect distinct physiopathological events between these pathologies (Bibl, Mollenhauer et al. 2007). So, the use of these new biomarkers could lead to novel diagnostics and therapeutics approaches for Alzheimer's diseases.

- Tau proteins

Increase of T-tau CSF levels was found in AD patients as well as MCI patients who will develop later an AD (Riemenschneider, Buch et al. 1996; Andreasen, Minthon et al. 2001; Riemenschneider, Lautenschlager et al. 2002; Hansson, Zetterberg et al. 2006). Measurement of T-tau levels with ELISA test (Innotest hTau Ag, Innogenetics) reveal concentrations between 150 pg/mL and 450 pg/mL in control subjects and between 300 and 1100 pg/mL in AD patients (Riemenschneider, Lautenschlager et al. 2002; Lewczuk, Esselmann et al. 2004; Grossman, Farmer et al. 2005). Nevertheless, increase of T-tau CSF levels is not AD specific since it is also observed in different concentrations in CJD or even an acute stroke (Otto, Wiltfang et al. 1997; Hesse, Rosengren et al. 2000). T-tau CSF levels in patients with sporadic CJD are higher than those observed in patients with other neurodegenerative dementias including AD (Otto, Wiltfang et al. 1997; Otto, Wiltfang et al. 2002). Threshold for CSF T-tau concentration in sporadic CJD was determined at 1300pg/mL in 2002 in a study conducted on 300 patients with CJD with 109 neuropathological confirmations (Otto, Wiltfang et al. 2002). In other forms of CJD as new variant, CSF T-tau levels are lower than those observed in sporadic disease (Sanchez-Juan, Green et al. 2006).Thus, T-tau is more a neuronal death marker than a specific AD biomarker. Several diseases are neuropathologically linked to tau dysfunction such as in some FTD, progressive supranuclear palsy (PSP) and CBD. Numerous studies have investigated measurement of CSF T-tau levels in FTD but results are in accordance with pathological heterogeneity of FTD (neuropathological tau inclusions or without tau inclusions) since existence of discordance between studies with increase of CSF T-tau levels or not (Riemenschneider, Wagenpfeil et al. 2002; Pijnenburg, Schoonenboom et al. 2004; Grossman, Farmer et al. 2005). Any biological argument does exist with T-tau CSF levels in pathologies like FTD or other tauopathies as PSP and CBD (Urakami, Wada et al. 2001). Interestingly, a distinct profile of T-tau in electrophoretic separation was observed in CSF of sporadic CJD patients in a very recent study (Chen, Shi et al. 2010).

More interestingly, some modifications as truncated forms can be identified on tau proteins. A recent study permitted to demonstrate differences in CSF levels of truncated forms of tau in PSP patients compared with other neurodegenerative diseases (FTD, CBD, AD, DLB and Parkinson disease) or control subjects (Borroni, Gardoni et al. 2009). Other proteolytic processes on tau protein can occur in neurodegenerative disorders and could be identified.

CSF P-tau level specifically increase in AD patients compared with those with FTD, vascular dementia or control subjects (Hampel, Buerger et al. 2004). Regarding DLB, results are more conflicting with studies describing increase of P-tau CSF levels and others reporting normal concentrations (Vanmechelen, Vanderstichele et al. 2000; Parnetti, Lanari et al. 2001). So, an increase in P-tau CSF levels is observed in AD and MCI patients (Itoh, Arai et al. 2001; Andreasen, Vanmechelen et al. 2003; Herukka, Hallikainen et al. 2005). Moreover, cognitive decline is correlated with CSF increasing levels of P-tau, these CSF tau species might specifically mark a cerebral degenerative process (Maccioni, Lavados et al. 2006; Wallin, Blennow et al. 2006). While other P-tau species have been measured, only CSF levels of tau proteins phosphorylated at serine 181 (P-tau_{181}) or threonine 231 (P-tau_{231}) seem to clearly improve the accuracy of the diagnostic of AD (Buerger, Zinkowski et al. 2002; Hampel and Teipel 2004; Mitchell 2009). Some phosphorylations are more specific for AD, CSF P-tau_{181} significantly increases in AD patients compared to patients without neurodegenerative processes as well as patients with other neurodegenerative dementias (Vanmechelen, Vanderstichele et al. 2000; Vanderstichele, De Vreese et al. 2006). The P-tau181 assay in CSF is now routinely used for biological differential diagnosis between AD and other forms of dementias. ELISA measurements of this protein (Innotest phospho-$tau_{(181P)}$, Innogenetics) reveal CSF levels between 30 pg/mL and 50 pg/mL in control subjects and between 75 pg/mL and 100 pg/mL in AD patients (Lewczuk, Esselmann et al. 2004). This phosphorylated form of tau protein permits to distinguish an AD from all other neurodegenerative etiologies with great sensitivity and specificity (Hampel, Buerger et al. 2004). P-tau_{181} CSF measurement is able to differentiate AD patients from FTD patients with a sensitivity of 85% and a specificity more than 80% (Schoonenboom, Pijnenburg et al. 2004). These results are similar in differentiation of AD and all other neurodegenerative dementias (Hampel, Buerger et al. 2004). Furthermore this measurement improves distinction of AD and DLB patients (Parnetti, Lanari et al. 2001; Vanderstichele, De Vreese et al. 2006).

Other phosphorylated species of tau protein allow to improve accuracy of biological diagnosis. The P-tau_{231} appears early during AD pathogenesis (Augustinack, Schneider et al. 2002). This form of tau in CSF differentiates patients with AD from control subject with high sensitivity and specificity (more than 90%) (Mitchell 2009), nevertheless its interest for differential diagnosis appears to be less important than P-tau_{181} except for distinction of AD and FTD (Hampel, Buerger et al. 2004). Moreover P-tau_{231} well reflects AD neuropathology because its CSF concentration is correlated with amounts of NFT found at the autopsy (Buerger, Ewers et al. 2006). Since this form of phosphorylated tau permits to identify AD within a population of patients presenting a mild cognitive impairement (MCI), it seems particularly interesting for the early diagnosis (Brys, Pirraglia et al. 2009). The CSF P-tau$_{231}$ I levels decrease with time during the AD process; this will enable to approach dementia severity (Hampel, Buerger et al. 2001). CSF P-tau$_{199}$ measurement and determination of its phosphorylation, that seems precociously involved during AD pathogenesis and NFT formation (Maurage, Sergeant et al. 2003), are able to discriminate AD patients from other degenerative dementias with a sensitivity and a specificity of 85% and 80% respectively (Itoh, Arai et al. 2001). Phosphorylation of tau protein on both amino acid 231 and 235 might be predictive of MCI conversion into AD (Arai, Ishiguro et al. 2000). In the same way, CSF level of P-tau$_{396/404}$ is elevated in AD compared to vascular dementia, and control subjects (Hu, He et al. 2002). Nevertheless these results have to be confirmed on patients with other degenerative disorders.

- Combination of etiological markers

The use of combinations of these CSF markers (Aβ_{42}, T-tau and P-tau$_{181}$) improves biological diagnosis performance for dementias in terms of differential or early diagnosis (Andreasen, Minthon et al. 2001; Riemenschneider, Wagenpfeil et al. 2002; Pijnenburg, Schoonenboom et al. 2004). These CSF biomarkers are also prognosis markers since a recent prospective study conduct on 150 AD patients for 5 years revealed that extreme CSF biomarkers levels (high T-tau and P-tau$_{181}$ and low Aβ_{42}) are associated with more aggressive diseases leading to an earlier death (Wallin, Blennow et al. 2010).

Recently, a clinical study of the Alzheimer Disease Neuroimaging Initiative Project has detected an Alzheimer disease signature in the CSF levels of, Aß$_{42}$ T-tau and P-tau181 in more than one third of cognitively normal subjects (De Meyer, Shapiro et al. 2010). This finding suggests that this CSF signature is present and detectable early during the neurodegenerative process. A recent study including 43 patients with a clinical dementia disorder and conducted in Sweden failed to show a concordance between T-tau and Aß CSF levels and pathological symptoms (Brunnstrom, Rawshani et al. 2010). Further, it has been suggested that low CSF Aß$_{42}$ may also be a marker of diffuse plaques in addition to fibrillar plaques. Indeed, Fagan and colleagues have studied the relationship between *in vivo* brain amyloid and CSF markers of proteins (T-tau, P-tau$_{181}$ and Aß$_{42}$) in cognitively normal individuals ranging in age from 43-89 years (Fagan, Mintun et al. 2009). In this study they have identified a new class of non demented individuals who present low CSF Aß$_{42}$ with cerebral amyloid deposition. The authors suggested that CSF Aß$_{42}$ drop prior to amyloid becomes detectable and may reflect the presence of diffuse plaques and/or oligomeric Aß species. These data demonstrate that CSF Aß$_{42}$ may be considered as a biomarker for plaque burden and prognosis providing the very earliest clue to identify preclinical AD.

Combination of CSF T-tau and Aβ_{42} allows to distinguish AD from FTD patients with both sensitivity and specificity of 85% (Riemenschneider, Wagenpfeil et al. 2002). Moreover the use of this combination permits to identify AD in MCI patients with sensitivity and specificity of 95% and 83% respectively (Hansson, Zetterberg et al. 2006). Interestingly, predictive value of P-tau$_{181}$ is better than T-tau for prediction of conversion of MCI in AD patients (Parnetti, Lanari et al. 2006). Association of 3 biomarkers is clearly useful to identify a degenerative process concordant with AD in atypical clinical presentation. A study with 9 patients presenting PCA revealed CSF levels of these 3 biomarkers similar to those observed in AD (Baumann, Duyar et al. 2010). In the same way, very recent prospective study conducted on 22 ACP patients demonstrated that a majority of patients with this syndrome (90%) have intrathecal biomarker levels compatible with AD (Seguin, Formaglio et al. in press).

Using of ratio T-tau/Aβ_{42} increases the diagnosis specificity of AD compared with control subjects and other degenerative dementias (Gomez-Tortosa, Gonzalo et al. 2003; Kapaki, Paraskevas et al. 2003). Specificity of this ratio in differentiation of AD from vascular dementias is higher than 80% nevertheless this ratio is less efficient for differentiating AD and DLB (Gomez-Tortosa, Gonzalo et al. 2003). Finally, ratio T-tau/Aβ_{42} could be early instructive since its increase permits to predict cognitive alterations in asymptomatic subjects within 8 years (Fagan, Roe et al. 2007). Similarly, the ratio P-tau$_{181}$/Aβ_{42} appears as an important element for differential diagnosis. It allows to distinguish AD patients from those with FTD with a sensitivity and a specificity of more than 90% (de Souza, Lamari et al. 2010). Furthermore this ratio is able to discriminate patients with semantic dementia from AD patients with an excellent sensitivity of 98% and a specificity of 84%. Ratios with other forms of Aβ peptides such as Aβ_{42}/Aβ_{38} and Aβ_{42}/Aβ_{37} combined with T-tau CSF levels are able to differentiate AD from DLB with a sensitivity of 100% and a specificity of 92% (Bibl, Mollenhauer et al. 2006).

Since CSF T-tau levels in sporadic CJD are clearly elevated comparing to all other neurodegenerative disorders and P-tau$_{181}$ is in normal concentrations, the use of P-tau$_{181}$/T-tau ratio seems interesting to identify CJD patients (Riemenschneider, Wagenpfeil et al. 2003). This ratio is inferior to 0.05 in CJD and superior to 1.25 in AD even in very early stages of the disease. Similar results were found with P-tau$_{231}$/T-tau (Buerger, Otto et al. 2006). It is important to note that CSF P-tau$_{181}$ level in new variant CJD are higher than in sporadic CJD, and this inversely to T-tau CSF level (Goodall, Head et al. 2006). So, this ratio P-tau$_{181}$/T-tau is able to differentiate sporadic CJD from new variant with an elevated ratio. Nevertheless, biological levels overlap, particularly between new variant CJD and AD, thus does not permit to attain a differential diagnosis value.

Other combinations with different P-tau are useful for biological diagnosis. Combining CSF P-tau$_{181}$ and P-tau$_{231}$ enables to identify AD patients with a sensitivity of 94%, but a weak specificity of 66% confronting with all neurodegenerative disorders (Hampel, Buerger et al. 2004). More interestingly, ratio of P-tau$_{396/404}$ and T-tau is able to distinguish AD patients from others dementias with a sensitivity and a specificity of 96% and 86% respectively and have an excellent specificity (100%) in the distinction of AD and vascular dementias (Hu, He et al. 2002).

- Others potential biological markers

Numerous other molecules have been investigated as biological CSF markers and are liable to participate on etiological dementia diagnosis. We briefly deal with some of them which seem to supply advantage for differential and early diagnosis.

Implication of oxidative stress hypothesis and inflammation in AD or other neurodegenerative disorders opened some research ways. It is known that inflammation is associated with parenchymal Aß deposits in AD (Schmidt, Schmidt et al. 2002). Inflammation markers have been investigated in CSF to reveal potential inflammatory process linked to these pathological deposits. Inflammatory mediators such as chemokines might be increased into AD patients CSF (Galimberti, Schoonenboom et al. 2006; Galimberti, Schoonenboom et al. 2006). The concentration of classical complement cascade C1q subunit decreases in CSF of AD patients and is correlated with disease severity (Smyth, Cribbs et al. 1994). However, this intrathecal molecule only attests for microglial reactions met in AD and also during physiological aging (Lue, Walker et al. 2001; Schuitemaker, van der Doef et al. 2011). Similarly isoprostane CSF levels, an oxidative stress marker, clearly increase in biological fluid (CSF, blood and urine) proportionally to cognitive decline and might be an early biomarker of AD in MCI patients (Pratico, Clark et al. 2000; Pratico, Clark et al. 2002). If these molecules seem interesting for understanding physiopathological mechanisms which occur in neurodegenerative disorders (oxidative stress and microglial activation particularly), these biomarkers cannot be a specific part of differential diagnosis since they are frequently involved during cerebral aging (Montine, Peskind et al. 2011).

Molecules with an implication in protein catabolism are present within CSF and their levels may reflect cerebral damages. An increase of the intrathecal neprisylin activity was observed and correlated to T-tau CSF level and cognitive decline in AD patients and patient with prodromal form of AD (Maruyama, Higuchi et al. 2005). Nevertheless this activity is modestly predictive for MCI conversion to dementia. Ubiquitine, another catabolic signal protein might be linked to aggregated tau proteins in the cerebral cortex and its CSF levels might increase in AD patients (Iqbal, Flory et al. 2005). Moreover ubiquitine CSF levels correlate with those linked with cerebral tau aggregates in AD (Kudo, Iqbal et al. 1994). Nevertheless, elevated ubiquitine CSF levels were observed in other non-AD dementias (Iqbal and Grundke-Iqbal 1997).

A protein largely present in CSF and blood, tranthyretin, has higher CSF levels in AD and MCI stage. CSF measurements can distinguish AD from control subjects with sensitivity of 100% and specificity of 93% (Lovell, Lynn et al. 2008). In the same way, CSF concentrations of the mitochondrial protein cytochrome c are increased in AD and permit to identify AD process in MCI patients with a sensitivity of 100% and specificity of 75% (Papaliagkas, Anogianakis et al. 2009). However, a specificity problem is present regarding other neurodegenerative dementia such as FTD (Ruetschi, Zetterberg et al. 2005).

Recently, Zhong and colleagues have quantified the levels and the activity in the CSF of ß-secretase (BACE 1), an enzyme involved in the cleavage of APP to Aß (Zhong, Ewers et al. 2007). An elevated BACE 1 activity was observed in CSF of MCI and AD subjects compared with normal controls. Moreover, this activity was correlated with CSF BACE 1 protein and Aß peptide levels. A more recent study showed that CSF BACE1 activity correlates with CSF $Aß_{40}$, total T-tau and P-tau_{181} levels but surprisingly not with intrathecal $Aß_{42}$ concentration (Mulder, van der Flier et al. 2010). These results are promising and suggest that BACE 1 could be a potential candidate as a biomarker of early-stage AD, but additional studies are necessary to confirm this hypothesis.

4. Peripheral biomarkers

Because the CSF collection by lumbar puncture is an invasive, expensive and time-consuming procedure, the detection of biomarker molecules in blood would be more widely applicable. However, in comparison with CSF biomarkers, efforts to discover reliable biomarkers for Alzheimer's disease in peripheral blood have not been successful and do not allow developing a solid diagnostic. The use of many different sensitive ELISA tests for the detection of $A\beta_{40}$ and $A\beta_{42}$ allowed the detection and quantification of Aß in human plasma (for review see Irizarry, 2004; Mehta, 2007). According to these studies, some controversy persists concerning the changes in blood Aß levels in relation with the severity of the disease suggesting that plasma Aß levels cannot allow differentiating sporadic AD from control cases. As the pool of circulating Aß includes multiple C-terminal truncated fragments, and possibly oligomeric species, it has been suggested that the use of of antibodies to various forms of Aß with different affinities may explain these differences. Nevertheless, the ELISA assay may not be an ideal method to measure Aβ levels in blood. Indeed, the two major difficulties in the measurement of Aβ in plasma consist in the low concentration of the plasma peptide, needing a more sensitive quantification assay, and in the interaction of the beta peptide with different carrier proteins present in plasma, that can mask the epitopes of Aβ and interfere with the detection of the peptide (Kuo et al., 2000).

Nowadays, the development of more sensitive and more specific assays for the detection of plasma Aβ levels is needed for proposing plasma Aβ as a biomarker for diagnosis. To overcome the Aβ low levels different new promising strategies have been developed based on purification and concentration steps prior to the Aβ peptides analysis. Using a denaturing solid-phase extraction (SPE) combined with an ELISA assay, Lanz and co-workers (Lanz & Schachter, 2008) have compared the Aβ detection in plasma and CSF bio-fluids of normal individuals. But, while human CSF exhibit, in comparison with non-SPE samples, the most robust recovery (≥ 90%), the human plasma showed a lower recovery (between 40 and 60% in function of the extraction process used, guanidine or acid formic, respectively) suggesting that the use of a SPE step does not improve the detection of the protein comparatively to the non-denatured plasma. Slemmon and collaborators (Slemmon et al., 2007) have linked to the SPE a reverse-phase HPLC (SPE-HPLC) compatible with analysis by ELISA. In this study, the detection of Aβ peptides from the whole blood of six normal subjects was analyzed; by comparison with a native plasma, a significantly increase in the amount of total Aβ peptide was obtained after guanidine extraction and HPLC detection, with concentrations ranging from 100 to 165pg/ml. These results suggest that there is a pool of Aβ peptides in non-denatured plasma samples that is not accessible for the detection by ELISA assay probably due to their interactions with plasma proteins or to their aggregated state that could mask the epitopes.

Several studies on the detection of tau proteins in blood have been performed but failed to show a clear relationship to dementia diagnosis, thus, the correlation between increased tau brain levels and elevated CSF levels of tau in AD patients is not totally clear (Bitsch et al., 2002; Ingelson et al., 1999). Further research is needed to improve the specificity and the sensitivity of the assay in order to develop a robust method to measure tau protein levels in serum or plasma.

Recently, various plasma signalling proteins were proposed as potential candidates to develop a blood test for AD (Ray et al., 2007). O'Bryant and colleagues developed an algorithm in order to differentiate patients with Alzheimer disease from controls. In this study serum protein-based multiplex biomarker data from a large group of Alzheimer patients and controls were analyzed. Combined with age, sex, years of education and ApoE genotype, their logarithm model reached a diagnostic sensitivity and specificity of 94% and 84% respectively (O'Bryant et al., 2010).

In addition to CSF and blood, several other biological fluids are under investigation for the detection of AD biomarkers. Among these biological fluids, a special attention is accorded to saliva and urine. The study of Bermejo and colleagues (Bermejo-Pareja et al., 2010) found that saliva $A\beta_{42}$ is, in comparison with control subjects, significantly elevated in early stage AD patients while $A\beta_{40}$ levels remain unchanged within all the samples analyzed. Curiously the elevated saliva $A\beta_{42}$ levels were not observed in severe stages of the disease. This augmentation seems to be specific to AD and not to Parkinson disease. These results show that in combination with Aβ levels in brain, the saliva levels of $A\beta_{42}$ could be a potential biomarker for clinical AD.

In addition to the specific markers of AD disease (like Aβ peptides and tau proteins), there are non-specific markers like oxidative stress and neuronal inflammation molecules. An increased expression in AD patients of many inflammatory and pro-inflammatory cytokines has been widely documented. Inflammation in AD brains induces important microglia activation and consequently production of free radicals responsible of an intense oxidative stress. So these inflammatory and oxidative mechanisms are involved in the aetiology of AD and can contribute to the neurodegeneration. However conflicting results exist about the pertinence of the use of these peripheral biomarkers. Among the inflammatory markers several cytokines have been measured in CSF or blood, such as interleukin 1-α and 1-β, interleukin-6, -10, -11 and -18, and tumor necrosis factor-alpha (for review see Casoli et al., 2010; Olson & Humpel, 2010). But the results are very divergent between the different groups. The same conclusions can be enunciated for chemokines. More studies are needed to clarify and determine the reproducibility of such inflammatory markers.

Oxidative stress parameters have also been investigated as AD biomarker. A biomarker of oxidative stress study (BOSS) coordinated by the NIH was performed in order to determine among 16 commonly studied biochemical products of oxidative stress which ones could been validated as *in vivo* biomarkers (kadiiska et al., 2005). This study was performed on plasma, blood and urine samples. Among these molecules, malondialdehyde (MDA), 8-hydroxy-2'-deoxyguanosine (8-OHdG) and F2-isopropanes were the most promising biomarkers of oxidative stress. F2-isopropanes, a product of lipid peroxidation, was the most extensively investigated in CSF of AD patients. These clinical studies showed comparatively with control subjects a significant increase of F2-isopropanes in damaged regions of AD brain and in CSF in patients in early stages of mild cognitive dementia (Montine et al., 1999, 2001; Pratico et al., 2000). In plasma and urine samples, the quantification of such marker yield to conflicting results.

5. Which techniques could be applied?

Hyperphosphorylated Tau proteins are currently used for AD diagnostics in CSF, as recently proposed by an international working group on Alzheimer Disease (NINCDS-ADRA working group) (Dubois et al., 2007). Moreover, there are no well-established and accepted biochemical tests available for therapeutic follow-up of these diseases. Their diagnosis requires thus high sensitivity and specificity. Sensitivity is needed for early diagnosis, when the biomarker is present at very low levels to ensure cost-effective therapeutic interventions before the disease has progressed to a stage where damages to the brain are irreversible. Specificity is needed to discriminate first, non-degenerative causes of dementia (e.g. vascular, alcoholic, psychiatric, metabolic, infective etc.) from degenerative forms and, second, to discriminate the different molecular aetiologies in order to propose an appropriate therapeutic treatment: for example, anticholinesterase drugs show certain efficacy in AD, but not in frontotemporal dementia (Musial et al., 2007).

Today, AD can be diagnosed with certainty only post-mortem with histopathological evaluation of amyloid plaques and NFTs. Ante-mortem, AD is diagnosed by clinical criteria. Clinical diagnosis included systematically before 2007 December the presence of dementia (McKhann et al., 1984). Before apparition of dementia symptoms, complaining patients suffer from memory trouble without social and professional effects; this clinical phase was usually called "amnestic mild cognitive impairment (MCI)" (Petersen et al., 1999). Many of these patients convert to AD whereas few of them convert to other neurodegenerative dementia or remain stable (Fischer et al., 2007). As recently proposed, using the combination of clinical, neuropsychological, imaging methods and CSF biomarkers, this clinical stage would be nowadays called preclinical AD and, more important, its detection would allow a better care for AD patients. Neuropsychological evaluation permits a more accurately defined diagnosis, but it is time consuming (half a day), is not available for all concerned people, is still proposed at advanced stages of disease, and is not 100% accurate since there is a risk of overlaps among different aetiologies of dementia as frontotemporal degeneration (FTD), Lewy's body dementia (LBD), and potentially other dementias. Neuroimaging may permit exclusion of vascular pathology, detection of hippocampal atrophy and cerebral hypoperfusion (Tapiola et al., 2008; Xu et al., 2007). It must be noted that first AD lesions may coexist with vascular dementia in at least 50 % of cases. During the past years, great efforts have been made to identify reliable biomarkers for AD in body fluids of patients that are suitable for minimal invasive early diagnosis of AD, mainly cerebrospinal fluid (CSF) and blood. Recently, we've summarized all of the criteria needed to establish convenient technique with the following advantages (Dupiereux et al. (2009):

a. Low-cost
b. Rapid-fast
c. Good level of accuracy

6. Should Alzheimer's detection be associated to biomarkers of other diseases?

Other diseases could be associated with AD resulting in mixed dementias. Furthermore, unique pathologies could mimic others and it is difficult to make differences between given pathological events or to identify all neurodegenerative processes. Effectively, 15 to 50% of AD patients have Lewy bodies (neuropathological hallmark of DLB constituted by α-synuclein) associated with NFT and Aβ deposits after neuropathological examination (Hamilton 2000). Nevertheless, α-synuclein (α-Syn) is not always associated with this clinical phenotype (Parkkinen, Kauppinen et al. 2005). This pathological association seems to make part for cognitive alteration severity with a synergic effect (Clinton, Blurton-Jones et al. 2010). Mixed dementia may be more aggressive than pure AD (Kraybill, Larson et al. 2005). Since a low CSF α-Syn level was detected in CSF of patients with DLB and Parkinson disease comparing to other neurodegenerative diseases, an association of this measurement with typical CSF biomarkers of AD seems interesting (Tokuda, Salem et al. 2006; Kasuga, Tokutake et al. 2010). Moreover, oligomeric forms of α-Syn were detected in CSF and blood of patients with Parkinson disease (El-Agnaf, Salem et al. 2006). Nevertheless, several studies are conflicting since elevated or normal CSF levels were also observed in DLB patients (Mukaetova-Ladinska, Milne et al. 2008; Spies, Melis et al. 2009; Ballard, Jones et al. 2010). In the same way, we can postulate an association of typical CSF biomarkers of AD with prion CSF measurement since neuropathology of CJD is more intricate than we though it several years ago (Kovacs, Seguin et al. 2011).

7. Acknowledgments

This work was financially supported by the Région Wallonne, contract BA4 grant 114915, contract EPH331030000092-430001, Fonds Social Européen contract W2002134, contract 14531, iPCRq, and Neuroscreen LSHB-CT-2006-037719 contract n° 037719.

8. References

Alladi, S., J. Xuereb, et al. (2007). "Focal cortical presentations of Alzheimer's disease." Brain 130(Pt 10): 2636-45.

Alonso, A., T. Zaidi, et al. (2001). "Hyperphosphorylation induces self-assembly of tau into tangles of paired helical filaments/straight filaments." Proc Natl Acad Sci U S A 98(12): 6923-8.

Amador-Ortiz, C., W. L. Lin, et al. (2007). "TDP-43 immunoreactivity in hippocampal sclerosis and Alzheimer's disease." Ann Neurol 61(5): 435-45.

Andreasen, N., L. Minthon, et al. (2001). "Evaluation of CSF-tau and CSF-Abeta42 as diagnostic markers for Alzheimer disease in clinical practice." Arch Neurol 58(3): 373-9.

Andreasen, N., E. Vanmechelen, et al. (2003). "Cerebrospinal fluid levels of total-tau, phospho-tau and A beta 42 predicts development of Alzheimer's disease in patients with mild cognitive impairment." Acta Neurol Scand Suppl 179: 47-51.

Arai, H., K. Ishiguro, et al. (2000). "CSF phosphorylated tau protein and mild cognitive impairment: a prospective study." Exp Neurol 166(1): 201-3.

Arriagada, P. V., J. H. Growdon, et al. (1992). "Neurofibrillary tangles but not senile plaques parallel duration and severity of Alzheimer's disease." Neurology 42(3 Pt 1): 631-9.

Augustinack, J. C., A. Schneider, et al. (2002). "Specific tau phosphorylation sites correlate with severity of neuronal cytopathology in Alzheimer's disease." Acta Neuropathol (Berl) 103(1): 26-35.

Ballard, C., E. L. Jones, et al. (2010). "alpha-Synuclein antibodies recognize a protein present at lower levels in the CSF of patients with dementia with Lewy bodies." Int Psychogeriatr 22(2): 321-7.

Baumann, T. P., H. Duyar, et al. (2010). "CSF-Tau and CSF-Abeta(1-42) in Posterior Cortical Atrophy." Dement Geriatr Cogn Disord 29(6): 530-533.

Berg, L., D. W. McKeel, Jr., et al. (1998). "Clinicopathologic studies in cognitively healthy aging and Alzheimer's disease: relation of histologic markers to dementia severity, age, sex, and apolipoprotein E genotype." Arch Neurol 55(3): 326-35.

Bermejo-Pareja, F.; Antequera, D.; Vargas, T.; Molina, J.A. & Carro, E. (2010). Saliva levels of Abeta1-42 as potential biomarker of Alzheimer's disease: a pilot study. *BMC Neurol.*, Vol.3, No.10, pp. 108

Bibl, M., B. Mollenhauer, et al. (2006). "CSF diagnosis of Alzheimer's disease and dementia with Lewy bodies." J Neural Transm 113(11): 1771-8.

Bibl, M., B. Mollenhauer, et al. (2007). "Validation of amyloid-beta peptides in CSF diagnosis of neurodegenerative dementias." Mol Psychiatry.

Bitsch, A.; Horn, C.; Kemmling, Y.; Seipelt, M.; Hellenbrand, U.; Stiefel, M.; Ciesielczyk, B.; Cepek, L.; Bahn, E.; Ratzka, P.; Prange, H. & Otto, M. (2002). Serum tau protein level as a marker of axonal damage in acute ischemic stroke. *Eur Neurol.*, Vol.47, No.1, pp. 45-51

Blennow, K. (2004). "Cerebrospinal fluid protein biomarkers for Alzheimer's disease." NeuroRx 1(2): 213-25.

Blennow, K., A. Wallin, et al. (1993). "Low frequency of post-lumbar puncture headache in demented patients." Acta Neurol Scand 88(3): 221-3.

Borroni, B., F. Gardoni, et al. (2009). "Pattern of Tau forms in CSF is altered in progressive supranuclear palsy." Neurobiol Aging 30(1): 34-40.

Braak, H. and E. Braak (1991). "Neuropathological stageing of Alzheimer-related changes." Acta Neuropathol (Berl) 82(4): 239-59.

Braak, H. and E. Braak (1995). "Staging of Alzheimer's disease-related neurofibrillary changes." Neurobiol Aging 16(3): 271-8; discussion 278-84.
Braak, H. and E. Braak (1997). "Frequency of stages of Alzheimer-related lesions in different age categories." Neurobiol Aging 18(4): 351-7.
Brunnstrom, H., N. Rawshani, et al. (2010). "Cerebrospinal fluid biomarker results in relation to neuropathological dementia diagnoses." Alzheimers Dement 6(2): 104-9.
Brys, M., E. Pirraglia, et al. (2009). "Prediction and longitudinal study of CSF biomarkers in mild cognitive impairment." Neurobiol Aging 30(5): 682-90.
Buée, L., T. Bussiere, et al. (2000). "Tau protein isoforms, phosphorylation and role in neurodegenerative disorders." Brain Res Brain Res Rev 33(1): 95-130.
Buée, L., P. R. Hof, et al. (1992). "Immunohistochemical identification of thrombospondin in normal human brain and in Alzheimer's disease." Am J Pathol 141(4): 783-8.
Buerger, K., M. Ewers, et al. (2006). "CSF phosphorylated tau protein correlates with neocortical neurofibrillary pathology in Alzheimer's disease." Brain 129(Pt 11): 3035-41.
Buerger, K., M. Otto, et al. (2006). "Dissociation between CSF total tau and tau protein phosphorylated at threonine 231 in Creutzfeldt-Jakob disease." Neurobiol Aging 27(1): 10-5.
Buerger, K., R. Zinkowski, et al. (2002). "Differential diagnosis of Alzheimer disease with cerebrospinal fluid levels of tau protein phosphorylated at threonine 231." Arch Neurol 59(8): 1267-72.
Burns, M. P., W. J. Noble, et al. (2003). "Co-localization of cholesterol, apolipoprotein E and fibrillar Abeta in amyloid plaques." Brain Res Mol Brain Res 110(1): 119-25.
Burton, E. J., R. Barber, et al. (2009). "Medial temporal lobe atrophy on MRI differentiates Alzheimer's disease from dementia with Lewy bodies and vascular cognitive impairment: a prospective study with pathological verification of diagnosis." Brain 132(Pt 1): 195-203.
Casoli, T.; Di Stefano, G.; Balietti, M.; Solazzi, M.; Giorgetti, B. & Fattoretti, P. (2010). Peripheral inflammatory biomarkers of Alzheimer's disease: the role of platelets. *Biogerontology*, Vol.11, No.5, pp. 627-633
Chen, C., Q. Shi, et al. (2010). "The prepared tau exon-specific antibodies revealed distinct profiles of tau in CSF of the patients with Creutzfeldt-Jakob disease." PLoS One 5(7): e11886.
Cleary, J. P., D. M. Walsh, et al. (2005). "Natural oligomers of the amyloid-beta protein specifically disrupt cognitive function." Nat Neurosci 8(1): 79-84.
Clinton, L. K., M. Blurton-Jones, et al. (2010). "Synergistic Interactions between Abeta, tau, and alpha-synuclein: acceleration of neuropathology and cognitive decline." J Neurosci 30(21): 7281-9.
De Meyer, G., F. Shapiro, et al. (2010). "Diagnosis-independent Alzheimer disease biomarker signature in cognitively normal elderly people." Arch Neurol 67(8): 949-56.
de Souza, L. C., F. Lamari, et al. (2010). "Cerebrospinal fluid biomarkers in the differential diagnosis of Alzheimer's disease from other cortical dementias." J Neurol Neurosurg Psychiatry.
Dubois, B.; Feldman, H. H.; Jacova, C.; Dekosky, S. T.; Barberger-Gateau, P.; Cummings, J.; Delacourte, A.; Galasko, D.; Gauthier, S.; Jicha, G.; Meguro, K.; O'brien, J.; Pasquier, F.; Robert, P.; Rossor, M.; Salloway, S.; Stern, Y.; Visser, P. J. & Scheltens, P. (2007).

Research criteria for the diagnosis of Alzheimer's disease: revising the NINCDS-ADRDA criteria. *Lancet Neurol.*, Vol.6, No.8, pp. 734-746

Dubois, B., H. H. Feldman, et al. (2007). "Research criteria for the diagnosis of Alzheimer's disease: revising the NINCDS-ADRDA criteria." Lancet Neurol 6(8): 734-46.

Dupiereux I, W, Quadrio I, Perret-Liaudet A, Kovacs GG, Heinen E, ElMoualij B. (2009)." Creutzfeldt-Jakob, Parkinson, Lewy Body Dementia and Alzheimer diseases: from diagnosis to therapy". Current Medical Chemistry-Central Nervous System Agents. 9, 2-11.

El-Agnaf, O. M., S. A. Salem, et al. (2006). "Detection of oligomeric forms of alpha-synuclein protein in human plasma as a potential biomarker for Parkinson's disease." Faseb J 20(3): 419-25.

Fagan, A. M., M. A. Mintun, et al. (2006). "Inverse relation between in vivo amyloid imaging load and cerebrospinal fluid Abeta42 in humans." Ann Neurol 59(3): 512-9.

Fagan, A. M., M. A. Mintun, et al. (2009). "Cerebrospinal fluid tau and ptau(181) increase with cortical amyloid deposition in cognitively normal individuals: implications for future clinical trials of Alzheimer's disease." EMBO Mol Med 1(8-9): 371-80.

Fagan, A. M., C. M. Roe, et al. (2007). "Cerebrospinal fluid tau/beta-amyloid(42) ratio as a prediction of cognitive decline in nondemented older adults." Arch Neurol 64(3): 343-9.

Ferri, C. P., M. Prince, et al. (2005). "Global prevalence of dementia: a Delphi consensus study." Lancet 366(9503): 2112-7.

Fischer, P.; Jungwirth, S.; Zehetmayer, S.; Weissgram, S.; Hoenigschnabl, S.; Gelpi, E.; Krampla, W. & Tragl, K. H. (2007). Conversion from subtypes of mild cognitive impairment to Alzheimer dementia. *Neurology*, Vol.68, No.4, pp. 288-291

Fukumoto, H., T. Tokuda, et al. (2010). "High-molecular-weight beta-amyloid oligomers are elevated in cerebrospinal fluid of Alzheimer patients." Faseb J 24(8): 2716-26.

Gabelle, A., S. Roche, et al. (2010). "Correlations between soluble alpha/beta forms of amyloid precursor protein and Abeta38, 40, and 42 in human cerebrospinal fluid." Brain Res 1357: 175-83.

Galasko, D., L. Chang, et al. (1998). "High cerebrospinal fluid tau and low amyloid beta42 levels in the clinical diagnosis of Alzheimer disease and relation to apolipoprotein E genotype." Arch Neurol 55(7): 937-45.

Galimberti, D., N. Schoonenboom, et al. (2006). "Intrathecal chemokine synthesis in mild cognitive impairment and Alzheimer disease." Arch Neurol 63(4): 538-43.

Galimberti, D., N. Schoonenboom, et al. (2006). "Intrathecal chemokine levels in Alzheimer disease and frontotemporal lobar degeneration." Neurology 66(1): 146-7.

Gomez-Tortosa, E., I. Gonzalo, et al. (2003). "Cerebrospinal fluid markers in dementia with lewy bodies compared with Alzheimer disease." Arch Neurol 60(9): 1218-22.

Goodall, C. A., M. W. Head, et al. (2006). "Raised CSF phospho-tau concentrations in variant Creutzfeldt-Jakob disease: diagnostic and pathological implications." J Neurol Neurosurg Psychiatry 77(1): 89-91.

Gravina, S. A., L. Ho, et al. (1995). "Amyloid beta protein (A beta) in Alzheimer's disease brain. Biochemical and immunocytochemical analysis with antibodies specific for forms ending at A beta 40 or A beta 42(43)." J Biol Chem 270(13): 7013-6.

Grossman, M., J. Farmer, et al. (2005). "Cerebrospinal fluid profile in frontotemporal dementia and Alzheimer's disease." Ann Neurol 57(5): 721-9.

Haass, C. and D. J. Selkoe (1993). "Cellular processing of beta-amyloid precursor protein and the genesis of amyloid beta-peptide." Cell 75(6): 1039-42.

Hamilton, R. L. (2000). "Lewy bodies in Alzheimer's disease: a neuropathological review of 145 cases using alpha-synuclein immunohistochemistry." Brain Pathol 10(3): 378-84.

Hampel, H., K. Buerger, et al. (2001). "Tracking of Alzheimer's disease progression with cerebrospinal fluid tau protein phosphorylated at threonine 231." Ann Neurol 49(4): 545-6.

Hampel, H., K. Buerger, et al. (2004). "Measurement of phosphorylated tau epitopes in the differential diagnosis of Alzheimer disease: a comparative cerebrospinal fluid study." Arch Gen Psychiatry 61(1): 95-102.

Hampel, H. and S. J. Teipel (2004). "Total and phosphorylated tau proteins: evaluation as core biomarker candidates in frontotemporal dementia." Dement Geriatr Cogn Disord 17(4): 350-4.

Hansson, O., H. Zetterberg, et al. (2006). "Association between CSF biomarkers and incipient Alzheimer's disease in patients with mild cognitive impairment: a follow-up study." Lancet Neurol 5(3): 228-34.

Hardy, J. and D. J. Selkoe (2002). "The amyloid hypothesis of Alzheimer's disease: progress and problems on the road to therapeutics." Science 297(5580): 353-6.

Hardy, J. A. and G. A. Higgins (1992). "Alzheimer's disease: the amyloid cascade hypothesis." Science 256(5054): 184-5.

Herukka, S. K., M. Hallikainen, et al. (2005). "CSF Abeta42 and tau or phosphorylated tau and prediction of progressive mild cognitive impairment." Neurology 64(7): 1294-7.

Hesse, C., L. Rosengren, et al. (2000). "Cerebrospinal fluid markers for Alzheimer's disease evaluated after acute ischemic stroke." J Alzheimers Dis 2(3-4): 199-206.

Hort, J., J. T. O'Brien, et al. (2010). "EFNS guidelines for the diagnosis and management of Alzheimer's disease." Eur J Neurol 17(10): 1236-48.

Hu, Y. Y., S. S. He, et al. (2002). "Levels of nonphosphorylated and phosphorylated tau in cerebrospinal fluid of Alzheimer's disease patients : an ultrasensitive bienzyme-substrate-recycle enzyme-linked immunosorbent assay." Am J Pathol 160(4): 1269-78.

Ingelson, M.; Blomberg, M.; Benedikz, E.; Wahlund, L.O.; Karlsson, E.; Vanmechelen, E. & Lannfelt, L. (1999). Tau immunoreactivity detected in human plasma, but no obvious increase in dementia. *Dement GeriatrCogn Disord.*, Vol.10, No.6, pp. 442-445

Iqbal, K., M. Flory, et al. (2005). "Subgroups of Alzheimer's disease based on cerebrospinal fluid molecular markers." Ann Neurol 58(5): 748-57.

Iqbal, K. and I. Grundke-Iqbal (1997). "Elevated levels of tau and ubiquitin in brain and cerebrospinal fluid in Alzheimer's disease." Int Psychogeriatr 9 Suppl 1: 289-96; discussion 317-21.

Irizarry, M. C. (2004). Biomarkers of Alzheimer disease in plasma. *NeuroRx.*, Vol.1, No.2, pp. 226-234

Itoh, N., H. Arai, et al. (2001). "Large-scale, multicenter study of cerebrospinal fluid tau protein phosphorylated at serine 199 for the antemortem diagnosis of Alzheimer's disease." Ann Neurol 50(2): 150-6.

Jarrett, J. T., E. P. Berger, et al. (1993). "The carboxy terminus of the beta amyloid protein is critical for the seeding of amyloid formation: implications for the pathogenesis of Alzheimer's disease." Biochemistry 32(18): 4693-7.

Johnson, G. V. and J. A. Hartigan (1999). "Tau protein in normal and Alzheimer's disease brain: an update." J Alzheimers Dis 1(4-5): 329-51.

Josephs, K. A., R. C. Petersen, et al. (2006). "Clinicopathologic analysis of frontotemporal and corticobasal degenerations and PSP." Neurology 66(1): 41-8.

Kadiiska, M.B.; Gladen, B.C.; Baird, D.D.; Germolec, D.; Graham, L.B.; Parker, C.E.; Nyska, A.; Wachsman, J.T.; Ames, B.N.; Basu, S.; Brot, N.; Fitzgerald, G.A.; Floyd, R.A.; George, M.; Heinecke, J.W.; Hatch, G.E.; Hensley, K.; Lawson, J.A.; Marnett, L.J.; Morrow, J.D.; Murray, D.M.; Plastaras, J.; Roberts, L.J.; Rokach, J.; Shigenaga, M.K.; Sohal, R.S.; Sun, J.; Tice, R.R.; Van Thiel, D.H.; Wellner, D.; Walter, P.B.; Tomer, K.B.; Mason, R.P. & Barrett, J.C. (2005). Biomarkers of oxidative stress study II: are oxidation products of lipids, proteins, and DNA markers of CCl4 poisoning? *Free Radic Biol Med.*, Vol.38, No.6, pp. 698-710

Kapaki, E., G. P. Paraskevas, et al. (2003). "CSF tau protein and beta-amyloid (1-42) in Alzheimer's disease diagnosis: discrimination from normal ageing and other dementias in the Greek population." Eur J Neurol 10(2): 119-28.

Kasuga, K., T. Tokutake, et al. (2010). "Differential levels of alpha-synuclein, beta-amyloid42 and tau in CSF between patients with dementia with Lewy bodies and Alzheimer's disease." J Neurol Neurosurg Psychiatry 81(6): 608-10.

Kayed R, Canto I, Breydo L, Rasool S, Lukacsovich T, Wu J, Albay R 3rd, Pensalfini A, Yeung S, Head E, Marsh JL, Glabe C, Conformation dependent monoclonal antibodies distinguish different replicating strains or conformers of prefibrillar Aβ oligomers, Mol Neurodegener 2010.

Kertesz, A., P. McMonagle, et al. (2005). "The evolution and pathology of frontotemporal dementia." Brain 128(Pt 9): 1996-2005.

Khachaturian, Z. S. (1985). Diagnosis of Alzheimer's disease. *Arch. Neurol,* Vol.42, No.11, pp. 1097-1105

Kidd, M. (1963). "Paired helical filaments in electron microscopy of Alzheimer's disease." Nature 197: 192-3.

Kirkitadze, M. D., G. Bitan, et al. (2002). "Paradigm shifts in Alzheimer's disease and other neurodegenerative disorders: the emerging role of oligomeric assemblies." J Neurosci Res 69(5): 567-77.

Kirkitadze, M. D., M. M. Condron, et al. (2001). "Identification and characterization of key kinetic intermediates in amyloid beta-protein fibrillogenesis." J Mol Biol 312(5): 1103-19.

Knopman, D. S., S. T. DeKosky, et al. (2001). "Practice parameter: diagnosis of dementia (an evidence-based review). Report of the Quality Standards Subcommittee of the American Academy of Neurology." Neurology 56(9): 1143-53.

Kovacs, G. G., J. Seguin, et al. (2011). "Genetic Creutzfeldt-Jakob disease associated with the E200K mutation: characterization of a complex proteinopathy." Acta Neuropathol 121(1): 39-57.

Kraybill, M. L., E. B. Larson, et al. (2005). "Cognitive differences in dementia patients with autopsy-verified AD, Lewy body pathology, or both." Neurology 64(12): 2069-73.

Kudo, T., K. Iqbal, et al. (1994). "Alzheimer disease: correlation of cerebro-spinal fluid and brain ubiquitin levels." Brain Res 639(1): 1-7.

Kuo, Y. M.; Kokjohn, T. A.; Kalback, W.; Luehrs, D.; Galasko, D. R.; Chevallier, N.; Koo, E. H.; Emmerling, M. R. & Roher, A. E. (2000). Amyloid-beta peptides interact with plasma proteins and erythrocytes: implications for their quantitation in plasma. *Biochem. Biophys. Res. Commun.*, Vol.268, No.3, pp. 750-756

Lanz, T. A. & Schachter, J. B. (2008). Solid-phase extraction enhances detection of beta amyloid peptides in plasma and enables Abeta quantification following passive immunization with Abeta antibodies. *J. Neurosci. Methods*, Vol.169, No.1, pp. 16-22

Lesne, S., M. T. Koh, et al. (2006). "A specific amyloid-beta protein assembly in the brain impairs memory." Nature 440(7082): 352-7.

Lewczuk, P., H. Esselmann, et al. (2004). "Tau protein phosphorylated at threonine 181 in CSF as a neurochemical biomarker in Alzheimer's disease: original data and review of the literature." J Mol Neurosci 23(1-2): 115-22.

Lewczuk, P., H. Esselmann, et al. (2003). "The amyloid-beta (Abeta) peptide pattern in cerebrospinal fluid in Alzheimer's disease: evidence of a novel carboxyterminally elongated Abeta peptide." Rapid Commun Mass Spectrom 17(12): 1291-6.

Lewczuk, P., H. Esselmann, et al. (2004). "Neurochemical diagnosis of Alzheimer's dementia by CSF Abeta42, Abeta42/Abeta40 ratio and total tau." Neurobiol Aging 25(3): 273-81.

Liu, F., Z. Liang, et al. (2006). "Hyperphosphorylation of tau and protein phosphatases in Alzheimer disease." Panminerva Med 48(2): 97-108.

Lovell, M. A., B. C. Lynn, et al. (2008). "An aberrant protein complex in CSF as a biomarker of Alzheimer disease." Neurology 70(23): 2212-8.

Lue, L. F., D. G. Walker, et al. (2001). "Modeling microglial activation in Alzheimer's disease with human postmortem microglial cultures." Neurobiol Aging 22(6): 945-56.

Maccioni, R. B., M. Lavados, et al. (2006). "Anomalously phosphorylated tau and Abeta fragments in the CSF correlates with cognitive impairment in MCI subjects." Neurobiol Aging 27(2): 237-44.

Maruyama, M., M. Higuchi, et al. (2005). "Cerebrospinal fluid neprilysin is reduced in prodromal Alzheimer's disease." Ann Neurol 57(6): 832-42.

Masters, C. L., G. Simms, et al. (1985). "Amyloid plaque core protein in Alzheimer disease and Down syndrome." Proc Natl Acad Sci U S A 82(12): 4245-9.

Maurage, C. A., N. Sergeant, et al. (2003). "Phosphorylated serine 199 of microtubule-associated protein tau is a neuronal epitope abundantly expressed in youth and an early marker of tau pathology." Acta Neuropathol (Berl) 105(2): 89-97.

McKhann, G.; Drachman, D.; Folstein, M.; Katzman, R.; Price, D. & Stadlan, E. M. (1984). Clinical diagnosis of Alzheimer's disease: report of the NINCDS-ADRDA Work Group under the auspices of Department of Health and Human Services Task Force on Alzheimer's Disease. *Neurology*, Vol.34, No.7, pp. 939-944

Mehta, P. D. (2007). Amyloid beta protein as a marker or risk factor of Alzheimer's disease. *Curr. Alzheimer Res.*, Vol.4, No.4, pp. 359-363

Meli, G,Visintin M, Cannistraci I, Cattaneo A, Direct in vivo intracellular selection of conformation-sensitive antibody domains targeting Alzheimer's amyloid-beta oligomers, J Mol Biol 2009.

Merdes, A. R., L. A. Hansen, et al. (2003). "Influence of Alzheimer pathology on clinical diagnostic accuracy in dementia with Lewy bodies." Neurology 60(10): 1586-90.

Mitchell, A. J. (2009). "CSF Phosphorylated Tau in the Diagnosis and Prognosis of Mild Cognitive Impairment and Alzheimer's Disease - A Meta-analysis of 51 Studies." J Neurol Neurosurg Psychiatry.

Moechars, D., I. Dewachter, et al. (1999). "Early phenotypic changes in transgenic mice that overexpress different mutants of amyloid precursor protein in brain." J Biol Chem 274(10): 6483-92.

Mollenhauer, B., M. Bibl, et al. (2005). "Follow-up investigations in cerebrospinal fluid of patients with dementia with Lewy bodies and Alzheimer's disease." J Neural Transm 112(7): 933-48.

Montine, T.J.; Beal, M.F.; Cudkowicz, M.E.; O'Donnell, H.; Margolin, R.A.; McFarland, L.; Bachrach, A.F.; Zackert, W.E.; Roberts, L.J. & Morrow, J.D. (1999). Increased CSF F2-isoprostane concentration in probable AD. *Neurology*, Vol.52, No.3, pp. 562-565

Montine, T.J.; Kaye, J.A.; Montine, K.S.; McFarland, L.; Morrow, J.D. & Quinn, J.F. (2001). Cerebrospinal fluid abeta42, tau, and f2-isoprostane concentrations in patients with Alzheimer disease, other dementias, and in age-matched controls. *Arch Pathol Lab Med.*, Vol.125, No.4, pp. 510-512

Montine, T. J., E. R. Peskind, et al. (2011). "Increased Cerebrospinal Fluid F(2)-Isoprostanes are Associated with Aging and Latent Alzheimer's Disease as Identified by Biomarkers." Neuromolecular Med 13(1): 37-43.

Mukaetova-Ladinska, E. B., J. Milne, et al. (2008). "Alpha- and gamma-synuclein proteins are present in cerebrospinal fluid and are increased in aged subjects with neurodegenerative and vascular changes." Dement Geriatr Cogn Disord 26(1): 32-42.

Mulder, S. D., W. M. van der Flier, et al. (2010). "BACE1 activity in cerebrospinal fluid and its relation to markers of AD pathology." J Alzheimers Dis 20(1): 253-60.

Musial, A.; Bajda, M. & Malawska, B. (2007). Recent developments in cholinesterases inhibitors for Alzheimer's disease treatment. *Curr. Med. Chem.*, Vol.14, No.25, pp. 2654-2679

O'Brien, J. T., S. Paling, et al. (2001). "Progressive brain atrophy on serial MRI in dementia with Lewy bodies, AD, and vascular dementia." Neurology 56(10): 1386-8.

O'Bryant, S.E.; Xiao, G.; Barber, R.; Reisch, J.; Doody, R.; Fairchild, T.; Adams, P.; Waring, S. & Diaz-Arrastia, R. (2010). A serum protein-based algorithm for the detection of Alzheimer disease. *Arch Neurol.*, Vol.67, No.9, pp. 1077-81

Olson, L. & Humpel, C. (2010). Growth factors and cytokines/chemokines as surrogate biomarkers in cerebrospinal fluid and blood for diagnosing Alzheimer's disease and mild cognitive impairment. *Exp Gerontol.*, Vol.45, No.1, pp. 41-46

Otto, M., J. Wiltfang, et al. (2002). "Tau protein and 14-3-3 protein in the differential diagnosis of Creutzfeldt-Jakob disease." Neurology 58(2): 192-7.

Otto, M., J. Wiltfang, et al. (1997). "Elevated levels of tau-protein in cerebrospinal fluid of patients with Creutzfeldt-Jakob disease." Neurosci Lett 225(3): 210-2.

Papaliagkas, V. T., G. Anogianakis, et al. (2009). "Prediction of conversion from mild cognitive impairment to Alzheimer's disease by CSF cytochrome c levels and N200 latency." Curr Alzheimer Res 6(3): 279-84.

Parkkinen, L., T. Kauppinen, et al. (2005). "Alpha-synuclein pathology does not predict extrapyramidal symptoms or dementia." Ann Neurol 57(1): 82-91.

Parnetti, L., A. Lanari, et al. (2001). "CSF phosphorylated tau is a possible marker for discriminating Alzheimer's disease from dementia with Lewy bodies. Phospho-Tau International Study Group." Neurol Sci 22(1): 77-8.

Parnetti, L., A. Lanari, et al. (2006). "Diagnosing prodromal Alzheimer's disease: role of CSF biochemical markers." Mech Ageing Dev 127(2): 129-32.

Petersen, R. C.; Smith, G. E.; Waring, S. C.; Ivnik, R. J.; Tangalos, E. G. & Kokmen, E. (1999). Mild cognitive impairment: clinical characterization and outcome. *Arch. Neurol.*, Vol.56, No.3, pp. 303-308

Pijnenburg, Y. A., N. S. Schoonenboom, et al. (2004). "CSF tau and Abeta42 are not useful in the diagnosis of frontotemporal lobar degeneration." Neurology 62(9): 1649.

Pitschke, M., R. Prior, et al. (1998). "Detection of single amyloid beta-protein aggregates in the cerebrospinal fluid of Alzheimer's patients by fluorescence correlation spectroscopy." Nat Med 4(7): 832-4.

Portelius, E., H. Zetterberg, et al. (2006). "An Alzheimer's disease-specific beta-amyloid fragment signature in cerebrospinal fluid." Neurosci Lett 409(3): 215-9.

Pratico, D., C. M. Clark, et al. (2000). "Increased 8,12-iso-iPF2alpha-VI in Alzheimer's disease: correlation of a noninvasive index of lipid peroxidation with disease severity." Ann Neurol 48(5): 809-12.

Pratico, D., C. M. Clark, et al. (2002). "Increase of brain oxidative stress in mild cognitive impairment: a possible predictor of Alzheimer disease." Arch Neurol 59(6): 972-6.

Ray, S.; Britschgi, M.; Herbert, C.; Takeda-Uchimura, Y.; Boxer, A.; Blennow, K.; Friedman, L. F.; Galasko, D. R.; Jutel, M.; Karydas, A.; Kaye, J. A.; Leszek, J.; Miller, B. L.; Minthon, L.; Quinn, J. F.; Rabinovici, G. D.; Robinson, W. H.; Sabbagh, M. N.; So, Y. T.; Sparks, D. L.; Tabaton, M.; Tinklenberg, J.; Yesavage, J. A.; Tibshirani, R. & Wyss-Coray, T. (2007). Classification and prediction of clinical Alzheimer's diagnosis based on plasma signalling proteins. *Nat. Med.*, Vol.13, No.11, pp. 1359-1362

Riemenschneider, M., K. Buch, et al. (1996). "Cerebrospinal protein tau is elevated in early Alzheimer's disease." Neurosci Lett 212(3): 209-11.

Riemenschneider, M., N. Lautenschlager, et al. (2002). "Cerebrospinal fluid tau and beta-amyloid 42 proteins identify Alzheimer disease in subjects with mild cognitive impairment." Arch Neurol 59(11): 1729-34.

Riemenschneider, M., S. Wagenpfeil, et al. (2002). "Tau and Abeta42 protein in CSF of patients with frontotemporal degeneration." Neurology 58(11): 1622-8.

Riemenschneider, M., S. Wagenpfeil, et al. (2003). "Phospho-tau/total tau ratio in cerebrospinal fluid discriminates Creutzfeldt-Jakob disease from other dementias." Mol Psychiatry 8(3): 343-7.

Ruetschi, U., H. Zetterberg, et al. (2005). "Identification of CSF biomarkers for frontotemporal dementia using SELDI-TOF." Exp Neurol 196(2): 273-81.

Sanchez-Juan, P., A. Green, et al. (2006). "CSF tests in the differential diagnosis of Creutzfeldt-Jakob disease." Neurology 67(4): 637-43.

Scheltens, P., N. Fox, et al. (2002). "Structural magnetic resonance imaging in the practical assessment of dementia: beyond exclusion." Lancet Neurol 1(1): 13-21.

Schmidt, R., H. Schmidt, et al. (2002). "Early inflammation and dementia: a 25-year follow-up of the Honolulu-Asia Aging Study." Ann Neurol 52(2): 168-74.

Schneider, J. A., Z. Arvanitakis, et al. (2007). "Mixed brain pathologies account for most dementia cases in community-dwelling older persons." Neurology 69(24): 2197-204.

Schneider, J. A., Z. Arvanitakis, et al. (2009). "The neuropathology of probable Alzheimer disease and mild cognitive impairment." Ann Neurol 66(2): 200-8.

Schoonenboom, N. S., Y. A. Pijnenburg, et al. (2004). "Amyloid beta(1-42) and phosphorylated tau in CSF as markers for early-onset Alzheimer disease." Neurology 62(9): 1580-4.

Schoonenboom, N. S., W. M. van der Flier, et al. (2008). "CSF and MRI markers independently contribute to the diagnosis of Alzheimer's disease." Neurobiol Aging 29(5): 669-75.

Schuitemaker, A., T. F. van der Doef, et al. (2011). "Microglial activation in healthy aging." Neurobiol Aging.

Seguin, J., M. Formaglio, et al. (in press). "Cerebrospinal Fluid biomarkers in posterior cortical atrophy." Neurology.

Sergeant, N., S. Bombois, et al. (2003). "Truncated beta-amyloid peptide species in pre-clinical Alzheimer's disease as new targets for the vaccination approach." J Neurochem 85(6): 1581-91.

Simmons, L. K., P. C. May, et al. (1994). "Secondary structure of amyloid beta peptide correlates with neurotoxic activity in vitro." Mol Pharmacol 45(3): 373-9.

Slemmon, J. R.; Painter, C. L.; Nadanaciva, S.; Catana, F.; Cook, A.; Motter, R. & Seubert, P. (2007). Distribution of Abeta peptide in whole blood. *J. Chromatogr. B Analyt. Technol. Biomed. Life Sci.*, Vol.846, No.1-2, pp. 24-31

Smyth, M. D., D. H. Cribbs, et al. (1994). "Decreased levels of C1q in cerebrospinal fluid of living Alzheimer patients correlate with disease state." Neurobiol Aging 15(5): 609-14.

Spies, P. E., R. J. Melis, et al. (2009). "Cerebrospinal fluid alpha-synuclein does not discriminate between dementia disorders." J Alzheimers Dis 16(2): 363-9.

Strozyk, D., K. Blennow, et al. (2003). "CSF Abeta 42 levels correlate with amyloid-neuropathology in a population-based autopsy study." Neurology 60(4): 652-6.

Tapiola, T.; Pennanen, C.; Tapiola, M.; Tervo, S.; Kivipelto, M.; Hanninen, T.; Pihlajamaki, M.; Laakso, M. P.; Hallikainen, M.; Hamalainen, A.; Vanhanen, M.; Helkala, E. L.; Vanninen, R.; Nissinen, A.; Rossi, R.; Frisoni, G. B. & Soininen, H. (2008). MRI of hippocampus and entorhinal cortex in mild cognitive impairment: a follow-up study. *Neurobiol. Aging*, Vol.29, No.1, pp. 31-38

Tokuda, T., S. A. Salem, et al. (2006). "Decreased alpha-synuclein in cerebrospinal fluid of aged individuals and subjects with Parkinson's disease." Biochem Biophys Res Commun 349(1): 162-6.

Uchihara, T., C. Duyckaerts, et al. (1996). "Inconstant apolipoprotein E (ApoE)-like immunoreactivity in amyloid beta protein deposits: relationship with APOE genotype in aging brain and Alzheimer's disease." Acta Neuropathol 92(2): 180-5.

Urakami, K., K. Wada, et al. (2001). "Diagnostic significance of tau protein in cerebrospinal fluid from patients with corticobasal degeneration or progressive supranuclear palsy." J Neurol Sci 183(1): 95-8.

Uversky, V. N., S. Winter, et al. (1998). "Hyperphosphorylation induces structural modification of tau-protein." FEBS Lett 439(1-2): 21-5.

van de Pol, L. A., A. Hensel, et al. (2006). "Hippocampal atrophy on MRI in frontotemporal lobar degeneration and Alzheimer's disease." J Neurol Neurosurg Psychiatry 77(4): 439-42.

Vanderstichele, H., G. De Meyer, et al. (2005). "Amino-truncated beta-amyloid42 peptides in cerebrospinal fluid and prediction of progression of mild cognitive impairment." Clin Chem 51(9): 1650-60.

Vanderstichele, H., K. De Vreese, et al. (2006). "Analytical performance and clinical utility of the INNOTEST PHOSPHO-TAU181P assay for discrimination between Alzheimer's disease and dementia with Lewy bodies." Clin Chem Lab Med 44(12): 1472-80.

Vanmechelen, E., H. Vanderstichele, et al. (2000). "Quantification of tau phosphorylated at threonine 181 in human cerebrospinal fluid: a sandwich ELISA with a synthetic phosphopeptide for standardization." Neurosci Lett 285(1): 49-52.

Villemagne, V. L., M. T. Fodero-Tavoletti, et al. (2008). "The ART of loss: Abeta imaging in the evaluation of Alzheimer's disease and other dementias." Mol Neurobiol 38(1): 1-15.

Ying Z , Xin W, Jin-Sheng H, Fu-Xiang B, Wei-Min S, Xin-Xian D, Xiao-Bo W, Yi-Qin L, Xian-Xian Z, Hong-Gang H, Xiang-Lei P, Yan-Peng Z, Ling-Ling H, Tao H, Preparation and characterization of a monoclonal antibody with high affinity for soluble Abeta oligomers, Hybridoma (Larchmt) 2009))

Wallin, A. K., K. Blennow, et al. (2006). "CSF biomarkers for Alzheimer's Disease: levels of beta-amyloid, tau, phosphorylated tau relate to clinical symptoms and survival." Dement Geriatr Cogn Disord 21(3): 131-8.

Wallin, A. K., K. Blennow, et al. (2010). "CSF biomarkers predict a more malignant outcome in Alzheimer disease." Neurology 74(19): 1531-7.

Walsh, D. M. and D. J. Selkoe (2007). "Abeta Oligomers - a decade of discovery." J Neurochem.

Wiltfang, J., H. Esselmann, et al. (2007). "Amyloid beta peptide ratio 42/40 but not A beta 42 correlates with phospho-Tau in patients with low- and high-CSF A beta 40 load." J Neurochem 101(4): 1053-9.

Wiltfang, J., H. Esselmann, et al. (2002). "Highly conserved and disease-specific patterns of carboxyterminally truncated Abeta peptides 1-37/38/39 in addition to 1-40/42 in Alzheimer's disease and in patients with chronic neuroinflammation." J Neurochem 81(3): 481-96.

Wiltfang, J., H. Esselmann, et al. (2003). "Beta-amyloid peptides in cerebrospinal fluid of patients with Creutzfeldt-Jakob disease." Ann Neurol 54(2): 263-7.

Wiltfang, J., P. Lewczuk, et al. (2005). "Consensus paper of the WFSBP Task Force on Biological Markers of Dementia: the role of CSF and blood analysis in the early and differential diagnosis of dementia." World J Biol Psychiatry 6(2): 69-84.

Wolf, D. S., M. Gearing, et al. (1999). "Progression of regional neuropathology in Alzheimer disease and normal elderly: findings from the Nun study." Alzheimer Dis Assoc Disord 13(4): 226-31.

Xu, G.; Antuono, P. G.; Jones, J.; Xu, Y.; Wu, G.; Ward, D. & Li, S. J. (2007). Perfusion fMRI detects deficits in regional CBF during memory-encoding tasks in MCI subjects. *Neurology*, Vol. 69, No. 17, pp. 1650-1656

Zhong, Z., M. Ewers, et al. (2007). "Levels of beta-secretase (BACE1) in cerebrospinal fluid as a predictor of risk in mild cognitive impairment." Arch Gen Psychiatry 64(6): 718-26.

12

Phospo-PKCs in Abeta1-42-Specific Human T Cells from Alzheimer's Disease Patients

Lanuti Paola[1,2], Marchisio Marco[1,2],
Pierdomenico Laura[1,2] and Miscia Sebastiano[1,2]
[1]*Cell Signalling Unit, Department of Medicine and Aging Sciences, University "G. d'Annunzio" of Chieti-Pescara, Chieti*
[2]*Citomorphology Unit, Aging Research Centre (Ce.S.I.), "Università G. d'Annunzio" Foundation, Chieti*
Italy

1. Introduction

Alzheimer's Disease is the most common neurodegenerative dementia of older age. Accurate diagnosis of this condition has important prognostic and therapeutic implications. In the latter, Amyloid-Beta is thought to be produced in excess and subsequently deposited in the brain as plaques, forming the pathological hallmark of Alzheimer's Disease. Interestingly, B- and T-lymphocytes have been implicated in the disease processes being responsible of Amyloid-Bata1-42 peptide removal and activation of inflammation response. Amyloid-Baeta1-42-specific T-cells are present in Alzheimer's disease but not in other neurodegenerative conditions. By using multi-colour flow-cytometry it is possible to analyse cytokine production and Phosho-Protein-Kinase C expression of *in vitro* Amyloid-Beta 1-42 stimulated T-cells. It has been demonstrated that a subset of Amyloid-Beta1-42-specific T-cells, characterised by bright expression of Phosphorylated-Protein-Kinase C, distinguishes Alzheimer's Disease from other neurodegenerative conditions. Therefore, such a new marker might provide further prospective to the studies aimed at diagnosis of Alzheimer's disease and its discrimination from other forms of dementia.

2. T cell activation and lipidic-dependent signal transduction

T cells recognize antigen (Ag) as a peptide– major histocompatibility complex (MHC) on Ag-presenting cells (APC) such as dendritic cells (DC) through direct cell–cell interactions. The T cell antigen receptor (TCR) binds to the Ag peptide–MHC complex and triggers T cell activation by recruiting various signaling molecules. Early analysis of the signaling events related to T cell activation revealed that some intracellular proteins, such as phospholipase-C (PLC), are involved (Bunnell et al., 2002). PLC is a member of phosphoinositide family, including phosphoinositide lipids within cellular membranes and soluble inositol phosphates (Ips). In most stimulatory cells, the plasma membrane phosphoinositide, phosphatidylinositol(4,5)bisphosphate (PIP2) is a key precursor for both other phosphoinositides and soluble IPs. Many of these regulate distinct and overlapping downstream effectors (Irvine & Schell, 2001; Alcazar-Roman & Wente, 2008; Resnick & Saiardi, 2008; Sauer et al., 2009; Shears, 2009; Sauer & Cooke, 2010). In particular, class I phosphoinositide 3-kinases (PI3K) phosphorylate PIP2 at the 3-position of its inositol-ring into phosphatidylinositol(3,4,5)trisphosphate (PIP3) after receptor stimulation (Vanhaesebroeck et al., 2005; Juntilla & Koretzky, 2008; Fruman & Bismuth, 2009). Receptor-induced PIP2-hydrolysis by phospholipases such as PLCg1/2 in lymphocytes generates the lipid diacylglycerol (DAG) and the soluble IP inositol(1,4,5)trisphosphate (IP3). PIP3, DAG, and IP3 have essential second messenger functions in many cells, including lymphocytes. It is now evident the importance of phosphoinositide signaling in T cells and highlight the importance of a recently identified, intriguing molecular interplay between second messenger lipids and their soluble IP counterparts. All phosphoinositides contain a hydrophobic membrane-embedded diacylglyceride and a hydrophilic solvent-exposed IP moiety. The inositol ring hydroxyl groups can be stereo-specifically phosphorylated by phosphoinositidekinases. Most phosphatidylinositol-bisphosphate in the plasma membrane of unstimulated cells is phosphorylated at the inositol 4- and 5-positions. PIP2 is an important second messenger, recruiting and regulating multiple signaling proteins (McLaughlin et al., 2002). Due to the constitutive PIP2 availability in resting cells, these PIP2-associated proteins likely maintain signaling pathways in a preactivation state (Han et al., 1998; Ang et al., 2007; Ceccarelli et al., 2007). Despite the importance of PIP2, much greater attention has been given to the products of PIP2 phosphorylation or PIP2 hydrolysis that are induced following receptor activation. PIP2 phosphorylation is mediated by PI3Ks. PI3Ks phosphorylate phosphatidylinositol (PI) into PIP and PIP2. PI3Ks are activated by most stimulatory receptors on lymphocytes including T- and B-cell antigen receptors (TCR, BCR), and co-stimulatory, Toll-like, and cytokine receptors (Vanhaesebroeck et al., 2005; Buitenhuis & Coffer 2009; Fruman & Bismuth 2009) and have important roles in T cell development and function (Sasaki et al., 2000; Okkenhaug et al., 2002; Okkenhaug et al., 2006; Patton et al., 2006; Swat et al., 2006; Alcazar et al., 2007; Matheu et al., 2007; Liu et al., 2009a; Liu & Uzonna, 2010; Soond et al., 2010). Taken together, immunoreceptor-induced PIP3 generation is important for lymphocyte proliferation and differentiation (Juntilla & Koretzky, 2008; Buitenhuis & Coffer, 2009; Fruman & Bismuth, 2009). PIP3 mediates the cellular effects of PI3K activation by recruiting effector proteins binding to PIP3 (Haslam et al., 1993; Mayer et al., 1993), such as Akt (Protein kinase B) and Tec protein kinase families (August et al., 1997; Heyeck et al., 1997; Stokoe et al., 1997). In addition, Akt can also bind to PI(3,4)P2 (Cozier et al., 2004; James et al., 1996; Lemmon, 2008). Akt is particularly important during early T cell development (Juntilla et al., 2007; Juntilla & Koretzky, 2008). PIP2 is a substrate for another immunologically important enzyme, phosphatidylinositol-specific phospholipase-Cg (PLCg). PLCg hydrolyzes PIP2 into its hydrophobic and hydrophilic components, the membrane-lipid DAG and soluble IP3. Both are second messengers that regulate proteins through specific binding domains. The two mammalian PLCg isoforms, PLCg1 and 2, have partially overlapping expression patterns and functions (Wilde & Watson, 2001). T cells exclusively express PLCg1. T cell-specific PLCg1-deletion impaired thymocyte positive and negative selection, T regulatory cell development and function, TCR-induced peripheral T cell proliferation and cytokine production. Defective TCR activation of the MAP kinases Erk and Jnk, and of the transcription factors NFAT, AP-1, and NF-kB indicates the broad importance of PLCg1 in TCR signaling through several pathways. Autoimmune disease symptoms show the physiological importance of PLCg1 in T cells (Fu et al., 2010). Severe blocks in T cell development and late onset autoimmunity in mice expressing a PLCg1-binding-deficient LAT allele indicate the importance of LAT interactions for PLCg1 function (Sommers et al., 2002; Sommers et al., 2005). Finally, severe defects in early hematopoiesis in chimeric mice generated with PLCg1-deficient embryonic stem cells suggest important PLCg1 functions in hematopoietic stem or progenitor cells (Shirane et al., 2001). In contrast, PLCg2-deficient mice are viable with specific defects in B cells, mast cells, dendritic cells, osteoclasts, and neutrophils (Wang et al., 2000; Graham et al., 2007; Cremasco et al., 2008; Epple et al., 2008; Cremasco et al., 2010). The membrane second messenger, DAG, propagates signals via membrane recruitment of cytosolic signaling proteins by binding to their C1 domains, cysteine-rich domains of approximately 50 amino acids. Several well-characterized DAG-effector families include Ras guanine-nucleotide-exchangefactors/releasing proteins (RasGRPs), protein kinase C-related kinases (PKCs, PKD), chimaerin Rho/Rac-GTPase-activating proteins (Yang and Kazanietz, 2007), Munc13 proteins (Betz et al., 1998), and diacylglycerol kinases (DGKs).

3. Protein Kinase C (PKC) and T cells

Noticeable, among different proteins participating to the lipidic-dependent signal transduction, is the role of PKCs involved in TCR activation. PKCs are a family of serine/threonine protein kinases involved in different lipidic-dependent signal transduction events. PKCs were identified, for the first time, by Nishizuka and colleagues in 1977. To date, different PKC isoenzymes have been described in several tissues and with differential cellular localizations (Saito and Shirai 2002). PKCs can be grouped into three categories according to the presence of motifs dictating cofactor requirements for their optimal catalytic activity. Whereas conventional [cPKCs: alpha, beta I-II (spliced variants) and gamma] and novel [nPKCs: delta, epsilon, ni and theta] PKCs bind DAG which stimulates kinase catalytic activity, atypical [aPKCs: zeta, iota/lambda] PKCs do not interact with DAG. cPKCs but not nPKCs also require for their activation Ca^{2+}.

Each PKC contains a highly homologous C-terminal catalytic domain and an N-terminal regulatory domain, which mediates cofactor binding and substrate accessibility. PKCs also are characterised by the presence of a DAG/phorbol-ester-binding C1 domain, defined by the presence of two repeated cysteine-rich zinc-finger motifs (C1A and C1B); it is functional in cPKCs and nPKCs, but not in aPKCs. The C2 domain mediates Ca^{2+} binding in cPKCs but differences in key residues abolish this function in nPKCs. aPKCs have single modified C1 domains. C3 and C4 domains are ATP- and substrate-binding lobes of the kinase core. The auto-inhibitory pseudosubstrate sequence (PS) present in the regulatory domain of all PKC isoenzymes interacts directly with the substrate-binding cavity in the catalytic domain, thereby sterically blocking access of substrates to the active site. The activation of signal transduction pathways, involving PKCs, leads to the hydrolysis of PIP2, and consequently to the formation of DAG and IP3. DAG binds to the PKC C1 domain; PKCs are activated by phosphorilation and can finally phosphorylate protein substrates. PKCs demonstrated broad substrate specificity *in vitro* related to several functions *in vivo*. Distinct roles of different PKC isoforms can be, at least in part, attributed to differences in their structures and to the different mechanisms modulating their activation (Figure 1). These different PKC roles are also evident in the context of intracellular immune cell signalling (Tan and Parker 2003).

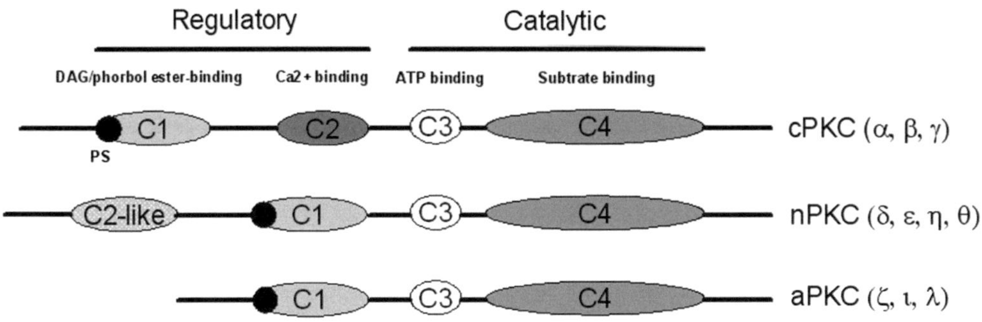

Fig. 1. PKC structure

The role of PKC in regulating T cell activation has been well characterised. The nPKC member PKC-theta which expression is largely restricted to T cells co-localised with the TCR was originally identified to play an important role in TCR-induced T cell activation (Baier 2003) (Isakov and Altman 2002). PKC-theta has also been involved in cell signalling events triggered by TCR engagement both *in vitro* in cell models and *in vivo* in knockout mice (Baier-Bitterlich, Uberall et al. 1996); (Lin, O'Mahony et al. 2000); (Bauer, Krumbock et al. 2000); (Sun, Arendt et al. 2000) (Pfeifhofer, Kofler et al. 2003). In particular PKC-theta mediates activation of the transcription factor activator protein-1 (AP-1) and of the nuclear factor κB (NF-κB) in response to TCR/CD28 co-stimulation in several T cell models (Baier-Bitterlich, Uberall et al. 1996); (Lin, O'Mahony et al. 2000); (Bauer, Krumbock et al. 2000). It has been demonstrated that PKC-theta activation could also be linked to nuclear factor of activated T cells (NFAT) signaling (Pfeifhofer, Kofler et al. 2003) (Figure 2). Beside the well-recognized role of PKC-theta for T cell receptor activation, other PKC isoforms seem to be involved in T cell signalling in an alternative or cooperative fashion.

Among others, PKC-alpha has been suggested to play a potential role in thymocyte developmen. PKC-delta has been reported to be possibly involved in T cell migration (Volkov, Long et al. 1998). Self-reactive B-cells normally undergo either clonal deletion or tolerance to self-antigens (B-cell anergy), which is essential for the prevention of autoimmune disease. The physiological role of PKC-delta, the closest related PKC member to PKC-theta, in the control of B-cell tolerance has recently been uncovered by characterization of PKC-delta-knockout mice generated independently by two laboratories (Miyamoto et al., 2002; Mecklenbrauker et al., 2002). Loss of PKC-delta in mice leads to significant splenomegaly and lymphadenopathy because of increased numbers of peripheral B-cells, although no noteworthy abnormalities are observed in T cells (Miyamoto et al., 2002). The mice die prematurely due to severe autoimmune disease, which is characterized by the detection of autoreactive antibodies, indicates that PKC-delta is essential for the prevention of autoimmune disease. Furthermore, PKC-delta deficiency prevents B-cell anergy, allowing maturation and differentiation of self-reactive B-cells, attributed to a defect in nuclear factor κB (NF-κB) activation, at least as judged by inefficient IκB degradation in the cytoplasm (Mecklenbrauker et al., 2002). Although the above studies suggest that PKC-delta is involved in negative regulation of proliferation, there is no consensus on the mechanism. Mecklenbrauker et al. reported that the B-cells from PKC-delta-deficient mice have normal responses to antigenic stimulation and thereby concluded that PKC-delta −/−

B-cells have a specific defect in the induction of anergy. In contrast, Miyamoto et al. showed that the proliferation of B-cells from PKC-delta −/− mice was increased in response to several mitogenic stimuli, suggesting a generalized enhancement of signalling events. Whereas NF-κB activation remained unaffected, increased production of the growth-promoting cytokine IL-6, as well as the DNA-binding activity of the nuclear factor IL-6 (NFIL-6) transcription factor, was detected in the PKC-delta −/− B-cells, suggesting PKC-delta might negatively regulate B-cell growth through transcriptional regulation of the IL-6 gene.

Intriguingly, PKC-zeta has also been implicated in the T cell-dependent immune response (Duran, Diaz-Meco et al. 2003); (Savkovic, Koutsouris et al. 2003). Targeted disruption of the PKC-zeta gene in mice indicates that the role of this aPKC within the immune system is also specific to B-cell function (Martin et al., 2000). B-cells from PKC-zeta-deficient mice showed increased spontaneous apoptosis, and impaired proliferation and survival in response to IgM cross-linking, whereas both peripheral T cells and thymocytes seemed to develop and proliferate normally. The defective survival of B-cells in these mice correlated with defects in the activation of extracellular-signalregulated kinase (ERK) (but not p38 MAPK or JNK) and the transcription of NF-κB-dependent genes, including Bcl-xL, IκB and IL-6. Furthermore, transcription of these NF-κB-dependent genes, but not NF-κB nuclear translocation, was inhibited in B-cells stimulated with IgM. PKC-zeta-null mice were unable to mount an optimal T cell-dependent immune response, in spite of the fact that, as adults, they exhibited no major defects in the subpopulations of B-cells, indicating that this is a post-B-cell maturation phenomenon. Although the possibility of a PKC cascade involving both PKC-beta and PKC-zeta has not been excluded, recent findings showed that PKC-zeta can regulate NF-κB via an IKK-independent pathway, by directly phosphorylating Ser^{311} of the pHealy et al., 1998 subunit (RelA) (Duran et al., 2003; Savkovic et al., 2003).

Therefore, modulation of the expression and phosphorylation of different PKC isoforms might play critical independent or complementary roles in the context of the better known PKC-theta-driven T cell signalling in different normal and pathological conditions. As far as AD is concerned, while a body of literature refers to a possible involvement of PKC signalling in brain and skin tissues of these patients (Alkon, Sun et al. 2007), scarce or no knowledge is available about the behaviour of the above reported PKCs in peripheral T cells from AD patients. Recently, it was reported that flow cytometric assessment of well defined bright P-PKC-delta and P-PKC-zeta T cell subpopulations (probably CD4+ T cells) after specific Abeta1–42 stimulation in the majority of AD patients, may refer to the development of T cell subpopulations reactive to Abeta1–42 and concomitantly expressing high levels of phosphorylated PKC-delta and PKC-zeta (Miscia, Ciccocioppo et al. 2009).

4. Inflammation and T cells in Alzheimer's disease

Normal aging in humans brings a progressive loss in memory and is often exacerbated by diseases such as Alzheimer's disease (AD). Although many underlying processes have been invoked, one common ground that links many factors associated with cognitive aging is neuroinflammation. Markers of inflammation are associated directly with deficits in cognitive function and with diseases that are risk factors for cognitive decline (Gemma C, 2010). Amelioration of brain inflammation with various treatments has beneficial actions on several indicators of impaired cognitive aging. Understanding how neuroinflammation affects cognition may provide directions for useful interventions to prevent or treat an aberrant cognitive decline in older adults.

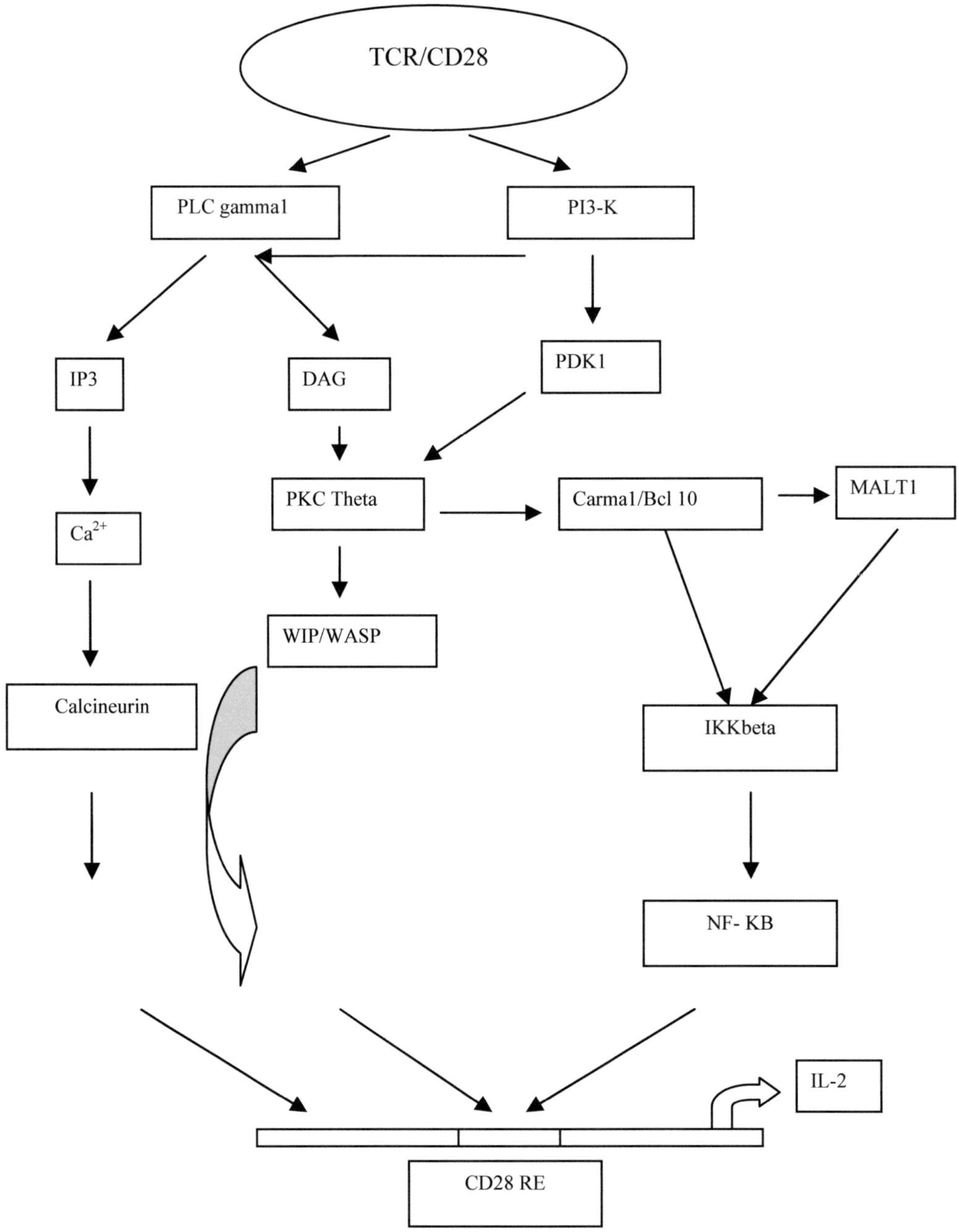

a)

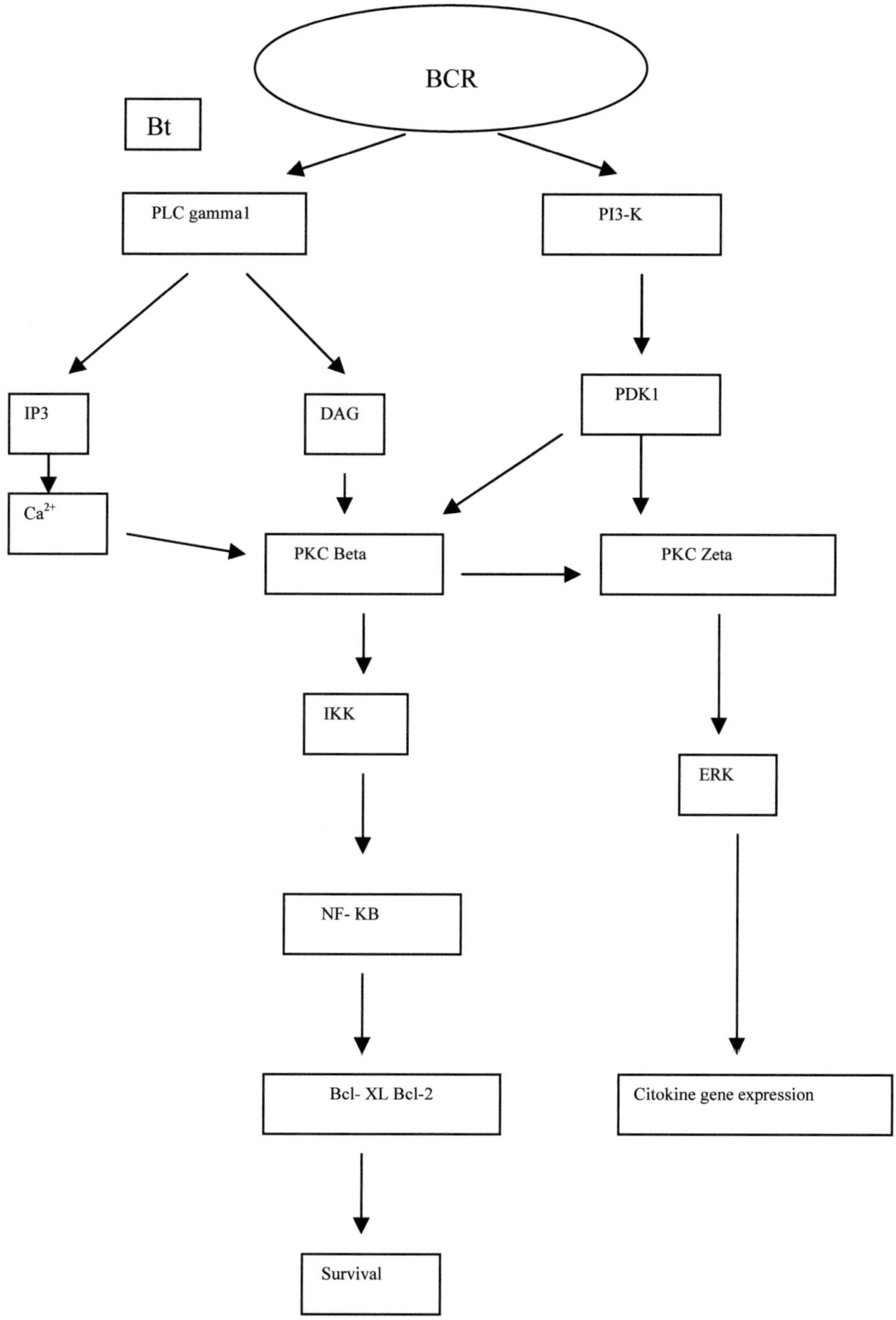

b)

Fig. 2. Signal transduction pathways involving PKC in T (a) and B (b) cells

However, to better understand inflammation's role in disease, it is necessary to recognise that inflammation is a protective response of our body that occurs in response to an insult. In the case of infection, the immune system is activated to identify the foreign agent and neutralize it. This involves a series of events and requires the recruitment of a variety of immune cells. Throughout most of the body, cells known as macrophages, search for invaders, and then engulf and neutralizing them. The recognition of infectious non-self is mediated by a limited number of germline-encoded pattern-recognition receptors (PRRs), which trigger rapid responses. In the brain, supporting cells of the glial family comprise of astrocytes and microglia. Microglial cells, act as scavengers and are considered "the CNS professional macrophages". Microglia are myeloid lineage cells expressing a wide range of PRRs and for this reason they embody the innate immune response of the brain, as they provide the first line of defense whenever there is an injury. They engulf and eliminate dead neurons that have been damaged by injury or illness. However, they also secrete harmful neurotoxins and toxic oxygen free radicals in an attempt to neutralize foreign or undesirable substances. Unfortunately, sometimes the injurious event overwhelms the protective effect and inflammation may become self-perpetuating. This is the case of normal aging, but it is much more rampant in neurodegenerative diseases such as Alzheimer's, Parkinson's, which are characterized by exacerbated microglial activity. To date, the neurotoxic and neuroprotective roles of innate immune reactions in brain injury, ischemia, autoimmune and neurodegenerative disorders of the CNS, altogether solicits an intensively investigated and debated scientific research issue. However, despite considerable work in this area, much more points remain to be elucidated, notably cellular events regarding the early dysregulating events that activate brain inflammatory pathways. If it will be possible to target and harness these inflammatory processes toward therapeutic application, then cognition could be protected during aging and disease by early intervention against the negative consequences of inflammation.

It is now clear that inflammation plays an important pathogenethic role in Alzheimer's disease (AD). At onset of pathology, the inflammatory changes are probably linked to misfolding and the consequent accumulation of Amyloid beta (Abeta) peptide in the limbic and associative cortices of AD brains (Rogers, Webster et al. 1996); (McGeer and McGeer 1999; McGeer and McGeer 1999; McGeer and McGeer 2002). Many studies have demonstrated that such inflammation arises mainly from cellular (glial) sources within the central nervous system (CNS) rather than from external sources such as T cells. However, recent studies have suggested that systemic T cells, and in particular CD4+ T cells, can be recruited to the CNS to modify potential destructive local inflammation (Schwartz and Shechter 2010). As a consequence of increased damage to the blood–brain barrier (BBB) or in response to inflammatory signals T cells might more commonly cross the BBB and accumulate in AD brains (Rogers, Luber-Narod et al. 1988); (Togo, Akiyama et al. 2002). It remains to be determined whether brain penetration of T cells is involved in the etiopathogenesis of AD, or if it is simply an epiphenomenon.

5. Peripheral T cell responses in Alzheimer's Disease

In humans, naïve T cells typically express CD45RA on the surface. When naïve T cells encounter their antigen they become activated and a CD45 isoform switching from RA to RO occurs consequently (Dutton, Bradley et al. 1998). This isoform switching can thus be taken as a marker of human T cell "memory" (Figura 3).

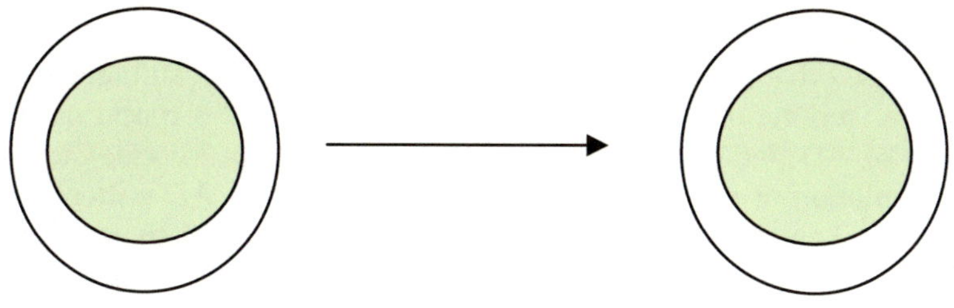

Fig. 3. Cell surface antigens on naïve and memory subsets

It has been demonstrated that CD45RO expression was increased in T cells from AD patients compared to controls, when isolated T cells were placed in culture (Lombardi, Garcia et al. 1999). Interestingly, Togo et al. reported the presence of CD45RO+ T cells in brains of AD patients (Togo, Akiyama et al. 2002). These findings demonstrated that T cells are indeed activated at some point during the clinical progression of AD. In an attempt to address this question, Lombardi et al. (Lombardi, Garcia et al. 1999) found an increase in CD4+ T cells and CD25+ T-regulatory cells in the AD group compared to healthy controls. Additional evidence of systemic T cell activation in AD comes from studies designed to measure Abeta auto-antibodies or Abeta-reactive T cells in AD patients and controls. Although antibody production is a B cell-dependent process, the response is supported by activated T cells. At least three studies to date found increased levels of circulating Abeta auto-antibodies in patients clinically diagnosed with dementia compared to non-demented controls (Nath, Hall et al. 2003) (Gruden, Davudova et al. 2004) (Mruthinti, Buccafusco et al. 2004). Using various peptides and specific assay systems to stimulate peripheral T cells from AD patients, it was also demonstrated that T cells specific for the fragment 1-42 of the Abeta peptide (Abeta1-42) can be detected in peripheral blood (Monsonego, Zota et al. 2003). More recently, by applying a slightly modified system than the one used by Monsonego et al (2003), an increased T cell reactivity to Abeta1–42 peptide in peripheral blood from AD patients respect to control subjects was seen (Miscia, Ciccocioppo et al. 2009).

6. T cell subsets in AD pathogenesis and diagnosis

In vitro studies have shown that IFN-gamma-treated microglia are efficient antigen-presenting cells (APCs) presenting Abeta and triggering Abeta-reactive T cell proliferation. Th1 Abeta-reactive cells become apoptotic after such stimulation, whereas Th2 cells stimulated by Abeta express the cardinal Th2 cytokines (Monsonego, Zota et al. 2003). It has been suggested that Th2-type Abeta-reactive T cells could be beneficial in AD by secreting cytokines which downregulate the proinflammatory environment. To date, the diagnosis of AD is based on neuropsychological examination using criteria such as insidious onset and progressive impairment of memory, as well as loss of other cognitive functions. The presence of plaques and tangles assessed after post mortem examination of brain tissue has been considered a strong marker for AD diagnosis (Hof 1997). Early inflammatory processes, identified at AD onset, suggest that specific inflammatory biomarkers in the peripheral blood, such as increased levels of TNFalpha, CD40L and other pro-inflammatory cytokines might support the diagnosis (Akiyama, Barger et al. 2000; Speciale, Calabrese et al. 2007; Schwartz and Shechter 2010). A definitive role of biomarkers in clinical practice has not been unequivocally accepted. As a novel approach to identify specific AD biomarkers, it could be hypothesised that peripheral immune changes could be a suitable and specific AD biomarker. Several reports showed the existence of Abeta1-42-responding T cells in the peripheral blood of AD patients (Monsonego, Zota et al. 2003; Miscia, Ciccocioppo et al. 2009). The up-regulation of some PKC isoforms in T cells from AD patients has also been shown (Ciccocioppo, Lanuti et al. 2008; Miscia, Ciccocioppo et al. 2009). It could be observed that circulating T cells expressing high levels of P-PKC-delta and P-PKC-zeta after Abeta1-42-specific stimulation are present in AD patients. By applying a multicolour flow cytometry method, an association between some activation marker production, such as IL-2, INFgamma, TNFalpha and CD40L and up-regulation of P-PKC-delta and P-PKC-zeta levels following Abeta1-42 stimulation was found in peripheral blood from AD patients but not in healthy subjects. This suggests that T cells expressing bright levels of P-PKC-delta and P-PKC-zeta are Abeta1-42-specific, even if further characterisation of these T cells, in terms of phenotype and memory compartment, has to be addressed in future studies.

7. Discrimating AD from other forms of dementia: possible biomarkers?

After AD, Dementia with Lewy bodies (DLB) is the second most frequent cause of neurodegenerative dementia in the aged population. Neuropathologically, DLB is characterised by an accumulation of inclusion bodies (Lewy bodies) consisting of aggregated alpha-synuclein (Francis 2009). It is generally recognised that the clinical differentiation between AD and DLB is at best difficult (Geser, Wenning et al. 2005; McKeith, O'Brien et al. 2007). Thus, the identification of biomarkers would facilitate the differential diagnosis of AD and DLB. Even though Abeta deposition is identified in DLB brain (Town, Tan et al. 2005), there is no Abeta-triggered inflammatory activity in DLB. It could be postulated that Abeta1-42-specific T cells, expressing bright levels of P-PKC-delta and P-PKC-zeta are absent in DLB. In addition, preliminary experiments were carried out on some patients affected by two other different forms of amyloidopathies, used as controls: inclusion body myositis (IBM; n = 3) and cerebral Amyloid angiopathy (CAA; n = 5) patients. IBM is a rare, chronic and slowly progressing inflammatory myopathy, characterised by T cell invasion of muscle fibres (Askanas and Engel 2002). In IBM the peripheral accumulation of Abeta1-42 plays a critical role in skeletal muscle degeneration (Kitazawa, Green et al. 2006). CAA is instead characterised by predominant deposition of the Abeta1-40 fragment in cerebral blood vessels (Preston, Steart et al. 2003) and it is generally not associated with inflammation. P-PKC-delta and P-PKC-zeta bright T cell subsets were detectable in all IBM patients, while patients with CAA, mainly expressing the fragment Abeta1-40, do not show a similar T cell activation. These data indicate that Abeta1-42 does not induce P-PKC bright subpopulation in T cells from non-AD, neurodegenerative diseases.

8. Conclusion

All thoghether these hypotheses could demontrate that in AD patients, CD4+ Abeta1-42-specific T cells expressing high levels of P-PKC-delta and P-PKC-zeta could represent a peripheral footprint of an Abeta1-42-mediated inflammation in the brain, related to protein deposition observed in AD. The presence of Abeta1-42-specific T cells, expressing bright levels of P-PKC-delta and P-PKC-zeta, might support clinical diagnosis of AD versus other forms of dementia.

9. Acknowledgements

This work was supported by "Fondazione Carichieti", Chieti, Italy, by Italian Ministry of Education, University Research (MIUR), Co-Funding research projects of National Interest (COFIN) 2007 Grant and by Italian Ministry of Health, grant young researchers 2007, "Demenza a corpi di Lewy: nuovi marker diagnostici e implicazioni terapeutiche".

10. References

Akiyama, H.; Barger, S.; Barnum, S.; Bradt, B.; Bauer, J.; Cole, G.M.; Cooper, N.R.; Eikelenboom, P.; Emmerling, M.; Fiebich, B.L.; Finch, C.E.; Frautschy, S.; Griffin, W.S.; Hampel, H.; Hull, M.; Landreth, G.; Lue, L.; Mrak, R.; Mackenzie, I.R.; McGeer, P.L.; O'Banion, M.K.; Pachter, J.; Pasinetti, G.; Plata-Salaman, C.; Rogers, J.; Rydel, R.; Shen, Y.; Streit, W.; Strohmeyer, R.; Tooyoma, I.; Van Muiswinkel, F.L.; Veerhuis, R.; Walker, D.; Webster, S.; Wegrzyniak, B.; Wenk, G. & Wyss-Coray, T. (2000). *Inflammation and Alzheimer's disease*, Neurobiol Aging, Vol. 2, No.3, pp. 383-421

Alcazar, I.; Marques, M.; Kumar, A.; Hirsch, E.; Wymann, M.; Carrera, A.C. & Barber, D.F. (2007). *Phosphoinositide 3-kinase gamma participates in T cell receptor-induced T cell activation*, J Exp Med, Vol.204, No.12, pp. 2977–2987

Alcazar-Roman, A.R. & Wente, S.R. (2008). *Inositol polyphosphates: a new frontier for regulating gene expression*, Chromosoma, Vol.117, No.1, pp. 1–13.

Alkon, D.L.; Sun, M.K. & Nelson, T.J. (2007). *PKC signaling deficits: a mechanistic hypothesis for the origins of Alzheimer's disease*, Trends Pharmacol Sci, Vol. 28, No.2, pp. 51-60

Askanas, V. & Engel, W.K. (2002). *Inclusion-body myositis and myopathies: different etiologies, possibly similar pathogenic mechanisms*, Curr Opin Neurol, Vol.15, No.5, pp. 525-531.

August, A., Sadra, A., Dupont, B. & Hanafusa, H. (1997). *Src-induced activation of inducible T cell kinase (ITK) requires phosphatidylinositol 3-kinase activity and the Pleckstrin homology domain of inducible T cell kinase*, Proc Natl Acad Sci U S A, Vo.94, No.21, pp. 11227–11232

Baier-Bitterlich, G.; Uberall, F.; Bauer, B.; Fresser, F.; Wachter, H.; Grunicke, H.; Utermann, G.; Altman, A. & Baier G. (1996). *Protein kinase C-theta isoenzyme selective stimulation of the transcription factor complex AP-1 in T lymphocytes*, Mol Cell Biol, Vol.16, No.4, pp. 1842-1850

Baier, G. (2003). *The PKC gene module: molecular biosystematics to resolve its T cell functions*, Immunol Rev, Vol.192, pp. 64-79

Bauer, B.; Krumbock, N.; Ghaffari-Tabrizi N.; Kampfer, S.; Villunger, A.; Wilda. M.; Hameister, H.; Utermann, G.; Leitges, M.; Uberall, F. & Baier, G. (2000). *T cell expressed PKCtheta demonstrates cell-type selective function*, Eur J Immunol, Vol.30, No. 12, pp. 3645-3654

Buitenhuis M, Coffer PJ. 2009. The role of the PI3K-PKB signaling module in regulation of hematopoiesis, Cell Cycle, Vol.8, No.4, pp. 560–566

Bunnell, S.C.; Hong, D.I.; Kardon, J.R.; Yamazaki, T.; McGlade, C.J.; Barr, V.A. & Samelson, L.E. (2002). *T cell receptor ligation induces the formation of dynamically regulated signaling assemblies*, J Cell Biol, Vol.158, No.7, pp. 1263–1275

Ceccarelli, D.F.; Blasutig, I.M.; Goudreault, M.; Li, Z.; Ruston, J.; Pawson, T. & Sicheri, F. (2007). *Non-canonical interaction of phosphoinositides with pleckstrin homology domains of Tiam1 and ArhGAP9*, J Biol Chem, Vol.282, No.18, pp. 13864–13874

Ciccocioppo, F.; Lanuti P.; Marchisio, M.; Gambi, F.; Santavenere, E.; Pierdomenico, L.; Bascelli, A.; Velluto, L.; Gambi, D. & Miscia S. (2008). *Expression and phosphorylation of protein kinase C isoforms in Abeta(1-42) activated T lymphocytes from Alzheimers disease*, Int J Immunopathol Pharmacol, Vol.21, No.1, pp. 23-33

Cozier, G.E.; Carlton, J.; Bouyoucef, D. & Cullen, P.J. (2004). *Membrane targeting by pleckstrin homology domains*, Curr Top Microbiol Immunol, Vol.282, pp. 49–88

Cremasco, V.; Benasciutti, E.; Cella, M.; Kisseleva, M.; Croke, M. & Faccio, R. 2010. *Phospholipase C gamma 2 is critical for development of a murine model of inflammatory arthritis by affecting actin dynamics in dendritic cells*, PloS One, Vol.5, No.1, pp. e8909

Cremasco, V.; Graham, D.B.; Novack, D.V.; Swat, W. & Faccio, R. (2008). *Vav/Phospholipase Cgamma2-mediated control of a neutrophil-dependent murine model of rheumatoid arthritis*, Arthritis Rheum, Vol.58, No.9, pp. 2712–2722

Duran, A.; Diaz-Meco, M.T., & Moscat, J. (2003). *Essential role of RelA Ser311 phosphorylation by ζ PKC in NF-κB transcriptional activation*, EMBO J, Vol.22, No.15, pp. 3910–3918

Dutton, R.W.; Bradley, L.M. & Swain, S.L. (1998). *T cell memory*, Annu Rev Immunol, Vol.16, pp. 201-223

Epple, H.; Cremasco, V.; Zhang, K.; Mao, D.; Longmore, G.D. & Faccio R. (2008). *Phospholipase Cgamma2 modulates integrin signaling in the osteoclast by affecting the localization and activation of Src kinase*, Mol Cell Biol, Vol.28, No.11, pp. 3610–3622

Francis, P.T. (2009). *Biochemical and pathological correlates of cognitive and behavioural change in DLB/PDD*, J Neurol, Vol.256, Suppl.3, pp. 280-285

Fruman, D.A. & Bismuth, G. (2009). *Fine tuning the immune response with PI3K*, Immunol Rev, Vol.228, No.1, pp. 253–272

Fu, G.; Chen, Y.; Yu, M.; Podd, A.; Schuman J.; He Y.; Di L.; Yassai M.; Haribhai, D.; North, P.E.; Gorski J.; Williams, C.B.;

Gallo, E.M.; Winslow, M.M.; Cante-Barrett, K.; Radermacher, A.N.; Ho, L.; McGinnis, L.; Iritani, B.; Neilson, J.R. & Crabtree, G.R. (2007). *Calcineurin sets the bandwidth for discrimination of signals during thymocyte development*, Nature, Vol.450, No.7170, pp. 731–735

Gemma, C. *Neuroimmunomodulation and Aging*, Aging Dis, Vol.1, No.3, pp. 169-172

Geser, F.; Wenning, G.K.; Poewe, W. & McKeith, I. (2005). *How to diagnose dementia with Lewy bodies: state of the art*, Mov Disord, Vol.20, Suppl.12, pp. S11-20

Graham, D.B.; Robertson, C.M.; Bautista, J.; Mascarenhas, F.; Diacovo, M.J.; Montgrain, V.; Lam, S.K.; Cremasco, V.; Dunne, W.M.; Faccio, R.; Coopersmith, C.M. & Swat, W. *Neutrophil-mediatedoxidative burst and host defense are controlled by a Vav-PLCgamma2 signaling axis in mice.* J Clin Invest, Vol.117, No.11, pp. 3445–3452

Gruden, M.A.; Davudova, T.B.; Malisauskas, M.; Zamotin, V.V.; Sewell, R.D.; Voskresenskaya, N.I.; Kostanyan, I.A.; Sherstnev, V.V. & Morozova-Roche, L.A. (2004). *Autoimmune responses to amyloid structures of Abeta(25-35) peptide and human lysozyme in the serum of patients with progressive Alzheimer's disease*, Dement Geriatr Cogn Disord, Vol.18, No.2, pp. 165-171

Han, J.; Luby-Phelps, K.; Das, B.; Shu, X.; Xia, Y.; Mosteller, R.D.; Krishna, U.M.; Falck, J.R.; White, M.A. & Broek, D. (1998). *Role of substrates and products of PI 3-kinase in regulating activation of Rac-related guanosine triphosphatases by Vav*, Science, Vol.279, No.5350, pp. 558–560

Haslam, R.J.; Koide, H.B. & Hemmings, B.A. (1993). *Pleckstrin domain homology*, Nature, Vol.363, No.6427, pp. 309–310

Heyeck, S.D.; Wilcox, H.M.; Bunnell, S.C. & Berg, L.J. (1997). *Lck phosphorylates the activation loop tyrosine of the Itk kinase domain and activates Itk kinase activity*, J Biol Chem, Vol.272, No.40, pp. 25401–25408

Hof, P.R. (1997). *Morphology and neurochemical characteristics of the vulnerable neurons in brain aging and Alzheimer's disease*, Eur Neurol, Vol.37, No.2, pp. 71-81

Irvine R. (2007). *Cell signaling. The art of the soluble*, Science, Vol.316, No.5286, pp. 845–846

Irvine, R. (2001). Inositol phosphates: Does IP(4) run a protection racket?, Curr Biol, Vol.11, No.5, pp. R172–174

Irvine, R.F. & Schell, M.J. (2001). *Back in the water: the return of the inositol phosphates*, Nat Rev Mol Cell Biol, Vol.2, No.5, pp. 327–338

Irvine, R.F. (2005). Inositide evolution - towards turtle domination?, J Physiol, Vol.566, No.Pt1, pp. 295–300

Irvine, R.F.; Lloyd-Burton, S.M.; Yu, J.C.; Letcher, A.J. & Schell, M.J. (2006). *The regulation and function of inositol 1,4,5-trisphosphate 3-kinases*, Adv Enzyme Regul, Vol.46, pp. 314–323

Isakov, N. and A. Altman (2002). "Protein kinase C(theta) in T cell activation." Annu Rev Immunol 20: 761-794.

James, S.R.; Downes, C.P.; Gigg, R.; Grove, S.J.; Holmes, A.B. & Alessi, D.R. (1996). *Specific binding of the Akt-1 protein kinase to phosphatidylinositol 3,4,5-trisphosphate without subsequent activation*, Biochem J, Vol.315. No.Pt3, pp. 709–713

Juntilla, M.M.; Wofford, J.A.; Birnbaum, M.J.; Rathmell, J.C. & Koretzky, G.A. (2007). *Akt1 and Akt2 are required for alphabeta thymocyte survival and differentiation*, Proc Natl Acad Sci U S A, Vol.104, No.29, pp. 12105–12110

Kitazawa, M.; Green, K.N.; Caccamo, A. & LaFerla, F.M. (2006). *Genetically augmenting Abeta42 levels in skeletal muscle exacerbates inclusion body myositis-like pathology and motor deficits in transgenic mice*, Am J Pathol, Vol.168, No.6, pp. 1986-1997

Lemmon, M.A. (2008). *Membrane recognition by phospholipid-binding domains*. Nat Rev Mol Cell Biol, Vol.9, No.2, pp. 99–111

Lin, X.; O'Mahony, A.; Mu, Y.; Geleziunas, R. & Greene, W.C. (2000). *Protein kinase C-theta participates in NF-kappaB activation induced by CD3-CD28 costimulation through selective activation of IkappaB kinase beta*, Mol Cell Biol, Vol.20, No.8, pp. 2933-2940

Liu, D. & Uzonna, J.E. (2010). *The p110fdeltag Isoform of Phosphatidylinositol 3-Kinase Controls the Quality of Secondary Anti-Leishmania Immunity by Regulating Expansion and Effector Function ofMemory TCell Subsets*. J Immunol, Vol.184, No.6, pp. 3098–3105

Liu, P.; Cheng, H.; Roberts, T.M. & Zhao, J.J. (2009). *Targeting the phosphoinositide 3-kinase pathway in cancer*. Nat Rev Drug Discov, Vol. 8, No.8, pp. 627–644

Lombardi, V.R.; García, M.; Rey, L. & Cacabelos, R. (1999). *Characterization of cytokine production, screening of lymphocyte subset patterns and in vitro apoptosis in healthy and Alzheimer's Disease (AD) individuals*, J Neuroimmunol, Vol.97, No.1-2, pp. 163-171

Martin, P.; Duran, A.; Minguet, S.; Gaspar, M. L.; Diaz-Meco, M. T.; Rennert, P.; Leitges, M. & Moscat, J. (2002). *Role of ζ PKC in B-cell signaling and function.* EMBO J, Vol.21, No.15, pp. 4049-4057

Matheu, M.P.; Deane, J.A.; Parker, I.; Fruman, D.A. & Cahalan, M.D. (2007). *Class IA phosphoinositide 3-kinase modulates basal lymphocyte motility in the lymph node.* J Immunol, Vol.179, No.4, pp. 2261–2269

Mayer, B.J.; Ren, R.; Clark, K.L. & Baltimore, D. (1993). *A putative modular domain present in diverse signaling proteins.* Cell, Vol.73, No.4, pp. 629–630

McGargill, M.A.; Ch'en, I.L.; Katayama, C.D.; Pages, G.; Pouyssegur, J. & Hedrick, S.M. (2009). *Cutting Edge: Extracellular Signal-Related Kinase IsNot Required forNegative Selection of Developing T Cells.* J Immunol, Vol.183, No.8, pp. 4838–4842

McGeer, E.G. & McGeer, P.L. (1999). *Brain inflammation in Alzheimer disease and the therapeutic implications*, Curr Pharm Des, Vol.5, No.10, pp. 821-836

McGeer, P.L. & McGeer, E.G. (1999). *Inflammation of the brain in Alzheimer's disease: implications for therapy*, J Leukoc Biol, Vol.65, No.4, pp. 409-415

McGeer, P.L. & McGeer, E.G. (2002). *Innate immunity, local inflammation, and degenerative disease,* Sci Aging Knowledge Environ, Vol.2002, No.29, pp. re3

McKeith, I.; O'Brien, J.; Walker, Z.; Tatsch, K.; Booij, J.; Darcourt, J.; Padovani, A., Giubbini, R.; Bonuccelli, U.; Volterrani, D.; Holmes, C.; Kemp, P.; Tabet, N.; Meyer, I. & Reininger, C. (2007). *Sensitivity and specificity of dopamine transporter imaging with 123I-FP-CIT SPECT in dementia with Lewy bodies: a phase III, multicentre study.* Lancet Neurol, Vol. 6, No.4, pp. 305-313.

McLaughlin, S.; Wang, J.; Gambhir, A. & Murray, D. (2002). PIP(2) and proteins: interactions, organization, and information flow. Annu Rev Biophis Biomol Struct, Vol.31, pp. 151-175

Mecklenbrauker, I.; Saijo, K.; Zheng, N.Y.; Leitges, M. & Tarakhovsky, A. (2002). *Protein kinase Cδ controls self-antigen-induced B-cell tolerance.* Nature (London), Vol.413, No. 6833, pp. 860-865

Miscia, S.; Ciccocioppo, F.; Lanuti, P.; Velluto, L.; Bascelli, A.; Pierdomenico, L.; Genovesi, D.; Di Siena, A.; Santavenere, E.; Gambi, F.; Ausili-Cèfaro, G.; Grimley, P.M.; Marchisio, M. & Gambi, D. (2009). *Abeta(1-42) stimulated T cells express P-PKC-delta and P-PKC-zeta in Alzheimer disease*, Neurobiol Aging, Vol.30, No.3, pp. 394-406

Miyamoto, A.; Nakayama, K.; Imaki, H.; Hirose, S.; Jiang, Y.; Abe, M.; Tsukiyama, T.; Nagahama, H.; Ohno, S.; Hatakeyama, S. & Akayama, K. I. (2002). *Increased proliferation of B cells and auto-immunity in mice lacking protein kinase Cδ.* Nature, Vol.416, No.6883, pp. 865-869

Monsonego, A.; Zota, V.; Karni, A.; Krieger, J.I.; Bar-Or, A.; Bitan, G.; Budson, A.E.; Sperling, R.; Selkoe, D.J. & Weiner, H.L. (2003). *Increased T cell reactivity to amyloid beta protein in older humans and patients with Alzheimer disease*, J Clin Invest, Vol.112, No.3, pp. 415-422

Mruthinti, S.; Buccafusco, J.J.; Hill, W.D.; Waller, J.L.; Jackson, T.W.; Zamrini, E.Y. & Schade, R.F. (2004). *Autoimmunity in Alzheimer's disease: increased levels of circulating IgGs binding Abeta and RAGE peptides*, Neurobiol Aging, Vol.25, No.8, pp. 1023-1032

Nath, A.; Hall, E.; Tuzova, M.; Dobbs, M.; Jons, M.; Anderson, C.; Woodward, J.; Guo, Z.; Fu, W.; Kryscio, R.; Wekstein, D.; Smith, C.; Markesbery, W.R. & Mattson, M.P. (2003). *Autoantibodies to amyloid beta-peptide (Abeta) are increased in Alzheimer's disease patients and Abeta antibodies can enhance Abeta neurotoxicity: implications for disease pathogenesis and vaccine development*, Neuromolecular Med, Vol.3, No.1, pp. 29-39

Okkenhaug, K.; Bilancio, A.; Farjot, G.; Priddle, H.; Sancho, S.; Peskett, E.; Pearce, W.; Meek, S.E.; Salpekar, A.; Waterfield, M.D.; Smith, A.J. & Vanhaesebroeck, B. (2002). *Impaired B and T cell antigen receptor signaling in p110delta PI 3-kinase mutant mice.* Science, Vol.297, No.5593, pp. 1031–1034

Okkenhaug, K.; Patton, D.T.; Bilancio, A.; Garcon, F.; Rowan, W.C. & Vanhaesebroeck, B. (2006). *The p110delta isoform of phosphoinositide 3-kinase controls clonal expansion and differentiation of Th cells.* J Immunol, Vol.177, No.8, pp. 5122–5128

Patton, D.T.; Garden, O.A.; Pearce, W.P.; Clough, L.E.; Monk, C.R.; Leung, E.; Rowan, W.C.; Sancho, S.; Walker, L.S.; Vanhaesebroeck, B. & Okkenhaug, K. (2006). *Cutting edge: the phosphoinositide 3-kinase p110 delta is critical for the function of CD4þ CD25þ Foxp3þ regulatory T cells.* J Immunol, Vol.177, No.10, pp. 6598–6602

Pfeifhofer, C.; Kofler, K.; Gruber, T.; Tabrizi, N.G.; Lutz, C.; Maly, K.; Leitges, M. & Baier, G. (2003). *Protein kinase C theta affects Ca2+ mobilization and NFAT cell activation in primary mouse T cells*, J Exp Med, Vol.197, No.11, pp. 1525-1535

Preston, S.D.; Steart, P.V.; Wilkinson, A.; Nicoll, J.A. & Weller, R.O. (2003). *Capillary and arterial cerebral amyloid angiopathy in Alzheimer's disease: defining the perivascular route for the elimination of amyloid beta from the human brain.* Neuropathol Appl Neurobiol, Vol.29, No.2, pp. 106-117

Resnick, A.C. & Saiardi, A. (2008). *Inositol polyphosphate multikinase: metabolic architect of nuclear inositides.* Front Biosci, Vol.13, pp. 856–866

Rogers, J.; Webster, S.; Lue, L.F.; Brachova, L.; Civin, W.H.; Emmerling, M.; Shivers, B.; Walker, D. & McGeer, P. (1996). *Inflammation and Alzheimer's disease pathogenesis*, Neurobiol Aging, Vol.17, No.5, pp. 681-686

Rogers, J.; Luber-Narod, J.; Styren, S.D. & Civin, W.H. (1988). *Expression of immune system-associated antigens by cells of the human central nervous system: relationship to the pathology of Alzheimer's disease*, Neurobiol Aging, Vol.9, No.4, pp. 339-349

Saito, N. & Shirai, Y. (2002). *Protein kinase C gamma (PKC gamma): function of neuron specific isotype*, J Biochem, Vol.132, No.5, pp.683-687

Sasaki, T.; Irie-Sasaki, J.; Jones, R.G.; Oliveira-dos-Santos, A.J.; Stanford, W.L.; Bolon, B.; Wakeham, A.; Itie, A.; Bouchard, D.; Kozieradzki, I.; Joza, N.; Mak, T.W.; Ohashi, P.S.; Suzuki, A. & Penninger, J.M. (2000). *Function of PI3Kgamma in thymocyte development, T cell activation, and neutrophil migration.* Science, Vol. 287, No. 5455, pp. 1040–1046

Sauer, K. &Cooke,M.P.(2010). *Regulation of immune cell development through soluble inositol(1,3,4,5)tetrakisphosphate.* Nat Rev Immunol, Vol.10, No.4, pp. 257–271

Sauer, K.; Huang, Y.H.; Ying, H.; Sandberg, M. & Mayr, G.W. (2009). *Phosphoinositide Analysis in Lymphocyte Activation.* Curr Protoc Immunol, Vol. 87

Savkovic, S.D.; Koutsouris, A. & Hecht, G. (2003). *PKC zeta participates in activation of inflammatory response induced by enteropathogenic E. coli*, Am J Physiol Cell Physiol, Vol.285, No.3, pp. C512-521

Shears, S.B. (2009). *Molecular basis for the integration of inositol phosphate signaling pathways via human ITPK1.* Adv Enzyme Regul, Vol.49, No.1, pp. 87–96

Sommers, C.L.; Lee, J.; Steiner, K.L.; Gurson, J.M.; Depersis, C.L.; El-Khoury, D.; Fuller, C.L.; Shores, E.W., Love, P.E. & Samelson, L.E. (2005). *Mutation of the phospholipase C-*

gamma1-binding site of LATaffects both positive and negative thymocyte selection. J Exp Med, Vol.201, No.7, pp. 1125–1134

Sommers, C.L.; Park, C.S.; Lee, J.; Feng, C.; Fuller, C.L.; Grinberg, A.; Hildebrand, J.A.; Lacana, E.; Menon, R.K.; Shores, E.W.; Samelson, L.E.; Love, P.E. (2002). *A LAT mutation that inhibits T cell development yet induces lymphoproliferation.* Science, Vol. 296, No.5575, pp. 2040–2043

Soond, D.R.; Bjorgo, E.; Moltu, K.; Dale, V.Q.; Patton, D.T.; Torgersen, K.M.; Galleway, F.; Twomey, B.; Clark, J.; Gaston, J.H.; Taskén, K.; Bunyard, P. & Okkenhaug, K. (2010). *PI3K p110fdeltag regulates T cell cytokine production during primary and secondary immune responses in mice and humans.* Blood, Vol.115, No.11, pp. 2203–2213

Speciale, L.; Calabrese, E.; Saresella, M.; Tinelli, C.; Mariani, C.; Sanvito, L.; Longhi, R. & Ferrante, P. (2007). *Lymphocyte subset patterns and cytokine production in Alzheimer's disease patients,* Neurobiol Aging, Vol.28, No.8, pp. 1163-1169

Stokoe, D.; Stephens, L.R.; Copeland, T.; Gaffney, P.R., Reese, C.B.; Painter, G.F.; Holmes, A.B.; McCormick, F. & Hawkins, P.T. (1997). *Dual role of phosphatidylinositol-3,4,5-trisphosphate in the activation of protein kinase B.* Science, Vol.277, No.5325, pp. 567–570

Sun, Z.; Arendt, C.W., Ellmeier, W.; Schaeffer, E.M.; Sunshine, M.J.; Gandhi, L.; Annes, J.; Petrzilka, D.; Kupfer, A.; Schwartzberg, P.L. & Littman, D.R. (2000). *PKC-theta is required for TCR-induced NF-kappaB activation in mature but not immature T lymphocytes,* Nature, Vol.404, No.6776, pp. 402-407

Swat, W.; Montgrain, V.; Doggett, T.A.; Douangpanya, J.; Puri, K.; Vermi, W. & Diacono, T.G. (2006). *Essential role of PI3Kdelta and PI3Kgamma in thymocyte survival.* Blood, Vol.107, No.5, pp. 2415–2422.

Tan, S.L. & Parker, P.J. (2003). *Emerging and diverse roles of protein kinase C in immune cell signalling,* Biochem J, Vol.376, No.Pt 3, pp. 545-52

Togo, T.; Akiyama, H.; Iseki, E.; Kondo, H.; Ikeda, K.; Kato, M.; Oda, T.; Tsuchiya, K. & Kosaka, K. (2002). *Occurrence of T cells in the brain of Alzheimer's disease and other neurological diseases,* J Neuroimmunol, Vol.124, No.1-2, pp. 83-92

Town, T.; Tan, J.; Flavell, R.A. & Mullan, M. (2005). *T cells in Alzheimer's disease.* Neuromolecular Med, Vol.7, No.3, pp. 255-264

Vanhaesebroeck, B.; Ali, K.; Bilancio, A.; Geering, B. & Foukas, L.C. (2005). *Signalling by PI3K isoforms: insights from genetargeted mice.* Trends Biochem Sci, Vol.30, No.4, pp. 194–204

Volkov, Y.; Long, A. & Kelleher, D. (1998). *Inside the crawling T cell: leukocyte function-associated antigen-1 cross-linking is associated with microtubule-directed translocation of protein kinase C isoenzymes β(I) and δ.* J. Immunol, Vol.161, No.12, pp. 6487-6495

Wang, D.; Feng, J.; Wen, R.; Marine, J.C.; Sangster, M.Y.; Parganas, E., Hoffmeyer, A.; Jackson, C.W.; Cleveland, J.L., Murray, P.J. & Ihle JN. *Phospholipase Cgamma2 is essential in the functions of B cell and several Fc receptors,* Immunity, Vol.13, No.1, pp. 25–35

Wilde, J.I. & Watson, S-P. (2001). *Regulation of phospholipase C gamma isoforms in haematopoietic cells: why one, not the other?,* Cell Signal, Vol.13, No.10, pp. 691–701

Yang, C. & Kazanietz, M.G. (2007). *Chimaerins: GAPs that bridge diacylglycerol signalling and the small G-protein Rac,* Biochem J, Vol.403, No.1, pp. 1–12

13

The Predictive Role of Hyposmia in Alzheimer's Disease

Alessandra B. Fioretti, Marco Fusetti and Alberto Eibenstein
Surgical Sciences Department, ENT, University of L'Aquila
Italy

1. Introduction

Loss of olfactory function starts at 60 years and become significantly worse after 70. In many cases olfactory disorders may be a consequence of a disease. Different types of olfactory deficit may be revealed by smell evaluation. *Anosmia* is defined as inability to perceive all odors (total) or some odors (partial). *Hyposmia* or *microsmia* is a decreased sensitivity to odors. *Dysosmia* is a distorted smell percpeption. *Olfactory agnosia* is defined as failure to identify odors in presence of normal detection and discrimination. Olfactory allucinations are named *phantosmias*.

Many common diseases may compromise the sense of smell, permanently or temporaneally. The range of diseases causing olfactory disorders varies from the common cold to neurodegenerative diseases. Most common causes of olfactory loss are local nasal diseases (allergic rhinitis, nasal polyposis, sinus disease), head trauma, viral and bacterial infections of upper airways. Some neurodegenerative diseases like Alzheimer's disease (AD) and various forms of Parkinson's disease (PD) are accompanied, even from their earliest stages, by olfactory disorders.

Dementia is defined by the American Academy of Neurology as a progressive and permanent decline in cognitive function and affects nearly 15% of people who live up to 65 years and 35% of those who reach the age of 85. The Alzheimer's Disease International (ADI) in Alzheimer World Report published in 2010 provides that an aging population with dementia - the most common form is AD which is currently estimated to affect 35,6 million of people - will nearly double in 20 years to reach 66 million in 2030 with a higher concentration in poor countries leading to enormous social costs.

The research on AD is now oriented to an early diagnosis which is essential before the development of the irreversible and typical changes due to AD. In AD patients, a reduced capacity for olfactory detection, discrimination and identification is usually found and confirmed by several studies (Mesholam et al., 1998; Hawkes, 2003; Kovacs, 2004; Albers et al., 2006; Westervelt et al., 2007).

In this chapter we present a review on the predictive role of hyposmia in the early diagnosis of AD patients.

2. Central mechanisms of smell

Humans can detect more then 10.000 different odorants (Ressler KJ et al, 1994).

Odorants may be perceived through sniffing (ortonasal olfaction) and through the mouth (retronasal olfaction) (Heillmann S & Hummel T, 2004). The anatomical area covered by olfactory neuroepithelium is estimated between 100-400 mm^2 (Moran DT et al, 1982).
The human olfactory neuroepithelium is localized in the superior turbinate, in the dorsal areas of the nasal vault and in the superior part of the nasal septum. Olfactory mucosa is composed of olfactory sensory neurons (OSNs), supporting cells, basal cells and Bowman's glands.
The OSNs are bipolar cells with a dendrite that ends in a knob with 10-25 projecting cilia.
These cilia are covered by a layer of mucus which extends over the neuroepithelium and represent the site of sensory transduction. The cilia contain G-protein-linked receptors that bind to the odour molecules (Jones D & Reed RR, 1989): the expression of these receptors is still unclear.
These receptors are proteins encoded by a family of 1,000 genes in the mammals (Buck L & Axel R, 1991) while in the humans 60% of OR genes appear to be pseudogenes (Sosinsky A et al, 2000). The G-protein activates an adenylyl cyclase that converts ATP into the second messenger cyclic adenosine 3' monophosphate (cAMP) which is the major messenger for olfactory signaling.
The cAMP opens a cyclic nucleotide-gated (CNG) channel. Cations (Na+ and Ca2+) entering through the CNG channels cause a membrane depolarization and generate an action potential which is propagated along the olfactory axon. The olfactory axon crosses the lamina propria and became an unmyelinated axon that penetrates the foramina of the cribriform plate and synapses in the glomerulus of the olfactory bulb where signals are integrated. In the glomeruli, the axons of the olfactory sensory neurons form synapses with the dendrites of the mitral and the tufted cells (second-order of neurons). The axons originated in the mitral and tufted cells leave the olfactory bulb and project to the olfactory tract, to the anterior olfactory nucleus, to the piriform lobe (prepiriform cortex, periamygdaloid cortex and entorhinal cortex) and to the limbic system (amygdala and hippocampus).
The prepiriform cortex and the periamygdaloid cortex represent the primary olfactory cortex while the entorhinal cortex, which represents the secondary olfactory cortex, receives olfactory fibres from the primary olfactory cortex (Graph 1).
When medication molecules come in contact with this specialized olfactory mucosa they are rapidly transported directly into the brain and achieved cerebrospinal fluid levels (faster than if the drug is given intravenously).
This concept of molecules transfer from the nose to the brain is referred to the so called nose-brain pathway and has implications when centrally acting medications such as sedatives, anti-seizure drugs and opiates are delivered nasally (Hussain AA, 1989; Dale O et al., 2002; Westin et al, 2006).
In this way the absorptive surface is not the intestinal mucosa so the drug is not subjected to hepatic metabolism and lead to early effects. Recently, Dale O (Dale O, 2010) indicated Intranasal fentanyl spray (INFS) as an effective treatment of breakthrough cancer pain; this formulation has been investigated as a new and convenient route of administration that may offer a rapid onset and short duration of analgesic effect.
Many studies based on the functional imaging in humans, point to the role of the piriform cortex in odor classification and differentiation (Li et al. 2006; Howard et al. 2009).

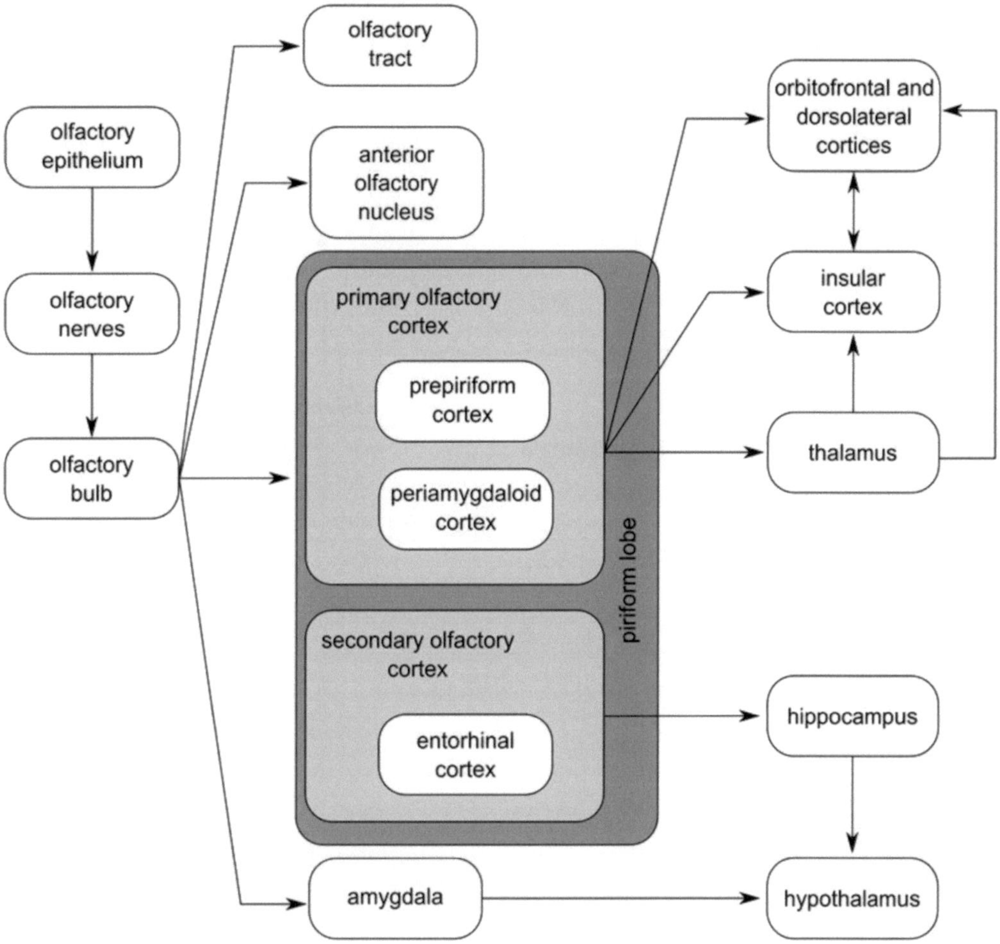

Graph 1. Central olfactory pathways of the olfactory system

The role of temporal lobe structures in olfactory memory was investigated (Dade LA et al., 2002) by the convergent approach of examination of odour learning and memory in patients who had undergone resection from a temporal lobe (including olfactory regions) for the treatment of intractable epilepsy, as well as studying these aspects in the healthy brain, through the use of the PET.

Some studies have also examined olfactory memory in patients with epilepsy before and after surgical intervention in different brain regions, and only subjects with resection within temporal lobe and orbitofrontal regions have shown impairments (West SE& Doty RL, 1995).

The piriform lobe may have an active role not only in odour perception but also in odour memory processing without hemispheric superiority among patients with resection from the left or right temporal lobe regions (Dade LA et al. 2002).

2.1 Diagnostic approaches for detecting olfactory disorders

An accurate evaluation starts with an history to establish the type of olfactory disorder (hyposmia, anosmia), the onset (rapid, slow) and progression, the presence of concomitant

nasal diseases, previous trauma and neurological symptoms, occupational exposure, medications, alcohol and tobacco consumption. A nasal examination is necessary to exclude signs of nasal diseases.
Sophisticated investigations like computed olfactometry and electrophysiological tests are available. Computed olfactometry provides the precision of the stimulus presentation and data collection but it is expensive and it requires a long time for administration. That is why it is restricted to specialized centers. The electrophysiological tests such as the odor event-related potentials evaluate the integrated electrical activity at the surface of the scalp but require a complex stimulus presentation and recording equipment.
For this reason in the last 20 years many practical and reliable psychophysical tests of olfactory function have been developed and largely diffused (Table 1).

Olfactory tests	Olfactory function tested
University of Pennsylvania Smell Identification Test (UPSIT)	Identification
Sniffin' Sticks (SS)	Identification, discrimination, threshold
Cross-Cultural Smell Identification Test (CC-SIT)	Identification
Quick Smell Identification Test (Q-SIT)	Identification
Odorant confusion matrix	Identification
Biolfa olfactory test	Identification
Brief Smell Identification Test (B-SIT)	Identification
Smell diskettes test	Identification
Smell Threshold Test (STT)	Threshold
T&T Olfactometer	Threshold
Olfactory Perception Threshold Test (OPTT)	Threshold
Sniff Magnitude test	Psycolfaction
12-item Odour Memory Test	Odorant Memory, discrimination

Table 1. Olfactory tests and respective olfactory function tested

Most of modern olfactory tests are brief and easy to use. Unilateral test with occlusion of the nostril controlateral to the tested side is preferred to evidence a monolateral anosmia which can be undervalued with a bilateral test.
In regard to cross-cultural differences in olfactory assessment, several olfactory tests have been proposed over the years to study smell function and its quantifiable parameters such as threshold, identification, discrimination and memory.
The *odor threshold* test measures the lowest concentration of a stimulus that can be discerned. Modern olfactory tests evaluate the detection threshold which is the lowest odorant concentration where such a presence is detected but not recognized (Stevens JC et al., 1988; Kobal G et al., 2000).
The *odor discrimination* test evaluates the ability to differentiate between odorants and requires the subject to decide whether two stimuli are similar or different (Kobal G et al., 2000)without requiring the identification.

The *odor identification* test evaluates the subject's ability to identify an odorant at the supra-threshold level. The multiple-choice identification test is the most sensitive and specific procedure to assess identification. In this type of test the subject identifies the stimulus from a list of odor names (Doty RL et al., 1984; Cain WS et al., 1988; Simmen G et al., 1999; Kobal G et al., 2000).

To evaluate *odor memory*, the subject is required to smell an inspection odorant and to select the same odorant from a set of alternatives choices after a delay period of 10, 30 or 60 seconds (Campbell IM et al., 1972).

Several threshold tests are available like the Smell Threshold Test (Doty RL, 2000), the odor threshold test of Sniffin' Sticks (Hummel T et al, 1997) and the T&T olfactometer (Toyota B et al. 1978).

In most cases a marked variability in threshold values depends on the techniques of stimulus presentation, interstimulus time, method of stimulus dilution, number of trials presented, confusion of the subject between detection and recognition of the stimulus.

Currently the most widely identification tests used are screening tests, as the Brief Smell Identification test (Doty et al., 1995) (B-SIT) and the Sniffin 'Sticks Screening Test (Kobal G et al.,1996;Hummel et al., 2001) (SSST) (Burghart GmbH, Wedel, Germany) and complete tests as the University of Pennsylvania Smell Identification Test (Doty et al., 1984) (UPSIT) (Sensonics, Inc., Haddon Heights, New Jersey, USA) and the Sniffin 'Sticks Extended Test (Hummel et al., 1997) (SSET). Therefore it is recommended a full assessment of respiratory function with naso-pharyngeal nasal endoscopy and rhinomanometry. After examination, further diagnostic investigations such as citology, CT or MRI of the nose and paranasal sinuses, may be prescribed to verify an insufficient ventilation in the presence of nasal or sinus diseases which make the olfactory test less reliable by substantially reducing its specificity and sensitivity.

2.1.1 Sniffin' Sticks

The SSST is a test of olfactory identification by the administration of 12 odors presented in felt-tip pens (sticks) (Hummel et al., 2001). Few hours prior to the test food intake is limited only to water. The subject is asked to identify among 4 written names of different odours the one smelled on a specific single odour stick. Based on the final score, adjusted per age and sex, subjects are classified in three categories: normosmic (>12) hyposmic (< 10) and anosmic (< 6). As opposed to neuropsychological tests the smell test is not influenced by the level of schooling. Our experience in administering the SSS test also showed that almost all of the test odors are familiar to Italian subjects except for cloves. In fact 23 of 102 normal subjects tested by us with the SSS test didn't know the cloves but they correctly identified it with the aid of the four possible answers.

The SSET provides for the assessment of olfactory identification, discrimination and threshold (Kobal et al., 2000).

The olfactory identification is evaluated with 16 odors which are presented to the patient using a 4-alternative forced-choice task with presentation of a list of 4 descriptors for each pen (normal value: ≥12 correct identifications).

The olfactory threshold is achieved by presenting the patient 16 triplets of sticks: only one of three sticks contains a smell, not the other two and the patient must recognize that stick smells unlike the other 2. The 16 odors presented to the patients for the threshold, are 16 dilutions of n-butanol. Odor threshold was represented by the mean of the last 4 out of 7 staircase reversals (normal values: >6 for men, >6.5 for women).

For the assessment of olfactory discrimination 16 triplets of odors are presented to the patient. In each triplet two sticks have the same smell and a stick has a different smell: the patient must recognize the stick with different smell (normal value: ≥11 correct discriminations). The execution time of SSET varies from 25 to 45 minutes.
The sum of the three scores in the evaluation of threshold, discrimination and identification gives us the total score (TDI score) and classifies the subject as normosmic (> 30.5), hyposmic (≤ 30.5) or anosmic (≤ 15.5)(Hummel et al., 2007).
The SS test is largely used to evaluate olfactory dysfunction in neurodegenerative disorders like Parkinson's disease (Daum RF 2000), Alzheimer and MCI (Peters JM et al., 2003).

2.1.2 UPSIT

The UPSIT is a scratch and sniff test used in North America since 1984 (Doty et al., 1984). The UPSIT is a multiple-forced-choice odor identification test available in 11 languages. For each odorant there are four alternative responses and the subject is required to choose one of these even if no smell is perceived. It requires 10 to 15 minutes to be administered. This test consists of 40 odorants at the supra-threshold level embedded in microencapsulated crystals in four booklets, each containing 10 odorants. Every odorant is located on brown strip that is "scratched" with a pencil. The UPSIT detects most olfactory disorders (anosmia, severe microsmia, moderate microsmia, mild microsmia) and also identifies malingerers on the basis of improbable responses. Malingerers avoid the correct response more often than expected on the basis of the chance (zero score detects a malingerer). The test-retest reliability is high (r=0.92) (Doty RL et al., 1989). Normative data for the UPSIT include a score on a scale of 0-40 to evaluate olfactory dysfunction and percentile ranks for men and women across the entire age span.
Some odorants of the UPSIT as root beer, skunk, fruit punch and pumpkin pie may be unfamiliar to patients outside of the USA. Although the UPSIT is a self-administered test, we underline the great importance of a ENT evaluation before each test administration because many pathologies involving nose and paranasal sinuses can interfere with the mechanical transport of the odorants to the olfactory areas with the consequent test failure. The 40-item UPSIT has been used to test olfactory dysfunctions in many neurodegenerative disorders like AD (Doty RL et al., 1987; Hawkes C. 2003), MCI (Devanand DP et al., 2000, Wang QS et al., 2002), Parkinsonism (Hawkes C. 2003), multiple sclerosis (Doty RL et al., 1999).

2.2 General diseases causing olfactory disorders

Few studies have investigated the real prevalence of olfactory disorders in the population (Deems DA et al., 1991). According to a recent study the prevalence of measured olfactory impairment is 24.5% overall, but among elderly people it can be high as 70% (Murphy C et al., 2002). Disorders of the sense of smell are caused by conditions that interfere with the access of the odorant to the olfactory neuroephytelium (transport loss), injure the receptor region (sensory loss), or damage the central olfactory pathways (neural loss). Smell disorders may be typically intermittent or permanent. When the smell disorder is intermittent there are usually some conditions that interfere with the access of the odorant to the olfactory neuroephytelium and in these cases we suppose a transport loss. Most frequent causes of transport loss are nasal diseases and polyposis. The onset of hyposmia is more gradual and intermittent, the recovery is possible with an adequate medical or surgical treatment. Conversely, a permanent olfactory dysfunction may be secondary to an injure of the receptor region when there is a sensory loss (like in prior upper respiratory infections and toxic exposure) or secondary to a damage of the central olfactory pathways in case of neural loss (like in head trauma). A temporary hyposmia often occurs with a prior upper respiratory infection but in a small percentage of cases olfaction never returns. Temporary or permanent hyposmia due to toxic exposure can occur through modification of neurotransmitter levels or anatomical damage to the olfactory receptor. Even a minor head trauma can produce a total anosmia and recovery occurs in fewer than 10 %, most occurring several months. Olfactory impairment is a common occurrence in aging and may be an early signal of neurodegenerative disease. Olfactory loss caused by aging and diseases effects both quality of life and personal safety. Aging as well as prior upper respiratory infections, head trauma (approximately 5-10% of adult patients with head trauma report olfactory loss to be in anosmic range) and nasal and/or sinus diseases lead to smell dysfunction but frequently the cause of the olfactory loss remains unknown (idiopathic smell dysfunction). Disorders of olfactory function have been also associated with the exposure to toxic chemicals, tobacco smoking, endocrine disorders (hypothyroidism, diabetes, Kallmann's syndrome, Cushing syndrome) and neurodegenerative diseases (Table 2). Among these, Alzheimer's disease (AD) is one of the earliest to be reported and studied in detail.

Nasal/sinus diseases
Head trauma
Prior upper respiratory infections (viral, bacterial)
Idiopathic
Toxic exposure (drugs, airbone compounds like metals, dusts, ecc.)
Neurodegenerative diseases
Congenital
Endocrine disorders (hypothyroidism, diabetes, Kallmann's syndrome, Cushing syndrome)
Tumors (olfactory groove meningioma, temporal lobe glioma, nasopharyngeal carcinoma)

Table 2. Main disorders associated with smell dysfunction

2.3 Clinical and pathological features of hyposmia in different CNS diseases

Hyposmia is one of the markers of a future cognitive decline but it is not specific for AD because it can also precede other neurological diseases, like PD and multiple sclerosis (Table 3).

Although genetic predisposition in undoubtedly relevant in AD (older people with Down syndrome inevitably developed AD) environmental agents cannot be ignored (Table 4).

Particular attention should be paid to recent theories suggesting the olfactory neuroepithelium as a major point of invasion by external pathogens such as viruses, ionized metals (cadmium, gold, manganese) and nanoparticles to the central nervous system (Charles et al., 1995; Itzhaki et al., 2004; Doty, 2008).

Alzheimer's disease	Mild Cognitive Impairment
Idiopathic Parkinson's disease	Guam Parkinson's disease-dementia complex
Dementia with Lewy bodies	Down syndrome
Amyotrophic lateral sclerosis	Huntington's disease
Multiple sclerosis	Motor neuron disease
Pallidopontonigral degeneration	Korsakoff's psychosis
Multiple system atrophy (type-P)	Friedreich's ataxia

Table 3. Neurodegenerative diseases associated with olfactory dysfunction

Viruses
Toxic metals (cadmium, iron, manganese)
Air pollutants
Herbicides (rotenone)
Defoliants

Table 4. Possible environmental agents implicated in the "olfactory vector hypothesis"

The "olfactory vector hypothesis" suggests that certain viruses could be transported directly from the olfactory epithelium to the olfactory bulb and the central regions of the limbic system, without intermediate synapses, not causing damage to the epithelium, but only using this route to reach the brain (Youngentoub et al., 2001).

The "olfactory vector hypothesis" may explain how some neurodegenerative diseases like AD and PD may be caused by external patogenes that damage the olfactory system and enter the brain through the nose possibly in accordance with genetically determined substrates (Youngentoub et al., 2001).

Different brain cells may be infected by viruses in the presence or absence of certain specific receptors to which the virus would bind. However the entry of a pathogen through the nose seems more feasible as a cause of PD than AD.

2.3.1 Alzheimer's disease

In the preclinical phase which can precede over decades the disease, the presence of typical lesions of AD as amyloid plaques and neurofibrillary tangles have been demonstrated, even at the level of brain areas involved in olfactory function. Until few years ago it was thought that the beta-amyloid, the first 42 aminoacids of the amyloid precursor protein (APP), was just an inactive storage without biological activity. Recent researches have shown that the Aβ-42 provides cellular cascades and it's an initiator of the degeneration of neurons. The hyperphosphorylation of tau protein from which neurofibrillary tangles originate would be determined by the action of Aβ42. Autoptic studies conducted in the olfactory neuroepithelium in the past proposed the hypotesis that the diagnosis of AD would be confirmed by the finding of typical lesions at this periferic level (Lovell et al., 1982; Talamo et al., 1989; Arnold et al., 2010). However, following studies showed that these changes were not specific for AD because they where similar to those found in other neurodegenerative diseases and in control elderly subjects (Trojanowski et al., 1991; Kishikawa et al., 1994; Smutzer et al., 2003). The presence of amyloid plaques and neurofibrillary tangles has been widely described in all layers of the olfactory bulb and in the central olfactory pathway of patients with AD (Kovacs et al., 2001) with a significant association between the peripheral olfactory and cortical degenerative changes (Christen-Zaech S et al., 2003). However it is not yet determined whether the olfactory involvement first appears at peripheral levels, in the olfactory bulb or in the temporal cortex.

There is a strict relationship between the loss of cells in the anterior olfactory nucleus, the development of anosmia, the extent of neurofibrillary degeneration and the severity of AD. It has long been known that the typical lesions of AD are early and selectively localized in rhinencephalon. This is not surprising when one considers that the rhinencephalon plays a key role in all processes of memory and that the first symptom in AD, the most important and included in all diagnostic systems as deemed necessary, is the early deficit of memory.

Some authors point out in many patients with AD the presence of early anosmia with slowly progressive deterioration of cognitive disorder. According to some authors, the olfactory deficit in AD could be based on a genetic predisposition. The allele ε4 of apolipoprotein E gene is a known genetic marker of hereditary AD with a low prevalence and it is the subject of ongoing researches. Schiffman (Schiffman SS et al, 2002) found that at-risk relatives of AD patients had higher detection thresholds and decreased odor memory than control subjects with an ApoE-4 status not associated with at-risk status. Conversely Graves (Graves et al., 1999) showed an increased risk of cognitive decline in patients with olfactory deficit and allele ε4, greater in males but with a trend also evident in females.

The transentorhinal area is early impaired in AD and it would be the point of passage of the sensory cortical afferents to the hippocampus, followed by the involvement of the anterior parahippocampal cortex or the entorhinal area (Braak&Braak, 1998).

In general terms, therefore, the entorhinal cortex receives a constant flow of informations from cognitive and sensory associative areas, that move towards the hippocampus to recover in a consolidated form. These informations are transmitted to the associative areas where they are encoded in the form of memory traces.

In contrast with the hypothesis of early involvement of the transentorhinal area, Kovacs (Kovacs, 2001) argues that neurofibrillary tangles are present in the anterior olfactory nucleus prior to the first changes observed in the entorhinal cortex.

The primary olfactory cortex would also be less severely affected than medial orbitofrontal cortex (associative area) and there would be a correlation between the pathology of the olfactory bulb and some areas not involved in olfactory processes.

2.3.2 Parkinson's disease

PD is a progressive neurodegenerative disease characterized by a loss of dopaminergic neurons in the substantia nigra. In the majority of cases it's clinically diagnosed as idiopathic Parkinson's disease (IPD). In the IPD the impairment of smell has been well documented in the early stages with the use of psychophysical tests (Doty et al., 1992; Daum et al., 2000, Muller et al., 2002; Ponsen MM et al., 2004; Haehner et al., 2007) and olfactory evoked response (Barz et al., 1997).

Olfactory dysfunction is a non-motor symptom of PD which includes deficits in odor detection, discrimination and identification without any relationship with the duration or severity of parkinsonism and with the nigrostriatal dopamine depletion.

As confirmed by autoptical studies (Beach TG et al., 2009) the presence of α-synucleinopathy in the olfactory bulb predicts, with greater than 90% sensitivity and specificity, the existence of neuropathologically confirmed PD.
Recent findings support the association between anosmia and autonomic failure, like orthostatic hypotension, in sporadic PD so they might provide biomarkers of the pathogenetic process. (Kaufmann H et al., 2004; Goldstein D et al., 2010).
Once IPD has become clinically manifest, olfaction appears to be already severely compromised, which is in line with the absence of longitudinal changes of olfactory function during IPD progression (Herting et al. 2008).
In a recent study (Wattendorf E et al., 2009) gray matter atrophy was investigated using morphometric analysis of magnetic resonance images voxel-based morphometry (VBM) and it was related to psychophysically measured scores of olfactory function in early PD patients, moderately advanced PD patients and age-matched healthy controls. Cortical atrophy in olfactory-related brain regions (mainly in the right piriform cortex in early PD patients and in the right amygdala in moderately advanced PD patients) was shown in PD patients, but not in controls, and it was specifically correlated with the olfactory dysfunction.
A selective hyposmia in PD patients correlated with hippocampal dopamine innervation as shown by DAT (dopamin transporter) PET binding was also demonstrated (Bohnen NI et al., 2008). These findings support the hypothesis of selective deficits in odor identification correlating with dopaminergic activity in the hippocampus, an area related to cognitive and memory processing.
Dopamine replacement therapy, does not improve olfaction in PD, suggesting that hyposmia cannot be explained by dopamine deficiency alone (Doty RL et al.,1992).

2.3.3 Multiple sclerosis

Multiple sclerosis (MS) is a demyelinating disease of the central nervous system. In MS (Doty et al., 1999) the olfactory abilities decline progressively over the course of the disorder. The presence of olfactory dysfunction in MS is confirmed by studies with UPSIT and olfactory evoked potentials (Hawkes CH et al., 1997) and with Sniffin' Sticks (Fleiner F et al., 2010). An important role could be entrusted to the association of olfactometric and neuropsychological measurements with imaging.

2.3.4 Epilepsy

The presence of olfactory deficits is also well known in epilepsy. Chen (Chen C et al.2003) in a study on patients who underwent temporal lobectomy for medically intractable temporal lobe epilepsy (TLE) found olfactory auras in 12 (5.5%) patients. The conclusion of this study is that the mesial temporal sclerosis is the most common aetiology rather than tumors and that the mesial temporal structures, especially the amygdala, may play an important role in the genesis of olfactory auras.

2.4 The role of olfactory test in Alzheimer's disease

The olfactory identification tests are considered more sensitive and specific in distinguishing patients with AD from control subjects. Although it is not possible to determine how early the olfactory deficit appears in the course of AD, it is well established that its presence is an early and consistent element before the clinical diagnosis (Devanand et al., 2000; Royall et al., 2002; Swan et al., 2002; Wilson et al., 2009). Some studies highlighted the increase in olfactory threshold in AD subjects rather than in the control group (Nordin et al., 1997) while other studies showed that the olfactory identification is compromised earlier than the perception.

Anosmia, alongside at least one allele of Apo-E 4 may be associated with a risk five times higher to develop a subsequent cognitive decline (Graves et al., 1999). Wilson et al. (Wilson et al., 2007a) in a recent study showed a deficit of olfactory identification inversely related to AD (in particular with NFT in the entorhinal cortex and hippocampus) in elderly patients. The autopsy outcomes suggested that in elderly the olfactory identification deficit is partly due to the accumulation of NFT in the primary olfactory cortex.

Hyposmia can predict the next start of mild cognitive impairment (MCI) in patients with a not yet measurable cognitive impairment (Wilson et al., 2007b) and an increased risk of AD was demonstrated in MCI patients with hyposmia associated with unawareness of the olfactory deficit (Devanand et al., 2000). Conversely Bahar-Fucks et al. suggest that unawareness of olfactory deficit does not improve the identification of patients with MCI progressing to AD (Bahar-Fuchs et al., 2011).

Hyposmia incurs with a latency of less than 10 years since the beginning of clinical manifestations of the disease in patients with AD and autosomal dominant mutation of the presenilin-1(Nee et al., 2001). Another explanation could be that the olfactory deficit is predictive only of sporadic forms of AD.

In a recent study (Luzzi et al., 2007) the smell was measured in patients with mild semantic dementia, with frontotemporal dementia, with corticobasal degeneration and with mild AD. As expected, patients with AD showed lower scores in the discrimination, denomination and visual recognition. Patients with semantic dementia showed a normal discrimination but a marked reduction in denomination and olfactory agnosia. In patients with frontotemporal dementia and corticobasal degeneration there was a slight deficit of naming and discrimination.

Compared to the olfactory tests the role of olfactory event-related potentials (OERPs) is considered useful in the diagnosis of AD (Morgan&Murphy, 2002).

The results of olfactory tests are supported by functional imaging techniques (CT, MRI, PET) which show a reduced activation of the central olfactory structures (Wang et al., 2010), mainly on the right side (Kareken et al., 2001) and an atrophy of hippocampus (Jack et al., 1992;Yousem et al., 2001) and olfactory bulb (Thomann et al., 2009).

Murphy et al. (Murphy et al., 2003) studied olfactory function (odor threshold and odor identification) and volumetric MRI measures of mesial temporal areas (hippocampus, the parahippocampal gyrus and the amygdala) in patients with probable AD. They found strong relationships between mesial temporal lobe volumes and olfactory functional measures, particularly between the left hippocampal volume and the performance on the odor identification task so they concluded a left-hemisphere prevalence for verbally mediated olfactory tasks.

2.5 The role of olfactory test in Mild Cognitive Impairment

In a recent study we highlighted the role of olfactory test in early diagnosis of dementia (Fusetti et al, 2010).

The early identification of those patients which can develop a dementia before its clinical appearance has become a priority since they could benefit from therapeutic and preventive options. For this reason in our researches we selected patients with Mild Cognitive Impairment (MCI).

The term MCI defines a transient condition that occurs along the progression from normal aging to dementia and comprises a broad clinical spectrum of pre-dementia stages. Standard MCI diagnostic criteria are the following:

1. subjective symptoms of memory loss
2. pathologic performance in mnemonic testing in relation to age and level of schooling
3. normal activities of daily living
4. normal cognitive functions
5. absence of dementia
6. lack of other diseases which impair or may alter memory (Petersen et al., 2001).

The discriminant role of the olfactory test was determined by the outcomes of a study on a group of patients with amnesic Mild Cognitive Impairment (aMCI) which is the category with the higher risk of conversion in AD (Peters et al., 2003). aMCI progresses to AD with a prevalence of 15% annually and they are identified clinically with neuropsychologic testing to determine isolated memory loss.

In our study 29 patients diagnosed with aMCI were selected and reassessed at 18 months (T1) after the first visit (T0). Exclusion criteria were considered neuropsychiatric disorders different from aMCI (Parkinson's disease, schizophrenia, multiple sclerosis and depression), head trauma (with loss of consciousness greater than 15 minutes), maxillofacial surgery, rhinosinusitis, nasal polyposis, chronic obstructive pulmonary disease, asthma, active hepatitis, cirrhosis, chronic renal failure, vitamin B12 deficiency, alcohol and drug abuse, cerebral vascular accidents, insulin dependent diabetes mellitus, hypothyroidism and Cushing syndrome.

The patients underwent an assessment by the SSST and the SSET and a neuropsychological evaluation using the Mini Mental State Examination (MMSE) and the Mental Deterioration Battery (MDB).

The MMSE is a quick, simple and reliable screening test used to explore cognitive functions and to evaluate disease progression. However its applicability in differential diagnosis shows limitations as well, due to the low reliability in individualizing specific profiles of cognitive deficit. The MMSE requires 5-10 minutes and it provides a score between 0 and 30 points adjusted according to the age and years of education in the Italian population. The MMSE score >24 was used as cut-off to distinguish between MCI and early dementia.

The MDB discriminates with a high degree of accuracy AD patients from normal aging subjects and it provides qualitative informations on the cognitive deficit. The MDB is a battery including seven tests that measures memory function and other cognitive abilities. This test is easily reproducible and lasts between 45 and 75 minutes.

Further inclusion criteria were the diagnosis of "questionable demented" (score=0.5) according to the CDR. Depressive symptoms were rated using the GDS with a score > 6 as cut off to discriminate patients with depression. All patients underwent CT scan or MRI of the brain to assess the presence and degree of cerebral atrophy and causes of secondary dementia.

Patients with aMCI showed a lower score in the ability of olfactory identification and discrimination worse than 18 months from first visit. The percentages of normosmic, hyposmic, anosmic patients at T0 and T1 based on the mean TDI score are reported in Table 5. We demonstrated that all patients (100%) who developed AD were hyposmic at T0 while of 20 patients who didn't develop AD 12 (60%) were hyposmic and 1 (5%) was anosmic based on TDI score.

aMCI patients	*T0*	*T1*
9 with AD, n (%) Score on TDI	9 hyposmic (100%)	9 hyposmic (100%)
20 without AD, n (%) Score on TDI	7 normosmic (35%) 12 hyposmic (60%) 1 anosmic (5%)	5 normosmic (25%) 14 hyposmic (70%) 1 anosmic (5%)

Table 5. Percentages of normosmic, hyposmic, anosmic patients at T0 and T1 based on the mean TDI score

The correlation between individual neuropsychological tests of the MDB and the 3 olfactory functions (threshold-discrimination-identification) evalueted with the SSET was examined with the Spearman correlation.

The most statistically significant correlations were found between olfactory discrimination and copying designs with elements of programming, between olfactory discrimination and verbal fluency, between olfactory discrimination and immediate recall of Rey's 15 words and between olfactory identification and delayed recall of Rey's 15 words.

The olfactory test has been shown to be sensitive and in some cases statistically more reliable of neuropsychological tests such as the MMSE. Another fact that emerges from the results of our study is that the olfactory test appears to allow a prediction of conversion to AD in aMCI who show a worsening of 'olfactory identification at follow-up. 9 of 29 patients with aMCI (31%) developed AD, and all had a worse olfactory deficit to 18 months from the first survey showing also unawareness of their olfactory deficit.

This finding confirms the results of Devanand stating that the olfactory deficit associated with unawareness increase the risk of progression to AD.

Our data show an early olfactory deficit in aMCI patients and suggest to introduce the study of the smell in early evaluation of aMCI patients. At follow-up we evidenced a more rapid cognitive than olfactory decline but they must be confirmed on the basis of further studies on a larger sample population. We also demonstrated a significant progression from hyposmia to anosmia in aMCI patients which have developed AD after 18 months. This suggested the validity of the olfactory test as a possible early diagnostic marker of AD. Moreover we found in the 20 aMCI patients that did not developed AD an increase of the mean MMSE score at the 18 months follow-up. These findings is in concordance with epidemiological studies which suggest that the progression of MCI is heterogeneous and may be reversible, stable or progress to AD (Ritchie K et al., 2001; De Carli C., 2003). Förster et al. have instead shown in patients with early AD studied with SSET and FDG-PET a correlation between the scores in the identification, discrimination and olfactory threshold and different areas of brain activation (Förster et al., 2010). In our studies we confirmed the accuracy of the olfactory test to find an impairment of the olfactory identification function in the early stages of AD.

3. Conclusion

The olfactory tests are a useful and reliable diagnostic aid for the identification of olfactory deficit. They are easy to use, with a low cost, they don't take too much time for the administration and they are not influenced by the level of education. The ideal test should overcome the problem of the different ethnic and currently the most widely used standardized tests in clinical practice and research are the UPSIT and the SS. For a first rapid evaluation the screening identification test can be used but in case of abnormal results or if cognitive disorders are suspected a complete test is strongly reccomended.

The only olfactory test is obviously not sufficient for the early diagnosis of AD but its high sensitivity is now accepted and should be included into a full battery of neuropsychological tests and other diagnostic aids (ApoE, PET or SPECT brain, functional MRI, etc..) commonly used to evaluate these patients.

The role of the ENT specialist in this area is very important as fundamental to ensuring the reliability of the olfactory test excluding with a careful selection of patients hyposmia secondary to malformations, acute and chronic inflammatory phenomena, allergy, exposure to irritants. We also recommend to avoid the self-administration expecially if the test is not for screening aims but is part of the clinical routine for diagnosis.

In conclusion, we can assert that the role of olfactory deficit in neurodegenerative diseases is still underestimated, mainly for the problem of an early and correct identification of a clinical disorder. Long-term studies can determine the real predictive value of hyposmia in AD and the efficacy of early treatment even on olfactory function.

4. References

Albers, M., Tabert, M. & Devanand, D. (2006). Olfactory dysfunction as a predictor of neurodegenerative disease. *Current Neurology and Neuroscience Reports*, Vol.6, No. 5 , (september) pp.379-386.

Arnold, SE., Lee, EB., Moberg, PJ., Stutzbach L, Kazi H, Han LY, Lee VM, Trojanowski JQ. (2010). Olfactory epithelium amyloid-beta and paired helical filament-tau pathology in Alzheimer disease. *Annals of Neurology*, Vol.67, No.4, (april), pp.462-469.

Bahar-Fuchs, A., Moss, S., Rowe, C. & Savage, G. (2011). Awareness of olfactory deficits in healthy aging, amnestic mild cognitive impairment and Alzheimer's disease. *International Psychogeriatrics*, Vol.21 (January), pp.1-10.

Barz, S., Hummel, T., Pauli, E., Majer, M., Lang, CJ. & Kobal G. (1997). Chemosensory event-related potentials in response to trigeminal and olfactory stimulation in Parkinson's disease. *Neurology*, Vol.49, No.5, (november)pp.1424-1431.

Beach, TG., White, CL. , Hladik, CL., Sabbagh MN, Connor DJ, Shill HA, Sue LI, Sasse J, Bachalakuri J, Henry-Watson J, Akiyama H, Adler CH & Arizona Parkinson's Disease Consortium. (2009). Olfactory bulb alpha-synucleinopathy has high specificity and sensitivity for Lewy body disorders. *Acta Neuropathologica,* Vol.117, No.2, (february), pp.169-174.

Bohnen, NI., Gedela, S., Herath, P., Constantine, GM., & Moore, RY. (2008). Selective Hyposmia in Parkinson Disease: Association with Hippocampal Dopamine Activity. *Neuroscience Letters*, Vol.447, No.1, (December), pp.12–16.

Braak, H. & Braak, E. (1998). Evolution of neuronal changes in the course of Alzheimer's disease. *Journal of Neural Transmission Supplement*, Vol.53, pp.127-140.

Buck, L. & Axel, R. (1991). A novel multigene family may encode odorant receptors: a molecular basis for odor recognition. *Cell* , Vol.65, No.1, (april), pp.175–187.

Cain, WS., Gent, JF., Goodspeed, RB. & Leonard, G. (1988). Evaluation of olfactory dysfunction in the Connecticut Chemosensory Clinical Research Center. *Laryngoscope,* Vol.98, No.1, (january), pp.83-88.

Campbell, IM. & Gregson, RAM. (1972). Olfactory short term memory in normal, schizophrenic and brain damaged cases. *Australian Journal of Psychology,* Vol.24, pp.179-185.

Charles, PC., Walters, E., Margolis, F. & Johnston, RE. (1995) Mechanism of neuroinvasion of Venezuelan equine encephalitis virus in the mouse. *Virology,* Vol.208, No.2, (April), pp.662-671.

Chen, C., Shih, YH., Yen, DJ., Lirng, JF., Guo, YC., Yu, HY. & Yiu, CH. (2003). Olfactory auras in patients with temporal lobe epilepsy. *Epilepsia,* Vol.44, No. 2, (February), pp.257-260

Christen-Zaech, S., Kraftsik, R., Pillevuit, O., Kiraly, M., Martins, R., Khalili, K. & Miklossy, J. (2003). Early olfactory involvement in Alzheimer's disease. Canadian *Journal of Neurological Sciences,* Vol.30, No.1, (February):pp.20-25.

Dale, O., R. Hjortkjaer, & Kharasch E.D.(2002). Nasal administration of opioids for pain management in adults. *Acta Anaesthesiologica Scandinavica,* Vol.46, No.7, (august), pp. 759-770.

Dale, O. (2010). Intranasal administration of opioids/fentanyl - Physiological and pharmacological aspects. *European Journal of Pain Supplements,* Vol.4, Issue 3, pp.187-190

Dade, LA., Zatorre, RJ. & Jones-Gotman, M. (2002). Olfactory learning: convergent findings from lesion and brain imaging studies in humans. *Brain,* Vol.125, No.1, (janu ary), pp.86-101.

Daum, RF., Sekinger, B., Kobal, G. & Lang, CJ. (2000). Olfactory testing with "Sniffin' Sticks" for clinical diagnosis of Parkinson disease. *Nervenarzt,* Vol.71, No.8, (August), pp.643-650.

DeCarli, C. (2003). Mild cognitive impairment:prevalence, prognosis, aetiology and treatment. The *Lancet Neurology,* Vol. 2, No.1(January):pp.15-21.

Deems, DA., Doty, RL., Settle, G., Moore-Gillon, V., Sharman, P., Mester, AF., Kimmelman, CP., Brightman, VJ. & Snow, JB. (1991). Smell and taste disorders, a study of 750 patients from the University of Pennsylvania smell and taste centre. *Archives of Otolaryngology-Head and Neck Surgery,* Vol.117, No. 5, (may), pp.519-528.

Devanand, DP., Michaels-Marston, KS., Liu, X., Pelton, GH., Padilla, M., Marder, K., Bell, K. , Stern, Y. & Mayeux, R. (2000). Olfactory deficits in patients with mild cognitive impairment predict Alzheimer's disease at follow-up. *The American Journal of Psychiatry,* Vol.157, No.9, (September), pp.1399-1405.

Doty, RL., Shaman, P. & Dann, M. (1984). Development of the University of Pennsylvania Smell Identification Test: a standardized microencapsulated test of olfactory function. *Physiology & Behavior,* Vol.32, No.3, (March), pp.489–502.

Doty, RL., Reyes, PF. & Gregor, T. (1987). Presence of both odor identification and detection deficits in Alzheimer diseaese. *Brain Research Bulletin,* Vol.18, No.5, (May), pp.597-600.

Doty, RL., Frye, RE. & Agrawal, U. (1989). Internal consistency reliability of the fractionated and whole University of Pennsylvania Smell Identification Test. *Perception & Psychophysics,* Vol.45, No.5, (May), pp.381-384.

Doty, RL., Stern, MB., Pfeiffer, C., Gollomp, SM. & Hurtig, HI. (1992). Bilateral olfactory dysfunction in early stage treated and untreated idiopathic Parkinson's disease. *Journal of Neurology, Neurosurgery & Psychiatry,* Vol.55, No.2, (February), pp.138-142.

Doty, RL., McKeown, DA., Lee, WW. & Shaman, P. (1995). A study of the test-retest reliability of ten olfactory tests. *Chemical Senses,* Vol.20, No.6, (December), pp.645–656.

Doty, RL., Li, C., Mannon, LJ. & Yousem, DM. (1999). Olfactory dysfunction in multiple sclerosis: relation to longitudinal changes in plaque numbers in central olfactory structures. *Neurology,* Vol.53, No.4, (September), pp.880-882.

Doty, RL. (2000). The Odor Threshold Test administration manual. Haddon Hts., NJ: Sensonics, Inc.

Doty, RL. (2008). The olfactory vector hypothesis of neurodegenerative disease: is it viable? *Annals of Neurology,* Vol.63, No.1, (January), pp.7-15.

Fleiner, F., Dahlslett, SB., Schmidt, F., Harms, L. & Goektas, O. (2010). Olfactory and gustatory function in patients with multiple sclerosis. The *American Journal of Rhinology & Allergy,* Vol.24, No.5, (September), pp.93-97.

Förster, S., Vaitl, A., Teipel, SJ., Yakushev, I., Mustafa, M., la Fougère, C., Rominger, A., Cumming, P., Bartenstein, P., Hampel, H., Hummel, T., Buerger, K., Hundt, W. & Steinbach, S. (2010). Functional Representation of Olfactory Impairment in Early Alzheimer's Disease. *The Journal of Alzheimer's Disease,* Vol.22, No.2, pp.581-591.

Fusetti, M., Fioretti, A., Silvagni, F., Simaskou, MN., Sucapane, P., Necozione, S. & Eibenstein, A. (2010). Smell and preclinical Alzheimer disease: study on 29 aMCI patients. *Journal of Otolaryngology-Head & Neck Surgery,* Vol.39, No.2 (Apr), pp.175-181

Goldstein, D., Sewell, LT. & Holmes, C. (2010). Association of anosmia with autonomic failure in Parkinson disease. *Neurology,* Vol.74, No.3, (January), pp.245-251.

Graves, AB., Bowen, JD., Rajarem, L., McCormick, WC., McCurry, SM., Schellenberg, GD. & Larson, EB. (1999). Impaired olfaction as a marker for cognitive decline. *Neurology,* Vol.53, No.7, (october), pp.1480-1487.

Haehner, A., Hummel, T., Hummel, C., Sommer, U., Junghanns, S. & Reichmann, H. (2007). Olfactory loss may be a first sign of idiopathic Parkinson's disease. *Movement Disorders,* Vol.22, No.6, (april), pp.839–842.

Hawkes, C. (2003). Olfaction in neurodegenerative disorder. *Movement Disorders,* Vol.18, No.4, (april), pp.364-372.

Hawkes, CH., Shephard, BC. & Kobal, G. (1997). Assessment of olfaction in multiple sclerosis: evidence of dysfunction by olfactory evoked response and identification tests. *Journal of Neurology, Neurosurgery, and Psychiatry,* Vol.63, No.2, (august), pp.145-151.

Heilmann, S. & Hummel, T. (2004). A new method for comparing orthonasal and retronasal olfaction. *Behavioral Neuroscience,* Vol.118, No.2, (april), pp.412–419.

Herting, B., Schulze, S., Reichmann, H., Haehner, A. & Hummel, T. (2008). A longitudinal study of olfactory function in patients with idiopathic Parkinson's disease. *Journal of Neurology*, Vol.255, No.3, (march), pp.367-370.

Howard, JD., Plailly, J., Grueschow, M., Haynes, JD. & Gottfried, JA. (2009). Odor quality coding and categorization in human posterior piriform cortex. *Nature Neuroscience* Vol.12, No.7, (july), pp.932–938.

Hummel, T., Sekinger, B., Wolf, SR., Pauli, E. & Kobal, G. (1997). 'Sniffin' sticks': olfactory performance assessed by the combined testing of odor identification, odor discrimination and olfactory threshold. *Chemical Senses*, Vol.22, No.1, (february), pp.39-52.

Hummel, T., Konnerth, CG., Rosenheim, K. & Kobal, G. (2001). Screening of olfactory function with a four-minute odor identification test: reliability, normative data and investigations in patients with olfactory loss. *Annals of Otology, Rhinology &Laryngology*, Vol.110, No.10, (October), pp.976-981.

Hummel, T., Kobal, G., Gudziol, H. & Mackay-Sim, A. (2007). Normative data for the ''Sniffin' Sticks'' including tests of odor identification, odor discrimination, and olfactory thresholds: an upgrade based on a group of more than 3, 000 subjects. *European Archives of Oto-Rhino-Laryngology*, Vol.264, No.3, (march), pp.237–243.

Hussain, AA., (1989). Mechanism of nasal absorption of drugs. *Progress in Clinical Biological Research*, Vol.292, pp. 261-272.

Itzhaki, R. & Itzaki, R. (2004). Herpes simplex vius type 1, apolipoprotein E and Alzheimer's disease. *Herpes*, Vol.11, Suppl.2, (june), pp.77A-82A.

Jack, CR. Jr, Petersen, RC., O'Brien, PC. & Tangelos, EG. (1992). MR-based hippocampal volumetry in the diagnosis of Alzheimer's disease. *Neurology*, Vol.42, No.1, (january), pp.183–188.

Jones, D. & Reed, RR. (1989). G_{olf}: an olfactory neuron specific-G protein involved in odorant signal transduction. *Science*, Vol.244, No.4906, (may), pp.790-795.

Kareken, DA., Doty, RL., Moberg, PJ. Mosnik, D., Chen, SH., Farlow, MR. & Hutchins, GD. (2001). Olfactory evoked regional cerebral blood flow in Alzheimer's disease. *Neuropsychology*, Vol.15, No.1, (January), pp.18-29.

Kaufmann, H., Nahm, K., Purohit, D. & Wolfe, D. (2004). Autonomic failure as the initial presentation of Parkinson disease and dementia with Lewy bodies. *Neurology*, Vol.63, No.6, (september), pp.1093–1095.

Kishikawa, M., Iseki, M., Sakae, M., Kawaguchi, S. & Fujii, H. (1994). Early diagnosis of Alzheimer's? *Nature*, Vol.369, No.6479, (june), pp.365-366.

Kovacs, T., Cairns, NJ. & Lantos, PL. (2001). Olfactory centres in Alzheimer's disease: olfactory bulb is involved in early Braak's stages. *Neuroreport*, Vol.12, No.2, (February), pp.285-288.

Kobal, G., Hummel, T., Sekinger, B., Barz, S., Roscher, S. & Wolf, S. (1996). "Sniffin'Sticks": Screening of olfactory performance. *Rhinology*, Vol.34, No.4, (December), pp.222-226.

Kobal, G., Klimek, L., Wolfensberger, M., Gudziol, H., Temmel, A., Owen, CM., Seeber, H., Pauli, E., Hummel, T. (2000). Multicenter investigation of 1.036 subjects using a standardized method for the assessment of olfactory function combining tests of odor identification, odor discrimination and olfactory thresholds. *European Archives of Oto-Rhino-Laryngology*, Vol.257, No.4, pp.205-211.

Kovàcs, T. (2004). Mechanisms of olfactory dysfunction in aging and neurodegenerative disorders. *Ageing Research Review,* Vol.3, No.2, (april), pp.215-232.

Li, W., Luxenberg, E., Parrish, T. & Gottfried, JA. (2006). Learning to smell the roses: experience-dependent neural plasticity in human piriform and orbitofrontal cortices. *Neuron* , Vol.52, No.6, (december), pp.1097–1108.

Lovell, MA., Jafek, BW., Moran, DT. & Rowley, JC. (1982). Biopsy of human olfactory mucosa: an instrument and a technique. *Archives of Otolaryngology,* Vol.108, No.4, (april), pp.247-249.

Luzzi, S., Snowden, JS., Neary, D., Coccia, M., Provinciali, L., Lambon, RMA. (2007). Distinct patterns of olfactory impairment in Alzheimer's disease, semantic dementia, frontotemporal dementia and corticobasal degeneration. *Neuropsychologia,* Vol.45, No.8, (april), pp.1823-1831.

Mesholam, RI., Moberg, PJ., Mahr, RN. & Doty, RL. (1998). Olfaction in neurodegenerative disease: a meta-analysis of olfactory functioning in Alzheimer's and Parkinson's diseases. *Archives of Neurology,* Vol.55, No.1, (January), pp.84-90.

Moran, DT., Rowley, J., Jafek, BW. & Lovell, MA. (1982). The fine structure of the olfactory mucosa in man. *Journal of Neurocytology,* Vol.11, No.5, (October), pp.721-746.

Morgan, CD. & Murphy C. (2002). Olfactory event-related potentials in Alzheimer's disease. *Journal of the International Neuropsychological Society,* Vol.8, No.6, (September), pp.753-763.

Muller, A., Mungersdorf, M., Reichmann, H., Strehle, G. & Hummel, T. (2002). Olfactory function in Parkinsonian syndromes. *Journal of Clinical Neuroscience,* Vol.9, No.5, (september), pp. 521–524.

Murphy, C., Schubert, CR., Cruickshanks, KJ., Klein, BE., Klein, R. & Nondahl, DM. (2002). Prevalence of olfactory impairment in older adults. *JAMA,* Vol.288, No.18, (november), pp.2307-2312.

Murphy, C., Jernigan, TL. & Fennema-Notestine, C. (2003). Left hippocampal volume loss in Alzheimer's disease is reflected in performance on odor identification: a structural MRI study. *Journal of the International Neuropsychological Society,* Vol.9, No.3, (march), pp.459-471.

Nee, LE. & Lippa, CF. (2001). Inherited Alzheimer's disease PS-1 olfactory function: a 10-year follow-up study. *American Journal of Alzheimer's Disease and Other Dementia,* Vol.16, No.2, (march-april):pp.83-84.

Nordin, S., Almkvist, O., Berlglund, B., Wahlund, LO. (1997). Olfactory dysfunction for pyridine and dementia progression in Alzheimer Disease. *Archives of Neurology,* Vol.54, No.8, (august), pp.993-998.

Peters, JM., Hummel, T., Kratzsch, T., Lotsch, J, Skarke, C.. & Frolich, L. (2003). Olfactory function in mild cognitive impairment and Alzheimer's disease: an investigation using psychophysical and electrophysiological techniques. The *American Journal of Psychiatry,* Vol.160, No.11, (November), pp.1995-2002.

Petersen, RC., Doody, R., Kurz, A., Mohs, RC., Morris, JC., Rabins, PV., Ritchie, K., Rossor, M., Thal, L. & Wimblad, B. (2001) Current concepts in mild cognitive impairment. *Archives of Neurology,* Vol.58, No.12, (December), pp.1985-1992.

Ponsen, MM., Stoffers, D., Booij, J., van Eck-Smit, BL., Wolters, E. & Berendse, HW. (2004). Idiopathic hyposmia as a preclinical sign of Parkinson's disease. *Annals of Neurology,* Vol.56, No.2, (august), pp.173–181.

Ressler, KJ., Sullivan, SL. & Buck, LB. (1994). A molecular dissection of spatial patterning in the olfactory system. *Current Opinion in Neurobiology,* Vol.4, No.4, (august), pp.588-596.

Ritchie, K., Artero, S. & Touchon, J. (2001). Classification criteria for mild cognitive impairment: a population-based validation study. *Neurology* , Vol.56, No.1 (january):pp.37-42.

Royall, DR., Chiodo, LK., Polk, MS. & Jaramillo, CJ. (2002). Severe dysosmia is specifically associated with Alzheimer-like memory deficits in nondemented elderly retirees. *Neuroepidemiology,* Vol.21, No.2, (march-april), pp.68-73.

Schiffman, SS., Graham, BG., Sattely-Miller, EA., Zervakis, J. & Welsh-Bohmer, K.(2002). Taste, smell and neuropsychological performance of individuals at risk for Alzheimer's disease. *Neurobiology and Aging,* Vol.23, No. 3, (may-june), pp.397-404.

Simmen, D., Briner, HR. & Hess, K. (1999). Screeningtest des Geruchssinnes mit Riechdiskette. *Laryngorhinootologie,* Vol.78, No.3, (march), pp.125-130.

Smutzer, GS., Doty, RL., Arnold, SE. (2003). Olfactory system neuropathology in Alzheimer's disease, Parkinson's disease and schizophrenia. In: RL Doty, ed., *Handbook of olfaction and gustation* (second edition). New York, NY: Marcel Dekker, chapter 24

Sosinsky, A., Glusman, G., Lancet, D. (2000). The genomic structure of human olfactory receptor genes. *Genomics,* Vol.70, No.1, (November), pp.49-61.

Swan, GE., Carmelli, D. (2002). Impaired olfaction predicts cognitive decline in nondemented older adults. *Neuroepidemiology,* Vol.21, No.2, (march-april), pp.58-67.

Stevens, JC., Cain, WS. & Burke, RJ. (1988). Variability of olfactory thresholds. *Chemical Senses,* Vol.13, No.4, (November), pp.643-653.

Talamo, BR., Rudel, R., Kosik, KS., Lee, M., Neff, S., Adelman, L. & Kauer, JS. (1989). Pathological changes in olfactory neurons in patients with Alzheimer's disease. *Nature,* Vol.337, No.6209, (February), pp.736-739.

Thomann, PA., Dos Santos, V., Seidl, U., Toro, P., Essig, M. & Scröder, J. (2009). MRI-derived atrophy of the olfactory bulb and tract in mild cognitive impairment and Alzheimer's disease. *Journal of Alzheimer's Disease,* Vol.17, No.1, pp.213-221.

Toyota, B., Kitamura, T. & Takagi, SF. (1978). *Olfactory disorders- Olfactometry and therapy.* Tokyo:Igaku-Shoin, 1978.

Trojanowski, JQ., Newman, PD., Hill, WD. & Lee, WM.(1991). Human olfactory epithelium in normal aging Alzheimer's disease and other neurodegenerative disorders. *Journal of comparative neurology,* Vol.310, No.3, (august):pp.365-376.

Wang, J., Eslinger, PJ., Doty, RL., Zimmerman, EK., Grunfeld, R., Sun, X., Meadowcroft, MD., Connor, JR., Price JL., Smith, MB. & Yang, QX. (2010). Olfactory deficit detected by fMRI in early Alzheimer's disease. *Brain Research,* Vol.1357, (October), pp.184-194.

Wang, QS., Tian, L., Huang, YL., Qin, S., He, LQ. & Zhou, JN. (2002) Olfactory identification and apolipoprotein E ε4 allele in mild cognitive impairment. *Brain Research,* Vol.951, No.1, (September), pp.77-81.

Wattendorf, E., Welge-Lussen, A., Fiedler, K., Bilecen, D., Wolfensberger, M., Fuhr, P., Hummel, T. & Westermann B. (2009). Olfactory Impairment Predicts Brain Atrophy in Parkinson's Disease. *The Journal of Neuroscience,* Vol.29, No.49, (December), pp.15410-15413.

Westervelt, HJ., Carvalho, J. & Duff, K. (2007). Presentation of Alzheimer's disease in patients with and without olfactory deficits. *Archives of Clinical Neuropsychology*, Vol.22, No.1, (january), pp.117-122.

Westin, UE., Boström, E., Gråsjö, J., Hammarlund-Udenaes, M. & Björk, E. (2006) Direct nose-to-brain transfer of morphine after nasal administration to rats. *Pharmaceutical Research*, . Vol.23, No.3, (march), pp. 565-572.

Wilson, RS., Arnold, SE., Schneider, JA., Tang, Y. & Bennett, DA. (2007a). The relationship of cerebral Alzheimer's disease pathology to odor identification in old age. *Journal of Neurology, Neurosurgery, and Psychiatry*, Vol.78, No.1, (January), pp.30-35.

Wilson, RS., Schneider, JA., Arnold, SE., Tang, Y., Boyle, PA. & Bennett, DA. (2007b). Olfactory identification and incidence of mild cognitive impairment in older age. *Archives of General Psychiatry*, Vol.64, No.2, (February), pp.802-808.

Wilson, RS., Arnold, SE., Schneider, JA., Boyle, PA., Buchman, AS & Bennett, DA. (2009). Olfactory impairment in presymptomatic Alzheimer's disease. *Annals of the New York Academy of Sciences*, Vol.1170, (july), pp.730-735.

Youngentoub, SL., Schwob, JE., Saha, S., Manglapus, G. & Jubelt, B. (2001). Functional consequences following infection of the olfactory system by intransal infusion of the olfactory bulb line variant (OBLV) of mouse hepatitis strain JHM. *Chemical Senses*, Vol.26, No.8, (October), pp.953-963.

Yousem, DM., Oguz, KK. & Li, C. (2001). Imaging of the olfactory system. *Seminars in Ultrasound, CT and MRI*, Vol.22, No.6, (December), pp.456-472.

14

Retinal Nerve Fibre Layer Thinning in Alzheimer Disease

Panitha Jindahra and Gordon T Plant
Neuro-Ophthalmology Department
The National Hospital for Neurology and Neurosurgery
UK

1. Introduction

Alzheimer disease (AD) is a progressive neurodegenerative disorder characterised by impaired memory and cognitive function. A proportion of patients present with visual symptoms which could result from either anterior or posterior visual pathway dysfunction. Retinal and optic nerve abnormalities have in recent years been studied intensively in Alzheimer disease (AD) and are reviewed in this chapter.

2. Evidence of retinal nerve fibre layer thinning in AD

2.1 Histological evidence

Retinal ganglion cell (RGC) degeneration or optic neuropathy is one of the features of AD that has been identified in several histological, imaging, and electroretinogram (ERG) studies. Analyses of neuronal numbers in the RGC layer of severe AD patients and age-matched control subjects have revealed extensive neuronal loss throughout the entire retina in AD when compared with control eyes: the mean (RGC) number is 696,871 in AD which is significantly less than that of the controls (1,095,904) representing a loss of 36% ($p<0.004$) (Blanks et al., 1996b). The findings are in good agreement with other histological studies (Hinton et al., 1986; Sadun & Bassi, 1990; Trick et al., 1989) and compatible with diminished contrast sensitivity which may be secondary to afferent visual pathway dysfunction in AD patients (Crow et al., 2003). A post-mortem study revealed widespread optic nerve fibre degeneration with thinning of the retinal nerve fibre layer and reduced ganglion cell numbers in AD patients aged 76-89 years (Hinton et al., 1986), any potential correlation with the degree of cognitive impairment was not studied. In one study the axonal loss was prominent in the posterior part of the optic nerve suggesting that the process involved may be one of retrograde degeneration of the retinal ganglion cell axons (Sadun & Bassi, 1990). Neurons in the ganglion cell layer (GCL) in AD patients are reduced by 25-40% throughout the entire retina (Blanks et al., 1996b). The greatest density of RGCs is located in the macular region and the total numbers of ganglion cell fibres in the fovea/parafovea are reduced by 25% ($p < 0.001$) in AD as compared to normal eyes (Blanks et al., 1996a). The loss in the central retina is greatest in the temporal area, which is surprisingly different from that found in the periphery (Blanks et al., 1996a). The neuronal loss reaches its peak in the superior and inferior quadrants of the peripheral retina (Blanks et al., 1996b). Unlike what is found in normal ageing, the RGC loss in AD is not related to age (Blanks et al., 1996a, 1996b). It was also found that both small- and large-diameter RGC fibres are affected equally throughout the retina in AD eyes in some studies (Blanks et al., 1996b; Curcio & Drucker, 1993) but only large M-cell degeneration has been identified by the others (Sadun & Bassi, 1990; Trick et al., 1989; Blanks et al., 1989, Miller, 1990). The total number of astrocytes in the GCL was found to be 16% greater in the AD patients than in controls but the increase did not reach statistical significance (Blanks et al., 1996b). The ratio of astrocytes to neurons in the GCL is significantly raised in the AD retinas, resulting from both an increase in astrocytes and the decrease in neurons (Blanks et al., 1996b). A study comparing patients with at least a 4 year history of severe AD aged 67-86 years and age-matched controls revealed no significant difference in the number of RGCs (Curcio & Drucker, 1993). This is not the only study to find no significant difference in RGC number between AD patients and controls (Davies et al., 1995). It is notable that there is no data whether AD patients in this review are familial or sporadic type.

2.2 Imaging evidence

By employing fundus photography, RNFL degeneration was observed in AD patients as compared to age-matched control subjects (Hedges et al., 1996; Tsai et al., 1991). A study utilizing scanning laser ophthalmoscopy (SLO) has demonstrated a reduction of optic nerve fibres in AD patients when compared to age-matched controls (Danesh-Meyer et al., 2006). However, another SLO study showed no difference (Kergoat et al., 2001). It was shown that there was no significant difference in mean overall RNFL thickness and RNFL thickness in each quadrant between the AD and age-matched controls. The patients selected for this study were classed as mild to moderate dementia with a range of mini mental-state examination of 11-29 (mean 21.57) and a mean duration of 3 years. Optical coherence tomography (OCT) has been recently developed and has found wide application in neurology and ophthalmology both in the clinic and in research (Jindahra et al., 2009). It has been employed to measure RNFL thickness in several AD studies. In AD eyes, the mean of overall peripapillary (Parisi et al., 2001, 2003; Iseri, et a., 2006; Paquet et al., 2007; Lu et al., 2010; Valenti, 2007) and macular RNFL thickness (Paquet et al., 2007) as well as the mean of total macular volume (Paquet et al.,2007) measured by OCT are lower when compared with age-matched control subjects. It has been proposed that the retinal involvement might have occurred early in the course of the disease as the peripapillary RNFL loss is identified in mild cognitive impairment (MCI) (Paquet et al., 2007). The reduction of RNFL thickness is statistically significant in MCI (Paquet et al., 2007), mild AD (Parisi, 2003; Iseri et al., 2006; Paquet et al., 2007), and moderate to severe AD (Parisi, 2003; Iseri et al., 2006; Paquet et al., 2007), compared to controls. No difference was found between the results observed in MCI and mild AD patients (Paquet et al., 2007) but the measurements of RNFL thickness seen in moderate to severe cases are significantly thinner than those in MCI cases (Paquet et al., 2007). The RNFL thickness was found to be thinner than the controls in all four quadrants in MCI (Paquet et al., 2007) and AD cases (Parisi et al, 2001, 2003; Paquet et al., 2007). However in one study the temporal quadrant was unaffected (Iseri et al., 2006) and significant thinning was found only in the superior quadrant in mild to moderate AD cases compared with controls in a study and a case report (Berisha et al., 2007; Valenti, 2007). Yet another study, the RNFL was found to be significantly thinner than in normal subjects in the superior and inferior quadrants in AD patients and hence the patients no longer showed the double peak RNFL pattern (Lu et al., 2010). The thinning in the nasal and temporal quadrants did not reach statistical significance (Lu et al., 2010). It seems that the retinal damage due to AD may be localized preferentially to the vertical quadrants (Lu et al., 2010) and as such may be considered to mimic the pattern seen in glaucoma (Figure 1, Table 1 & 2). By using OCT it has been shown that the reduction in total macular volume is highly related to the severity of cognitive impairment (MMSE) (Iseri et al., 2006).

Study	n	Country	OCT	Age Mean (± SD)	MMSE mean (± SD)
AD(Berisha 07)	9 subjects	USA	OCT 3000	74.3(±3.3)	23.8(± 5.1)
AD(Parisi 01)	17 eyes	Italy	Stratus OCT	70.37(±6.1)	16.4 (11.27-19.05)
AD (Iseri 06)	28 eyes	Turkey	OCT 3000	70.1(±9.7)	18.5(±6.3)
AD (Lu 10)	22 subjects	China	OCT 3000	73(±8)	N/A
Healthy (Savini 10)	8 eyes	Italy	Stratus OCT version 4.0	N/A	N/A
Healthy (Berisha 07)	8 subjects	USA	OCT 3000	74.3(±5.8)	29.5(±0.5)
Healthy (Parisi 01)	14 eyes	Italy	Stratus OCT	N/A	N/A
Healthy ((Iseri 06)	30 eyes	Turkey	OCT 3000	65.1(±9.8)	29.4(±0.6)
Healthy (Lu 10)	22 subjects	China	OCT 3000	68 (±9)	N/A
Healthy (Bowd 00)	30 eyes/subjects	USA	OCT 2000	N/A	N/A
Healthy (Bock 10)	405 eyes/203 subjects	Germany	OCT 3000	N/A	N/A
Glaucoma (Bowd 00)	29 eyes/subjects	USA	OCT 2000	N/A	N/A
OHT (Bowd 00)	28 eyes/subjects	USA	OCT 2000	N/A	N/A
Glaucoma (Bock 10)	39 eyes/22 subjects	Germany	OCT 3000	N/A	N/A

Table 1. Demographic data of subjects in the studies shown in Figure 1 (N/A = not available).

Study	refractive error	best VA	IOP (mmHg)	perimetry	disc appearance
AD(Berisha 07)	(-6) to (+6)	>=20/60	14.4± SD 4.2	N/A	vertical CDR 0.5±0.2
AD(Parisi 01)	(-3) to (+3)	>=8/10	<18	N/A	N/A
AD (Iseri 06)	(-3) to (+3)	>= 5/10	<22	normal	normal
AD (Lu 10)	N/A	logMar 0.4±0.2 LE	15.4±1.2 LE	N/A	CDR 0.53±0.2 (LE)
		0.33±0.19 RE	15.5±1.3 RE		0.5±0.16 (RE)
Healthy (Savini 10)	(-3) to (+3)	>20/25	<21	N/A	normal
Healthy (Berisha 07)	(-6) to (+6)	>=20/60	13.3±SD 3.5	N/A	vertical CDR 0.49±0.13
Healthy (Parisi 01)	N/A	N/A	N/A	N/A	N/A
Healthy ((Iseri 06)	(-3) to (+3)	>= 5/10	<22	normal	normal
Healthy (Lu 10)	N/A	logMar 0.65±0.3LE	15.4±1.4 LE	N/A	CDR 0.38±0.1 (LE)
		0.66±0.22 RE	15.3±1.3 RE		0.35±0.1(RE)
Healthy (Bowd 00)	N/A	>=20/40	<=22	normal	normal
Healthy (Bock 10)	N/A	N/A	N/A	N/A	N/A
Glaucoma (Bowd 00)	N/A	>=20/40	>=24	abnormal	glaucomatous changes
OHT (Bowd 00)	N/A	>=20/40	>=24	normal	normal
Glaucoma (Bock 10)	(-10) to (+6)	N/A	<22	N/A	N/A

Table 2. Ophthalmic examination of subjects in the studies shown in Figure 1

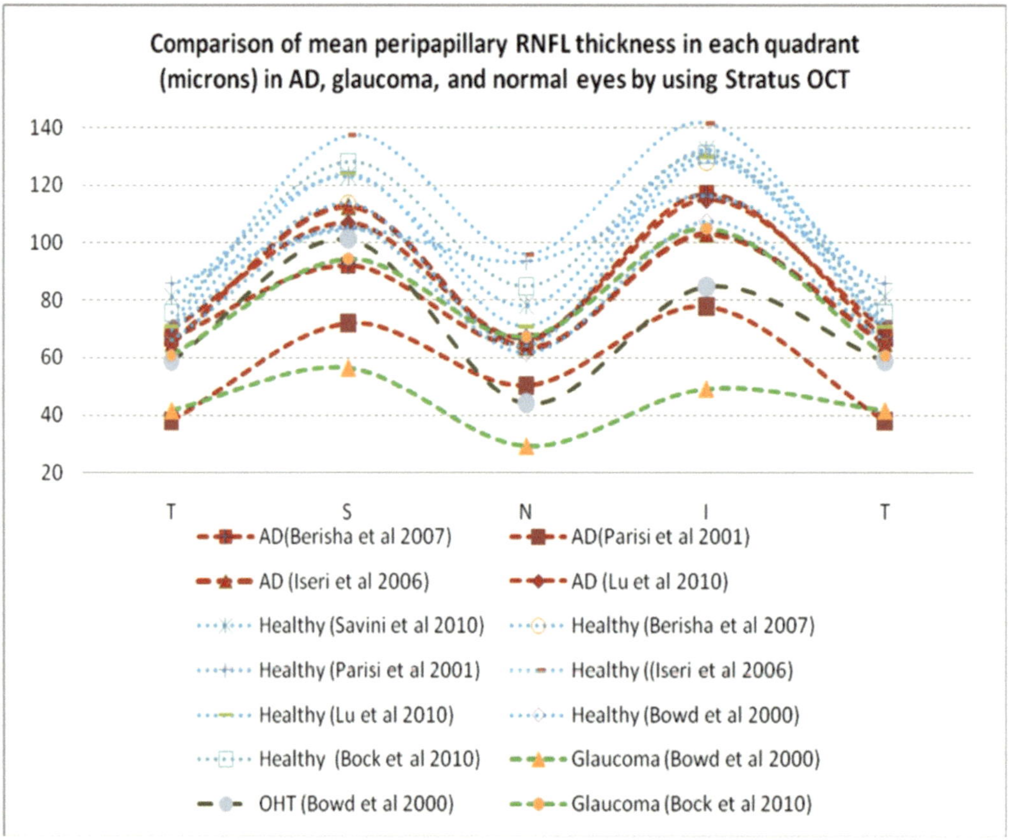

Fig. 1. A comparison of mean peripapillary RNFL thickness in each quadrant of AD, glaucoma, ocular hypertension (OHT) and normal eyes. See Tables 1 and 2 for details of the cohorts in each study.

2.3 Electrodiagnostic evidence

The results of electrodiagnostic testing are conflicting. ERG studies have failed to demonstrate changes in AD patients (Justino et al., 2001; Kergoat et al., 2001, 2002; Davies et al., 1995). Scotopic and photopic electroretinograms and oscillatory potentials in patients with mild Alzheimer disease were compared with normal individuals in one study (Justino et al., 2001). The amplitude and latency of a and b waves in mild AD patients were normal, reflecting intact function of the outer retina. The oscillatory potentials were also unremarkable in this study. Pattern electroretinogram (PERG) recordings have shown a significant delay in P50 and N95 implicit times and reduction in both P50 and N95 amplitudes in mild to severe AD when compared with the results obtained in control eyes (Parisi et al, 2001, 2003). This might indicate that the dysfunction lies in both ganglionic and preganglionic elements (Parisi et al, 2001, 2003). The delayed P50 and N95 implicit times and the reduced P50 and N95 amplitudes are significantly correlated with the reduced overall mean of the RNFL thickness measured by OCT (Parisi et al., 2001, 2003). No significant difference was found in the latency of the pattern visually evoked potential (PVEP) P100 of AD patients and control subjects (Iseri et al., 2006). The normal PVEP responses revealed no evidence for any abnormality of primary visual cortex or of optic nerve function despite considerable RNFL loss (Iseri et al., 2006). However, some earlier studies did find abnormalities of the flash VEP (Wright et al., 1986; Norman et al., 1995) but probably not useful clinically (Coburn et al., 2003). However using PERG and PVEP, another study revealed a reduction in amplitude of N95 and increased latency of P100 wave in most AD eyes (Krasodomska et al., 2010).

2.4 Optic disc morphology in AD eyes

A large cup-to-disc ratio, thin rim area and volume are identified in AD eyes compared to age-matched normal eyes (Tsai et al., 1991; Danesh-Meyer et al., 2006). In one of these studies, the patients had a MMSE result of 21±4 taking an upper limit of the vertical cup-to-disc ratio as 0.42 gives a sensitivity of 0.45 and specificity of 0.84 (Danesh-Meyer et al., 2006). Pallor area to disc area ratio did not significantly differ between AD patients and normal subjects in one study (Tsai et al., 1991). However patients with a higher ratio had a higher Alzheimer disease assessment scale and longer duration of illness (Tsai et al., 1991). The changes are not in a uniform pattern for all AD patients (Berisha et al., 2007).

2.5 Information from Down syndrome

It has been shown that all adults with Down syndrome (DS) over 35-40 years old who had autopsies performed have AD pathology in their brains i.e., beta amyloid plaques and neurofibrillary tangles (Malamud, 1972). Amyloid precursor protein gene on the locus of the proximal part of the long arm of chromosome 21 is over-expressed in DS patients (Goldgaber et al., 1987), leading to AD development (Prasher et al., 1998). The DS brain pathology is comparable to AD brain and may be useful in further AD studies (Hof et al., 1995). Regarding visual functions, DS patients have impaired colour discrimination, stereoacuity, and contrast sensitivity, similarly to AD patients (Rocco et al., 1997). Moreover abnormal spatial vision in DS children has been detected without other ophthalmologic abnormalities (Suttle & Turner, 2004). A literature review of children with Down syndrome age 0-16 years revealed that refractive error, strabismus, poor acuity, nystagmus, and blepharitis were common ophthalmologic findings whereas cataract and glaucoma were less common (Creavin & Brown, 2009). A pattern reversal VEP study demonstrated significantly longer P100 latency and smaller amplitude in DS patients (16/36 cases) as compared to age-matched controls (Kakigi et al., 1993). By employing achromatic transient VEP, children with DS had small or undetectable N75 but normal latency as compared to normal developing children (Suttle & Turner, 2004). Patients with DS also responded abnormally to chromatic transient VEP (Suttle & Lloyd, 2005). As far as we are aware, there has been no current report about RNFL measurement in DS eyes.

3. Hypotheses to explain RNFL thinning in AD

Three hypotheses to explain retinal ganglion cell fibre damage in AD have been proposed.

3.1 Is the retina affected by AD pathology directly?

AD pathology might develop not only in the cortex but also in the retina, perhaps in the ganglion cell layer (Lu et al., 2010). Beta amyloid, amyloid associated proteins, tau and amyloid precursor protein are expressed in the human retina at the level of ganglion cells and fibres in older eyes and in the retinal pigment epithelium in retinitis pigmentosa and age-related macular degeneration (Löffler et al., 1995). However neurofibrillary tangles, senile plaques, and amyloid angiopathy have not been identified in the retina even in association with extensive neuronal loss (Leuba & Kraftsik, 1994; Blanks et al., 1989, 1996b). A further study identified neither neurofibrillary degeneration nor amyloid angiopathy in AD patients' retinas (Hinton et al., 1986). Glial fibrillary acidic protein (GFAP) localized to Muller cells and astrocytes in the GCL is increased in AD eyes; as is found in retinal injuries and in the AD brain (Blanks et al., 1996b). It indicates that the retinal degeneration is accompanied by a glial response as GFAP is a major cytoskeletal component of astrocytes (Blanks et al., 1996b). Amyloid beta or Abeta deposition was found mainly in the outer and inner plexiform layer in the retina of the APPswe/PS1DeltaE9 transgenic (tg) mouse model of Alzheimer disease (Perez et al., 2009). Likewise, Abeta plaques with increased retinal microvascular deposition of Abeta and neuroinflammation in Tg2576 mouse retinas were detected chiefly from the GCL to the inner plexiform layer and some plaques were also identified in the outer nuclear layer, the photoreceptor layer, and the optic nerve (Liu et al., 2009). Abeta deposits reduced with abeta vaccinations (Liu et al., 2009). Hyperphosphorylated tau was demonstrated in areas adjacent to the plaques (Liu et al., 2009). Furthermore, abeta deposition was observed in the cytosol of lens fibre cells along with equatorial supranuclear cataracts in AD patients as compared to age-matched controls (Goldstein et al., 2003). No supranuclear cataracts were identified in any normal individual in this study (Goldstein et al., 2003). Like AD, an evaluation of lens in patients with Down syndrome revealed supranuclear opacification with accelerated supranuclear abeta accumulation (Moncaster et al., 2010).

3.2 AD and glaucoma

Wostyn has proposed a link between glaucoma and AD suggesting that an abnormal high trans-lamina cribrosa pressure difference in AD eyes has led to glaucomatous optic neuropathy (Wostyn et al., 2009). Glaucoma is characterized by a progressive loss of RNFL and a resulting visual field defect. Elevated IOP is a strong risk factor but not all patients with glaucoma have high IOP (Johanson et al., 2008; Berdahl et al., 2008b). The subgroup is classified as normal tension glaucoma (NTG) (Johanson et al., 2008). The retinal ganglion cell fibres in NTG eyes might be vulnerable to normal IOP as it is relatively high in the NTG eyes. The cause of NTG is still unknown. Recent studies have revealed that AD patients may have a higher risk of developing glaucoma than normal subjects (Bayer et al., 2002a; Tamura, 2006) and that glaucoma in AD patients tends to be more progressive than glaucoma in non-AD cases (Bayer & Ferrari, 2002b). A case control study (Chandra et al., 1986), investigating all death certificates (1,930,627) for the United States in 1978, compared 7195 cases who had senile and presenile dementia as the cause of death with other patients who died from other conditions. Gluacoma was associated with these demented patients with odd ratio of 2.6. Early RNFL loss in glaucoma occurs in the temporal inferior and temporal superior regions (Hoyt et al., 1973; Pederson & Anderson, 1980; Tuulonen &

Airaksinen, 1991; Jonas et al., 1993) as found in some of the AD studies described above. Trans-lamina cribrosa pressure differences may have resulted in the glaucomatous like RNFL changes. A study (Jonas et al., 2003) revealed that lamina cribrosa forms a barrier between the intraocular space and retrobulbar space. The lamina cribrosa has been found to be thinner in glaucomatous eyes than in control eyes (Fig.2). The outer part of the cribrosa that is directly in contact with pia mater or indirectly with cerebrospinal fluid (CSF) was significantly thinner in the glaucomatous eyes as compared to the controls, and the shortest distance between the intraocular space and the CSF space was significantly less in the glaucoma patients. The optic disc is situated close to this area. Trans-lamina cribrosa pressure (the pressure gradient across the lamina cribrosa) is derived from the intraocular pressure minus the retrobulbar CSF pressure (Jonas et al., 2003). Normally the intraocular pressure is higher than that in the CSF. Abnormal pressure from either side of the lamina cribrosa may be involved in the pathogenesis of several ocular and neurological conditions. In vivo, high IOP glaucoma can damage the optic nerve head and very low IOP can cause swollen discs.

Reduced ICP in patients with normal tension glaucoma (NTG) could cause abnormal trans-lamina cribrosa pressure (Berdahl et al., 2008a). Trans-lamina cribrosa pressure was significantly greater in patients with primary open angle glaucoma (POAG) and NTG than in normal individuals (Ren et al., 2010). CSF pressure in severe AD patients tends to be disproportionately low (Silverberg et al., 2006) and therefore may create a situation where there is relatively high IOP in their eyes (still within a normal reference range). Glaucomatous-like RNFL changes may then be expected to occur. There is evidence of choroid plexus (CP) degeneration in AD brains and their CSF production is affected (Serot et al., 2003). The choroid plexus consists of villi covered by a single layer of ciliated cuboidal epithelium and extends through the lateral, 3rd, and 4th ventricles, acting as a blood-CSF barrier (Serot et al., 2003). It is contiguous with ependyma; produces CSF; synthesizes several molecules; and carries nutrients from blood to the CSF (Serot et al., 2003; Silverberg, et al., 2001). Two-thirds of the CSF secretion is derived from the CPs, the remainder coming from brain interstitial fluid drainage, which is produced by the capillary-astrocyte complex found in the blood brain barrier (Johanson et al., 2008). The production rate of the blood-CSF barrier is substantially greater than that of the blood brain barrier (Johanson et al., 2008). Another source of CSF production is likely to be ependyma lining the ventricles (Pollay & Curl, 1967). CSF reabsorption (Johanson et al., 2008) occurs along sleeves of subarachnoid spaces surrounding cranial nerves that enter the nose and eyes; through the cribriform plate, nasal mucosa, and cervical lymphatic system eventually. CSF is also drained along spinal nerve arachnoid pathways. Arachnoid villi in the dural sinuses absorb the CSF when ICP is elevated. CSF pressure (Johanson et al., 2008) is normally higher than venous pressure in the dural sinuses. It is steady when CSF formation and reabsorption are balanced. CSF pressure measured by lumbar puncture in a lateral recumbent position is directly proportional to CSF production rate and outflow resistance. CSF pressure is determined by hydrodynamic and haemodynamic parameters. Regarding hydrodynamic factors, reduced CSF production or increased outflow resistance will decrease CSF pressure. In ageing the CP epithelium becomes atrophic; its basement membrane thickens; and CSF secretion decreases by 50% (Serot et al., 2003). These changes in AD choroid plexuses appear more pronounced than in

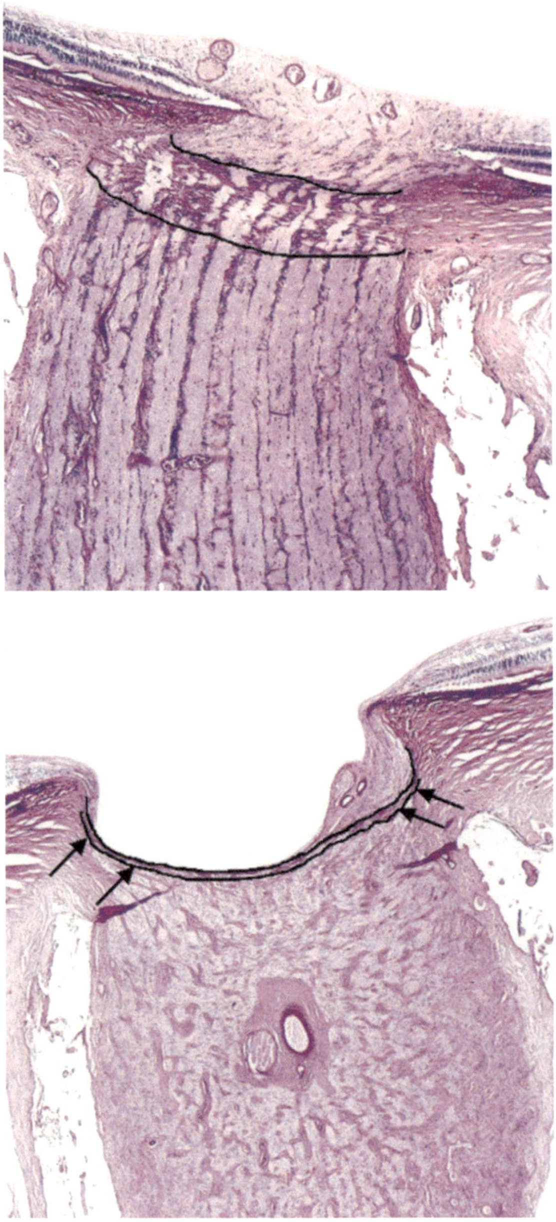

Fig. 2. Top: histological section of the optic disc in a non-glaucomatous eye; bottom: histological section of the optic disc in a glaucomatous eye (periodic acid Schiff staining). Arrows: regions in the posterior lamina cribrosa in direct contact with pia mater and indirectly exposed to the CSF space. The lamina cribrosa is outlined in black lines and was thinner with greater posterior bowing in the glaucoma than the controls (Jonas, Berenshtein, & Holbach, Anatomic Relationship between Lamina Cribrosa, Intraocular Space, and Cerebrospinal Fluid Space, 2003). Permission to reproduce the figures has been granted by Investigative Ophthalmology and Visual Science.

normal ageing and additionally stroma fibrosis has also been demonstrated in AD (Serot et al., 2003). Abeta proteins have been detected in the choroid plexus in AD brain (Kalaria et al., 1996). Ig and C1q depositions are frequently found along the basement membrane of the plexus in AD brains, suggestive of immunological processes in this location (Serot et al., 2003). As a consequence the choroid plexus cannot function normally (Serot et al., 2003). In young adults, the CSF production rate is 0.4 ml/min or 500 - 600 ml per day, the CSF volume is 150 ml, and the CSF turnover rate is 4 volumes per day (Johanson et al., 2008). In AD patients, on the contrary, the CSF production rate is 0.2 ml/min, the CSF volume is 250 ml due to brain atrophy, and the CSF turnover rate is 1.2 volumes per day (Johanson et al., 2008). In addition to the affected CSF production, the resistance of CSF outflow in AD is becoming greater for there is evidence of abeta depositions in the meninges (Silverberg et al., 2003; Hamano et al., 1997; Kalaria et al., 1996). Further studies are needed to confirm low CSF pressure in AD patients; to establish a relationship between the severity of cognitive impairment, brain atrophy, ventricular volume, CP morphology with CSF pressure; and to establish whether the trans-laminar cribrosa pressure difference plays an important role in the pathogenesis of RNFL thinning in AD.

3.3 Retrograde trans-synaptic degeneration secondary to cortical pathology

Lastly, we hypothesize that the RGC loss in AD could be partly due to retrograde trans-synaptic degeneration. RGC loss following an occipital injury, which is a consequence of retrograde trans-synaptic degeneration of geniculo-cortical towards retino-geniculate pathways; and anterograde degeneration of cortico-geniculate pathway, has been identified in the visual pathway (Cowey, 1974; Mehta & Plant, 2005b; Jindahra et al., 2009; Bridge et al., 2011). Neuronal loss, neurofibrillary tangles (NFT) and senile plaques have been identified in several neocortex areas including primary visual cortex (Pearson et al., 1985; Leuba & Kraftsik, 1994). Senile plaques were also identified in the LGN (Leuba & Kraftsik, 1994; Leuba & Saini, 1995) along with NFTs and degenerating axons or threads in the white matter underlying area 17 (Leuba & Saini, 1993; Leuba & Saini, 1995), reflecting a spread of the degeneration along the cortico-geniculate axons (Leuba & Kraftsik, 1994; Leuba & Saini, 1995). In a study (Leuba & Saini, 1995), senile plaques were found more in the parvocellular layer of the dLGN than the magnocellular layer, the interlaminar zones, and the optic radiation. No neuritic degeneration (NFT, neuritic plague, and thread) was demonstrated in the LGN in this study, suggesting mainly amyloid deposition in this area. The finding was in good agreement with another that showed mild tau pathology in the LGN of AD patients (Dugger et al., 2011). In addition, senile plaques and NFTs were detected in the pyramidal and non-pyramidal cells in layer 5 and 6 of the primary visual cortex (Leuba & Saini, 1995). The degeneration in the visual cortex varied greatly among individuals possibly due to different AD subtypes as presented below. Neuronal loss, glial cell proliferation, NFT, and neuritic plaque (NP) deposition have been demonstrated in visual cortex, area 17 in particular, in AD patients with mean age of 76.1 +/- 8.1 years when compared with age-matched controls (Leuba & Kraftsik, 1994). The tangles in layer 5 are twice in number as in layer 3 in the occipital lobe except area 18 and the neuritic plaques are found in all layers in one study (Pearson et al., 1985). In a study (Hof et al., 1989), AD patients with Balint syndrome which is characterized by optic apraxia (impairment of target pointing under visual guidance), ocular apraxia (inability to shift gaze to a new visual target), and simultagnosia (perception and recognition in a small part of visual field) had greater NFT density and NP area in all cortical layers of area 17 and 18 as compared to AD patients without Balint syndrome. The NFT density in the superior frontal cortex of AD with Balint syndrome appeared much less than that in AD without Balint syndrome. Patients with Balint syndrome from stroke did not show NFT or high NP numbers in the visual cortex. The mean number of Meynert cells in layer 5 and 6 of area 17 in AD with Balint syndrome was significantly lower than that in AD without Balint syndrome. This study suggested a disruption of occipito-parietal connections or dorsal stream in these AD with Balint syndrome cases. Another study used SMI32-immunoreactive staining technique which represented pyramidal neurons in a small subset of total neuronal population (Hof & Morrison, 1990). It had been shown that the Meynert cell (the largest SMI32-ir neurons) counts in area 17 and 18 were significantly lower in AD patients than in age-matched controls only in a small magnitude. The loss appeared more pronounced in temporal and prefrontal cortices. The neuronal loss was confined to area 4b in area 17 and layer 3, 6 in area 18. The findings might have indicated the degeneration of projections of Meynert cells in these regions to area V5 that is responsible for visuospatial skills. NFT in area 17 and 18 were less numerous than area 9 and 20 in AD patients (Hof & Morrison, 1990). NFT were dominant in layer 2-3 in the visual cortices whereas in layer 5 in area 9 and 20. NP were numerous in layer 2-4 with the greatest density in layer 4 of area 17 in layer 2-3 in area 18.

A study (Arnold et al., 1991) revealed the distribution of NFT and NP among 39 cortical regions in 11 AD patients, having mean age 80.2 years (range 63-88 years) and mean duration of disease 7.5 years (range 3-15 years). It had been shown that NFT in the limbic and temporal lobes were substantially higher than the frontal, parietal, and occipital lobes. NPs were evenly distributed throughout the cortex with the highest density in the temporal and occipital lobes. When comparing NFT among visual cortices namely area 17, 18, and 20 (inferior temporal gyrus) in 8 AD patients aged 48-82 years, the number of NFT was low in area 17 but progressively increased in area 18 and 20 respectively, which paralleled to the hierarchical visual organization (Lewis et al., 1987). NFTs were found predominantly in layer 3 and 5, which contained cortico-cortical and cortico-fugal projecting fibres (Lewis et al., 1987). A substantial number of NPs was identified equally in all three regions. They were present across all cortical layers (Lewis et al., 1987). A study (Kiyosawa et al., 1989) of AD patients with and without impaired visual functions i.e., figure copying, colour vision tested by isochromatic plates, and steropsis showed no change in their primary visual cortices in 18F-fluoro-2-deoxyglucose positron emission tomography (PET) as compared to the results in age-matched controls. Additionally AD cases with impaired visual functions showed significantly decreased glucose metabolism in visual association and inferior parietal areas compared with the controls. AD patients with good vision showed no significant change in these areas. No neuronal loss in area 17 of AD brains was demonstrated in another study (Mountjoy et al., 1983).

4. Conclusion

There is increasing evidence of RNFL thinning or RGC loss in patients with AD but the relationship between the degree of cognitive impairment and the degree of RNFL loss has not been established yet. There are a few possibilities that could explain the findings. These include AD change in the retina, abnormal trans-lamina cribrosa pressure, and retrograde trans-synaptic degeneration. The degenerative changes in the brain and retina vary among AD patients because of different AD subtype, severity, and duration. It seems that the RNFL measurement has a good potential to be a monitoring tool in AD patients in the near future. Further investigations are required to understand more about AD pathology in these areas.

5. References

Arnold, S.E., Hyman, B.T., Flory, J., Damasio, A.R., & Van Hoesen, G.W. (1991). The Topographical and Neuroanatomical Distribution of Neurofibrillary Tangles and Neuritic Plaques in the Cerebral Cortex of Patients with Alzheimer's Disease. *Cereb Cortex*, 1, 103-116.

Bayer, A.U., Ferrari, F., & Erb, C. (2002a). High occurence rate of glaucoma among patients with Alzheimer's disease. *Eur Neuro*, 47, 165-168.

Bayer, A.U., & Ferrari, F. (2002b). Severe progression of glaucomatous optic neuropathy in patients with Alzheimer's disease. *Eye*, 16, 209-212.

Berdahl, J.P., Fautsch, M.P., Stinnett, S.S, & Allingham, R.R. (2008a). Intracranial pressure in open angle glaucoma, normal tension glaucoma, and ocular hypertension: a case control study. *Invest Ophthalmol Vis Sci*, 49, 5412-5418.

Berdahl, J.P, Allingham, R.R., & Johnson, D.H. (2008b). Cerebrospinal fluid pressure is in primary open-angle glaucoma. *Ophthalmology*, 115, 763-768.

Berisha, F., Feke, G.T., Trempe, C.L., McMeel, J.W., & Schepens, C.L. (2007). Retinal abnormalities in early Alzheimer's disease. *Invest Ophthalmol Vis Sci*, 48, 2285–2289.

Blanks, J.C., Hinton, D.R., Sadun, A.A., & Miller, C.A. (1989). Retinal ganglion cell degeneration in Alzheimer's disease. *Brain Res*, 501, 364–372.

Blanks, J.C, Torigoe, Y., Hinton, D.R., & Blanks, R.H. (1996a). Retinal pathology in Alzheimer's disease. I. Ganglion cell loss in foveal/parafoveal retina. *Neurobiol Aging*, 17, 377-384.

Blanks, J.C, Schmidt, S.Y., Torigoe, Y., Porrello, K.V., Hinton, D.R., & Blanks, R.H. (1996b). Retinal pathology in Alzheimer's disease. II. Regional neuron loss and glial changes in GCL. *Neurobiol Aging*, 17, 385-395.

Bridge, H., Jindahra, P., Barbur, J., & Plant, G.T. (2011). Imaging reveals optic tract degeneration in hemianopia. *Invest Ophthalmol Vis Sci*, 52, 382-388.

Chandra, V., Bharucha, N.E., Schoenberg, B.S. (1986). Conditions associated with Alzheimer's disease at death: Case-control study. *Neurology*, 36, 209-211.

Coburn, K.L., Arruda, J.E., Estes, K.M., & Amoss, R.T. (2003). Diagnostic utility of visual evoked potential changes in Alzheimer's disease. *J Neuropsychiatry Clin Neurosci*, 15, 175-179.

Cowey, A. (1974). Atrophy of retinal ganglion cells after removal of striate cortex in a rhesus monkey. *Perception*, 3, 257–260.

Creavin, A.L., Brown, R.D. (2009). Ophthalmic abnormalities in children with Down syndrome. *J Pediatr Ophthalmo Strabismus*, 46, 76-82

Crow, R.W., Levin, L.B., LaBree, L., Rubin, R., & Feldon, S.E. (2003). Sweep Visual Evoked Potential Evaluation of Contrast Sensitivity in Alzheimer's Dementia. *Invest Ophthalmol Vis Sci*, 44, 875–878.

Curcio, C.A., & Drucker, D.N. (1993). Retinal ganglion cells in Alzheimer's disease and aging. *Ann Neurol*, 33, 248-257.

Danesh-Meyer, H.V., Birch, H., Ku, J.Y., Carroll, S., Gamble, G. (2006). Reduction of optic nerve fibers in patients with Alzheimer disease identified by laser imaging. *Neurology*, 28, 1852-1854.

Davies, D.C., McCoubrie, P., McDonald, B., & Jobst, K.A. (1995). Myelinated axon number in the optic nerve is unaffected by Alzheimer's disease. *Br J Ophthalmol*, 79, 596-600.

Dugger, B.N., Tu, M., Murray, M.E., & Dickson, D.W. (2011). Disease specificity and pathologic progression of tau pathology in brainstem nuclei of Alzheimer's disease and progressive supranuclear palsy. *Neurosci Lett*, 491, 122-126.

Goldgaber, D., Lerman, M.I., McBride, W.O., Saffiotti, U., Gajdusek, D.C (1987). Isolation, characterization, and chromosomal localization of human brain cDNA clones coding for the precursor of the amyloid of brain in Alzheimer's disease. Down's syndrome and aging. *J Neural Transm*, Suppl 24, 23–28.

Goldstein, L., Muffat, J., Cherny, R., Moir, R., Ericsson, M., Huang, X., Mavros, C; Coccia, J.A., Faget, K.Y., Fitch, K.A., Masters, C.L., Tanzi, R.E, Chylack, L.T., Bush, A.I. (2003). Cytosolic β-amyloid deposition and supranuclear cataracts in lenses from people with Alzheimer's disease. *Lancet*, 361, 1258–1265.

Hamano, T., Yoshimura, M., Yamazaki, T., Shinkai Y, Yanagisawa K, Kuriyama M, Ihara Y. (1997). Amyloid beta protein (A beta) accumulation in the leptomeninges during aging and in Alzheimer's Disease. *Neuropathol Exp Neurol*, 56, 922–932.

Hedges, T.R. 3rd, Perez Galves, R., Speigelman, D., Barbas, N.R., Peli, E., & Yardley, C.J. (1996). Retinal nerve fiber layer abnormalities in Alzheimer's disease. *Acta Ophthal Scand*, 74, 271-275.

Hinton, D. R., Sadun, A. A., Blanks, J. C., & Miller, C. A. (1986). Optic nerve degeneration in Alzheimer's disease. *N Engl J Med*, 315, 485-487.

Hof, P.R., Bouras, C., Perl, D.P., Sparks, D.L., Mehta, N., Morrison, J.H (1995). Age-related distribution of neuropathologic changes in the cerebral cortex of patients with Down's syndrome: quantitative regional analysis and comparison with Alzheimer's disease. *Arch Neurol*, 52, 379-391.

Hof, P.R., & Morrison, J.H. (1990). Quantitative analysis of a vulnerable subset of pyramidal neurons in Alzheimer's disease: II. Primary and secondary visual cortex. *J Comp Neuro*, 301, 55-64.

Hof, P.R., Bouras, C., Constantinidis, J., & Morrison, J.H. (1989). Balint's syndrome in Alzheimer's disease: specific disruption of the occipito-parietal visual pathway. *Brain Res*, 493, 368-375.

Hoyt, W.F., Frisen, L., & Newman, N.M. (1973). Fundoscopy of nerve fiber layer defects in glaucoma. *Invest Ophthalmol Vis Sci*, 12, 814-829.

Iseri, P., Altinas, O., Tokay, T., & Yuksel, N. (2006). Relationship between cognitive impairment and retinal morphological and visual functional abnormalities in Alzheimer disease. *J Neuroophthalmol*, 26, 18–24.

Jindahra, P., Petrie, A., & Plant, G. T. (2009). Retrograde trans-synaptic retinal ganglion cell loss identified by optical coherence tomography. *Brain*, 312, 628-634.

Johanson, C.E., Duncan, J. A., Klinge, P.M., Brinker, T., Stopa, E.G., & Silverberg, G.D. (2008). Multiplicity of cerebrospinal fluid functions: new chanlleges in health and disease. *Cerebro Spinal Fluid Research,* 5, 10.

Jonas, J.B., Berenshtein, E., & Holbach, L. (2003). Anatomic relationship between lamina cribrosa, intraocular Space, and cerebrospinal fluid space. *Invest Ophthalmol Vis Sci,* 44, 5189–5195.

Jonas, J.B, Fernandez, M.C., & Stürmer, J. (1993). Pattern of glaucomatous neuroretinal rim loss. *Ophthalmology,* 100, 63-68.

Justino, L., Kergoat, M., Bergman, H., Chertkow, H., Robillard, A., & Kergoat, H. (2001). Neuroretinal function is normal in early dementia of the Alzheimer type. *Neurobiology Aging,* 22, 691-695.

Kakigi, R. Oono S, Matsuda Y, Kuroda Y. (1993). Pattern-reversal visual evoked potential in Down's syndrome. *Acta Neurol Scand,* 87, 410-415.

Kalaria, R.N., Premkumar, D.R., Pax, A.B., Cohen, D.L., & Lieberburg, I. (1996).Production and increased detection of amyloid beta protein and amyloidogenic fragments in brain microvessels meningeal vessels and choroid plexus in Alzheimer's disease. *Res Mol Brain Res,* 35, 58-68.

Kergoat, H., Kergoat, M., Justino, L., Chertkow, H., Robinllard, A., & Bergman, H. (2002). Visual retinocortical function in dementia of the Alzheimer type. *Gerontology,* 48, 197-203.

Kergoat, H., Kergoat, M., Justino, L., Chertkow, H., Robillard, A., & Bergman, H. (2001). An evaluation of the retinal nerve fiber layer thickness by scanning laser polarimetry in individuals with dementia of the Alzheimer type. *Acta Ophthal Scand,* 79, 187-191.

Kiyosawa, M., Bosley, T., Chawluk, J., Jamieson, D., Schatz, N., Savino, P.J., Sergott, R.C., Reivich, M., Alavi, A. (1989). Alzheimer's disease with prominent visual symptoms. Clinical and metabolic evaluation. *Ophthalmology,* 96, 1077-1085.

Krasodomska, K., Lubiński, W., Potemkowski, A., & Honczarenko, K. (2010). Pattern electroretinogram (PERG) and pattern visual evoked potential (PVEP) in the early stages of Alzheimer's disease. *Doc Ophthalmol,* 121, 111-21.

Leuba, G., & Kraftsik, R. (1994). Visual cortex in Alzheimer's disease: Occurencee of neuronal death and glial proliferation, and correlation with pathological hallmarks. *Neurobiol Aging,* 15, 29-43.

Leuba, G., & Saini, K. (1993). Involvement of the visual thalamus in Alzheimer's disease. In: *Alzheimer's disease: Advances in clinical and basic research,* Corain, B., Iqbal, K., Nicolini, M., Winbtad, B., Wisniewski, H., & Zatta, P., 139-149, Wiley, England.

Leuba, G., & Saini, K. (1995). Pathology of subcortical visual centres in relation to cortical degeneration in Alzheimer's disese. *Neuropathol Appl Neurobiol,* 21, 410-422.

Lewis, D.W., Campbell, M.J., Terry, R.D., & Morrison, J.H. (1987). Laminar and Regional Distributions of Neurofibrillary Tangles an Neuritic Plaques in Alzheimer's Disease: A Quantitative Study of Visual and Auditory Cortices. *J Neurosci,* 7, 1799-1808.

Liu, B., Rasool, S., Yang, Z., Glabe, C.G., Schreiber, S.S., Ge, J., & Tan, Z. (2009). Amyloid-peptide vaccinations reduce {beta}-amyloid plaques but exacerbate vascular deposition and inflammation in the retina of Alzheimer's transgenic mice. *Am J Pathol, 175*, 2099-2110.

Löffler, K.U., Edward, D.P., & Tso, M.O. (1995). Immunoreactivity against tau, amyloid precursor protein, and beta-amyloid in the human retina. *Invest Ophthalmol Vis Sci, 36*, 24-31.

Lu, Y., Li, Z., Zhang, X., Ming, B., Jia, J., Wang, R., Ma, D (2010). Retinal nerve fiber layer structure abnormalities in early Alzheimer'sdisease: evidence in optical coherence tomography. *Neurosci Lett,* 480, 69-72.

Mashima, Y., Oshitari, K., Imamura, Y., Momoshima, S., Shiga, H., & Oguchi, Y. (1996). High-resolution magnetic resonance imaging of the intraorbital optic nerve and subarachnoid space in patients with papilledema and optic atrouphy. *Arch Ophthalmol,* 114, 1197–1203.

Mehta, J.S, & Plant, G.T. (2005b). Optical coherence tomography findings in congenital/longstanding homonymous hemianopia. *Am J Ophthalmol,* 140, 727–729.

Miller, N.R. (1990). Alzheimer's disease, optic neuropathy, and selective ganglion cell damage. *Ophthalmology,* 97, 7-8.

Malamud, N. (1972). Neuropathology of organic brain syndromes associated with aging. In: *Aging Brain,* Gaitz, C.M., 63–87, Plenum, New York.

Moncaster, J.A., Pineda, R., Moir, R.D., Lu, S., Burton, M.A., Ghosh, J.G., Ericsson, M., Soscia, S.J., Mocofanescu, A., Folkerth, R.D., Robb, R.M., Kuszak, J.R., Clark, J.I., Tanzi, R.E., Hunter, D.G., Goldstein, L.E. (2010). Alzheimer's disease amyloid-beta links lens and brain pathology in Down syndrome. *PloS One,* 5, e10659, 1-13..

Moore, N.C., Tucker, K.A., Jann, M.W., Hostetler, R.M., & Coburn, K.L. (1995). Flash P2 delay in primary degenerative dementia of the Alzheimer type. *Prog Neuropsychopharmacol Biol Psychiatry,* 19, 403-410

Mountjoy, C.Q., Roth, M., Evans, N.J., & Evans, H.M. (1983). Cortical neuronal counts in normal elderly controls and demented patients. *Neurobiol Aging,* 4, 1-11.

Paquet, C., Boissonnot, M., Roger, F., Dighiero, P., Gil, R., & Hugon, J. (2007). Abnormal retinal thickness in patients with mild cognitive impairment and Alzheimer's disease. *Neurosci Lett,* 420, 97–99.

Parisi, V. (2003). Correlation between morphological and functional retinal impairment in patients affected by ocular hypertension, glaucoma, demyelinating optic neuritis and Alzheimer's disease. *Seminars in Ophth,* 18, 50-57.

Parisi, V., Restuccia, R., Fattapposta, F., Mina, C., Bucci, M.G., & Pierelli, F. (2001). Morphological and functional retinal impairment in Alzheimer's disease patients. *Clin Neurophysiol,* 112, 1860-1867.

Pasquale, L.R. (2008). Low intracranial pressure: A tipping point in our understanding of primary open-angle glaucoma? *Ophthalmology,* 115, 761-762.

Pearson, R.C., Esiri, M.M., Hiorns, R.W., Wilcock, G.K., & Powell, T.P. (1985). Anatomical correlates of the distribution of the pathological changes in the neocortex in Alzheimer disease. *Proc Natl Acad Sci USA,* 82, 4531-4534.

Pederson, J.E., & Anderson, D.R. (1980). The mode of progressive disc cupping in ocular hypertension and glaucoma. *Arch Ophthalmol,* 98, 490-495.

Perez, S.E., Lumayag, S., Kovacs, B., Mufson, E.J., & Xu, S. (2009). Beta-amyloid deposition and functional impairment in the retina of the APPswe/PS1DeltaE9 transgenic mouse model of Alzheimer's disease. *Invest Ophthalmol Vis Sci,* 50, 793-800.

Pollay, M., & Curl, F. (1967). Secretion of cerebrospinal fluid by the ventricular ependyma of the rabbit. *Am J Physiol,* 213, 1031-1038.

Prasher, V.P., Farrer, M.J., Kessling, A.M., Fisher EM, West RJ, Barber PC, Butler AC. (1998). Molecular mapping of Alzheimer-type dementia in Down's syndrome. *Ann Neurol,* 43, 380–383.

Ren, R., Jonas, J.B., Tian, G., Zhen, Y., Ma, K., Li, S., Wang, H., Li, B., Zhang, X., & Wang, N. (2010). Cerebrospinal fluid pressure in glaucoma: a prospective study. *Ophthalomolgy,* 117, 259-266.

Rocco, F.J., Cronin-Golomb, A., Lai, F. (1997). Alzheimer-like visual deficits in Down syndrome. *Alzheimer Dis Assoc Disord,* 11, 88-98.

Sadun, A.A., & Bassi, C.J. (1990). Optic nerve damage in Alzheimer's disease. *Ophthalmology,* 97, 9-17.

Serot, J.M., Béné, M.C., & Faure, G.C. (2003). Choroid plexus, aging of the brain, and Alzheimer's disease. *Front Biosci,* 1, 515-521.

Silverberg, G., Mayo, M., Saul, T., Fellmann, J., & McGuire, D. (2006). Elevated cerebrospinal fluid pressure in patients with Alzheimer's disease. *Cerebrospinal fluid research,* 3, 7.

Silverberg, G.D., Heit, G., Huhn, S., Jaffe, R.A., Chang, S.D., Bronte-Stewart, H., Rubenstein, E., Possin, K., & Saul, T.A. (2001). The cerebrospinal fluid production rate is reduced in dementia of the Alzheimer's type. *Neurology,* 57, 1763-1766.

Silverberg, G.D., Mayo, M., Saul, T., Rubenstein, E., & McGuire, D. (2003). Alzheimer's disease, normal-pressure hydrocephalus, and senescent changes in CSF circulatory physiology: a hypothesis. *Lancet Neurol,* 2, 506-511.

Suttle, C.M., Turner, A.M. (2004). Transient visual evoked potentials in children with Down's syndrome. *Ophthal Physiol Opt,* 24, 91-99

Suttle, C.M., Lloyd, R. (2005). Chromatic and achromatic transient VEPs in adults with Down syndrome. *Ophthal Physiol Opt,* 25, 501-513

Tamura, H., Kawakami, H., Kanamoto, T., Kato, T., Yokoyama, T., Sasaki, K., Izumi, Y., Matsumoto, M., Mishima, H.K. (2006). High frequency of open-angle glaucoma in Japanese patients with Alzheimer's disease. *J Neurol Sci,* 246, 79-83.

Trick, G.L., Barris, M.C., & Bickler-Bluth, M. (1989). Abnormal pattern electroretinograms in patients with senile dementia of the Alzheimer type. *Ann neurol,* 26, 226-231.

Tsai, C.S., Ritch, R., Schwartz, B., Lee, S.S., Miller, N.R., Chi, T., & Hsieh, F.Y. (1991). Optic nerve head and nerve fiber layer in Alzheimer's disease. *Arch Ophthalmol,* 109, 199-204.

Tuulonen, A., & Airaksinen, P.J. (1991). Initial glaucomatous optic disk and retinal nerve fiber layer abnormalities and their progression. *Am J Ophthalmol,* 111, 485-490.

Valenti, D.A. (2007). Neuroimaging of retinal nerve fibre layer in AD using optical coherence tomography. *Neurology,* 69, 1060.

Wostyn, P., Audenaert, K., & De Deyn, P.P. (2009). Alzheimer's disease and glaucoma: Is there a causal relationship? *Br J Ophthalmol,* 93, 1557-1559.

Wright, C.E., Harding, G.F., & Orwin, A. (1986). The flash and pattern VEP as a diagnostic indicator of dementia. *Doc Ophthalmol*, 62, 89-96.

Part 5

Potential Mechanisms of Neurodegeneration

15

Modulation of Signal Transduction Pathways in Senescence-Accelerated Mice P8 Strain: A Useful Tool for Alzheimer's Disease Research

José Luis Albasanz[1], Carlos Alberto Castillo[1,2], Marta Barrachina[3,4], Isidre Ferrer[3,4,5] and Mairena Martín[1]

[1]*Departamento de Química Inorgánica, Orgánica y Bioquímica, Facultad de Químicas, Centro Regional de Investigaciones Biomédicas, Universidad de Castilla-La Mancha, Ciudad Real*

[2]*Departamento de Enfermería, Facultad de Terapia Ocupacional, Logopedia y Enfermería, Universidad de Castilla-La Mancha, Talavera de la Reina*

[3]*Institute of Neuropathology, Bellvitge University Hospital-ICS, Bellvitge Biomedical Research Institute IDIBELL, L'Hospitalet de Llobregat*

[4]*Centro de Investigación Biomédica en Red sobre Enfermedades Neurodegenerativas, CIBERNED, Barcelona*

[5]*University of Barcelona-IDIBELL, Department of Pathology and Experimental Therapeutics, L'Hospitalet de Llobregat*

Spain

1. Introduction

Senescence-accelerated mouse (SAM) lines serve as models of aging and age-associated diseases. The SAMP8 strain has a shortened life span and early-onset manifestations of senescence with characteristic pathological features observed in elderly humans, including deficits in learning and memory. In brains of SAMP8 mice, the processing of amyloid precursor protein (APP) is altered, resulting in excess production and accumulation of amyloid-β peptide (Aβ), tau is hyper-phosphorylated, and oxidative stress is increased. These phenotypic abnormalities are quite reminiscent of the findings in human brains with Alzheimer's disease (AD). Mechanistically, metabolic pathways that are responsible for the generation of reactive oxygen species (ROS) are increased, while antioxidant systems are reduced in activity in the cerebral cortex of aged SAMP8 mice. Besides these structural and metabolic alterations, brains of aged SAMP8 mice exhibit neurochemical abnormalities such as altered signaling through G protein-coupled receptors for 5-hydroxytryptamine, acetylcholine, adenosine, dopamine, melatonin, glutamate and GABA, ion channel receptors, and nuclear hormone receptors (e.g. for all-trans-retinoic acid, cortisol or estradiol). Consequences include alterations in the levels of neurotransmitters, receptor numbers, receptor binding affinity, and second messengers. Of note is that in AD, G protein-coupled receptors and/or their corresponding signaling pathways are often impaired. Together, the observations in aged SAMP8 mouse brains provide convincing evidence that this model serves as an excellent research tool for studying AD pathogenesis and strategies for treatment. Additionally, many of the pathological and neurochemical abnormalities in SAMP8 mice are linked to altered expression of genes that are integrally related to processes such as neuroprotection, signal transduction, protein folding/degradation, intracellular transport and immune response. Several studies have already utilized pharmacological or dietary measures to restore cognitive function and enhance neuroprotection in aged SAMP8 mice, suggesting that these approaches may have applications in the treatment of AD. This review compiles available data concerning the signaling pathways that are altered in SAMP8 mice, and compares the effects to known abnormalities in AD brains.

2. Senescence-Accelerated Mouse model hallmarks: the interest in SAMP8 strain

The senescence-accelerated mouse (SAM) model of accelerated senescence was originally established by Dr. Takeda at the University of Kyoto through phenotypic selection from a common genetic pool of the AKR/J strain. After continuous sister-brother mating to maintain the line under conventional conditions, some littermates were found to differ from the original offspring. This distinct subset of mice exhibited an unusual phenotype characterized by early-age onset senility and shortened lifespan. Five litters with this new phenotype were selected as progenitors of the senescence-accelerated-prone mice (SAMP), while 3 litters with normal ageing were selected as progenitors of the senescence-accelerated-resistant mice (SAMR) (Takeda et al., 1981). Fourteen SAMP and four SAMR litters were produced from the original breeding pairs (Takeda, 1999). In the SAMP mice, the first signs of premature aging were hair loss, reduced physical activity, ophthalmic disorders, and shortened lifespan (mean lifespan of 9.7 months versus 16.3 months for SAMR mice) (Takeda et al., 1994). These and other characteristic features of SAMP mice are summarized in Table 1.

The use of experimental models to study the beginning and the course of senescence and, in a pharmacological approach, to design drugs capable of delaying this process has been widely accepted. Some examples of these experimental approaches are the development of genetically modified organisms, which overexpress genes related to aging, chemical increase of free radicals, viral inoculation, pharmacological interference with some nerve and endocrine functions, and stress induction, among others. These are very useful approaches but present some disadvantages which are not within the scope of this chapter to describe. Moreover, in recent years there has been brought to light a need for improved animal models as a critical barrier in the study of several neurodegenerative disorders. In the particular case of AD study, a direct consequence of the knowledge of AD etiology is that scientists are not able to design an animal model that fully resembles AD pathology. Furthermore, time is not on our side; it has been estimated that nowadays AD affects at least 30 million people around the world, death occurs within 10 years of diagnosis (Lee & Chodosh, 2009), and predictions are not encouraging at all. In the year 2050 the number of ageing people will be on the order of two billion people (WHO data and statistics), most of them in developed countries, which would exponentially increase the number of Alzheimer's patients. Nowadays, the available animal models of AD are restricted to the overexpression of genes with specific mutations associated with early-onset familial AD, which only represents ≈5% of AD cases— considered by many researchers, although useful, to be models with poor clinical relevance and limited predictive value. The use of SAM strains has allowed researchers to pursue a more biological approach to study senescence processes. As may be observed in the central column of Table 1, the main feature of all SAM strains is accelerated senescence, which is the reason why they are a widely used animal model to study geriatric disorders. It is necessary to establish the difference between *accelerated* senescence and *pathologic* senescence. The former is the biological phenomenon observed in living organisms as time goes by. In this case, the observer only reports a faster course of events when compared to physiologic senescence (which is also convenient from a technical point of view). The latter refers to a pathological phenomenon that alters aging process by interacting with biological processes, inducing *premature* senescence.

Strain	Characteristics	Geriatric disorders
SAMP1	Senile amyloidosis Impaired immune system Impaired auditory system Retinal atrophy Hypertensive vascular disease Contracted kidney Pulmonary hyperinflation	Presbycusis Atrophy of the retina Senile cataracts Senile lung
SAMP2	Senile amyloidosis Impaired immune system	Senile cataracts Senile lung
SAMP3	Degenerative arthrosis	Degenerative joint disease
SAMP6	Senile osteoporosis	Senile osteoporosis
SAMP7	Senile amyloidosis Thymoma	
SAMP8	Age-related learning and memory deficits Anxiety Impaired immune system Age-dependent deposition of amyloid β-peptide	Deficits in learning and memory Emotional disturbances Abnormal circadian rhythm Damage to the blood-brain barrier
SAMP9	Age-related cataracts	Senile amyloidosis
SAMP10	Brain atrophy Age-related learning and memory deficits Age-related depression	Deficits in learning and memory Forebrain atrophy Abnormal circadian rhythm
SAMP11	Age-relating thickening of tunic media of thoracic aorta Senile amyloidosis Contracted kidney	Diffuse medial thickening of the aorta

Table 1. Summary of the main features of different strains of SAMP model. From Butterfield & Poon, 2005 and Chiba et al., 2009.

During the past century, a considerable number of theories have been proposed to explain the nature of aging from the different points of view which are involved in it: molecular, cellular, tissue level, etc. This has made it a difficult task to achieve. Nowadays, the scientific

community is still debating which of these theories is the one to explain all the changes reported during aging, but although there is not a universally accepted theory of aging, the free radical theory (Harman, 1956) seems to be the one with the most adherents. This theory postulates that changes observed during aging are due to the direct action of free radicals, generated during cellular metabolism, over biomolecules. Hence, chemical oxidation of proteins, DNA, lipid membranes and other biomolecules induced by reactive oxygen species (ROS) leads to cellular dysfunction and aging in humans and animals. Furthermore, ROS damage has been described as the first pathologic event that occurs in the brain of AD patients (Nunomura et al., 2001) and in SAMP8 strain (Pallas et al., 2008). Following these facts, the SAMP8 strain seems to be a valid animal model for the study of AD as the molecular mechanism that generates age-related impairments (even if it is not the only one, Zhu et al., 2007) in both senescent mouse and AD patients appears to be the same.
SAMP8 strain has been extensively studied by comparing aged SAMP8 mice with aged SAMR1 mice, and also aged SAMP8 mice with young SAMP8 mice. In both cases, neuropathological, neurochemical, and, especially, behavioral/cognitive abnormalities found in aged SAMP8 mice are similar to the deficits observed in AD patients and in some genetically modified animals. Moreover, the chronology of AD symptoms and appearance of pathology are closer to abnormalities described in SAMP8 strain than to what is reported in other genetically modified animals (Pallas et al., 2008). Recently, SAMP8 strain has caught the attention of several investigators, owing to its unique characteristics, with special focus in their use as neurodegenerative models (Pallas et al., 2008; Takeda, 2009). This strain spontaneously develops a pathologic phenotype characterized by age-related disorders, such as learning and memory deficits, mood disorders, such as reduced anxiety-like behavior and depressive behavior, and abnormality of circadian rhythm. In addition, when APP cDNA from SAMP8 strain was sequenced, familial AD mutations were not found (Kumar et al., 2001), suggesting that the age-related disorder reported in this strain was probably not following the same pathways as observed in familial AD. Furthermore, Aβ levels found in SAMP8 mice seem to be closer to those observed in AD patients than what has been reported in genetically modified mice (Rosenberg, 2000). This is, precisely, SAMP8's main characteristic: the age-related phenotype is developed spontaneously and in almost the same order as reported in human beings. That is the reason why this animal model is a high value-added model; neurodegenerative observations reported in this model are not due to the introduction or the deletion of a gene(s) in an animal model but are directly induced by physiological processes.
Age-related deficits in SAMP8 strain have been known for a long time. Since their first description by Dr. Takeda, several laboratories have associated behavioral changes to age-related cognitive impairment. However, Dr. Takeda's laboratory was the first to globally describe age-related cognitive deficits in SAMP8 mice compared to SAMR1 age-matched controls (Miyamoto et al., 1986). They reported an age-associated increase in spontaneous motor activity, impairment in the acquisition of passive avoidance response at 2 months of age, and impairment in the acquisition of active avoidance response at 12 months of age. Alternative paradigms designed to test other behavioral tasks, such as spatial memory acquisition, are particularly useful to study age-related deficits, as memory and learning deficiencies are directly dependent on hippocampal function. These experiments, such as multiple T-maze and Morris water maze, showed an age-related impairment of spatial memory acquisition in 2-month-old SAMP8 mice. Nevertheless, these results turned controversial as other groups found different onset times for SAMP8 age-related

impairments in learning and memory depending on the test used (reviewed in Flood & Morley, 1998). Taken together, all these studies suggest that learning and memory tasks are impaired in SAMP8 mice at early age which will be detected at one or another age depending on the specific aspect of learning and memory measured by the experimental test used. These age-related cognitive deficits found at an early age in SAMP8 mice have been used by researchers to connect treatments focused on neuropathological abnormalities with improvements in physiologic functions such as learning and memory acquisition. The most relevant pathological defects found in SAMP8 mice will be discussed in this section.
In the section bellow, we will consider the main features that are known to occur early in the pathogenesis of AD and which the SAMP8 strain exhibits, such as increased oxidative stress, amyloid-β alterations and tau phosphorylation. Although not commented upon here, other features that have been described in AD pathogenesis have been also found in SAMP8 model as: gliosis (Lu et al., 2009), protein alterations in neurons and astrocytes (Diez-Vives et al., 2009), lower hippocampal PKC activity (Hung et al., 2001), and altered protein expression in the olfactory system (Poon et al., 2005c).

3. Pathological findings in SAMP8 mice

The unique characteristics of SAMP8 mice are not new, but recently this strain has drawn the attention of researchers [1] in the area of gerontological study of dementias as a result of its exclusive development of learning and memory deficits with age (Flood & Morley, 1998) and as a consequence of the clinical relevance obtained employing other commonly used AD models. In this section, we will summarize recent findings related to pathological data obtained from the SAMP8 strain that are also common in the pathophysiology of AD: damage induced by oxidative stress, Aβ deposition and hyperphosphorylation of tau protein.

3.1 Oxidative stress

Free radical-mediated damage to neuronal membrane components has been implicated in the etiology of Alzheimer's disease (AD) and aging; in fact, as has been previously noted, one of the earliest events to occur in AD is oxidative stress (Nunomura et al., 2001). Furthermore, loss of functional enzyme activity during aging had previously been associated with oxidative modification of enzymes (Oliver et al., 1987). Early studies focusing on the oxidative stress level of SAMP8 mice detected elevated levels of lipid peroxide and protein carbonyl in cerebral cortex of SAMP8 mice as young as 4 to 8 weeks old, compared to those of SAMR1 controls (Sato et al., 1996b). After this discovery, this group also confirmed that the oxidative events could be triggered by the loss of activity of anti-oxidative enzymes, such as catalase, and/or by the increase of activity of pro-oxidative enzymes, such as acyl-CoA oxidase (Sato et al., 1996a). These were the first reports that supported the fact that oxidative stress is one of the earliest events related to AD pathology that happen in the SAMP8 strain, and they lead to later papers that studied oxidative stress as a loss of functionality of anti-oxidative enzymes or as an increase in functionality of pro-oxidative enzymes.

[1] Searching for "senescence-accelerated mouse" in PubMed database reported 401 citations on March, 25 2011.

Other authors have complemented these studies using more powerful approaches, such as proteomics, to study the level of carboxylation of proteins in the SAMP8 strain. Therefore, higher protein oxidation and lipid peroxidation reported by Sato et al. were confirmed in 12-month-old SAMP8 mice (Poon et al., 2004a). Those oxidative stress markers were reduced not only when SAMP8 mice were treated with antioxidants, such as α-lipoic acid (Poon et al., 2005b), as would be expected, but also when antisense therapy directed to decrease APP expression was carried out (Poon et al., 2004b, 2005a). Both approaches are capable of reversing cognitive deficits in 12-month-old SAMP8 mice. Furthermore, a complete proteomics study including about 1700 proteins was carried out in SAMP8 and SAMR1 mice (Zhu et al., 2011). In this report there was found to be a group of proteins which were expressed in an age-dependent way and, interestingly, some of them had previously been found to be expressed in AD patients. One of these, Cu/Zn superoxide dismutase (De Leo et al., 1998), will be commented upon later in this chapter. Taken together, these reports related to oxidative stress have not only provided understanding of the mechanisms underlying memory and learning deficits but have also suggested potential therapies to counteract age-related dementia. Therefore, it has been demonstrated for the SAMP8 strain that age-related dementia observed in these animals is ROS-dependent, as the treatment with antioxidants improved learning and memory ability and reduced Aβ deposition (Shih et al., 2010).

Several studies have been carried out in the SAMP8 strain focused on physiologic enzymes with antioxidant properties that counteract ROS produced by oxidative metabolism, or on enzymes with pro-oxidant properties that support ROS production. The first of these was carried out a long time ago when SAM nomenclature had not yet been established. In this study, there was reported to be elevated activity of monoamine oxidase B (MAO-B) and decreased activity of superoxide dismutase (SOD) in SAM-P mice versus SAM-R mice (Nomura et al., 1989). After that, more detailed studies were performed specifically in the SAMP8 strain where there was reported to be a decrease in manganese superoxide dismutase (Mn-SOD) activity in 10-month-old SAMP8 mice (Kurokawa et al., 2001), and an age-related decrease in Cu/Zn superoxide dismutase (Cu/Zn-SOD) expression in 5 to 15-month-old SAMP8 mice (Zhu et al., 2011), as well as in activity of glutathione peroxidase in 12-month-old SAMP8 mice (Okatani et al., 2002). Furthermore, glutathione reductase, glutathione peroxidase and catalase activities were lower in 5-month-old SAMP8 mice than in aged-matched SAMR1 mice (Sureda et al., 2006).

Another family of enzymes involved in ROS damage is nitric oxide synthases (NOS) composed of three isozymes. Nitric oxide (NO) is a signaling molecule widely distributed in the nervous system whose increase has been related to a variety of neurodegenerative pathologies such as AD (Steinert et al., 2010). In SAMP8 mice an age-related increase of NOS activity has been reported which can be reduced by natural antioxidants (Inada et al., 1996). This age-related increase in NOS activity was not due to an increase in mRNA or protein levels (Ali et al., 2009). Although it has been previously reported that Aβ antisense treatment reduced oxidative stress markers (Poon et al., 2004b), recent studies suggest that regulation of the NOS family is complex, as Aβ antisense or antibody treatment further increased NOS activity, with an increase in inducible NOS (iNOS), and reduced neuronal NOS (nNOS). No changes were reported in endothelial NOS (eNOS) (Ali et al., 2009).

A summary of the reported variations in enzymatic activity of anti and pro-oxidant enzymes in the SAMP8 strain is presented in Table 2.

Anti-oxidative enzymes (decreased oxidative stress)	**Pro-oxidative enzymes (increased oxidative stress)**
Catalase ↓	Acyl-CoA oxidase ↑
Manganese superoxide dismutase ↓	Monoamine oxidase B ↑
Cu/Zn superoxide dismutase ↓	NOS ↑
Glutathione peroxidase ↓	
Glutathione reductase ↓	

Table 2. Summary of the variations reported in enzymes related to oxidative stress in the SAMP8 strain.

Some antioxidants, such as melatonin, have been used in SAMP8 mice to counteract oxidative damage. The effect of melatonin treatment on the activity of AD-related kinases has been described (Gutierrez-Cuesta et al., 2007). In addition, melatonin-treated SAMP8 mice reported elevated levels of activity of glutathione peroxidase, an anti-oxidant enzyme, improving indexes of lipid peroxidation and oxidative stress by a combination of melatonin scavenger activity and its ability to stimulate anti-oxidant enzymes (Okatani et al., 2002). Furthermore, as there is clear evidence of the relationship between oxidative stress and age-related dementias in SAMP8 strain, these mice have also been used to test the effects of some natural antioxidants in the diet. Natural antioxidants derived from plants, such as rose-flower extract, have been tested as antioxidant compounds in the SAMP8 strain. In this case, it was demonstrated that antioxidant treatment increased activity and expression of the anti-oxidant enzymes catalase and glutathione peroxidase, decreasing lipid peroxidation and therefore extending the lifespan of SAMP8 (Ng et al., 2005). The antioxidant effects of other plant extracts, such as Toona sinensis Roemor, have been also tested in the SAMP8 strain. The results obtained demonstrated that dietary supplemented animals presented decreased Aβ deposition and lower levels of antioxidant markers as well as higher levels of anti-oxidant enzymes, such as SOD, catalase and glutathione peroxidase (Liao et al., 2006). Recently, icariin, a flavonoid extracted from several plant species, was shown to improve age-related deficits in SAMP8 mice by decreasing NO levels and NOS activity, and by increasing glutathione peroxidase and SOD activities (He et al., 2010). Finally, the administration of lotus seedpod proanthocyanidins to SAMP8 mice decreased NO levels and lowered NOS activity while increasing glutathione peroxidase and SOD activity, which correlates whit an improvement in SAMP8 cognitive deficits (Gong et al., 2008)

Nevertheless, the literature related to oxidative stress in SAMP8 strain is not always conclusive. For example while Okatani et al. did not find age-related changes in SOD, either in SAMP8 or in SAMR1 strain (Okatani et al., 2002), Alvarez-Garcia et al. did not observe any age-related differences in activity of catalase and glutathione reductase, while they did in SOD (Alvarez-Garcia et al., 2006). Finally, Sureda et al. found decreased activity of glutathione reductase, glutathione peroxidase and catalase in SAMP8 mice (Sureda et al., 2006). In addition, other systems might also participate in brain oxidative stress processes. Recent studies have demonstrated that, as in AD brain, peroxide detoxification by astrocytes could play a role in age-related cognitive deficits. Astrocytes derived from SAMP8 mice were more susceptible to H_2O_2 induced damage than those derived from SAMR1 mice. Decreased peroxide detoxification was seen in SAMP8 mice (Lu et al., 2008). Taken together, these results remind us that there is still a long way to go before we completely understand the role of oxidative stress in SAMP8 age-related cognitive deficits and, by extension, in AD pathology.

3.2 Amyloid-β deposition

Senile plaques are one of the hallmarks of AD and have become one of the main hypotheses for the development of this disease (Selkoe, 2000). This hypothesis is based on the fact that familial AD (≈5% of AD cases) may be caused by mutations in the amyloid-β precursor protein (APP) or by mutations in genes that participate in amyloid-β cleavage (presenilins-1/2). According to this hypothesis, the increase in Aβ peptide, which would result in an increase in the number of senile plaques, is the main factor that triggers the rest of the clinical and histopathological features reported in AD. Although this hypothesis has not been refuted, it has not been demonstrated, despite the vast knowledge acquired from models and clinical studies, and even most current reviews on this topic continue to include the words "hypothesis" or "speculation" (Marchesi, 2011).

Although the SAMP8 strain has been proposed as a model of AD, the chronology of appearance of Aβ deposits has been controversial for a long time. Furthermore, there was one main difference between these deposits and the ones found in humans: SAMP8 Aβ deposits were not stained using Congo red and Thioflavin S (Takemura et al., 1993), a classic method used to stain amyloid plaques (Kelenyi, 1967). This main difference has led some researchers to incorrectly consider the age-related dementia described in SAMP8 mice as independent of amyloid plaque deposition (Ashe & Zahs, 2010). In one of the first studies of Aβ deposition in SAMP8 strain, the authors Takemura et al. proposed that little differences in the primary structure of APP or in the processing enzymes could lead to different processed proteins that might be responsible for their different polymerization into the β-pleated sheet. Although possible, this explanation seems improbable since it has been demonstrated that SAMP8 APP protein shows high similarity to that of other species (99.2% homologous with that of mouse and rat (Kumar et al., 2001)). In addition, since its discovery in 1967, the staining method based on fluorophores, such as Congo red and Thioflavin S, has been modified in order to increase the resulting resolution (Sun et al., 2002).

Nevertheless, Aβ deposits in SAMP8 strain have been detected in AD-affected regions (including the hippocampus, medial septum, cerebral cortex and cerebellum) using a wide variety of antiserum, although until a few years ago the date of appearance of Aβ deposits was open to question. One of the first studies to demonstrate the appearance of amyloid plaques in young SAMP8 mice was published in 2006 (Liao et al., 2006), but it was not until 2010 that a complete study was carried out. In this research, Del Valle et al. performed a time course of Aβ deposition in SAMP8 strain, demonstrating that amyloid plaques could be observed in the hippocampus of 6-month-old SAMP8 mice and that they increased with age, while 15 months was needed to observe them in control SAMR1 mice (Del Valle et al., 2010).

As well as immunodetection, quantitative expression studies of AD-related genes were carried out. All this research points to an increase in Aβ levels in the SAMP8 strain. In this sense, an age-related increase of expression of APP gene in SAMP8 hippocampus has been detected which correlated with an age-related increase in APP protein levels (Morley et al., 2000; Poon et al., 2004a). In agreement with these findings, variations in the expression of other genes related to AD pathology have also been reported. In this sense, there have been studies of the expression of presenilin-1 (PS1) and presenilin-2 (PS2), two proteins that are included in the γ-secretase complex whose mutations give rise to an increase in amyloidogenic cuts of APP observed in familial AD. In the SAMP8 strain an increase in the gene expression of both PS1 and PS2 has been reported (Wei et al., 1999; Kumar et al., 2009) which may be one of the causes of increased processing of APP that leads to Aβ accumulation. The expression of another familial AD marker, apolipoprotein E (ApoE), was also studied in the hippocampus of the SAMP8 strain (Wei et al., 1999). This biomarker was less expressed in SAMP8 mice compared to the SAMR1 strain. In contrast, ApoE allele ε4 expression is associated with increased susceptibility to AD. Although, the connection between AD and ApoE is not clear, some researchers postulate that ApoE could be the link between Aβ deposition and pathological alterations of the cerebral microvasculature in AD (Marchesi, 2011). Apolipoprotein A-II (ApoAII) is the precursor protein that induces mouse senile amyloidosis, a form of amyloidosis in which the severity of Aβ deposition increases with age. This has also been the focus of research in SAMP8 strain which expresses type A ApoAII, considered as moderately amyloidogenic (Higuchi et al., 1991). This finding made the SAMP8 strain an appropriate model system for the study of the mechanism(s) of age-related amyloid fibril formation. In conclusion, all the foregoing research suggests that every one of these findings could contribute to the age-related Aβ accumulation described in the SAMP8 strain.

In addition to all the data already considered, there are other factors that contribute to Aβ accumulation. Among these is the Aβ peptide rate of efflux from the brain to blood. There are some hypotheses concerning how this peptide could be transported across the blood brain barrier which will not be discussed here. What is clear, however, is that the higher the efflux rate of Aβ is, the less Aβ remains inside the central nervous system where it may accumulate. This phenomenon was studied by Banks et al., using radioactive labeled Aβ which was centrally administered to SAMP8 mice. This group demonstrated that Aβ efflux was impaired in SAMP8 mice, suggesting that Aβ-impaired efflux could be an early contributor to Aβ deposition in the SAMP8 strain (Banks et al., 2003).

As noted above, if the hypothesis that Aβ deposition is responsible for the cognitive/behavioral deficits observed in SAMP8 strain holds, then when Aβ accumulation is inhibited, independently of the technique employed, the reported cognitive and behavioral deficits should improve. This hypothesis is correct for APP inhibition in SAMP8 strain and has been validated by several reports. Some of these have been commented upon earlier in this chapter but the original work in which downregulation of APP was achieved using a specific oligonucleotide was performed by Kumar et al. (Kumar et al., 2000). After this report, other authors demonstrated that APP expression could be decreased using antisense APP oligonucleotides (Poon et al., 2004b), improving learning and reversing memory deficits. Recently, a new strategy, employing micro ribonucleic acids (miRNAs), which are post-transcriptional regulators of APP in SAMP8 mice and show different expression patterns in SAMP8 and SAMR1 mice, has been proposed (Liu et al., 2010b). These authors hold that as miRNAs (miR-16, miR-144, miR-195, and miR-383) negatively regulate APP expression in SAMP8 strain, the use of these miRNAs could help to improve cognitive deficits in the SAMP8 strain, although this hypothesis has not been tested yet. Furthermore, Aβ immunotherapy strategies were employed as well using Aβ-directed antibodies, injected intracerebroventricularly (Morley et al., 2002) or intraperitoneally (Zhang et al., 2011), with recovery in cognitive deficits in reported in the SAMP8 strain.

Although Aβ accumulation is associated with cognitive impairment, there are some animal models of AD whose age-related brain disorders are not related to amyloid plaques but rather to abnormal APP metabolism that could accelerate age-related brain disorders independently of Aβ deposition (Ashe & Zahs, 2010). As can be deduced from all the evidence described here, this is not the case with the SAMP8 strain. In addition, there was a study recently carried out using a monoclonal antibody against Aβ oligomers on SAMP8 mice which makes it increasingly evident that the age-related deficits observed in SAMP8 strain are Aβ deposition-dependent. In this study, the administration of this specific antibody to SAMP8 mice improved learning and memory tasks and decreased Aβ oligomers and phospho-tau levels (Zhang et al., 2011).

3.3 Hyperphosphorylation of tau

The presence of neurofibrillary tangles, consisting of hyperphosphorylated tau protein, is another hallmark of AD, although formation of neurofibrillary tangles is considered a consequence of Aβ accumulation (Hardy & Selkoe, 2002). Tau is a highly soluble protein which is implicated in microtubule assembly and stabilization whose 6 known cerebral isoforms are translated from a single gene by alternative splicing. Although tau mutations have been involved in a variety of neurodegenerative disorders named familial tauopathies (Goedert et al., 1998), tau is not mutated in AD. Different tau functions are controlled by site-specific phosphorylation which affects microtubule binding. While kinase-mediated phosphorylation inhibits microtubule binding, phosphatase-mediated dephosphorylation restores microtubule binding. In AD pathology, aberrant tau hyperphosphorylation induces microtubule instability and promotes a toxic effect on neurofibrillary tangles surrounding neurons (Johnson & Stoothoff, 2004). Therefore, if the SAMP8 strain is a valid animal model for the study of AD, the pathology induced by tau phosphorylation should be similar in AD and in SAMP8 mice.

In contrast to Aβ accumulation, total tau quantity is not a critical factor in toxicity, as is kinase-mediated phosphorylation. Consequently, an increase in phosphorylated tau in SAMP8 (cortex, striatum and hippocampus, and to a lesser extent in cerebellum) has been detected compared with SAMR1, whilst levels of tau protein were maintained overall in the different areas (Canudas et al., 2005). Furthermore, elevated levels of phosphorylated tau protein were found in SAMP8 strain at an early age, in 5-month-old mice (Alvarez-Garcia et al., 2006), indicating that tau phosphorylation is an early event in the SAMP8 strain. Thus, the kinase(s) responsible(s) for the phosphorylation of tau protein in the SAMP8 strain needed to be studied in detail. Two of the serine/threonine kinases which phosphorylate human tau protein are cyclin-dependent kinase 5 (CDK5) and glycogen synthase kinase 3 (GSK3). When they were studied in detail, an elevated activity of CDK5 accompanied by an increase in expression was detected in cortex, striatum, hippocampus and, a lesser extent, in cerebellum (Canudas et al., 2005). However, GSK3β expression and activity were not altered in SAMP8 mice (Canudas et al., 2005). Yet chronic melatonin treatment in SAMP8 mice diminished tau hyperphosphorylation, reducing CDK5 and GSK3β activation and suggesting that these kinases and their downstream pathways participate in tau hyperphosphorylation in SAMP8 mice (Gutierrez-Cuesta et al., 2007).

Besides the relationship between tau protein and AD-related kinases, a relationship that links oxidative stress and tau phosphorylation has also been established. We noted earlier the work of Gutierrez-Cuesta et al., which links chronic antioxidant treatment with reduced tau phosphorylation, probably due to a reduction in CDK5/GSK3β activation, in SAMP8 mice. This relationship is attested by the abundant bibliography that supports the antioxidant properties of lithium. Lithium treatment in SAMP8 mice decreased CDK5/GSK3β activation, reducing tau phosphorylation and providing neuroprotection to

SAMP8 mice (Tajes et al., 2008). However, to date GSK3 has not been seen to be involved in the antioxidant properties of lithium (Camins et al., 2009). All the data corroborates a chronology of appearance of AD-like pathology in the SAMP8 strain: as oxidative stress is considered an early event in AD, the use of antioxidants should improve subsequent events in this pathology.

Recently, it has been postulated that elevation of endogenous formaldehyde levels may be related to the pathogenic processes of neurodegenerative diseases. From this, it has been demonstrated that some aldehydes, directly related to lipid peroxidation, are not only able to enhance amyloid plaque formation (Chen et al., 2006), but also to induce misfolding of tau protein and formation of globular amyloid-like aggregates (Nie et al., 2007). Thus, in addition to all the available research pointing to SAMP8 as an appropriate model for the study of age-related disorders, it has been recently described that formaldehyde levels are significantly increased in the SAMP8 strain (Tong et al., 2011), which suggests that endogenous formaldehyde is related to aging and that SAMP8 strain could be a suitable system for the study of these neurotoxic aggregates that could play a role in the induction of tauopathies.

4. Neurochemical changes in SAMP8 mice: GPCR mediated pathways

G protein-coupled receptors (GPCRs) are a large superfamily of membrane-bound signaling proteins that are involved in the regulation of a wide range of physiological functions and which constitute the most common target for therapeutic intervention (Ma & Zemmel, 2002). Visual, olfactory and taste sensation, intermediary metabolism, cell growth, differentiation and many other phenomena are all influenced by GPCR signals (Luttrell et al., 2008). GPCR had been viewed as a simple on-off switch that used a single class of effector molecule: the heterotrimeric G proteins. However, converging lines of evidence demonstrate the existence of G protein-independent signal transduction and its unique biochemical and physiological effects (Rajagopal et al., 2010). This increasing complexity of molecular mechanisms responsible for GPCR signaling and its regulation, through interplay of positive and negative regulatory events that amplify the effect of a hormone binding the receptor or that dampen cellular responsiveness, should be tackled as a very promising field to develop new therapeutic approaches. Many G protein-coupled receptors and/or their corresponding signaling pathways, such as cholinergic, glutamatergic, serotonergic, adrenergic and peptidergic neurotransmitter systems, are deregulated in brain from AD cases. This deregulation could be responsible for an altered sequential cleavage of APP by the α-, β-and γ-secretases, which are regulated by GPCRs, and the determination of the extent of amyloid-β peptide generation. In turn, amyloid-β can directly or indirectly affect GPCR function (for a review see Thathiah & De Strooper, 2011). Different neurochemical changes have also been found in the SAMP8 brain, including modifications in signal transduction pathways mediated by G protein-coupled receptors, ion channel receptors and nuclear hormone receptors. These changes have been reported at different levels (e.g. neurotransmitter concentration, receptor number and/or affinity, second messenger generation). Several GPCRs have been analyzed in the SAM model. However, many available data deal with the effects on learning and memory deficits in SAMP8 mice due to the administration of different ligands with agonist activity on these receptors. In contrast, very few reports have tried to analyze the possible modulation of the receptor itself (i.e., quantity, affinity, regulation, etc.). Available data on different GPCR pathways analyzed in AD and the SAMP8 model are summarized in Table 3.

4.1 Serotonin receptors

The 5-hydroxytryptamine (5-HT; serotonin) receptors belong to both the G protein-coupled and ligand-gated ion channel superfamilies. These have been divided into seven distinct families, or classes, according to structural diversity and the preferred effector mechanism. Some of these classes comprise multiple receptors, which share similar structural and effector properties while displaying very different operational profiles (Barnes & Sharp, 1999). The serotonergic system has been implicatred in learning and memory (Reis et al., 2009). A possible age-related change in serotonin (5-HT) receptor antagonist dose–response curves was analyzed in SAMP8 mice using a retention test on a T-maze footshock avoidance apparatus (Flood et al., 1996, 1998). 5-HT_1 and 5-HT_2 receptor antagonists, methiothepin and ketanserin, improved retention, but the dose needed to improve retention was at least 10 times greater in 12-month-old P8 mice than in 4-month-old mice, indicating that there was a reduction in serotonin receptor activity in the 12-month-old mice. Similar drug studies done in the hippocampus of 4- and 12-month-old mice found no age-related change in the dose–response curves of serotonin antagonists for improvement of retention (Flood et al., 1996). Therefore, these results suggest that with increasing age SAMP8 develops a dysfunction in septohippocampal functioning which may initially begin with a decrease in serotonergic activity that appears to be specific to the septum. In agreement with this, the serotonin uptake inhibition by indeloxazine hydrochloride [(±)-2[(inden-7-yloxy)methyl]morpholine hydrochloride], a cerebral metabolic enhancer with cerebral activating properties (Yamamoto, 1990), potentiated the serotonergic system in SAMP8 mice (Yamaguchi et al., 1998). In fact, 5-hydroxytryptamine (5-HT) levels are significantly lower in SAMP8 as compared to SAMR1 mice (Qiu et al., 2010). Similar serotonergic deficits have been reported in patients with AD, including loss of 5-HT_2 receptors in cerebral cortex (Blin et al., 1993), 5-HT_4 in hippocampus and frontal cortex (Reynolds et al., 1995) and 5-HT_6 in pyramidal cells (Lorke et al., 2006).

4.2 Acetylcholine receptors (muscarinic)

Muscarinic receptors mediate cellular response to the natural ligand acetylcholine (ACh). They enjoy widespread tissue distribution and are involved in the control of numerous central and peripheral physiological responses, as well as being a major drug target in human disease. This family of G protein-coupled receptors consists of five members designated M_1-M_5. Hence, M_2 and M_4-muscarinic receptors are able to couple to the pertusiss-toxin sensitive $G_{i/o}$ proteins, and M_1, M_3 and M_5-muscarinic receptors couple to $G_{q/11}$ proteins. However, the muscarinic receptor family can couple to a wide range of diverse signaling pathways, mediated or not by G proteins (Caulfield & Birsall, 1998; van Koppen & Kaiser, 2003). In the hippocampus of SAMP8 at 12 months, binding of [^{3}H]pirenzepine, a M_1 muscarinic receptor antagonist, was significantly lower than that in SAMR1. However, in the cerebral cortex, binding was higher in SAMP8 than in SAMR1 at 12 months (Nomura et al., 1997). In addition, SAMP8 mice show decreased release of acetylcholine (Qiu et al., 2010). Thus, there is a decreased cortical acetylcholine content in SAMP8 (Kitaoka et al., 2010). Moreover, there is a reported effect of dysfunctional teeth on age-related changes in the septohippocampal cholinergic system by assessing acetylcholine

(ACh) release and choline acetyltransferase (ChAT) activity in the hippocampus of young-adult and aged SAMP8 mice after removal of their upper molar teeth (molarless condition) (Onozuka et al., 2002). In this experimental model, significantly less KCl-evoked ACh release was seen in aged molarless SAMP8 mice compared with aged controls, whereas the molarless condition had no effect on young mice. In the control groups, the KCl-evoked ACh release decreased with aging, but the difference was not statistically significant. Moreover, in control mice, ChAT activity was higher in the young-adult group than in the aged mice, indicating an age-dependent decrease in hippocampal ChAT activity in SAMP8 mice. In addition, aged molarless mice showed a greater reduction in ChAT activity than age-matched control mice, whereas the molarless condition had little effect on young-adult mice (Onozuka et al., 2002). This decreased cholinergic activity results in a decreased ability of the SAMP8 mouse to learn and retain new information (Morley et al., 2002). In fact, M_1 mAChR is the most abundant subtype in the cortex and hippocampus, two major brain regions that develop amyloid plaques and neurofibrillary tangles (nFTs) in AD, and postsynaptic M_1 mAChRs play a major role in hippocampus-dependent short-term memory and memory consolidation (Anagnostaras et al., 2003), which is impaired in AD (Levey, 1996). Therefore, considerable efforts have been directed towards developing M_1 mAChR-selective agonists that are capable of restoring the cognitive deficits in patients with AD, in whom hippocampus M_1 level are reduced (Pakrasi et al., 2007) while they are increased in frontal cortex (Svensson et al., 1992).

4.3 Adenosine receptors

Adenosine is a nucleoside widely distributed in central and peripheral nervous system that exerts its actions through four types of receptors named A_1, A_{2A}, A_{2B} and A_3, all of them being GPCRs. A_1 and A_3 receptors are coupled, through $G_{i/o}$ proteins, to adenylyl cyclase activity inhibition, while A_{2A} and A_{2B} receptors are coupled to stimulation of the enzymatic activity, through G_s protein (Ralevic & Burnstock, 1998; Fredholm et al., 2001, 2005). Out of the four adenosine receptors, the A_1 subtype is the most abundant and widespread in the brain, where it plays a neuroprotective role because of its capacity to decrease the release of excitatory neurotransmitters, mainly glutamate (Dunwiddie & Masino, 2001). A_{2A} receptors are concentrated in the basal ganglia but they are also present throughout the brain, albeit in a considerably lower density. A_{2B} and A_3 receptors are the least abundant in the brain (Cunha, 2005). Adenosine receptor gene expression and the quantification of A_1 and A_{2A} proteins in plasma membranes were analyzed recently in SAMP8 and SAMR1 strains using 21- and 180-day-old animals (Castillo et al., 2009). Results show that mRNA coding adenosine A_1 and A_{2B} receptors is significantly increased in middle-aged versus young SAMR1 animals, suggesting an age-associated up-regulation in resistant control mice. However, these increases were not detected in SAMP8 animals. Concerning A_{2A} receptors, no significant differences were found between young and middle-aged animals, either in SAMP8 or in SAMR1. However, the level of A_{2A} mRNA expression was significantly lower in SAMP8 versus SAMR1. Finally, an increase in mRNA coding A_3 receptor was observed in both middle-aged SAMR1 and SAMP8 animals without significant differences between strains. Adenosine A_1 receptors were measured in plasma membranes from SAMR1 and SAMP8 mice by binding assay using [^{3}H]DPCPX, a selective A_1 receptor antagonist, as radioligand. Total adenosine A_1 receptor numbers in middle-aged SAMR1 decreased by 38%, suggesting a loss of receptors associated with aging. This decrease was not observed in the SAMP8 strain. However, and of interest, total A_1 receptor level in SAMP8 was significantly lower than in SAMR1, with even fewer receptors detected than in middle-aged SAMR1 mice, suggesting that A_1 receptors are already altered at a very early age in SAMP8. No significant age-associated differences in Kd values were observed in any SAM strain. However, Kd values in SAMP8 strain were lower than in SAMR1, suggesting a higher receptor affinity in the former. This age-related loss of A_1 receptors in SAMR1 was then associated with an increase in the rate of synthesis of this receptor, probably as a compensatory mechanism to prevent the important loss of receptor detected at the membrane surface. In contrast, an age-related increase in adenosine A_{2A} receptors was observed in SAMR1 with no variation in SAMP8, by Western-blotting. The most important finding in the paper of Castillo et al. is that adenosine A_1 receptors, which have been described as being neuroprotective, are already severely decreased in very young SAMP8 mice (3 weeks old), suggesting a great alteration of these receptors in this aging model. Higher A_1 and A_{2A} receptor expression levels have been found in the frontal cortex of post-mortem brains of patients with AD (Albasanz et al., 2008). Interestingly, A_{2A}-deficient mice display improved spatial recognition memory (Wang et al., 2006), whereas in vivo A_{2A} overexpression leads to memory deficits (Gimenez-Lort et al., 2007). In agreement, pharmacological blockade of A_{2A} receptors by caffeine seems to reduce Aβ formation and the risk of developing dementia (Chen & Chern, 2011; Gelber et al., 2011).

4.4 Adrenergic receptors

Adrenoceptors are 7-transmembrane receptors which mediate the central and peripheral actions of the neurotransmitter noradrenaline (norepinephrine), and the hormone and neurotransmitter adrenaline (epinephrine). Adrenoceptors are found in nearly all peripheral tissues and on many neuronal populations within the central nervous system. Both noradrenaline and adrenaline play important roles in the control of blood pressure, myocardial contractile rate and force, airway reactivity, and a variety of metabolic and central nervous system functions. Based on both pharmacological and molecular evidence they are classified into three major types -α_1, α_2 and β- each of which is further divided into at least three subtypes (Bylund et al., 1994). Agonists for norepinephrine receptors required little or no change in the dose needed to improve retention in older SAMP8 (12- versus 4-month-old) mice on a T-maze footshock avoidance test (Flood et al., 1998), suggesting that this signaling pathway is not modified with aging in SAMP8 mice. In contrast, the level of total β-adrenergic receptors and, more interestingly, the relative ratio of β_1-/β_2-receptors, have been reported as altered in different brain regions from AD patients (Kalaria et al., 1989). Thus, there is an increase in β_2-receptors in prefrontal cortex and hippocampus which could be responsible for the amelioration in AD patients detected by blocking β-adrenergic receptors with selective antagonists (Yu et al., 2011). Thus, a similar modulation in SAMP8 mice must not be ruled out as no detailed studies have been performed to date.

4.5 Calcitonin receptors

The calcitonin peptide family comprises calcitonin, amylin, calcitonin gene-related peptide (CGRP), adrenomedullin (AM) and AM2, also known as intermedin. All of these peptides, ranging from 32 to 52 amino acids in length in humans, share structural similarities, and their truncation beyond the second cysteine residue generates antagonists. With the exception of CGRP receptors, such modified forms of the native peptides are the only pharmacological tools currently available for characterizing these receptors. The receptor family for these peptides consists of two class B GPCRs, the calcitonin receptor (CR) and calcitonin receptor-like receptor (sometimes abbreviated as CRLR) for which pharmacological specificity is dictated by additional proteins, known as receptor activity-modifying proteins (RAMPs). These are integral parts of the receptor complex (Hoare et al., 2005). In male SAMP8 and SAMR1 mice, blood samples were collected monthly from 3 to 12 months of age. With advancing age, the plasma calcitonin (CT) levels decreased progressively in both SAMR1 and SAMP8. However, the curve of age-related changes in the plasma CT levels was lower in SAMP8 than in SAMR1 (Chen et al., 2004). Measurement of CT level in female SAMP8 mice at the age of 3, 6, 9, 12, and 15 months revealed that plasma CT level decreased with aging and/or ovariectomy. Plasma CT levels in the ovariectomized (Ovx) mice were significantly lower than those in the intact mice. In addition, the decrease of plasma CT level was moderated by long-term dietary antler supplementation in both Ovx and intact mice (Chen at al., 2007). Although no data were found concerning CT receptors in SAMP8 mice, a reduced level of the endogenous agonist (CT) could suggest reduced signaling through these receptors. In fact, a possible receptor upregulation could be expected in response to low CT levels as a compensatory mechanism. Interestingly, the amylin receptor is a putative target for the actions of Aβ in the brain. Thus, in primary cultures of human fetal neurons (HFNs), AC253, an amylin receptor antagonist, blocks the electrophysiological effects of Aβ. Moreover, in transgenic mice (TgCRND8) that overexpress amyloid precursor protein, amylin receptor is up-regulated in specific brain regions that also demonstrate an elevated amyloid burden (Jhamandas et al., 2011).

4.6 Chemokine receptors

Chemokines (chemotactic cytokines) comprise a family of related proteins according to structural criteria including overall amino acid sequence homology, length, conserved cysteine motifs and a common fold. They are involved in leukocyte trafficking, antimicrobial activity, HIV inhibitory activity, angiogenic or angiostatic activity, tumour-promoting or tumour-inhibiting activity, apoptosis or mitogenic activity, and the ability to modulate gene expression, T cell differentiation and phagocyte activation. Chemokines act by binding to 7-transmembrane domain, G protein-coupled receptors. There are 18 human chemokine receptors and over fifty distinct chemokines (Melik-Parsadaniantz & Rostene, 2008). An interesting region has been found on chromosome 4 of SAMP8 mice harboring multiple genes that were more highly expressed in SAMP8 than in SAMR1; some of these genes are chemokine (C-C motif) ligand 19 (Ccl19) and Ccl27. The RNA levels for these two genes in retina or hippocampus were higher in SAMP8 than SAMR1 (Carter et al., 2005). In addition, CCL2, a small cytokine belonging to the CC chemokine family that is also known as monocyte chemotactic protein-1 (MCP-1), has a significantly increased expression in old as compared with young SAMP8 mice, and this expression was significantly reduced after melatonin treatment. In SAMR1 mice no statistically significant differences between young and old animals were found. CCL2 expression was also elevated in old SAMP8 mice when compared with old SAMR1 mice (Cuesta et al., 2010). CCL2 is the main ligand for chemokine receptor CCR2, which is required for macrophage infiltration at sites of axonal injury in the hippocampus. CCL2 has been localized to mature amyloid plaques in the AD brain (Ishizuka et al., 1997).

4.7 Dopamine receptors

Dopamine receptor subtypes are named D_1-D_5 and belong to two subfamilies, D_1-like and D_2-like, based upon similarities in sequence, pharmacology and ability to stimulate or inhibit adenylyl cyclase activity mediated via coupling to $G_{\alpha s}$ or $G_{\alpha i/o}$ proteins (Beaulieu & Gainetdinov, 2011). Retention improvement by agonists for dopamine receptors was similar in older SAMP8 (12- versus 4-month-old) mice on a T-maze footshock avoidance test (Flood et al., 1998), suggesting that this signaling pathway is not modified with aging in SAMP8 mice. However, there is a decrease in the number of dopamine (DA) neurons and the associated ultrastructural changes in the neurons of the nigrostriatal system in SAMP8 as compared with SAMR1. This reduction is even greater in aged SAMP8 mice (8–10 months old) (Karasawa et al., 1997), suggesting a reduced DA level in SAMP8 worsened by age. The administration of 2,4-diamino-6-hydroxypyrimidine (DAHP), an inhibitor of GTP cyclohydrolase I, to inhibit DA and serotonin syntheses in young mice (2 months old) and aged mice (10 months old), revealed that DA turnover is lower in aged mice than in young mice (Karasawa et al., 1999). This DA level could be modulated by diet or MPTP administration. DA level was similarly and significantly increased in cerebellum at 8 and 12 months of age after diet restriction (Kim & Choi, 2000). In contrast, administration of MPTP can induce a marked decrease in striatal DA levels and a loss of dopaminergic neurons in the substantia nigra of SAMP8 mice (Liu et al., 2008). Moreover, old MPTP-SAMP8 mice show an earlier and more severe loss of dopaminergic neurons than young mice (Liu et al., 2010a). No data concerning modulation of dopamine receptors was found for SAMP8 mice. However, in frontal cortex from AD brain, expression of D_1, D_3 and D_4 receptors was severely reduced, D_2 was moderately reduced and D_5 was the only receptor subtype whose expression was increased in AD (Kumar & Patel, 2007). Also, in temporal lobe of AD brain these dopamine receptors have a reduced expression (Gahete et al., 2010). In addition, DA plasma level is significantly lower in AD patients (Umegaki et al., 2000).

4.8 GABA$_B$ receptors

The GABA$_B$ receptor is a G_i/G_o protein-coupled receptor heterodimer with two subunits, designated 1 and 2. Activation at this site produces neuronal hyperpolarization by increasing membrane K^+ conductance. The antispastic agent (-)-baclofen is a highly selective agonist for GABA$_B$ receptors (Martin et al., 2001). Saclofen, a GABA$_B$ receptor antagonist, had to be injected into the septum at a higher dose in 12- than in 4-month-old mice to improve retention in SAMP8 mice after training on footshock avoidance (Flood et al., 1998), suggesting a possible upregulation of GABA$_B$ receptor. However, a quantitative autoradiography study of GABA$_B$ and GABA$_A$ receptors in AD revealed fewer hippocampal GABA$_B$ receptors in stratum moleculare of the dentate gyrus, stratum lacunosum-moleculare and stratum pyramidale of CA1 (Chu et al., 1987a), and a significantly lower GABA$_B$ level in frontal cortex (Chu et al., 1987b), with no significant differences on affinity (Kd). Also, the GABA level in cerebrospinal fluid was significantly reduced in AD patients (Jimenez-Jimenez et al., 1998).

4.9 Melatonin receptors

There are three major plasma membrane receptors for melatonin within the brain. Two of these, MT_1 and MT_2, are GPCRs whose activation leads to decreased levels of cyclic AMP. The third, MT_3 or NQO2, is a quinone reductase with poorly understood in vivo function

(Reppert et al., 1996; Rios et al., 2010; Tan et al., 2007). However, other mechanisms of action could be possible as there are additional melatonin binding sites in the nucleus of many cell types (Filadelfi & Castrucci, 1996). Melatonin acts as a neurohormone affecting transcriptional events in the CNS (Kotler et al., 1998). Several studies have shown that melatonin levels are diminished in AD patients compared to age-matched control subjects. CSF melatonin levels decrease even in preclinical stages when the patients do not manifest any cognitive impairment (at Braak stages I-II), suggesting that the reduction in melatonin is an early marker for the first stages of AD (for a review see Cardinalli et al., 2010). MT_1 activation depresses CREB and stimulates ERK (Chan et al., 2002). MT_2 levels are depressed in AD (Savaskan et al., 2005). Changes in these signaling pathways may form the basis of the alteration in gene expression effected by melatonin. The linkage between reduced melatonin levels and accelerated aging has been reviewed elsewhere (Bondy & Sharman, 2007) and may be more than merely correlative. Levels of both MT_1 and MT_2 receptors are very high within the suprachiasmatic nucleus (SCN), the site of circadian rhythm regulation. However, although administration of melatonin in drinking water promotes the phase advance of light–dark cycle in senescence-accelerated SAMR1 but not SAMP8 mice, levels of expression of both MT_1 and MT_2 mRNAs in the SCN are identical in the two SAM strains (Asai et al., 2000).

4.10 Opioid receptors

The opioid peptide receptors are heterogeneous. Measures of antagonist affinities against various opioid agonists in different systems resulted in unambiguous evidence for heterogeneity of receptor types, and the eventual definition of the μ, δ and κ receptor types (Dawan et al., 1996). In vivo (+)-[^{3}H]SKF-10,047 binding to σ sites was examined in the hippocampal formation and cerebral cortex of SAMR1 and SAMP8, at 12 months of age. Binding levels expressed as fmol/mg of proteins indicated decreases in the levels of total (+)-[^{3}H]SKF-10,047 bound in the cortex of SAMP8 as compared with SAMR1, but not in the hippocampus, and in the levels of (+)-[^{3}H]SKF-10,047 non-specifically bound in both structures. However, bound-to-free ratios never significantly differed between the two substrains. The apparent reductions in the in vivo binding levels of SKF-10,047 tracer may thus not reflect decreased binding capacities at the σ sites. However, the learning impairment observed in 10- to 12-month-old SAMP8 could be significantly attenuated by two high affinity σ agonists, JO-1784 (igmesine) and PRE-084, administered subcutaneously in the mg/kg range, on several tests of mnemonic capacities (Maurice et al., 1996). δ-OR binding is decreased in the amygdala and ventral putamen, and μ-OR binding is decreased in the hippocampus and subiculum of post-mortem brain samples from patients with AD. In addition, there is an elevated hippocampal level of enkephalin, the ligand for these receptors, in the human AD brain (for a review see Thathiah & De Strooper, 2011).

4.11 Orexin receptors

The orexins (orexin-A and orexin-B, also known as hypocretin-1 and hypocretin-2) are neuropeptides derived from a single precursor expressed in a few thousand neurons restricted to the posterior lateral and medial hypothalamus. Orexin-A is the selective endogenous agonist for OX1 receptor, which is coupled to the activation of phospholipase C via a G_s/G_q protein (Zhu et al., 2003). Inactivation of the receptor has been shown to cause impaired spatial learning in anaesthetized rats (Akbari et al., 2006). The effect of post-training intracerebroventricular administration of Orexin-A on retention in active and passive avoidance has been reported in young (4 months) and old (12 months) SAMP8 mice (Jaeger et al., 2002). Orexin-A improved retention in young and old SAMP8 mice. However, no data about orexin receptor levels have been reported to date. Of interest is the observation that Aβ produced by neurons and secreted into the brain interstitial fluid is modulated by orexin in transgenic (Tg2576) mice, which express a mutated form of human amyloid precursor protein (APP) (Kang et al., 2009). Hypocretin-1 levels were normal in AD, although fragmentation of daytime wake was elevated in those with low hypocretin-1 levels. Thus, lower hypocretin-1 levels may be permissive for, or a consequence of, increased wake fragmentation in AD (Friedman et al., 2007).

4.12 Parathyroid hormone receptors

Parathyroid hormone (PTH), parathyroid hormone-related protein (PTHrP), and tuberoinfundibular peptide of thirty-nine residues (TIP39) are endogenous ligands for the parathyroid hormone 1 and 2 receptors (PTH1, PTH2). PTH is a classic endocrine hormone essential for mineral homeostasis (Potts et al., 1995). With advancing age (3, 6, 9, 12, and 15 months), the plasma PTH level increased progressively in female SAMP8 (Chen et al., 2007). In male SAMP8 and SAMR1 mice blood samples were collected monthly from 3 to 12 months of age. With advancing age, the plasma PTH level increased progressively in both SAMR1 and SAMP8 (Chen at al., 2004). The increase in serum PTH level has also been reported in older people and has been associated with impaired cognitive function, although the predictive value of PTH for cognitive decline has not yet been fully investigated (Bjorkman et al., 2010).

4.13 Somatostatin receptors

The somatostatin receptor family consists of 5 subtypes (sst1-5) each differentially distributed throughout the CNS and periphery. These receptors bind with high affinity to the endogenous polypeptides somatostatin-14, somatostatin-28 and cortistatin, as well as many other synthetic ligands. Receptor activation stimulates multiple intracellular signaling mechanisms giving rise to many tissue functions such as inhibition of growth hormone (GH) release and modulation of neuronal activity (Moller et al., 2003). The protein expression profile changes in the frontal cortex brain of SAMP8 model by means of microarray and RT-PCR techniques has recently been analyzed (Chen at al., 2010). In this study, somatostatin gene expression was lower in 12-month-old as compared with 4-month-old SAMP8 mice. Interestingly, the administration of NNC 26-9100, an sst4 receptor agonist, to 12-month-old SAMP8 mice did not modulate the expression of the sst4 receptor and APP when compared to vehicle control mice after 28 days of chronic NNC treatment, but it did enhance learning and memory (Sandoval et al., 2011). In addition, the expression of somatostatin did not change during aging in the pancreas of male SAMP8 and SAMR1 mice as no significant differences were observed between old (10 month) and young (2 month) mice. However, the expression of somatostatin was higher in the pancreas of young SAMP8 mice as compared with young SAMR1 mice (Cuesta et al., 2011). The expression of sst2 and sst4 is reduced in the cortex of human patients with AD (Kumar, 2005). Moreover, somatostatin levels are also reduced in the CSF, cortex and hippocampus of patients with AD (Thathiah & De Strooper, 2011).

4.14 Thyrotropin-releasing hormone receptors

Thyrotropin-releasing hormone (TRH) is a tripeptide (pyroGlu-His-Proamide) that is synthesized in the hypothalamus and released into the hypothalamic-pituitary portal circulation to act on the pituitary. TRH is produced in many other tissues, especially within the nervous system, where it appears to act as a neurotransmitter/neuromodulator. TRH receptors (TRH_1, TRH_2) belong to the Class A GPCR family. TRH_2 receptor has not been found in humans (Straub et al., 1990). Subcutaneous injection of a sustained release formulation of thyrotropin-releasing hormone (TRH-SR) produced a sustained increase in immunoreactive plasma TRH levels up to about 4 weeks after dosing in 8-month-old SAMP8. Furthermore, TRH-SR significantly improved the impairment of water maze learning in SAMP8 mice (Miyamoto et al., 1994a). TRH-SR also ameliorates impairments of learning behavior and the emotional disorder in SAMP8. In addition, SAMP8 shows an age-dependent abnormality of circadian rhythms of spontaneous motor activity (SMA) and ingestive behavior compared with the SAMR1 control, with diurnal SMA and water intake in SAMP8 being higher than in SAMR1 (Miyamoto, 1994b). These results suggest a reduced TRH level in SAMP8 mice. TRH concentration was decreased in the AD hippocampus compared to normal elderly controls (Luo et al., 2002). However, no significant differences from non-neuropsychiatric controls were noted on TRH receptor levels within the hippocampus in AD; just a slight alteration was noted in the cortical amygdala in AD (Lexow et al., 1994).

4.15 PACAP receptors

Vasoactive intestinal peptide (VIP) and pituitary adenylate cyclase-activating polypeptide (PACAP) are members of a superfamily of structurally related peptide hormones that includes glucagon, glucagon-like peptide, secretin and growth hormone-releasing hormone (GHRH). At least three receptors for PACAP exist in mammals, two of which are also high-affinity receptors for VIP (Harmar et al., 1998). In SAMP88 mice, PACAP is transported across the BBB in almost all regions of the brain, with the highest rates of transport found in the hypothalamus and hippocampus. This transport is lower in aged (12-month-old) than in young (2-month-old) mice. Of the differences between young and aged SAMP8 mice, the most interesting is the loss of the ability to transport PACAP into the olfactory bulb (Nonaka et al., 2002). Several studies have found abnormalities of the olfactory bulb of both SAMP8 mice (Ueno et al., 1998) and patients with Alzheimer's disease (Kovacs et al., 2001).

4.16 Metabotropic glutamate receptors

Glutamate is the main excitatory neurotransmitter in the central nervous system which has been implicated in several physiological and pathological processes (Conn & Pin, 1997). The different actions of glutamate are mediated through glutamate receptor binding, which has been classified into ionotropic and metabotropic. Metabotropic glutamate receptors (mGluRs) are coupled, through G proteins, to different effector systems, including phospholipase C (PLC) and adenylyl cyclase (AC). They have been classified into three groups on the basis of their pharmacological profile, molecular properties, and transduction mechanisms. Group I receptors ($mGlu_1$, $mGlu_5$) are coupled to PLC activation, through $G_{q/11}$ proteins, whereas groups II and III are coupled to AC inhibition, through $G_{i/o}$ proteins

(Conn & Pin, 1997). Preliminary results by our group suggest that mGluRs are impaired in SAMP8 mice (unpublished data). Interestingly, the mGluR/phospholipase C signaling pathway is impaired in the cerebral cortex in AD patients. Moreover, a decrease in mGluR specific binding correlates well with stage of AD-related changes (Albasanz et al., 2005). The efficacy of glutamatergic neurotransmission also relies on glutamate uptake and release from vesicles (Ishikawa et al., 2002; Wojcik et al., 2004). Vesicular glutamate transporters (VGLUTs), which include VGLUT1, VGLUT2 and VGLUT3, are responsible for the uploading of L-glutamate into synaptic vesicles and they are specifically required for exocytotic release (Reimer & Edwards, 2004). For glutamatergic synapses, a single functional vesicular glutamate transporter is both necessary and sufficient to fill a synaptic vesicle. However, elevated VGLUT expression increases the quantal size of a vesicle, and vesicles without VGLUT are empty (Daniels et al., 2006). Therefore, the expression level of VGLUTs determines the amount of glutamate that is loaded into vesicles and released, and thereby regulates the efficacy of neurotransmission (Ishikawa et al., 2002; Wojcik et al., 2004). Protein expression of VGLUT1, VGLUT2, VGLUT3 and synaptophysin (Syp), a marker of synapse (Kashani et al., 2008), tends to decrease in the hippocampus, and was significantly decreased in an age-dependent manner in the cerebral cortex of SAMP8 with age-related deterioration of learning and memory (Cheng et al., 2011), which could indicate that the glutamatergic synaptic transmission was weakened in the brain of aging SAMP8. Consistent with a dysfunction in the recycling of glutamate, there is a selective loss of vesicular glutamate transport in synaptic vesicles isolated from cerebral cortex synaptosomes from AD (Westphalen et al., 2003).

GPCR	AD	SAMP8
5-Hydroxytryptamine receptors	↓ 5-HT_{2A}, 5-HT_4, 5-HT_6	↓ serotonergic activity (5-HT_1, 5-HT_2)
	↓ 5-HT level	↓ 5-HT level
Acetylcholine receptors (muscarinic)	↓ hippocampal M_1	↓ hippocampal M_1
	↑ frontal cortical M_1	↑ cortical M_1
	↓ ACh release	↓ ACh release
Adenosine receptors	↑ frontal cortical A_1, A_{2A}	↓ A_1, ↑ A_{2A} (whole brain)
Adrenoceptors	↑ prefrontal cortical and hippocampal β_2AR	no apparent change
Calcitonin receptors	↑ amylin receptor (TgCRND8 mice)	↓ plasma calcitonin
Chemokine receptors	↑ CCL2	↑ hippocampal Ccl19, Ccl27 expression, ↑ CCL2
Dopamine receptors	↓ frontal cortical D_1, D_3, D_4, D_2 ↑ frontal cortical D_5 ↓ temporal lobe DR	n.d.

GPCR	AD	SAMP8
	↓ DA level	↓ DA level
$GABA_B$ receptors	↓ hippocampal and cortical $GABA_B$	n.d.
	↓ GABA level in CSF	n.d.
Melatonin receptors	↓ MT_2	= MT_1, MT_2 mRNA expression
	↓ melatonin level in CSF	n.d.
Opioid receptors	↓ δ-OR amygdala and putamen ↓ μ-OR hippocampus and subiculum	↓ cortical σ site = hippocampal σ site
	↑ hippocampal enkephalin	n.d.
Orexin receptors	= Hypocretin-1 level	n.d.
Parathyroid hormone receptors	= PTH level (but ↑ PTH with aging)	↑ PTH level with aging
Somatostatin receptors	↓ sst2, sst4	n.d.
	↓ somatostatin level	↓ somatostatin level
Thyrotropin-releasing hormone receptors	= hippocampal TRH receptors ↓ cortical amygdala TRH receptor	n.d.
	↓ TRH level	↓ TRH level
PACAP receptors	↓ PACAP expression	Altered transport through BBB
Metabotropic glutamate receptor	↓ mGluR in frontal cortex	not published
	↓ VGLUT	↓ VGLUT

Table 3. G protein-coupled receptors assessed in Alzheimer's disease (AD) and senescence-accelerated mouse P8 strain (SAMP8). n.d.: not determined. GPCRs that have been not investigated in SAMP8, or at least not found in literature, are the following: Anaphylatoxin, Angiotensin, Apelin, Bile acid, Bombesin, Bradykinin, Calcium-sensing, Cannabinoid, Cholecystokinin, Corticotropin-releasing factor, Endothelin, Estrogen (G protein-coupled) Formylpeptide, Free fatty acid, Frizzled, Galanin, Ghrelin, Glucagon receptor family, Glycoprotein hormone, Gonadotrophin-releasing hormone, Histamine, Hydroxycarboxylic acid, Kisspeptin, Leukotriene, Lysophospholipid, Melanin-concentrating hormone, Melanocortin, Motilin, Neuromedin U, Neuropeptide FF/neuropeptide AF, Neuropeptide S receptor, Neuropeptide W/neuropeptide B, Neuropeptide Y, Neurotensin, P2Y, Peptide P518, Platelet-activating factor, Prokineticin, Prolactin-releasing peptide, Prostanoid, Protease-activated, Relaxin family peptide, Tachykinin, Trace amine, Urotensin and Vasopressin and oxytocin receptors.

5. Conclusion

Senescence-accelerated mouse P8 (SAMP8) has many features that are known to occur early in the pathogenesis of AD such as increased oxidative stress, amyloid-β alterations, and tau phosphorylation. The neurochemical changes reported to date in SAMP8 mice may help in the study of AD pathogenesis as many of them are similar to what is found in AD (see Table 3). However, there is still a lot of work to be done in the analysis of the different receptor-mediated signaling pathways and their modulation in this animal model.

6. Acknowledgment

We are very grateful to Dr. Antoni Camins and Dr. Mercé Pallas for their contributions to the study of SAMP8 mice and the Fundació La Marató de TV3 (092330, 090331) for funding. The experimental work described in the present chapter about adenosine receptor modulation was funded in part by the European Union through the Marie-Curie Research Training Network PRAIRIES (Contract MRTN-CT-2006-035810), by the Consejería de Educación y Ciencia (PCI08-0125), the Consejería de Sanidad (PI-2007/50 and G-2007-C/13) of the Junta de Comunidades de Castilla-La Mancha, the Ministerio de Ciencia e Innovación (BFU2008-00138 and SAF2006-13092) and the Instituto de Salud Carlos III (PI080400). We thank Tom Yohannan for editorial assistance.

7. References

Akbari, E., Naghdi, N. & Motamedi, F. (2006). Functional inactivation of orexin 1 receptors in CA1 region impairs acquisition, consolidation and retrieval in Morris water maze task. Behav Brain Res Vol.173, No.1,(Oct 2), pp. 47-52.

Albasanz, J. L., Dalfo, E., Ferrer, I. and Martin, M. (2005) Impaired metabotropic glutamate receptor/phospholipase C signaling pathway in the cerebral cortex in Alzheimer's disease and dementia with Lewy bodies correlates with stage of Alzheimer's-disease-related changes. Neurobiol Dis, 20, 685-693.

Ali, A. K., Banks, W. A., Kumar, V. B., Shah, G. N., Lynch, J. L., Farr, S. A., Fleegal-DeMotta, M. A. & Morley, J. E. (2009). Nitric oxide activity and isoenzyme expression in the senescence-accelerated mouse p8 model of Alzheimer's disease: effects of anti-amyloid antibody and antisense treatments. J Gerontol A Biol Sci Med Sci Vol.64, No.10,(Oct), pp. 1025-1030.

Alvarez-Garcia, O., Vega-Naredo, I., Sierra, V., Caballero, B., Tomas-Zapico, C., Camins, A., Garcia, J. J., Pallas, M. & Coto-Montes, A. (2006). Elevated oxidative stress in the brain of senescence-accelerated mice at 5 months of age. Biogerontology Vol.7, No.1,(Feb), pp. 43-52.

Anagnostaras, S. G., Murphy, G. G., Hamilton, S. E., Mitchell, S. L., Rahnama, N. P., Nathanson, N. M. & Silva, A. J. (2003). Selective cognitive dysfunction in acetylcholine M1 muscarinic receptor mutant mice. Nat Neurosci Vol.6, No.1,(Jan), pp. 51-58.

Asai, M., Ikeda, M., Akiyama, M., Oshima, I. & Shibata, S. (2000). Administration of melatonin in drinking water promotes the phase advance of light-dark cycle in senescence-accelerated mice, SAMR1 but not SAMP8. Brain Res Vol.876, No.1-2,(Sep 8), pp. 220-224.

Ashe, K. H. & Zahs, K. R. (2010). Probing the biology of Alzheimer's disease in mice. Neuron Vol.66, No.5,(Jun 10), pp. 631-645.

Banks, W. A., Robinson, S. M., Verma, S. & Morley, J. E. (2003). Efflux of human and mouse amyloid beta proteins 1-40 and 1-42 from brain: impairment in a mouse model of Alzheimer's disease. Neuroscience Vol.121, No.2,(n.d.), pp. 487-492.

Barnes, N. M. & Sharp, T. (1999). A review of central 5-HT receptors and their function. Neuropharmacology Vol.38, No.8,(Aug), pp. 1083-1152.

Beaulieu, J. M. & Gainetdinov, R. R. (2011). The physiology, signaling, and pharmacology of dopamine receptors. Pharmacol Rev Vol.63, No.1,(Mar), pp. 182-217.

Bjorkman, M. P., Sorva, A. J. & Tilvis, R. S. (2010). Does elevated parathyroid hormone concentration predict cognitive decline in older people? Aging Clin Exp Res Vol.22, No.2,(Apr), pp. 164-169.

Blin, J., Baron, J. C., Dubois, B., Crouzel, C., Fiorelli, M., Attar-Levy, D., Pillon, B., Fournier, D., Vidailhet, M. & Agid, Y. (1993). Loss of brain 5-HT2 receptors in Alzheimer's disease. In vivo assessment with positron emission tomography and [18F]setoperone. Brain Vol.116 (Pt 3), Jun), pp. 497-510.

Bondy, S. C. & Sharman, E. H. (2007). Melatonin and the aging brain. Neurochem Int Vol.50, No.4,(Mar), pp. 571-580.

Butterfield, D. A. & Poon, H. F. (2005). The senescence-accelerated prone mouse (SAMP8): a model of age-related cognitive decline with relevance to alterations of the gene expression and protein abnormalities in Alzheimer's disease. Exp Gerontol Vol.40, No.10,(Oct), pp. 774-783.

Bylund, D. B., Eikenberg, D. C., Hieble, J. P., Langer, S. Z., Lefkowitz, R. J., Minneman, K. P., Molinoff, P. B., Ruffolo, R. R., Jr. & Trendelenburg, U. (1994). International Union of Pharmacology nomenclature of adrenoceptors. Pharmacol Rev Vol.46, No.2,(Jun), pp. 121-136.

Camins, A., Verdaguer, E., Junyent, F., Yeste-Velasco, M., Pelegri, C., Vilaplana, J. & Pallas, M. (2009). Potential mechanisms involved in the prevention of neurodegenerative diseases by lithium. CNS Neurosci Ther Vol.15, No.4,(Winter), pp. 333-344.

Canudas, A. M., Gutierrez-Cuesta, J., Rodriguez, M. I., Acuna-Castroviejo, D., Sureda, F. X., Camins, A. & Pallas, M. (2005). Hyperphosphorylation of microtubule-associated protein tau in senescence-accelerated mouse (SAM). Mech Ageing Dev Vol.126, No.12,(Dec), pp. 1300-1304.

Cardinali, D. P., Furio, A. M. & Brusco, L. I. (2010). Clinical aspects of melatonin intervention in Alzheimer's disease progression. Curr Neuropharmacol Vol.8, No.3,(Sep), pp. 218-227.

Carter, T. A., Greenhall, J. A., Yoshida, S., Fuchs, S., Helton, R., Swaroop, A., Lockhart, D. J. & Barlow, C. (2005). Mechanisms of aging in senescence-accelerated mice. Genome Biol Vol.6, No.6,(n.d.), pp. R48.

Castillo, C. A., Albasanz, J. L., Leon, D., Jordan, J., Pallas, M., Camins, A. and Martin, M. (2009) Age-related expression of adenosine receptors in brain from the senescence-accelerated mouse. Exp Gerontol, 44, 453-461.

Chan, A. S., Lai, F. P., Lo, R. K., Voyno-Yasenetskaya, T. A., Stanbridge, E. J. & Wong, Y. H. (2002). Melatonin mt1 and MT2 receptors stimulate c-Jun N-terminal kinase via pertussis toxin-sensitive and -insensitive G proteins. Cell Signal Vol.14, No.3,(Mar), pp. 249-257.

Chen, C. C., Wang, M. F., Liu, M. H., Lin, W. T. & Yang, S. K. (2004). Effects of age on plasma levels of calcium-regulating hormones and bone status in male SAMP8 mice. Chin J Physiol Vol.47, No.1,(Mar 31), pp. 7-14.

Chen, K., Maley, J. & Yu, P. H. (2006). Potential inplications of endogenous aldehydes in beta-amyloid misfolding, oligomerization and fibrillogenesis. J Neurochem Vol.99, No.5,(Dec), pp. 1413-1424.

Chen, C. C., Liu, M. H., Wang, M. F. & Chen, C. C. (2007). Effects of aging and dietary antler supplementation on the calcium-regulating hormones and bone status in ovariectomized SAMP8 mice. Chin J Physiol Vol.50, No.6,(Dec 31), pp. 308-314.

Chen, S. C., Lu, G., Chan, C. Y., Chen, Y., Wang, H., Yew, D. T., Feng, Z. T. & Kung, H. F. (2010). Microarray profile of brain aging-related genes in the frontal cortex of SAMP8. J Mol Neurosci Vol.41, No.1,(May), pp. 12-16.

Cheng, X.-R., Yang, Y., Zhou, W.-X. & Zhang, Y.-X. (2011). Expression of VGLUTs contributes to degeneration and acquisition of learning and memory. Neurobiology of Learning and Memory Vol.95, No.3,(n.d.), pp. 361-375.

Chiba, Y., Shimada, A., Kumagai, N., Yoshikawa, K., Ishii, S., Furukawa, A., Takei, S., Sakura, M., Kawamura, N. & Hosokawa, M. (2009). The senescence-accelerated mouse (SAM): a higher oxidative stress and age-dependent degenerative diseases model. Neurochem Res Vol.34, No.4,(Apr), pp. 679-687.

Chu, D. C., Penney, J. B., Jr. & Young, A. B. (1987a). Quantitative autoradiography of hippocampal GABAB and GABAA receptor changes in Alzheimer's disease. Neurosci Lett Vol.82, No.3,(Dec 4), pp. 246-252.

Chu, D. C., Penney, J. B., Jr. & Young, A. B. (1987b). Cortical GABAB and GABAA receptors in Alzheimer's disease: a quantitative autoradiographic study. Neurology Vol.37, No.9,(Sep), pp. 1454-1459.

Conn, P. J. & Pin, J. P. (1997). Pharmacology and functions of metabotropic glutamate receptors. Annu Rev Pharmacol Toxicol Vol.37, n.d.), pp. 205-237.

Cuesta, S., Kireev, R., Forman, K., Garcia, C., Acuna, D., Vara, E. & Tresguerres, J. A. (2011). Growth hormone can improve insulin resistance and differentiation in pancreas of senescence accelerated prone male mice (SAMP8). Growth Horm IGF Res Jan 14), pp.

Daniels, R. W., Collins, C. A., Chen, K., Gelfand, M. V., Featherstone, D. E. & DiAntonio, A. (2006). A single vesicular glutamate transporter is sufficient to fill a synaptic vesicle. Neuron Vol.49, No.1,(Jan 5), pp. 11-16.

De Leo, M. E., Borrello, S., Passantino, M., Palazzotti, B., Mordente, A., Daniele, A., Filippini, V., Galeotti, T. & Masullo, C. (1998). Oxidative stress and overexpression of manganese superoxide dismutase in patients with Alzheimer's disease. Neurosci Lett Vol.250, No.3,(Jul 10), pp. 173-176.

Del Valle, J., Duran-Vilaregut, J., Manich, G., Casadesus, G., Smith, M. A., Camins, A., Pallas, M., Pelegri, C. & Vilaplana, J. (2010). Early amyloid accumulation in the hippocampus of SAMP8 mice. J Alzheimers Dis Vol.19, No.4,(n.d.), pp. 1303-1315.

Dhawan, B. N., Cesselin, F., Raghubir, R., Reisine, T., Bradley, P. B., Portoghese, P. S. & Hamon, M. (1996). International Union of Pharmacology. XII. Classification of opioid receptors. Pharmacol Rev Vol.48, No.4,(Dec), pp. 567-592.

Diez-Vives, C., Gay, M., Garcia-Matas, S., Comellas, F., Carrascal, M., Abian, J., Ortega-Aznar, A., Cristofol, R. & Sanfeliu, C. (2009). Proteomic study of neuron and astrocyte cultures from senescence-accelerated mouse SAMP8 reveals degenerative changes. J Neurochem Vol.111, No.4,(Nov), pp. 945-955.

Filadelfi, A. M. & Castrucci, A. M. (1996). Comparative aspects of the pineal/melatonin system of poikilothermic vertebrates. J Pineal Res Vol.20, No.4,(May), pp. 175-186.

Flood, J. F., Harris, F. J. & Morley, J. E. (1996). Age-related changes in hippocampal drug facilitation of memory processing in SAMP8 mice. Neurobiol Aging Vol.17, No.1,(Jan-Feb), pp. 15-24.

Flood, J. F., Farr, S. A., Uezu, K. & Morley, J. E. (1998a). Age-related changes in septal serotonergic, GABAergic and glutamatergic facilitation of retention in SAMP8 mice. Mech Ageing Dev Vol.105, No.1-2,(Sep 15), pp. 173-188.

Flood, J. F. & Morley, J. E. (1998b). Learning and memory in the SAMP8 mouse. Neurosci Biobehav Rev Vol.22, No.1,(n.d.), pp. 1-20.

Friedman, L. F., Zeitzer, J. M., Lin, L., Hoff, D., Mignot, E., Peskind, E. R. & Yesavage, J. A. (2007). In Alzheimer disease, increased wake fragmentation found in those with lower hypocretin-1. Neurology Vol.68, No.10,(Mar 6), pp. 793-794.

Fujiwara, Y., Takahashi, H., Hirai, K. & Miyamoto, M. (2004). Involvement of the glutamatergic system in behavioral disorders in senescence-accelerated mice (SAMP8). International Congress Series Vol.1260, n.d.), pp. 303-308.

Gahete, M. D., Rubio, A., Duran-Prado, M., Avila, J., Luque, R. M. & Castano, J. P. (2010). Expression of Somatostatin, cortistatin, and their receptors, as well as dopamine receptors, but not of neprilysin, are reduced in the temporal lobe of Alzheimer's disease patients. J Alzheimers Dis Vol.20, No.2,(n.d.), pp. 465-475.

Gelber, R. P., Petrovitch, H., Masaki, K. H., Ross, G. W. & White, L. R. (2011). Coffee intake in midlife and risk of dementia and its neuropathologic correlates. J Alzheimers Dis Vol.23, No.4,(Jan 1), pp. 607-615.

Gimenez-Llort, L., Schiffmann, S. N., Shmidt, T., Canela, L., Camon, L., Wassholm, M., Canals, M., Terasmaa, A., Fernandez-Teruel, A., Tobena, A., Popova, E., Ferre, S., Agnati, L., Ciruela, F., Martinez, E., Scheel-Kruger, J., Lluis, C., Franco, R., Fuxe, K. & Bader, M. (2007). Working memory deficits in transgenic rats overexpressing human adenosine A2A receptors in the brain. Neurobiol Learn Mem Vol.87, No.1,(Jan), pp. 42-56.

Goedert, M., Crowther, R. A. & Spillantini, M. G. (1998). Tau mutations cause frontotemporal dementias. Neuron Vol.21, No.5,(Nov), pp. 955-958.

Gong, Y., Liu, L., Xie, B., Liao, Y., Yang, E. & Sun, Z. (2008). Ameliorative effects of lotus seedpod proanthocyanidins on cognitive deficits and oxidative damage in senescence-accelerated mice. Behav Brain Res Vol.194, No.1,(Dec 1), pp. 100-107.

Gutierrez-Cuesta, J., Sureda, F. X., Romeu, M., Canudas, A. M., Caballero, B., Coto-Montes, A., Camins, A. & Pallas, M. (2007). Chronic administration of melatonin reduces cerebral injury biomarkers in SAMP8. J Pineal Res Vol.42, No.4,(Apr), pp. 394-402.

Hardy, J. & Selkoe, D. J. (2002). The amyloid hypothesis of Alzheimer's disease: progress and problems on the road to therapeutics. Science Vol.297, No.5580,(Jul 19), pp. 353-356.

Harman, D. (1956). Aging: a theory based on free radical and radiation chemistry. J Gerontol Vol.11, No.3,(Jul), pp. 298-300.

Harmar, A. J., Arimura, A., Gozes, I., Journot, L., Laburthe, M., Pisegna, J. R., Rawlings, S. R., Robberecht, P., Said, S. I., Sreedharan, S. P., Wank, S. A. & Waschek, J. A. (1998). International Union of Pharmacology. XVIII. Nomenclature of receptors for vasoactive intestinal peptide and pituitary adenylate cyclase-activating polypeptide. Pharmacol Rev Vol.50, No.2,(Jun), pp. 265-270.

He, X. L., Zhou, W. Q., Bi, M. G. & Du, G. H. (2010). Neuroprotective effects of icariin on memory impairment and neurochemical deficits in senescence-accelerated mouse prone 8 (SAMP8) mice. Brain Res Vol.1334, Jun 2), pp. 73-83.

Higuchi, K., Kitagawa, K., Naiki, H., Hanada, K., Hosokawa, M. & Takeda, T. (1991). Polymorphism of apolipoprotein A-II (apoA-II) among inbred strains of mice. Relationship between the molecular type of apoA-II and mouse senile amyloidosis. Biochem J Vol.279 (Pt 2), Oct 15), pp. 427-433.

Hoare, S. R. (2005). Mechanisms of peptide and nonpeptide ligand binding to Class B G-protein-coupled receptors. Drug Discov Today Vol.10, No.6,(Mar 15), pp. 417-427.

Hung, M. C., Shibasaki, K., Yoshida, R., Sato, M. & Imaizumi, K. (2001). Learning behaviour and cerebral protein kinase C, antioxidant status, lipid composition in senescence-accelerated mouse: influence of a phosphatidylcholine-vitamin B12 diet. Br J Nutr Vol.86, No.2,(Aug), pp. 163-171.

Inada, K., Yokoi, I., Kabuto, H., Habu, H., Mori, A. & Ogawa, N. (1996). Age-related increase in nitric oxide synthase activity in senescence accelerated mouse brain and the effect of long-term administration of superoxide radical scavenger. Mech Ageing Dev Vol.89, No.2,(Aug 15), pp. 95-102.

Ishikawa, T., Sahara, Y. & Takahashi, T. (2002). A single packet of transmitter does not saturate postsynaptic glutamate receptors. Neuron Vol.34, No.4,(May 16), pp. 613-621.

Ishizuka, K., Kimura, T., Igata-yi, R., Katsuragi, S., Takamatsu, J. & Miyakawa, T. (1997). Identification of monocyte chemoattractant protein-1 in senile plaques and reactive microglia of Alzheimer's disease. Psychiatry Clin Neurosci Vol.51, No.3,(Jun), pp. 135-138.

Jaeger, L. B., Farr, S. A., Banks, W. A. & Morley, J. E. (2002). Effects of orexin-A on memory processing. Peptides Vol.23, No.9,(Sep), pp. 1683-1688.

Jhamandas, J. H., Li, Z., Westaway, D., Yang, J., Jassar, S. & MacTavish, D. (2011). Actions of beta-amyloid protein on human neurons are expressed through the amylin receptor. Am J Pathol Vol.178, No.1,(Jan), pp. 140-149.

Jimenez-Jimenez, F. J., Molina, J. A., Gomez, P., Vargas, C., de Bustos, F., Benito-Leon, J., Tallon-Barranco, A., Orti-Pareja, M., Gasalla, T. & Arenas, J. (1998). Neurotransmitter amino acids in cerebrospinal fluid of patients with Alzheimer's disease. J Neural Transm Vol.105, No.2-3,(n.d.), pp. 269-277.

Johnson, G. V. & Stoothoff, W. H. (2004). Tau phosphorylation in neuronal cell function and dysfunction. J Cell Sci Vol.117, No.Pt 24,(Nov 15), pp. 5721-5729.

Kalaria, R. N., Andorn, A. C., Tabaton, M., Whitehouse, P. J., Harik, S. I. & Unnerstall, J. R. (1989). Adrenergic receptors in aging and Alzheimer's disease: increased beta 2-receptors in prefrontal cortex and hippocampus. J Neurochem Vol.53, No.6,(Dec), pp. 1772-1781.

Kang, J. E., Lim, M. M., Bateman, R. J., Lee, J. J., Smyth, L. P., Cirrito, J. R., Fujiki, N., Nishino, S. & Holtzman, D. M. (2009). Amyloid-beta dynamics are regulated by orexin and the sleep-wake cycle. Science Vol.326, No.5955,(Nov 13), pp. 1005-1007.

Karasawa, N., Nagatsu, I., Sakai, K., Nagatsu, T., Watanabe, K. & Onozuka, M. (1997). Immunocytochemical study of catecholaminergic neurons in the senescence-accelerated mouse (SAM-P8) brain. Journal of Neural Transmission Vol.104, No.11-12,(n.d.), pp. 1267-1275.

Karasawa, N., Yamawaki, Y., Nagatsu, T., Kawase, T., Nishiyama, K., Watanabe, K., Onozuka, M. & Nagatsu, I. (1999). Age-associated changes in the dopamine synthesis as determined by GTP cyclohydrolase I inhibitor in the brain of senescence-accelerated mouse-prone inbred strains (SAMP8). Neurosci Res Vol.35, No.1,(Oct), pp. 31-36.

Kashani, A., Lepicard, E., Poirel, O., Videau, C., David, J. P., Fallet-Bianco, C., Simon, A., Delacourte, A., Giros, B., Epelbaum, J., Betancur, C. & El Mestikawy, S. (2008). Loss of VGLUT1 and VGLUT2 in the prefrontal cortex is correlated with cognitive decline in Alzheimer disease. Neurobiol Aging Vol.29, No.11,(Nov), pp. 1619-1630.

Kelenyi, G. (1967). Thioflavin S fluorescent and Congo red anisotropic stainings in the histologic demonstration of amyloid. Acta Neuropathol Vol.7, No.4,(Feb 3), pp. 336-348.

Kim, D. W. & Choi, J. H. (2000). Effects of age and dietary restriction on animal model SAMP8 mice with learning and memory impairments. J Nutr Health Aging Vol.4, No.4,(n.d.), pp. 233-238.

Kitamura, Y., Zhao, X. H., Ohnuki, T., Takei, M. & Nomura, Y. (1992). Age-related changes in transmitter glutamate and NMDA receptor/channels in the brain of senescence-accelerated mouse. Neurosci Lett Vol.137, No.2,(Mar 30), pp. 169-172.

Kitaoka, K., Sano, A., Chikahisa, S., Yoshizaki, K. & Sei, H. (2010). Disturbance of rapid eye movement sleep in senescence-accelerated mouse prone/8 mice is improved by retinoic acid receptor agonist Am80 (Tamibarotene). Neuroscience Vol.167, No.3,(May 19), pp. 573-582.

Kotler, M., Rodriguez, C., Sainz, R. M., Antolin, I. & Menendez-Pelaez, A. (1998). Melatonin increases gene expression for antioxidant enzymes in rat brain cortex. J Pineal Res Vol.24, No.2,(Mar), pp. 83-89.

Kovacs, T., Cairns, N. J. & Lantos, P. L. (2001). Olfactory centres in Alzheimer's disease: olfactory bulb is involved in early Braak's stages. Neuroreport Vol.12, No.2,(Feb 12), pp. 285-288.

Kumar, V. B., Farr, S. A., Flood, J. F., Kamlesh, V., Franko, M., Banks, W. A. & Morley, J. E. (2000). Site-directed antisense oligonucleotide decreases the expression of amyloid precursor protein and reverses deficits in learning and memory in aged SAMP8 mice. Peptides Vol.21, No.12,(Dec), pp. 1769-1775.

Kumar, V. B., Vyas, K., Franko, M., Choudhary, V., Buddhiraju, C., Alvarez, J. & Morley, J. E. (2001). Molecular cloning, expression, and regulation of hippocampal amyloid precursor protein of senescence accelerated mouse (SAMP8). Biochem Cell Biol Vol.79, No.1,(n.d.), pp. 57-67.

Kumar, U. (2005). Expression of somatostatin receptor subtypes (SSTR1-5) in Alzheimer's disease brain: an immunohistochemical analysis. Neuroscience Vol.134, No.2,(n.d.), pp. 525-538.

Kumar, U. & Patel, S. C. (2007). Immunohistochemical localization of dopamine receptor subtypes (D1R-D5R) in Alzheimer's disease brain. Brain Res Vol.1131, No.1,(Feb 2), pp. 187-196.

Kumar, V. B., Franko, M., Banks, W. A., Kasinadhuni, P., Farr, S. A., Vyas, K., Choudhuri, V. & Morley, J. E. (2009). Increase in presenilin 1 (PS1) levels in senescence-accelerated mice (SAMP8) may indirectly impair memory by affecting amyloid precursor protein (APP) processing. J Exp Biol Vol.212, No.Pt 4,(Feb), pp. 494-498.

Kurokawa, T., Asada, S., Nishitani, S. & Hazeki, O. (2001). Age-related changes in manganese superoxide dismutase activity in the cerebral cortex of senescence-accelerated prone and resistant mouse. Neurosci Lett Vol.298, No.2,(Feb 2), pp. 135-138.

Lee, M. & Chodosh, J. (2009). Dementia and life expectancy: what do we know? J Am Med Dir Assoc Vol.10, No.7,(Sep), pp. 466-471.

Levey, A. I. (1996). Muscarinic acetylcholine receptor expression in memory circuits: implications for treatment of Alzheimer disease. Proc Natl Acad Sci U S A Vol.93, No.24,(Nov 26), pp. 13541-13546.

Lexow, N., Joyce, J. N., Kim, S. J., Phillips, J., Casanova, M. F., Bird, E. D., Kleinman, J. E. & Winokur, A. (1994). Alterations in TRH receptors in temporal lobe of schizophrenics: a quantitative autoradiographic study. Synapse Vol.18, No.4,(Dec), pp. 315-327.

Liao, J. W., Hsu, C. K., Wang, M. F., Hsu, W. M. & Chan, Y. C. (2006). Beneficial effect of Toona sinensis Roemor on improving cognitive performance and brain degeneration in senescence-accelerated mice. Br J Nutr Vol.96, No.2,(Aug), pp. 400-407.

Liu, J., Wang, Y. Y., Liu, L., Wang, Q. D., Yuan, Z. Y., Zhang, Z. X., Gu, P. & Wang, M. W. (2008). Damage to the nigrostriatal system in the MPTP-treated SAMP8 mouse. Neuroscience Letters Vol.448, No.2,(n.d.), pp. 184-188.

Liu, J., Wang, M. W., Gu, P., Ma, Q. Y., Wang, Y. Y., Geng, Y., Yuan, Z. Y., Cui, D. S., Zhang, Z. X., Ma, L., Zhang, B. H., Zhou, M. G. & Zhu, A. P. (2010a). Microglial activation and age-related dopaminergic neurodegeneration in MPTP-treated SAMP8 mice. Brain Res Vol.1345, Jul 23), pp. 213-220.

Liu, W., Liu, C., Zhu, J., Shu, P., Yin, B., Gong, Y., Qiang, B., Yuan, J. & Peng, X. (2010b). MicroRNA-16 targets amyloid precursor protein to potentially modulate Alzheimer's-associated pathogenesis in SAMP8 mice. Neurobiol Aging (Jul 7), pp.

Lu, L., Li, J., Yew, D. T., Rudd, J. A. & Mak, Y. T. (2008). Oxidative stress on the astrocytes in culture derived from a senescence accelerated mouse strain. Neurochem Int Vol.52, No.1-2,(Jan), pp. 282-289.

Lu, L., Mak, Y. T., Fang, M. & Yew, D. T. (2009). The difference in gliosis induced by beta-amyloid and Tau treatments in astrocyte cultures derived from senescence accelerated and normal mouse strains. Biogerontology Feb 17), pp.

Luo, L., Yano, N., Mao, Q., Jackson, I. M. & Stopa, E. G. (2002). Thyrotropin releasing hormone (TRH) in the hippocampus of Alzheimer patients. J Alzheimers Dis Vol.4, No.2,(Apr), pp. 97-103.

Luttrell, L. M. (2008). Reviews in molecular biology and biotechnology: transmembrane signaling by G protein-coupled receptors. Mol Biotechnol Vol.39, No.3,(Jul), pp. 239-264.

Ma, P. & Zemmel, R. (2002). Value of novelty? Nat Rev Drug Discov Vol.1, No.8,(Aug), pp. 571-572.

Ma, Q., Qiang, J., Gu, P., Wang, Y. & Mingwei, W. Y. G. (2011). Age-related autophagy alterations in the brain of senescence accelerated mouse prone 8 (SAMP8) mice. Experimental Gerontology Vol.In Press, Accepted Manuscript, n.d.), pp.

Marchesi, V. T. (2011). Alzheimer's dementia begins as a disease of small blood vessels, damaged by oxidative-induced inflammation and dysregulated amyloid metabolism: implications for early detection and therapy. FASEB J Vol.25, No.1,(Jan), pp. 5-13.

Martin, S. C., Russek, S. J. & Farb, D. H. (2001). Human GABA(B)R genomic structure: evidence for splice variants in GABA(B)R1 but not GABA(B)R2. Gene Vol.278, No.1-2,(Oct 31), pp. 63-79.

Maurice, T., Roman, F. J., Su, T. P. & Privat, A. (1996). Beneficial effects of sigma agonists on the age-related learning impairment in the senescence-accelerated mouse (SAM). Brain Res Vol.733, No.2,(Sep 16), pp. 219-230.

Melik-Parsadaniantz, S. & Rostene, W. (2008). Chemokines and neuromodulation. J Neuroimmunol Vol.198, No.1-2,(Jul 31), pp. 62-68.

Miyamoto, M., Kiyota, Y., Yamazaki, N., Nagaoka, A., Matsuo, T., Nagawa, Y. & Takeda, T. (1986). Age-related changes in learning and memory in the senescence-accelerated mouse (SAM). Physiol Behav Vol.38, No.3,(n.d.), pp. 399-406.

Miyamoto, M., Kiyota, Y., Nishiyama, M. & Nagaoka, A. (1992). Senescence-accelerated mouse (SAM): age-related reduced anxiety-like behavior in the SAM-P/8 strain. Physiol Behav Vol.51, No.5,(May), pp. 979-985.

Miyamoto, M., Hirai, K., Heya, T. & Nagaoka, A. (1994a). Effects of a sustained release formulation of thyrotropin-releasing hormone on behavioral abnormalities in senescence-accelerated mice. Eur J Pharmacol Vol.271, No.2-3,(Dec 27), pp. 357-366.

Miyamoto, M. (1994b). [Experimental techniques for developing new drugs acting on dementia (8)--Characteristics of behavioral disorders in senescence-accelerated mouse (SAMP8): possible animal model for dementia]. Nihon Shinkei Seishin Yakurigaku Zasshi Vol.14, No.5,(Oct), pp. 323-335.

Moller, L. N., Stidsen, C. E., Hartmann, B. & Holst, J. J. (2003). Somatostatin receptors. Biochim Biophys Acta Vol.1616, No.1,(Sep 22), pp. 1-84.

Morley, J. E., Kumar, V. B., Bernardo, A. E., Farr, S. A., Uezu, K., Tumosa, N. & Flood, J. F. (2000). Beta-amyloid precursor polypeptide in SAMP8 mice affects learning and memory. Peptides Vol.21, No.12,(Dec), pp. 1761-1767.

Morley, J. E., Farr, S. A., Kumar, V. B. & Banks, W. A. (2002a). Alzheimer's disease through the eye of a mouse: Acceptance lecture for the 2001 Gayle A. Olson and Richard D. Olson prize. Peptides Vol.23, No.3,(n.d.), pp. 589-599.

Morley, J. E., Farr, S. A. & Flood, J. F. (2002b). Antibody to amyloid beta protein alleviates impaired acquisition, retention, and memory processing in SAMP8 mice. Neurobiol Learn Mem Vol.78, No.1,(Jul), pp. 125-138.

Ng, T. B., Gao, W., Li, L., Niu, S. M., Zhao, L., Liu, J., Shi, L. S., Fu, M. & Liu, F. (2005). Rose (Rosa rugosa)-flower extract increases the activities of antioxidant enzymes and their gene expression and reduces lipid peroxidation. Biochem Cell Biol Vol.83, No.1,(Feb), pp. 78-85.

Nie, C. L., Wang, X. S., Liu, Y., Perrett, S. & He, R. Q. (2007). Amyloid-like aggregates of neuronal tau induced by formaldehyde promote apoptosis of neuronal cells. BMC Neurosci Vol.8, n.d.), pp. 9.

Nomura, Y., Wang, B. X., Qi, S. B., Namba, T. & Kaneko, S. (1989). Biochemical changes related to aging in the senescence-accelerated mouse. Exp Gerontol Vol.24, No.1,(n.d.), pp. 49-55.

Nomura, Y., Kitamura, Y., Ohnuki, T., Arima, T., Yamanaka, Y., Sasaki, K. & Oomura, Y. (1997). Alterations in acetylcholine, NMDA, benzodiazepine receptors and protein kinase C in the brain of the senescence-accelerated mouse: an animal model useful for studies on cognitive enhancers. Behav Brain Res Vol.83, No.1-2,(Feb), pp. 51-55.

Nomura, Y., Okuma, Y., Hosoi, T. & Nomura, J. (2004). Biochemical changes in the brain of the senescence-accelerated mouse P8 and P10. International Congress Series Vol.1260, n.d.), pp. 91-97.

Nonaka, N., Banks, W. A., Mizushima, H., Shioda, S. & Morley, J. E. (2002). Regional differences in PACAP transport across the blood-brain barrier in mice: a possible influence of strain, amyloid beta protein, and age. Peptides Vol.23, No.12,(Dec), pp. 2197-2202.

Nunomura, A., Perry, G., Aliev, G., Hirai, K., Takeda, A., Balraj, E. K., Jones, P. K., Ghanbari, H., Wataya, T., Shimohama, S., Chiba, S., Atwood, C. S., Petersen, R. B. & Smith, M. A. (2001). Oxidative damage is the earliest event in Alzheimer disease. J Neuropathol Exp Neurol Vol.60, No.8,(Aug), pp. 759-767.

Okatani, Y., Wakatsuki, A., Reiter, R. J. & Miyahara, Y. (2002). Melatonin reduces oxidative damage of neural lipids and proteins in senescence-accelerated mouse. Neurobiol Aging Vol.23, No.4,(Jul-Aug), pp. 639-644.

Oliver, C. N., Ahn, B. W., Moerman, E. J., Goldstein, S. & Stadtman, E. R. (1987). Age-related changes in oxidized proteins. J Biol Chem Vol.262, No.12,(Apr 25), pp. 5488-5491.

Onozuka, M., Watanabe, K., Fujita, M., Tomida, M. & Ozono, S. (2002). Changes in the septohippocampal cholinergic system following removal of molar teeth in the aged SAMP8 mouse. Behav Brain Res Vol.133, No.2,(Jul 18), pp. 197-204.

Pakrasi, S., Colloby, S. J., Firbank, M. J., Perry, E. K., Wyper, D. J., Owens, J., McKeith, I. G., Williams, E. D. & O'Brien, J. T. (2007). Muscarinic acetylcholine receptor status in Alzheimer's disease assessed using (R, R) 123I-QNB SPECT. J Neurol Vol.254, No.7,(Jul), pp. 907-913.

Pallas, M., Camins, A., Smith, M. A., Perry, G., Lee, H. G. & Casadesus, G. (2008). From aging to Alzheimer's disease: unveiling "the switch" with the senescence-accelerated mouse model (SAMP8). J Alzheimers Dis Vol.15, No.4,(Dec), pp. 615-624.

Poon, H. F., Castegna, A., Farr, S. A., Thongboonkerd, V., Lynn, B. C., Banks, W. A., Morley, J. E., Klein, J. B. & Butterfield, D. A. (2004a). Quantitative proteomics analysis of specific protein expression and oxidative modification in aged senescence-accelerated-prone 8 mice brain. Neuroscience Vol.126, No.4,(n.d.), pp. 915-926.

Poon, H. F., Joshi, G., Sultana, R., Farr, S. A., Banks, W. A., Morley, J. E., Calabrese, V. & Butterfield, D. A. (2004b). Antisense directed at the Abeta region of APP decreases brain oxidative markers in aged senescence accelerated mice. Brain Res Vol.1018, No.1,(Aug 20), pp. 86-96.

Poon, H. F., Farr, S. A., Banks, W. A., Pierce, W. M., Klein, J. B., Morley, J. E. & Butterfield, D. A. (2005a). Proteomic identification of less oxidized brain proteins in aged senescence-accelerated mice following administration of antisense oligonucleotide directed at the Abeta region of amyloid precursor protein. Brain Res Mol Brain Res Vol.138, No.1,(Jul 29), pp. 8-16.

Poon, H. F., Farr, S. A., Thongboonkerd, V., Lynn, B. C., Banks, W. A., Morley, J. E., Klein, J. B. & Butterfield, D. A. (2005b). Proteomic analysis of specific brain proteins in aged SAMP8 mice treated with alpha-lipoic acid: implications for aging and age-related neurodegenerative disorders. Neurochem Int Vol.46, No.2,(Jan), pp. 159-168.

Poon, H. F., Vaishnav, R. A., Butterfield, D. A., Getchell, M. L. & Getchell, T. V. (2005c). Proteomic identification of differentially expressed proteins in the aging murine olfactory system and transcriptional analysis of the associated genes. J Neurochem Vol.94, No.2,(Jul), pp. 380-392.

Potts, J. T. Jr., Bringhurst, F. R., Gardella, T., Nussbaum, S., Segre, G. and Kronenberg, H. (1995) Parathyroid hormone: physiology, chemistry, biosynthesis, secretion, metabolism and mode of action. in William's Textbook of Endocrinology Edited by Williams, R. H., Wilson, J. D., Foster, D. N. Saunders. 920-966, ISBN: 0721642640.

Qiu, L., Zheng, L. & Zhang, Y. (2010). [Effect and mechanism of action of qingkailing on learning and memory capacity of SAMP8 mouse]. Zhongguo Zhong Xi Yi Jie He Za Zhi Vol.30, No.7,(Jul), pp. 738-742.

Rajagopal, S., Rajagopal, K. & Lefkowitz, R. J. (2010). Teaching old receptors new tricks: biasing seven-transmembrane receptors. Nat Rev Drug Discov Vol.9, No.5,(May), pp. 373-386.

Reimer, R. J. & Edwards, R. H. (2004). Organic anion transport is the primary function of the SLC17/type I phosphate transporter family. Pflugers Arch Vol.447, No.5,(Feb), pp. 629-635.

Reppert, S. M., Weaver, D. R. & Godson, C. (1996). Melatonin receptors step into the light: cloning and classification of subtypes. Trends Pharmacol Sci Vol.17, No.3,(Mar), pp. 100-102.

Reynolds, G. P., Mason, S. L., Meldrum, A., De Keczer, S., Parnes, H., Eglen, R. M. & Wong, E. H. (1995). 5-Hydroxytryptamine (5-HT)4 receptors in post mortem human brain tissue: distribution, pharmacology and effects of neurodegenerative diseases. Br J Pharmacol Vol.114, No.5,(Mar), pp. 993-998.

Rios, E. R., Venancio, E. T., Rocha, N. F., Woods, D. J., Vasconcelos, S., Macedo, D., Sousa, F. C. & Fonteles, M. M. (2010). Melatonin: pharmacological aspects and clinical trends. Int J Neurosci Vol.120, No.9,(Sep), pp. 583-590.

Rosenberg, R. N. (2000). The molecular and genetic basis of AD: the end of the beginning: the 2000 Wartenberg lecture. Neurology Vol.54, No.11,(Jun 13), pp. 2045-2054.

Sandoval, K. E., Farr, S. A., Banks, W. A., Niehoff, M. L., Morley, J. E., Crider, A. M. & Witt, K. A. (2011). Chronic peripheral administration of somatostatin receptor subtype-4 agonist NNC 26-9100 enhances learning and memory in SAMP8 mice. Eur J Pharmacol Vol.654, No.1,(Mar 1), pp. 53-59.

Sato, E., Kurokawa, T., Oda, N. & Ishibashi, S. (1996a). Early appearance of abnormality of microperoxisomal enzymes in the cerebral cortex of senescence-accelerated mouse. Mech Ageing Dev Vol.92, No.2-3,(Dec 20), pp. 175-184.

Sato, E., Oda, N., Ozaki, N., Hashimoto, S., Kurokawa, T. & Ishibashi, S. (1996b). Early and transient increase in oxidative stress in the cerebral cortex of senescence-accelerated mouse. Mech Ageing Dev Vol.86, No.2,(Feb 24), pp. 105-114.

Savaskan, E., Ayoub, M. A., Ravid, R., Angeloni, D., Fraschini, F., Meier, F., Eckert, A., Muller-Spahn, F. & Jockers, R. (2005). Reduced hippocampal MT2 melatonin receptor expression in Alzheimer's disease. J Pineal Res Vol.38, No.1,(Jan), pp. 10-16.

Selkoe, D. J. (2000). Toward a comprehensive theory for Alzheimer's disease. Hypothesis: Alzheimer's disease is caused by the cerebral accumulation and cytotoxicity of amyloid beta-protein. Ann N Y Acad Sci Vol.924, n.d.), pp. 17-25.

Shih, P. H., Chan, Y. C., Liao, J. W., Wang, M. F. & Yen, G. C. (2010). Antioxidant and cognitive promotion effects of anthocyanin-rich mulberry (Morus atropurpurea L.) on senescence-accelerated mice and prevention of Alzheimer's disease. J Nutr Biochem Vol.21, No.7,(Jul), pp. 598-605.

Steinert, J. R., Chernova, T. & Forsythe, I. D. (2010). Nitric oxide signaling in brain function, dysfunction, and dementia. Neuroscientist Vol.16, No.4,(Aug), pp. 435-452.

Straub, R. E., Frech, G. C., Joho, R. H. & Gershengorn, M. C. (1990). Expression cloning of a cDNA encoding the mouse pituitary thyrotropin-releasing hormone receptor. Proc Natl Acad Sci U S A Vol.87, No.24,(Dec), pp. 9514-9518.

Sun, A., Nguyen, X. V. & Bing, G. (2002). Comparative analysis of an improved thioflavin-s stain, Gallyas silver stain, and immunohistochemistry for neurofibrillary tangle demonstration on the same sections. J Histochem Cytochem Vol.50, No.4,(Apr), pp. 463-472.

Sureda, F. X., Gutierrez-Cuesta, J., Romeu, M., Mulero, M., Canudas, A. M., Camins, A., Mallol, J. & Pallas, M. (2006). Changes in oxidative stress parameters and neurodegeneration markers in the brain of the senescence-accelerated mice SAMP-8. Exp Gerontol Vol.41, No.4,(Apr), pp. 360-367.

Svensson, A. L., Alafuzoff, I. & Nordberg, A. (1992). Characterization of muscarinic receptor subtypes in Alzheimer and control brain cortices by selective muscarinic antagonists. Brain Res Vol.596, No.1-2,(Nov 20), pp. 142-148.

Tajes, M., Gutierrez-Cuesta, J., Folch, J., Ferrer, I., Caballero, B., Smith, M. A., Casadesus, G., Camins, A. & Pallas, M. (2008). Lithium treatment decreases activities of tau kinases in a murine model of senescence. J Neuropathol Exp Neurol Vol.67, No.6,(Jun), pp. 612-623.

Takamori, S. (2006). VGLUTs: 'exciting' times for glutamatergic research? Neurosci Res Vol.55, No.4,(Aug), pp. 343-351.

Takeda, T., Hosokawa, M., Takeshita, S., Irino, M., Higuchi, K., Matsushita, T., Tomita, Y., Yasuhira, K., Hamamoto, H., Shimizu, K., Ishii, M. & Yamamuro, T. (1981). A new murine model of accelerated senescence. Mech Ageing Dev Vol.17, No.2,(Oct), pp. 183-194.

Takeda, T., Hosokawa, M., Higuchi, K., Hosono, M., Akiguchi, I. & Katoh, H. (1994). A novel murine model of aging, Senescence-Accelerated Mouse (SAM). Arch Gerontol Geriatr Vol.19, No.2,(Sep-Oct), pp. 185-192.

Takeda, T. (1999). Senescence-accelerated mouse (SAM): a biogerontological resource in aging research. Neurobiol Aging Vol.20, No.2,(Mar-Apr), pp. 105-110.

Takeda, T. (2009). Senescence-accelerated mouse (SAM) with special references to neurodegeneration models, SAMP8 and SAMP10 mice. Neurochem Res Vol.34, No.4,(Apr), pp. 639-659.

Takemura, M., Nakamura, S., Akiguchi, I., Ueno, M., Oka, N., Ishikawa, S., Shimada, A., Kimura, J. & Takeda, T. (1993). Beta/A4 proteinlike immunoreactive granular structures in the brain of senescence-accelerated mouse. Am J Pathol Vol.142, No.6,(Jun), pp. 1887-1897.

Tan, D. X., Manchester, L. C., Terron, M. P., Flores, L. J., Tamura, H. & Reiter, R. J. (2007). Melatonin as a naturally occurring co-substrate of quinone reductase-2, the putative MT3 melatonin membrane receptor: hypothesis and significance. J Pineal Res Vol.43, No.4,(Nov), pp. 317-320.

Thathiah, A. & De Strooper, B. (2011). The role of G protein-coupled receptors in the pathology of Alzheimer's disease. Nat Rev Neurosci Vol.12, No.2,(Feb), pp. 73-87.

Tong, Z., Zhang, J., Luo, W., Wang, W., Li, F., Li, H., Luo, H., Lu, J., Zhou, J., Wan, Y. & He, R. (2011). Urine formaldehyde level is inversely correlated to mini mental state examination scores in senile dementia. Neurobiol Aging Vol.32, No.1,(Jan), pp. 31-41.

Ueno, M., Akiguchi, I., Hosokawa, M., Shinnou, M., Sakamoto, H., Takemura, M. & Higuchi, K. (1998). Ultrastructural and permeability features of microvessels in the olfactory bulbs of SAM mice. Acta Neuropathol Vol.96, No.3,(Sep), pp. 261-270.

Umegaki, H., Ikari, H., Nakahata, H., Yoshimura, J., Endo, H., Yamamoto, T. & Iguchi, A. (2000). Low plasma epinephrine in elderly female subjects of dementia of Alzheimer type. Brain Res Vol.858, No.1,(Mar 6), pp. 67-70.

van Koppen, C. J. & Kaiser, B. (2003). Regulation of muscarinic acetylcholine receptor signaling. Pharmacol Ther Vol.98, No.2,(May), pp. 197-220.

Wang, J. H., Ma, Y. Y. & van den Buuse, M. (2006). Improved spatial recognition memory in mice lacking adenosine A2A receptors. Exp Neurol Vol.199, No.2,(Jun), pp. 438-445.

Wei, X., Zhang, Y. & Zhou, J. (1999). Alzheimer's disease-related gene expression in the brain of senescence accelerated mouse. Neurosci Lett Vol.268, No.3,(Jun 25), pp. 139-142.

Westphalen, R. I., Scott, H. L. & Dodd, P. R. (2003). Synaptic vesicle transport and synaptic membrane transporter sites in excitatory amino acid nerve terminals in Alzheimer disease. J Neural Transm Vol.110, No.9,(Sep), pp. 1013-1027.

Wojcik, S. M., Rhee, J. S., Herzog, E., Sigler, A., Jahn, R., Takamori, S., Brose, N. & Rosenmund, C. (2004). An essential role for vesicular glutamate transporter 1

(VGLUT1) in postnatal development and control of quantal size. Proc Natl Acad Sci U S A Vol.101, No.18,(May 4), pp. 7158-7163.

Yamaguchi, T., Ohyama, M., Suzuki, M., Ozawa, Y., Hatanaka, K., Hidaka, K. & Yamamoto, M. (1998). Neurochemical and behavioral characterization of potential antidepressant properties of indeloxazine hydrochloride. Neuropharmacology Vol.37, No.9,(Sep), pp. 1169-1176.

Yu, J. T., Wang, N. D., Ma, T., Jiang, H., Guan, J. & Tan, L. (2011). Roles of beta-adrenergic receptors in Alzheimer's disease: implications for novel therapeutics. Brain Res Bull Vol.84, No.2,(Feb 1), pp. 111-117.

Zhang, Y., He, J. S., Wang, X., Wang, J., Bao, F. X., Pang, S. Y., Yin, F., Hu, H. G., Peng, X. L., Sun, W. M., Zheng, Y. P., Hou, L. L. & Hong, T. (2011). Administration of Amyloid-beta42 Oligomer-Specific Monoclonal Antibody Improved Memory Performance in SAMP8 Mice. J Alzheimers Dis Vol.23, No.3,(Jan 1), pp. 551-561.

Zhu, Y., Miwa, Y., Yamanaka, A., Yada, T., Shibahara, M., Abe, Y., Sakurai, T. & Goto, K. (2003). Orexin receptor type-1 couples exclusively to pertussis toxin-insensitive G-proteins, while orexin receptor type-2 couples to both pertussis toxin-sensitive and -insensitive G-proteins. J Pharmacol Sci Vol.92, No.3,(Jul), pp. 259-266.

Zhu, X., Lee, H. G., Perry, G. & Smith, M. A. (2007). Alzheimer disease, the two-hit hypothesis: an update. Biochim Biophys Acta Vol.1772, No.4,(Apr), pp. 494-502.

Zhu, L., Yu, J., Shi, Q., Lu, W., Liu, B., Xu, S., Wang, L., Han, J. & Wang, X. (2011). Strain- and Age-related Alteration of Proteins in the Brain of SAMP8 and SAMR1 Mice. J Alzheimers Dis Vol.23, No.4,(Jan 1), pp. 641-654.

16

Valosin-Containing Protein (VCP) Disease and Familial Alzheimer's Disease: Contrasts and Overlaps

CD Smith[2], M Badadani[1], A Nalbandian[1], E Dec[1], J Vesa[1], S Donkervoort[1], B Martin[2], GD Watts[3], V Caiozzo[4] and V Kimonis[1*]

1. Introduction

Contrasts between two entities may be illuminating because of the emphasis on what each is not. Here we describe two proteinopathies producing brain neurodegeneration in mature adults, autosomal dominant valosin-containing protein (VCP) disease and Familial Alzheimer's disease (FAD) caused by presenillin-1 (PSEN1) mutations, illustrating both contrasting patterns of clinical presentation and known neuropathologic and imaging features, and points of congruence.

Mutations primarily in the ubiquitin binding domain of the VCP gene cause frontotemporal dementia as part of a rare but important disorder that also encompasses inclusion body myopathy, Paget disease of bone, and in some cases, motor neuron disease. The VCP dementia has onset in the 50s, characterized by abulia, expressive language loss, and executive dysfunction. The pattern of degeneration generally is anterior, in frontal and temporal lobes, involving neuronal nuclear inclusions of ubiquitin and TAR DNA binding protein 43 (TDP-43), but not amyloid or tau.

The most common mutations causing FAD occur in the PSEN1 gene. The associated dementia has onset in the late 40s, characterized by early memory loss and diffuse amyloid vasculopathy, and posteriorly distributed neuritic amyloid plaque and neurofibrillary tau pathology in medial temporal and parietal lobes, but not ubiquitin or TDP-43. Nonetheless, both VCP and PSEN1 pathologies have extensively documented abnormalities in similar protein processing pathways.

2. VCP Disease – IBMPFD

Hereditary inclusion body myopathy associated with Paget disease of bone and frontotemporal dementia (IBMPFD; OMIM 167320) is a unique and rare disorder associated with mutations primarily in the ubiquitin binding domain of the valosin-containing protein

*1 *Department of Pediatrics, Division of Genetics and Metabolism University of California, Irvine, CA USA*
2 *Sanders-Brown Center on Aging, University of Kentucky, Lexington Kentucky USA*
3 *School of Medicine, Health Policy and Practice University of East Anglia, Norwich, Norfolk UK*
4 *Department of Orthopedic Surgery University of California, Irvine, CA USA*

(VCP) gene (Watts et al. 2003; Watts et al. 2004). VCP, a member of the AAA-ATPase super-family, occupies the crossroads of many cellular functions including ubiquitin mediated protein degradation, cell cycle control, membrane fusion, and golgi reassembly (Kimonis and Watts 2005; Halawani and Latterich 2006). It is lethal as a homozygous deletion in mice (Muller et al. 2007), and an important regulator of neuronal and dendritic development (Rumpf et al. 2011).

Current theories concerning the pathogenesis of VCP disease include altered protein degradation via the ubiquitin-protosomal system (Kakizuka 2008; Dai and Li 2001; Wojcik, Yano, and DeMartino 2004), generalized endoplasmic reticulum (ER) dysfunction with altered protein trafficking (Weihl et al. 2006; Wojcik et al. 2006; Poksay et al. 2011), and combined activation and failure of inhibition of cell death pathways (Braun and Zischka 2008). Recently VCP has been implicated in the autophagy/lysosome process (Badadani et al. 2010; Ju et al. 2009; Ju et al. 2008; Ju and Weihl 2010a, 2010b; Tresse et al. 2010). These studies have suggested that VCP mutations cause failure of autophagosome fusion with lysosomes, resulting in accumulation of ubiquitin together with other autophagosome proteins LC3 and p62/sequestosome, in rimmed vacuoles, a hallmark of VCP muscle disease (Vesa et al. 2009, Ju et al. 2009; Tresse et al. 2010).

Certain mutations are also suspected to interrupt the integrity of the hexomeric ring structure of the active VCP complex (Halawani et al. 2009), and its interaction with its adaptors, e.g. p47, gp78 and Npl4-Ufd1 (Alzayady et al. 2005), although this finding has not been universally replicated (Weihl et al. 2007). Our group has confirmed that mutant VCP protein exhibit strongly altered co-factor interactions suggesting that imbalanced co-factor binding to p97 is a key pathological feature of IBMPFD and potentially of other proteinopathies involving VCP (Fernandez-Saiz and Buchberger 2010). Elevated ATPase activity associated with cellular protein mislocalization (Manno et al. 2010) is associated with VCP mutations. Recently studies revealed significant reduction in ATP level in hs.TER94A229E and hs.TER94R188Q drosophila models which may contribute to the neurodegeneration phenotype (Chang et al. 2011, Ritson et al. 2010).

The R155H VCP knock-in heterozygous mouse is a promising model demonstrating several typical clinical and molecular features of the disease including progressive weakness, vacuolization of myofibrils with centrally located nuclei, and cytoplasmic accumulation of TDP-43 and ubiquitin in brain as well as in myofibers (Badadani et al. 2010; Custer et al. 2010). It may prove to be very useful in translational research studies seeking therapies for VCP disease. Analysis of a Drosophila model has provided evidence that mutant VCP interacts abnormally with TDP-43 as a gain-of-function mechanism to cause redistribution of TDP-43 from its usual location in the nucleus to the cytoplasm (Ritson et al. 2010). These findings would be usefully replicated in the mouse model.

The clinical disorder typically presents in the early 40s with progressive proximal muscle weakness or with Paget disease of bone (PDB). Weakness is associated with rimmed vacuoles and inclusions on muscle biopsy in the majority of individuals; PDB is present in approximately half of affected individuals. Frontotemporal dementia (Table 1) becomes symptomatic later in a third of affected at a mean age of 55 years (Kimonis and Watts 2007; Kimonis, Fulchiero et al. 2008; Kimonis, Mehta et al. 2008; Kimonis and Watts 2005; Kovach et al. 2001). A small percentage of individuals have been identified with motor neuron disease (MND) phenotype (Johnson et al. 2010), Parkinson's disease (Johnson et al. 2010;

Rohrer et al. 2011), cardiomyopathy (Hubbers et al. 2007; Miller et al. 2009), liver disease (Guyant-Marechal et al. 2006), cataracts (Guyant-Marechal et al. 2006), hearing loss (Djamshidian et al. 2009), or corticospinal tract dysfunction (Kumar et al. 2010).

The VCP disease-associated dementia typically presents with frontotemporal phenotypes, e.g., altered social behavior, abulia, executive dysfunction, altered expressive language, and loss of semantic knowledge (Table 1). However, different families carrying the same VCP mutation may have a wide variation in clinical phenotype. For example, some families carrying the R159H VCP mutation may have an apparent high penetrance for the dementia phenotype (frequency 75-100%; van der Zee et al. 2009) but different average ages of onset (46 ±2 vs. 62 ±1 years). Other families with R159H may express high penetrance of PDB and IBM phenotype (100%) but demonstrate relatively low dementia frequency (20%; Haubenberger et al. 2005). The presenting dementia phenotype in R155C VCP may be behavioral variant FTD, an AD-like memory loss, or a non-specific cognitive dysfunction across several domains (Guyant-Marechal et al. 2006).

Some of this variability may have to do with the interest and specialty expertise of the clinics in which affected patients are seen, e.g., increasing the likely detection of FTD in a clinic dedicated to this sometimes difficult to diagnose disorder. The age at which the patient is seen and the length of follow-up will determine the presence and degree of cognitive and behavioral symptoms, and thus the likelihood of meeting criteria for a clinical diagnosis. Early memory symptoms may evolve into a more recognizable behavioral syndrome typical of FTD (Guyant-Marechal et al. 2006; Krause et al. 2007; van der Zee et al. 2009). Relative timing of the symptoms of FTD, PDB and IBM may also influence observed phenotypic frequencies - severe muscle disease with cardiomyopathy and respiratory failure might occur before dementia could be observed. Early dementia symptoms could be misinterpreted as a medical complication of severe respiratory or cardiac illness.

Nonetheless a substantial biologic variability across and within families with the same mutation, and across mutations, is well documented in VCP dementia. Potential explanations for variability are modifier genes, epigenetic mechanisms, and environmental exposures, the latter two possibilities as yet unexplored. A possible modifier gene is apolipoprotein-E. Possession of one or more APOE4 alleles was found to be associated with dementia in VCP disease, and increases risk for sporadic FTD in a dose-dependent manner (Bernardi et al. 2006; Mehta et al. 2007; Rosso et al. 2002). Tau haplotype was not associated with VCP dementia (Mehta et al. 2007), and VCP polymorphisms have not been found to be increased in the general population of patients with sporadic FTD (Schumacher et al. 2009).

Despite variability in clinical presentation, the qualitative pathologic changes are relatively uniform (Table 2). Post-mortem brains of individuals with VCP mutations reveal 75% have findings pathologically classified as frontotemporal lobar dementia ubiquitin type (FTLD-U), with abundant intranuclear ubiquitinated protein inclusions, dystrophic neuritis and rare cytoplasmic ubiquitin-positive inclusions (Forman et al. 2006; Kimonis, Fulchiero et al. 2008). Possible exception to this relative uniformity is the finding of vacuolar change in frontotemporal regions but not intranuclear ubiquitin pathology in three autopsies of R155C VCP mutation patients (Guyant-Marechal et al. 2006). This apparent anomaly may have a technical basis, since two of these subjects had increased frontal lobe ubiquitin immunoreactivity on Western blot.

Intranuclear inclusions of ubiquitin co-localized with TDP-43 are widespread and numerous

Author	Mut.	Dementia	Onset Age (n)	Clinical Dementia Onset	Muscle Disease	Paget Disease	Comments
Gidaro, 2008	R155C	2/3	52 (1)	bvFTD	3/3	1/3	Very mild PDB
Guyant-Marechal, 2006	R155C	7/10	57 (7)	bvFTD (4) AD-type (2) Possible FTD (1)	8/10	3/10	Later mutism in AD-type patients; myotonia 7/9; seizure/myoclonus 1/7; liver disease 7/10
Kim, 2011	R155C	3/3	56 (3)	Semantic dementia	2/3	2/3	-
Kalbe, 2011	R155C	-	45	Mild Frontal Impairment	1/1	0/1	Lowered frontal assessment scores
Schroder, 2005	R155C	1/1	47 (1)	Semantic dementia	1/1	0/1	Poor language comprehension and naming, abulia
Miller, 2009	R155H	8/18		bvFTD	18/18	0/18	Cardiomyopathy; sphincter dysfunction
Johnson, 2010	R155H	-	59	Mild Frontal Impairment	1/1	0/1	Lowered frontal assessment scores
Kumar, 2010	R155L	-	-	-	-	-	Corticospinal dysfunction in one
Djamshidian, 2009	G157R	2/4		Mild Frontal Impairment	2/4	4/4	Hearing loss
Bersano, 2009	R159C	1/1	68 (1)	bvFTD	1/1	0/1	No family history; suspected MND plus IBM
Haubenberger, 2005	R159H	0/4	-	No dementia	4/4	4/4	Mild muscle weakness; age >60 4/4
van der Zee, 2009	R159H	10/15	56 (8)	bvFTD (2), possible FTD (2)	5/15	7/15	Early memory, later behavioral in two; three families studied
Johnson, 2010	R191Q	-	50 (1)	Mild Frontal Impairment	4/4	0/4	4/4 ALS; Family history of FTD in two, PDB in one
Watts, 2007	L198W	1/4	50 (1)	Possible FTD	4/4	2/4	Early memory, later behavioral
Rohrer, 2011	I27V	1/2	55 (1)	bvFTD	0/2	2/2	Parkinsonism (1) progressive dysarthria (1)
Guyant-Marechal, 2006	R93C	6/6	58 (6)	bvFTD	3/6	3/6	-
Krause, 2007	R93C	1/1	60 (1)	Semantic dementia	1/1	1/1	Later behavioral syndrome
Guyant Marechault	R93C	6/6	58 (6)	bvFTD	3/6	3/6	-
Watts, 2007	N387H	2/3	46 (2)	bvFTD (1) memory (1)	2/3	0/3	-

Table 1. Dementia in VCP disease. Columns (left to right): 1. Reporting 1st author, 2. Mutation, 3. Number with dementia/ total reported, 4. Average dementia onset age (number reported), 5. Clinical Dementia type (number of each reported), 6. Affected with muscle disease/ total affected, 7. Affected with Paget disease of Bone/ total affected, 8. Additional comments

-			Region Pathology Intensity					TDP-43		VCP								
Author	n	Mut.	Front	Temp	Pariet	Occip	MT	Nu	Cyt	Nu	Cyt	Ubiq	Nfil	tau	aSN	Poly	bAm	Comments
Watts, 2007; Forman, 2006	1	L198W	+	++	-	+/-	++					+	-	-	-	-	-	AHC loss; NFT limbic
Schroder, 2005	1	R155C	++	++	+	+	+/-			+	+	+		-	-		-	Few AT8+tau
van der Zee, 2009	3	R159H	++	++				+				+						"cats-eye" inclusions;
Neumann, 2007; Forman, 2006	1	R155C	+	++	+	+		++		-	-	+		-	-		-	VCP Regional Intensity
Neumann, 2007; Forman, 2006	6	R155H	++	++	++	++	+/-	++	+/-	-	-	+		+/-	-		-	VCP Regional Intensity (4/6)
Guyant-Marechal, 2006	3	R155C	++	++	+					-	-	-		-	-		-	AHC loss, Ubiq. IR 2/3

Table 2. Neuropathology in VCP Disease. Columns (left to right): 1. Reporting 1st author, 2. Number reported, 3. Mutation, 4 - 8. Intensity of regional pathology (subjective, relative, not quantitative); MT – medial temporal), 9-10. TDP-43 Pathology (Nu – intranuclear, Cyt – cytoplasmic), 11-12. VCP Pathology, 13. Ubiquitin staining, 14. Neurofilament staining, 15. Tau Pathology, 16. Alpha-synuclein staining (aSN), 17. Polyglutamine Pathology, 18. Beta-amyloid staining, 19. Additional comments (AHC – anterior horn cell).

in cortical and basal ganglia, sometimes with a "cats-eye" curvilinear morphology (Neumann et al. 2007; Neumann, Tolnay, and Mackenzie 2009). Dystrophic neurites and cytoplasmic inclusions are relatively low in number in VCP disease brain and contain both proteins. TDP-43 appears to be depleted in normal neuronal nuclei (Neumann et al. 2007). The distribution of protein pathology and neuronal loss may be diffuse and include the occipital lobe, but when focal is predominant in the frontal and temporal regions, sometimes asymmetrically to right or left. The medial temporal lobe, particularly the dentate gyrus, is mostly spared. Occasional coexistent tau, alpha-synuclein, or amyloid pathology is detectible in some cases but this is not characteristic. Some authors have reported VCP within inclusions (Schroder et al. 2005), but others have found it only rarely in dystrophic neurites (Forman et al. 2006). Other pathologies, e.g., neurofiliment or polyglutamine, are absent.

TDP-43 has also been identified as the major disease protein in the ubiquitin-positive inclusions of sporadic and familial FTLD-U, including patients with the MND phenotype (Cairns, Neumann et al. 2007). These pathologic features overlap with those of amyotrophic lateral sclerosis. Anterior horn cell loss has been observed on spinal cord examination in some affected subjects with VCP mutations (Liscic et al. 2008), and the MND phenotype has been described as a dominant feature in a family carrying the R191Q VCP mutation (Johnson et al. 2010). In VCP disease, the pathologic classification best fits the description of FTLD-U, type 4 (Sampathu et al. 2006), distinguished by the intracellular localization of the inclusions, relative rarity of cytoplasmic inclusions and dystrophic neurites, and sparing of the medial temporal lobe, particularly the dentate gyrus. The question of whether the neuropathologic features in VCP disease with MND phenotype most resemble FTLD-U type 4 or FTLD-U types 2 and 3 associated with sporadic FTD with MND phenotype, characterized by abundant cytoplasmic inclusions, remains to be answered. Although rare, VCP disease may provide new insight into the molecular mechanism of TDP-43 proteinopathies caused by more common genetic alterations.

Imaging studies of the brain in VCP mutation carriers with cognitive alterations have also demonstrated variability (Table 3). However, few studies have been performed. The variability in part is due to use of differing imaging modalities: structural computed tomography and magnetic resonance imaging, and functional resting fluorodeoxyglucose positron emission tomography (regional glucose uptake; FDG-PET) and single photon emission tomography (regional perfusion; SPECT). These studies have been performed in different combinations and at different stages of cognitive impairment.

Imaging performed in the presence of subtle cognitive changes thought to presage dementia demonstrates no structural change (Kalbe et al 2011; Djamshidian et al 2009; Watts et al. 2007) and occasional subtle regions of glucose hypometabolism (Kalbe et al. 2011). In subjects with dementia, when present local cortical atrophies may be symmetric in the frontotemporal regions (Watts et al. 2007, Miller et al. 2009, Krause et l. 2007, Schroeder et al. 2005, Rohrer et al. 2011, van der Zee et l. 2009) or lateralized to the right or left with an anterior temporal emphasis (Kim et a. 2011). Other structural studies may show only generalized atrophy (Gidaro et al. 2008, Watts et al. 2007, van der Zee et al. 2009, Guyant-Marechal et al. 2006). Hypoperfusion (SPECT) and glucose hypometabolism (FDG-PET) generally correspond to the regions of greatest atrophy seen on structural imaging in the same patients.

Author	Mut	Imaging Modality	Focal Atrophy	Diffuse Atrophy	White Matter	Comments
Gidaro, 2008	R155C	CT	-	(1/1)	-	-
Watts, 2007	N387H	CT	(1/2)	(1/2)	-	"Pick's" diagnosed in one
Watts, 2007	L198W	MR	-	-	-	MR normal; SPECT mild frontal hypoperfusion
Miller, 2009	R155H	MR	(3/3)	-	(3/3)	Frontal atrophy; mild peripheral hyperintensities
Krause, 2007	R93C	MR	(1/1)	-	(1/1)	Severe frontal WM change; PET frontotemporal hypometab.
Schroder, 2005	R155C	MR	(1/1)	-	-	Frontotemporal atrophy
Rohrer, 2011	I27V	MR	(1/2)	-	-	Frontotemporal atrophy, SPECT parietal hypoperfusion
van der Zee, 2009	R159H	MR	(1/1)	-	(1/1)	Frontal and generalized atrophy; SPECT frontotemporal hypoperfusion
van der Zee, 2009	R159H	CT	-	(1/1)	(1/1)	SPECT bifrontal and diffuse hypoperfusion
van der Zee, 2009	R159H	FDG-PET	-	-	-	Frontotemporal hypometabolism
Kim, 2011	R155C	MR (3), FDG-PET (2)	(3/3)	-	(3/3)	Asymmetric frontotemporal atrophy L (2) R (1), corresponding PET hypometabolism in 2. WM change mild, focal.
Guyant-Marechal, 2006	R155C	MR/CT	-	(5/5)	(0/5)	SPECT frontal lobe hypoperfusion (?/5)
Johnson, 2010	R191Q	MR	-	-	-	Normal in (1/1) mild frontal impairment
Djamshidian, 2009	G157R	MR	-		-	Normal (1/1)
Kalbe, 2011	R155C	MR	-	-	-	Pre-dementia; Normal MR and FDG-PET
Kalbe, 2011	R155H	MR	-	-	-	Pre-dementia; Normal MR; FDG-PET hypometabolism L medial temporal (1/1)

Table 3. Imaging in VCP disease. Columns (left to right): 1. Reporting 1st author, 2. Mutation, 3. Modality used, 4. Presence of focal atrophy, (number/ total images reported), 5. Generalized/diffuse atrophy pattern (number/ total images reported), 6. Presence of white matter hyperintensities or other abnormalities (number/ total images reported), 8. Additional comments.

3. Familial Alzheimer's disease-PSEN1

Autosomal dominant familial Alzheimer's disease (FAD; OMIM 104300) is usually of early onset (EOAD; age < 65 years) and has been known for many years (Janssen et al. 2003). Alzheimer's original case description was reported because of the observed early onset of disease at age 51; before then "senile dementia" was thought only to occur in the elderly (Maurer, Volk, and Gerbaldo 1997). Most cases of FAD are attributable to mutation of the PSEN1 gene on chromosome 14 (OMIM 104311; Campion et al. 1999). The remaining cases are found in rare families harboring mutations in amyloid precursor protein (APP) on chromosome 21, in presenillin-2 (PSEN2) on chromosome 1, or with a currently unknown genetic substrate, including overlap with a small part of the Bell curve continuous with late onset AD (LOAD; Brickell et al. 2006).

Here the focus is on PSEN1-related FAD because it is by far the most frequent FAD type and hence more is known about these families. Presenilin-1 is an important component of the gamma-secretase that cleaves amyloid precursor protein (APP) and NOTCH. It is involved in adult neuronal stem cell differentiation (Gadadhar, Marr, and Lazarov 2011), early cortical development (De Gasperi et al. 2008; Wines-Samuelson and Shen 2005), endoplasmic reticulum calcium regulation (Coen and Annaert 2010), and autophagy (Lee et al. 2010). There are currently 194 known PSEN1 mutations (http://www.molgen.ua.ac.be/ADMutations). Nonetheless, wide phynotypic variability has been found across families with PSEN1 mutations, even those harboring an identical putative founder mutation (M146L; Bruni et al. 2010). Individuals with this mutation may demonstrate early memory loss or temporo-spatial disorientation typical of LOAD (58% of 50), but others present with apathy or executive dysfunction (42%). Regardless of clinical manifestations, neuropathology consists of AD-typical neuritic plaques, neurofibrillary tangles, neuropil threads, and amyloid angiopathy, differing only in the regional distribution of this pathology, a distribution that determines phenotype, e.g., dysexecutive dysfunction is associated with dorsal frontal lobe pathology (Bruni et al. 2010). These observations suggest that a universal intrinsic pattern of molecular profile difference between, for example, frontal and parietal regions will not explain where or in what sequence AD pathology will manifest in persons with M146L PSEN1 mutations.

The spectrum of phenotypic and neuropathologic variation is even wider when different mutations are considered. For example a variant with dementia associated with spastic paraparesis is associated with several PSEN1 mutations: deletion in exon 9, insertion in exon 3, P436Q, R278K, G217R and L85P point mutations, and deletion of codons 83 and 84 in exon 4 (Verkkoniemi et al. 2000; Houlden et al. 2000; Moretti et al. 2004; Ataka et al. 2004; Assini et al. 2003; Smith et al. 2001; Norton et al. 2009). Neuropathology of these variants includes characteristic fluffy spheres of non-neuritic extraneuronal amyloid termed cotton-wool plaques (Houlden et al. 2000). In one patient with a small deletion in PSEN1 exon 12, parkinsonism, spasticity and dementia were the clinical features and neuropathologic examination showed cotton-wool plaques, cortical and subcortical Lewy bodies, and extensive amyloid angiopathy (Ishikawa et al. 2005). Prominent periventricular white matter hyperintensities associated with spastic paraparesis have been observed on MRI in two E280G and in four P284S PSEN1 mutation carriers (O'Riordan et al. 2002; Marrosu et al. 2006). Extensive amyloid angiopathy causing white matter ischemia could explain the paraparesis in these cases.

Clinical studies of PSEN1 mutation kindreds have reported widely variable age of onset, e.g., 28 years in a de novo M233L mutation carrier (Portet et al. 2003) and a range of onset within the same H163T mutation family of 44-65 years (Axelman, Basun, and Lannfelt 1998). Clinical findings can also include, prominent psychiatric symptoms (S170F mutation (Piccini et al. 2007); L392P (Tedde et al. 2000)), a behavioral variant frontotemporal dementia syndrome (bvFTD; L113P(Raux et al. 2000)), anomia (R278I(Godbolt et al. 2004)), seizures and myoclonus (S170F(Snider et al. 2005), cerebellar ataxia, intention tremor, and dysdiadochokinesia. Neuropathologic findings are generally robust depositions in the form of A-beta$_{1\text{-}42(3)}$ and A-beta$_{1\text{-}40}$ amyloid in vessels, sometimes extending into parenchyma and termed dyshoric vasculopathy, neuritic plaques, tau-laden neuropil threads, and hyperphosphorylated tau protein forming intraneuronal tangles within cortical neurons (Janssen et al. 2000; Janssen et al. 2001). Pathologic, brainstem and cortical Lewy bodies (Kaneko et al. 2007; Snider et al. 2005), and possibly Pick-type tauopathy has been found in carriers of the PSEN1 G183V and M146L mutations (Dermaut et al. 2004; Halliday et al. 2005). TDP-43 and ubiquitin are not seen.

A large kindred identified in Columbia, South America is the focus of an ongoing large scale study of AD in its earliest, pre-symptomatic stages, serving as a model for the much more frequent LOAD (>95% of all AD cases; Lopera et al. 1997; Acosta-Baena et al. 2011). The causative mutation is E280A. Onset age in the initial study was an average 47 years, but there was a wide range between 34 and 62 years. The average life span following diagnosis was 8 years (Lopera et al. 1997). Longitudinal follow-up has shown that the earliest detectible cognitive changes occur at average age 35 years, progressing through mild stages of impairment associated with memory complaints to dementia over approximately 15 years. Time from dementia to death is now estimated as 10 years, likely due to improved methods of early detection and diagnosis as the study has developed (Acosta-Baena et al. 2011). Studies in this kindred using hexamethylpropyleneamine oxime SPECT has demonstrated decreased perfusion in hippocampus, posterior cingulate, and frontoparietal cortex in asymptomatic carriers (n=18) using t-scores based on a template derived from 200 normal subjects. Carriers with diagnosed AD dementia (n=16) had decreased frontal and parietal perfusion compared to normal non-carriers from the same kindred (n=23). The clear major advantages for the study of this kindred is its large size (449 identified mutation carriers), a cognitive phenotype that parallels LOAD, and the very high predictability of dementia in PSEN1 carriers. In contrast, LOAD has no genetic profile or multivariate model that can approach the predictive power of an autosomal dominant mutation.

4. Contrasts and overlaps

At the most general level cortical regions most affected by VCP-associated pathology are connected by the anterior 60% of the corpus callosum and the anterior commissure - the prefrontal, orbitofrontal, premotor and anterior temporal cortices. Anterior horn cells and muscle share the ubiquitin/TDP-43 pathology. Long tract findings are exceptional. The clinical syndromes associated with cortical dysfunction in these regions fall broadly into the class of frontotemporal dementias, and encompass behavioral, dysexecutive, expressive language, and semantic access symptom cores. In brain the characteristic ubiquitin/TDP-43 inclusions are neuronal intranuclear and rarely cytoplasmic or extracellular. The medial temporal lobe, particularly the dentate nucleus, is largely spared. Tau and amyloid pathology are not found. Imaging reveals commensurate frontotemporal atrophy, sometimes lateralized in correlation with the clinical syndrome, accompanied by hypometabolism and hypoperfusion in these anterior regions.

In contrast, cortical regions most affected by FAD PSEN1-associated pathology are connected across the posterior 40% of the corpus callosum and posterior hippocampal commissure - the parietal, superior and inferior temporal lobes and medial temporal lobes but generally sparing the primary occipital region. Neuropathology is described as quite dense and parallels that found in LOAD, e.g., include extracellular neuritic plaques, cytoplasmic fibrillary tangles, neuropil threads and amyloid angiopathy. The temporal lobe, particularly the medial portion is heavily affected. Ubiquitin and TDP-43 are absent. In many cases a classic AD clinical sequence of early memory loss followed by declines in other cognitive domains is described, particularly well documented in PSEN1 E280A families. Variants include EOAD with spastic paraparesis, characteristic "cotton wool" extracellular amyloid plaques and dense amyloid angiopathy. Involvement of the lower motor neuron has not been reported. Structural imaging reveals atrophic changes in temporal and parietal lobes, with hypometabolism, particularly in posterior cingulate and other parietal areas.

Both VCP disease and FAD PSEN1 are single-gene disorders producing dementia phenotypes similar to those seen much more frequently in sporadic disease. In both there is marked variation in phenotypic expression of the same mutation within and across families, and across mutations in the same gene, with overlapping presentations of the FTD or AD dementia phenotypes between genes in some cases. Both VCP and PSEN1 genes have dual roles in both CNS development and in maintenance of the mature nervous system, but produce neurologic dysfunction only in the adult associated with characteristic protein accumulations. Finally both VCP and PSEN1 pathophysiologic alterations appear to overlap at several points within cellular protein processing and functional pathways, including protein trafficking in the trans-golgi apparatus, downstream in the ubiquitin-proteosome system, and autophagy (Table 4).

IBMPFD Disease: VCP Gene	Familial Alzheimer's Disease: PSEN1 Gene
• Autosomal dominant IBMPFD (OMIM 167320) • Single-gene disorder produing dementia phenotype • Marked variation of phenotypic expression of the same mutation within and across families • Mutation in the valosin-containing protein (VCP) gene • Currently over 20 known VCP mutations • Onset in the 50's • Characterized by abulia, expressive language loss, and executive dysfunction • Anterior, frontal and temporal lobes pattern of degeneration • Neuronal nuclear inclusions of ubiquitin and TDP-43, but not amyloid or tau • Long tract findings are not described • VCP plays a role in ubiquitin-mediated protein degradation, cell cycle control, membrane fusion, and gogi reassembly • VCP has been implicated in ubiquitin-proteasomal system, ER dysfunction, cell death and autophagy/lysosomal pathways • Cortical regions affected by VCP pathology are connected by the anterior 60% of the corpus callosum and anterior commissure • Imaging reveals commensurate frontotemporal atrophy accompanied by hypometabolism and hypoperfusion in anterior regions	• Autosomal dominant FAD (OMIM 104300) • Single-gene disorder produing dementia phenotype • Marked variation of phenotypic expression of the same mutation within and across families • Mutation in the Presenillin1 (PSEN1) gene, an important component of gamma-secretase that cleaves amyloid precursor protein (APP) & NOTCH • Currently over 194 known PSEN1 mutations • Onset in the late 40's • Characterized by early memory loss and diffuse amyloid vasculopathy • Amyloid plaque and neurofibrillary tau pathology in temporal and parietal lobes, but not ubiquitin or TDP-43 • PSEN1 has been implicated in adult neuronal stem cell differentiation, cortical development, ER calcium regulation, and autophagy • Cortical regions affected by FAD PSEN1 pathology are conncected across the posterior 40% of the corpus callosum and posterior hippocampal commissure • Neuropathology includes extracellular neuritic plaques, cytoplasmic fibrillary tangles, neuropil threads and amyloid angiopathy • Structural imaging reveals atrophic changes in temporal and parietal lobes

Table 4. Neuropathologic Features and Points of Comparison: IBMPFD vs. FAD.

5. Conclusion

VCP disease and FAD PSEN1 appear to have commonalities at a fundamental level in that both involve altered polyfunctional proteins involved in specific overlapping functions, particularly autophagy, and have common downstream pathways, e.g., proteosomal. Yet the diseases are clearly distinct in most particulars, suggesting a principle of independent compartmentalization that may provide insights into both disorders.

6. References

Acosta-Baena, N., D. Sepulveda-Falla, C. M. Lopera-Gomez, M. C. Jaramillo-Elorza, S. Moreno, D. C. Aguirre-Acevedo, A. Saldarriaga, and F. Lopera. 2011. "Pre-dementia clinical stages in presenilin 1 E280A familial early-onset Alzheimer's disease: a retrospective cohort study." *Lancet Neurol* no. 10 (3):213-20.

Alzayady, K., M. Panning, G. Kelley, and R. J. Wojcikiewicz. 2005. "Involvement of the p97-Ufd1-Npl4 complex in the regulated endoplasmic." *J Biol Chem* no. 280 (41):34530-7.

Assini, A., L. Terreni, R. Borghi, L. Giliberto, A. Piccini, D. Loqui, S. Fogliarino, G. Forloni, and M. Tabaton. 2003. "Pure spastic paraparesis associated with a novel presenilin 1 R278K mutation." *Neurology* no. 60 (1):150.

Ataka, S., T. Tomiyama, H. Takuma, T. Yamashita, H. Shimada, T. Tsutada, K. Kawabata, H. Mori, and T. Miki. 2004. "A novel presenilin-1 mutation (Leu85Pro) in early-onset Alzheimer disease with spastic paraparesis." *Arch Neurol* no. 61 (11):1773-6.

Axelman, K., H. Basun, and L. Lannfelt. 1998. "Wide range of disease onset in a family with Alzheimer disease and a His163Tyr mutation in the presenilin-1 gene." *Arch Neurol* no. 55 (5):698-702.

Badadani, M., A. Nalbandian, G. D. Watts, J. Vesa, M. Kitazawa, H. Su, J. Tanaja, E. Dec, D. C. Wallace, J. Mukherjee, V. Caiozzo, M. Warman, and V. E. Kimonis. 2010. "VCP associated inclusion body myopathy and paget disease of bone knock-in mouse model exhibits tissue pathology typical of human disease." *PLoS One* no. 5 (10).

Bernardi, L., R. G. Maletta, C. Tomaino, N. Smirne, M. Di Natale, M. Perri, T. Longo, R. Colao, S. A. Curcio, G. Puccio, M. Mirabelli, T. Kawarai, E. Rogaeva, P. H. St George Hyslop, G. Passarino, G. De Benedictis, and A. C. Bruni. 2006. "The effects of APOE and tau gene variability on risk of frontotemporal dementia." *Neurobiol Aging* no. 27 (5):702-9.

Braun, R. J., and H. Zischka. 2008. "Mechanisms of Cdc48/VCP-mediated cell death: from yeast apoptosis to human disease." *Biochim Biophys Acta* no. 1783 (7):1418-35.

Brickell, K. L., E. J. Steinbart, M. Rumbaugh, H. Payami, G. D. Schellenberg, V. Van Deerlin, W. Yuan, and T. D. Bird. 2006. "Early-onset Alzheimer disease in families with late-onset Alzheimer disease: a potential important subtype of familial Alzheimer disease." *Arch Neurol* no. 63 (9):1307-11.

Bruni, A. C., L. Bernardi, R. Colao, E. Rubino, N. Smirne, F. Frangipane, B. Terni, S. A. Curcio, M. Mirabelli, A. Clodomiro, R. Di Lorenzo, R. Maletta, M. Anfossi, M. Gallo, S. Geracitano, C. Tomaino, M. G. Muraca, A. Leotta, S. G. Lio, L. Pinessi, I. Rainero, S. Sorbi, L. Nee, G. Milan, S. Pappata, A. Postiglione, N. Abbamondi, G. Forloni, P. St George Hyslop, E. Rogaeva, O. Bugiani, G. Giaccone, J. F. Foncin, M. G. Spillantini, and G. Puccio. 2010. "Worldwide distribution of PSEN1 Met146Leu mutation: a large variability for a founder mutation." *Neurology* no. 74 (10):798-806.

Cairns, N. J., M. Neumann, E. H. Bigio, I. E. Holm, D. Troost, K. J. Hatanpaa, C. Foong, C. L. White, 3rd, J. A. Schneider, H. A. Kretzschmar, D. Carter, L. Taylor-Reinwald, K. Paulsmeyer, J. Strider, M. Gitcho, A. M. Goate, J. C. Morris, M. Mishra, L. K. Kwong, A. Stieber, Y. Xu, M. S. Forman, J. Q. Trojanowski, V. M. Lee, and I. R. Mackenzie. 2007. "TDP-43 in familial and sporadic frontotemporal lobar degeneration with ubiquitin inclusions." *Am J Pathol* no. 171 (1):227-40.

Campion, D., C. Dumanchin, D. Hannequin, B. Dubois, S. Belliard, M. Puel, C. Thomas-Anterion, A. Michon, C. Martin, F. Charbonnier, G. Raux, A. Camuzat, C. Penet, V. Mesnage, M. Martinez, F. Clerget-Darpoux, A. Brice, and T. Frebourg. 1999. "Early-onset autosomal dominant Alzheimer disease: prevalence, genetic heterogeneity, and mutation spectrum." *Am J Hum Genet* no. 65 (3):664-70.

Chang, Y. C., W. T. Hung, H. C. Chang, C. L. Wu, A. S. Chiang, G. R. Jackson, and T. K. Sang. 2011. "Pathogenic VCP/TER94 alleles are dominant actives and contribute to neurodegeneration by altering cellular ATP level in a Drosophila IBMPFD model." *PLoS Genet* no. 7 (2):e1001288.

Coen, K., and W. Annaert. 2010. "Presenilins: how much more than gamma-secretase?!" *Biochem Soc Trans* no. 38 (6):1474-8.

Custer, S. K., M. Neumann, H. Lu, A. C. Wright, and J. P. Taylor. 2010. "Transgenic mice expressing mutant forms VCP/p97 recapitulate the full spectrum of IBMPFD including degeneration in muscle, brain and bone." *Hum Mol Genet* no. 19 (9):1741-55.

Dai, R. M., and C. C. Li. 2001. "Valosin-containing protein is a multi-ubiquitin chain-targeting factor required in ubiquitin-proteasome degradation." *Nat Cell Biol.* no. 3 (8):740-4.

De Gasperi, R., M. A. Gama Sosa, P. H. Wen, J. Li, G. M. Perez, T. Curran, and G. A. Elder. 2008. "Cortical development in the presenilin-1 null mutant mouse fails after splitting of the preplate and is not due to a failure of reelin-dependent signaling." *Dev Dyn* no. 237 (9):2405-14.

Dermaut, B., S. Kumar-Singh, S. Engelborghs, J. Theuns, R. Rademakers, J. Saerens, B. A. Pickut, K. Peeters, M. van den Broeck, K. Vennekens, S. Claes, M. Cruts, P. Cras, J. J. Martin, C. Van Broeckhoven, and P. P. De Deyn. 2004. "A novel presenilin 1 mutation associated with Pick's disease but not beta-amyloid plaques." *Ann Neurol* no. 55 (5):617-26.

Djamshidian, A., J. Schaefer, D. Haubenberger, E. Stogmann, F. Zimprich, E. Auff, and A. Zimprich. 2009. "A novel mutation in the VCP gene (G157R) in a German family with inclusion-body myopathy with Paget disease of bone and frontotemporal dementia." *Muscle Nerve* no. 39 (3):389-91.

Fernandez-Saiz, V., and A. Buchberger. 2010. "Imbalances in p97 co-factor interactions in human proteinopathy." *EMBO Rep* no. 11 (6):479-85.

Forman, M. S., I. R. Mackenzie, N. J. Cairns, E. Swanson, P. J. Boyer, D. A. Drachman, B. S. Jhaveri, J. H. Karlawish, A. Pestronk, T. W. Smith, P. H. Tu, G. D. Watts, W. R. Markesbery, C. D. Smith, and V. E. Kimonis. 2006. "Novel ubiquitin neuropathology in frontotemporal dementia with valosin-containing protein gene mutations." *J Neuropathol Exp Neurol* no. 65 (6):571-81.

Gadadhar, A., R. Marr, and O. Lazarov. 2011. "Presenilin-1 regulates neural progenitor cell differentiation in the adult brain." *J Neurosci* no. 31 (7):2615-23.

Godbolt, A. K., J. A. Beck, J. Collinge, P. Garrard, J. D. Warren, N. C. Fox, and M. N. Rossor. 2004. "A presenilin 1 R278I mutation presenting with language impairment." *Neurology* no. 63 (9):1702-4.

Guyant-Marechal, L., A. Laquerriere, C. Duyckaerts, C. Dumanchin, J. Bou, F. Dugny, I. Le Ber, T. Frebourg, D. Hannequin, and D. Campion. 2006. "Valosin-containing protein gene mutations: clinical and neuropathologic features." *Neurology* no. 67 (4):644-51.

Halawani, D., and M. Latterich. 2006. "p97: The cell's molecular purgatory?" *Mol Cell* no. 22 (6):713-7.

Halawani, D., A. C. LeBlanc, I. Rouiller, S. W. Michnick, M. J. Servant, and M. Latterich. 2009. "Hereditary inclusion body myopathy-linked p97/VCP mutations in the NH2 domain and the D1 ring modulate p97/VCP ATPase activity and D2 ring conformation." *Mol Cell Biol* no. 29 (16):4484-94.

Halliday, G. M., Y. J. Song, G. Lepar, W. S. Brooks, J. B. Kwok, C. Kersaitis, G. Gregory, C. E. Shepherd, F. Rahimi, P. R. Schofield, and J. J. Kril. 2005. "Pick bodies in a family with presenilin-1 Alzheimer's disease." *Ann Neurol* no. 57 (1):139-43.

Haubenberger, D., R. E. Bittner, S. Rauch-Shorny, F. Zimprich, C. Mannhalter, L. Wagner, I. Mineva, K. Vass, E. Auff, and A. Zimprich. 2005. "Inclusion body myopathy and

Paget disease is linked to a novel mutation in the VCP gene." *Neurology* no. 65 (8):1304-5.

Houlden, H., M. Baker, E. McGowan, P. Lewis, M. Hutton, R. Crook, N. W. Wood, S. Kumar-Singh, J. Geddes, M. Swash, F. Scaravilli, J. L. Holton, T. Lashley, T. Tomita, T. Hashimoto, A. Verkkoniemi, H. Kalimo, M. Somer, A. Paetau, J. J. Martin, C. Van Broeckhoven, T. Golde, J. Hardy, M. Haltia, and T. Revesz. 2000. "Variant Alzheimer's disease with spastic paraparesis and cotton wool plaques is caused by PS-1 mutations that lead to exceptionally high amyloid-beta concentrations." *Ann Neurol* no. 48 (5):806-8.

Hubbers, C. U., C. S. Clemen, K. Kesper, A. Boddrich, A. Hofmann, O. Kamarainen, K. Tolksdorf, M. Stumpf, J. Reichelt, U. Roth, S. Krause, G. Watts, V. Kimonis, M. P. Wattjes, J. Reimann, D. R. Thal, K. Biermann, B. O. Evert, H. Lochmuller, E. E. Wanker, B. G. Schoser, A. A. Noegel, and R. Schroder. 2007. "Pathological consequences of VCP mutations on human striated muscle." *Brain* no. 130 (Pt 2):381-93.

Ishikawa, A., Y. S. Piao, A. Miyashita, R. Kuwano, O. Onodera, H. Ohtake, M. Suzuki, M. Nishizawa, and H. Takahashi. 2005. "A mutant PSEN1 causes dementia with Lewy bodies and variant Alzheimer's disease." *Ann Neurol* no. 57 (3):429-34.

Janssen, J. C., J. A. Beck, T. A. Campbell, A. Dickinson, N. C. Fox, R. J. Harvey, H. Houlden, M. N. Rossor, and J. Collinge. 2003. "Early onset familial Alzheimer's disease: Mutation frequency in 31 families." *Neurology* no. 60 (2):235-9.

Janssen, J. C., M. Hall, N. C. Fox, R. J. Harvey, J. Beck, A. Dickinson, T. Campbell, J. Collinge, P. L. Lantos, L. Cipolotti, J. M. Stevens, and M. N. Rossor. 2000. "Alzheimer's disease due to an intronic presenilin-1 (PSEN1 intron 4) mutation: A clinicopathological study." *Brain* no. 123 (Pt 5):894-907.

Janssen, J. C., P. L. Lantos, N. C. Fox, R. J. Harvey, J. Beck, A. Dickinson, T. A. Campbell, J. Collinge, D. P. Hanger, L. Cipolotti, J. M. Stevens, and M. N. Rossor. 2001. "Autopsy-confirmed familial early-onset Alzheimer disease caused by the l153V presenilin 1 mutation." *Arch Neurol* no. 58 (6):953-8.

Johnson, J. O., J. Mandrioli, M. Benatar, Y. Abramzon, V. M. Van Deerlin, J. Q. Trojanowski, J. R. Gibbs, M. Brunetti, S. Gronka, J. Wuu, J. Ding, L. McCluskey, M. Martinez-Lage, D. Falcone, D. G. Hernandez, S. Arepalli, S. Chong, J. C. Schymick, J. Rothstein, F. Landi, Y. D. Wang, A. Calvo, G. Mora, M. Sabatelli, M. R. Monsurro, S. Battistini, F. Salvi, R. Spataro, P. Sola, G. Borghero, Italsgen Consortium, G. Galassi, S. W. Scholz, J. P. Taylor, G. Restagno, A. Chio, and B. J. Traynor. 2010. "Exome sequencing reveals VCP mutations as a cause of familial ALS." *Neuron* no. 68 (5):857-64.

Ju, J. S., R. A. Fuentealba, S. E. Miller, E. Jackson, D. Piwnica-Worms, R. H. Baloh, and C. C. Weihl. 2009. "Valosin-containing protein (VCP) is required for autophagy and is disrupted in VCP disease." *J Cell Biol* no. 187 (6):875-88.

Ju, J. S., S. E. Miller, P. I. Hanson, and C. C. Weihl. 2008. "Impaired protein aggregate handling and clearance underlie the pathogenesis of p97/VCP-associated disease." *J Biol Chem* no. 283 (44):30289-99.

Ju, J. S., and C. C. Weihl. 2010a. "Inclusion body myopathy, Paget's disease of the bone and fronto-temporal dementia: a disorder of autophagy." *Hum Mol Genet* no. 19 (R1):R38-45.

Ju, J. S., and C. C. Weihl. 2010b. "p97/VCP at the intersection of the autophagy and the ubiquitin proteasome system." *Autophagy* no. 6 (2):283-5.

Kakizuka, A. 2008. "Roles of VCP in human neurodegenerative disorders." *Biochem Soc Trans* no. 36 (Pt 1):105-8.

Kaneko, H., A. Kakita, K. Kasuga, H. Nozaki, A. Ishikawa, A. Miyashita, R. Kuwano, G. Ito, T. Iwatsubo, H. Takahashi, M. Nishizawa, O. Onodera, S. S. Sisodia, and T. Ikeuchi. 2007. "Enhanced accumulation of phosphorylated alpha-synuclein and elevated beta-amyloid 42/40 ratio caused by expression of the presenilin-1 deltaT440 mutant associated with familial Lewy body disease and variant Alzheimer's disease." *J Neurosci* no. 27 (48):13092-7.

Kimonis, V. E., E. Fulchiero, J. Vesa, and G. Watts. 2008. "VCP disease associated with myopathy, Paget disease of bone and frontotemporal dementia: review of a unique disorder." *Biochim Biophys Acta* no. 1782 (12):744-8.

Kimonis, V. E., S. G. Mehta, E. C. Fulchiero, D. Thomasova, M. Pasquali, K. Boycott, E. G. Neilan, A. Kartashov, M. S. Forman, S. Tucker, K. Kimonis, S. Mumm, M. P. Whyte, C. D. Smith, and G. D. Watts. 2008. "Clinical studies in familial VCP myopathy associated with Paget disease of bone and frontotemporal dementia." *Am J Med Genet A* no. 146A (6):745-57.

Kimonis, V. E., and G. D. Watts. 2005. "Autosomal dominant inclusion body myopathy, Paget disease of bone, and frontotemporal dementia." *Alzheimer Dis Assoc Disord* no. 19 Suppl 1:S44-7.

Kimonis, V., and G. Watts. 2007. "Inclusion Body Myopathy with Paget Disease of Bone and/or Frontotemporal Dementia." In *Gene Reviews*, edited by R.A. Pagon, T.D. Bird, C.R. Dolan and K. Stephens. Seattle, WA: University of Washington.

Kovach, M. J., B. Waggoner, S. M. Leal, D. Gelber, R. Khardori, M. A. Levenstien, C. A. Shanks, G. Gregg, M. T. Al-Lozi, T. Miller, W. Rakowicz, G. Lopate, J. Florence, G. Glosser, Z. Simmons, J. C. Morris, M. P. Whyte, A. Pestronk, and V. E. Kimonis. 2001. "Clinical delineation and localization to chromosome 9p13.3-p12 of a unique dominant disorder in four families: hereditary inclusion body myopathy, Paget disease of bone, and frontotemporal dementia." *Mol Genet Metab* no. 74 (4):458-75.

Krause, S., T. Gohringer, M. C. Walter, B. G. Schoser, P. Reilich, J. Linn, G. E. Popperl, L. Frolich, F. Hentschel, H. Lochmuller, and A. Danek. 2007. "Brain imaging and neuropsychology in late-onset dementia due to a novel mutation (R93C) of valosin-containing protein." *Clin Neuropathol* no. 26 (5):232-40.

Kumar, K. R., M. Needham, K. Mina, M. Davis, J. Brewer, C. Staples, K. Ng, C. M. Sue, and F. L. Mastaglia. 2010. "Two Australian families with inclusion-body myopathy, Paget's disease of bone and frontotemporal dementia: novel clinical and genetic findings." *Neuromuscul Disord* no. 20 (5):330-4.

Lee, J. H., W. H. Yu, A. Kumar, S. Lee, P. S. Mohan, C. M. Peterhoff, D. M. Wolfe, M. Martinez-Vicente, A. C. Massey, G. Sovak, Y. Uchiyama, D. Westaway, A. M. Cuervo, and R. A. Nixon. 2010. "Lysosomal proteolysis and autophagy require presenilin 1 and are disrupted by Alzheimer-related PS1 mutations." *Cell* no. 141 (7):1146-58.

Liscic, R. M., L. T. Grinberg, J. Zidar, M. A. Gitcho, and N. J. Cairns. 2008. "ALS and FTLD: two faces of TDP-43 proteinopathy." *Eur J Neurol* no. 15 (8):772-80.

Lopera, F., A. Ardilla, A. Martinez, L. Madrigal, J. C. Arango-Viana, C. A. Lemere, J. C. Arango-Lasprilla, L. Hincapie, M. Arcos-Burgos, J. E. Ossa, I. M. Behrens, J. Norton, C. Lendon, A. M. Goate, A. Ruiz-Linares, M. Rosselli, and K. S. Kosik. 1997. "Clinical features of early-onset Alzheimer disease in a large kindred with an E280A presenilin-1 mutation." *Jama* no. 277 (10):793-9.

Manno, A., M. Noguchi, J. Fukushi, Y. Motohashi, and A. Kakizuka. 2010. "Enhanced ATPase activities as a primary defect of mutant valosin-containing proteins that cause inclusion body myopathy associated with Paget disease of bone and frontotemporal dementia." *Genes Cells* no. 15 (8):911-22.

Marrosu, M. G., G. Floris, G. Costa, L. Schirru, G. Spinicci, M. V. Cherchi, M. Mura, M. G. Mascia, and E. Cocco. 2006. "Dementia, pyramidal system involvement, and leukoencephalopathy with a presenilin 1 mutation." *Neurology* no. 66 (1):108-11.

Maurer, K., S. Volk, and H. Gerbaldo. 1997. "Auguste D and Alzheimer's disease." *Lancet* no. 349 (9064):1546-9.

Mehta, S. G., G. D. Watts, J. L. Adamson, M. Hutton, G. Umberger, S. Xiong, S. Ramdeen, M. A. Lovell, V. E. Kimonis, and C. D. Smith. 2007. "APOE is a potential modifier gene in an autosomal dominant form of frontotemporal dementia (IBMPFD)." *Genet Med* no. 9 (1):9-13.

Miller, T. D., A. P. Jackson, R. Barresi, C. M. Smart, M. Eugenicos, D. Summers, S. Clegg, V. Straub, and J. Stone. 2009. "Inclusion body myopathy with Paget disease and frontotemporal dementia (IBMPFD): clinical features including sphincter disturbance in a large pedigree." *J Neurol Neurosurg Psychiatry* no. 80 (5):583-4.

Moretti, P., A. P. Lieberman, E. A. Wilde, B. I. Giordani, K. J. Kluin, R. A. Koeppe, S. Minoshima, D. E. Kuhl, W. K. Seltzer, and N. L. Foster. 2004. "Novel insertional presenilin 1 mutation causing Alzheimer disease with spastic paraparesis." *Neurology* no. 62 (10):1865-8.

Muller, J. M., K. Deinhardt, I. Rosewell, G. Warren, and D. T. Shima. 2007. "Targeted deletion of p97 (VCP/CDC48) in mouse results in early embryonic lethality." *Biochem Biophys Res Commun* no. 354 (2):459-65.

Neumann, M., I. R. Mackenzie, N. J. Cairns, P. J. Boyer, W. R. Markesbery, C. D. Smith, J. P. Taylor, H. A. Kretzschmar, V. E. Kimonis, and M. S. Forman. 2007. "TDP-43 in the ubiquitin pathology of frontotemporal dementia with VCP gene mutations." *J Neuropathol Exp Neurol* no. 66 (2):152-7.

Neumann, M., M. Tolnay, and I. R. Mackenzie. 2009. "The molecular basis of frontotemporal dementia." *Expert Rev Mol Med* no. 11:e23.

Norton, J. B., N. J. Cairns, S. Chakraverty, J. Wang, D. Levitch, J. E. Galvin, and A. Goate. 2009. "Presenilin1 G217R mutation linked to Alzheimer disease with cotton wool plaques." *Neurology* no. 73 (6):480-2.

O'Riordan, S., P. McMonagle, J. C. Janssen, N. C. Fox, M. Farrell, J. Collinge, M. N. Rossor, and M. Hutchinson. 2002. "Presenilin-1 mutation (E280G), spastic paraparesis, and cranial MRI white-matter abnormalities." *Neurology* no. 59 (7):1108-10.

Piccini, A., G. Zanusso, R. Borghi, C. Noviello, S. Monaco, R. Russo, G. Damonte, A. Armirotti, M. Gelati, R. Giordano, P. Zambenedetti, C. Russo, B. Ghetti, and M. Tabaton. 2007. "Association of a presenilin 1 S170F mutation with a novel Alzheimer disease molecular phenotype." *Arch Neurol* no. 64 (5):738-45.

Poksay, K. S., D. T. Madden, A. K. Peter, K. Niazi, S. Banwait, D. Crippen, D. E. Bredesen, and R. V. Rao. 2011. "Valosin-Containing Protein Gene Mutations: Cellular Phenotypes Relevant to Neurodegeneration." *J Mol Neurosci.*

Portet, F., Y. Dauvilliers, D. Campion, G. Raux, J. J. Hauw, O. Lyon-Caen, W. Camu, and J. Touchon. 2003. "Very early onset AD with a de novo mutation in the presenilin 1 gene (Met 233 Leu)." *Neurology* no. 61 (8):1136-7.

Raux, G., R. Gantier, C. Thomas-Anterion, J. Boulliat, P. Verpillat, D. Hannequin, A. Brice, T. Frebourg, and D. Campion. 2000. "Dementia with prominent frontotemporal features associated with L113P presenilin 1 mutation." *Neurology* no. 55 (10):1577-8.

Ritson, G. P., S. K. Custer, B. D. Freibaum, J. B. Guinto, D. Geffel, J. Moore, W. Tang, M. J. Winton, M. Neumann, J. Q. Trojanowski, V. M. Lee, M. S. Forman, and J. P. Taylor. 2010. "TDP-43 mediates degeneration in a novel Drosophila model of disease caused by mutations in VCP/p97." *J Neurosci* no. 30 (22):7729-39.

Rohrer, J. D., J. D. Warren, D. Reiman, J. Uphill, J. Beck, J. Collinge, M. N. Rossor, A. M. Isaacs, and S. Mead. 2011. "A novel exon 2 I27V VCP variant is associated with dissimilar clinical syndromes." *J Neurol.* (March 2011 epub).

Rosso, S. M., G. Roks, M. Cruts, C. van Broeckhoven, P. Heutink, C. M. van Duijn, and J. C. van Swieten. 2002. "Apolipoprotein E4 in the temporal variant of frontotemporal dementia." *J Neurol Neurosurg Psychiatry* no. 72 (6):820.

Rumpf, S., S. B. Lee, L. Y. Jan, and Y. N. Jan. 2011. "Neuronal remodeling and apoptosis require VCP-dependent degradation of the apoptosis inhibitor DIAP1." *Development* no. 138 (6):1153-60.

Sampathu, D. M., M. Neumann, L. K. Kwong, T. T. Chou, M. Micsenyi, A. Truax, J. Bruce, M. Grossman, J. Q. Trojanowski, and V. M. Lee. 2006. "Pathological heterogeneity of frontotemporal lobar degeneration with ubiquitin-positive inclusions delineated by ubiquitin immunohistochemistry and novel monoclonal antibodies." *Am J Pathol* no. 169 (4):1343-52.

Schroder, R., G. D. Watts, S. G. Mehta, B. O. Evert, P. Broich, K. Fliessbach, K. Pauls, V. H. Hans, V. Kimonis, and D. R. Thal. 2005. "Mutant valosin-containing protein causes a novel type of frontotemporal dementia." *Ann Neurol* no. 57 (3):457-61.

Schumacher, A., P. Friedrich, J. Diehl, B. Ibach, A. Schoepfer-Wendels, J. C. Mueller, L. Konta, S. M. Laws, A. Kurz, H. Foerstl, and M. Riemenschneider. 2009. "No association of common VCP variants with sporadic frontotemporal dementia." *Neurobiol Aging* no. 30 (2):333-5.

Smith, M. J., J. B. Kwok, C. A. McLean, J. J. Kril, G. A. Broe, G. A. Nicholson, R. Cappai, M. Hallupp, R. G. Cotton, C. L. Masters, P. R. Schofield, and W. S. Brooks. 2001. "Variable phenotype of Alzheimer's disease with spastic paraparesis." *Ann Neurol* no. 49 (1):125-9.

Snider, B. J., J. Norton, M. A. Coats, S. Chakraverty, C. E. Hou, R. Jervis, C. L. Lendon, A. M. Goate, D. W. McKeel, Jr., and J. C. Morris. 2005. "Novel presenilin 1 mutation (S170F) causing Alzheimer disease with Lewy bodies in the third decade of life." *Arch Neurol* no. 62 (12):1821-30.

Tedde, A., P. Forleo, B. Nacmias, C. Piccini, L. Bracco, S. Piacentini, and S. Sorbi. 2000. "A presenilin-1 mutation (Leu392Pro) in a familial AD kindred with psychiatric symptoms at onset." *Neurology* no. 55 (10):1590-1.

Tresse, E., F. A. Salomons, J. Vesa, L. C. Bott, V. Kimonis, T. P. Yao, N. P. Dantuma, and J. P. Taylor. 2010. "VCP/p97 is essential for maturation of ubiquitin-containing autophagosomes and this function is impaired by mutations that cause IBMPFD." *Autophagy* no. 6 (2):217-27.

van der Zee, J., D. Pirici, T. Van Langenhove, S. Engelborghs, R. Vandenberghe, M. Hoffmann, G. Pusswald, M. Van den Broeck, K. Peeters, M. Mattheijssens, J. J. Martin, P. P. De Deyn, M. Cruts, D. Haubenberger, S. Kumar-Singh, A. Zimprich, and C. Van Broeckhoven. 2009. "Clinical heterogeneity in 3 unrelated families linked to VCP p.Arg159His." *Neurology* no. 73 (8):626-32.

Verkkoniemi, A., M. Somer, J. O. Rinne, L. Myllykangas, R. Crook, J. Hardy, M. Viitanen, H. Kalimo, and M. Haltia. 2000. "Variant Alzheimer's disease with spastic paraparesis: clinical characterization." *Neurology* no. 54 (5):1103-9.

Vesa, J., H. Su, G. D. Watts, S. Krause, M. C. Walter, B. Martin, C. Smith, D. C. Wallace, and V. E. Kimonis. 2009. "Valosin containing protein associated inclusion body myopathy: abnormal vacuolization, autophagy and cell fusion in myoblasts." *Neuromuscul Disord* no. 19 (11):766-72.

Watts, G. D., M. Thorne, M. J. Kovach, A. Pestronk, and V. E. Kimonis. 2003. "Clinical and genetic heterogeneity in chromosome 9p associated hereditary inclusion body myopathy: exclusion of GNE and three other candidate genes." *Neuromuscul Disord* no. 13 (7-8):559-67.

Watts, G. D., J. Wymer, M. J. Kovach, S. G. Mehta, S. Mumm, D. Darvish, A. Pestronk, M. P. Whyte, and V. E. Kimonis. 2004. "Inclusion body myopathy associated with Paget disease of bone and frontotemporal dementia is caused by mutant valosin-containing protein." *Nat Genet* no. 36 (4):377-81.

Weihl, C. C., S. Dalal, A. Pestronk, and P. I. Hanson. 2006. "Inclusion body myopathy-associated mutations in p97/VCP impair endoplasmic reticulum-associated degradation." *Hum Mol Genet* no. 15 (2):189-99.

Weihl, C. C., S. E. Miller, P. I. Hanson, and A. Pestronk. 2007. "Transgenic expression of inclusion body myopathy associated mutant p97/VCP causes weakness and ubiquitinated protein inclusions in mice." *Hum Mol Genet* no. 16 (8):919-28.

Wines-Samuelson, M., and J. Shen. 2005. "Presenilins in the developing, adult, and aging cerebral cortex." *Neuroscientist* no. 11 (5):441-51.

Wojcik, C., M. Rowicka, A. Kudlicki, D. Nowis, E. McConnell, M. Kujawa, and G. N. DeMartino. 2006. "Valosin-containing protein (p97) is a regulator of endoplasmic reticulum stress and of the degradation of N-end rule and ubiquitin-fusion degradation pathway substrates in mammalian cells." *Mol Biol Cell* no. 17 (11):4606-18.

Wojcik, C., M. Yano, and G. N. DeMartino. 2004. "RNA interference of valosin-containing protein (VCP/p97) reveals multiple cellular roles linked to ubiquitin/proteasome-dependent proteolysis." *J Cell Sci* no. 117 (Pt 2):281-92.

17

Neural Basis of Hyposmia in Alzheimer's Disease

Daniel Saiz-Sánchez, Carlos de la Rosa-Prieto,
Isabel Úbeda-Bañón and Alino Martínez-Marcos
Laboratorio de neuroplasticidad y neurodegeneración,
Facultad de Medicina de Ciudad Real, Universidad de Castilla-La Mancha
Spain

1. Introduction

At the beginning of twenty century Alois Alzheimer described the pathology that now bears his name (Alzheimer, 1907). Over a hundred years later, Alzheimer's disease (AD) is the most common cause of dementia in developed countries. Here eighteen million people are currently affected and the number of patients is expected to increase dramatically with the ongoing increase in the elderly population (Fotuhi et al., 2009, Mount & Downton, 2006). Because no suitable biomarkers are available, the diagnosis of AD remains inconclusive until postmortem pathological analysis, and physicians rely on behavioral manifestations to differentiate between AD and other conditions. For this reason firm diagnosis is generally only made at later stages of the disorder when treatment is purely palliative. These features make AD a social and economic challenge in developed countries (Wimo et al., 2010).

Clinically, AD is characterized by progressive loss of cognitive functions with specific deficits in episodic memory. Clinical diagnosis of is generally only made when cognitive deficits are sufficiently severe to cause dependent status of the patient (Nestor et al., 2004). Pathological analyses of AD brain have described two distinct types of proteinopathy in the frontal and temporal lobes involving the limbic system and the basal forebrain. The first type comprises aggregates of beta-amyloid peptide (Aβ) – a specific fragment of the amyloid precursor protein (APP), a plasma membrane protein. These aggregates accumulate in the extracellular space and give rise to senile plaques (SPs). SPs cause synaptotoxicity, neurotoxicity, oxidative stress and hypoxia (Peers et al., 2009, Selkoe, 2001, 2008). The second proteinopathy occurs in the cytosol. Hyperphosphorylation and abnormal aggregation of the microtubule-associated protein tau leads to the intracellular formation of neurofibrillary tangles (NFTs) which cause cytoskeleton destabilization and eventually cell death (Hernandez & Avila, 2008, Selkoe, 2001).

It has been widely reported that olfactory loss (anosmia and hyposmia) takes place in the early stages of AD, and before any detectable cognitive deficits are present. Interestingly, AD pathology extends throughout the limbic system and the basal forebrain, including the olfactory system (Braak & Braak, 1991). The human olfactory system includes peripheral sensory neurons in the olfactory epithelium; these send their axons across the cribriform plate of the etmoides bone to the olfactory bulbs. In the glomerular layer of the olfactory bulbs their axons synapse with dendrites of the mitral and tufted cells which in turn project to the main olfactory cortex in the basal forebrain. The human olfactory system constitutes complex circuit connections including primary and secondary cortical areas that are connected, as represented schematically in Figure 1.

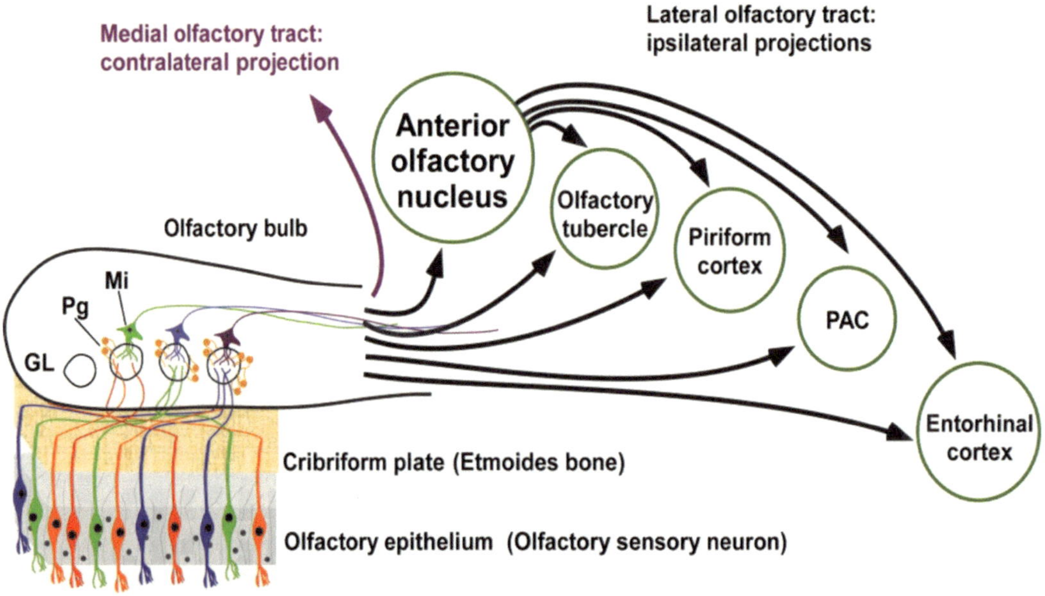

Fig. 1. Schematic diagram of the human olfactory system. GL, glomerular layer; Mi, mitral cell; PAC, periamygdaloid complex; Pg, periglomerular cell.

The progression of AD pathology has been divided into six stages according to the extent of NFT accumulation. Accumulation is first detected in the entorhinal cortex and hippocampus of the limbic system; this extends into the basal forebrain including the olfactory system (Braak & Braak, 1991, Price et al., 1991, Van Hoesen et al., 1991), and from the rostral entorhinal cortex, periamygdaloid cortex, and piriform cortex, to the olfactory tubercle, anterior olfactory nucleus and olfactory bulbs (Fig. 1). Tau pathology has also been described in the olfactory epithelium (Lee et al., 1993). Olfaction is affected in many psychiatric disorders in addition to AD, including Parkinson's disease, Huntington's disease, schizophrenia, senile dementia of Lewy body type, and depression (Atanasova et al., 2008,Kovacs, 2004). It has been widely reported over the past 25 years that olfaction is impaired in AD (Djordjevic et al., 2008, Doty et al., 1987, Mesholam et al., 1998, Murphy, 1999, Murphy et al., 1990, Serby et al., 1985, 1991), and olfaction has become a priority area in the search for biomarkers to establish an early diagnosis of AD and to facilitate early therapeutic intervention (Doty, 2003,Hampel et al., 2010,Hawkes, 2009,Wilson et al., 2009). It has been proposed that the early involvement of the entorhinal cortex and the hippocampus, regions that are tightly related to memory deficiencies (Nagy et al., 1996), could be also the cause of olfactory deficits (Wilson et al., 2007). However, other authors suggest that alternative olfactory areas, for example the posterior part of the piriform cortex, are the specific cause of olfactory deficiencies (Li et al., 2010). Nevertheless, the neural basis underlying hyposmia in the AD brain remain uncertain.

2. Materials and methods

We have studied the olfactory system in 19 AD cases and 7 age-matched controls from the Banc de Teixits Neurològics, Universitat de Barcelona-Hospital Clínic and the Banco de Tejidos/Fundación para Investigaciones Neurológicas, Universidad Complutense de Madrid. Mean ages (± standard derivation) in AD and controls were 77.68 ± 9.01 yr and 74.57 ± 4.47 yr, respectively. Tissue samples were fixed by immersion in paraformaldehyde 4% for one month at least. Then, samples were cryoprotected in 30% w/v sucrose and 50μm coronal sections were obtained using a sliding freezing microtome.

To study the early stages of disease development we employed a double transgenic mouse model of Alzheimer disease (*App_{swe}/Psen1Δ9*). Animals at 2, 4, 6 to 8 months of age (*n* = 4 homozygous and 4 control female mice per group; *N* = 32) were collected for analysis. Animals were anesthetized with a mixture of ketamine hydrochloride (Ketolar, Parke-Davis, Madrid, Spain, 1.5 ml/kg, 75 mg/kg) and xylazine (Xilagesic, Calier, Barcelona, Spain, 0.5 ml/kg, 10 mg/kg). Mice were transcardially perfused with saline solution followed by 4% w/v paraformaldehyde fixative (phosphate buffered; 0.1 M, ph 7.2). Brains were removed from skulls and cryoprotected in 30% w/v sucrose, and sectioned (50 μm) in the frontal plane (brains) or in the sagittal plane (olfactory bulbs) using a sliding freezing microtome.

In order to delimit areas of interest sections were stained by Nissl technique (Fig. 2A). Primary antibodies used for immunodetection were mouse anti-tau (tau 46, 1:800, Cell Signaling Technology, Beverly, MA, USA), rabbit anti-Aβ (1:250, Cell Signaling Technology), and goat anti-somatostatin D-20 (1:1000, Santa Cruz Biotechnology, Santa Cruz, CA, USA). Secondary antibodies were either biotinylated (anti-goat IgG, 1:2000, Vector Laboratories, Burlingame, CA, USA) or fluorescent-labeled (1:200, alexas 488 donkey anti-mouse, 568 donkey anti-rabbit, and 350 donkey anti-goat; Molecular Probes, Invitrogen, Carlsbad, CA, USA).

For quantification, somatostatin-positive cells were charted with an X-Y recording system (AccuStage, Minnesota Datametrics, MN, USA). Colocalization levels were measured by confocal microscopy using LSM 710 Zeiss confocal microscope (Carl Zeiss MicroImaging, Barcelona, Spain). Intensities of each fluorochrome were analyzed using the profile tool of the ZEN software (Zeiss).

One-way ANOVA followed by *post hoc* Bonferroni test ($p<0.05$) was used to estimate significant differences among markers and age groups.

3. Interneurons in the olfactory system

Interneurons constitute 20–30% of the neuronal population of the cerebral cortex and possess distinct morphological, electrophysiological and neurochemical characteristics (Ascoli et al., 2008,DeFelipe, 1997,Markram et al., 2004). Two primary features are common to all interneuron subpopulations. First, these cells are predominantly inhibitory interneurons which express γ-aminobutyric acid (GABA), an inhibitory neurotransmitter; and, second, their neuronal connectivity is predominantly restricted to the local region of the brain (DeFelipe & Farinas, 1992, Kawaguchi & Kondo, 2002).

Interneurons are tightly related to the pathoetiology of AD, and many reports have described the involvement of interneuron subpopulations in AD neuropathology (Attems et al., 2008, Brady & Mufson, 1997, Geula et al., 2003, Saiz-Sanchez et al., 2010, Solodkin et al.,

1996, Supnet & Bezprozvanny). It was recently reported that numbers of interneurons in the entorhinal cortex and hippocampus are significantly reduced in early AD stages (Koliatsos et al., 2006). Interneurons regulate synaptic signaling by pyramidal neurons and the loss of this regulation could produce deficits in learning and memory (Palop et al., 2003, Wallenstein & Hasselmo, 1997). Moreover, disregulation of olfactory information-processing due to loss of interneurons could underlie the hyposmia described in the early stages of the disease. This review focuses on four major types of interneurons based on their importance to AD etiology and brain calcium homeostasis: respectively cells expressing somatostatin, calbindin, calretinin or parvalbumin. We also discuss the distribution of different types of interneurons and their involvement with tau and β-amyloid pathology as revealed by confocal microscopy.

3.1 Somatostatin

The neuropeptide somatostatin is implicated in diverse functions in the central nervous system (Epelbaum, 1986, Viollet et al., 2008). Somatostatin is expressed in all olfactory areas. Recently, somatostatin has been linked with AD etiology because it is reported to act as a positive regulator of neprilysin, an enzyme which catalyzes the degradation of β-amyloid peptide (Saito et al., 2005). Somatostatin levels decline with aging (Lu et al., 2004) and are further reduced in AD (Davies et al., 1980). It has been proposed that the decline in somatostatin levels with age could explain the age-dependency of AD onset because reduced somatostatin would be expected to lead to downregulation of neprilysin activity, thereby predisposing to the accumulation of β-amyloid peptide (Hama & Saido, 2005).

Confocal microscopy of the olfactory system in AD brain has revealed that somatostatin is selectively reduced, by up to 50%, in olfactory areas such as anterior olfactory nucleus (AON). Moreover, the deficiency in somatostatin was predominantly associated with β-amyloid pathology rather than tau pathology (Figs 2, 3). These findings are in agreement with the theory of Hama & Saido that there is a tight relationship between somatostatin and β-amyloid. The AON is an important relay in olfactory information processing (Price, 1990). Two distinct portions of the AON can be distinguished in the basal forebrain - the medial AON and the lateral AON divided by the olfactory tract (Fig. 2A). The AON is an early site for the accumulation of tau protein (Fig. 2B) (Price et al., 1991) and is also targeted for β-amyloid deposition (Fig. 2C). Somatostatin-expressing cells in the AON possess typical bipolar interneuron morphology. Confocal analyses show that most somatostatin-cells expressing are not associated with tau pathology (Figs 2E, F and 3), and somatostatin-expressing cells are most commonly associated with β-amyloid or with β-amyloid plus tau (Figs 2F and 3).

In *App*$_{swe}$/*Psen1*Δ9 mice, somatostatin is expressed in all olfactory areas. Expression levels decline with age, and are most markedly reduced in the areas where AD initiates, for example the entorhinal cortex. As in the human AD brain, confocal analyses of the olfactory system of double transgenic mice revealed a correlation between somatostatin expression and β-amyloid pathology. Colocalization with β-amyloid peptide was very extensive and was evident in the youngest animals analyzed. Colocalization was seen in all olfactory areas with the exception of the olfactory bulb. Notably, colocalization of somatostatin-expressing interneurons with β-amyloid peptide was evident (Figs 4, 5), even in the absence of reduced levels of somatostatin expression.

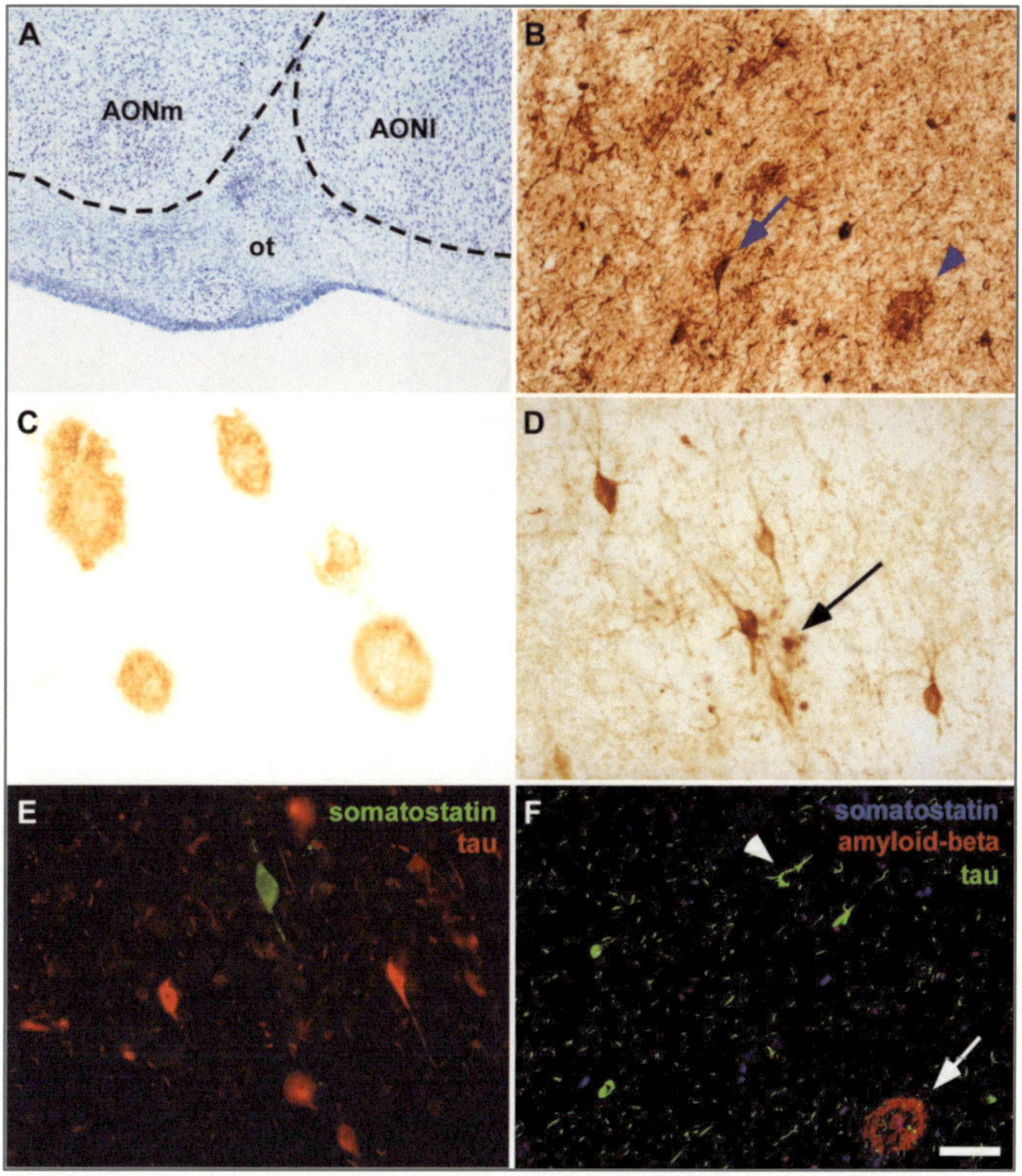

Fig. 2. Expression of somatostatin, tau and β-amyloid in the anterior olfactory nucleus (AON) in Alzheimer's disease. (A) Nissl staining of AON in the basal forebrain. (B) Immunohistochemistry of tau protein (blue arrow, dystrophic neuron; blue arrowhead, cellular debris). (C) β-Amyloid positive senile plaques in AON. (D) Somatostatin-expressing cell in the AON showing a dystrophic neuron (black arrow). (E) Double immunofluorescence for somatostatin (green) and tau protein (red). Confocal image of triple immunofluorescence for somatostatin (blue), β-amyloid (red) and tau (green). Note a neuron positive only for tau protein (white arrowhead) and a typical senile plaque (red). Scale bar: A = 400 μm, B & F = 80 μm, D, C & E = 40 μm.

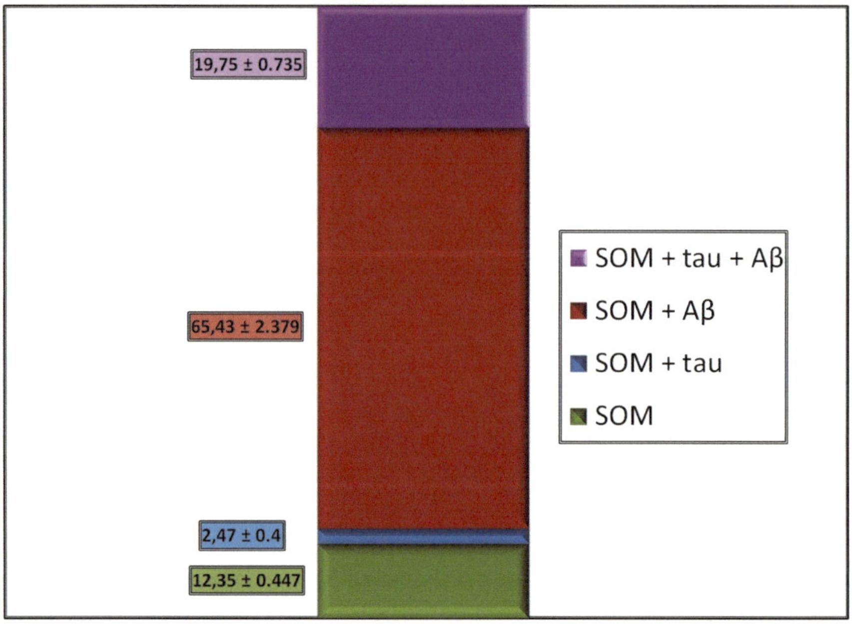

Fig. 3. Percentage of the three different types of colocalization of somatostatin-expressing cells (SOM) with tau protein (tau) and β-amyloid peptide (Aβ) in the human anterior olfactory nucleus.

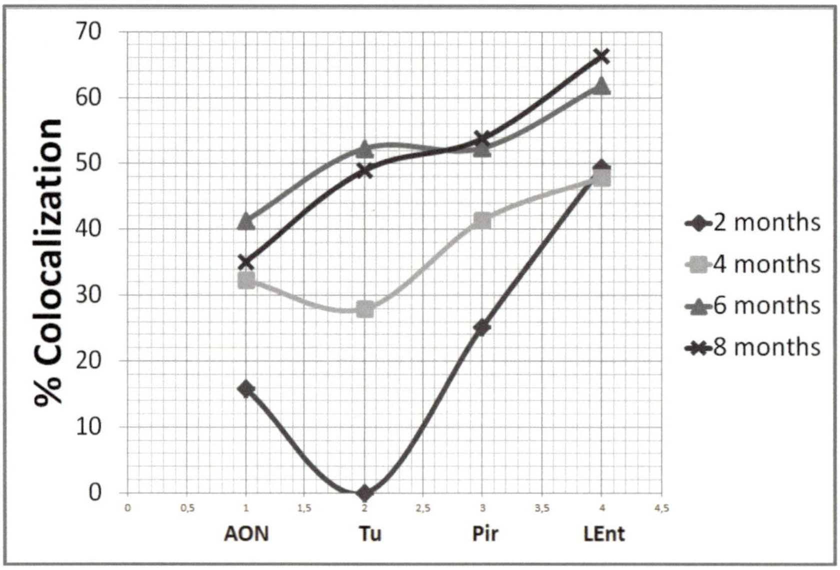

Fig. 4. Percentages of somatostatin and β-amyloid colocalization in the APPswe/PSEN1Δ9 mice olfactory system. Note that the external plexiform layer from the olfactory bulb is absent. AON, anterior olfactory nucleus; LEnt, lateral entorhinal cortex; Pir, piriform cortex; Tu, olfactory tubercle.

All olfactory areas showed a marked accumulation of β-amyloid deposits, but the extent of accumulation in olfactory tubercle (Tu) was less than in other areas (Fig. 5A–D). The greatest reduction in cells expressing somatostatin was seen in the external plexiform layer (EPL) (Fig. 5E,F) of the olfactory bulb, the piriform cortex (Pir) and the entorhinal cortex (Ent). In addition, the olfactory tubercle (Tu) and anterior olfactory nucleus (AON) both showed significant reductions in levels of somatostatin-positive cells. Different forms of colocalization were observed, including isolated cells (Fig. 5G), fibers and cell debris (Fig. 5H, I). Colocalization increased with age and was greater in caudal olfactory areas than in rostral areas. No colocalization was found in the external plexiform layer of the olfactory bulb where β-amyloid pathology was restricted to the granule cell layer (Fig. 5A,D) and was largely absent from the EPL.

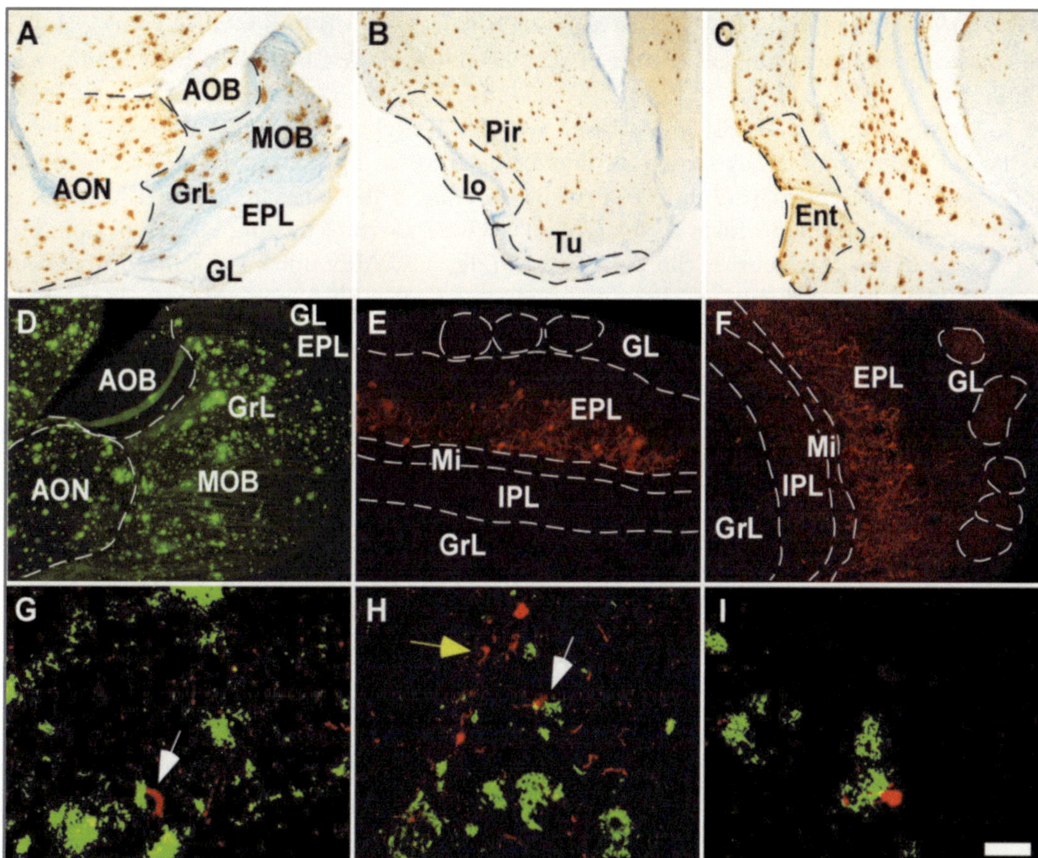

Fig. 5. Somatostatin and β-amyloid in the olfactory system of APPswe/PSEN1Δ9 mice. Green, β-amyloid; red, somatostatin. Immunohistochemistry for β-amyloid in the olfactory bulb (A), including anterior olfactory nucleus, piriform cortex and olfactory tubercle (B) and entorhinal cortex (C). Immunofluorescence in the olfactory bulb for β-amyloid (D) and somatostatin in a control mouse (E) and 6 months old transgenic mice (F). Confocal images demonstrating β-amyloid colocalization with somatostatin-expressing cells (G), fibers and cell debris (H, I). Scale bar: A, B, C & D = 400 μm, E & F = 80 μm, G & H = 40 μm, I = 25 μm

3.2 Calcium-binding proteins

Calcium is an intracellular second messenger that mediates physiological responses of neurons to chemical and electrical stimulation. In AD defective calcium homeostasis is thought to cause aberrant cellular metabolism and promote cell death (Heizmann & Braun, 1992, Mattson, 2007). Calcium has been related to changes in learning (Foster, 2007, Palop et al., 2003) and altered calcium regulation has been reported in AD brains before any cognitive deficits become apparent (Bezprozvanny & Mattson, 2008).

Our analysis focused on three interneuron subpopulations expressing three different calcium-binding proteins (CaBP): calbindin, calretinin and parvalbumin. All three proteins are expressed in the olfactory system, but with different distributions.

3.3 Calbindin

Most studies on calbindin D-28k have concluded that there is a general decline in levels in AD brain compared to controls (Ferrer et al., 1993, Iacopino & Christakos, 1990, Ichimiya et al., 1988).

In AD brain, calbindin D-28k is expressed widely throughout the olfactory system and is particularly abundant in key structures of olfactory processing such as the AON (Fig. 6A,B) and the piriform cortex (Fig. 6C). Especially evident is the pathological involvement of calbindin 28-Dk in the piriform cortex (Fig. 6C) where aberrant morphologies of calbindin-expressing dystrophic neuritis can be observed (Fig. 6D). Although calbindin-positive cells in the human olfactory system show some involvement with β-amyloid pathology, there was a stronger association with tau pathology (Fig. 6E, F).

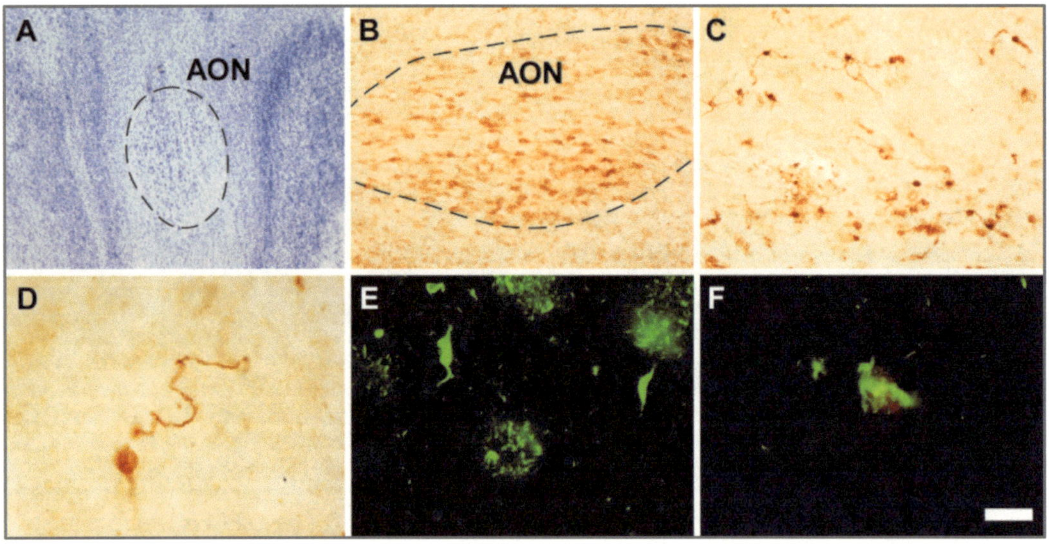

Fig. 6. Calbindin D-28k in the olfactory system of Alzheimer's disease brain. Green, tau protein and red, calbindin D-28k. (A) Nissl staining of the human anterior olfactory nucleus (AON). (B) Calbindin- expressing cell in the AON. (C) Calbindin- expressing cell in the piriform cortex (Pir). (D) Detail of a dystrophic neurite. (E) Tau pathology in Pir. (F) Calbindin-expressing cell with associated tau pathology. Scale bar: A = 160 µm, B & C = 80 µm, E = 40 µm, D & F = 25 µm.

3.4 Calretinin

Whereas calbindin D-28k is firmly associated with AD neuropathology, the involvement of calretinin in AD is more controversial (Brion & Resibois, 1994, Fonseca & Soriano, 1995, Hof et al., 1993, Sampson et al., 1997). Some authors propose that calretinin-positive cells are resistant to disease progression as a result of its capacity to buffer intracellular calcium levels. Furthermore, the potential role of calretinin in the neural basis of hyposmia remains unclear. We have studied the distribution of calretinin distribution in the human olfactory system and its involvement by tau and β-amyloid pathology.

Microscopy observations revealed that calretinin is present throughout the olfactory system. AD brain expression levels were found to be markedly reduced in olfactory areas such as AON (Fig. 7B) and Pir (Fig. 7C) relative to control brain (Fig. 7D). As with calbindin-expressing cells, calretinin-positive cells showed aberrant morphologies. In addition, these cells showed preferential involvement of tau pathology. In the olfactory bulb calretinin was found to be expressed in the periglomerular cells (Fig. 7A). It is interesting to note that sensory neurons from the olfactory epithelium send their axons to glomeruli in the olfactory bulb where they make synapses with dendrites of mitral cells. These synapses are regulated by periglomerular cells (Fig. 1). Involvement of periglomerular cells could therefore lead to disregulation of olfactory perception at the early stages of the disease.

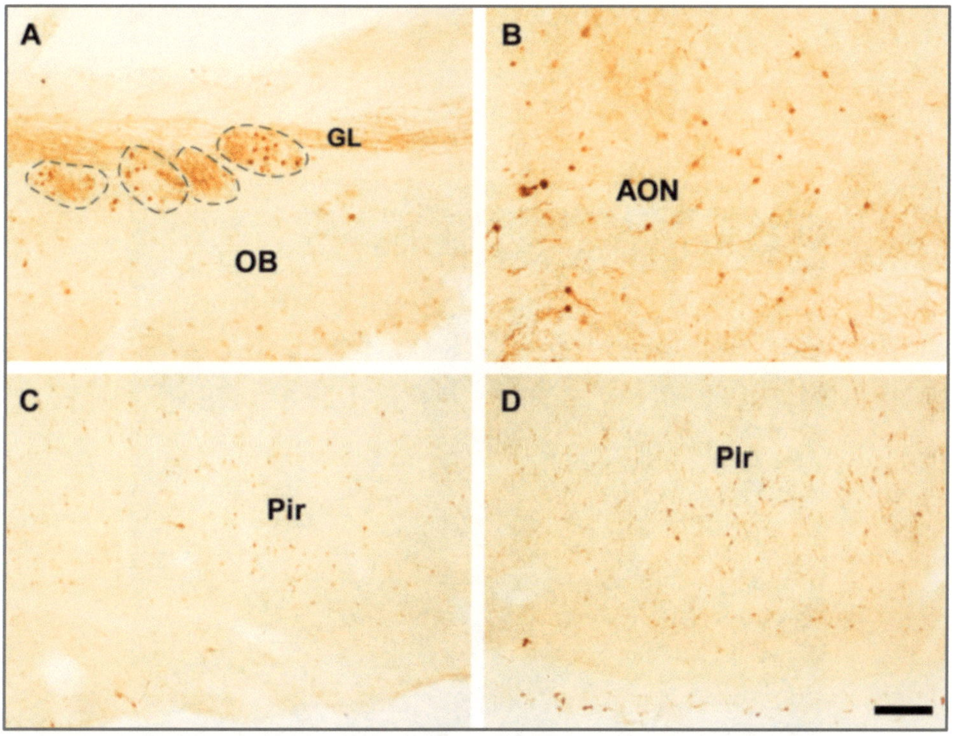

Fig. 7. Calretinin-expressing cells in the human olfactory system. (A) Periglomerular cells in the glomerular layer (GL) in the human olfactory bulb. (B) Calretinin-expressing cells in the anterior olfactory nucleus (AON). Expression of calretinin in (C) control and (D) Alzheimer's disease piriform cortex (Pir). Scale bar: A & B = 80 μm, C & D = 400 μm.

3.5 Parvalbumin

The third subclass of interneurons studied were those expressing parvalbumin. As with calretinin, the involvement of parvalbumin in AD is controversial. On the one hand it has been reported that there is an up to 60% decrease in the parvalbumin-positive cell population in AD hippocampus (Brady & Mufson, 1997) and entorhinal cortex (Mikkonen et al., 1999, Solodkin et al., 1996). On the other, no association was found between parvalbumin-positive cells and tau pathology in AD (Sampson et al., 1997).

In the human brain parvalbumin-expressing cells were present throughout the olfactory system and were particularly abundant in caudal olfactory areas such as piriform cortex (Fig. 8) and entorhinal cortex. In contrast to cells expressing calbindin- and calretinin, parvalbumin-positive cells showed physiological morphology, even at advanced stages of disease (Fig. 8A, B). Confocal images showed that parvalbumin-positive cells were predominantly associated with tau pathology (Fig. 8C); there was less evidence of involvement with β-amyloid pathology. As with calbindin- and calretinin-expressing cells, tau/NFT was the predominantly neuropathology associated with these calcium-binding proteins.

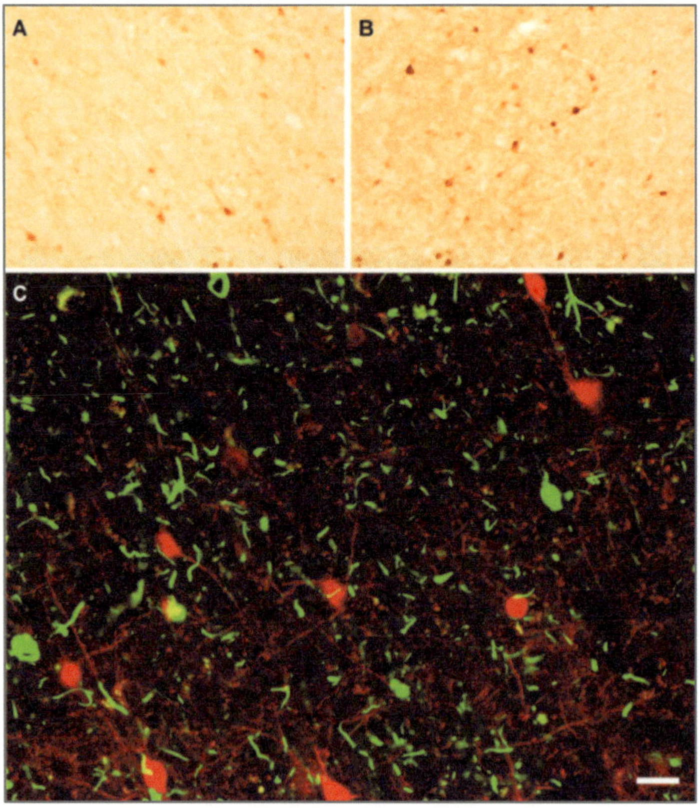

Fig. 8. Parvalbumin-expressing cells in the human olfactory system. Green, tau protein and red, parvalbumin. Immunohistochemistry of Alzheimer (A) and control (B) brain piriform cortex (Pir). (C) Confocal image of the Pir demonstrating the association of parvalbumin-expressing cells with tau pathology. Scale bar: A & B = 80 μm, C = 25 μm.

4. Discussion

In the present report we have studied the involvement of interneuron populations in the human olfactory system with AD neuropathology as revealed by two different disease markers: tau protein and β-amyloid peptide. Somatostatin-expressing interneurons in the olfactory system were preferentially associated with β-amyloid pathology in both AD brain and in App_{swe}/*Psen1*Δ9 mice. By contrast, interneurons expressing different calcium-binding proteins were predominantly associated with tau pathology. In transgenic mice, cells expressing Somatostatin-cell expressing was colocalized with β-amyloid pathology in the youngest animals examined, with the exception of the external plexiform layer, and the colocalization was evident even before disease-related reduction in the numbers of somatostatin cells.

The four subpopulations of interneurons were not randomly distributed within the olfactory system. Somatostatin-expressing cells were present in the olfactory bulb but were restricted to the external plexiform layer (EPL) (Fig. 5). Somatostatin was also present in other olfactory areas, particularly in the anterior olfactory nucleus (AON). Calbindin-expressing cells were present in the olfactory system, and were particularly abundant in the AON. Calretinin-positivity constitutes a specific marker for periglomerular cells which regulate the first relay of olfactory information from the olfactory epithelium to the olfactory bulbs (Fig. 1). Calretinin-expressing cells were also abundant in the piriform cortex (Pir) and the entorhinal cortex (Ent). Parvalbumin-positive cells were more abundant in the more caudal areas studied (Pir and Ent) and were only sparsely distributed in rostral olfactory areas.

The wide presence of these interneuron populations in olfactory structures and the severe and early involvement of these regions in AD neuropathology has focused attention on the role of these cells in the pathoetiology of AD. Generalized involvement of these cells and loss of interneuron populations and/or disregulation of their primary projection cells could underlie the olfactory deficits of AD patients. Loss of inhibitory regulation by γ-aminobutyric acid (GABA) could lead to altered firing patterns of projection neurons.

The olfactory system encompasses complex interconnections between several cortical areas (Fig. 1). Although it remains unknown whether dysfunction of specific interneuron populations in any given area could cause the olfaction deficits seen in AD, we report that there was selective association between different types of interneuron and AD neuropathology, as revealed by the two pathological markers employed in this study. However, it is not yet possible to relate these changes with specific olfaction deficits such as preferential or general anosmia, hyposmia or dysosmia. The specific contribution of each area in olfactory processing and how they are differentially affected during AD will need to be resolved before a specific olfactory test can be devised that could permit early diagnosis of AD.

5. Acknowledgements

The authors thank the Banc de Teixits Neurològics, Universitat de Barcelona-Hospital Clínic and the Banco de Tejidos/Fundación para Investigaciones Neurológicas, Universidad Complutense de Madrid, for providing the human brain samples. The authors also wish to thank the laboratory of Dr. Calvo for genotyping transgenic mice. This work was supported by the autonomous government of Castilla-La Macha (Project N° PEIC11-0045-4490) and by the Spanish Science and Innovation Ministry (Project BFU2010-15729).

6. References

Ascoli GA, Alonso-Nanclares L, Anderson SA, Barrionuevo G, Benavides-Piccione R, Burkhalter A, Buzsaki G, Cauli B, Defelipe J, Fairen A, Feldmeyer D, Fishell G, Fregnac Y, Freund TF, Gardner D, Gardner EP, Goldberg JH, Helmstaedter M, Hestrin S, Karube F, Kisvarday ZF, Lambolez B, Lewis DA, Marin O, Markram H, Munoz A, Packer A, Petersen CC, Rockland KS, Rossier J, Rudy B, Somogyi P, Staiger JF, Tamas G, Thomson AM, Toledo-Rodriguez M, Wang Y, West DC, Yuste R. (2008). Petilla terminology: nomenclature of features of GABAergic interneurons of the cerebral cortex. *Nat Rev Neurosci*, Vol. 9, No. 7, (July 2008), pp. 557-568, ISSN 1471-0048

Atanasova B, Graux J, El Hage W, Hommet C, Camus V, Belzung C. (2008). Olfaction: a potential cognitive marker of psychiatric disorders. *Neurosci Biobehav Rev*, Vol. 32, No. 7, (September 2008), pp. 1315-1325, ISSN 0149-7634

Attems J, Preusser M, Grosinger-Quass M, Wagner L, Lintner F, Jellinger K. (2008). Calcium-binding protein secretagogin-expressing neurones in the human hippocampus are largely resistant to neurodegeneration in Alzheimer's disease. *Neuropathol Appl Neurobiol*, Vol. 34, No. 1, (February 2008), pp. 23-32, ISSN 0305-1846

Bezprozvanny I, Mattson MP. (2008). Neuronal calcium mishandling and the pathogenesis of Alzheimer's disease. *Trends Neurosci*, Vol. 31, No. 9, (September 2008), pp. 454-463, ISSN 0166-2236

Braak H, Braak E. (1991). Neuropathological stageing of Alzheimer-related changes. *Acta Neuropathol*, Vol. 82, No. 4, pp. 239-259, ISSN 0001-6322

Brady DR, Mufson EJ. (1997). Parvalbumin-immunoreactive neurons in the hippocampal formation of Alzheimer's diseased brain. *Neuroscience*, Vol. 80, No. 4, (October 1997), pp. 1113-1125, ISSN 0306-4522

Brion JP, Resibois A. (1994). A subset of calretinin-positive neurons are abnormal in Alzheimer's disease. *Acta Neuropathol*, Vol. 88, No. 1, pp. 33-43, ISSN 0001-6322

Davies P, Katzman R, Terry RD. (1980). Reduced somatostatin-like immunoreactivity in cerebral cortex from cases of Alzheimer disease and Alzheimer senile dementa. *Nature*, Vol. 288, No. 5788, (November 1980), pp. 279-280, ISSN 0028-0836

DeFelipe J. (1997). Types of neurons, synaptic connections and chemical characteristics of cells immunoreactive for calbindin-D28K, parvalbumin and calretinin in the neocortex. *J Chem Neuroanat*, Vol. 14, No. 1, (December 1997), pp. 1-19, ISSN 0891-0618

DeFelipe J, Farinas I. (1992). The pyramidal neuron of the cerebral cortex: morphological and chemical characteristics of the synaptic inputs. *Prog Neurobiol*, Vol. 39, No. 6, (December 1992), pp. 563-607, ISSN 0301-0082

Djordjevic J, Jones-Gotman M, De Sousa K, Chertkow H. (2008). Olfaction in patients with mild cognitive impairment and Alzheimer's disease. *Neurobiol Aging*, Vol. 29, No. 5, (May 2008), pp. 693-706, ISSN 1558-1497

Doty RL. Handbook of olfaction and gustation. Doty RL, editor; 2003.

Doty RL, Reyes PF, Gregor T. (1987). Presence of both odor identification and detection deficits in Alzheimer's disease. *Brain Res Bull*, Vol. 18, No. 5, (May 1987), pp. 597-600, ISSN 0361-9230

Epelbaum J. (1986). Somatostatin in the central nervous system: physiology and pathological modifications. *Prog Neurobiol*, Vol. 27, No. 1, pp. 63-100, ISSN 0301-0082

Ferrer I, Tunon T, Serrano MT, Casas R, Alcantara S, Zujar MJ, Rivera RM. (1993). Calbindin D-28k and parvalbumin immunoreactivity in the frontal cortex in patients with frontal lobe dementia of non-Alzheimer type associated with amyotrophic lateral sclerosis. *J Neurol Neurosurg Psychiatry*, Vol. 56, No. 3, (March 1993), pp. 257-261, ISSN 0022-3050

Fonseca M, Soriano E. (1995). Calretinin-immunoreactive neurons in the normal human temporal cortex and in Alzheimer's disease. *Brain Res*, Vol. 691, No. 1-2, (September 1995), pp. 83-91, ISSN 0006-8993

Foster TC. (2007). Calcium homeostasis and modulation of synaptic plasticity in the aged brain. *Aging Cell*, Vol. 6, No. 3, (June 2007), pp. 319-325, ISSN 1474-9718

Fotuhi M, Hachinski V, Whitehouse PJ. (2009). Changing perspectives regarding late-life dementia. *Nat Rev Neurol*, Vol. 5, No. 12, (December 2009), pp. 649-658, ISSN 1759-4766

Geula C, Bu J, Nagykery N, Scinto LF, Chan J, Joseph J, Parker R, Wu CK. (2003). Loss of calbindin-D28k from aging human cholinergic basal forebrain: relation to neuronal loss. *J Comp Neurol*, Vol. 455, No. 2, (January 2003), pp. 249-259, ISSN 0021-9967

Hama E, Saido TC. (2005). Etiology of sporadic Alzheimer's disease: somatostatin, neprilysin, and amyloid beta peptide. *Med Hypotheses*, Vol. 65, No. 3, pp. 498-500, ISSN 0306-9877

Hampel H, Frank R, Broich K, Teipel SJ, Katz RG, Hardy J, Herholz K, Bokde AL, Jessen F, Hoessler YC, Sanhai WR, Zetterberg H, Woodcock J, Blennow K. (2010). Biomarkers for Alzheimer's disease: academic, industry and regulatory perspectives. *Nat Rev Drug Discov*, Vol. 9, No. 7, (July 2010), pp. 560-574, ISSN 1474-1784

Hawkes CH, Doty, R.L. The Neurology of Olfaction: Cambridge University Press, Cambridge; 2009.

Heizmann CW, Braun K. (1992). Changes in Ca(2+)-binding proteins in human neurodegenerative disorders. *Trends Neurosci*, Vol. 15, No. 7, (July 1992), pp. 259-264, ISSN 0166-2236

Hernandez F, Avila J. (2008). Tau aggregates and tau pathology. *J Alzheimers Dis*, Vol. 14, No. 4, (August 2008), pp. 449-452, ISSN 1387-2877

Hof PR, Nimchinsky EA, Celio MR, Bouras C, Morrison JH. (1993). Calretinin-immunoreactive neocortical interneurons are unaffected in Alzheimer's disease. *Neurosci Lett*, Vol. 152, No. 1-2, (April 1993), pp. 145-148, ISSN 0304-3940

Iacopino AM, Christakos S. (1990). Specific reduction of calcium-binding protein (28-kilodalton calbindin-D) gene expression in aging and neurodegenerative diseases. *Proc Natl Acad Sci U S A*, Vol. 87, No. 11, (January 1990), pp. 4078-4082, ISSN 0027-8424

Ichimiya Y, Emson PC, Mountjoy CQ, Lawson DE, Heizmann CW. (1988). Loss of calbindin-28K immunoreactive neurones from the cortex in Alzheimer-type dementia. *Brain Res*, Vol. 475, No. 1, (December 1988), pp. 156-159, ISSN 0006-8993

Kawaguchi Y, Kondo S. (2002). Parvalbumin, somatostatin and cholecystokinin as chemical markers for specific GABAergic interneuron types in the rat frontal cortex. *J Neurocytol*, Vol. 31, No. 3-5, (March-June 2002), pp. 277-287, ISSN 0300-4864

Koliatsos VE, Kecojevic A, Troncoso JC, Gastard MC, Bennett DA, Schneider JA. (2006). Early involvement of small inhibitory cortical interneurons in Alzheimer's disease. *Acta Neuropathol*, Vol. 112, No. 2, (August 2006), pp. 147-162, ISSN 0001-6322

Kovacs T. (2004). Mechanisms of olfactory dysfunction in aging and neurodegenerative disorders. *Ageing Res Rev*, Vol. 3, No. 2, (April 2004), pp. 215-232, ISSN 1568-1637

Lee JH, Goedert M, Hill WD, Lee VM, Trojanowski JQ. (1993). Tau proteins are abnormally expressed in olfactory epithelium of Alzheimer patients and developmentally regulated in human fetal spinal cord. *Exp Neurol*, Vol. 121, No. 1, (May 1993), pp. 93-105, ISSN 0014-4886

Li W, Howard JD, Gottfried JA. (2010). Disruption of odour quality coding in piriform cortex mediates olfactory deficits in Alzheimer's disease. *Brain*, Vol. 133, No. 9, (August 2010), pp. 2714-2726, ISSN 1460-2156

Lu T, Pan Y, Kao SY, Li C, Kohane I, Chan J, Yankner BA. (2004). Gene regulation and DNA damage in the ageing human brain. *Nature*, Vol. 429, No. 6994, (June 2004), pp. 883-891, ISSN 1476-4687

Markram H, Toledo-Rodriguez M, Wang Y, Gupta A, Silberberg G, Wu C. (2004). Interneurons of the neocortical inhibitory system. *Nat Rev Neurosci*, Vol. 5, No. 10, (October 2004), pp. 793-807, ISSN 1471-003X

Mattson MP. (2007). Calcium and neurodegeneration. *Aging Cell*, Vol. 6, No. 3, (June 2007), pp. 337-350, ISSN 1474-9718

Mesholam RI, Moberg PJ, Mahr RN, Doty RL. (1998). Olfaction in neurodegenerative disease: a meta-analysis of olfactory functioning in Alzheimer's and Parkinson's diseases. *Arch Neurol*, Vol. 55, No. 1, (January 1998), pp. 84-90, ISSN 0003-9942

Mikkonen M, Alafuzoff I, Tapiola T, Soininen H, Miettinen R. (1999). Subfield- and layer-specific changes in parvalbumin, calretinin and calbindin-D28K immunoreactivity in the entorhinal cortex in Alzheimer's disease. *Neuroscience*, Vol. 92, No. 2, pp. 515-532, ISSN 0306-4522

Mount C, Downton C. (2006). Alzheimer disease: progress or profit? *Nat Med*, Vol. 12, No. 7, pp. 780-784, ISSN 1078-8956

Murphy C. (1999). Loss of olfactory function in dementing disease. *Physiol Behav*, Vol. 66, No. 2, (April 1999), pp. 177-182, ISSN 0031-9384

Murphy C, Gilmore MM, Seery CS, Salmon DP, Lasker BR. (1990). Olfactory thresholds are associated with degree of dementia in Alzheimer's disease. *Neurobiol Aging*, Vol. 11, No. 4, (July-August 1990), pp. 465-469, ISSN 0197-4580

Nagy Z, Jobst KA, Esiri MM, Morris JH, King EM, MacDonald B, Litchfield S, Barnetson L, Smith AD. (1996). Hippocampal pathology reflects memory deficit and brain imaging measurements in Alzheimer's disease: clinicopathologic correlations using three sets of pathologic diagnostic criteria. *Dementia*, Vol. 7, No. 2, (March-April 1996), pp. 76-81, ISSN 1013-7424

Nestor PJ, Scheltens P, Hodges JR. (2004). Advances in the early detection of Alzheimer's disease. *Nat Med*, Vol. 10 Suppl, No. (July 2004), pp. S34-41, ISSN 1078-8956

Palop JJ, Jones B, Kekonius L, Chin J, Yu GQ, Raber J, Masliah E, Mucke L. (2003). Neuronal depletion of calcium-dependent proteins in the dentate gyrus is tightly linked to Alzheimer's disease-related cognitive deficits. *Proc Natl Acad Sci U S A*, Vol. 100, No. 16, (August 2003), pp. 9572-9577, ISSN 0027-8424

Peers C, Dallas ML, Boycott HE, Scragg JL, Pearson HA, Boyle JP. (2009). Hypoxia and neurodegeneration. *Ann N Y Acad Sci*, Vol. 1177, No. (October 2009), pp. 169-177, ISSN 1749-6632

Price JL. Olfactory System. In: Paxinos G, editor. The Human Nervous System. San Diego: Academic Press; 1990. p 979-998.

Price JL, Davis PB, Morris JC, White DL. (1991). The distribution of tangles, plaques and related immunohistochemical markers in healthy aging and Alzheimer's disease. *Neurobiol Aging*, Vol. 12, No. 4, (July-August 1991), pp. 295-312, ISSN 0197-4580

Saito T, Iwata N, Tsubuki S, Takaki Y, Takano J, Huang SM, Suemoto T, Higuchi M, Saido TC. (2005). Somatostatin regulates brain amyloid beta peptide Abeta42 through modulation of proteolytic degradation. *Nat Med*, Vol. 11, No. 4, (April 2005), pp. 434-439, ISSN 1078-8956

Saiz-Sanchez D, Ubeda-Banon I, de la Rosa-Prieto C, Argandona-Palacios L, Garcia-Munozguren S, Insausti R, Martinez-Marcos A. (2010). Somatostatin, tau, and beta-amyloid within the anterior olfactory nucleus in Alzheimer disease. *Exp Neurol*, Vol. 223, No. 2, (June 2010), pp. 347-350, ISSN 1090-2430

Sampson VL, Morrison JH, Vickers JC. (1997). The cellular basis for the relative resistance of parvalbumin and calretinin immunoreactive neocortical neurons to the pathology of Alzheimer's disease. *Exp Neurol*, Vol. 145, No. 1, (May 1997), pp. 295-302, ISSN 0014-4886

Selkoe DJ. (2001). Alzheimer's disease: genes, proteins, and therapy. *Physiol Rev*, Vol. 81, No. 2, (April 2001), pp. 741-766, ISSN 0031-9333

Selkoe DJ. (2008). Biochemistry and Molecular Biology of Amyloid beta-Protein and the Mechanism of Alzheimer's Disease. *Handb Clin Neurol*, Vol. 89, No. pp. 245-260, ISSN 0072-9752

Serby M, Corwin J, Novatt A, Conrad P, Rotrosen J. (1985). Olfaction in dementia. *J Neurol Neurosurg Psychiatry*, Vol. 48, No. 8, (September 1985), pp. 848-849, ISSN 0022-3050

Serby M, Larson P, Kalkstein D. (1991). The nature and course of olfactory deficits in Alzheimer's disease. *Am J Psychiatry*, Vol. 148, No. 3, (March 1991), pp. 357-360, ISSN 0002-953X

Solodkin A, Veldhuizen SD, Van Hoesen GW. (1996). Contingent vulnerability of entorhinal parvalbumin-containing neurons in Alzheimer's disease. *J Neurosci*, Vol. 16, No. 10, (May 1996), pp. 3311-3321, ISSN 0270-6474

Supnet C, Bezprozvanny I. (2010). The dysregulation of intracellular calcium in Alzheimer disease. *Cell Calcium*, Vol. 47, No. 2, (February 2010) pp. 183-189, ISSN 1532-1991

Van Hoesen GW, Hyman BT, Damasio AR. (1991). Entorhinal cortex pathology in Alzheimer's disease. *Hippocampus*, Vol. 1, No. 1, (January 1991), pp. 1-8, ISSN 1050-9631

Viollet C, Lepousez G, Loudes C, Videau C, Simon A, Epelbaum J. (2008). Somatostatinergic systems in brain: Networks and functions. *Mol Cell Endocrinol*, Vol. 286, No. 1-2, (May 2008), pp. 75-87, ISSN 0303-7207

Wallenstein GV, Hasselmo ME. (1997). GABAergic modulation of hippocampal population activity: sequence learning, place field development, and the phase precession effect. *J Neurophysiol*, Vol. 78, No. 1, (July 1997), pp. 393-408, ISSN 0022-3077

Wilson RS, Arnold SE, Schneider JA, Boyle PA, Buchman AS, Bennett DA. (2009). Olfactory impairment in presymptomatic Alzheimer's disease. *Ann N Y Acad Sci*, Vol. 1170, No. (July 2009), pp. 730-735, ISSN 1749-6632

Wilson RS, Arnold SE, Schneider JA, Tang Y, Bennett DA. (2007). The relationship between cerebral Alzheimer's disease pathology and odour identification in old age. *J Neurol Neurosurg Psychiatry*, Vol. 78, No. 1, (January 2007), pp. 30-35, ISSN 1468-330X

Wimo A, Winblad B, Jonsson L. (2010). The worldwide societal costs of dementia: Estimates for 2009. *Alzheimers Dement*, Vol. 6, No. 2, (March 2010), pp. 98-103, ISSN 1552-5279